リーラー「遊」VOL.9

2015.11

戦後70年と宗教

巻頭言

非僧非俗を生きる
―親鸞の仏道―

山崎龍明

私の方向を決定した一つの事柄について書くことをお赦しいただきたいと思います。龍谷大学の学生であった私は、学習のために購入した『真宗聖教全書』全五巻を読んでいました。周知の通りこの著作は『浄土三部経』と三国七高祖の著述が一巻目に収められ、二巻目が「宗祖部」(親鸞部)、三巻目は「歴代部」(真宗歴代の著述)、「拾遺部」(その他の著述)上、下二巻の全五巻です。

いわば真宗を学ぶ根本聖教といってもいいものです。「宗祖部」に真宗立教開宗の聖典といわれる『顕浄土真実教行證文類』(『教行信證』と略称)が冒頭にあります。その第六巻目の「顕浄土真実方便化身土文類」(末)を披いていたとき、次の文言に目が止まりました。

□臣下、背法違義、成忿結怨、因玆、真宗興隆大祖源空法師、并門徒数輩、不考罪科猥坐死罪。或改僧儀、賜姓名處遠流、予其一也。爾者己非僧非俗、是故以禿字為性。空師并弟子等、坐諸方邊州経五年居諸。

（『真宗聖教全書』二の二〇一ページ）

汎く知られた文言ですが、念仏弾圧事件によって法然聖人以下、門徒の数名が死罪、流罪となった時の親鸞の心情が示されたものです。

烈迫の気迫を込めて記されたこの数行の言辞こそ、まさに「非俗」の仏道を生きた親鸞の真面目です。ここには一切の世俗を拒否し、帰依三宝に生きた一求道者親鸞の信が躍動しています。親鸞は「非僧非俗」（国家に与せず、世俗にも埋没しない）の仏法者と宣言しました。

さて、さきに引用した「臣下、背法違義」の言葉に上に「主上」の文字があるのですが、私の求めた『聖教全書』にはこの二字が欠字空欄となっています。この「主上」という二字は教団の学者方が「拝読を遠慮すべき語」として軍部に差し出した多くの言葉の中の一つです。軍部から要請されたものではありません。したがってこの語は戦時中読めなかったのです（天皇不敬にあたるという理由）。これが伝統仏教の基本的ありようでした。私は目を疑いました。「宗祖親鸞聖人のお言葉は一字一句加減すべからず」と学生に説きながら、戦後十七年を経過しても、戦前削り取った宗祖の言葉をそのままにしておく、という感覚が当時の私にはどうしても理解できませんでした。

この「主上臣下、法に背き義に違し、忿りを成し、怨みを結ぶ」という文言は、つまり、「天皇も家臣も、真実の法に背いて、義に違い、忿りと怨みのこころで」門徒を死罪、流罪に処した、ということです。この言葉は親鸞が真実の教と指定した「無量寿経」に

主上不明、任用臣下、臣下自在、機偽多端

（『真宗聖教全書』一の三六ページ）

とあります。

つまり「主上（上に立つ者）がその器でなく、よく考えもせずに部下を採用すると、その部下もまた勝手なことを行い、国は偽りだらけになる」ということです。ここには、不徳、不明な権力者とその配下（臣下）が感情に即して、みだりがわしく念仏者を弾圧した

ことに対する親鸞の静かなる忿りがみられます。怒りにはおもての瞋と心の忿があります。冒頭に「私の方向を決定した一つの事柄」といったのは、このことなのです。つまり「主上」の二文字を『教行信證』から削り、かつ戦後そのままにしてきた仏法者への懐疑です。この時から私は「国家と仏教」というテーマを生涯のテーマにしました。

惟えば、日清、日露戦争。第一次、第二次世界大戦においてどこよりも、誰よりも戦争に協力してきたのは仏教教団です。日露戦争下にあって「戦費捻出」のために増税増税とあおる政府に対して「嗚呼増税！」と格調高く論陣をはった幸徳秋水（『平民新聞論説集』岩波文庫二四ページ）。「しばらく万歳を叫び、提灯行列をすることをやめよ」といった内山愚童（禅僧）、また高木顕明（真宗）、峯尾雪堂（禅僧）。彼等を国賊として断罪したのが当時の国民であり、仏教教団、仏教者でした。

この問題に誠実に向き合うことなく、戦後も常に国家と歩みを共にしてきた仏教者。しかし、今状況は戦前と酷似しています。国家秘密保護法。教育基本法の改悪。教科書の検閲の強化。果ては集団的自衛権の行使等々です。仏法者は憲法九条を否定し、いつでもどこででも戦争できる国にしようとしている人々に、「否」といい続けなければなりません。仏法を口にする者はまちがっても「武器輸出」や「原発輸出」による景気浮揚を画策する人、またアメリカはじめ「他国の戦争」に自衛隊を送りこもうとする無責任な人々に手を貸すべきではありません。

今、私たち仏法者が問われているのです。これらの諸問題を一人一人が信心の課題として歩むところから、形骸化した日本仏教の回復が果たされるでしょう。誰よりも私たち仏法者が仏法を世俗に埋没させてしまっているのです。仏法の真理（法）は永遠に不滅です。問題は仏法者の側にあるということを深い自戒をこめて申し上げたいのです。

戦後七十年。最も危険で不明な「主上」（権力者）が、この国をリードしています。あとに続く若い人々のため、多くの愛する人々のため、「この国もまんざらではないネ」といわれる共同社会の構築をめざして力を尽くしたいと思います。「我行精進、忍終不悔」（我が行は精進にして忍びて終に悔いず）（『無量寿経』）という世尊の金言があります。

Ⅰ　戦後七〇年と宗教、その思想的基盤

戦後七〇年と親鸞の思想
――『顕浄土真実教行証文類』「化身土文類」から学ぶもの――

北島義信

はじめに

本年八月一五日には、私たちは戦後七〇年を迎えます。一九四五年八月一五日、日本は無条件降伏を宣言し、その二年後の一九四七年五月三日に、日本国憲法が施行されました。この基本原理は、「国民主権、基本的人権の尊重主義、平和主義」(『教育六法』二〇一五年版、三省堂)であり、「日本国憲法は立憲主義憲法として、国家権力を制限して個人の権利・自由を守るという立場」(一四頁)に立っています。日本国憲法は、「政府の行為によって再び戦争の惨禍が起こることのないやうにすることを決意し、ここに主権が国民に存することを宣言し、この憲法を確定する」と前文に述べられているように、侵略戦争への深い反省と二度と戦争を起こさせないようにすることの責任主体を主権者としての国民においています。「戦争の放棄、戦力の不保持、交戦権の否認」を定めた「憲法第九条」は、「再び戦争の惨禍が起こることのないように」する法的歯止めであり、それを空洞化させない不断の努力が、主権者としての国民に課せられているのです。

しかしながら、二〇一四年、安倍内閣は「集団的自衛権の行使は認められない」という一九七二年以来の政府の憲法解釈を変え、「日本の存立が脅かされる場合は、集団的自衛権行使が認められる」という閣議決定をおこないました。現在、大きな問題となっている「他国を武力で守る集団的自衛権を行使できるようにする安全保障関連法案」（『中日新聞』二〇一五年六月五日付）を審議する衆議院憲法審査会への参考人質疑に、三人の憲法学者が招かれました。この質疑において、『中日新聞』は次のように述べています。「質疑で鮮明になったのは、立場や考え方の違う三人の憲法学者が足並みをそろえ、集団的自衛権の行使容認は憲法九条が認めた自衛権の範囲を逸脱しているとの見解を示したことだ」（二〇一五年六月五日付）。

今日、世界の各地域で起きている「紛争」は、軍事力を背景にしたアメリカのグローバル支配およびそれに同調する「同盟諸国」、ロシアや中国などの大国の覇権主義に根本原因があります。このような現実を戦争以外の平和的手段によって変えていくことを掲げているのが、日本国憲法なのです。安倍内閣の路線は、アメリカのグローバル支配に追従し、テロや地域紛争の根本原因を平和的に除去する努力をせず、結果として生じていることに対する武力的抑圧に積極的に加わろうとするものであり、日本国憲法の理念を否定するものです。

日本の宗教教団は、「ほんみち」など一部を除いて、明治以来の日本の侵略戦争に積極的に加担してきました。このような戦争協力に対する自己批判・責任告白は、日本基督教団が一番早く、一九六七年におこなわれています。仏教教団については、戦後五〇年が近づいた一九九〇年四月に、真宗大谷派は「全戦没者追弔法会」において、また浄土真宗本願寺派は一九九一年二月に、「わが宗門の平和への強い願いを全国、全世界に徹底しようとする決議」において、また一九九二年一一月には曹洞宗も、同様に、かつての戦争協力についての自己批判や戦争責任の告白をおこなっています。戦後五〇年を迎える一九九五年八月には、日本のおこした侵略戦争と植民地支配を認め、謝罪した「村山談話」が出されました。しかしながら、「過去を克服し、未来に向かう」(『新しい東アジアの近現代史』下、日本評論社、二〇一二年)ために必要な歴史認識の問題は、国民のなかには十分に深まっていません。

最近の安倍内閣の路線には、戦争への加担が明確にみられ、宗教者にとっては、「戦後五〇年」において示した、かつての戦争への加担の自己批判・懺悔を多様な形態の平和実現行動によって具体化することが要求されます。それはまた、自己の信仰・信心のあり方を問うものでもあるのです。信仰・信心は、心の中だけに限定されるものではなく、社会と密接に関わりをもつものです。

いま日本は、社会的政治的転換期に差し掛かっています。その点では、親鸞の生きた時代と多くの共通点があります。親鸞が生きた平安末期から鎌倉時代には、いわゆる鎌倉新仏教が生まれました。鎌倉新仏教の祖師たちは、転換期を生き抜く思想を提起し、人々に大きな生きる希望を与えたのです。その思想的影響力は、現在も持続しています。それは、鎌倉新仏教をルーツとする宗派が、形骸化の側面をもちつつも、日本の仏教の圧倒的多数派を形成していることにもみられます。

歴史的転換期にある日本の課題について考える場合に、鎌倉新仏教の祖師たち、とりわけ真宗僧侶としての私にとっては、親鸞が当時、世界をどのように捉え、どのようにして現実を切り開こうと考えていたのか、その親鸞から何を受け継ぐべきかを学ぶことは、重要な意味があります。これらの課題に直結しているのが、『顕浄土真実教行証文類(教行信証)』の「化身土文類」であると私は考えています。以下において、「化身土文類」の「本巻」の分析を通して、親鸞思想の現代的意味を探ってみようと思います。

一　親鸞の現実認識と『末法燈明記』の引用

親鸞が自己の置かれた現実をどのように把握していたのかは、『末法燈明記』の引用から知ることができます。「一〇世紀末からその特徴を見せ始め一一世紀後半にはもはや確固たる体制となる」（黒田俊雄『王法と仏法』法蔵館、二〇〇一年）「顕密体制」は、密教を基軸とした宗教勢力（南都・北嶺の大寺社勢力）と支配的世俗権力（院・摂関家、のちには幕府）の世俗的利害の一致に基づく相互依存体制であり、そのイデオロギーは「王法仏法」相依論です。この「相依論」の本質は、「世俗政治権力」を「仏法（仏教勢力）」はイデオロギー的に支え、自らは「世俗権力」によって守られるという点にあります。ここにおいては、世俗に対する仏法の優位性は、仏教の核心である人間解放という基本精神を欠いた、自己勢力の存続のためのものに堕しています。親鸞においては、仏法は世俗的価値を超えたものであり、政治権力はそのような価値観に立って、自己を常に客観化し、人間解放の実現に寄与するものでなければならないのです。以下に示す『末法燈明記』の引用は、そのような親鸞の立場をあらわしたものです。

「最澄の『末法燈明記』をひらいてみると、次のようにいっている。『さて、唯一絶対の真理に基づき、人々を導くものは法王（釈迦牟尼仏）であり、広く世界を治め、徳をもって人々を導くものは仁王（にんのう、仁慈あふれる王）である。したがって、仁王と法王とはそれぞれ世に現れて人々を導き、仏教の真理と世間の道理は互いに助けあって教えを広めるのである。これによって奥深い教えが世に広まり、正しい道が天下に行きわたる』」(『顕浄土真実教行証文類(現代語版)』「化身土文類」本願寺出版社、五三八頁、二〇〇〇年)。

世俗権力に対する仏法の優位性、それを前提にした「王法」「仏法」の協力関係は、社会において人間解放の実現をはかるためのものであり、世俗権力が仏法を抑圧することなく、また自己の利益を追求するためのものになってはいけないという主張をここに読み取ることができます。

現実には、養老律令(七一八年)の「僧尼令二七条」にみられるように、国家は仏法を支配しています。専修念仏者集団の弾圧を目的とした興福寺奏上(一二〇五年)においても、第一の理由が「新宗を建つるの失」、すなわち専修念仏者集団の仏教は国家の認可を得ていないという間違いを犯している、という主張にもみられます。結論としての、第九番目の理由は、「国土を乱るの失」であり、専修念仏集団を放置すれば、支配者層の利益を守る顕密体制が崩壊するというものであります。この奏上によって、法然、親鸞等の専修念仏集団は、一二〇七年に流刑や死刑の判決が下されるのです。このような社会的現実に対する怒りを親鸞は持っていますが、そこに留まることなく、このような弾圧は仏教の変遷を知らないことによるものであることを、次のように引用によって示しています。

「ここに今、わたしたち愚かな僧侶はみな国の法律に縛られ、そのきびしい罰を恐れて身も心も休まる時がない。しかしながら、仏法には三つの時代があり、人にも三種の資質の違いがある。教えや戒律は時代に応じて移り変わり、誇る言葉やほめる言葉も人に応じてそれぞれに異なる。…釈尊が入滅された後の仏の教えも五段階を経て衰え、人々の智慧やさとりは異なっていく。このような時代も資質も異なった人々をどうして一つの道理でおさめることができようか。このようなわけであるから、正法と像法と末法の時代の区別を詳しく述べ、…最後に経典に説かれた教えと末法の時代のありさまをくらべてみることにする」（五三九頁）。

『末法燈明記』によれば、延暦二〇年（八〇一年）は、像法《ぞうぼう》の最後の年に当たり、この年は内容において末《まっ》法《ぽう》時代と同じであると述べられています。「末法の時代であれば、ただ仏の説かれた言葉だけが残っているだけで、行もさとりもない」（五四四頁）のです。末法の時代とは、正法《しょうぼう》の時代のように「教（仏の教え）」「行（教えの通り修行すること）」「証（その結果、さとりがえられること）」の三つが一体となって存在せず、また像法の時代のように、「教」「行」の二つしか存在しない時代とも異なり、「教（仏の教え）」しか存在しない時代であるとされます。親鸞の時代には、釈尊入滅を紀元前九四九年とし、正法一〇〇〇年・像法一〇〇〇年という考え方が定着していましたので、『末法燈明記』における末法元年の時期設定とは異なり、一〇五二年が「末法」元年と考えられていました。この「末法」の時代には、戒律自体が意味をなさず、国家が僧侶を支配することも無意味となります。このような末法観は、時代とともに仏教が世俗化することを表現したものであり、時代の濁り、思想の濁り、煩悩の濁り、人々の濁り、命が濁り短命化すること、を意味する「五濁」と結びつけて考えられていました。したがって、末法は仏法の危機であるばかりでなく、社会政治的危機の時代でもあったのです。

末法時代の始まりとなる一〇五二年は、「顕密体制」が確固たるものになった時期で、富と権力が世俗権力と宗教勢力に集中し、既存の仏教は人間解放を放棄し、民衆の願いを受け止めることはできませんでした。仏教の歴史観としての「正法」「像法」「末法」の「三時思想」からは、時代の変遷による仏法自体の世俗化が読み取れます。この世俗化は、第一に、仏教僧の「官僧化（高級官僚化）」を意味し、仏教が政治体制の擁護者となることを意味します。第二に、世俗化は『今昔物語』『宇治拾遺物語』に見られるように、仏教の民衆化をも意味します。この二つの世俗化の典型的出現が、「末法」の到来を知らせるものとして、考えられていたのです。この時代には、「無戒名字《むかいみようじ》の比丘《びく》」、「名ばかりの僧侶」がまことの宝となることを、『末法燈明記』は述べています。

「…今論じているのは末法の時代であり、名ばかりの比丘しかいないのである。この名ばかりの比丘をこの世のまことの宝とする。そしてこれを福田（ふくでん、福徳〈功徳〉を生じる田）とするのである。もし末法の時代に戒律をたもつものがいるというなら、それこそおかしなことであって、町中に虎がいるようなものである。だれがこれを信じるであろうか」（五四六頁）。

親鸞が『末法燈明記』を引用した理由は、第一に、「王法」に象徴される「世俗政治権力」は仏法（仏教の真理）に基づくべきであり、仏法を実現する政治をおこなうことによって、人々も安心して幸せな社会生活を送ることができるという主張が読み取れるからです。第二は、世俗権力は真実を求める僧を弾圧してはならないという主張が明確に述べられているからです。これは自分自身が体験した弾圧を許さないという主張と一体のものなのです。第三は、末法時代においては、「無戒名字の比丘」（名ばかりの僧侶）が「この世のまことの宝」であることが主張されているからです。この「名ばかりの僧侶」とは、僧籍を奪われ流罪の身となり、「僧にあらず俗にあらず」と主張した、自己の現実の姿であり、「名ばかりの僧侶」が末法時代における「この世のまことの宝」となったということを、『末法燈明記』は認めているからです。『末法燈明記』の結論は、国を破壊する「蝗（いなご）」のような、権力擁護の「官僧」を大切にしてはならず、国家鎮護のためには「名ばかりの僧侶」こそ、国の宝として大切にしなければならないというものです。信楽峻麿先生が『教行証文類』（法蔵館、二〇一三年）で述べているように、親鸞がこの結論部分を引用しなかったのは、仏教とは自己中心主義からの解放のためのものであり、国家鎮護のためのものではないという立場に立っていたからでありましょう。

さて、「名ばかりの僧侶」は何故に「この世の宝」となりうるのでしょうか。この点については、親鸞は詳しく述べていません。その理由は、親鸞の時代において、「名ばかりの僧侶」の果たす主要な役割については、知識人たちにおいてはすでに「常識」化していたからだと思われます。それは、源為憲の『三宝絵』（九八四年）からも知ることができます。

二 「名ばかりの僧侶」の役割

源為憲《みなもとのためのり》の『三宝絵（下巻）』は、源信の『往生要集』と同じ時期（九八四年）に書かれたものであり、「末法」の時代認識が色濃く反映されています。この下巻の前書きにおいて、源為憲は、末法時代においては、名ばかりの僧侶は、仏の教えを広めることができるという確信を持って、次のように述べています。

「もしかみをそり、衣をそめたる凡夫の僧いまさざらましかば、誰か仏法をつたえまし。衆生のたのみとはならまし。…また、いまだ（戒を）うけぬ沙弥をも我ふかくうやまふ。経（『阿育王伝』巻7）にのたまはく、『龍の子はちゐさけれどかろむべからず。雲をうごかして雨をくだす。沙弥はいときなけれどもあなづらず。道をえて人をわたす』との給へり。…身にけさをきつれば、みな如来のまことのみこ（身と）なりぬ（『大方等大集経』）。いましめを『大集経』の偈に残せり。仏いましめて（『大方等大集経』巻五六）の給はく、『もしかれ（無戒の名ばかりの僧侶）をうつは我をうつなり。…『孔雀（官僧）はうるわしうかざれる色なれども、かり（雁、名ばかりの僧侶）のつばさのとをく（遠く）にとぶにはしかず』（『大智度論』巻3）」（『三宝絵』平凡社東洋文庫五一二、一一一〜一一二頁、一九九〇年）。

末法の時代には、「行」「証」（修行とさとり）は存在せず、「教」（仏の教え）しか残されていないと理解されていました。その教えを人々に伝えるのが、僧侶の任務なのです。末法時代には、「無戒の名ばかりの僧侶」が世の宝とされていますが、そのような僧侶は仏の教えを人々に伝えることができるのでしょうか。「顕密体制」は、黒田俊雄教授の『王法と仏法』（法蔵館、二〇〇一年）によれば、一〇世紀末にその特徴を見せ始めます。世の宝としての「名ばかりの僧侶」の重視は、末法五濁と顕密体制の出現を重ね合わせた視点によるもののように思われます。現実には、国家権力によって存在を認められ、世俗権力擁護の政治的役割を果たす高位の「官僧」の存在、自己の利益のために政治権力と一体化する仏教勢力（比叡山延暦寺、高野山金剛峰寺と南都六宗）の姿に、「末法」の始まり、仏法の世俗化を見たのは偶然ではありません。「無戒名字の比丘」「名ばかりの僧侶」とは、このような非仏教的な高位の「官僧」の対極に位置づけられた、末法時代における、あるべき姿としての「僧侶」を意味するものと考えられます。したがって、「名ばかりの僧侶」は、非常に肯定的な意味を持つものとして、知識人には捉えられていたのでしょう。ですから、源為憲はそのような立場に立って、「名ばかりの僧侶」の評価の譬えとして、龍の子の話を述べているのです。ここでのポイントは、外観や社会的地位のみによって、僧侶を評価するのではなく、僧侶の基本的能力、「仏の教えを伝える能力があるかないかを基準にせよ」という点です。龍の子は、「子ども」であっても「雨を降らせる」という、本来、龍がもつべき基本的能力をもっており、外見から判断して、その能力はないものと考えてはならないという主張なのです。同様に、それは孔雀と雁との比較についてもいえます。確かに、外見の美しさにおいては、どの鳥も孔雀にはかないません。しかしながら、孔雀には「鳥」として要求される「飛ぶ」という基本的能力はありません。雁は、外見の美しさにおいては、孔雀にかないませんが、飛ぶという鳥に要求される能力においては、海外にまで行くことが出来る訳ですから、孔雀など物の数には入りません。「美しい孔雀」は、学問を身に着けてはいるものの、権力の擁護者となり、民衆の救いなど考えたこともなく、何不自由なく快適に過ごしている、高級官僚僧を思い起こさせてくれます。彼らは、人々に真実の救いを説かねばならないという僧侶としての基本能力を欠いているのです。他方、雁に象徴される「名ばかりの僧侶」は地味で、決して美しく身を飾ってはいませんが、人々に仏の教えを語るという基本能力においては、格段に優れているのです。つまり、「名ばかりの僧侶」とは、親鸞が自己の理想とした平安初期の「賀古の教信沙弥」のように、権力に与《くみ》せず、人びとの中に暮らし妻子を抱えつつ、民衆に救いを説く僧であり、またそれができる高い学問を身に着けていることが要求されるのです。高度な仏教的知識をもち、権力から距離を置き民衆の中に暮らしつつ、民衆の救済の願いに応えて平易な言葉で仏の教えを伝えることができる人物、この人物こそが「名ばかりの僧侶」なのです。法然、親鸞、道元、日蓮などの鎌倉新仏教の開祖たちは、高度な学問的能力をもちながら、比叡山に留まることはなく、また世俗政治権力とも一線を画していました。これらの開祖は、「名ばかりの僧侶」の典型と言えるでしょう。

法然・親鸞・道元・日蓮は、世俗および宗教権力とは明確な距離を置いているばかりでなく、それぞれ高度な仏教の知識・理論をもち、人々に分け隔てなく仏の教えを説いていました。そのため、法然、親鸞、日蓮は流刑の身となり、道元は京都から追放されたのです。彼らの思想には、それぞれ異なる点もありますが、「権力擁護の高僧」の対極にある、「名ばかりの僧侶」であると言えるのではないでしょうか。

「名ばかりの僧侶」には、高度な経典理解能力が求められます。その理由は、経典の中に現実世界を切り開く「仏の教え」が存在することを示さなければならないからです。それはどのようにして可能となるのでしょうか。

三　「名ばかりの僧侶」に求められる「仏の教え」の主体的把握の方法

「名ばかりの僧侶」が「この世の宝」となるためには、仏の教えを民衆が理解し、生きる力につなげていける説明力が求められます。親鸞は、その道筋を『大智度論』（龍樹）に見出し、『顕浄土真実教行証文類』の「化身土文類」において、次のように述べています。

「『大智度論』(龍樹)に、四つの依りどころについて次のようにいわれている。『釈尊がまさにこの世から去ろうとなさるとき、比丘たちに仰せになった。〈今日からは、教えを依りどころとし、説く人に依ってはならない。教えの内容を依りどころとし、言葉に依ってはならない。真実の智慧を依りどころとし、人間の分別(わけへだてをする心)に依ってはならない。仏のお心が完全に説き示された経典を依りどころとし、仏のおこころが十分に説き示されていない経典に依ってはならない。…教えの内容を依りどころとするとは、教えの内容に、よいと悪い、罪と功徳、嘘とまことなどの違いをいうことはなく、だから言葉は教えの内容を表わしているものであって、教えの内容が言葉そのものなのではない。言葉に依って教えの内容に依らないのは、人が月を指さして教えようとするときに、指ばかりを見て月を見ないようなものである。…言葉は教えの内容を指し示すものであって、言葉そのものが教えの内容であるわけではない。このようなわけで、言葉に依ってはならないのである。…』」(『顕浄土真実教行証文類(現代語版)』「化身土文類」五三一~五三二頁)。

ここで述べられているのは、現実の課題解決を経典の中に求めること、経典の現代化の意味です。それは、「釈尊が向き合った現実から生まれた教え」に導かれて、われわれが向き合う現実との共通性を把握し、その教えを主体的に受け止めることを意味します。この視点は、時代の転換期において現れる宗教の「現代化」であり、世界中どこにでも見出されうるものです。一九八〇年の南アフリカにおいて生まれた、「アパルトヘイト体制」と闘う「全人種主義(Non-racialism)」の新しい神学、「状況神学(Contextual Theology)」にも見られます。アルバート・ノーラン(Albert Nolan)は、状況神学の基本的立場は、「聖書から福音の内容を取り出し、われわれの特別な状況（アパルトヘイト体制の存在）に基づいて、その内容に新しい具体化を与えること」（*God in South Africa,* David Philip, Cape, 1988）にあると述べています。この神学は、一九七〇年代の黒人意識運動を指導したスティーブ・ビコ（Steve Biko）のキリスト教把握の延長線上にあるものです。ビコは『私は書きたいことを書く（*I Write What I Like,* Heinemann, 1978）』において、キリスト教を次のように捉えています。①抑圧を許すのは罪であること、②民衆の側からの聖書の捉えかえしが必要であること、③闘う神としてのキリスト像の確立、④黒人（被抑圧者）と神との結合をはかるのは聖職者（黒人聖職者）の義務である。

一九八〇年代の反アパルトヘイト運動の特徴の一つは、宗教者の積極的参加です。このような宗教者たちの集団的討議をへて提起された歴史的文書が「カイロス文書」であり、ここには上記のビコの四点の指摘が踏まえられています。一九八五年に出された、一五一名の聖職者の署名のあるこの文書には、「指ばかりを見て月を見ない」アパルトヘイト擁護の「国家神学」と、「中立」の名の下にアパルトヘイト体制批判にはかかわらない「教会神学」が批判されています。保守的な、体制擁護の「国家神学」の神学者たちは、聖書の「ローマの信徒への手紙・第一三章」に依拠して、「神は国家に神的絶対的権威を与えているから、アパルトヘイト体制維持は正当だ」と主張します。これに対して、「カイロス文書」は次のように反論しています。「民衆を抑圧する帝国は、ダニエル書、黙示録において、獣であると述べられている。神はかれらに、しばしの間は支配することを許したが、かれらのしたことは認めなかった。…神は抑圧的支配者に対する服従を要求してはいない」（*Challenge to the Church,* The Kairos Document and Commentaries, World Council of Churches Special Issue: November, 1985）。さらに「カイロス文書」は彼らの描く神は、白人植民者の側に立つ神、土地を黒人から取り上げる神であり、貧しきものをくじく神であり、『全能なる神の姿をまとった悪魔』にほかならないと主張しています。また「教会神学」は、社会・政治と信仰を分離し、信仰を心の中だけに限定することによって、結果的にはアパルトヘイト体制の存在に手を貸していると批判されています。これらの批判には、「言葉は教えの内容を表わしているものであって、教えの内容が言葉そのものではない」という親鸞の視点と同じものが見出されます。

このような、反アパルトヘイトの神学者・聖職者たちの聖書の捉え方は、一九七〇年代のイランの思想家アリー・シャリーアティーの『クルアーン』（コーラン）の捉え方とも、共通点があります。シャリーアティーは、『クルアーン』の中に現代の課題に対応するものが存在していることを次のように述べています。

「現在の知識人に課せられた義務は、イスラームを人間個人と社会に活力を与え、人類の将来に対する指針を教示する任にある宗教としてとらえることである。…私はイスラームに関する研究調査を進める中で、以前には想像だにしなかった、まったく新しい主題に遭遇した。その発見の一つは、イスラームとクルアーンについて研究した結果、歴史学や社会学といった諸科学の概ねの理論がそこに存在していることである」（アリー・シャリーアティー著、黒田壽郎序論・櫻井秀子訳『イスラーム再構築の思想』大村書店、七二〜七三頁、一九九七年）。

アパルトヘイト時代の南アフリカにおいて、また、秘密警察と軍隊による厳しい弾圧の続くイランにおいて、民衆が依拠できるのは生活と結びついたキリスト教やイスラームでした。このような現実を突破する道を聖書やクルアーンの中に見出し、その道筋を民衆が把握し非暴力的運動によって、アパルトヘイト体制やパーレビ体制は打倒されたのです。

南アフリカやイランに見られるように、聖書やクルアーンの中に現実変革の道を掴みとる努力がなされたように、親鸞も同様な試みをしました。それは、経典を二重化し、「方便」として表に現れたものを通じて、「裏」に隠された真実、末法五濁を突き破る道筋を掴み取るという方法です。それはどのようなものであるかを見てみようと思います。そのためにはまず、「方便」と「真実」がどのような関係にあるのを明らかにしなければなりません。親鸞は、「方便」が現れる世界を「化身土」と呼び、「真実」の世界を「真仏土」として位置づけます。

四 親鸞における世界認識――「真仏土」と「化身土」

「化身土」を示すためには、真実世界との対比・関係を明らかにする必要があります。親鸞は「化身土文類」に先立つ「真仏土文類」冒頭において次のように真仏土の本質を述べています。

「つつしんで、真実の仏と浄土（真仏土）をうかがうと、仏は思いはかることのできない光明の如来であり、浄土はまた限りない光明の世界である。すなわち、それは法蔵菩薩のおこされた大いなる慈悲の誓願の果報として成就されたものであるから、真実の報仏・報土というのである。その誓願とは、すなわち光明無量の願（第一二願）と寿命無量の願（第一三願）とである」（『顕浄土真実教行証文類（現代語版）』本願寺出版社、三三八頁、二〇〇〇年）。

真仏土における、真実の仏は「限りなき光明（智慧）」で象徴される「不可思議光如来」であり、その「土」（浄土）は「限りなき光明（智慧）」で象徴される「無量光明土」、限りなき光明の世界です。「真仏土」とは、真如の世界としての絶対的世界であり、真仏土の仏身は、われわれの思惟を超えた、はかり知ることのできない智慧の象徴としての光明の輝く仏であり、真仏土の「土」は、はかり知ることが出来ない光明、智慧に溢れる世界です。しかしながら、この絶対的真実の世界はわれわれに直接はたらきかけることはできません。色も形もない、真仏土の仏身（法性法身）は、絶対的真実世界に留まっていることはなく、具体的姿（方便法身）となって時空間を突き破り、われわれの生活している現象世界へたち現われ、われわれに対してはたらきかけるのです。法性法身と方便法身との関係を親鸞は『浄土論』を引用しつつ、次のように示しています。

「仏や菩薩がたには二種の法身がある。一つには法性法身《ほうしょうほっしん》（色もなく形もない真如そのものである仏身）であり、二つには方便法身《ほうべんほっしん》（真如そのものである法性法身が、衆生救済のために名を示し形をあらわした仏身）である。法性法身によって方便法身を生じ、方便法身によって法性法身をあらわす。この二種の法身は異なっているが分けることはできない。一つではあるが同じとすることはできない。このようなわけで、広（方便法身）と略（法性法身）とは互いに収まるのであり、法という言葉でまとめるのである。菩薩が、もしこの広略が互いに収まるということを知らなければ、自利利他のはたらきをすることはできない」（『顕浄土真実教行証文類（現代語版）』「証文類」三五六頁）。

法性（dharmataa）とは真如・真理であり、法身（dharma-kaayaa）とは真理の身体を意味します。したがって、法性法身とは、「真理の身体」（岩波仏教辞典）であり、「色もなく、形もない。だから、心に思うことができないし、言葉にも表すことができない」（『唯信鈔文意（現代語版）』本願寺出版社、一三三頁、二〇〇七年）のです。この法性法身がわれわれを救済するために具体的姿を示し、われわれの前に立ち現われるのが、方便法身なのです。法性法身は、時空間を突き破って、現実世界へ方便法身となって現れて、われわれを救済するのですが、方便法身は、法性法身がなければ、われわれにはたらくことはできないのです。また、法性法身は、方便法身とならなければわれわれを救うことはできないのです。両者は一体不離の関係にあります。『顕浄土真実教行証文類』の「教文類」において、阿難が人間釈尊に仏を、方便法身を見たことに対して、釈尊は次のように述べています。「すべての仏がたは大いなる慈悲の心から人々を救うために世に現れるのであり、それは優曇華が咲くほどきわめてまれなことである。今、わたし（釈尊）が仏としてこの世に現れた」（『顕浄土真実教行証文類（現代語版）』一三頁、傍線は筆者による）。このように、人間釈迦に仏を見るということが方便法身の現れであり、この方便法身を曇鸞は「為物身」（物の為の身、衆生救済のために現れた仏身）と呼んでいます。

法性法身は、直接、現実世界において人間の前に現れて、はたらくことはできず、方便法身となってはたらくのです。このような現象世界を親鸞は「化身土」と呼んでいます。では、化身土とはどのような世界であるのか、またそれは真仏土とどのような関係にあるのかを親鸞に依拠して明らかにしてみようと思います。

五　親鸞における化身土と真仏土

「化身土」とは、中国語では一般にどのようなことを意味するのか、台湾の国立中央研究院欧米研究所の李有成教授にうかがいました。するとそれは、「よりよいものへと変わっていく場所、世界」を意味するとのことでした。親鸞においては、方便としての仏・菩薩が現実世界のわれわれに、はたらきかけ、われわれを真実へと向かわせる世界が「化身土」ですから、中国語の意味と重なり合います。「化身」「化土」とはどのような意味を持っているのかについては、以下に示す「証文類」の『浄土論』引用から、その内容を理解することができます。

「出第五門とは、大慈悲をもって一切苦悩の衆生を観察して、応化身を示して、生死の園、煩悩の林の中に回入して、神通に遊戯し、教化地に至る。本願力回向をもってのゆゑに。これを出第五門と名づく。（出の第五門とは、大慈悲の心をもって、苦しみ悩むすべての衆生を観じて、救うためのさまざまなすがたを現し、煩悩に満ちた迷いの世界に還ってきて、神通力をもって思いのままに衆生を教え導く位にいたることである。このようなはたらきは、阿弥陀仏の本願力（阿弥陀仏の衆生救済のはたらき）の回向によるのである。これを出の第五門という）」（『顕浄土真実教行証文類（現代語版）』三四〇〜三四一頁、傍線は筆者による）。

この引用にみられるように、「化」とは現実世界において、人間の感覚器官の対象として姿を示すこと、そして人間を真実へと導くこと、「教化」の二つの意味があることが分かります。藤場俊基師は、「化」には、自動詞的な意味と他動詞的な意味があるという立場に立って次のように述べています（傍線は筆者による）。

「自動詞的な意味は『姿形が現れる』という意味です。たとえば仏や菩薩が応化するという具合に言います。出てきたその姿が応化身です。見たり聞いたり触ったり感じたりできる形を持つ。ですから自動詞的な意味で化身土の題号を考えれば、『応化する仏身・仏土』という意味であるわけです。他動詞的な場合は、『変化させる』という意味になります。教化がその用法に当たります。影響を及ぼして変化を生じさせるはたらきのことです。今日でも『感化する』というような使い方があります。この意味ならば化身土という題号は『教化する仏身・仏土』ということになります」（藤場俊基『親鸞の教行信証を読み解くⅣ―化身土巻（前）―』明石書店、四五頁、二〇一二年）。

「化」には、①われわれの感覚器官の対象となって現れること、②われわれを真実へと教え導くことの両面の意味があるという指摘は重要です。これは、法性法身が方便法身となって、現実世界のわれわれに具体的姿をとって救済のはたらきをおこなうことと同義となります。「化身土」は、「現実世界に具体的に現れる仏身・仏土」であり「われわれを真実へと導く仏身・仏土」の意味が込められていることを理解する必要があります。「化身土」は、具体的姿をとった方便法身が「はたらきかける」場所という点で、われわれの世界と重なり合っているのです。「化身土」は、このようにダイナミックな、肯定的な意味をもっていることに注目する必要があります。

この意義を理解したうえで、絶対的真理・超越性との対比が必要です。この対比において「化身土」には、有限性という限界性があることがわかります。これが、われわれの感覚器官の対象となる「化身土」のもつ、第二の意味です。

われわれにはたらきかけ、われわれを救済する仏身としての方便法身は、「為物身」として、「われわれのため」に、はたらきかける訳ですから、煩悩的存在・「迷いの存在」としてのわれわれにふさわしい対応をとります。方便法身は五感の対象となって、われわれに対応するのです。有限的存在者として現実世界に現れる「方便法身」は、絶対者・真如としての「法性法身」ではありません。しかし、「法性法身」と「方便法身」は不離の関係にありますから、「化身土」は独立的に存在するものではなく、「真仏土」が前提となります。両者は相互につながっており、「化身土」・「方便法身」の有限性・限界性が「真仏土」・「法性法身」へと人間を導くのです。「真仏土」の特徴について、親鸞は限りなき光明（智慧）の如来がそこに実在し、その世界は限りなき光明の浄土であると述べています。その真実世界と仏が、われわれの救済のために現れる世界が「化身土」なのです。「化身土」は、有限的存在・自己限定的存在であるがゆえに、無限定的・絶対的存在としての「真仏土」（真実の浄土世界）と同一ではありません。親鸞は「化身土文類」の冒頭において、方便としての化身土の有限性について次のように述べています。

「方便の仏と浄土を顕せば、仏は『観無量寿経』に説かれている真身観（しんしんかん）の仏であり、浄土は『観無量寿経』に説かれている浄土である。また『菩薩処胎経』などに説かれている懈慢界（けまんがい）である。また『無量寿経』に説かれている疑城胎宮である」（『顕浄土真実教行証文類（現代語版）』四五三頁）。

「真身観」とは、阿弥陀仏の「姿」を観想することであり、「真身観の仏」とは、『観無量寿経』において「高さ六〇万億那由多恒河沙由旬」と述べられているように、視覚的・数量的な有限的存在として表現されています。また、その浄土も同様に、視覚的・数量的・有限的存在として表現されています。さらにその浄土は、他力を信じない（阿弥陀如来によるわれわれの救済を信じない）自己中心主義の人間が生まれる浄土であり、懈慢界（怠け者、高慢心の者が往生する世界）・疑城胎宮（母体のなかにいるかのように、阿弥陀仏の救いに対して疑いの心をもち、その状態に満足している者が往生する閉鎖的世界）とも呼ばれています。

われわれの救済のために現れる「方便法身」としての「仏」は、自己中心主義的な煩悩的存在者としての「われわれ」に「絶対的真理」を直接に語ることなく、われわれが関心をもつ「願望」に対応します。それが、視覚的なきらびやかな浄土や仏であり、そこに近づくための自己中心主義的な善根の積み上げを勧めます。これが満たされた浄土は、自己中心主義の対象化にすぎないのです。この視点は、欧米近代を唯一の「普遍的基準」としている現代社会批判においても大きな意義をもっています。

欧米中心の近代世界は、デカルト以来、エゴイズムと理性を一体化させ、国家権力の基盤から宗教（宗教勢力）を追い出し、理性の名の下に神を人間の内に取り込み、国家存立の基盤を「理性的人間」という名の「エゴイズム」に置くことになったのです。欧米近代において、理性的人間とは「欧米人」であり、「神の代理人」（チヌア・アチェベの言葉）として「文明化」という名の、非欧米世界の植民地支配が合理化されてきたのです。「グローバリゼーション」「世界のグローバル化」という言葉も、このような近代欧米中心主義的イデオロギーの延長線上にあるものです。

明治以来の日本近代化の道筋は、アジア地域において「欧米化」に「成功」した日本が、「近代化」援助の名の下に、アジア・太平洋地域の支配合理化の道であったのです。戦後七〇年を考えることは、明治以来の日本の近代化のあり方について、東アジアを中心としたアジアの視点から根本的に自己を問うべきものでなければなりません。しかし、今日の日本の歩んでいる道は、そのような近代化そのものを問うことなく、自己を「合理化」し、欧米中心の、特にアメリカ中心の「グローバル化」に追従する道であり、その行き着く先の「浄土」はまさに、「懈慢界」「疑城胎宮」なのです。

「疑城胎宮」とは、自己中心主義者の世界を映しだした「浄土世界」です。そこでは、すべての建物は「七宝」でできていて、さまざまな宝で飾られ、水浴する池の水は、清らかで、甘露の味がするといわれます。またその国の王子たちが罪を犯すと、牢獄に入れられ黄金の鎖でつながれるといわれます。「衆生救済のための阿弥陀仏の本願を疑う自力の心（自己中心主義的な心）で、さまざまな功徳を積み、その国に生まれたいと願うもの」や「この上なくすぐれた無量寿仏の智慧を知らず、この智慧を疑って信じない。それでいて悪の報いをおそれ、善の果報を望み、善の本である名号を称えて、無量寿仏の国に生まれたいと願う」（『顕浄土真実教行証文類（現代語版）』四五七頁）ものが往生するのは、真実浄土ではなくこのような「宮殿」であり、五〇〇年間仏を見ることができないとされます。このような人々は、浄土に生まれても、「蓮の花の中に閉じ込められて、外に出ることはできない」のです。

このような浄土は、欧米近代の特徴をよく表しています。欧米近代は超越的神を内在化し、その神を理性と一体化させました。超越者としての神の排除は、教会勢力を政治権力から排除するために、欧米近代にとっては「必要」であったのです。この超越者としての神の排除は、自己客体化、外部性による自己検証を妨げ、エゴイズムと理性を一体化させることの過ちを制御できなくなるのです。かつて神によって守られた「国家」の「絶対性」は、欧米近代の国民国家においては「理性」という名の「エゴイズム」とその「神聖化」によって守られるのです。たしかに、欧米近代の価値観には、人間の平等と自由に関して、一定の合理性はあります。

しかしその合理性は、他に開かれない自己内世界の合理性にすぎません。したがって、自己が外部性としての他者とつながっているという視点は生まれないのです。このことは社会認識を歪め、人間の成長を押しとどめます。沖縄の現実をみれば、「戦後」は未だに続いています。しかしながら、その現実を「我が事」として受け止められないのは、外部性をもたない「閉ざされた自己」の世界に安住しているからなのです。欧米近代の価値観が主流となっている世界に暮らす人々の「浄土」は、その現実世界を映写した世界ですから、他者を排除した「疑城胎宮」となるのです。このような浄土には、「自己をこえる」という超越の視点はなく、あくまでも自己内世界、自己絶対化の世界であり、自己客体化は不可能な、現実世界を投影化した「浄土」にほかなりません。このような浄土こそ、「グローバリゼーション」を掲げる、欧米中心主義者の願う「浄土」であり、その内実は「疑城胎宮」なのです。では、このような「浄土」を出て、真実浄土に生まれることは可能なのでしょうか。それは、外部性としての阿弥陀如来の本願力によって、可能となるのです。

六　「疑城胎宮」からの脱出――自己中心主義からの脱出の道

『仏説無量寿経』巻下の結びに近い部分において、釈尊は弥勒菩薩に次のように訊ねます。その問いは、「疑城胎宮」としての「七宝宮殿」に閉じ込められた王子を例にして、「彼はそこにいつまでも留まりたいと思うか」という問いです。

「たとえば、転輪聖王のところに七宝の宮殿があり、その宮殿はきれいにかざりたてられ、座には立派などばりがめぐられ、色うるわしい絹の旗がかけられているとしよう。もし王子の一人が、父の王から罪をうけて、この宮殿に閉じこめられ、黄金の鎖でつながれたとしよう。ただ動くことだけが不自由ということで、飲食・衣服・寝具・香花・音楽などは、まったく父王と同じように、何一つ不足することがないという場合、その王子は、いつまでもそこにいたいと願うだろうか」（高木昭良『浄土三部経の意訳と解説』永田文昌堂、四〇二頁、一九八三年）。

この問いに対して、弥勒菩薩は、「何とかしてそこから脱出したいと思うでしょう」と答えます。この答えを聞いて釈尊は次のように説明します。

「（その王子などの自己中心主義的な人々は）仏智を疑ったために、その胎生の宮殿（閉じられた自己内世界）に生まれたのであって、何の刑罰もなく、少しの悪いこともうけないのであるが、ただ五〇〇年のあいだ、仏・宝僧の三宝を見ることができず、また諸仏を供養し、諸善を修めることができぬというだけのことである。ほかの楽しみはあるが、これだけが苦しいので、宮殿にいたいとは願わないのである。ゆえに、もしこれらの人々も、その疑いの罪をさとって、深く自らを悔いあらため、その胎宮をはなれたいと願い求めるなら、思いのまま無量寿仏のところへまいり、恭敬し供養することもでき、それはかりでなく、無量の諸仏のところにも行って、いろいろ功徳を修めることができるのである」（前掲書、四〇二〜四〇三頁）。

「疑城胎宮」の世界は、自己中心主義的な願望はすべて満たされている世界であり、自己完結した、他者への広がりをもたない世界です。そこでは、他者から学び、他者のために生きたいという願いは生まれません。「この世界でいいのですか」という、他者としての仏のよびかけによって、自己の愚かな姿にめざまされるのです。釈尊の、「疑城胎宮」に居続けたいと思うかという「他者」としての問いかけと、弥勒の「そこから逃れたいと思う」という答えは、それを象徴しています。

「疑城胎宮」から逃れたいと「めざめさせられた」ことは、自己中心主義的世界からの脱出の願いが生まれたことを意味します。それによって、その世界から脱して真実世界へと生まれることが可能となるのです。仏は煩悩的なわれわれに対して、自己中心主義を映写した「浄土世界」を勧めます。しかし、その世界には、ありとあらゆる願望を満たしてくれるものは存在していますが、最終的には満足できません。なぜならそこには、自己を飛躍させる本当の喜びがないからです。その喜びは、自己とは異なる「他者」、自己を客観化し成長させてくれる「他者」、すなわち仏がいないのです。そのことに気付かせるのが、他者としての阿弥陀如来の本願力なのです。

仏はわれわれに、自己中心主義的浄土を「方便」として示し、そこへわれわれを導きますが、その世界自体が根本的に真実の存在しない、閉鎖的な自己内世界であることに気付かせ、最終的には真実世界へとわれわれを導くのです。このような論理構造が、『仏説観無量寿経』・『仏説阿弥陀経』に存在することを「化身土文類」において、親鸞は説き明かしています。信楽峻麿先生は、この二つの経典には、「方便」としての「顕説」（おもて）と真実としての「隠彰」（うら）の両面があることを、親鸞の思想に基づいて次のように述べています。

「（親鸞は「化身土文類」において）『観無量寿経』の教説には、顕説（おもて）の立場と隠彰（うら）の立場があって、その顕説の立場では、定善、散善の自力諸善往生の道を説いているが、その隠彰の立場からいえば、本願念仏の往生の道が説かれているといい、したがって『観無量寿経』の本義とは、その顕説の立場からいえば『無量寿経』とは別異であるが、その隠彰の立場からすれば『無量寿経』の教説とまったく一致すると明かします。…『阿弥陀経』の教説にも、顕説（おもて）の立場と隠彰（うら）の立場があって、その顕説の立場では、自力念仏往生の道が説かれているが、その隠彰の立場からいえば、本願念仏往生の道が説かれているといい、『阿弥陀経』の本義は、その顕説の立場からいえば、『無量寿経』とは別異であるが、その隠彰の立場からすれば、『無量寿経』の教説とまったく一致する、と明かします」（信楽峻麿『教行証文類』法蔵館、三二八頁、二〇一三年）。

親鸞は、真実の教は『仏説無量寿経』であると述べていますが、右記のように『仏説観無量寿経』『仏説阿弥陀経』との関係は、「顕説」（おもて）から見れば異なるが、「隠彰」（うら）から見れば一致するのです。この「顕説」「穏彰」は、煩悩的なわれわれにとっては、真実へと導くための、最適の方法であるのです。『仏説観無量寿経』は、救いを求める王女・韋提希（イダイケ）に対して「心を乱さず、思いをひとつに集中して浄土の姿を観ること」（定善）や「思いを浄土に集中することのないまま、悪い行いをやめて善い行いをすること」（散善）の教えを説き、その道が共に不可能であることを彼女に自覚させて、唯一、浄土への道は阿弥陀仏の名号をひとすじに称えることにあることを説いています。親鸞は「化身土文類」において、次のように述べています。

「『観無量寿経』の〈仏、阿難に告げたまわく、なんぢ、この語を持て〉、すなわち〈そなたはここ言葉をしっかりと心にとどめるがよい〉と述べられているところからは、阿弥陀仏の名号を阿難に託して、はるか後の世まで伝え広めることを明らかにされたものである。『観無量寿経』にはここまで定善・散善の利益が説かれているけれども、阿弥陀仏の本願のおこころからすると、釈尊の思召しは、人々に阿弥陀如来の名号をただひとすじにとなえさせることにある」(『化身土文類』五一〇頁)。

親鸞は、『仏説阿弥陀経』についても、同様の「顕説」と「隠彰」があることを明らかにしていますが、このような経典解釈にも、「言葉は教えの内容を指し示すものであって、言葉そのものが教えの内容であるわけではない」という立場がみられます。この立場は、一九八〇年代の南アフリカにおける反アパルトヘイトの「状況神学」や一九七九年のイラン・イスラーム革命の思想的支柱となった「イスラーム復興思想」と共通のものです。

結論

私は、この小論において『顕浄土真実教行証文類』「化身土文類」の「本巻」部分を中心にその現代的意義を述べてきました。戦後七〇年を振り返ってみると、誰の眼にも日本が戦争への道を歩んでいることが明らかです。われわれには、まず、どのように現実を捉えるのかを考えなければなりません。なぜなら、それがすべての出発点になるからです。

「化身土文類」における親鸞の現実認識は、『末法燈明記』の引用に見ることができます。この引用から、平安末期・鎌倉初期の時代において、国家権力は密教を機軸とした仏教勢力と一体化し、仏教勢力は、民衆救済という仏法の基本をなげすて、権力と一体化し、真実の仏法を求める者たちを弾圧していた現実が理解できます。そのような現実に対して、仏教の基本的立場に立ち、世俗権力および彼らと一体化した仏教勢力とは一線を画し、人間解放を目指す道を提起した知識人・宗教者の一人が親鸞でした。「僧に非ず俗にあらず」と親鸞は宣言し、民衆の中に暮らし、経典の中にその時代の人間解放の道を読みぬき、その道を民衆に説きました。その道を貫くことによる迫害に親鸞は怯みませんでした。また、親鸞の経典現代化の視点は、南アフリカの「状況神学」や、イランの「イスラーム復興」思想と大きな共通点があります。またこれらの思想は、非暴力・非服従を基盤にしています。これらの点を見るとき、今日の知識人・宗教者が何をなすべきかの示唆を与えてくれます。

第二に、親鸞は現実世界を立体的・重層的な「化身土」として捉えています。「化身土」には二重の意味があり、その一つの意味は、真如としての法性法身が、方便報身としてわれわれの前に現れ、われわれを真実に向けて歩ませる道筋を示す場が「化身土」であるということです。その道筋が人々の心を捉えたとき、現実世界は真実世界の方向へと変化し始めるということになります。その二つ目の意味は、「化身土」として捉えられた現実世界の有限性です。有限的世界に暮らす有限的存在としてのわれわれは、煩悩的・自己中心主義的存在であり、そのために方便法身としての仏は、われわれの願望に対応する有限的世界、究極の真実ではない、「疑城胎宮」としての「浄土」である「化身土」を示します。この「化身土」は、自己中心主義的・煩悩的なわれわれの世界を映しだした「浄土」です。親鸞はこの「化身土」としての「浄土」を真実浄土内の「辺地の浄土」として位置づけていますが、その理由は煩悩多き凡夫であるわれわれの救済のためには、方便を通じなければ真実へ至ることができないという立場に立って、かつまたかならず方便としての「化身土」から真実浄土へ至ることができるという立場に立って、浄土の内部の二重化としてそれを設定したのです。「化身土」は、無意識的なただの物質的な現実世界ではありません。それは、意識化された、救済の場としての煩悩的現実世界です。その世界の特徴を映写した浄土としての世界が「化身土」でもあるのです。

このように「化身土」とは、救済の場であると同時に、その救済が欧米近代世界に特徴的な「自我」「理性」の限界性を自覚させる「方便」のはたらきを通じて真実世界に向かわせる場でもあること、その救済は、自己を超えた「他者」としての阿弥陀仏によるものであることは、今日的にも現実把握の重要な視点となるものです。われわれが真摯に現実に向き合うことは、容易《たやす》くありません。そのようなわれわれを突き放すことなく、寄り添いつつ、われわれの抱えている問題点に気付かせる「方便」の視点は説得力があります。いまだに戦争の苦悩から解放されない沖縄の人々、非正規雇用によって人間の尊厳も奪われている多くの若者、戦争体験者の苦しみ、日本の植民地支配と侵略によっていまだに大きな精神的苦悩を負っているアジア・太平洋地域の人、アメリカやその同盟国による空爆によって、命を奪われている無辜のひとびと――これらの人々に仏の呼び声を聞くとき、われわれは自己中心主義的な「疑城胎宮」に居ることに気付かされ、そこからの脱出は可能となるのです。われわれは今日、戦争の「加害者」となり「被害者」となる危機的状況にあります。この現実にめざまされるとき、仏の呼び声を聞くことは可能なのです。戦後七〇年を振り返ることをとおして、無数の人々の声に仏の呼び声をきくことが、今われわれに求められているのです。

戦後七〇年と東北アジア平和共同体実現のための宗教の役割

朴《パク》光《クワン》洙《ス》
宋《ソン》暎《ヨン》恩《ウン》訳

一　はじめに

現在は過去から生み出されたもので、未来は現在の過程を通じて展開していく。日本・韓国・中国の東北アジア三国は長い歴史にわたって互いに活発な人的・物的交流を行いながらアジアの精神的価値と宗教文化を共有してきた。しかし一九世紀後半から二〇世紀初頭にかけて、西欧列強とアメリカによるアジア大陸への侵略および植民地政策が世界的な流れを形成する中で、東北アジア三国の国際情勢も急変した。世界情勢の急激な変化や内外における危機的状況に直面した日・韓・中三国はそれぞれ、制度的・社会的革新を通じて自国の発展を成し遂げる必要性を認識していたが、それにかかわる方法はそれぞれであった。

当時、中国ではいわゆる「第一次阿片戦争」（一八三九〜四二）に清王朝が敗退し、不平等条約である南京条約を締結させられ、広州と上海を含む五つの港をイギリスに開放することとなった。また太平天国の乱（一八五三）による政治的混乱の中で、イギリスとフランスの連合軍が北京への侵略（一八五六〜六〇）を敢行し、一八六〇年一〇月にはついに北京を陥落させ、強制的に不平等条約としての北京条約を結ばせた。このような不平等条約は中国に対する西欧帝国主義および資本主義による政治的・経済的侵奪が本格化していくことであり、その結果として半植民地的状況がもたらされた。

一方、日本では徳川時代を支えた幕藩体制が解体される中で、一八五四年八月にはアメリカによって強引に「日米和親条約」を結ばされ、さらに一八五八年七月には「日米修好通商条約」をも締結し、経済的な不平等条約もが結ばれた。このような一連の過程の中で武士たちが中心となった日本の維新勢力は明治天皇を擁立すると同時に外来の新文物を素早く受け入れ、新政府樹立によって強力な西欧の帝国主義体制を受容した。日本の近代を論ずる際には、明治維新（一八六八年）が時代を区別する基準時点となっており、明治維新以降の日本は「脱亜論」を掲げながら、日本国王を軸とする「大東亜」を建設するための帝国主義の道を歩んだ。そして近代日本を代表する哲学者である西田幾多郎（一八七〇—一九四五）がその基礎を据えた「京都学派」では、「世界史の哲学」または「世界史的立場」を通じて東アジアにおける権益を確保しながらも「世界秩序」の再編成を要求する日本の帝国主義的政策に哲学的根拠を提供した。日本は世界秩序の再編成を目標に、開放改革による富国強兵政策と、大東亜政策による侵略的な帝国主義を展開したのである。

一八六〇年代前後の韓国における対外状況は、西欧の帝国主義的侵略と不平等条約による経済的な収奪が加速しつつあった。ジェネラル・シャーマン号事件（General Sherman、一八六六）、丙寅洋擾（一八六六）、辛未洋擾（一八七一）など、西欧勢力の拡張につれ、ヤンバン支配層の危機意識も高まった。一八七六年には帝国主義に遅れて合流した日本と強制的な「日朝修好条約」を締結しており、それが引き金となって一八八二年アメリカとの通商条約、ヨーロッパ諸国との通商条約の締結が相次いだ。一八九四年に甲午の改革が失敗し、東学農民運動が起こると、それにかこつけて日本と中国の軍隊が駐屯することとなり、ついに六月末には日清戦争が勃発する。中国を敗退させた日本は日露戦争（一九〇四～五）でも勝利を収め、朝鮮に対する優越的な支配権を確保した。この頃、朝鮮は国称を大韓帝国に変更し、それは一八九七年一〇月一二日から一九一〇年八月二九日までは維持されたが、日韓併合（一九一〇年）と同時に朝鮮王朝（一三九二～一九一〇）が滅亡し、一九一〇年から一九四五年にいたるまで日本の植民地に転落してしまった。

一九四五年に第二次世界大戦が終戦してからもう七〇年も経った。東北アジア三国は終戦後、政治的混乱と経済的危機を克服してきており、国際社会においてもその安定的な国家競争力を確保するのに成功した。しかし、西欧を真似て行われた日本の帝国主義侵略戦争と植民地収奪は、アジアの全域にわたって治癒し難い傷を残した。現在日本の安倍政府は靖国参拝や平和憲法九条の変更とともに、侵略した歴史を隠蔽かつ縮小して教えるなど、今でも閉鎖的・排他的民族主義の傾向を持っている。また日・韓・中三国が相互の経済的交流と協力を拡大しているにもかかわらず、競争的に軍事力を増強していることは、隣国との確固たる信頼関係がまだ結ばれていないという意味でもある。

現在の経済的新自由主義の時代にも東北アジアの平和共同体を構築するのは可能であろうか。今、日・韓・中三国には健全な共同体意識を確保し、東北アジア平和共同体を実現するという課題が与えられている。この観点から「戦後七〇年と東北アジアの平和共同体の実現のための宗教の役割」に対する議論は切実なものであり、また時宜に適ったものであるといえよう。それに関して、まず、世界普遍の公共性の価値と倫理を共有し、実践するための方向を提示したい。そして、朝鮮半島の南北分断状況と政治的対立構図を乗り越えるための諸宗教間対話と協力の実践事例をいくつか挙げたい。それは朝鮮半島における平和定着のために、南北が中心となった宗教間対話と協力、および人道的支援事業がいかに進行してきたか、を示す重要な事例である。そして最後には、開放的文化共同体としての日・韓・中三国の可能性を提示したい。この意味で「東北アジア平和共同体の建設のための日韓中の共通点」を見出すのは非常に重要な課題である。(1) これは東北アジアが直面している危機を克服し、和合と信頼の社会に向かうための導きとなり、世界人類社会に共生と平和のビジョンを提示、実践する過程でもある。

二　平和共同体のための宗教の普遍倫理

最近における諸宗教間対話と協力の歴史は、公式的には一八九三年シカゴで開かれた「世界宗教議会(World's Parliament of Religions)」から始まる。この会合は宗教多元主義の理念的土台をなす宗教間対話を実践する場であり、歴史的にも、国際社会における諸宗教間対話と協力の活発な展開はもちろん、宗教連合運動や世界普遍倫理を胎動させた重大な会合であった。

これがきっかけとなって、現在も世界の様々なところで活躍する国際的な宗教連合機構が結成された。一九〇〇年にユニタリアン教会(Unitarian Church)が中心となって構成した今の国際自由宗教連盟(International Association for Religious Freedom, IARF)を始め、一九五〇年インドで結成された世界宗教協会(the World Fellowship of Religions)、一九六〇年の理解の寺院(Temple of Understanding, TOU)、一九七〇年の世界宗教者平和会議(World Conference on Religion and Peace, WCRP: Religions for Peace)、一九七六年のアジア宗教者平和会議(Asian Conference on Religion and Peace, ACRP)、一九八八年の世界宗教議会(the Council for a Parliament of the World's Religions, CPWR)、一九九三年の国際超宗派信仰センター（the International Interfaith Centre, IIC)、一九九六年の宗教連合構想（United Religions Initiative, URI)、そして二〇〇〇年の千年世界平和首脳会談（The Millennium World Peace Summit）などである。

宗教に関する学問的会合の中では、「国際宗教学会（International Association for the History of Religions)」が「この分野にかかわる学者同士の国際的協力を通して学問的な宗教学研究の発展を図る」ために一九五〇年に創立された。一九五八年東京では「東西の宗教と思想、文化交流の時代」をテーマにした大会が開かれ、「すべての宗教が人類のために真の寛容と協力を実現すれば、新しい時代が開かれるだろう」と結論付けた。今年の二〇一五年八月にもドイツのエルフルト（Erfurt）で第二一次国際学術会合（XXI IAHR World Congress 2015 in Erfurt）が開催されるなど、諸宗教間対話と学術研究は続けられている。国際宗教学会は宗教学的観点から宗教多元主義時代を切り開くのに重要な契機を提供していると考えられる。

文明同士の交流が時間と空間を乗り越え、急速に進展するにつれ、現代社会は自文化中心主義の社会から多文化中心の社会へと変化しており、その中で多様な民族や宗教が対話、協力または衝突することもある。諸宗教間「対話」における主観的側面がどのように学問の厳密さや客観性の中に受容されるのか、これは諸宗教が抱いている課題であるといえよう。諸宗教が相互対話に挑む際、その姿勢はおおむね排他主義（exclusivism）と包括主義（inclusivism)、そして宗教多元主義（religious pluralism）に分けられる。

その中でも宗教多元主義は諸宗教間対話において特徴として見出されるものである。対話は一方的な教義の伝播ではなく、相互作用である。パニッカル（R. Panikkar）は、対話によってのみ多元主義、共存、民主社会（democracy)、そして正義と平和が実現されると見た。宗教多元主義では個別宗教の信仰や修行の特徴をそのまま認め、それを固有の文化的背景から理解しようとする。それに対して排他主義は自分の宗教だけを価値のある唯一なものと見なし、他宗教の価値を全く認めようとしない。包括主義は他宗教の価値を部分的には認めても、真理と救済的観点においては自分の宗教が最も優れているとみなす。このように、排他主義と包括主義では宗教が求める真理と救いが自分の宗教でのみ見出されると強調する。

一八九三年のシカゴ宗教議会（World's Parliament of Religions）の一〇〇年後、一九九三年インドのバンガロールとアメリカのシカゴでは世界宗教議会一〇〇周年記念大会が開かれた。筆者はバンガロールの記念大会に参加し、地球倫理（Global Ethics）に関して具体的な議論がなされる現場を見た。この議論の結実としてシカゴの記念大会では「一つの地球倫理のための宣言（The Declaration Toward a Global Ethic）」が採択され、人間中心、実践中心の宗教多元主義社会を実現するための方向性が提示された。

世界に普遍倫理を立てようとする試みは、ドイツの神学者であるハンス・キュング（Hans Küng）と世界宗教議会準備委員会によって一九八八年に始まった。地球倫理に関するキュングの考えは、彼の著書『世界倫理構想（*Projekt Weltethos*）』に具体的に現れている。彼は「世界倫理なしに生存は不可能だ。宗教の平和なしに世界の平和は不可能であり、また諸宗教間対話なしに宗教の平和も不可能なのだ」と主張している。彼の世界倫理構想はヨーロッパ知性界の関心を反映したもので、これは「宗教の平和なしに世界の平和もない」ということについてユネスコが一九八九年パリで開いたシンポジウムや一九九〇年のダボス（Davos）世界経済フォーラムの基調講演で具体化された。

地球倫理に関する宗教界の構想は、世界宗教者平和会議（World Conferenceon Religion and Peace, WCRP）の会合にも現れた。WCRPは一九七〇年日本の東京で創立総会を開いており、そこで採択した宣言の中で、人権と環境問題などに関する基本的な倫理の枠を提示した。この一次総会宣言に加え、一九九〇年ヨルダン・アンマンの七次総会で採択した宣言においても、それまでの人類史の中で宗教によって起こった戦争と葛藤を悔い改め、新しい千年とともに希望と愛の未来を切り開くために、共同の人間性（Common Humanity）、共同の安全（Common Security）、相互依存性（Co-Dependence）、共同の未来（Common Future）、共同の命（Common Living）、包括的教育（Comprehensive Education）、希望と献身（Hope and Commitment）などを実践することを提示した。

世界普遍倫理に対する模索は宗教界のみならず、世界知性界や国連の関連機構、特にユネスコで行われてきた。一九九九年一〇月韓国で開かれた「普遍倫理とアジア的価値に関する国際会議」でキム・ヨス教授は「二一世紀倫理のための共同の土台（A Common Framework for the Ethics of the 21st Century）」について発表し、世界的動向を紹介した。一九七〇年代ローマ・クラブの報告書（The Report of the Club of Rome）であるアウレリオ・ペッチェイの『人類の使命（Aurelio Peccei's *The Human Quality*）』では地球全体が抱えるに至った諸問題を包括的に並べ、その解決策を模索している。一九九〇年代に入ると、このような努力が世界的に拡散し、三〇カ国の元現役国家首脳の会合である「国際行動委員会（The International Action Council）」では一九九七年に「人間の責任に対する宇宙的宣言（Universal Declaration of Human Responsibility）」を行っており、人間性の根本原理と非暴力および命の尊厳について述べている。この宣言はハンス・キュングと専門家たちが基礎を作ったもので、まさに一九九三年の世界宗教議会宣言の内容を含んだものである。

またラッシュワース・キダー（Rushworth Kidder）が創立した「グローバルエシックス協会（The Institute for Global Ethics）」では「命に対する愛、真実、公正、自由、統一性、忍耐、責任と尊重（love, truthfulness, fairness, freedom, unity, tolerance, responsibility and respect for life）の八つの価値を重要な地球倫理として提示している。

三　平和定着のための宗教の役割とその実践事例
——韓国宗教者平和会議（KCRP）、朝鮮宗教者協議会（KCR）、アジア宗教者平和会議（ACRP）を中心に——

歴史的観点から国家と社会、そして宗教は相互に独立して、競争しながら各自の活動を行っており、協力した事例は稀である。ユダヤ教とキリスト教との葛藤やキリスト教とイスラムとの戦争と葛藤はもちろん、東洋の儒・仏・道においても相通じる精神的基盤の上で交流、協力することはあっても、しばしば諸宗教勢力の間に葛藤が起こっていた。宗教的葛藤は、最終的には戦争、または抗争の歴史として繰り返されている。このような問題を根本的に解決するにはどういうことが必要であろうか。それは諸宗教間の対話と協力を通じてどのように平和を実現するかの設問から考えていくことができよう。宗教多元主義の可能性についての理論的展開は宗教学における重要な土台であるのに対し、宗教協力運動における実践運動の具体的な展開様相は、宗教と社会とがどのようなかかわりをもって作用するかについての、歴史的次元の研究対象であると考えられる。ここでは「実践的多元主義」の傾向をもつ宗教連合運動の事例として、朝鮮半島の平和問題にかかわっているKCRP・KCR・ACRPの活動を簡単に紹介したい。KCRPは韓国の宗教界を代表する宗教協議機構で韓国の首都ソウルに所在している。それに対して、KCR は北朝鮮のピョンヤンに位置しており、北朝鮮宗教界の代表として構成された宗教協議機構である。それから ACRP は日本を始めとして韓国、中国およびアジア全体の国々を代表する諸宗教団体が会員として参加しているものである。

KCRP は一九六五年ソウルで韓国の六つの宗教団体（プロテスタント・儒教・圓仏教・天道教・仏教・カトリック）の指導者たちが相互対話のために会合したことに由来し、それからその組織が拡大されてきた。多様な宗教団体の宗教者たちが集まった初期の自発的な会合は、一九八六年第三次アジア宗教者平和会議（ACRP）のソウル総会をきっかけに国際宗教機構と連帯関係を結んだ「韓国宗教者平和会議」として改めて始まった。現在は七つの宗教団体（上の六つの宗教団体に韓国民族宗教協議会が加わる）が会員宗教団体として参加している。

朝鮮宗教者協議会（Korean Council of Religions, KCR）は朝鮮天道教中央指導委員会（委員長リュ・ミヨン）、朝鮮キリスト教連盟、朝鮮カトリック教協会、朝鮮仏教徒連盟の四つの宗教団体の連合機構として一九八九年に始まり、最近はロシアとの関係強化のために始まった朝鮮正教会（委員長ホ・イルジン）が加わって五つの宗教団体が所属している。一九九一年ネパールのカトマンズで開催された ACRP 総会で朝鮮宗教者協議会長であるジョン・シンヒョク天道教交霊と天主教人協会の中央委員であるハン・インチョル・トマスが出席して ACRP 会員国家に加入した。またそこで韓国の KCRP と接触し、天道教、儒教、圓仏教が南北分断後初めて会合するなど、南北の宗教団体指導者たちが顔を合わせる機会となった。

この ACRP は、一九七四年九月にベルギーのルーヴェンで開かれた第二次 WCRP 総会でアジアを代表する宗教者たちが集まり、アジア地域機構の必要性を提起したことに由来する。その後、ACRP は一九七六年一一月五日シンガポールで初めて総会を開き、そこには世界二一カ国一六一人の代表と世界各国からきたオブザーバーを含め、およそ八〇〇人もの出席者を集めた。筆者は一九九六年から二〇〇五年ごろまでKCRPの事務副総長を務めており、ACRPの実務委員として参加したが、とりわけ重点を置いたのは「分断された朝鮮半島に平和を実現するための実践運動をアジア的レベルで行うこと」であった。一九九六年に企画したものが具体的に始まったのは一九九七年以降であった。KCRPはACRPと連帯しながらKCRとも連帯関係を維持しており、北朝鮮の自然災害による被災者を助けるための「食料支援」運動を行っている。それとともに、中国の北京、日本の東京、韓国のソウルを往復しながら南北の平和的交流および朝鮮半島の和解と平和のために宗教者に求められる役割を果たしている。

第三国を通じて極めて限定的に行われてきた南北の宗教者交流は、一九九五年と一九九六年北朝鮮の洪水および自然災害による大被害を克服するための人道主義的支援事業が推進されてからより拡大され、宗教者のみならず、民間交流の糸口も見えてきた。一九九五年以降の宗教連合体構成と国際的連帯によって、北朝鮮における朝鮮宗教者協議会の位相も高まった。一方、韓国ではKCRPが中心となって宗教協議機構が一九九五年一〇月「北朝鮮洪水被災民を助ける汎宗教団体委員会」を設置し、各宗教団体での募金で小麦粉を購入、韓国赤十字を通じて北朝鮮の被災地を支援し始めた。このような宗教界の努力は、一九九七年に「助け合う民族運動本部」が始まってから宗教界と社会団体が連帯する形となり、本格的な支援事業が行われた。北朝鮮も対北支援を主導する民間団体の原動力が宗教団体に由来することに気づき、個別宗教団体との関係づくりにも積極的に取り組むようになった。

KCRPはACRPと共に一九九八年五月二一日から二六日まで北朝鮮の洪水被害の実態を知らせるためのセミナーおよび記者会見を東京で開いた。特に五月二五日の東京記者会見では、北朝鮮の被災地に対する人道主義的援助を求め、国際的協力方案として七つの項目を発表した。KCRP、ACRP および世界宗教者平和会議の宗教指導者たちは WFP、FAO、CARITAS、AMERICARES などの国際機構による北朝鮮への人道主義的援助に感謝の意を示すと同時に、食料や医療品を北朝鮮に送るための意見を交換した結果、北朝鮮の食糧危機を解決し、東北アジアに平和、和解、安全を実現するための「韓国宗教者平和会議・アジア宗教者平和会議東京宣言」に合意するようになったのである。この宣言は日本のみならず、全世界の宗教者や政治指導者、そして一般人にも過酷な飢餓と病に苦しむ北朝鮮の住民を助けるよう、心から訴えつつ、さらには南北の当局および日・中・米三国と国連、その他のメディアにも助けを求める内容であった。

しかし北朝鮮は対北支援を受容する過程に起こり得る諸問題や北朝鮮社会内部への影響について懸念を表していたため、極めて制限された形をとって慎重にアプローチを行い、攻勢的な対南アプローチとは違って、非常に消極的なアプローチをしていた。韓国政府も、南側人物の北側訪問を法的には認めながらも、北側訪問許可には消極的な姿勢を示していた。端的に北朝鮮住民との接触について一九八九年までは三六件（七〇人余り）を申請し、二一件（二二人）が承認されたが、実際にはただの一件も実現されなかった。それが一九九〇年代に入ると申請が二三五件（六八七人）に増え、南側政府の承認と北側住民との接触成功比率も増え続け、それにつれて、民間や宗教団体による人道的対北支援も急増した。南北首脳会談の翌年である二〇〇一年の主要接触事例を見ると、朝鮮キリスト教総連名との宗教交流合意（三・二）、復活祭連合礼拝開催の合意（三・一二）、金剛山平和会合協議（三・二六）、南北仏教交流協議（四・二三）、開天節共同行事協議（四・三〇）、金剛山労働節行事（五月）、六・一五統一討論会、南北キリスト教交流協議会（六・二五）、ピョンヤンで開かれた八・一五南北共同行事が挙げられる。

KCRP、KCR、ACRP は「東北アジアの平和―朝鮮半島の統一のための宗教者の役割」をテーマに一九九九年四月二五日から二七日まで中国の北京で「北京宗教者平和会合」を開催した。南側では KCRP に所属した二九人の七つの宗教団体代表が参加し、北側の朝鮮宗教者協議会と公式的に接触した。これによって後の南北宗教交流は個別宗教団体における接触という段階を乗り越え、北朝鮮の四つの宗教団体および韓国の七つの宗教団体が席を共にする新しいチャンスとなった。

特にこの会合で行われた「北京宣言」で注目したい点は、「われわれは朝鮮半島の平和統一および南北が相互にかかわる諸問題を解決するためには、多様な形をした多くの出会いが必要であることを共感し、次の会合がソウル／ピョンヤン、または第三国で開かれるように努力する」(第二項) と明記したことである。南北宗教交流における相互訪問の原則を受容したこの合意によって、後の二〇〇一年に八・一五南北共同行事がピョンヤンで開かれた際、筆者を含め、宗教界指導者や社会団体代表など、三〇〇人の出席が実現されたのである。一九五〇年以降、初めてソウルからピョンヤンまで民間の直行航空便を運行したのも非常に意味深いことであった。また二〇〇三年三月一日に一一〇人の北朝鮮代表が韓国を訪問する中で開催した、三・一韓民族大会も、一九九九年の北京宣言を基盤に実現されたと言っても過言ではない。

KCRP は国際的な宗教協力機構との連帯を通じて北朝鮮への人道的支援を持続的に行ってきた。そして二〇〇二年インドネシアで開かれた ACRP 総会と二〇〇六年日本で開かれた世界宗教者平和会議 (WCRP) 総会には北朝鮮の宗教界代表たちが出席し、南北宗教交流と人道的な対北支援の成果を世界の宗教者たちに知らせる役割をも果たした。KCRP の代表団四一人は北朝鮮宗教者協議会の招待で、二〇〇七年五月五日から八日まで三泊四日の行程でピョンヤンを公式に訪問し、両団体の交流一〇周年を記念した。KCRP 訪北団は共同記念行事に出席し、また北朝鮮の各宗教施設を訪問するほかに、今まで個別宗教団体のレベルで行われていた非定期的交流事業を定例化し、民間交流のレベルで緊密に相互協力していくことにした。現在、南北宗教者や民間の相互の出会いは、政府当局の許可を必要とする点では制約はあるものの、南北間交流が活発になりつつあり、宗教者と社会民間団体の役割も増えている。

しかし二〇一四年ソウルで開かれたACRP総会では、北側の宗教者代表団を招待したにもかかわらず、彼らの参加は実現されなかった。これは最近の韓国政府の強硬な対北政策の影響であろう。現実的観点からみれば、南北間の宗教交流は南北の体制的相違や理念対立という限界の上で行われているものであるだけに、その交流が活性化していくことは南北の相互理解と信頼回復の転換点を作るという点において非常に重要であり、また見えないところで蓄積してきた今までの成果も無視できないものであると考えられる。このような意味で、南北宗教交流が短期的には片方の犠牲を要求するものであると批判されるにしても、長期的にはこれがアジアの平和定着に必要な相互理解と信頼回復の基盤をなすというところで、南北宗教交流の現実的意義を認め、またそれを支えなければならない。

国際社会における諸宗教間対話は各宗教における文化、教義、儀礼など、その信仰的・修行的特徴を理解する上で交流する過程であると考えられる。相互対話を通じて行われる宗教者同士の対話は、正義、平和のような価値を具体的にどう実践するかという議論に繋がる。そこで、多様な宗教協力機構が貧困地域、女性、子供、青年、ベトナムのボート難民のための多様な実践に取り組んでいるのである。宗教界とNGOs団体による人道的次元の対北支援は、国際機構との連帯を通じて行いつつ、モニタリングを理由に北朝鮮を訪問する機会を確保しただけでなく、北朝鮮宗教団体との直接的な対話と交流をも実現させた。南北間の宗教交流の歴史は短いものの、その成果と影響力は非常に大きく、時間が経つほどその現実的意味や結実もより増しているのである。

宗教のみならず、学術的次元での出会いも平和を実現するための重要な架橋となり得る。まずは、南北を含め、日本と中国、およびその他の海外の学者たちが公式的に出席する学術会合を活性化する必要がある。特に朝鮮学全般を扱っている「朝鮮学国際学術討論会」に注目する必要がある。朝鮮学国際学術討論会は一九八六年に中国北京大学の朝鮮問題研究所の主催で初めて開かれた。二年後の八八年、同じく北京で開かれた第二次大会は、大阪経済法科大学のアジア研究所と北京大学の朝鮮問題研究所が共同で開き、九〇年の第三次大阪大会もこの二つの研究所が共同で主催したものであった。大阪大会には韓国や北朝鮮をはじめ、一四カ国から一〇〇〇人を超える学者が集まり、人文・社会・自然科学の一一の分野について活発な学術的議論が展開され、韓国学の歴史上、最大規模を誇る国際学術会議となった。その後この大会は名称を変更し、二〇〇九年八月二七日と二八日の両日、「第九回コリア学国際学術討論会（The 9th ISKS International Conference of Korean Studies）」として中国上海の复旦大学（Fudan University）で開かれ、韓国の歴史、文化、宗教など、多様な学術分野の人々が出席した。二〇一一年第一〇回大会はカナダ・バンクーバーのUBC大学（the Univ. of British Columbia）で、二〇一三年の第一一回大会は中国の広州で開かれ、そこでは筆者も学術発表を行い、当時南北を含め、日本、中国など一〇カ国から参加した韓国学・朝鮮学の研究者一〇〇人が活発に学術交流をするのを見た。今年（二〇一五年）は第一二回大会が八月二〇〜二一日にオーストリアのウィーン大学（the Univ. of Vienna）で開催される予定である。

今まで宗教関連分野の研究者たちが国際学術セミナーなどで個別的に北朝鮮の研究者と出会って、対談することはあったものの、南北の宗教文化に関する独立的なセミナーを開いたことはない。北朝鮮の主体思想と韓国宗教思想との比較研究、統一前後の民族史、文化、思想、教育、宗教などに関する総合的・専門的研究を行い、共同教育を実現するための作業が要求される時に来ている。南韓と北韓、そして東北アジアの政治的対立が深化しているからこそ、宗教文化の交流、人道的対北支援、共同の学術研究に取り組み、南と北が共存の先駆けとなるようにさらに努力しなければならない。

四　結び

東北アジアの日・韓・中三国は歴史における過去の傷を治癒し、新しい平和的理想を実現するために共同の努力を果たしていく必要がある。戦争のない状態というのは、葛藤がその中に潜伏している限りはいつでも戦争が勃発し得る休戦状態である。それに対して、平和の状態とは単に戦争のない一般的状態ではない。真の平和とは人類の相互間殺傷の可能性すらなくなった状態、つまり助け合うことによって「調和」の原理が理想的に実現された世界を意味する。冷戦体制が終わったにもかかわらず、理念の対立と民族間葛藤の構造が続いている世界情勢を乗り越える道としては何があるのだろうか。歴史的な葛藤関係はもちろん、民族や国家間の対立構図を克服し、相互交流と協力による共生の関係が作られ、諸民族が共有できる「文化共同体（cultural community）」を形成して初めて、人類普遍の価値と平和的文化の形成も可能となるのである。

東北アジア各国の固有の特徴をもつ文化的領域において交流、理解、疎通できる具体的な実践の場を備える方案を持たなければならない。キム・クァンオクは南北間の分断と葛藤を乗り越える道が「文化的に相手を容認し、「受け入れ合う姿勢」にあると見て、文化的相違を認め、受容する寛容の心構えを重視している。その事例として、中国延辺地域の中国同胞社会では、北朝鮮の革命歌から一九四〇年代に流行した歌や南北の最新歌、そして自ら作った朝鮮族の歌まで、何の差し支えもなくこれら全てが歌われていることを挙げている。

現在、韓国、中国、日本では映画や音楽など、大衆文化の交流が活発に行われている。これは政治的理念や民族の境界を乗り越え、アジアの人々が民族的情緒と感情を自然に交流させ、理解する過程となるだろう。公的価値、平等と均衡、そして統合を主要理念とする東北アジア三国の伝統的観点から開放的な宗教文化を理解し、またそれを再発見できれば、分裂と葛藤、不平等と不公正に悩まされる社会を治癒するきっかけも作られると考えられる。

終戦してから七〇年も経った今もなお残る国家と民族中心の対立的政治体制を乗り越えるためには、宗教と文化の疎通が切実であり、そのためには（一）国家の文化政策に根本的変化が必要で、また（二）教育体系を活用して東北アジアの共同体意識と歴史を後の世代に教えられる共同の場を備え、（三）アジア人の固有の文化的領域で相互交流と理解、共有を通じて疎通し合える具体的な実践の場を作る方案が必要であり、（四）宗教と思想における道徳的規範や社会的規範を東北アジアの人々が共有できる同質的な文化体系として確立することが求められる。

今までは個別国家における政権再獲得の手段として、各民族の文化が強調、活用されてきたが、これからは各民族の固有のアイデンティティーを現す手段となっていかないといけない。他国家や民族に対する敵対意識を呼び起こす文化的要素が強調される限り、アジアの民族は一つの共同体としての意識ではなく、敵対感をもって相手に接するようになるしかない。今は、国家同士の政治的協議が決裂すると、他の協議も全て解体されてしまう傾向がある。従って、宗教と文化、そして民間における交流を活性化するためには、政治的構造やその議論の行方に左右されないように、その協議の構造を根本的に革新できる認識的転換が必要である。

現代の多文化、多宗教社会には「実践的多元主義」が要請される。これは理念や救済の体系に対する興味の方向を、人類が共同に実現すべき目的、すなわち平和と愛の満ちる世界の実現に転換させ、それを実践させようとする運動である。相互対話と実践の経験を共有することは、相手宗教の文化的体系を深く理解し、さらには自分の霊的世界を深める結果をもたらす。多元主義的立場は、それ自体として葛藤と対立、相手との違いを認識することを前提としている。このような観点から、諸宗教間対話と協力運動は、異なる宗教の人々や宗教文化的特徴に出会い、それを理解することによって、理論的多元主義を乗り越え、実践的多元主義を実現する場でもある。

東北アジアの日・韓・中三国が共同体としての意識を共有するというのは、諸民族や国家における多様な文化的特徴を認め、尊重することを前提にしているため、まさに平和を実現するための土台に成り得ると考えている。これは日・韓・中における「多国籍民族共同体（multi-national ethnic community）」、つまり外国人居住者や多文化家庭に対する配慮と尊重から始められる。日本における嫌韓デモ、中国と韓国における反日デモなどによる葛藤の高まりは民族的排他主義を生み出すだけである。これを政治的に利用し、権力維持の手段にしないように、相互コミュニケーションと成熟した文化的交流が必要とされる。

注

（1）後に述べる韓国宗教人平和会議（KCRP）の傘下にある、宗教平和国際事業協力団（IPCR）では、過去六年間日韓中の宗教者が集まり、諸宗教の相互対話と協力を通じて東北アジアの平和共同体を建設するための学術セミナーを毎年開催しており、このセミナーは今も持続している。

参考文献一覧

キム・クァンオク「文化疎通と文化統合：統一に対する人類学的アプローチ」『二一世紀民族統一に対する社会科学的アプローチ』ソウル大学出版、一九九九。(김광억, 「문화소통과문화통합: 통일에대한인류학적접근」, 『21세기민족통일에대한사회과학적접근』, 서울대학교출판부, 1999.)

東学農民戦争百周年記念事業推進委員会『東学農民戦争史料叢書』(一－三〇)、史芸研究所、一九九六。(동학농민전쟁백주년기념사업추진위원회, 『동학농민전쟁사료총서(東學農民戰爭史料叢書)』(1-30), 史芸研究所, 1996.)

朴光洙「圓仏教の会通思想からみた宗教連合運動の課題」、キリスチャンアカデミ編『開放的宗教と平和共同体』対話出版社、二〇〇〇：二四五－二六五。(「원불교의 회통사상을 통해 본 종교연합운동의 과제」, 크리스챤 아카데미 편, 『열린 종교와 평화공동체』, 대화출판사, 2000: 245-265.)

——『韓国新宗教の思想と宗教文化』集文堂、二〇一二。(『한국신종교의 사상과 종교문화』, 집문당, 2012.)

申國柱『近代朝鮮外交史研究』有信堂、一九六六。

シン・スンハ『中国近代史』デミョン出版社、一九九〇。(신승하, 『중국근대사』, 대명출판사, 1990.)

Eric Sharpe, *Comparative religion :a history,* ユン・イフム、ユン・ウォンチョル訳、ソウル、ハンウルアカデミ、一九九六。(에릭 샤프, 『종교학: 그 연구의 역사』, 윤이흠·윤원철 옮김, 서울: 한울 아카데미, 1996 (초판 1986)

イ・ジョンヒョン『近代朝鮮歴史』社会科学院研究所、一九八四。(이종현, 『근대조선역사』, 사회과학원연구소, 1984 (서울: 일송정, 1988)

テ・ユンギ『アヘン戦争と帝国主義侵略』チンミョン文化社、一九八六。(태윤기, 『아편전쟁과제국주의 침략』, 진명문화사, 1986.)

R. Pankkkar, "Christianity and World Religions", in *Christianity,* Patiala: Punjabi University, 1969: 78-127.

―― *Myth, Faith and Hermeneutics*, Bangalore: Asian Trading Corporation, 1983.
한스 큉（Hans Küng），『세계윤리구상（*Projekt Weltethos*）』，안명옥 번역, 서울 분도출판사, 1992（R. Piper GmbH & Co. MG, Munchen, 1990）
子安宣邦『「アジア」はどう語られてきたか―近代日本のオリエンタリズム』イ・スンヨン訳、歴史批評者、二〇〇五。（고야스 노부쿠니, 『동아 대동아 동아시아-근대 일본의 오리엔탈리즘』, 이승연 역, 역사비평사, 2005）
小島晉治・丸山松幸『中国近現代史』パク・ウォンホ訳、知識産業社、一九九三（小島晉治・丸山松幸『중국근현대사』，박원호 역,지식산업사, 1993.）

文明評価のための操作概念として
——〈滑らかな空間の論理〉とその射程——

黒田壽郎

一　滑らかな空間と溝付き空間

ドルーズとガタリは、彼らの大部の共著『千の高原』のある一章において興味深い一対の操作概念を提示している。それはすなわち〈滑らかな空間（espace lisse）の論理〉と〈溝付き空間（espace striée）の論理〉という二つの項の対比である。この操作概念は、本来は遊牧的な中東世界の分析のために提起された節がある。この概念の適用に当たっては、中東世界の文化、社会的事象の分析のために有用な考察がきらびやかに展開されているが、小稿においては主体性の分析、現代世界に蔓延している格差の解明、ならびに文明そのものの質の評価といった試みのために活用することとする。

この概念において基本的な事柄は、境界の問題である。多くの個体は自らの独自性を確立、維持するために、自己を強固な防壁で覆い隠す。これは自己の存在の独立性、自律性を保持するためには、最も簡便で、明快な手法である。自己と他者との間に明確な境界線を引き、内部にたてこもるという姿勢は、例えば幼児にとって初発の基本的な態度である。四方で自らを障壁で囲い、他者を完全に寄せ付けない溝付き空間は、この段階においては最も堅固なものである。溝付きを意味するstriéというフランス語は、垣根の柵がもつ縦横の二対の平行線が示す囲われた四角の空間をさすものであるが、これはこの空間の閉鎖性を端的に示すものである。

他方滑らかな空間は、自他を隔離する境界が存在しないか、境界線が隙間のない実線でなく、内外の間に濾過性をもつ点線であるような空間である。隔てるものの有無によって、内外の交流、接触の度に差があるが、溝付き空間との相違はその外部への開放性にある。滑らかな空間の例は何処にでも見出されようが、ドルーズ＝ガタリは、その好例として家畜の放牧を生業とする遊牧民の牧草地を挙げている。彼らは家畜に一定の草を与え終わるとすぐにその地を去って、新たに牧草の生える隣の土地に向かって旅立っていく。このように彼らの牧草地は、境界のない、典型的な開かれた空間である。内外に隔たりがなく、内から外への往来は全く自由である。

そしてドルーズ＝ガタリは、滑らかな空間を牧草地に譬える一方で、溝付き空間を、整然とした畝のかたちに耕されて、四囲にきっちりと囲いをもつ田畑のような農耕地になぞらえる。この牧草地と農耕地の対比は、砂漠の遊牧民が創りなす中東の文化圏と、その他の定住民の文化、社会的特徴の相違を考察するには格好の切り口を提供してくれる。例えば群がって居住することのできない砂漠の住民たちの、最小の社会的単位は十数人ほどの小集団であり、同時に各集団同士の関係は流動的であって、特定の権力の下に集約し難い。他方一カ所に定住する農民たちは、他との連携が取り易く、また単一の大勢力の支配下に服し易い。このような相違は両者の間に、社会的な離合集散の法則の相違をもたらし、王朝の設立の経緯、歴史的変遷の様相にも大きな隔たりを示す等々。

このように二つの空間の対比は、中東世界の分析に極めて有効であるが、同時にその転用の可能性は、これに限られたものではない。将棋と囲碁の遊戯上の空間の用い方を始め、ドルーズ＝ガタリは多くの例を引いているが、以下にこの操作概念の他の主題への転用を試みることにしよう。

二　現代文明における格差の拡大と溝付き空間の論理の役割

本誌の今号に割り振られた特別のテーマは、戦後七十年と日本ということである。このメイン・テーマに基づいて、執筆者たちは専らこの期間に生じた日本固有の問題に焦点を当てることであろうが、あえて筆者はこの間に生じた世界の文明論的な一大変化に焦点を当てることにしたい。七十年という期間に国際的な規模で加速されたグローバリゼーションの動きは、世界の様相を激変させているのである。

現在生じている格差の実態に関する報告としては、手近なところでは近来の資本主義の具体的な動向を論じたトマ・ピケティの研究や、ロバート・ライシュの『格差と民主主義』（原題 Beyond Outrage）等が挙げられるであろう。彼らの批判が集中しているのは、この半世紀以来顕著になった持続的な世界の富の過剰な集中という現象である。ここ数世紀の間資本主義は、様々な曲折を経ながらも経済的発展のための基本的戦略として肯定的な役割を果たし続けてきた。しかし最近になって問題視されてきたのは、この経済的格差の構造の固定化に基づく、貧富の差の急速な拡大の実態である。貨幣経済の固定化によって金融活動が中心化され、他の経済活動の地位が低下することによって著しい貧富の差が生じ、それによって少数の富める者が、大多数の貧しい者を生みだす傾向は数十年来助長される一方だというのである。

格差とは富、ないしは権力の不平等に起因するものに他ならない。過剰な格差の台頭は、民主主義の基本原則である、自由、平等、博愛のスローガンに根本的に悖るものに他ならない。翻って考えるならば、そもそも自由と平等は互いに矛盾概念であり、これらを両立させるためには特別な存在論的基礎を欠かすことができない。後に詳述するが、自他不二というような他者を自分自身と同一視するような、まさに滑らかな空間の論理を基底に持たぬ限り、自由が独善的に自己主張を貫いて、平等を食い荒らす結果にならざるを得ないのである。現代の自由がもたらす不平等性は辺りに満ち満ちているが、格差の拡大は民主主義の劣化の端的な証左に他ならないのである。

ところで為す術もなく拡大される経済的格差を生みだす要因は、果たして何に起因するものであろうか。端的にいうならばその真の原因は、貨幣の絶対化にあるといいうるであろう。貨幣を唯一の価値と崇める機制が確立されるには、紆余曲折があった。経済活動の公正さの尺度として財の交換の用具として用いられてきた貨幣は、後の段階で蓄財の道具として活用されるに至って、まったく異なる役割を果たすことになる。企業の立ち上げに不可欠な資本形成のためには、枚挙にいとまがないほどの夥しい術策、狡知が尽くされた。委細は近・現代の経済史に詳しいが、問題はその現在における帰結にあることはいうまでもない。中でもとりわけ指摘に値するのは、法人制度の著しい拡大であろう。現在の経済活動のほとんどが、この擬似人間の集団を基本的単位として運営されている様は、大新聞の株式欄を一目見ただけでも明らかであろう。収益の向上という経済活動の効率のみを最優先させる集金マシーンが社会に隈なく配置され、富はそれらを介して組織的に様々な中心に集中される。

恒常的な富の格差は、当然の成り行きとして少数の富める者と大多数の貧しい者の対立を生む。そして経済的強者は、当然のことながらその優位な経済力を政治力の獲得に転用する。ライシュが鋭く指摘しているように、米国においてウオール街が国会の活動に及ぼしている組織的影響力は、一般人の想定をはるかに超えるものになっているのである。国家予算の策定から外交的決定等に至るまで、富める者は経済の領域ばかりでなく、政治の分野にまで巨大な力を発揮することになり、それを通じて再び経済的利得の増大の手段とする回路を築き上げているのである。

現在の過剰な経済的格差の増大は、各種の統計によって明々白々たる事実であるが、多くの人々はこの現象の由々しさについて、さしたる関心、配慮を払っていない。しかしこれ程の格差は、嵩じて逸話のミダス王に生じたような結果をもたらさずにはいないのである。つまり手に触れるものがすべて金に変わる彼の周囲では、万物が金となって山川草木すべてがこのウコン色の鉱物になり変わり、いささかの温もりも、湿り気もなくなって、ついにはすべてが息絶えるという次第なのである。

文明の終焉の危機を目前にして、肝要なことはこのような事態をもたらした真の原因を質すことが急務であることはいうまでもない。そもそも貨幣の絶対視は、かたくなに万物の価値を一つのものに集約させるという点で、典型的な溝付き空間の論理に他ならない。この論理は、まず交換経済を補完する関係にある滑らかな空間の論理、贈与経済を阻害し、追放する。後者においてはそれに関わるすべての者は、自分の差し出すものを金銭の秤で評価したりはしない。一本の薔薇の花も、高価なダイヤモンドも、贈る者、贈られる者にとって貨幣価値に換算されるようなものではない。自他の隔たりを解消し、そこに互いの親密さを作り出すそもそもの原因が排除、無視されるようでは、互いの絆など生み出される訳もないのである。

贈与的なものの排除は、当然の帰結として人々を他者に対する配慮の軽視に向かわせる。それによって生ずる格差の拡大は、必然的に人間の生きざまを自己中心的なものとせざるをえない。現代社会において、人々の自己中心的な利己主義が優位を占め、人間、自然を含めて、他者に対する配慮が希薄であることは論をまたないが、このような事態が格差の拡大という外的な原因によるものであることには疑いがない。ひとは好んで利己的になるのではなく、周囲の状況によって利己的な存在に仕立てられているのである。

格差を拡大させる機制は、一気に創りだされた訳ではない。それはゆっくりと時間をかけて、極めて多面的に醸成されてきたものである。生活世界のあらゆる分野に埋め込まれた溝付き空間の論理は、文明化の装いを纏い、グローバリゼーションの名を借りて、至る所で定着しているが、ここではその組織性の実態を、各分野別に究明しておく必要があるであろう。

人間の活動の中で最も高い地位に就くようになった経済の分野では、金銭的価値を基幹にした金融活動のシステム化がこの様域において優位を占め、効率の向上という至上命題の追求が、格差の拡大に大きく貢献していることについてはすでに述べた。現在の資本主義は、専ら企業者の側の利潤獲得の機会の拡大だけに執心し、他の参加者に対する公正な配分を蔑ろにしている。最近の前者の収益の拡大が、後者の給与の増大に比例していない事実は、各種の統計に明らかなのである。このような企業のエゴイズムの実現に基本的な役割を果たしているのは、例えば法人という似非人間の大規模な組織化であることはすでに述べた。現在では軍事会社という民間企業が、大規模な政府予算を勝ち取って、戦争ばかりではなく平和事業にまで参画している事実は、示唆的であろう。善も悪も見境なく手中にする現在の資本主義が抱える構造的問題については、ここで仔細に論ずるまでもないことなのである。

貧富の格差の拡大が、富の配分の軽視、他者への関心の欠如にあることは、既に示唆した積りである。過度の富の集中が全体的状況の安定を損なうことを弁えていた様々な文明は、これを避けるために多くの施策を講じてきた。高利の取得のような金融面での禁止措置や、先物買い、退蔵等の商業活動の禁令を始め、遺産相続の公正化といった法的規制、ひいては企業家と資本家の分離をさける商業規定、すべての人々のセーフティー・ネットとなる寄進財の制度等、種々の目的のために講じられた大小様々な配慮は、枚挙に暇がない。世界の至る所に埋め込まれていたこれらの集中、独占を制御する機制を、一挙に機能不全に貶めている巨大資本の組織力の強大さは、まことに恐るべきものなのである。

並みいる人々を巨大な大鍋の中でゆっくりと釜茹でしているようなこの種の装置が完成するには、長い歴史を要した。この歴史が緩やかに人々を冒してきた最大の要因は、良俗に対する不感症である。決定的に深刻なのは、人間にとって本性に由来する贈与という行為がもつ意味に対する、人々の不感症である。過度な格差があれば、自ずとこれに対して反応するのが人間の本性であるが、それも眠らせてしまうほどばら撒かれる毒性は強いのである。他者への配慮、関心の源である贈与の軽視は、すぐに配分という観念の欠如に繋がることは明白であろう。このような事態の反映が、現代人が一般的に陥っている自己中心主義的傾向である。年ごとに強度を強める格差の増大に比例してわれわれが目の当たりにするのは、人々の自己中心的な態度の激化であり、それに応じて社会的絆は劣化の一途を辿るという次第なのである。

財こそすべての世界で、経済的格差が人々の精神的態度に影響を及ぼすことはいうまでもない。しかし溝付き空間の論理は、経済の分野だけでなく同時に他の領域においても優勢を誇っているのである。ここでは例えば現在最も重要な政治的単位として利用されている、国家の形態について一瞥してみることにしよう。近代における国民国家の形成過程を検討すれば明らかなように、現在その成立のための基本条件として定式化されている原則、つまり領土、法、言語の共通性といったものは、実際の国家成立以前にはごく仮定的なものにしか過ぎなかった。イタリアなどを例にとってみれば、当時現在のこの国に当たる領土でイタリア語を用いていた人々は全体の僅か数パーセントに過ぎなかったといわれている。特定の領土が確定され、強い圧力の下に人為的に言語の統一がなされ、それに基づいて共通の法が作り出されるためには、夥しい人工的な作為が働いているのである。国家設立のための一連の原則という鶏が先か、国家という実体の卵が先かという問題には大いに論議の余地もあるであろうが、非欧米世界における後発地域の国家の場合では、鶏が先であるケースが専らであるように思われる。国境線が外部勢力の力で強引に設定されるといった例は枚挙に暇がなく、国家が作為的な産物であることはあきらかなのである。

国家形成の過程には実体的ではない仮想のもの、想像の産物に属するものが多々含まれているが、できあがった実体の有り様にも大きな問題がある。現在の国家は、それ自体がその存立に依拠している原則そのものにも、看過しえない欠陥を抱えているのである。現代国家は設立の基礎として、国家の〈公〉と個人の〈私〉という二つの基本的単位の二項対立という構造からなっている。すべての国民は国家にあらゆる権威を譲渡し、それを担保に国家の側が、等しく個人の諸権利の擁護に専念するという基本的な構成は、一見過不足なく公私の関係に対処しているように見なされ、完璧なものとして運用されてきた。しかし現在に及んでは、その不具合が次第に顕在化してきているのである。

このような構成の下では、国家と均質な関係にあるとされる諸個人は、精密なモザイクの一つの部分であるかのように、同じサイズ、同形のパーツとして取り扱われ、それぞれの個性はいったん排除される。そもそも第一の段階では同一の規格品として取り扱われ、次の段階ではじめて個性が容認されるという過程そのものに問題があり、本来はその順序が逆でなければならない筈であるが、この事実に溝付き空間の論理の発揚を認めるのは筆者ばかりであろうか。

このような規定の矛盾は、それが具体的な実例にあてはめられた場合、立ちどころに露呈されることになる。例えばそれを、夫婦関係という最も単純な人間関係に適用してみよう。二つの同じパーツの併立から生じるのは、男でもない女でもない、つまり夫でもなく妻でもない、二人の中性的な人間の結合である。男女平等を求める余り、両者の差異性を認めず、過剰な同一性の強調の罠にはめられるのは、上述のような国家の構成原理に引かれた観点のなせる業とはいえないであろうか。そもそも夫婦とは男性と女性という異質な存在が、互いの差異性を媒介として互いに相補的な関係を創り上げることにあるであろう。まずはじめに存在するのは互いの差異性であり、それあって初めて等位に基づく協調が成立するのである。

この種の矛盾は、対象を家族関係に拡大するとさらに大きなものとなる。社会的存在である人間は、通常結婚を介して家族を構成することになる。そして健全な家庭には、最小単位として父、母、息子、娘が共同生活を営むことになる。ところでこれにすべての個人が同じ形、サイズのパートであるとする原則が強調される場合、この過剰な同一律の強調は、様々な問題を引き起こさずにはおかない。その最たるものは差異性の消滅によって、父、母という親の存在、息子、娘という子供の存在がかき消されてしまうことであろう。親も子もなんの差異もない同格の存在とする、過剰な同一律の適用によって親も子もない、父も母もいない場が創られ、それが家族の崩壊、家庭内暴力等の問題に直結していることはいうまでもないことであろう。

このような問題性と関わるものとして、次に検討の対象となるのは、現代において最も重要な概念とされ、ひと皆に重用され続けている民主主義というものの有り様である。この概念を最も単純に説明するものとしてすぐに引き合いに出されるのは、〈自由、平等、博愛〉という三つの概念の三幅対である。余りにも聞きなれた表現なので、これを耳にする多くの人々はこれらの三つの語の並列が、なんの問題もない至極当然なものとして鵜呑みにしがちである。しかし現在われわれが目の当たりにしているのは、この三幅対が内に孕んでいる矛盾そのものの顕在化に他ならないのである。

先に指摘したように、本来自由と平等は矛盾概念に他ならない。甲と乙という二人の人間が、互いに自由を競い合った場合、立ちどころに彼らの平等は損なわれてしまう。二人の間に平等が成立するためには、両者が等しく互いに自制し合わねばならないのである。ただし溝付き空間の論理に生きる自己中心主義者にとっては、このような自己規制は容易な業ではないのである。人間の主観性とは、生来利己的なものである。その習性は、容易に取り除けるものではない。それでもひとは、理性の囁きに導かれて、自分の性癖の修正を図らない訳ではない。その際に彼が依って立つものは、倫理、道徳である。とはいえ有徳を装う人間の行う徳行、他者との共存の企ては、しばしば気紛れで、中途半端なものに過ぎないことが多い。個人が道徳に助けを借りて唱える共存の勧めは、しばしば不完全であり、利己的な性質が完全に払しょくされてはいない。そして他者への配慮が不十分な場合、当然それによって帰結するのは強者による弱者の支配、統制である。そのような事態は徐々に蓄積されて格差というかたちで現象してくることになり、現在のような情勢をもたらすことになるのである。ここで要約すべきは、現代社会に瀰漫している多くの病的兆候、例えば過度な自己中心主義、他者への関心・配慮の欠如といったものが、個々の構成員自身に起因するものではなく、その多くが文明そのものの有り様、構成によるところが大きいという事実である。個々の人間の努力、道徳、倫理の呼びかけなどが犬の遠吠えに過ぎないほど、環境の組織的悪化は進行しており、そのような情勢を作り出しているのが、先に指摘した政治的・経済的格差の存在、社会的連帯の緩みという具体的な事象なのである。

このような現象を生起させるのに主として何が寄与しているかについては、既にその骨子について指摘した筈である。これまで世界の近代化の基幹的要素とされてきたもの、資本主義、国民国家を始めとして、ついには民主主義そのものまでもが、最近に至って有効期限が切れ、プラスの側面が失われてマイナスの面だけが突出するようになったと断定することは、正鵠を欠いているであろうか。グローバリゼーションの名を借りて、生活世界の組織的構造化を行ってきたこれらの諸制度は、急激に時代との適応性を失い、悪貨だけを辺りに振り撒くことになっているのである。この種の文明的な変化と、日本の戦後七十年の歴史にどのような関係があるかについては、なお詳しい検討が必要である。これは今後の課題として、いまはわれわれの抱える問題の帰趨について更なる検討を行うことにしよう。

三　真の外部性と滑らかな空間の論理

現代文明が病んでいるのは、外部性、他者性を蔑ろにして自己の関心事にのみ配慮する閉ざされた論理の蔓延である。それに欠けているのは、外部、他者との真の接触、交流であるが、時代の主流は上述のような傾向を助長するような組織的原理を至る所に張り巡らせてきた。ところでここでは本論を進める前に、話題を変えて哲学的意味論という主題について考察してみることにしよう。

既に物故した井筒俊彦教授は、晩年にフィロソフィカル・セマンティックスという手法を用いて、とりわけ非西欧世界の諸思想の比較研究を行っている。対象領域の重要な思想的成果について、徹底的に原典に照らしながらその基本構造を解明し、それを基に異なった思想を比較検討するというのがこの研究手法の主旨であるが、膨大な学識をもとに為されたその成果は、われわれにとってきわめて示唆的なのである。

井筒教授によれば、欧米思想はギリシャ以来歴史を通じて類似の主題、概念を取り上げ、それを異なった観点、角度から検討、分析し続けることによって一定の総合的一貫性を保つことができた。この伝統が思想の密度、強度を向上させることによって、文明的な力の強化に貢献しているのである。これに反して非欧米世界は、ヒンドゥー教、仏教、道教、儒教、イスラーム等巨大な思想、宗教の山脈を抱えながら、互いの間にはほぼ交流がない。しかしそこには実際に、なんの交流や接触、ないしは類似性は存在しないのであろうか。それともわれわれが互いの関連性に無知なだけなのか。このような設問を立てて、教授は問題の解明のために哲学的意味論の手法を用いて、各思想間の関連性の追求に勤しむことになるのである。

卓越した言語学者であった井筒教授は、広域にわたって非西欧世界の思想、宗教の比較分析を行っている。中でもとりわけ傑出した業績は、イスラームの神秘主義であるスーフィズムと道教との比較研究である。イスラームの思想と中国の哲学を比較対照するに当たって、驚くべきことに教授はその媒概念として仏教の『大乗起信論』の思想的枠組みを用いているのである。つまりこの著作によって教授は、これまでほとんど関連がないとされてきた仏教、イスラーム、道教といった異質の諸思想の共通性、類似性を跡付けているのである。この著作に初めて接した時、人跡未踏な山岳地帯に一本の鉄道が開通された思いがした感動は忘れ難い。

井筒教授の著作は多岐にわたっているが、小稿では論旨と関わりの深い『華厳経』とイスラーム思想の比較研究を参照することにしよう。この経典に現れる重要な概念には〈事事無礙〉というものがある。これは自意識を無化して、通常の世界を乗り越える試みの結果生ずる精神的境地を指すものである。この表現の最初の〈事〉は甲という存在を意味し、次の〈事〉は乙という異なった存在を指すが、これらの両者にいかなる障りもない、つまり互いに流通し合い、隔たりがないような状態のことである。これは表現を変えるならば、完全な滑らかな空間の論理に当たるものである。

自意識の呪縛から遠ざかる試みは禅の修業を始めとして、仏教徒が誰でも行う修行の一つであるが、その結果到達する事事無礙の境地は、溝付き空間の論理を克服した様態を示すものとして極めて有益である。通常の状態にある自意識は、事物をことごとく差異的に捉える。甲はあくまでも甲であり、その独自性によって決して乙ではありえない。要するにこの次元での認識は、事物をその独自性によって捉える点で、徹底的に溝付き空間のものである。ただし一度この自意識が払拭、無化されると、その果てに〈すべての存在者〉の隔たり、独自性が消去され、全存在が一様になる境地が開けてくる。これは徹底的に滑らかな空間の論理の世界であり、このような境地にある者は、通常の世界の我が〈小我〉と呼ばれるのに対して、〈大我〉を手にしたと見なされる。

大我を獲得した人間が認識する世界は、通常の世界でひとが花を見て〈花が存在する〉と認識するのに対して、〈存在が花する〉という意味での認識を行うことになる。この主語と述語の位置の交代は、後者が事事無礙の境地を通過することによって認識の範囲を無限の領域に拡大する故に、存在論的に極めて重要な事柄である。他者の真の他者性が獲得されるのは、存在の一性が成立する一段と幅広く、奥深い認識の磁場の存在が必要なのだから。そのような磁場のただ中において、初めて万物は真の存在となり、そのようなものとして認識されるのだから。

このような開かれた認識とそれを介して提示される新たな存在論の枠組みが、非西欧思想に普く基本的な鍵構造であることを立証している井筒教授の功績は、われわれ後進の者にとって輝かしい導きの灯であることは疑いがない。教授の検討対象は、イスラーム、仏教、道教、儒教、ユダヤ教にまで及んでいるが、われわれの検討の結果は、主として松本祥志教授の業績によりアフリカ世界のウブントゥーにまで及ぶことが明らかにされている。

さらに稿を改めて論ずる積りであるが、ことは宗教、思想的背景を云々するまでもなく、例えば日本の詩歌の伝統にも、上述のような開かれた認識の磁場の存在が認められるのである。このような事情を示すには、例えば日本の俳句、〈目に青葉　山ほととぎす　初鰹〉という一句を取り上げるだけで十分であろう。この句において、指摘されている青葉は、紛れもなく〈存在が青葉する〉青葉であり、以下提示されるほととぎす、初鰹にしても同様である。詩人は万象の存在を背景にした青葉について指摘しているのであり、以下ほととぎす、初鰹にしても同様である。彼は視覚、聴覚、味覚のすべてを活用して春を寿いでいるのであり、決して単なる事物の羅列ではないことに疑いはない。宗教、哲学と関わりなく、小我と大我を併せ持つ詩人の感性が、いとも容易く総体的認識の後の世界を活写している実例を身近に見れば、上述のような認識の構造が、偉大な哲学者や厳かな修行者たちだけのものではないことは明らかであろう。翻ってみれば常人のわれわれにしても、日々の日常の生活の中で、刻々とこのように他者に開かれた体験を行っているのである。

滑らかな空間の論理は、溝付き空間の論理が支配する拡がりの中でも、手を伸ばせばすぐに届くところで脈々と存在し続けている。われわれが今専念すべきことは、二つの論理の相違を見極め、外部に開かれた論理があって初めて真の存在を手に入れることが可能である点を自覚することなのである。そしてこれに加えて重要なのは、最近のグローバリゼーションにことかりて組織的に世界に跳梁する、溝付き空間の論理が格差を拡大する体制を精査し、その悪しき機能を微にいり、細に至るまで、徹底的に糾弾することである。現実世界の制度、組織は複雑化し、事態は複雑に縺れているために、ひとは解決の道を見出し得ないままでいる。しかし幸運なことに格差の拡大という現実は、むしろ事態の本質を見易くしている側面があるのではなかろうか。すでに指摘したようにグローバル化による格差の拡大の要因は、それを生みだす規制そのものに宿されている。現存の資本主義、国民国家体制、ひいては民主主義といったグローバル化の大本をなすものの現在の欠陥を指摘し、これを糾弾することなしに、あらゆる改革は効果を表しえないであろう。格差を作り出す側の組織力は強大であり、その実践性の威力は目に留まる暇もない程素早い。立ち止まっている時間に、既に取り返しのつかない重大な事態が決着しているというのが、現代世界の特質であり、宿命なのである。個人の恣意をはるかに上回る、文明の構造の組織力。

このような状況にあって活用しうるのは、これまで地上に存在した諸文明の遺産であろう。これらの文明は、複雑、多岐にわたる遺伝子を隠し持っており、訳あってこれまで利用されずに眠っていたものも、状況の変化によって新たな活力の源となる可能性を秘めているのである。既存の概念、制度の有効期限切れに当たって、新たな発想の下に未活用の遺伝子を活性化する可能性は大いに存在するのである。その際に〈滑らかな空間の論理〉という操作概念は、極めて有効であるといえないであろうか。

現代という時間に巨大なブルドーザーのように世界を平板化していく、いわゆる現代文明の暴力に逆らうためには、全面的にこれに抗いうる手立てを身に備えていなければならない。それは身近でも、遠くでも活用しうる広角的な機能性をもち、しかもそれに基づいて評価された総合的な結果が、総じて一つの建設的なヴィジョンに収斂するような操作概念である。文明の内部に仕込まれた強力な組織的枠組みが、中に含まれるものすべてを溝付き空間の論理に基づいて特定の単位、構造の中に閉じ込め、それを基礎に権力の集権化を進め、格差を拡大する機制に有効に逆らうためには、単純な概念、理念のみでは十分ではありえない。そのためにはある種の有効な操作概念の活用が不可欠であろう。それに当たって細部の分析のために有効な視座を提供するばかりでなく、ひいては認識論、存在論の変革にまで繋がる視点の発見、活用は最も必要とされるものなのである。このような観点から、滑らかな空間の論理のあらゆる側面における活性化は、緊急、不可欠のものといえよう。

四　この操作概念の今後の可能性

井筒教授は、非欧米思想の構造の比較研究の対象を、専ら思想的・哲学的領域に集中させてきた。その結果この広大な地域に拡がる、雑然とした巨大な思想的混沌が整理され、これまで予想だにされなかった研究の可能性が開かれることになった。もちろん教授の業績は、この領域においても継続されているが、そこで検証された東洋（非欧米）諸思想の基本構造は、思想、哲学以外の分野の研究にも適用されうるのである。個別的認識の眼の後に総合的認識の眼を獲得した双眼の持ち主は、新たな認識の後に独自の存在の地平に到達することについては既に述べた。この境地において行われる個別的な対象に対する認識は、新たな地平に解放されており、それはすべての事象に通ずるものなのである。ことは政治的・経済的問題に関しても決して例外ではないのである。小稿の目的は、事事無礙の境地がもたらす認識論的・存在論的意味を明らかにすることであり、大我の獲得によってもたらされる新たな地平に関する指摘は、本稿の任ではない。しかしここではそのような観点がもたらす新たな視点について、要点のみを略述しておくことにする。

現行の国民国家の理論によれば、その成り立ちの基本は国家の公と個人の私の二項対立の上になっている。しかし現代のように私の側に強力なエゴイズムが瀰漫している状況にあって、公私の関係が順調に治まることはありえない。さらに国家の側はそれ自体で強いエゴイズムを発揮するとなると、世界の安定も期待しえないのは当然である。個人のエゴイズムに関しては、それを吸収し、外部に発散させる可能性として、自意識を無化して事事無礙の境地に至らしめるという方策が存在した。しかし国家のエゴイズムを吸収し、それを外部に発散する手立てとしては、如何なる方策が存在するのであろうか。溝付き空間の中に鎮座して、自らを開示する外部をもたない国家には、それ自体エゴイズムを消去する機会も、可能性も存在しないのである。そもそも国家という一定の限界をもつものが公共性のすべてを代表することは可能なのであろうか。もちろんそれにも、公共性の一部を担うことは可能である。しかしそれは究極のものとして、公共的なもののすべてを引き受けることができるであろうか。

規模のいかんを問わず、部分的なものが全体を総称することは、溝付き空間の論理の範囲内の事柄に過ぎない。国家はこの難問を解決するためには、自らその外部を見出す必要があるのである。そのためには、構造の問題として国家の上にくるなにものかを見出す必要がある。しかし国家を最高のものと見なし、国家の公と個人の私、という二項対立で公私の問題を考察する現在のような国家には、外部性など見出す可能性はまったくない。ところでこのようなアポリアから逃れるような政治形態は、例えばイスラーム世界に存在していた。このような事情を明らかにするために、ここではまずイスラームに基本的な法であるとされる、シャリーアと呼ばれるものの例を挙げる。この法は通常の法と異なり、法源を宗教的なものに依拠しているため、一般に宗教法と呼ばれ、政教分離の現在の風潮の中で時代錯誤のものとして蔑まれている。ただしシャリーアに関して重要なのは、その構造的位置あるといえよう。現代の法とは異なり、シャリーアは三層構造からなっている。国家が最高の位置におかれ、法的権威が国法であるような近代的な法とは異なり、シャリーアは国法の上に位置づけられるものなのである。要するにその基本的な構成要素は個人、国家、神に属するもの（公的なもの）と三層になり、国家は真に公共的なものと、個人の中間に位置づけられることになる。

ところでこの三層構造性は、様々な具体的制度の隅々にまで埋め込まれることになるが、事態の説明に便利なのは経済の分野の〈所有〉のあり方であろう。それには私有、国有、公有という三つの形態があり、この場合も国家は三層構造の中間を占めるに過ぎない。そしてこのような構造は、国家のエゴイズムを回収する方策として、独特の経済制度を生みだしてもいる。その例としては、この世界に独自の寄進制度が挙げられるであろう。西欧の植民地主義時代以前まで広く流行していた伝統的な経済制度である、ワクフ制とよばれるこの制度は、主として富裕な信者、あるいは権力者の寄進による財から成り立っている。

ワクフとは停止を意味する動詞から派生したアラビア語であるが、寄進された財の所有権は神の許に停止して、以降永久に神のものとなり、この財に関しては寄進者にはいかなる権限も与えられない。そしてこの財の管理、運営は、公正さで名高い法学者のような人物の手に委ねられる。ところで重要なのは名目上神のものとされたこの財が、実際にどのように用いられるかということである。万有の所有者である豊かな神は、事実上このような財を少しも必要としてはおらず、結局この彼に捧げられた莫大な富は様々なかたちで民衆のためだけに還元されることになるのである。詳細な規定の説明は省略するが、この神に捧げられた財は事実上すべて民衆の福祉、厚生に用いられることになるのである。このような事情に基づいて民衆の側も、この公共財をわがものとして、その管理、運営に厳しい監視の目を注ぐことになり、それはひいては彼らの公共意識の向上にも役立っているのである。

滑らかな空間の論理の発現に相当する経済的制度、諸規定に関しては、イスラーム世界にその例が山ほど見出されるが、これらの紹介はおくとして、政治的領域に目を転ずれば、ここにもまた強い三層構造性が見出される。そもそも国家、王朝を意味するダウラというアラビア語は、変化、変遷を意味するものであった。現実の政治的勢力には浮き沈みがあり、それに基づいて形成される国家には有為転変の宿命が付きものであり、恒常的なものでありえないという意識は国家を最終のものとはしていないのである。したがって西欧列強の力に犯されるまで、域内の諸国家の法は基本的にシャリーアであり続けた。現在においてこそそれぞれの国家の思惑に準じてイスラーム世界は四分五裂の状態にあるが、この地域に認められる伝統的な強い一体性は、国家の領域を越えたシャリーアの包括性に起因するものである。植民地主義の過酷な経験を経た後に、欧米流の二項対立的傾向は広くこの地域にも拡大しているが、依然として三層構造的なものへの人々の憧れは、彼らの心の奥底で地底の巨大なマグマのように存在し続けているのである。

事事無礙の境地のように、国家程の大規模なもののエゴイズムを吸収し、外部に拡散させるような機能を、具体的な法、ならびに経済制度等に展開させた文明としては、イスラーム世界が卓越している。それはイスラームという教えが、国家の法を上回るシャリーアというスケールの一段と大きな法体系をもっていたことに由来する。しかしここで留意すべきことは、滑らかな空間の論理の活用によって、東洋（非欧米）世界の諸宗教、思想が等しく事事無礙を伝統の基礎とし、その上に独自の文明を発展させている事実である、それぞれの宗教、思想にとっての絶対者が、神であれ、仏であれ、あるいは天であれ、このような構造の類似性が認められることは特筆すべきものであろう。問題はそれが、いかに大掛かりなものであっても任意の地上の単位を絶対化させず、それ自体の閉塞性を打ち破って外に向かわせるような、開かれた外部性をもたらしめていることが肝要なのである。フィロソフィカル・セマンティックスの成果は、端的にこのような事実を起点に道を進ませることに貢献してはいないであろうか。要は道筋こそ異なれ、豊かな第二の視点の確立によって真の外部性に目覚め、それが要請する認識、存在論に基づいて新たな実践を開始することにのみかかっているのである。そして異質の宗教、思想の差異的様相にだけ捕らわれることなく、むしろその類似性をあらゆる局面に見出し、融合することに努めることによってこそ、文明の危機のさ中にあるわれわれは真の活路を見出すことになるのではあるまいか。それに当たって最も有効で、信頼のおける導きの灯となるのは、滑らかな空間の論理を措いて他にないように思われる。

ウブントゥと飲み食い

松本祥志

はじめに

戦後七〇年間、アフリカの思想が関心をひくことは、ほとんどなかった。ウブントゥ（*ubuntu*）はそのひとつである。[1] それは南部アフリカにおけるコサ語、ズールー語、ソト語などのングニ諸語の哲学・倫理原理であるが、姿かたちを変えアフリカ全土でみられ、アフリカ全体がそれについての語りの証人となる。

ウブントゥは人間性と訳されることもある。たしかにウブントゥにおいて人間が現われるという意味ではその通りであるが、倫理としてのウブントゥは人間に生まれつき備わっているとはされていない。生まれつきあるのは、飲み食いできる糧（food）にしか関心のない自己中心主義的な私利私欲の感情だけで、純粋無垢な自己は思考も、他者への心遣いも欠いており、人間性という訳語は誤った印象を与えかねない。[2] もともと飲み食いにしか関心がないということは、ウブントゥの後天的な習得も、飲み食いから語り始めるしかないことを示している。

ウブントゥのもとで「人間は他者を通じて人となる」と言い伝えられ、関係が主体に先行させられてきた。贈与・歓待に象徴されるウブントゥにおいて自己は他者とどういう関係にあり、どのようにして人として成熟するとされてきたのであろうか。古来、自己中心主義をすみからすみまで浸透させてきた人間社会において、どのようにしてウブントゥが実践されてきたかは、アフリカにおける食育に垣間見ることができる。

一　ウブントゥとは

なぜウブントゥか

「ウブントゥとは何か」という疑問文は、たんなる質問である前に、叫びである。それは、植民地支配の歴史と人種差別を告発する訴えであり、ヨーロッパ文明の問いただしである。(3)

ウブントゥのもとでは、人間に生まれつきあるのは感情という潜在性だけであり、それは自己中心主義的な意志や自由として表われ、他者を迎え入れなければ人格をもつ人として現われえない。子どもと大人との理念的な違いが失われ、子どもか大人かを問わず自己中心主義がグローバル化した世界では、他者への気遣いがことごとく失われる。それをデズモンド・ツツは「犬の群れに骨を放り投げてみなさい。どの犬が『お先に』と吠えますか」と喩えた。(4)

ウガンダでは、自己中心主義の無産性を「私の牝牛があなたの土地で出産するぐらいなら、ここで死なせる」と皮肉って、長老から若者へと言い伝えられてきた。(5)ウブントゥにおいては「他者を敬うことで自らが敬われ、他者を力づけることで自らが力づけられる」とされ、他者を自己に先行させる。(6)

生まれつき人間の内部にひとつの本質として人格があって、それが自ずと発展するのではない。生まれつきある感情という潜在性は、外部にある糧を飲み食いして摂取したカロリーや栄養で、外部からの刺激に反発して感情を表出するだけであり、自己は感情のまどろみにおいて糧にしか関心をもてない。無関心（indifference）の対象は、無差異（in-difference）な数量としてのみ捉えられ、何でも数量化し「物言わぬ他者」として内部化できると思い込まれる。[7] 時間でさえ内部化できると思い込まれ、それに始まりと終りが与えられ、数量化される。内部化は、内部化されるものを前提にしているが、そもそも内部化する自己とその前提とされた時間との関係は依存の関係になるので、内部化の仮想において自己は時間の数量に依存する。

依存には隷属と服従とがある。もし何でも内部化できると思い込むと意志や自由も依存と化し、自我を失い、服従となる。すべてを内部化するため他者との境界線が撤去され、自他の区別がなくなるからである。意志や自由がまったく無くなった服従からの解放は、まるごと他者に依存せざるをえないものになる。一方、隷属においてはまだ僅かに意志や自由が残っており、それが責任や倫理への転換を可能にする。

アフリカにおいて自己は、他者との具体的な関係に即し、そのつどさまざまな役割をになって変幻自在に現われる非本質である。例えば、ナイジェリアのヨルバ族のアシュー神（*Asu*）は善悪をあわせもつ潜在性の権化で、瞬時に天地を往来し、また二五〇以上もの姿かたちをもつという。[8]

ウブントゥの深さと拡がり

ウブントゥの思想は古代エジプトのマート（*Maat*）に遡る。なぜ遡って歴史的な起源を探ろうとするかというと、震源地が深いと地震の伝わる範囲が広くなるように、ウブントゥの起源が深ければ、伝わる範囲が広くなっているかもしれないからである。

前三五世紀から二四世紀の加持祈祷の文書であったピラミッド文書に、王が「マートをカオスの中に入れた」と書かれており、そこでは正義や秩序を意味している。前二五世紀ごろ、息子への遺訓として書き残され、本の最初だともいわれているプタホテップ書（Book of Ptah-Hotep）には、「マートは偉大なり。それに終りはなく、威光も失せない。……マートは永遠なり」、「もしマートが繁栄させられるなら、汝の子らは生きるであろう」と記されている。前八世紀のシャバカ石には、「かくして、マートは好まれることをなす人に授けられる」と刻まれている。[9] これらは、マートの古さを示すとともに、自己中心主義の古さを逆照射してもいる。

マートはラー（*Ra*）の目または娘でもあり、翼をもつ女神ともされている。前七世紀のコフィン文書によれば、マート神がヌン（*Nun*）という始まりも終りもない沼のような潜在性を凝結させ、今日の宇宙にしたのだという。宇宙全体がマートの表われであり、自己は家族、隣人、神など外部との関係において現われるとされ、マートはアフリカ全体に伝わり、ウブントゥなどのアフリカ思想の原点になっている。[10]

ウブントゥとマートとの関係を実証することは困難であるが、[11] 以下で指摘されるように、自己と他者との関係に関する限り、それらは同じ構造をもつ。マートとウブントゥの行為規範や理念は、世界中の宗教や信仰などに引き継がれた。行為規範として仏教の八正道やモーゼの十戒と共通し、また理念としてキリスト教のアガペー、儒教の慈善、道教のタオ、ヒンズー教のダールマ、禅宗の悟り、イファ神託のイワと連続している。

ウブントゥという言葉が意識的に使われ始めたのは、一九二〇年代にイギリス帝国主義などから伝統文化を守るためズールー族がすすめたインカタ（*Inkatha*）文化運動からで、[12] 法文書に出てくるのは、「ウブントゥの必要性」を明記していた一九九三年南アフリカ共和国暫定憲法からである。それは一九九六年の新憲法には入っていないが、判例で受け継がれた[13]。

ウブントゥにおいて、自己は自らの出現だけではなく、人としての成熟も他者に負っている。そのため、第一に、自己は他者との関係の数だけ様々な顔をもつ。様々な顔がどう統合されているかが人格の違いになるとされる。第二に、他者との関係を開く前の自己は、人の潜在性にすぎず、まだ人ではない。人生は、人として成熟するプロセスであるが、それは死後も続く成長プロセスの一部とされる。死後祖先となり、祖先は共同体に帰ってくると信じられてきた。第三に、自己的なるものが他者からの贈り物だとされている。自己は自らの力によって自己的になるのではなく、他者から贈られたセリティ（*seriti*）という聖性による。

他者のわからなさ

他者とは差異、異文化、外部であり、それには飲んだり食べたりして糧として内部化できるものと、時間や死のように内部化できないものとがある。ジンバブエでは、「見たということとは、それを知っていることを意味しない」と言う[14]。たしかに、人には経歴、趣味、癖などわかる外面もあるが、どうしてもわからない内面もある。一対一で話していても相手が何を考えているのかわからない。ひとつひとつの言葉には苦い思い出などが詰まっており、例えば「責任」といったような言葉が出てくると、話の流れと関係なく、悔やまれる記憶が不意に呼び覚まされる。それがどんな記憶なのか自己にはわからない。わからなさが他者を他者的にしている他者性である。キクユ族は「人の心はモグラの穴のように繋がってはいない」と言う[15]。

アダドゥアナン（*Adaduanan*）というガーナのアシャンティ族の暦は四〇日という意味だが、四二日を九回繰り返した三七八日が一年とされ、わからなさを意識させていた[16]。わからなさへの意識のため、他者のプライバシーのわからなさが意識的に尊重される。カメルーンのカプシキ族は、窃盗を経済損失だけではなくプライバシー侵害という視点からも悪とした。[17] ウブントゥと結びついているとされるウ・ンクル・ンクル（*u-nkulu-nkulu*）という言葉の意味は、その意味がわからないままに保たれること自体にあるのだという。[18]

わからなさには触れることさえできない。触れられないということは時間も空間も共有していないということであり、暴力を加えることができない卓越であると同時に、他者が何処にいるのか何時《いつ》やってくるのか予測も予知もできない無限でもある。他者のわからなさによって自己は問いの中に放り込まれ、それが「これでいいのか」、「実は自分が間違っていたのではないか」と問いただす門出となる。スワヒリ語で『わかりませんでした』と言う女性は、愚かではない」と言われてきた。[19]

わからない他者性は裏切りどころか、汲み尽くされえない豊穣の煌めきである。言葉が通じないよそものを客人として家族みんなで迎え入れ、普段食べないご馳走がふるまわれ、「お客人、いらっしゃい。あなたのおかげでご馳走を食べられます」と歓待される。[20]

わからなさを前提にした他者との付き合い方について、ズールー族はウムントゥ・アカラールワ（*umuntu akalahlwa*）という言葉で、「不正行為で人を重く処分してはならない」とする。また、他者のわからなさを踏まえると、「人に見切りをつけることはできない」という意味のウムントゥ・アカンカンイワ（*umuntu acancanyua*）も同じ趣旨と解される。[21]

モロッコで「約束して会うより偶然の出会いがよい」と言われるのは、偶然が支配も所有もできない他者性だからである。[22] 関係を開くために自己がなしうることは、訪問してくる他者を迎え入れることだけである。

自己の延長

ところが感情が充満する自我のせいで、自己は外部からの刺激に反発しようとするので、刺激が自我の殻を突き破って内部に届くとは限らない。他者をはねつけてきた自我の殻は、年々分厚くなり、ますます破れにくくなる。そのような自己は、外部という他者をたんに刺激の強弱、大小、長短、多寡といった数量でしか捉えない。感情で飽和する自己にとって他者は数量でしかない。

数量だけで世界を捉えきれると思い込む自己は、数量以外には目もくれず、「世間のことは何でもわかっている」と豪語する。他者を知り尽していると言い張るのは「自分が間違っているのでは」と問うためではなく、「そっちが間違っているのでは」と裁くためである。「わかった」という慢心は無関心の始まりであり、わからなさが、わかろうとする興味関心の幕開けである。言い換えれば、「何でもわかっている」という豪語は、他者を数量としてしか捉えていないことの証左である。ここにおいて他者は、自己の内部の延長とされている。

数量に還元された他者は、自己の欲望を満たすための手段とされ、私利私欲に資するときだけ迎え入れられ糧として内部化されるが、そのような他者は他者性を抜き取られている。他者性とは手の届かない高いところにある差異であり、わからなさである。そして、その距離にこそ敬意が生まれるとされてきた。

二　ウブントゥにおける差異

無限の絡み合い

ウブントゥは、存在や潜在性を意味するウブと生成や出現を意味するントゥからなり、それらは互いに補完しあう関係にある。ウブだけでは何も出現せず、ントゥによって初めて宇宙や人間などとして出現する。自我という潜在性だけでは自己は出現も成熟もできず、他者がいなければ出現し、成熟することができない。

ウブとントゥとが結びつくと「存在が生成する」となり、すべてが無限に絡み合う一性ないし全性となるが[23]、それは自他を同一化しはしない。もしあらゆる他者を同一化できるとすると神も消滅する。

ズールー族は人生の目的を「ウクマ・ンジャロ *ukuma njalo*」（永遠の変革）とみる[24]。自他の境界線が肯定されたうえで、自己は内部化できない他者と繋げられている[25]。自他は境界線を超えてたえず行き交い、他者と分離かつ結合する。なぜ分離かつ結合かというと、近づきすぎると傷つけ合い、離れすぎると温もりがなくなるからである。分離とは他者を迎え入れられるべき外部として、わからなさとして距離をおく能作で、結合とは無起源的な責任をこうむる身振りである。この責任（responsibility）は、まず他者という動揺が問いかけとしてやってくるのに応答する可能性（response-ability）として現われる。応答可能性とは問いかけと応答とを包容する空間、つまり絡み合いの開けである。

それゆえ、ヒクマ存在論において「存在が花する」、「存在が石する」のと同様に、「存在が人間する」のであり、人間が存在するのではない[26]。ウブントゥのもとで「人間した」存在が他者の差異を迎え入れて人として成熟するのである。

差異の不可避性

ズールー族は、差異で多面化した心がなければ人でありえないことをウムントゥ・ングムントゥ（*Umuntu ngumuntu*）と言う[27]。つまり、生まれたままの自己には感情しかないのにたいし、非－自己である他者には

「非－感情」（＝理性）という差異がある。他者は理性であり倫理であり、他者の差異を迎え入れることによって自己は倫理的に成熟し、人格をもった人となる。病気になると、否が応でもそれを体験する。

病人は、自己を健常者に再帰させる治療のため自らの体内にない薬という差異を迎え入れ、それが体内で差異性を保つことによって病気の遥か彼方に自己を再帰させてくれる。かつてモロッコでは聖人が医師であったが、患者は治療の代償として布切れ、塩、砂糖など何か白いものを僅かでも渡すものとされ、その代償は「開け」（the opening）と呼ばれた。[28] 白い「開け」は養生のための差異への開放性の証しなのかもしれない。

自己が所有も支配も管理もできない無限として、何処からともなく不意に到来する他者のわからなさを迎え入れ、それが自我の殻を溢れだすとき、外的刺激に衝動的に反応するにすぎなかった純粋無垢な自我の殻は破壊される。この殻の破壊は、成熟である。そのさいの差異は、さらさら流れさる同質的な「程度の差異」ではなく、自己の動物的本性を遥かに超えた特異性で方向転換をもたらす「方向性の差異」である。

他者の延長

ウブントゥでは「我々ある故に我あり」とされ、我々から我を差し引くと他者になるので、それは「他者ある故に我あり」となる。自己は他者の延長とされ、他者から発して伝わってくる波紋のなかの一滴であり、波紋の全体を成している一滴一滴、つまり他者は「別の自己」（another self）とされる。[29] そもそも自己は受動的な仕方で外部から指名され召喚されたものであり、他者との関係を引き起こす能動的な源泉は自意識の外部にしかない。

ジンバブエのショナ族は、「おはよう。よく眠れましたか」と声をかけられると、「あなたがよく眠れたのであれば、よく眠れました」と答える。昼食後、「いい日ですね」と挨拶されると、「あなたにとっていい日であれば、いい日です」と返す。南部アフリカでは、「あなたの痛みは私の痛み、私の富はあなたの富、あなたの救いは私の救い」と言い伝えられてきた。[30] そのため、同地域のヴェンダ族は、「人は他者のために生まれた」と言う。[31] だが他者は外部であり、それには快を与えるものも不快を与えるものもあり、また飲み食いできるものもできないものもある。

飲み食いできないもの

外部は、自己の内部でないもの、つまり自己と非同一なものであり、非同一は差異なので、外部は差異である。外部である差異は内部化できる差異とできない差異とからなっており、いわば飲み食いできる外部とできない外部とがある。飲み食いできないものを意識できず、内部化できない差異を欠く同一性しか意識できない自己には全体がみえない。全体がみえないと全体のなかに自己を位置づけることができず、自らの役割もみえず、責任のきざしは現われない。

内部化できない差異を意識する思考を始めるためには、「間違っているのでは」と自ら問いただす責任を受難し自我の殻を破壊しなければならない。[32] 自我の潜在性のなかには「このままでいいのか」、「間違っているのでは」と問う意志や自由もある。それを問う責任は無起源的なもので、自己決定、契約、法、道徳、原罪など如何なる起源ももたず、誰にも強制されず、誰にも転嫁できない「責任を超えた責任」としてこうむられる。この「責任を超えた責任」の受難については、後でのべるように、だれでも赤ちゃんのときの離乳ですでに体験しているだけではなく、年を重ねるほど、感情を感情で制御できないのを思い知らされることによってすでに受け入れ態勢を整えている。

内部化できない差異を意識することで始まった思考は、自己を誰にも転嫁できない責任の入り口に立たせる。それでは、この入り口に立った自己は、どこをどう進むのであろうか。

宙吊り

ウブントゥは、宇宙全体を中心のない一つの連続、つまりイスラームの基本的世界観であるタウヒードの当位性、差異性、関係性の三幅体のような絡みあいの無限な運動と捉えている。[33] ウブ（being）もントゥ（becoming）も動きのある言葉であり、自己と他者との関係も無限な運動であり、到着し着地して静止することはない。かくして全体は、具体性をもつ可能性が宙吊りになっている状態にあり、人間もどこまでいっても宙吊りのままであり、成熟し尽くして他者が不要になることはない。

自己の自我は、他者の差異のまっただなかに飛び込んで倫理を授かり自己に再帰する成熟を限りなく繰り返す。古代エジプトのオシリスが死後オシリス－ホルスとして再生し、その死後ホルス－オシリスとして再々生したように、[34] 他なる自己に繰り返し再帰する。自己はつねに未完成の形成過程にある。

「アフリカ人の特徴は憎悪の記憶が短いことである」と言われることがあるが、[35] それはアフリカにおいて、人間はつねに未完成の形成過程にあることが相互了解されているためであり、この短さは南アフリカ共和国、ルワンダ、コンゴ共和国などにおける重大かつ大規模な人権侵害による荒廃からの復興で実際に示された。

不平等な他者

ウブントゥにおいては、マートにおけると同様にウブとントゥとが、つまり自己と他者とが、補完的に絡み合って宇宙となっており、宇宙はそのすみからすみまでつねに動いている。それは中心をもたず、すべてが距離を保ちながら、他のすべてと内的に連関する無限な運動である。熱さは寒さに、早さは遅さに、長さは短さに支えられ、不連続でさえ連続に補完され、無は有の潜在性、それゆえ死は生の潜在性あるいは生へのパスポートにすぎないとされている。アフリカの伝統的宗教においては、至高存在、神々、精霊、祖先、生ける死者(living dead)、生きている人、これから生まれてくる人が上下の関係において因果している。

ウブントゥにおいては、自我は他者から倫理をうけとって自己に再帰することを繰り返しているが、倫理をうけとる側である自己と倫理を授ける側である他者との関係は、等価でも平等でもなく、不等号で繋がっている。この不等号の関係こそが生け贄の関係の原基であるが、それを成り立たせているウブントゥはアフリカでどう実践されてきたのであろうか。

三　ウブントゥの実践

お歳暮、お中元

ウブントゥが実践を重んじていることは、ウブントゥという言葉を定義した伝承が伝えられず、その実践的な応用についての格言だけが言い伝えられてきたことにも暗示されている。

だが、ウブントゥを実践することはきわめて困難で、自己中心主義がグローバル化され金融グローバリゼーションとなった現代世界においては、ほとんど不可能にさえみえる。しかもントゥは完結しえないので、将来の世代にとっても困難なままである。それがどんなに困難であってもウブントゥは実践されるべきものとされ、しかも合格ラインもない。

それは、南アフリカ共和国の「真実和解委員会」やルワンダのガチャチャ、ウガンダのマト・オプトなどの真実委員会で実践が試みられ、南アフリカ共和国では司法原理として裁判所で適用されてきた。

それでは、日本において家族や同僚、友人などの間で儀礼的に行われてきたお歳暮やお中元のような贈与はウブントゥの実践に繋がらないのであろうか。

儀礼的な贈与の送り主の住所・氏名と宛先の記載から見返りの期待が透けてみえており、その下心において、等価交換を遥かに超え、贈与の本来の趣旨に反する程のお返しが請求されている。このことは、賽銭箱に百円玉を投じて莫大な利益を祈願する「祈り」、つまり誓約としての祈念とは異なる「祈り」をほうふつさせる。

それでもそれが贈与と呼ばれるのは、お返しの実施時期に執行猶予を付けており、等価交換の原則とともに交換的取引の二大原則のひとつとされてきた同時履行の原則を超えているからであろう。それでは、お返しが履行されるべき時期を特定していないということだけで、他者との間に生け贄の関係が開かれるのであろうか。

履行される時期のズレだけでは、必ずしも生け贄の関係は開かれない。この時間のズレは、アフリカで伝統的に行われてきた世代間履行とは異なる。ズールー族は、何かもらっても「ありがとう」とは言わず、「永久に立っていられますように」と言う。それは自己の存命中にお返しされないことの確認である。それにたいして、自己中心主義的な世界における儀礼的な贈与の場合はたいがい、できるだけ早く、またどんなに遅くとも自己の存命中に履行されることが期待されている。それでは、どんな贈与が生け贄の関係を開くのであろうか。

贈与は、匿名で、かつ宛先なしに遺棄されたとき、生け贄の関係を開く。差出人を明記した贈与には見返りを求める請求書が添付されており、遺棄ではない。実際、もし返信を求めないのであれば差出人の住所、氏名を書いておく必要がない。

宛先の記載された贈与には、宛先とされた他者とされなかった他者との区別が伴う。宛先との関係で自我の一部が切り取られ配達されているが、それ以外の他者との関係では自我が純粋無垢なままである。自我の一部の切り取りは、それ以外の部分を現状保存するので、万人に向けて遺棄される剥がし取りとは決定的に異なる。それは、交換的取引を円滑に循環させるための自己免疫性に変異するおそれさえある。

切り取りから出発して生け贄の関係まで辿り着くには、切り取りを絶えず拡げていかなければならない。そのためにアフリカでは、飲み食いを使った慣習、信仰、儀式、格言、伝説などが伝えられてきた。

料理のコミュニケーション

トーゴのカブレ族において、家族であることの基準は血の繋がりではなく、お互いに食べ物を与えあっていることだという。そこにおいて親とは、子どもに食事を与える人すべてである。西アフリカ全体で、いつも同じ鍋の料理を食べていることが家族の定義の一要件とされてきた[36]。料理の目的についても、ヨルバ族は「料理するのは食べるためでも、捧げるためでもある」と言う[37]。それは、食べるということが究極的には神に捧げることなのであり、料理はそのために作られるという意味である。だからこそ食事をとるのに不浄な左手を使ってはならないのである。またバンツー共同体では、神が創造したものを人間は奪いえないので、神が創った食材を食べるということは、神によるその回収を手伝うということであり、結局は神が食べるのである。要するに、料理することも食べることも、神とのコミュニケーションなのである。神を通じて、間接的に人間同士のコミュニケーションがとられるが、それは言葉によるコミュニケーションとは異なる。

ナイジェリアでは、食べ物はもともと神が創ったものであり、食べることによって神に返される生け贄とされ、「喉のような神は他にいない。なぜなら喉は毎日生け贄をとるから」と伝えられてきた[38]。この生け贄は、人間同士のコミュニケーションのあり方を方向づける。例えば西アフリカでは、肉料理は男性だけの食べ物とされているが、生け贄を料理した女性が後片付けのとき食べられるよう、骨に近いところの肉は残しておく[39]。アフリカでは骨も食べたり、しゃぶったりするので、それはカルシウムの贈与となる。

言葉によるコミュニケーションが自己中心主義の呪縛により同一直線上で衝突しないよう、神とのコミュニケーションを絡ませ、遠回しに語られる。また神は人間の言葉がわからないとされる共同体では、神に伝わるのは発話のテキストではなく、身振りや気遣いである。したがって語りは、身振りや気遣いが意味をもつ対話においてしかなされず、タンザニアのバンツー共同体では相手が複数の場合でも一人に話しかけるように語りかけられる[40]。

食事の作法

狩猟民は狩りに出かけるとき食いだめもするが、一般には一日三食である。一つの器から手でとって食べるので、食事の前後にはよく手を洗う。ガーナのアカン諸族は「手の洗い方を知っている子どもが長老と食事する」という格言で、食の作法を身につけていることが一人前になった証しだと言う[41]。共同体によっては、家族一緒ではなく、男性だけが離れて食べたり、成人が子どもと離れて食べたり、客人が離れて食事をふるまわれたりする。食事のとき離れて座るのは、食事中に話をしたり、食べている人を見つめたりできないようにするためだという。[42]それらを禁じるのは、食べることによって神とのコミュニケーションをとっているときに人間とのコミュニケーションをとることが神を無視することになるからである。スワヒリ語の格言によれば、「神を忘れると自分自身を忘れる」。[43]アカン諸族やヨルバ族の神はつねに自己の近くにおり、[44]祖先の精霊が食事中不意にやってくるので、立って食べてはならない。[45]また子どもは成人よりも祖先の近くにおり、祖先の精霊は見知らぬ客人の姿で現われるので、子どもや客人にはご馳走がふるまわれる。[46]客人はその申し出を断ってはならず、断ると不信感をいだかれる。

タンザニアのバンツー共同体では、最高齢者が「食べよう」と言って食べ始めるまで食べてはならない。[47]料理の匂いを嗅ぐことは無作法で、料理に意見することは非礼とされる。[48]ウスマンの小説『神の森の木々』のなかで、料理に「何か足りないな」と夫に言われた妻は一晩中実家に帰る計画を練っていた。[49]食べ終わったらすぐ席を立つところも、全員が食べ終わるまで座っているところもある。食べるべき料理を残したときは釈明しなければならない。

「おいしい料理」とは

味覚は一人ひとり違い、そのときどきでも違う。それは外部から身体に加えられた刺激に反応する感情なので、不安定である。[50]「おいしくない」という応答は、料理人を問いただすだけで、自らの自我の殻を問いただしていない。それを問いたださなければ、自己は欲望を無制約に暴走させ、欲望に隷属し、真の自由を失う。真の自由とは、どんなに苦労や失敗をしたとしても、目的およびその達成方法についての自己の意志にそってのみ行為がなされることだからである。[51] そしてその意志は、自己の意志自身を裁かれる場において、他者と出会おうとする羞恥である。[52] 結局、自由に食べている料理の味は「おいしい」。

事実、「おいしさ」についての普遍的な定義が合意されているわけではないので、料理はすべて「おいしい」と賞賛される資格がある。ナイジェリアのイボ族は、「料理をした者はすべておいしい料理を作ったのであり、食べた者はそれをもっとおいしい料理にする」と言う。[53] このおいしさは、料理の差異を迎え入れる容量の大きさで測られるおいしさであり、食べる者がその容量を増やせれば、おいしさが増す。それゆえ、結果的に食べる者に自我の殻を破ることを渇望させるセリティが入っている料理がとびきりおいしい料理となるのである。

ウォロフ族の食育

セネガルのウォロフ族は、二歳から五歳ぐらいまでの子どもに、食べものを分け合い、お返しをする食育を通じて贈与の習慣を身につけさせ、それを兄弟姉妹から客人へと拡げさせてきた。[54]

赤ちゃんには、離乳が母親との断絶にならないよう段階的に対応する。本格的な離乳の前に、母親に抱っこやおんぶしたままで試しに離乳食が与えられる。赤ちゃんを母親から離すとき、離乳についても身体的接触についても相関的かつ段階的になされ、母親は、離乳が早かった子とは身体的接触を多くし、遅い子とは身体的接触を次第に減らすよう心がける。離乳を早く受け入れるか遅くするかで、赤ちゃん自身が母親との間に自分に適した近接性を保てるようにする。というのは、子どもは母親との関係のあり方を基礎にして他者との関係を開くとされているからである。

あるいは、離乳によって母親から口を離したのは、自己の口から言葉を発して応答することによって、母親以外の家族をふくめた他者とのコミュニケーションの開始のためだったのかもしれない[55]。離乳は、決して義務の履行として嫌々なされるのではない[56]。時期がいつになるかはともかくとして確かに離乳は避けられないものではあるが、赤ちゃんが母親の離乳注意報を迎え入れ、自ら進んで離乳する以外の離乳はありえないという意味で、それは初めて体験する「義務を超えた義務」の受難となる。

離乳後も、食を通じた贈与の教育が段階的に進められ、三歳になると食事をする席を自ら選ぶことができ、そこで社会規範が徐々に教え込まれる。そのひとつが食事の作法であり、つねに右手で、まっすぐ前を見て食べることが教えられる。また、次の子が生まれるまでは、余った食べ物をもらうことができ、また自分で勝手にとって食べることも許される。そして授乳期のときの授乳と授乳との短い間隔を激変させないよう、離乳後の子どもには食間にマンゴーやビスケットなどのおやつが与えられる。

分けあい

さらに分けあいの習慣を身につけさせるため、離乳したときから、おやつを分けあうことが教えられる。分けあいはまず兄弟姉妹の間でなされ、幼児が赤ちゃんにパンをあげようとすると、母親はそれを一旦とめて、「あげるの」と確認し、賞賛する。兄弟姉妹がお互いに食べ物をあげたり貰ったりして、贈与の習慣が身につけられる。それは、大人が直接に話して押しつけるのではなく、年上の子が大人から繰り返し聞いた言葉を使って弟や妹に教えるという間接的な方法で伝えられる。例えば末っ子がおやつをもらうと、年上の子は大人のように「それをよこしなさい」と言って一旦とりあげ、皆に分ける。

大人が子どもに何か言い聞かせるときは、決して「食べすぎだ」といったような直接的な物言いはせず、冗談のように遠まわしに言うのが習わしである。例えば、「誰かさんが、かなり沢山食べているようだね」などと言う。何故そう言うのかというと、寛大さの欠如は不快を与えるものであり、露骨に言うと寛大さが身につかなくなるからだという。また砂糖のように食べさせたくないものを持っているときは「砂糖を食べるな」とは言わないで、「小さい弟が食べたがるから元に戻しなさい」とか、そこにいない他の兄弟姉妹にも「分けるから母さんによこしなさい」と言う。そう言うのは、その子を制止する目的が、それを食べさせないことでも、決まり事を意識させることでもなく、その子の行動を兄弟姉妹間で分けあう関係のなかに収めることだからだという。

その教育の目的も方法も、許容性と寛大さにもとづいており、またそれらに向けられている。それによって子どもたちは、他者との関係の開き方を学習する。

親類が訪ねてくると、父親は子どもにお菓子を渡し、「おじさんにも少しあげなさい」と言って、贈与を客人に拡げさせる。また母親は娘に「フィアンセはいるの」と聞き、娘が「いる」と応えると「その人に何かあげたの」と聞いて、贈与の模擬訓練をさせる。その教育は、贈与を身につけさせるためである。それでは、それを身につけさせようとするのは何故か。

贈与を身につけさせる理由は、処分可能なものを自ら切り取り、相手が持っていないものを遺棄することによって、相手と対等になることだという。例えばおばあさんが、孫にその持ち物を「ちょうだい」と言うことがある。孫はそれに応じることによって自らを相手と対等な立場に置き、友人を作れるようにするためだという。だから、すべての子どもに等しくビスケットを分けたときでも、末っ子に「皆にあげないの」と問いかけ、分けあう機会をつくるという。それはタウヒードの等位性の原則と通底し、その経験値となっている。

お返し

お返しすることも、幼いうちから兄弟姉妹関係のなかで教えられる。お返しは、贈与を無限に続け、共同体を維持するのに不可欠である。分けあいとお返しのやりとりは、表面的には交換的取引の循環に似ているようにみえるが、交換的取引は等価交換と同時履行とを原則にしている点で、贈与とは根本的に異なる。とはいえそれが意識されると、等価な見返りを求める取引になってしまうので、子どものうちから内面にすり込み、無意識化させなければならない。それゆえ、お返しは必ずしも贈与してくれた本人に直接なされるわけでも、同時履行されるわけでもなく、いわば新たな贈与のようになされる。

お返しのできる状況が現われると、生け贄の象徴とされる食べ物で「お返しするように」と兄や姉が勧める。幼い子が実際にお返しをすると、それがどんなに僅かなものであっても、兄や姉はその子に顔を向け直し、「お返しができたね」と言葉にして賞賛する。賞賛された本人はお返しをしたことに満足し、それが次のお返しの誘因になるのだという。そのようなやりとりによって、子どもたちは赤ちゃんの時から、兄弟姉妹の関係のなかで分けあいとお返しをお互いに教えあい、身につける。

客人は、歓待によって導かれる慎み深さのなかでほとんど「不在」として存在し、何日も滞在するときは仕事を手伝ってお返しする。それは子どもたちにとっては、お返しの模範となる。タンザニアのバンツー共同体では、客人は三日目に鍬を持つ(57)。客人が出発するときにはおみやげが贈られ、家族が途中まで見送る。

自己中心主義の強度は、どんな知識、科学、技術、道徳、法制度でも私利私欲のために効果的に利用できる程であり、その強度にはウブントゥもかなわない。だが自己中心主義は他者を失い、人生をつまらないゲームにしてしまい、差異のない人生は退屈なものとなる。明日の他なる自己を可能にするのは自我の剥がし取りである。ウォロフ族の食育は、自我の一部の切り取りが剥がし取りに繋がる可能性を物語っている。

ウォロフ族の食育は子どもが物心のつく前からなされるのにたいし、すでに自己中心主義にどっぷりつかっている成人が、はたして自我の感情の切り取りの段階的な拡大によって生け贄の関係を開けるか心もとない。その拡大のためには、内部化できない他者のわからなさを迎え入れる受難が伴わなければならない。

他者のわからなさを迎え入れさせるのは、「間違っているのでは」と自ら恥じ入る羞恥である。モロッコでは、客人を歓待する責任は、もともと羞恥という意味のアール（*'ār*）から生じるとされていた。それは、主人が客人の求めに応じなかったら災いがふりかかるという停止条件つきの呪いを主人が自ら受難する身振りであり、主人は客人を歓待する責任を無起源的に負う。客人が玄関を入ると、主人に呪いがかかるアールの磁場が現われる。食事で歓待すると客人は料理をすこし残し、それを食べるとバラカ（*balaka*）という聖性を授かる(58)。

かくして主人がバラカをうけとるのは、自らの内側の奥深いところで他者を迎え入れる歓待という不安や不信の感情の遺棄によってである。遺棄とは無目的に捨てることなので、それには名宛人も書き込まれず、だれにもうけとられなくてもよいものとして捨てられる。名宛人が書かれていないので、逆に、だれにでもうけとられ、客人にもうけとられうることになり、万人の一部である見知らぬ客人からわからなさを授かる。万人からのわからなさの受肉によって、縁もゆかりもない問題に巻き込まれ、切り取られた自我の宛先とされなかった他者との間にも生け贄の関係が開かれる。そのとき初めて、世界が開かれる。

注

（1）南アフリカ共和国の裁判所の判決によれば、「ウブントゥは、①復讐とは峻別され、②人間の生に高い価値をおくことを命じ、③他人の価値と不可分であり、その尊厳、思いやり、人的なるもの、人間性の尊重を最優先させ、④対立から調停や和解への転換を命じ、⑤品行方正および関心の共有を命じ、⑥当事者間に調和をとり戻し、調和が被告を破滅させることなく原告の尊厳を回復するのを重んじ、⑦応報的正義ではなく修復的正義を重んじ、⑧紛争当事者に疎遠ではなく和解をもたらし、⑨訴訟における攻撃・防御方法が相手を傷つけないよう配慮し、攻撃方法を非難するのではなく修正するのであり、⑩処罰ではなく相互理解を促進し、⑪対決や強者の勝利のためではなく意見の相違の解決のため当事者の対面的接触を重んじ、⑫礼節および相互寛容にもとづく礼儀正しい対話を重んじる」。*Afri-Forum v Malena* 2011 (4) All SA 293 (EqC) para 18. これは、既存の判決におけるウブントゥの意味の記述をまとめたものである。

（2）人間性とは自分らしさへの固執からの超脱、つまり他者によって占められるべき場を奪っているのではないかと自ら問う審問、告発につねにさらすことである。

（3）L. Praeg, *A Report of Ubuntu*, University of KwaZulu-Natal Press, 2014, p.15.

（4）D. Tutu, "Human Rights in South Africa," cited in Battle, *Reconciliation: The Ubuntu Theology of Desmond Tutu*, Pilgrim Press, 1997, p.35.

（5）P. Ibekwe, *Wit & Wisdom of Africa*, WorldView, 1998, p.174.

（6）M. Dube, "I Am Because We Are," *in African Ethics*, ed., Murove, University of KwaZulu-Natal Press, 2009, p.202.

（7）エマニュエル・レヴィナス『存在の彼方へ』講談社、一九九九年、三四頁。
（8）松本祥志「生け贄の思想—ヨルバ族の宗教とグローバリゼーション—」『地域文化研究』第一一号、二〇〇八年、二一～四〇頁。
（9）M. Karenga, *Maat*, Routledge, 2004, pp.30-35.
（10）エジプトのコプト語には mee（真実）、エチオピアには mayo（理性）、コンゴには mayo（生、魂）、中央アフリカには ma（真実を知る秘薬）、赤道ギニアや南部カメルーンには mye（純粋）、ガボンには mya（知）、ナイジェリアのヨルバ語には mo（知）、ナイジェリアのハウサ語には ma（事実）、北部カメルーンには mat（精霊）、スーダンには mat（全体、諸力）という言葉がある。T. Obenga, "Egypt: Ancient History of African Philosophy," in *A Companion to African Philosophy*, ed., Wiredu, Blackwell, 2006, p.48.
（11）M.B. Ramose, "African Renaissance: A northbound gaze," in *The African Philosophy Reader*, second edition, eds., Coetzee & Roux, Routledge, 2003, p.600.
（12）T. Bennet, "Ubuntu: An African Equity," *PER/PELJ* vol.14, 2011, p.32.
（13）*S v Makwanyane* 1995 (6) BCLR 665 (CC) para 307.
（14）Ibekwe, *op. cit.*, p.101.
（15）G. Wanjohi, *Under One Roof*, Paulines, 2001, p.172.
（16）T. McCaskie, *State and Society in Pre-Colonial Asante*, Cambridge University Press, 2010, pp.151-58
（17）W. van Beek, "The Innocent Sorcerer," in *Religion in Africa*, eds., Blakely *et al.*, James Currey, 1994, pp.216-19.
（18）M. Ramose, "The Philosophy of *Ubuntu and Ubuntu* as a Philosophy," in *The African Philosophy Reader*, *op. cit.*, pp.236-37.
（19）Ibekwe, *op. cit.*, p.101.
（20）M. Munyaka & M. Motlhabi, "Ubuntu and its Socio-moral Significance," in *African Ethics*, *op. cit.*, pp.75-78.
（21）*Ibid.*, p.72.
（22）E. Westermarck, *Wit and Wisdom in Morocco*, Horage Liveright, 1931, p.298.

（23）Ramose, "The Philosophy of *ubuntu and ubuntu* as a Philosophy," *loc. cit.*, pp.230-38.
（24）M. Bhengu, *Ubuntu: The Essence of Democracy*, Novalis, 1996, p.2.
（25）M. Ramose, "Philosophy: A Particularist Interpretation with Universal Appeal," in *African Philosophy and the Hermeneutics of Culture*, eds., Oguejifor & Onah, Lit, 2005, pp.151-52.
（26）ムハンマド・アッ＝タバータバーイー著、黒田壽郎訳・解説『現代イスラーム哲学』書肆心水、二〇一〇年、三〇頁。
（27）Bhengu, *op. cit.*, p.3.
（28）E. Westermarck, *Ritual and Belief in Morocco*, vol. 1, Macmillan, 1926, pp.155-56.
（29）A. Shutte, "Ubuntu as the African Ethical Vision," in *African Ethics*, *op. cit.*, p.97.
（30）L. Praeg, "From ubuntu to Ubuntu: Four Historic a Prioris," in *Ubuntu: Curating the Archive*, eds., Praeg & Magadla, University of KwaZulu-Natal Press, 2014, p.97.
（31）B. Nussbaum, "Ubuntu: Reflections of a South African on Our Common Humanity," in *African Ethics*, *op. cit.*, p.101.
（32）L. Praeg, *A Report of Ubuntu*, University of KwaZulu-Natal Press, 2014, pp.42-43.
（33）黒田寿郎『イスラームの構造』書肆心水、二〇〇四年、五七〜五九頁。
（34）W. Elliot, *The Law of Sacrifice*, Theosophical Publishing Society, 1903, pp.7-8.
（35）A. Mazrui, "Afro-Arab Crossfire: Between the Flames of Terrorism and the Force of Pax Americana," seminar paper, Ethiopian Institute for Peace and Development, Addis Ababa, 5 December, 2001, p.17.
（36）F. Osseo-Asare, *Food Culture in Sub-Saharan Africa*, Greenwood, 2005, p.26. ホーヴェは、戦争において「おなじ鍋から食べ物を食べている」とみなされた人びとが手当りしだいに殺される話をあげている。チェンジェライ・ホーヴェ『影たち』スリーエーネットワーク、一九九四年、二〇二頁。
（37）http://www.cortada.com/media/1999/ife-ile.htm.
（38）Ibekwe, *op. cit.*, p.49.
（39）Osseo-Asare, *op. cit.*, p.35.

(40) P. van Pelt, *Bantu Customs in Mainland Tanzania*, TMP Book Dept., 1982, p.133.
(41) K. Opoku, *Hearing and Keeping*, UNISA, 1997, p.38.
(42) Pelt, *op. cit.*, p.132. Opoku, *op. cit.*, p.33.
(43) Ibekwe, *op. cit.*, p.78.
(44) J. Kayode, *Understanding African Traditional Religion*, University of Ife Press, 1984, pp.27, 31.
(45) http://www.metanexus.net/conferences/pdf/conference2006/Ogunade.pdf.
(46) Osseo-Asare, *op. cit.*, pp.12-13.
(47) Pelt, *op. cit.*, p.131.
(48) *Ibid.*, p.132.
(49) サンベーヌ・ウスマン『神の森の木々』新日本出版社、一九六五年、七六頁。
(50) スピノザ『エチカ（下）』岩波書店、二〇〇四年、三九～四二頁。
(51) シモーヌ・ヴェイユ『自由と社会的抑圧』岩波書店、二〇〇五年、八四頁。
(52) レヴィナス、前掲書、二六一～二六七頁。
(53) Ibekwe, *op. cit.*, p.47.
(54) J. Zampleni-Rabain, "Food and Strategy involved in Learning Fraternal Exchange among Wolof Children," in *French Perspective in African Studies*, ed., Alexandre, Oxford University Press, 1973, pp.221-33.
(55) ジャック・デリダ『触覚』青土社、二〇〇六年、六四頁。
(56) 松本祥志「ソウルフード秘話」『地域文化研究』第九号、二〇〇六年、三二頁参照。
(57) Pelt, *op. cit.*, p.134.
(58) Westermarck, *Ritual and Belief in Morocco*, *op. cit.*, pp.518-69.

新自由主義時代の「自由」の様相と「自由」の連帯
——共同体運動の可能性を摸索しつつ[1]——

李《イ》贊《チャン》洙《ス》
李《イ》相《サン》勁《キョン》 訳

一　新自由主義時代の構造化された自由

新自由主義の出現

近代は、垂直的身分社会にもとづいた封建主義が打破され、個人主義に立った世俗化現象と共に始まった。画一的で超越的な価値が削除され弱められ、真理は人間の中に内面化および相対化され、事物の私的所有権など個人的権利が正当化された。自由主義が重要な価値として浮かび上がると同時に、強化された所有権が資本主義の土台を堅固なものとし、資本主義は再び個人の所有権と権利を煽り、さらに強固なものとしていった。

資本主義を指向する国家は、資本を拡張させて円滑に流通させるために政策的介入を試みる。このために理論的基礎を築いたケインズ（John Maynard Keynes, 1883-1946）は、資本をより多くの人が所有できるように、そして完全な雇用が成り立つように、国家が市場に介入しなければならないと主張した。自由な経済活動でより多くの資本が蓄積されるように、個人と企業の自由に国家が介入するということである。

国家的介入の程度により、経済システムに対する名称も変わる。実際に東欧圏では資本の蓄積と分配に対する国家的介入を強化して、個人の自由を制限する社会主義的流れも生まれた。しかし、西欧ではそれに対する反作用で、個人中心の自由主義がより一層強調され、市場の論理に任せる流れが強まった。そしてついに、古典的自由主義に対比される、いわゆる新自由主義（Neo-liberalism）の姿があらわれた。

特に一九七〇年代、イスラエルと主な産油国であるアラブ圏間の中東戦争以後、石油価格が急騰し、世界経済が急激に萎縮して、英国とアメリカを中心に本格的な自由市場主義政策が登場した。イギリスのサッチャー政権とアメリカのレーガン政府は、政府の規制を減らし税率を低くして、民間企業が自律的に活動できるように政府の役割を縮小した。国営企業を民営化し、政府機構を縮小し、国家的競争力強化にすべてを賭けたのである。市場を内需から海外へ積極的に広げられるように、国家間の貿易に制限を撤廃するよう誘導する政策を広げた。その影響力の中で世界は、単一の資本と市場構造の中に吸収されていった。資本主義の世界化、いわば市場の世界化が急激に進行したのである。ほとんど全世界が市場の原理に捕らわれ、世の中が市場根本主義あるいは市場万能主義に向かっていった。このような現象が広い意味での新自由主義である。

新自由主義は、国家単位の戦略的推進の結果という点で、単純に個人の自由を保障したり広げるための純粋な流れではない。資本の蓄積で市場を拡大し国家的競争力を強化するのに個人の自由を手段のように利用する側面のほうが大きい。新自由主義が強化され、外見上は個人の自由がさらに確保されるかのように見えるが、実際には個人の自由は資本の蓄積のための手段に近づいている。

新自由主義は、資本の私的所有のために自発的に力を尽くすよう持続的に煽りたてる。個人あるいは企業の自由競争を資本蓄積の手段とし、個人主義ないし特定目的にもとづいた集団中心的傾向を見せる。人と人のあいだの関係まで資本指向的サービスで埋められて純粋な対人的結束原理は消えてしまう。人々のあいだの相互協力さえも、資本蓄積のための手段として使うことを直接・間接的に要求する流れが強いところであればあるほど、共同体的意識を持つことは容易ではない。共同体は、相互扶助の姿勢で形成され維持される相互共感的で有機的な組織だが、新自由主義は競争心を刺激して、根源ではより一層個人主義的でいることを要求するからである。

このような状況に対する問題意識を持って、本稿ではまず、新自由主義が原則的には個人の自由を掲げながらも、実状はその自由を制限する流れを形成していく過程を探っていくこととする。代表的な新自由主義経済学者であるハイエク（Friedrich August von Hayek, 1899-1992）が、自由と競争を前面に掲げた経済論理を展開したが、結果的にその自由はそのようにせざるをえない自由であり、そのような強制的自由に流れることになった矛盾した現実を探ってみたい。負債を負ってでも消費していかなければ作動しない経済システムの中で人間は意識さえできぬままに、事実上自分の自由を剥奪され、負債を返していかなければならないという原罪意識によって苦しめられる現実も浮き彫りにしたい。自由を掲げつつも、事実上自由をかたに取られた新自由主義システムを批判的に意識し、自由は単独者としての個人的行為でなく、サンデル（Michael J. Sandel）の表現を借りれば、「束縛的自我（encumbled self）」、すなわち、他者との共生的「関係」を前提にして成り立つという事実を示そうというのである。最後に、他者指向的で関係的な自由をもとに、経済的弱者が経済活動の主体として位置づけられる協同組合運動の可能性について考察し、協同組合運動がどのような点で新自由主義の威力を弱化させる代案的試みになりうるのかも、簡単にではあるが見ていきたい。

自由の競争

新自由主義では、政府が個人および企業の権利と私的財産権を保護するものの、市場の流れに政策的に介入するのは最小化あるいは廃止しなければならないという立場をとっている。ハイエクは、第二次大戦当時、ヨーロッパの集団主義あるいは全体主義的流れを批判的に観察し、「我われの問題を解決するには、可能な限り社会の自発的な力を最大限利用して、できるだけ最小限の強制力のみ使わなければならない」[2]という事実を経済の根本原理として提示したことがある。自らの主著である『隷従への道』(The Road to Serfdom' 1944)の結論も、「個人のための自由の政策が真に唯一の進歩的政策という指導的原理は、一九世紀にそうだったように今でも変わらない真理として残っている」[3]ということであった。

彼が自由を最高の価値として掲げたことは、人類が獲得した自由主義的価値を現代的に継承するための作業の一環であるといえる。それ自体は意味ある試みであったといえよう。

しかし、問題は、自由そのものでなく、自由が作動するやり方によって起こっているのである。たとえば、資本の蓄積を指向する経済システムにおいて、自由は競争という皮をかぶっている。ハイエクも権威に立った強制的でありながらも恣意的である干渉がなくとも様々な行為が互いに調整できる唯一で優れた方法が「競争」であるという[4]。市場が自由に競争して、最大限の効率性を発揮することができるように、国家が干渉しないのは当然であった。国家の市場介入は、「競争ができるだけ効果的であるように条件を創り出すこと、競争が効果的でなければ補完すること」[5]程度に留まらなければならないというのである。競争が自由市場主義の体制を維持させる動力であり、自由主義のための最も効率的で唯一の方法であると考えたからである。

このような自由競争で、個人の成果と国家的生産性は高まることになる。しかし、問題はそれだけ不平等も深刻化するという点である。競争自体が正当化され、不平等問題は軽視されるようになる可能性が大きくなるのである。実際に、ハイエクは自由の乱用にともなう責任の問題を軽んじ、社会正義というものは、個人の自由と両立できない、迷信や蜃気楼あるいは自由に対する威嚇であると説明したことさえある。[6] 彼は、社会正義という先験的価値が、市場が作り出す創発的な秩序を、あらかじめ制限しておいてはならないと考えた。[7] 市場の秩序外であれば決まった基準により、国家が最小限の保障を提供すること自体には反対しないとし、時には自分の基本的な立場とは矛盾する「感想的」な主張をしたりもしているが、[8] 彼は基本的に自由な選択と競争の原理をつねに重視した。

しかし、ハイエクが見ることが出来なかった側面も大きかった。彼は自由という言葉を恣意的に前提にしただけであり、自由とは何か、本当に自由な競争というものが可能なのかは問わなかった。真の意味での自由な選択というよりは、そのように選択するしかない必然でもあるという事実、そして、自由に選択するというが、その選択の目的が目的したほどには具体化されるわけではないとの事実を看破できなかった。自由という理念に自由が束縛される現象さえも、自由という名のもとで肯定するしかない矛盾が、ハイエクのような部類の新自由主義経済学に含まれていたということができる。

不平等の深化、危険の拡散

実際、時が流れて、資本主義にともなう経済成長は、予想された様相とは異なり、深刻な不平等を引き起こした。経済が成長すればトリクルダウン効果（落水効果、trickledown effect）によって所得不平等が緩和されるという主張は意味を持たないほど、経済規模は大きくなったが不平等は深刻化した。[9] 経済成長の初期には、所得の不平等が緩和されるかのように見えたが、資本主義的体制が世界化すればするほど、個人はもちろん国家の間にも両極化が進行した。

自由な選択であるというが、実際には構造的あるいは一方的な流れのなかで成り立つため、構造が作った不平等を打開できる道も、既存の不公平な秩序「内」での努力でしかありえなかった。国際通貨基金（IMF）や、世界銀行（World Bank）、世界貿易機構（WTO）のような超国籍組織が主導する世界化現象も、実質的にはアメリカのような特定国家や企業の影響のもとで運営される「超国籍」であるため、不平等を打開しようとする努力も既存秩序を越えられなくなるのである。[10] 資本蓄積のための競争が資本を越えることができず、かえって資本の力の中に閉じ込められる現象が広がったのである。より多くの資本を算出して先へと行くための競争が、結局は競争の目的であった資本の力の中に閉じ込められて、資本の支配を正当化するだけだということである。このような点で見れば、新自由主義は「社会体制を競争原理で満たして、競争に敗れた人々を社会から排除していく統治」様式とさえ言える。[11] 経営学者であり、地域運動家であるカン・スドル（Kang Su Dol）は次のように述べている。

> 他者を抑えつけるための生存競争、すなわち世界市場を巡る商品競争は、どのような商品が勝利するのかとは関係なく、資本主義世界体制の支配を存続させる条件になる。私が市場競争に参加する瞬間、その勝敗とは関係なく、競争の犠牲者になるだけでなく、それを越えて（私たち皆を支配する）資本の支配力を強化してやることになる。[12]

たとえばサッカー選手がグラウンドで自由にサッカー競技をするとしても、その自由はあくまでも決まった規則の中での自由であることと同じである。選手が決められた規則によって熱心に走れば走るほど、サッカーの規則は正当化され、その運動の中に内面化される。サッカーは規則の内面化を通じて選手を統制する。サッカーの規則は選手の実存を制御する。同じように新自由主義的な競争体制は、その競争体制のなかにいる構成員を通じて自らを正当化して強化する。文明がかえって危険を生産して、その危険が体制の中で承認されつつ、「途方もない政治的動力を育てる」というウルリッヒ・ベック（Ulrich Beck）の診断のように[13]、新自由主義は形式的には自由を保障して、事実上は自由を拘束する方式で自らを維持していく経済システムである。このような矛盾は「金融資本主義」において典型的にあらわれる。

金融資本主義と「借金人間」

産業社会では人間の労働によって物を生産し、生産物を取り引きして利潤を残して資本を蓄積したが、新自由主義は資本金を融通して利潤を取得していく体系、すなわち金融資本主義（finance capitalism）につながった。資本を融通して利潤を取得していく方式が多様化して、それに関連した金融商品が自らの市場を形成するほど増殖していき、実物経済体制全般を支配する段階に達した。数えられないほど多くの金融関連派生商品が、クモの巣のように伸びてからまって、金融資本主義が実物経済秩序まで支えることになった[14]。一定の金でそれ以上のお金を作り出す金融会社が、企業と国民経済全般を支配し、資本が行き来する過程自体が、世界的な経済原理の主軸になったのである[15]。金融資本の「大きな手」と呼ばれるジョージ・ソロス（George Soros）は、「国際金融市場が民族国家の経済を支配する現象を世界化」と規定したこともある[16]。

このとき重要なのは、金融資産が国内総生産（Gross Domestic Product）より、桁外れに多くなる現象が現れたという事実である。そして金融資本が実物経済システムの生産量以上に拡大することにより、実際の自然において生産される以上に、消費できる可能性がうまれ、生産された以上に消費できる、それだけ負債の規模も大きくなっているという事実である[17]。

実際に金融資本は、負債という形態で世界経済を支配する。金融の法則によりコンピュータ上で作られた資産が実物経済を導いていく珍現象、換言すれば、実質の生産より借金がはるかに多くなる珍現象がもう正常のようにみなされるほどになったのである。「金を借りて家を買え」として、負債の拡張をけしかけて、負債で負債の穴をふさぎながらも、その矛盾が感じられないように構造化されている状況である。自由を称賛してほう助する制度と政策で、事実上自由を束縛して、負債が負債を生んで貧富の格差をさらに深化させていく。全世界が負債でつながっており、急増した借金はこれ以上統制できない。これは生産された以上を消費したところに始まることである。

経済の主な尺度を国内総「生産量」（ＧＤＰ）でだけ評価する資本主義の構造自体が問題ではあるが、さらに根本的な問題は、生産よりさらに多く負債を負い、持続的に消費してこそ回っていく構造である。石油経済専門家であるリチャード・ハインバーグ（Richard Heinberg）によれば、この五〇年の間、一年を除けば「負債は常に、ＧＤＰで測定した経済産出よりはやく増加した」という。問題は「負債は決して完全に返済できない」ということである。「借金が請求するだけの量の労働と資源が存在しないためである」[18]。いくら労働をするといっても地球の資源が制限されている上に、植えた分だけ取り入れるような労働力だけではすっかり抜け出せない、うず巻きのような負債の関係性にすでに巻きこまれているためである。イタリアの社会学者マウリツィオ・ラッツァラート（Maurizio Lazzarato）が簡潔に規定しているように、新自由主義時代の人間はひとことでいえば「借金人間」になったのである。[19]

責任の個人化と動員された自律性

かつてニーチェ（Friedrich Nietzsche）は、物質的な「借り（Schuld）」が、道徳的「罪（Schulden）」に規定されてきた「道徳の系譜」を明らかにしたことがある。[20] ニーチェは、権力あるいは階級関係で生じた物質的な借りが権力による正義という名で制定された法的枠組みの中に組み込まれると、罪悪感という形態で内面化され、いわゆる「良心の呵責」という道徳的価値につながったと見た。物質的「借り」が道徳的「罪」に規定されてきた歴史もこのような内面化の過程をとおして形成されたということができる。[21]

このように、ラッツァラートも負債は不均衡的な社会政治的関係において生じるという事実を強調する。特に新自由主義時代の負債は、国内はもちろん海外の消費まで振興させて、資本を創り出そうとする多国籍企業、国家など権力集団の経済政策が作り出した構造の産物に近い。しかし、実際、個人は負債も自ら選択した結果という原罪意識を負ったまま、実存に制限と苦痛を受ける。債務者は自分の負債を自分のせいにする。その負債を返すために再び負債を負う。物質的「借り」が内面化して道徳的「罪」の意識に変わったかのように、債務者は負債の構造的原因を読めず、経済的主体になれとの社会的要請により、負債を個人の罪責としていくのである。[22] 新自由主義の時代に生まれたという理由だけで「罪人」になるともいえるだろう。

個人が物質的負債を返して、内面の負債意識も清算しようとすることはできるが、すでに生産量より多くの借金を担って生きる経済の構造的側面で見れば、すべての負債は根本的にすべて返すことができないようになっている。借りてきた仮想の価値を生活で実際の生産量以上に消費して生きる人生が自然な構造の中にあるためである。ハイエクも、金融自体が市場の商品になり、市場が事実上神格化され、それだけ人間の自由は従属してしまった昨今の状況を予見することはできなかった。市場原理、市場価値に向かって社会全体が自律性の名のもとで「動員」され、無限競争時代の生存を個人の力量と責任にすることによって個人を「監視」し、公的領域の存立を危機に陥れる、いわゆる「市場全体主義」に振り回されている状況である。

このような形で、市場は本来人間のために生まれたわけだが、人間が市場の秩序に合わせることができなければ生存が不可能な状況になった。自発的に経済的命令に隷属しており、自発的にあまりにも透明な規律社会の構成員になったのである。二一世紀の経済状況はハイエクが統制なき自由を選択し、社会主義経済に反旗を翻した時とは、あまりにも違う状況の中に進んでしまった。新自由主義は、巨大企業と国家の戦略的介入の中に自由の伸張という名のもとで自由を拘束して、自分のための成果が自分を疎外させる矛盾をあらわしたのである。自由という名のもとで資本によって丸裸にされて、市場によって監視される「完全に新しい様式のパノプティコン（一望監視装置）」を経験しているのである。[23]

二　競争する自由から、自由の連帯へ

物語的存在と束縛的自我

現実がこのように矛盾的状況の中に追いこまれることになった根本的な理由の一つは、自由に対する誤解、ないしは歪曲である。自由は明らかに人類が勝ち取り、全うしてきた重要な価値であり、資産である。前述し

たように、新自由主義も本来は、一九世紀ヨーロッパの自由主義を政治・経済的次元で継承しようとする努力の一環として始まった。そうであるならば、人類が全うしてきた自由本来の価値を放棄せずに、事実上強制力として作動する新自由主義の構造化された自由を克服せねばならないという事実も明白である。守らなければならない自由と、変えるべき自由を区分する必要がある。何を守って、何を変えるべきか。これは自由に対する二種類の観点と関係する。自由とは何なのだろうか。

アリストテレスによれば、自由は、自分の行為の原理と原因を自身の中に置く状態である。他者による束縛から抜け出して、自分の中にある原理による自らの行為が自由だというのである。そこから、他者の依存性から抜け出した「〜からの自由（freedom from）」という概念が登場する。ここで自由は、単独者としての個人的行為となる。今日、多くの人々が自然に使っている自由の概念でもある。

このような自由の概念が社会化し、新自由主義でもアリストテレス式の自由を資本蓄積のための競争の前提、ないし動力として利用する傾向がある。自由を他者から抜け出した個人の能力、あるいは単独者の行為と考えて、そういう自由を資本がない状態から抜け出すための競争体制の正当な動力とする。このような「個別的自由」が、競争して互いに衝突して、自分の自由が他者の、他者の自由が自身の妨げとして作用するのは、自由な選択の必然的副産物と見なされる。それと共に、妨げになるものを除去する過程に、誰かの、多くの場合、弱者の犠牲がともなう。競争としての自由が、誰かの、あるいは何かの犠牲を惹起するのである。不平等、両極化が拡大していくこともこのような過程から始まる。

新自由主義は、自由の名のもとに自己中心的欲望を拡大・再生産させるように要請する強力な流れでもある。その中で発生した「落伍者」の排除と犠牲は、全体の成長のために避けられないこととしながら、できるだけ顔をそむける。他者依存性から抜け出した「～からの自由」が自由な経済行為という名に化けて、事実上自由という名の抑圧がそこここで横行することになるのである。

しかし、個別的自由の競争が算出する弊害は、深刻である。文明が生産した危険が政治的動力を育てるというベックの診断のように、その弊害は競争の「副」産物よりは「主」産物に近い。富の蓄積を追求する「経済的自由をあたかも基本的人権のように見なし」「個人的富の最大化を基本権として要求する」行為は、他の基本権と衝突する。そして、互いが互いの機会を制限する形態であらわれる。[24] これは、自由を単独者としての個人的行為であると、たやすく規定するところからくる必然的結果である。

しかし、近代の思想的基礎を置いたデカルト的主体、そしてその思想的深化であるカントの先験的自我論が今日克服されつつあるように、このような形の自由論は、批判の対象である。ハイデガーの「世界内存在（In-der-Welt-Sein）」という人間規定に含まれているように、人間は単独的存在ではない。個人の認識行為さえいつも世界の「中」で起きる。[25]

正義（justice）論の熱風を起こしたマイケル・サンデル（Michael J. Sandel）も、人間は単独的選択者ではないとの立場を堅持する。サンデルは、「『自分は何をするべきか』という問いに答えるには、その前に『自分はどのような物語の一部なのか』に答えられなければならない」というマッキンタイア（Alasdair Macintyre）の「物語的存在（narrative being）」の概念を受け入れて、「私は過去を抱いて生まれる」という言葉も引用する。[26] 人間は、社会的物語の一人の構成員として生きていき、過去と連結されており、他者に影響を受ける。個別的自由観では正義を説明できないというのである。

「物語的存在」や「世界内存在」という人間規定は、すべて個別的自由観と正反対にある。人間が、自分の行為の原理と原因を自分の中にだけ置くということは、社会の構成原理上不可能であるという事実を認めている。サンデルは、このような人間的状況を「束縛的自我（encumbered self）」とも規定している。カント的自由主義者が、人間は自らある目的を自由に選択することができるという無束縛的（unencumbered）自由観を持っていることについて、サンデルは「それでは、私たちの道徳的経験を正確に理解することはできない」と批判する。

無束縛的自我のイメージは、強力に人をひきつけるが欠陥もある。それは、私たちの道徳的経験を正確に理解することはできない。また、私たちが一般的と認定して、一歩進んでさらに称賛したりもする道徳的・政治的義務を説明することはできない。そういう義務には、選択とは関係なく私たちに付与される連帯の義務、宗教的義務、その他の道徳的きずながある。我々自身を、自ら選択しなかった道徳的きずなに縛られていない自由で独立的な自我として理解する場合には、このような義務を説明し難い。道徳的・政治的経験に必要不可欠なこのような側面は、我ら自らをすでにある種の計画と義務の要求下にある束縛的自我と見ない限り理解することはできない。(27)

「無束縛的自我」にもとづいた「～からの自由」論では、ホロコーストのように自らの自発的な選択と関係なく起きた事件に対する道徳的連帯感を説明するのが難しいというのである。自らの行為の原因が自分の中にだけあるならば、自分の外で起きたことに対して、どのような形ででも責任を感じたり、負わなければならない理由がないからである。このような自由論の限界を意識して、サンデルは、自我自体が、他者に、社会に、世界に束縛されていると見る。このような「束縛的自我」は人間の主体と見なされる自我さえ、どんな形であれ、他者との関係性の中で成立するという事実を含蓄することばである。自分の自由な選択から始まらなかった「セウォル号事件」に対しても、何らかの連帯的責任を感じる理由は、自分の自我がすでに「世界」という地平の中で形成されているためである。そのため、再びそのような悲劇が起こらないことを願う共感、および痛みを共にすべきだとの連帯意識も生じるのである。単独的あるいは個別的自由とは違う次元の自由が、要請される地点がここなのである。

積極的自由と自由の連帯

異なる次元の自由というのは、「～からの自由」、すなわちどのような拘束からも解き放たれている状態にもかかわらず、他者との関係の中に意識的に自らを拘束させることができる自由、すなわち「～への自由（freedom to）」である。前者の自由が、消極的で個人中心の個別的自由ならば、後者の自由は、積極的で他者指向の自由である。他者を抑圧する自由ではなく、自分の自由にもとづいて他者へ向かいつつ、他者の自由を広げるための自由である。

「～からの自由」が、自我と共同体を分離させるのに比べて、「～への自由」は、自我と共同体を結びつける。自我は、事実上、他者依存的で世界との関係性の中で形成され、共同体と分離しない。むしろ共同体の中で自我のアイデンティティが形成される。「自分の人生の物語は他の人の物語に含まれるという認識」の中で、自分の選択と関係なく起こったことに対しても連帯的義務、道徳的責任が出てくるのである。[28]「～への自由」はこのような道徳的経験の根拠をよく説明してくれ、関係性と連帯的実践を強化させてくれる。「～からの自由」にもとづいた自由が、相克的競争の動力になるのに比べて、「〜への自由」にもとづいた自由は、相生的連帯と協同の動力として作用する可能性が大きくなる。自由な連帯の論理的根拠もこのような自由観から成立する。

厳密に見れば、実際この二つの自由は別のものではない。「〜への自由」を実践できる者は、「〜から自由」でもいられよう。人間が何かから自由なかぎり、むしろ、あるところに進むことができて、その関係の中に自分を拘束することもできる。単独者としての個別的自由に留まらずに、再び他者に向かっていく自由を通じ「物語的自我」、つまり積極的自由を具現するのである。他者を生かす自由は、消極的自由を消化して超越した積極的自由である。ハイデガー（Martin Heidegger）は次のように述べている。

> 積極的自由は、「何かから離れること」ではなく「何かへと向かうこと」である。積極的自由は、何かのために自由であること、何のために開かれていること、したがって、何かのために自分を開けておくこと、何かを通じて自分自身が規定されるようにすること、自ら何かに献身することである。[29]

積極的自由は、消極的自由を足掛かりとするものの、他者のために自分を開いて進んでいき、自らの自由を制限することができる自由である。進んで自らの自由を制限して、他者の痛みで拘束されていく自由である。この積極的な自由こそ、自由という名を前面に打ち出した巨大な抑圧を克服する根本的な動力である。

もちろん、消極的自由が原則的に他者の尊厳を傷つけるのではない。ただし、消極的自由が成果至上主義的な新自由主義と出会って、より一層個別的自由としてあらわれることが問題の原因として作用する。消極的自由は、他者に対する肯定と尊重につながりえず、したがって共同体を形成するところまで進むことができない。ある地点に達すれば、消極的自由は、共同体と自我を分離させる。この自由は「ある水準を越えれば、私たちが約束したことだけ守れば良い」という暗黙的な合意に従う。

もし経済が萎縮すれば、政府は不況の克服過程で個人の参与を要請する。金利を引き下げるから「金を借りて家を買い、消費せよ」と促す。カード会社は、政府政策にもとづいてクレジットカードを乱発するかのように発行したりもする。消費を振興させて経済を活性化させて企業を成長させるためである。しかし、その過程から来る危険の負担は、そうさせた国家や企業ではなく全面的に個人が担うことになる。万一、収入より消費が多く債務不履行者になれば、その責任は当事者に転嫁される。[30] 国家が自分の経済政策から引き起こした危険を、結局は個人に押し付けることになる。このように消極的自由主義では、特に消極的自由主義が経済と出会う所では、「他人の権利を尊重しろとは言うが、他人が利益を得るように行動しなければならないとは言わない」[31]。

これとは異なり、「～への積極的自由」はそのように進んだ地点で、他者を想像して他者の利益まで考慮する。自分と他者の間で関係性を見て、他者の中で自分を見るためである。このような関係性を感性のことばで読めば「共感」になる。このようにして積極的自由は「共感」の問題とつながるのである。

自己中心の共感と他者指向の共感

自由がそうであるように、共感にも二種類がある。自己中心的共感（sympathy）と、他者指向的共感（empathy）である。自己中心的共感が、自分から出発して他者を手段化する個人主義的流れの延長線であるなら、他者指向的共感は、他者の中に入って他者を生かすやり方で自分が生きる、反対方向を取るものである。

予想されるように、新自由主義を促がす力の中の一つは、自己中心的共感である。このような形の共感は、資本の蓄積をとおした影響力の拡大を目的とするときに、さらに大きな力を得る。たとえば、リフキン(J.Rifkin)は、人間を「総体的所属感を追求する」共感的存在であると規定して、今日では共感の領域が拡張されていると分析しているが[32]、このときの共感は、事実上、新自由主義時代の競争的共感と異なる次元にはない。リフキンが、市場資本主義は自らの矛盾により終焉を告げ、これからは協力的共有経済にもとづいた共有社会に進むだろうと、希望的な予見をしているが[33]、その際の「共有」が資本の自己中心的蓄積という目的を放棄してまで維持されるかは断言しがたい。新自由主義は、共感の対象さえ結局は潜在的な競争相手として煽られる流れにあるという点で、そうである。このような流れに巻き込まれれば、共有経済も結局、市場論理を抜け出せなくなるのである。

たとえば、協力的消費(collaborative consumption)にもとづいたプラットホームのモデルといえる「ウーバー(UBER)」(車両共有)や、「エアビーアンドビー(Airbnb)」(宿泊共有)などは、同種業界のオフライン一位の業者の市場価値を追いぬいた[34]。共有サービス従事者は、形式上では特定企業に雇用されない個人事業主である。共有経済が、個人の主体性を下から構成していく代案経済の一環として登場したのも事実である。また、勤労者の働く場を増やすという分析もある。しかし、個人事業主をさらに劣悪な労働状態に追い込む可能性も少なくない。そのため、現実的に共有経済が貧しい個人事業主だけを量産する「デジタル新自由主義」と違いがないという批判も提起される。「共有」という「善なる」意図にもかかわらず、共感の基準を自己満足的に自分の中で探してみれば、「共有」さえ市場中心の論理に従属して、結局、商品になってしまう可能性が大きくなるというのである。

隣人が競争相手に転落して、「親切まで商品になった時代[35]」を覆そうと思うならば、積極的自由概念においてそうだったように、共感についても積極的概念規定が必要である。「〜への自由」のように、他者の感情(pathy)、その内面に入っていく(em)「他者指向的共感」が求められる。このような共感なしに、共有経済が持続することは難しい。他者指向的共感が、共同体的自我の姿であり、この共感が社会化して、結局自分も生かす形態に戻ってくるのである。積極的自由が他者との関係性を前提にするように、他者指向的共感は「あなた」の中で確認した「わたし」との根源的関係性に対する省察の結果である。社会が、個人の単純な集合体ではなく、人間の有機的な関係性であるなら、積極的共感だけが個人と社会を生かす根源的な動力になる。それは、わたしが生きるためにあなたを生かすというやり方でなく、あなたを生かすことが、結局わたしが生きるやり方としてあらわれる共同体的共感である。他者の立場において他者へと進むこと(empathy)が、下からの共同体的連帯に向かう人間的基礎を形成するのである。

三　協同の倫理と経済

協同運動の根拠

そうであるならば、自由競争を前面に出した新自由主義の矛盾の波も、このような積極的共感性にもとづいて克服していかなければならないということが自明になる。このような共感の社会的実践の一つが「協同」であると言えよう。

もちろん協同の原理は、どこでも適用される。市場経済システムにも、基本的に協同の原理が作動する。協同組合の研究者であるステファノ・ザマーニ（Stefano Zamagni）が規定するように、市場経済体制の核心には、「競争」と「協同」が二つの軸をなす。(36) しかし、ここでいう競争と協同は、厳密に言って両立的ではない。新自由主義経済では、自由が競争という名の皮をかぶるように、協同は競争を強化させる手段であることが多い。市場経済の核心は協同ではなく、結局、競争にあるということである。でありながら、「人間は利己的」であり、「市場は効率的」という命題を競争で後押ししようとする。

そのような競争の目的は、主に財貨の生産にある。実際に市場経済学は、財貨の「生産」だけを重視する。生産過程の「汚染」は問わずに、「就業」は重視しながらも「失業」は計算に入れない。資本の流通と規模の論理になじんでいるため、その過程に関わる喜びと悲しみ、調和と葛藤など、人間の内的経験や社会的経費などは判断の領域に入れない。人間の生活を総合的に検討せずに、競争をとおした資本の拡大を中心に人生に対する経済的価値の優越性を絶えず注入させる。

しかし、自律が動員されて自由が強制的に作動するかのように、市場経済を煽る競争の原理に対する疑問も生じ、限界もあらわになる。人間は利己的であるだけではなく、相互の信頼によって協力的であるとき、共に繁栄するという考えも生じる。チョン・テインは、このような事実を意識して「協同の経済学」を主張する。(37) 人間は利己的ではなく、市場は効率的ではないとし、「異なる経済学」を主張する。

長い人類の歴史において、市場が人間関係を代弁したのはこの三〇〇年だけである。それだけでなく、論理的にも人間が互いに関係を結ぶ数多くの方法の中、市場が最初に出てこなければならない理由は、そのどこにもない。なぜ愛が先に出てきてはいけないのだろうか……。経済学が誇る効率性という価値が、平等や友愛のような他の価値より重要であるという根拠はない[38]。

効率性を平等や友愛より重視する市場論理を覆し、愛し協同する存在としての人間を生かさねばならないのである。「いい子たちが一つになれば強い」とし[39]、協同組合運動が協同経済の事例として探求されてもいる。今日、世界そここで協同組合（cooperative）運動が活発になっているのも、競争体制だけでは、社会が円滑に運営されないという事実を経験してきているためである。自由競争の中に含まれた矛盾した強制力と、それによる犠牲から目をそむけることが、結局は、自身の犠牲につながるという実存的経験が「個別的自由」に対する反省として表出しているのである。

このような状況で、競争よりは、経済的弱者の間での相互扶助、ないし協力を運営の根幹とする協同組合運動が現実的代案として浮かび上がっている。本稿において詳細に分析する紙幅の余裕はないが、経済的弱者が経済行為の主体となって、不平等と両極化を解消するのに、協同組合が代案的で現実的なモデルとして作動するだろうと期待する人々が多くなっているのは明らかである。

協同組合は、使用者ないし株主中心である資本主義的企業とは異なって、利用者と所有者と統制者と受益者が同一の、経済的で社会的な事業体である。市場の中で作動して、その原理を受け入れるという点で経済的次元の企業でありながら、「社会的資本、すなわち市民の信頼ネットワークの強力な創造者として、所得分配の不平等などを縮小して、民主主義空間を拡張するのに寄与[40]」するという点では社会的次元の企業でもある。協同組合は、地域基盤の事業現場で、政治的民主主義を実践しようとする、いわゆる経済的な民主主義の実験場でもある。そうした点で、新自由主義時代自由の矛盾を経験する者であれば、より一層関心を傾けなければならない分野である。

このような経済民主主義、あるいは協同組合運動は、どのような精神で可能なのであろうか。それは、先に見たとおり「積極的共感」である。積極的共感は「物語的自我」、「世界内存在」性に対する実存的洞察で得られた道徳的連帯感である。大きくとも小さくとも、構造的な矛盾が発生させた他者の痛みに対する共感が、競争よりは協同の形態であらわれる。当然「協同」がないならば、「組合」も不可能である。協同なき組合は、言語矛盾であり、単なる資本主義企業になってしまう。

協同組合の運営に人間の共感力が減少したり削除されたりすれば、運営自体の論理だけが浮かび上がって、結局協同という基本原則と理想も喪失する。代案的共同体意識の深化と拡張の基礎に、つねに人間に対する積極的共感力が置かれていなければならないのである。教育などによる疎通を通じて、共感力を持続的に確保して、共感性にもとづいて共同体意識の基礎を固めなければならない理由もここにある。

疎通と連帯

多くの学者と活動家が、連帯と協同の重要性について強調し実践してきた。たとえば、カン・スドルは労働者意識を国際的次元まで連帯し、競争を通じて支配する資本に対抗しなければならないと提案する。ネットワークを通じて「地域自治、地域経済、分権化された共同体を指向」しつつ、「生活の問題を共同で解決」すべきであり、「自律的な地域共同体を汎地球的に拡張」させなければならないというのである。[41] ネグリ（Antonio Negri）は、民衆の内面化した協同と相互作用勢力、すなわち「マルチチュード（多衆、Multitude）」[42]が脱中心的で脱領土化された資本主義支配体制、すなわち「帝国（Empire）」[43]に対する対抗勢力であると主張する。また、ウルリッヒ・ベック（Ulrich Beck）は、労働者意識よりは「消費者」意識の拡張と消費者の連帯に進まねばならないと主張している。企業ないし資本家との相互契約関係の中にある労働者意識よりは、消費者意識がさらに根本的であり、消費によって存続している企業が消費者を抑圧することはできないと見ているためである。資本主義を拒否するための、もう少しラディカルな挑戦を注文する者もいて、資本主義の枠組みを維持するものの、その内容を調節せねばならないという主張もある。資本主義も「変化する環境に対応して変化し進化する適応力のある社会システム」であり、[44]政府と市場と企業が有機的に協力して、疎外されてきた者も抱えこむ「資本主義4.0」で進まなければならない時であるというカレツキー（Anatole Kaletsky）の実用的な主張がその例でもある。

もちろん、資本主義体制下で市場と企業が、先に疎外者を抱えこむはずがない。韓国政府で新設した「同伴成長委員会」が事実上有名無実となり、「大型マート」と「小規模店の商業区域」の共生のための協力さえ、ずっと難関にぶつかっていることからも知ることができるように、少なくとも韓国において、資本主義4.0は、あいかわらず希望の領域にすぎない。そうした点で、市場と企業が疎外者を抱えこめるように国家を刺激する動力は、労働者や消費者の連帯を通じてしか出まい。労働者意識と消費者意識が導く下からの疎通と連帯が、疎外者を抱えこむ共生的生活の可能性を具体化させる可能性がより大きい。

実際に、国家に対する依存をあきらめる方式で国家の権力を縮小させて、「利用者所有会社」（協同組合）を拡大して大企業の影響力を減らす、下からの連帯運動が、時間はかかっても実質的な変革運動であると理解する人々が増加している。自由競争による成果の蓄積が人間の幸福を保障してくれないという事実を多くの人々が経験的に認識してきている。積極的自由、他者指向的共感が必要であるということを心の底から確認しつつある。

たとえば、「ハンギョレ社会政策研究所」の世論調査によれば、二〇一五年韓国社会が追求するべき望ましい未来像として、回答者の四七・三%が「貧富の差が少なく、社会保障が行き届いた社会」を挙げている。「力のない人々も平等に保護される社会」が二八%で二位、「経済的に豊かな社会」は一四・八%で三位であった。[45] 経済的に豊かな社会より、経済的弱者に対する社会保障と保護を望むという現代人の期待値の中に、古くからの大同社会、つまり利己主義のない相互扶助の社会を望むという念願が変わらずに生きているという意味である。

自由を装った強制や競争によって引き起こされた不平等、人間に対する共感まで商品化する資本主義の矛盾を克服するための代案的運動は、「大同」の理想を顕在化して未来にも具現化するための現代的試みであるといえる。資本の流れ自体を廃棄はしないが、新自由主義という市場万能主義を弱化させ、自由の価値は生かすものの、競争だけでない共感にもとづいた協力の形態で経済を導こうとする各種の提案と試みは、変わらぬ課題であり、同時に人類の永遠の期待であるという事実をも確認されているのだといえる。

注

（1）This work was supported by the National Research Foundation of Korea Grant funded by the Korean Government (NRF-2010-361-A00017).
（2）Friedrich A. Hayek, *The Road to Serfdom*. Chicago: The University of Chicago Press. Hayek, 2007, p.71.
（3）Hayek, ibid., p.238.
（4）Hayek, ibid., p.86.
（5）Hayek, ibid., p.88.
（6）Friedrich A. Hayek, *The Mirage of Social Justice*, London:Routledge. 1976, p.67.

（7）Adam Tebble, *Friedrich Hayek*, 아담 테블, 이화여대통역번역연구소 역, 『프리드리히 하이에크』(서울: 아산정책연구원, 2013), pp.109-122.
（Adam Tebble, *Friedrich Hayek*, アダム・テブル、梨花女子大学校通訳翻訳研究所訳『フリードリヒ・ハイエク』ソウル：アサン政策研究員、二〇一三、一〇九－一二二頁）
（8）アダム・テブル、前掲書、一二二－一二五頁。
（9）신광영,『한국사회 불평등 연구』 서울: 후마니타스, 2013), pp.37-40.
（シン・グァンヨン『韓国社会不平等研究』ソウル：フマニタス、二〇一三、三七－四〇頁）
（10）シン・グァンヨン、前掲書、四七－四八頁。
（11）佐藤嘉幸『新自由主義と権力』キム・サンウン(김상운）訳『新自由主義と権力（신자유주의와 권력）』ソウル：フマニタス(후마니타스)、二〇一四、一〇頁。
（12）강수돌,『경쟁은 어떻게 내면화되는가』(서울: 생각의 나무. 2008）, pp.40-41.
（カン・スドル『競争はどのように内面化されるのか』ソウル：考えの木、二〇〇八、四〇－四一頁）
（13）Ulrich Beck, *Risk Society*, ウルリッヒ・ベック、ホン・ソンテ（홍성태）訳『危険社会(위험사회)』ソウル：新しい波(새물결)、二〇〇六、二一頁、一三九頁。
（14）金融資本主義の根本原理というものが何だったか。たとえば次のような例をあげてみよう。「農夫の甲が生産した米の値段の一万ウォンをA銀行に預ければA銀行は自己資本率（一〇%だとすれば）を守って、九千ウォンを乙に貸す。乙が貸した九千ウォンをB銀行に預金すればB銀行は丙に八千一〇〇ウォンを貸す、丙がC銀行に八千一〇〇ウォンを預ければC銀行は七二九〇ウォンを丁に貸すことができるようになっていることが現金融制度である。このように貸し出しを続ければ実質生産額の約九倍に該当する価値が創出されたように計算されるということである。負債を増やして抽象的資産価値を増やして、その資産で実物を消費する構造である。そしてこの抽象的資産が流通して、経済の基礎を形成していく。このような計算法にもとづいて負債創出による、抽象的価値を増やしていき、二〇〇八年アメリカ発金融危機が全世界を強打した。農夫の甲が一万ウォンを全額、引き出せば全体が崩れることになるシステムである。自然の中で実際生産されたものは一万ウォンだけであるが、負債の連結の輪を通じて九万ウォンという抽象的富を創り出す不思議な計算法である」。以上の内容は、デ

ビッド・C・コーテン（David. C. Korten）／チャ・ヘウォン（차혜원）訳『企業が世界を支配する時（기업이 세계를 지배할 때）』ソウル：セジョン書籍（세종서적）、一九九七、二六七―二七九頁で、負債を蓄積して富を創り出す方式について解説している部分を、韓国式に簡単に脚色したのである。

（15）世界化論争の先頭者と言われるイマニュエル・ウォーラーステイン（Immanuel Wallerstein）も「世界は資本主義で統合された一つの体制」であると見た（Andrew Jones, *Globalization*, アンドリュー・ルドルフ・ジョーンズ、イ・ガラム（이가람）訳『世界はどのように動くのか（세계는 어떻게 움직이는가）』ソウル：ドンニョッ（동녘）、二〇一二、四五―五一頁）。特に、金融市場の世界化は公共性がない私的資本が投資よりは事実上投機を通じて資本を増殖させた歴史と比例する。それを主導する主な勢力は、商業銀行（commercial bank）はもちろんそれ以上に投資銀行（investment bank）の資本力である。

（16）George Soros, *On Globalization*. New York: Public Affairs, 2002, p.vii.

（17）二〇一三年末基準、韓国の総負債（企画財政部発表）は四五〇七兆二〇〇〇億ウォン（計算主体と方法により約七六五〇兆ウォンまで推算することもある）と集計されている。このうち、国家負債（国家債務＋公共機関負債＋地方公企業負債）は一〇五八兆一〇〇〇億ウォン、家計負債は一〇二一兆四〇〇〇億ウォン、企業負債二二一二兆二〇〇〇億ウォン、小規模自営業者負債は二一五兆五〇〇〇億ウォンである。政府・企業・家計の負債が、GDP（一千四二八兆三〇〇〇億ウォン）の三・一倍になる金額である。

（18）Richard Heinberg, *The End of Growth*, リチャード・ハインバーグ、ノ・スンヨン（노승영）訳『ゼロ成長時代がくる（제로 성장 시대가 온다）』ソウル：ブキ（부키）、二〇一三、七四頁。

（19）Maurizio Lazzarato, *La Fabrique de L'homme Endette*, マウリツィオ・ラッツァラート、ホ・キョン（허경）訳『借金人間（부채인간）』ソウル：メディチメディア（메디치미디어）、二〇一二。

（20）Friedrich Nietzsche、フリードリヒ・ニーチェ、キム・テヒョン（김태현）訳『道徳の系譜・この人を見よ（도덕의 계보・이 사람을 보라）』コヤン：チョンハ（청하）、二〇〇五、七一頁。

（21）フリードリヒ・ニーチェ、前掲書、七〇―九三頁。

（22）マウリツィオ・ラッツァラート、前掲書、五七―六〇頁、六八―七三頁、八〇―八五頁。

（23）Han, Byung Chul, *Transparenzgesellschaft*, ハン・ビョンチョル、キム・テファン（한병철, 김태환）訳『透明社会（투명사회）』ソウル：文学と知性社（문학과 지성사）、二〇一四、九四頁。

（24）Dada Maheschvarananda, *After Capitalism*, ダダ・マヘシュヴァラナンダ、タダ・チッタランジャナナンダ訳『資本主義を越えて（자본주의를 넘어）』ソウル：ハンサルリム（한살림）、二〇一四、七九頁。

（25）Martin Heidegger, *Sein und Zeit*, マルティン・ハイデッガー、チョン・ヤンボム（전양범）訳『存在と時間（존재와 시간）』ソウル：時間と空間社（시간과 공간사）、一九九二、八七―九九頁。

（26）Michael Sandel, *Justice*, マイケル・サンデル、イ・チャンシン（이창신）訳『正義とは何か（정의란 무엇인가）』ソウル：キムヨンサ（김영사）、二〇一〇、三一〇―三一二頁。

（27）Michael Sandel, *Democracy's Discontent*, マイケル・サンデル、アン・ギュナム（안규남）訳『民主主義の不満（민주주의의 불만）』トンニョク（동녘）、二〇一二、三六頁。

（28）マイケル・サンデル『正義とは何か』三一四頁。

（29）Martin Heidegger, *Vom Wesen der menschlichen Freiheit*（1932）, チョン・ウンヘ（정은해）『自由教育の哲学（자유교육의 철학）』ウォンミサ（원미사）、二〇〇〇、一一〇―一一一頁から再引用。

（30）김순영,『대출 권하는 사회』（후마니타스, 2011）
（キム・スンヨン『貸出を薦める社会』フマニタス、二〇一一でこのような問題を深く扱っている。）

（31）マイケル・サンデル、前掲書、三一三頁。

（32）Jeremy Rifkin, *The Empathic Civilization*, ジェレミー・リフキン『共感の時代（공감의 시대）』イ・ギョンナム（이경남）訳、ミンウムサ（민음사）、二〇一〇、五頁、七五七頁。

（33）Jeremy Rifkin, *The Zero Marginal Cost Society*, ジェレミー・リフキン『限界費用ゼロ社会（한계비용 제로사회）』アン・ジンファン（안진환）訳、ミンウムサ（민음사）、二〇一四、七―四八頁。

（34）株式市場に上場されていない状態であるが、資産価値は二〇一五年初めを基準として四五兆ウォン程度になるという。

（35）한병철, "친절마저 상품이 된 시대, 혁명은 없다",「한겨레신문」, 2014.10.16.
（ハン・ビョンチョル「親切まで商品になった時代、革命はない」『ハンギョレ新聞』二〇一四・一〇・一六）

(36) Stefano Zamagni, Cooperative Enterprise, ステパノ・ザマニ他、ソン・ソンホ(송성호)訳『協同組合で起業しなさい(협동조합으로 기업하라)』ソウル：ブクトドゥム(북돋움)、二〇一三、一四頁。

(37) 정태인·이수연, 『협동의 경제학』 (서울: 레디앙, 2013).
(チョン・テイン／イ・スヨン『協同の経済学』ソウル：レディアン、二〇一三)

(38) 정태인, "시장이 아니라 정치가 먼저다", 『주간경향』 (1011 호, 2013.1.29.)
(チョン・テイン「市場ではなく政治が先である」『週間京郷』第一〇一一号、二〇一三・一・二九)

(39) チョン・テイン、前掲書、一一四頁。

(40) ステパノ・ザマニ他、前掲書、二三、二六頁。

(41) 강수돌, 『경쟁은 어떻게 내면화되는가』, p.42, pp.117-118.
(カン・スドル『競争はどのように内面化されるのか』四二頁及び一一七－一一八頁)

(42) 「多衆」は多様な文化、人種、民族、性別、性的指向、労働形式、生き方、世界観、欲求のように「このすべての特異な差の多様体(multiplicity)である。」「民衆」と「多衆」は違う。民衆が「多様性を統一性に還元して、人口を一つの同一性にして」「大衆の本質も無差別性」なのに比べて、「多衆」は「一つの同一性や単一な同一性に還元されることはできない多数の内的の差で構成されている」(Antonio Negri・Michael Hardt, *Multitude*, アントニオ・ネグリ／マイケル・ハート、チョ・ジョンファン(조정환)他訳『多衆(다중)』セジョン書籍(세종서적)、二〇〇八、一八頁)

(43) Antonio Negri・Michael Hardt, *Empire*, アントニオ・ネグリ／マイケル・ハート、ユン・スジョン(윤수종)訳『帝国(제국)』イハクサ(이학사)、二〇〇一。

(44) Anatole Kaletsky, *Capitalism 4.0:The Birth of a New Economy*, アナトル・カレツキー、ウィ・ソンジュ(위선주)訳『資本主義4.0(자본주의 4.0)』カルチャーアンドストーリー(컬처앤스토리)、二〇一一、一五頁。

(45) "새해, 여러분은 어떤 사회를 바라시나요" (광복 1945, 희망 2045 여론조사), 「한겨레신문」 (2015.1.1.)
(「新年、皆さんはどんな社会を望まれるのですか」光復一九四五、希望二〇四五世論調査『ハンギョレ新聞』二〇一五・一・一)

日本の市民宗教
――R・ベラーの比較宗教の視座――

奥田和彦

一　宗教と政治の間

どの社会においても、宗教と政治はお互いを無視することはできないようである。信条（宗教）と権力（政治）は不安気味にお互いに対してある立場を採るのが常である。国家は明らかに、人間行為の最も広汎な領域に渡って究極の事柄を取り扱ってきた。そして、国家の政治的権威は国内の逸脱者および国外の敵対者たち双方に関わりながら、人間の生死を決する権利を保有し実践してきた。他方、宗教は、宗教が世俗的諸権力すべてを超越している権威から由来しているのだと主張してきた。この潜在的に対立する主張の衝突の可能性は常に存在する。とはいっても、それは必ずしも不変的ではない。政治は様々な場所や時代において、諸処の事柄を処理する「実用的な術」以上のものではなく、宗教は「精神的」事柄にその活動を限定する。つまり宗教と政治は、単にそれぞれ独自の範囲に関わる二つの異なる実践を行ってきたともいえる（Bellah, 1980: vii-viii）。

宗教社会学者たちは従来から、宗教と政治の二つが重なり合う潜在的対立の領域を、「正当性の問題」として提起し分析してきた。それは現存の政治的権威は道徳的で正しいのかどうか、あるいは政治的権威はより高い宗教的義務を侵害しているのではないか、などの問題を含んでいる。歴史的にほとんどの社会は、その潜在的緊張を取り扱う諸方法を制度化してきたのも事実である。そのような制度化のすべての形態を「市民宗教」と呼んだほうが適切なのか、あるいはこの術語をいくつかの形態にのみ限定すべきか。そこに市民宗教の問題をより明確に位置付ける必要があるとした上で、ベラーは宗教的・政治的問題に対する解決の諸類型（市民宗教の諸類型）は、彼が以前記述的に説明した「宗教的進化」の図式と相関関係にあると見る。つまり、市民宗教の類型を宗教的進化の段階と結びつけるのである。ベラーは「宗教的進化」を五つの段階（原始、古代、歴史的、近代、現代）に分類し、分析カテゴリーとして宗教的象徴体系、宗教的行為、宗教的組織、そしてその社会的意義を歴史・比較的に解釈する[1]。

第一段階の「原始宗教」の社会においては、政治と宗教はほとんど分化（差異化）していない状態に在るので「正当性の問題」は生じ難いといえる。原始社会ではまだ、上位者は一般庶民よりも聖なる力を保有していると崇められているので、上位者の集合的意思決定（政治）の影響力については通常、不問にされる。このような社会にはまだ階位性（hierarchy）は十分に発達していないし、「宗教的なるもの」と「政治的なるもの」が共存しているのである。それが古代社会（紀元前二世紀の青銅期の古い世界の君主制）では、政治権力が高度に発達し集権化した。国家の構造は、少なくとも部分的に独立した血族関係で確立され、また階位的な宗教の「専門家」も出現したのである。この段階では「聖なる王」と同一視される単一の支配者に対して、政治的および宗教的配慮に焦点が当てられるのが特徴的である。そのような社会ではしばしば、聖なる王に服従することは「宇宙の秩序」の領域に入ることを意味し、政治的ライバルは「宇宙のカオス」の悪魔的諸力と同一視されるのである（*ibid*.: viii）。

紀元一千年には政治的権力と宗教的権力の「融合」が見られたが、「歴史的諸宗教」の出現の段階において、その融合が次第に破壊、解き放されてきた。そして、その状態はそのまま人間の歴史に永久的可能性として残ったのである。政敵を聖なる秩序の源泉から切り離そうと考えたのは、エジプト王（ファラオ）や周王朝の皇帝だけではなかった。キリスト教徒たちは世界をキリスト教国（教界）と悪魔の信仰者たち（異教徒）とに分割する。ムスリムたちは世界を「イスラームの家」とムスリムの政治的権力の及ばないすべての領域である「戦争の家」に分割するなど。アメリカ人たちは世界を「自由世界」と共産主義者に分割する傾向、共産主義者たちはそれを逆にする傾向など。同じように、聖なる王の諸要素は強い政治指導者たちの周囲に発展する傾向も見られた。例えば、全体主義的社会ではヒトラー、スターリン、毛沢東の事例のように、その傾向は顕著に見られたのである。また、民主制社会でのその傾向は、アメリカ史においてA・リンカーンやJ・F・ケネディの事例に見られる（*ibid*.: ix）。

世界宗教史上における「歴史的宗教」の出現は、原始や古代宗教の諸傾向を完全に払拭してはいないけれども、新しい宗教的なものと政治的なものの新しい分化（差異化）を著しく示している。古代社会の一般庶民は「聖なる王」を媒介して神聖なるものに接するものの、歴史的宗教が出現するや否や、政治的権威によっては媒介されない聖なるものに対する直接の関係が存するのである。この新しい状況は神聖・王位の象徴化のラジカルで新たな方向づけを通してたびたび表現された。例えば、孔子は一つの小国の二流の官史であったが、晩年彼は、中国全土の「冠なき王」と宣言された。プラトンは彼の著した『国家論』で「哲人王」が支配者であるべきだが実際にはそうならないという皮肉な描写をしている。イエス－キリストの場合は、彼の王位は「十字架」であり王冠は「いばら」であるというように、皮肉が悲劇に転じるのである。これらの象徴化は、政治的権威と究極の意味の関係が従来考えられなかった、より解決し難い問題の所在を示唆しているのである（*ibid.*: ix-x）。

この宗教的意味の新しい象徴化は、原理的に国家から独立した宗教的権威の構造の出現と関連している。キリスト教の教会や仏教のサンガ（出家者の集団）はその明白な例である。そのような明白に分化した宗教的構造が出現しない状況は儒教や、まったく異なる仕方でユダヤ人およびムスリムに見られる特徴である。そこではもし政治的権威が超越的倫理に適合していない場合（経験的にそれが通常といえるが）、その権威は「不法」であると強く感じられるのである。明白に分化していない宗教的構造が存しているか否かは別にしても、「歴史的宗教」の段階にある社会では宗教的真理の代表者たちと政治的権威の間に「鋭い緊張」が顕在化するもので、この緊張は時折、長期の権力闘争を引き起こす。例えば、中世のローマ法王と皇帝、唐王朝の宮廷と仏教や道教の間、また今日のイランのようにマラ（イスラームの学者）と政治家たちの間に見られる緊張関係の事例である（*ibid.*: x）。

「歴史的」社会におけるこれらの対立的状況に対する最も安定的な解決策は、分業化である。宗教的権威は自らの領域の支配的な立場を承認される代わりに、国家の正当性を承認する。そのような状況下では、国家は社会の平穏を保つ心の支えを教会に期待し、教会は国家に対して少なくとも最小限の倫理的諸規範に適合するよう期待するのである。また、たとえば両者が最も調和的な状況下にある時でさえ、「仏僧は王には屈服しない」という仏教の教理を維持している（*ibid.*）。とはいえ、激しい闘争期には分業は断たれて、政治的権威は古代の元型に立ち戻ったりする。イスラエルの王のように、ヤワウェ（イスラエルの神）の名において預言者たちが公然と王を非難する時でさえ、王は神により指名された自らの存在を主張する。中国の皇帝は自らが天子であるとして、批判的儒者を前にしてそれを思い起こさせる。イランのシャー（国王）は、古代のペルシャの王位の象徴に転じて、多少不明瞭な仕方で自らはマラではないが神の「エージェント」であると暗示する。他方、宗教的権威が国家と対立する時は、前者自らの政治的権威を主張することになる。中世初期のローマ法王がすべての世俗的政治権威に対して、自らが超国際国家の首長であると主張するに近いような態度を見せる。米国のモルモン教の指導者、B・ヤング（Brigham Young）は彼自身の「教会国家」の指導者として信者たちと荒野に入り込み、ユタ州に「ソルト・レーク・シティ」を創設（一八四七年）した。A・ホメイニ（Khomeini）は、結果的にはイランの権威者として君臨した。イランの例が示唆するように、宗教的権威と政治的権威の間の対立は、現代世界から姿を消したのではない（*ibid.*: xi）。

ベラーは宗教と政治の間の「正当性の問題」を歴史・比較的に見てきたが、他方、その問題の解決策として国家の指導者たちは宗教思想と政治思想を融合させた「市民宗教」（J・J・ルソーの造語）なるものを構築したのだと論じてきた。アメリカの国家の起源は建国の父たちが「宗教の政治的合理化」のプロセスで聖書的宗教と共和制の政治思想を融合し、合衆国憲法との「契約」によって成立したと論じたのであった[2]。

二　聖徳太子と日本の市民宗教

上記でベラーは、宗教と政治の関係を歴史概略的に見てきたが、「市民宗教」の分析視点は「宗教の政治的合理化への関係」、より具体的には「国家の宗教的正当化」の問題に焦点を当てるものである（*ibid.*: 5）。ベラーは、日本における政治的合理化の特徴についてはすでに彼の最初の著作 *Tokugawa Religion*（1957）で次のように述べている。「宗教の政治的合理化への関係は、日本の歴史では密接である。われわれは、徳川時代以前の歴史的発展の、二、三の重要な事実を描き得るが、それには何程かかる歴史的背景をみておかねばならない。徳川時代では、武士道、国学派、水戸学派はじめ、広くおこなわれたいくつかの運動の傾向は、とくに興味がある」と述べ、宗教の政治・経済的合理化の内実を明らかにした[3]。

以下では、徳川時代以前の市民宗教、ベラーのいう「古代宗教の段階」に対応する市民宗教の起源と形成過程、およびその特徴的本質を見ることにする。日本の市民宗教は神話的、原始宗教を大陸の諸宗教、主に仏教と儒教を「日本化」しながら古代国家のモデルを創造したのである。その理論的実践的貢献者は聖徳太子（五七三—六二二）であった。ベラーは彼を日本の知識人の元型（archetype）と位置付けている。太子は中国の国家モデルを参考にしながら、日本に中央集権的天皇制国家の創設に向け尽力したのであり、日本で初めて「日本社会の規範的秩序」を明示した「十七条憲法」を起草、さらに「仏教思想の深い理解者」であった人物として知られている（Bellah, 2003: 150）[4]。

日本の事例を文化、特に宗教の術語で扱うことは、あまりにも「文化論理主義的」（culturalogical）、つまり文化を自律因果的変数として扱うものだという批評に対して、ベラーは、文化は社会構造、特に権力構造に埋め込まれているものだと正している（Bellah, 2003: 7-8）。また、J・アーナソン（cf., Johann Arnason）が指摘するように、日本は最初から権力と文化が相互作用したので、その仕方について省察することは「非常に価値」あることだ。その理解の鍵は、歴史的段階に初めて出現した国家建設のプロセスを見ることであると（*ibid.*: 8）。つまり、聖徳太子がいかにして日本の原始宗教、中国の宗教思想と政治思想を融合させながら日本の市民宗教の原型を創造したのか、古代国家建設のプロセスを見てゆくことになる。

六世紀以前（文字文化以前）の日本は、ベラーの「宗教的進化」の図式で「原始的宗教」の段階に対応されるが、その歴史は後世の考古学による発掘作業、そして問題を含んでいるとはいえ文字記述（『古事記』や『日本書紀』）などで再構成される。当時の日本は、多くの部族集団によって分割されていたが、大和地域の主要な族長により次第に統合されて「初期の国家」へと発展していく。六世紀から七世紀にかけて、証拠はまだ問題を含んでいるとはいえ、中国大陸のより進歩した文明の源泉を取り入れながら、意識的に「古代国家」を創造した。分割した部族集団の連合体（初期の国家）から中央集権的行政機構（古代国家）へと成長したのである。また、初期の国家は定着した都を持たなかったので、いかに弱体であったかを知ることができよう（七一〇年に恒久的な首都が奈良に創建、その八四年後は平安京へ遷都した）。

しかし、日本は六世紀の脆弱な初期の国家構造から十分な規模の古代国家の建設に向けて始動した。その重要な貢献者が聖徳太子（五七四―六二二）であった。彼は六〇七年、六〇八年、六一四年、中国へ「遣隋使」を派遣した。派遣団は外交の範囲を越えた活動をしている。中国文明を学ぶために、仏教僧、学者、芸術家、職人たちは一年あるいは数年間中国に滞在し学習したあと、広範囲にわたる物質、美術工芸品などを持ち帰った。仏教は以前に知られていただろうが、五五二年、大和の宮廷は正式に仏教を歓迎した。しかし、太子の摂政時代の仏教の組織的な移入は「際立っていた」(*ibid.*: 9)。歴史上、征服された社会は征服者の文化を強制的に受容することはよくあることだが、太子の場合は、外国の文明・文化を自ら進んで受容しそれを「日本化」したのであった。異文化受容の日本化のパターンは、今度は中国ではなく西洋文明の受容を試みた、一九世紀後半、特に明治新政府による「岩倉使節団」の欧米回覧に見られるように、繰り返すことになる。

七世紀および八世紀における日本の変容過程は、かなりの部分、中国の変化に対応するものであった。すなわち、中国は四世紀にわたる分裂状態から、最初は短期の隋王朝（五八九）から長期の唐王朝（六一八―九〇七）に統一されたのである。そのような国家は東南アジアの「銀河系国家」（cf., Stanley Tambiah）と呼称されるもので、当時の東アジアの政治情勢を理解する手助けになると思われる（*ibid.*）。

唐のような帝国は模範的な中心として位置づけられ、それに焦点を当てるように地方の諸行政府は中心を複製化する仕組みを構築した。前近代の帝国による軍事的・政治的コントロールはめったに強烈なものではなく、たとえ周辺地域への物理的コントロールが弱体化しても、模範的中心の影響は存続しているのである。例えば、隋と唐初期の王朝は朝鮮を中国の一部にしようと征服を試みたが軍事的に失敗し、朝鮮は却って新羅王国の支配下で統一した。そして、朝鮮は唐王朝の「朝貢制」を受け入れたが、自律的国家として唐王朝に受け入れさせ同時に、唐の国家モデルを範とする国家建設のために国内の再構造化に着手したのである。

ベトナムは、唐王朝を通して中国に緩やかで直接的に行政管理された。ここでも国家と社会の中国モデルは長期間、中国の直接支配の下で強要されたのである。隋と唐王朝は日本を征服しようとはしなかったが、日本は唐との摩擦の間は朝鮮王国に軍を派遣して唐を牽制したりした。唐王朝中国の「強力で模範的な権力」の影響は中央アジアの西方、満州北部、朝鮮やベトナムに至るまで拡大し、その趨勢は日本にも重大な影響を与えた。しかし、日本の古代国家への変容は、当時の隋や唐王朝の「軸的国家」（axial state）を範とするものではなかった。ベラーはむしろ日本の古代国家を「軸以前の国家」（pre-axial）と位置づけるのである。その論拠として彼は「構造的」および「文化的」な二つの指標で説明する（*ibid.*: 11-2）

七世紀と八世紀に出現した日本の国家は、構造的には古代的（pre-axial）であり、中国の軸的国家（axial）

ではなかったのは以下の理由による。まず、土地、税や徴兵を管理する行政局を設けた中央集権国家は中国のモデルであるが、日本では氏族制度（部族の長の子孫たち）の持続性は破られることはなかった。試験制度によるメリットに基づく官僚の採用は中国の制度であるが、当時の日本はそれを採択しなかった。官僚の諸部局は氏族の恒久的所有物として当てられた。古い氏制度は疑いなく再構築されたが、氏族の原則は破られることはなかったのである。「太子は『憲法十七条』を起草、発布した同じ年に、十二階の冠位を定めて諸臣に授けた。それは従来の門閥氏族制度を存続しながら、人材登用の新たな道を開いたのである。すなわち徳・仁・礼・信・義・智の六階をそれぞれ大小に分けて、六種十二階とし、それに相当する紫・青・赤・黄・白・黒の冠を制し、臣たちの功労にしたがって授けられた」のである（花山、四八頁）。

より文化的側面を見ると、中国の君主制の概念はラジカルで根本的（軸的）な意味が強いので拒否した。貴族たちは神々の子孫であるという概念は古代日本や初期の社会に見られるが、血統の地位は「汎神論的神々」のなかの子孫たちが主張する神々の地位によって判断された。大和の長は天照大神の子孫であるということは、ある種の古代的論理の表現である。帝王は天子（the son of heaven）であるという観念は、日本でも明らかに途切れることはなかったとはいえ、重大な問題を孕んでいた。天の観念を強調するからこそ中国王朝を軸的にするものであるが、天の強調は大和のエリートが依拠している汎神論的神々に取って代わることを意味していたからである。天は為政者を倫理的基準で判断する存在として、もし為政者が倫理的基準を逸脱した場合は天の判断で為政者を移籍することができるという「天命」（the mandate of heaven）の考え方である。倫理的概念である天命が神の子孫に取って代われば、日本の国家は古代国家から軸的国家に動くことになる。日本の為政者たちが初めて儒教の天命の教義を理解して以来、その動きはけっしてなかったのである（*ibid*.: 10）。

日本国家の古代的（pre-axial）特性の側面が形成されてきたのは、前から存在する宗教的カルトの存続とその再組織化である。すべての進歩した諸文明のなか田舎ではまったくの古代の諸カルトが存続してきた間に、後年、神道（神々の道）という中国語化した名称が参照される以前に、より古い宗教の諸形態を維持、合理化する努力がなされた。僻村では初期の儀式的実践は数千年存続してきたが、のち知られる神道は七世紀と八世紀に国家建設の部分として土着の信条と実践を「ダイナミックに再定式化」したのである。その再定式化の際に、『古事記』（七一二）と『日本書紀』（七二〇）は神代の時代の記述に始まっているが、それらは中国の朝廷の歴史をモデルにしたもので中国文明の影響は大きかったのである。その叙述形式は、大和の支配的な家系および他の貴族の家系を考慮したイデオロギーに影響されていたのは疑いもなく、よってそれは国家建設プロセスの部分を構成している。要するに、中国固有の文化と新しく形成する日本の古代国家はダイナミックな関係にあることを考慮に入れないと、十分な理解は得られないのである（*ibid.*: 10-11）。仏教は偉大な軸的宗教（普遍宗教）の一つであり、その軸的指標は現世と究極的実在の間の緊張を強調した。しかし、仏教の像、原典、儀式が次第に移入された初期の日本では、仏教の主要な意味と実践の仕方は軸的ではなく古代的であった。つまり仏教の美術品や儀式に関連した呪術の力が最も尊重されたようである。幾人かの当時の知識人たちに限って、「現世はうそであり、仏が真実である」といった聖徳太子の意見のように、仏教の超越的信条を正しく理解していた者もいたのである（*ibid.*）。

中村元によると、アジアにおける普遍国家建設を目指す統治者たちは、彼らの置かれた特殊な社会環境の中で普遍的な法則を実現すべく国際交流にも熱心であったとし、次のように説明する（一五―六頁）。

「太子の時代には日本と朝鮮との関係は比較的活発であった。太子は使節を朝鮮に送り、また、朝鮮人の日本渡来を歓迎した。そのため、多くの朝鮮人が日本に定住し、そして帰化した。二人の朝鮮の学者、慧慈と慧聡とが太子の仏教の師となったといわれる。日本と中国との関係も継続され、使節がときどき交換された。普遍的国家の統治者たちは、彼らが採用した宗教を宣伝するために幾つかの段階を踏んだ。(一)彼らは多くの寺院や僧院を建造した。(二)彼らは志願者に聖職者になることを許し、僧や尼僧に政治的・経済的援助を与えた。(三)彼らは寺院や僧院に土地を寄進した。(四)彼らは外国から経典や仏像を取り寄せた。太子はこれらすべてを実行したのである。数多くの僧院を建造したなかでも、推古天皇の十五年(六〇七)に建立した法隆寺は世界中で最も古い木造建築として現存している。そのころから、仏教は皇室の保護の下に繁栄しはじめた。太子の文筆活動もかなりのもので、太子はあきらかに中国の古典に精通していた。推古天皇の求めに応じて、太子は三つの漢訳大乗経典を講義し、のちそれらの注釈書を書いた」。

日本史の初期には、神道、儒教、仏教の三大宗教は政治と密接な関係をもっていた。神道の最古の文献によると、明らかに部族宗教から離れ「国家祭祀」が出現したことを示している。日本では宗教と政治は密接な関係にあるということは、宗教と政治の機能的分化が欠如しているのである。ベラーはそれを次のように説明する。

「大和民族は、西暦の初期に中部日本に支配権を固め、そして明らかにこの政治的支配と関連して、自分自身の解釈による神話物語を確立した。大和の族長の聖なる先祖である太陽女神、天照大神が、他のすべての神々を支配する神として確立されるような方向において、いくつかの地域の神話物語を統合した。大きな神社の中心地、とくに伊勢と出雲の宗教活動は、朝廷の宗教機能と関係をもつようになった。大和の族長は、最初宗教機能をもつものであった。天皇は、行動のより大きな自由を得るために、いくらかの面倒な宗教上の義務を放棄したらしく、やがて、それらの宗教上の義務は、神社の中心地にうつされた。それにもかかわらず、天皇は、事実上、国家祭儀の最高の司祭者にとどまっていた。『政治』に相当するごく初期の日本語が『まつりごと』であって、宗教儀式あるいは礼拝を意味していたことは、注目すべきことである（cf., G. Sansom）。これは、宗教分野と政治分野の機能的分化を欠いていたことを示しているようである」（R・ベラー、一九七一〔一九六六〕、一三四―五頁）。

西暦六〇四年に発布された聖徳太子の憲法（十七条憲法）は、儒教および仏教の両方の要素を含み、特に統治理論に関しては儒教的である。すなわち、「儒教の理論では、支配者の影響力は、単に政治的であるばかりでなく、倫理的でもあり、実に呪術的でさえある。これらの思想は受容され、すべて、支配者家族の地位に、聖俗両面の新しいイデオロギー的支柱を与える効果をともなっていた。……たんに天皇の役割と統治にかんする宗教的、倫理的理論が借用されたばかりでなく、同時に、中国の法制、行政、財産権その他の概念や制度の複合的全体が受容された。……中国型の中央集権的君主政治の基礎概念は、実に支配家族の神聖な地位にかんする固有思想と融合して、それ以後の全日本歴史を通じて永久的な影響力を及ぼした」（同上、一三五頁）のである。

仏教の初期の歴史も政治的配慮と密接に結びついている。仏教の最初の移入は天皇側近の豪族たちの権力争いに関連していた。しかし、朝廷により仏教の地位がいったん確立されると、今度は「仏教が支配家族の政治的抱負と強く統合され、新しくかつ力強い影響力によって、君主政治の地位が支えられるようになったのである」（同上、一三五—六頁）。憲法では、社会調和は「天皇の至上の権威を万人が受け入れることから生ずる」と明記されている。太子の憲法は日本社会の本質的理想を表現するために中国文化の源泉をくまなく探し求めた。「和ぐを以て貴しとす」に始まる第一条の「和」のことば、おそらく日本人の「真髄の社会的価値」といえるが、それに続く憲法条項でもさまざまな方法で、集団の連帯、集団利益に対する個人の服従、そして上位、下位の者たちも同じように、集団の目標に対する自己犠牲の諸徳を「激賞」している。憲法の言語は儒教的色彩が濃いが（ただ、憲法第二条は明白に仏教的）、儒教の観念である善（jen）については第六条に一度だけ、それもついでに使われている程度である（Bellah, 2003: 150-1）。

一方、中村は太子の憲法を次のように特徴づける。「中央集権国家の出発点からしてすでに官僚制が日本で根強いものであったことを暗示している。のちの日本の歴史における官僚の優位がこの事実のなかに予示されていると考えられる。……中央集権的ないしは普遍的国家は対立し続ける諸部族を服従させ統合することによってのみ形成されるものであるから、十七条憲法が社会や共同組織の第一原理として〝和〟を強調していることは驚くにあたらない。太子はまさにこの憲法の第一条からして人間関係における〝和〟を提唱したのである。……この和という主題は第一条のみならず、憲法全体に特徴的なことである。ある学者は〝和〟という言葉が『論語』に出ているところから、その概念も儒教から採られたものだと主張している。しかしながら、『論語』において、〝和〟はその人の身分にふさわしい礼儀作法を意味している（和は議論すべき対象ではなかったが、太子はこの徳を人間の行為を規制する主要な原理として主唱した。太子の態度は仏教の慈悲の思想に由来するもので、儒教の礼節の思想と明らかに区別される必要がある）（五―六頁）と解説している。さらに中村によれば、太子は「和を達成するための明確な方法を提示」しており、「どのような問題にかかわる議論においても怒りを抑えることは、われわれが全くの〝凡夫〟であることを深く自覚することによってのみ可能であるというのである。……一つの共同体のなかでも、また共同体相互間においても闘争が起こりがちである。このような闘争が克服され、和が実現されてこそ初めて調和ある社会が形成されるのである。太子の憲法のすべての条項にわたって、主君と臣下、上司と部下、さらには一般民衆また各個人それぞれの間において理想として志求されるべき和の精神がのべられているのである。……ところで、志求されるべき目的が和であって単なる服従でない点に注意すべきである。太子は民衆は単に服従すべきであるとは考えていない。正しい見解を得るには和の雰囲気のなかで討論すべきだというのである。……太子は、当時の民衆が、みずからの行動の基準となり、統治者に謙虚な自省を促すような宗教を必要としていることを見てとった。こうして選ばれた宗教が仏教であり、三宝すなわち仏・法・僧は生きとし生けるものに究極的な理想を与え、あらゆる国の人々の生活に究極的な基盤を与えるものとして尊重された」（六―七頁）のであると。

ベラーが和の思想のなかで社会目標を達成するために下位者が上位者に服従義務や犠牲の「社会的価値」を強調している（一九七一〔一九六六〕年）のと対照的に、中村は和の思想を第十七条を参照して、それは日本の民主主義思想の萌芽であり出発点であると次のように説明する（一一―一二頁）。

「指導者や官吏の態度および行為に関する指針として多くの訓戒を述べることにより、太子は独裁すなわち恣意的な個人支配を非難し、代わりに他の人々と討論することの重要性を強調したのである。……この思想は日本の民主主義思想の萌芽でありその出発点ということができる。この思想は和の精神のもとで討議の行われるべきことを規定した第一条とも関連している。このように宣言された原理は大化の改新後の勅令において具体化された。……この独裁への抵抗の観念はどこからきているのであろうか。日本神話のなかに表現されている古代の統治方法は、君主すなわち〝万人の主〟の命令によるのではなく、川のほとりの会議によっていた。参加者の意見が無視されれば、会議はほとんど成功し得なかったのである。したがって、太子が古神道からこの思想を受け継ぎ発展させたのは想像することも故なしとしない。他方、仏教教団の戒律が太子の思想に影響したとも考えられる。仏教教団の戒律は太子も知悉している仏典のなかに詳しく述べられており、そのなかに多数決の法則もふくまれているのである。……他と議するということの思想ないし精神は、政治権力が天皇から封建時代の将軍に移るまで保たれた。日本の天皇制は独裁制とは異なったものとして発展したのである。しかしながら、議決の過程において集団で行うことが強調されるにしても、太子の見解によれば、明らかに天皇に優越性が与えられていた。これと関連して太子が強調したことは、この中央集権国家における君主すなわち天皇と官僚と一般民衆との関係であった。官僚は天皇の命に従って民衆を統治すべきであった」。

ベラーは日本の市民宗教は「冠位十二階」の律令制に象徴される「階位性」（hierarchy）にその特徴を見ているが、市民宗教は本来「倫理システムおよび諸価値のセットに結び付いているのであり、儒教の見解である「支配の正当性は諸価値の具現」に依存しているのだとベラーがいうとき（Bellah, 1980: 33）、この見解は太子が普遍的国家の統治の基盤となる「礼節」、広義には倫理的原理であったとする中村の次の十七条憲法第三条および第十二条の解釈と一致しているように思われる。「上に立つ者に倫理的な欠陥があれば、一般民衆を統治することはできない。同時に一般民衆に倫理的な欠陥があれば、どれほど上に立つ者が励んでも無数の犯罪や非行が起こるであろう。したがって、礼節すなわち倫理的原理は国家を統治するうえにおいて官史の態度や行為を支配する基盤でなければならなかった。天皇・官史・人民の関係は、漢代儒教によって組織された古代中国をモデルとして形成されたものであった。しかし、このモデルは日本的土壌に移植され、大化の改新の本質をなす氏族権力の廃棄と密接に結び付いていたように思われる。天皇の威光への尊敬は憲法のなかに顕著に現われている思想である」。第十二条の条項は「天皇朝廷下の領土の中央集権的支配原理を明瞭に述べたもので、のちに国家的規模で行われた土地・人民の氏族所有の廃棄を予示するものと解されよう。地方の支配者の権力は消滅しようとしていた。『国に二つの君あらず。臣に両の主なし』という言葉は、日本に独自というわけではない顕著な思想であり、のちに日本の天皇制を特徴づける絶対主義を予知するものである」（一三一四頁）、と。日本の古代国家建設のプロセスを構造的・文化的側面に光を当ててみると、「宗教の政治的合理化」および「国家に対する宗教的正当性」を付与する実態が見えてくるようである。

三　アメリカの市民宗教

キリスト教の歴史においては教会と国家の緊張は根深い。「非宗教国家」とは非常にモダンな考えで、その実現の可能性は非常に疑わしい、とベラーはいう。西洋史のなかでキリスト教のある形態は宗教として設立、「国家に対する宗教的正当性」を与えてきた。しかし、その単純な決まり文句の下では、派閥、陰謀、精神的・

肉体的苦痛、また時折、虐殺、反逆、宗教戦争などが繰り返されてきた。西洋史の大半を通して国家は不安な教会を支配し搾取したけれども、教会の忠誠に対する最終の拒絶を破壊することはけっしてなかった。他方、教会は時折、国家を支配し独自の目的で国家を利用して、ある種の宗教的ナショナリズムに向けその精神的忠誠を世俗的所有物にした。ベラーの描く「宗教的進化」の図式の「歴史的」段階において、キリスト教の歴史上このようなすべての事態が起こったことは、他の諸宗教と何ら変わらないのである（Bellah, 1980: 5）。宗教の中でも生来的に政治的なイスラームや儒教の歴史では、国家権力とは不安定で不幸な同盟に関わってきた。最初の四代カリフに関しては、宗教共同体はすべてのムスリムの支配者たちは、少なくとも「かすかに不当だ」と見ていたのであった。中国古代の聖なる皇帝に関しては、すべての皇帝たちは基本的な正当性に欠けていると儒学者たちの目には映っていた（*ibid*.: 6）。

他の「歴史的宗教」にはほとんど見られないが、キリスト教は国家との緊張を和らげる道を開いた。すなわち、教会と国家の機能的分化、両領域の分割である。それでも、聖アウグスティヌスやルソーが描いたように、基本的な緊張の解消策は見出せなかったのである。解消策のすべては、宗教が国家の奉仕者あるいは国家が宗教の奉仕者であると分割する傾向が続いた。それでも、西洋史には周期的に宗教と国家の分裂を克服しようとする切望にかられ、キリスト教徒と市民の間の魂に分裂のない社会を創造する実験も行われた。それが「キリスト教共和国」建設の夢と実験であった。最終的には不安定な結果を生んだが、一五世紀フローレンスのサヴァナローラ、一六世紀ドイツのアナバプティスト、一六世紀英国の内戦の中で、いくつかの宗派たちによる運動などの例である（*ibid*.）。そして、J・カルヴァン（Calvin、一五〇九―六四）は一六世紀ジュネーヴにおいて、ほとんど前例のない（ルソーの共和制の理論化に影響した）キリスト教と共和制を有機的に結びつける都市を造ったのであった。そこでは教会と国家は融合することなく各々の相違は厳格に維持された。しかし、キリスト教徒と市民たちは、いわば「一つの事柄を二つの言い方」で生活することができたのである（*ibid.*: 6）。この「生活世界」は、一七世紀ニューイングランドの植民地におけるキリスト教共和制の下での生活世界に類似していた。例えば、マサチューセッツではキリスト教徒のみが市民であり、教会は邦（州の前身）を制御するまでもなく、教会と邦の双方は彼ら成員たちで統治されていたからである。この実験は一八世紀初頭までには消滅するが、ベラーによれば、この「記憶」はアメリカ建国の父たちに強く残ったのであり、彼らの手によるアメリカの国家建設に多大に寄与した（*ibid.*）。アメリカの「市民宗教」は、建国の父たちが「聖書的」宗教（宗教思想）と共和制の伝統（政治思想）を融合させることで成立したのである。ベラーはその融合の過程を次のように説明する。

共和国初期における宗教は、新しい政治体制の「上部構造」と「下部構造」の二つの極めて重要な位置にあった。実に、アメリカの独立革命は、建国の父たちがピューリタン的契約の様式と共和制における宗教の位置（神を国家主権の上部）を結びつけて決行された。ジェファーソンの「独立宣言」は宗教の上部構造を指している。「われわれは、次のような真理をごく当たり前のことだと考えている。つまり、すべての人間は神によって平等に造られ、一定の譲り渡すことのできない権利を与えられており、その権利のなかには生命、自由、幸福の追求が含まれている。政府の権利は被統治者たちの同意によって彼らの権利を確保するために設けられた。政府がそれらの目的に反して破壊的になるときにはいつでも、人民は政府を替え、廃止する権利を有している」（*ibid.*: 11）。この宣言で彼が意味するのは、主権が国家主権の上部に位置しているということである。人間の平等と基本的権利を与えるのは聖書的神であり、神を超国家的主権に位置づけている。神は国家の上に位置しその目的は国家を審判する規準であり、実にその術語によってのみ国家の存在は正当化されるという信念である。共和制の政治生活における宗教的シンボルが最上のレベルに存在していることは、アメリカに一つの「市民宗教」が存在するという主張を正当化するものであり、この信念がその後、アメリカの政治生活の恒久的特徴の一つになった、とベラーは強調する（*ibid.*）。

他方、アメリカの市民宗教は確かに制度化したとはいえ、「諸教義の抽象とまばらさ」のために形式的に留まっている。合州国憲法には神および市民宗教についての言及はなく、法的・憲法的秩序に公式の支えはないのである。市民宗教の諸教義の法的在任者もいなければ、市民神学の解釈者もいない。少なくとも、アメリカ史の危機的時期に偉大な市民神学者、A・リンカーン大統領が現われたのであった（*ibid.*: 12）。

アメリカの市民宗教がまばらな存在理由は、アメリカのもう一つの政治思想の遺産であるリベラル（自由主義）の側、その最も重要な表現が合衆国憲法と綿密に連結しているからである。リベラルの政治的観念では市民宗教の存在を否定するのみならず、在ってはならないと拒否する。国家は、純粋に没価値中立的な法的機構であり、その唯一の機能は個人の諸権利、つまり自由を擁護することであると。それに対してベラーは次のように反論する。「自由」は、それが否定的あるいは個人主義的に定義されようと、語源的根拠だけでリベラリズム（自由主義）をそれ以上に還元できないものと暗示しているようだが、実はある目的と価値を包含しているのである。「私は純粋な自由主義は背理法 *reductio ad absurdum* であり社会学的に不可能であると信じているので、純粋なリベラル国家は決して存在しなかったこと、何故アメリカにおいて共和主義のレトリックと趣旨がリベラリズムと不安定に横に並んで存したか一つの理由を論証しようと思う。まさに共和主義の見解から市民宗教は不可欠であるという理由である」（*ibid.*: 12）。

市民参加型の積極的政治共同体としての共和制は、ある目的と諸価値のセットを有していなければならない。共和制伝統における自由は、政治的平等の価値と尊厳および国民政府を主張する。共和国は肯定的な意味で倫理的であろうとし、その市民から倫理的参与を引き出そうとする。その意味で共和国は必然的にその存在の究極的な秩序、共和制の価値と徳の意味ある象徴化に向けて推し進める。そのような象徴化は、共和制自体を至上の善として崇拝するだけか、あるいはアメリカの例のように、共和制が是認する、至上の実在の崇拝の基準を具体化する試みなのかであろう（*ibid.*: 13）。アメリカのリベラル体制は、すでに独立宣言に盛り込まれた市民宗教をけっして否認したのではなく、合衆国憲法はそれについては沈黙したが、アメリカの政治生活ではその生命力を保っていたのである。法律体制の見解では、宗教的象徴を形式的宗教からさらに詳述することを純粋に私的な事柄に留めている。だが、国民的共同体の見解では、その象徴はいまも自己意識の中では主として宗教的であり、それを詳述することは法律的地位に欠けるとはいえ、公共的なのである。

ベラーは以上のように、共和制における宗教の上部構造の役割について検討したが、今度はその下部構造の役割に目を転じる。彼が共和制の古典的概念を説明する際にすでに触れたように、共和制の体制には高い倫理的・精神的参与の必要性を強調したが、それと同時にまた市民に対してそれらの倫理的・精神的信条を教化、社会化する必要を指摘するのである。そうすることで市民は、共和制的徳性を内面化するのである。この領域でもリベラル立憲体制には「完全な空白」が見られる。「徳の学校」としての国家は、リベラル体制はほとんど目を向けないと自己規定している。この点は連邦制度では、州や自治体のローカル・レベルでなされてきた。公立学校はその点、重要であるが、アメリカでは真の共和制の徳を教える学校は、トクヴィルが正しく見たように教会であった。ベラーはトクヴィルの主旨を次のように解説する（*ibid.*: 16-7）。

「トクヴィルが言ったのは、宗教はわれわれ『最初の』政治制度である。共和制や民主制の宗教は、共和制の諸価値を教え込むだけでなく、公共生活の参与についての最初のレッスンを与えた。国の法律や物理的状況についてよりも、それはアメリカの民主主義の成功に寄与した『モーレス』（慣習）であり、慣習は宗教に根差していた。共和制政府の古典的理論家としてトクヴィルは、赤裸々な自己利益は共和制体制を最も確実に消滅させる溶剤であると見たし、抑制されない自己利益の追求の可能性をけしかけるアメリカ人の商業的諸傾向も見たのである。しかし、彼は偉大な自己抑制の要素として、宗教が赤裸々な自己利益を『正しく認識された自己利益』と称した公共精神に富み、そして自己犠牲のできる自己利益を見ていたのである。彼は、いかにして宗教がアメリカのリベラリズムの影響を軽減し、共和制の諸制度を存続させ得るのかを示したのであった。彼は後年そのような妥協は結局うまくいかないと疑ったし、彼の疑惑はわれわれの近年の歴史で完全に確認されたのである」。

彼の時代と場所を鑑みると、トクヴィルの分析は疑いもなく正しく、われわれにこの奇妙で、ユニークで、つじつまの合わないわれわれのアメリカ社会を理解するために本質的な糸口を与えてくれたのである。トクヴィルがわれわれの社会で宗教の役割について見たことは共和国の父たちには十分理解されていたのである。その一方で、ベラーが強調するのは、アメリカの新しい国家の特徴は、共和主義とリベラル体制の「不安定な妥協」を表しており、また建国の父たちは住民の生活様式と政治的組織の形態の関係性を十全に認識していたことを示唆するのである。そのことは、J・アダムズ（Adams）が新しいリベラル立憲体制の下、初の副大統領としての最初の年のスピーチにも語られていた。「われわれは、道徳や情熱によって抑えのきかない人間の情熱に対処することのできる力を武装した政府を有していない。われわれの憲法は道徳的・宗教的人々のためだけに作られたのだ。この政府はそれらの人々以外にはまったく不適当である」（*ibid.*: 17）と。

ベラーは共著『市民宗教の諸相』（一九八〇年出版）の中で日本の市民宗教とアメリカの市民宗教の比較研究を試みている。比較・対照することは、一方を絶対的な基準として他方を評価するのではなく、比較自体は興味深いし、比較の諸事例に何か新しい諸次元が現われてくるのがたびたびである。ここで試みる日本の市民宗教との比較の文脈によってアメリカの事例のいくつかの「屈折的諸特徴」が照らし出されると期待される。また、市民宗教の「型」は宗教的進化の「段階」によって異なると考えることは有益である。その点、日本と合衆国の対照は特に興味深い、何故ならば、近現代の日本は古代の市民宗教の型の前提を棄てることなく変容させながらもその型を存続してきた（よって軽蔑的な意味での「伝統社会」ではない）のとは対照的に、アメリカの市民宗教は、はっきりと近代の型の特徴を現わしているからである。古代社会と近代社会（あるいは、古代であれ歴史的であれ、近代西洋とすべての伝統社会）を対照する一つの方法は、トクヴィルに倣ってL・デュモン（cf. Louis Dumont）がインド社会の研究で示したように、伝統社会を「階位性」（hierarchy）、近代社会を「平等性」（equality）と特徴付けたように、少なくともその「理念型」として参考になる（Bellah, 1980: 27-8）。またこの対照は「単に政治的イデオロギーではなく、実在の本質の基本的諸概念に根差している。よってそれは対照する事例の市民宗教の性質に対して影響する。実に、階位性あるいは平等性は、各々の市民宗教の核心であろう。ベラーは日本の市民宗教とアメリカの市民宗教の差異を描くために、二つの基本的文書（憲法十七条、第三条と独立宣言）を引用する。

「詔を承りては必ず謹め。君をば天とす、臣をば地とす。天は覆い、地は載す。四の時、順に行われて、万の気、通うことを得。地、天を覆わんと欲るときには壊れを到さくのみ。是を以て君言うをば臣承る。上行うときは下靡く。故、詔を承りては必ず慎め。慎まずは、自らに敗れなん」（中村、同上、一三頁）。

「われわれは、次のような真理をごく当たり前のことだと考えている。つまり、すべての人間は神によって平等に造られ、一定の譲り渡すことのできない権利を与えられており、その権利のなかには生命、自由、幸福の追求が含まれている。それらの権利を確保するためにわれわれの間に諸政府は、その権利を被統治者たちの同意による公平な諸権利に由来して設立された。どの政府もそれらの目的に対して破壊的になればいつでも、住民の権利でそれを変えたり廃止して、そして、その諸原則に基礎を置き、その形態の諸権利を組織して彼らの安全と幸福を最も効力のあるような政府を設立するのである」（Bellah, *ibid.*: 29）。

日本の事例は、第三条にあるように、すべての人間は平等には造られていない。社会は「自然の宇宙に埋め込まれ、天は地の上位に自然に在るのと同じように、より優れた者は自然に劣等の者の上位にあるので、この自然な階位性を変えようとするいかなる試みも、カオスと荒廃を招くのみである。第三条に表現される観念は明らかに儒教的だが、このイデオロギーは容易に、神道神話（天皇は天照大神の子孫であり、女神が神々の中で傑出しているように、天皇は地上で傑出する）と混合されたのである。階位は「神代の時代」まで遡る系譜に根づいている。ベラーによれば、第二条は、また別の正当性の要素を提示する。誠実に「三宝」（仏・法・

僧）崇敬の勧めから始まり、天皇はサンガの保護者として、仏陀とダルマの聖なる保護を受ける。僧は王の前にひざまずかない（屈服しない）という仏教の個人的悟りの教義で仏教は、「政治的階位制をただ曖昧に支持している」。儒教でさえ、最下位の農民でも徳行を通じて聖者になれるという教義は一つの非階位的側面を有する。ただ、日本の僧は通常、政治的権威の前で頭を下げたのであり、一般庶民が聖者になることは非常に稀であったことは真実であるが、非階位的傾向はけっして全くなかったとは言えない多くの例を上げることはできる。ベラーがここで指摘するのは、日本文化および市民宗教の圧倒的に階位的文脈に於いてさえも、平等主義の諸要素が存在したのであると（*ibid.*: 30）。

同じようにアメリカの象徴化にも階位的要素は存在する。人間の平等性は自明であるばかりでなく、創造主の行為の結果であると主張される。さらに、独立宣言の出だしの文句は自然法および自然神の法が謳われている。「宇宙的、神性の階位制」は存在しており、したがって平等性を含めて人間の諸価値は意味を持つのであり、そして、神は人間よりも上位に位置し優れているという下りは、ちょうど、自然法は政治社会の諸法を超越し、優先しているという明白な概念が存在するのである（*ibid.*）。もし日本の例に相対的に重要でない平等的要素が存在し、アメリカの例に階位的要素は主として背景に限定されるとしても、「階位制／平等性の対照は絶対的な二律背反ではなく、極性あるいは連続体」としてベラーは考えるのである（*ibid.*）。

ベラーによると、われわれアメリカ人や西洋のイデオロギーに影響を受けた日本人にとって、日本のイデオロギーや市民宗教の階位的相を「政治的支配のまったくの防御的合理化」だと見る傾向があり、そのような見解を強く支持する傾向も存在する。というのも、日本の市民宗教は、少なくとも六、七世紀の初期の頃から「意識的操作」を受けてきたというのである。とはいえ、その過程において自己意識の程度は、遅い無意識の増大する伝統的社会の描写とはぴったりしないし、国家神道は太古から存在してきたという代弁者の主張とも一致しない。むしろ、ベラーは、意識的・合理的操作は伝統的というよりも近代の現象だと見ている。それでも、市民宗教の意識的・合理的操作は日本史を通して「重大な転換点」において特徴づけられる。例えば七世紀には主に天皇の血統の神性な立場を支持するために大陸の宗教的イデオロギー（仏教や儒教）を意識的に移入した。ここにわれわれは神道神話の意識的操作のかなりの証拠を見出す。実に、女神、天照の伊勢神宮の重要性は、他の氏族が神の子孫を主張するのに対して、この時期に天皇の血統の立場を強化するために鋭敏に改良されたのだろう。意識的操作の興奮は、八世紀に『古事記』および『日本書紀』の中に神道神話の成文化と共に、日本の文脈のために儒教や仏教の意義を綴る作業を通して、続いている（*ibid.*: 31）。

市民宗教に関わる意識的関心は、戦国時代の後半から一七世紀の徳川時代初期の期間に見られる。ここでは特に、「公的儒教」のイデオロギーの発展によって武士の官僚化を支えた。例えば、武士たちを私的軍事の取り巻きから公的奉仕者へ転向、そして一般庶民を慈悲深い支配（仁政）の観念を通して積極的に「徳川コンセンサス」に誘導した。つまり、仁政とは聖徳太子の憲法にあるように、支配者たちは天を代表し、その下で庶民たちが繁栄できるような「心ゆたかな家父長的体制」を用意することであった。加えて、徳川家に近い知識人たちは、幾分退色しているイメージの天皇の立場を刷新して、天皇自身は天を具現（神道の術語では聖なる王さえ）して、徳川体制の正当性を天皇に由来するように画策したのである。したがって、一九世紀終わりの明治時代に多くを帰する事柄は、二世紀半まえに前もって表れていた（*ibid.*）。しかし、最も重大な意識的操作は、近代天皇制および浸透性の高いイデオロギー的影響（国家神道はその一部）で構成された「近代日本」の市民宗教の事例である。

この問題のアメリカの主要な研究者の一人であるW・デイヴィス（Winston Davis）は近年、この意識的操作の展開を次のように凝縮的に説明している。

「太平洋戦争に先立つ数十年間の非常に興奮したナショナリズムの中では、日本人であることはある種の宗教的所属そのものであった。明治新政府の主要な問題の一つは、いかにしてある特定の地域に限られた氏神（村の神々）に象徴される個別的忠誠心を真に国民的精神に向けるに十分な力を生みだすか。政府はまた、地主、産業、政府などに搾取された村人たちによる階級意識の高揚をいかに防げるかに関心を抱いていた。混乱期の政府のイデオロギー的計画の目的は、『天皇の農民』に象徴される愛国的で脱政治化した村の創造であった。一九二九年の世界大恐慌の影響が日本にも波及し始めると、都会の失業者たちは郷里に帰ろうとしたが、村は貧しく『都会の避難民』を支持する余裕はなく、また村の長老たちは都会の生活様式が村の道徳を乱すなどの理由で彼らを阻止した。彼らはそれに代わって工場、学校、街頭などで『家族国家』の誘いに引き寄せられた。……これらの目的を達成するために政府は、全国民をコントロールするためのイデオロギー的技術として『内在的神政国家』、天皇制システムの構築をもくろんだ。……マスメディアは、過去においては貴族や軍人のみの『架空の見せかけ』であった古代の天皇神話を一般庶民の間に吹聴したのである。日本政府が西洋列強との『不平等条約』の改正交渉に失敗した一八八七年以降、宗教・政治的協会が現われ、一九三六年まではその数は七五〇に達し、国民の精神的統合を再び主張し始め新イデオロギーのシンボルやスローガンを引き起こすために寄与したのである。……当時、日本の周りに凝固しているシンボル、スローガンや情念は神道だけと同一視するには複雑すぎるので、より一般的な術語である『市民宗教』と呼んだほうがいいだろう。この宗教の中心的シンボルは天皇家の神聖な先祖たちだった。これらの神々を庶民の先祖崇拝と共通の祖先に由来するものとして、政府は国民的統一と献身の感情を創造しようと考えたのであった。田舎の人々にひどい苦痛と剥奪を引き起こした日本の新しい産業と軍部の指導者たちの策謀は、いまや天皇の祖先の『願望』として美化されたのである」(Bellah の引用、*ibid.*: 31-3)。

上記のデイヴィスの記述は「その悪意の激しさ」においては示唆的である」とベラーはいう。この「近代平等主義的イデオロギーの見解」からの強力な攻撃に直面して、日本の市民宗教の「階位的側面」を擁護することは割の合わない仕事であるので、次のことを述べるに留めようとベラーは批評する。「近代イデオロギーはそれが批判するシステムの意味の多くを不明瞭にするので、それらの意味のいくつかを繰り返し述べることにする。日本や他国においても階位制は一つの倫理システムおよび諸価値のセットに結合している。その事柄について最も明確な儒教の見解では明らかに、支配の正当性は、それら諸価値の具体化如何に依存している。支配者が慈悲深く公平でない場合は、彼は支配するに値しない。有徳の支配者のみが尊敬に値するのである。確かに日本では血統の異常なほどの重要性は政治の倫理的概念を黙秘したけれども、それを完全に破壊したのではなかった」(*ibid.*: 33)。徳川時代の例でも、庶民の不満、また慈悲深い支配が欠如しているとする反逆行為は、倫理の名において正当化されたのである。また、すでに述べたように、諸価値の主張は、どの階級あるいは身分の者でも具体化できる可能性を残していた。一九世紀、そして一九四五年以降の新宗教の台頭は、その可能性の実際的動きとして現われたのであった（*ibid.*）と。

すでに述べたように、アメリカにおける個人の平等性の強い主張が見られたのは、どちらも究極的には階位的である神と人間関係のキリスト教の概念および古典哲学の自然法の観念の背景に反して起こった。「キリスト教および古典哲学は双方とも、社会で同意できる諸価値の明白なセットと同時に、身分の低い個人でもそれら諸価値を体現するものは尊厳と尊敬に値するという平等性の原則を有していたのである」(*ibid.*)。ジェファーソンの「独立宣言」では、それらの諸価値を明白には綴ってはいない。本質的には生命、自由および幸福の追求の生来の権利および非支配者の合意による政府の必要性を宣言している。「自由」は一つの倫理的価値に相違ないが、その術語は非常に曖昧だ。J・ウインスロップ（Winthrop）の正しく良いことをする自由（キリスト教徒の自由）なのか、あるいは自分がリストに載せることを行う自由（自然的人間の自由）なのか曖昧なのだ。

われわれは日本の宗教に暗黙にも萌芽の平等的可能性を見たが、近代キリスト教の平等性は、階位的宗教の性質および諸価値は世界に客観的に実在するという仮説を断たないで、明確に達成された。つまり、近代平等主義はキリスト教に負うているのと同じくらい、少なくとも近代世俗的哲学に負うている。しかし、近代世俗的個人主義と平等主義の「概念的基盤」を見る時、階位的性質、そしてそれと一緒に信条と価値の客観的セットはほとんど去ってしまっているのである。T・ホッブス（Hobbes）とJ・ロック（Locke）に代表される近代哲学とすべての伝統的観念の断絶の程度は、次第に明らかになってきたのだ。特にロックの場合は「極端にずるい」し、彼の『政府論』の理論的矛盾は、英国国教会の理論家フッカー（Hooker）の聖書への言及を使ってホッブスの「過激主義」思想を覆い隠す試みに見られる。ロックの曖昧性は、アメリカ人にとって幸運であったと言わねばならない。何故ならば、聖書的キリスト教と古典的共和主義がラジカル個人主義（世俗・

原子的個人主義）とわれわれが呼ぶものと共存することを可能にしたからである。しかし、その「隠し布」は破れ去り、その代理のラジカルな世俗的個人主義が残ることになり、それは社会的結び付きに対して険悪な影響を与えるのである。ロックの慈悲深い顔の下に、ホッブスの厳しい顔がもたげてくるのがより明白になってきた。それはホッブスのいう、「万人の万人に対する戦争」なのか、それとも「レヴァイアサン国家による絶対的支配」の選択肢が二〇世紀終わりのアメリカを悩まし始めたのである（*ibid.*: 35)。

ロックの近代社会論の最初の教義によると、諸個人は創造主によるのではなく、彼らがまったく生物学上の類似で平等であるという。よって最初の関係は諸個人の間ではなく、個人と自然の間の関係である。「社会に優先してまず経済が存在する」。われわれが所有物を手に入れることが、論理的に政治社会に入ることに先行している。だから、われわれが政治社会に入る目的は「われわれの所有物を保護すること」であると。「したがって、社会は神または神が創造した宇宙に埋め込まれた有機的統一体ではなく、むしろ大人の諸個人の意識的創造でかれらの利益を相互に保護する合理的目的のために計画されたのだ」と。彼の『政府論』の全部を通して「道徳的」とか「道徳」のことばの姿が現れていないのは重大である（*ibid.*)。ロックの「寛容の教義」は、一八世紀のアメリカでは多すぎるほどの教会や宗派が存在していたこともあり、彼らは実際、共通の価値あるいは公共の道徳の感覚を衰えさせる運営をしてきた。もし究極の宗教的・道徳的真実は社会全体ではなく本質的に私的、個人的事柄であると宣言されたら、彼らの公共的真実の主張ははっきりと衰えるに違いない。近代の哲学者たちが宗教団体の教えは「不実」であると考えたのは、ほとんど疑う余地はない。P・バーガー（Berger）によると、二〇世紀の特に大学やマスメディアなどの「認知的エリート」たちは、近代哲学的リベラリズムのラジカルな信念を主張する強力な集団を造ってきたのだという。哲学的リベラリズムが含意するのは、宗教的・道徳的信条のすべては「純粋に私的」な事柄であり、共通の信念や実践をはっきり述べることは個人の自由に対する侵害であると。結果的にわれわれ社会の諸個人は共通の信条や道徳、もし在るとすれば共通の利益、によって結ばれてはいないのだ。ロックは「利益の自然的調和」を語ったが、その調和は今日、実に疑わしくなった。共通の価値や共通の宗教的信条が締め出され、利益の自然的調和が幻想であると証明された所ではただ赤裸々な利益だけが残り、富と権力の大きな格差が存在する社会となる。解放の偉大な哲学である古典的リベラリズムは方向を変えて、強者の支配を正当化してしまうであろう（*ibid*.: 36-7）。

「しかし、認知的エリートにもかかわらず、哲学的リベラリズムは公共神学としての聖書的宗教、また共通善や公共利益のイデオロギーとしての共和主義を完全には破壊しなかった。よって、それは伝統的市民宗教を全面的に損なうことはなかったのである」（*ibid*.: 37）。「ウオーターゲート事件」は立憲体制の存続に関わる事件だったが、アメリカ人は「法の支配」を再主張したのであった。われわれが問うのは、もし法律が個人や集団の利益を表現するものであるだけならば、法律はどのようにして、ウオーターゲートの策謀に対して優勢を証明できるだろうか？もし法律は強者の支配のみであれば、われわれは行政府の力を調査できるだろうか？「もしウオーターゲートの文脈における法の支配が何か意味を持つとすれば、それは道徳性に依拠するものとして、そして究極の実在に依拠する道徳性として意味を持つのである」（*ibid*.）。

すでに指摘したように、「階位性と平等性は正反対ではなく相互に関係のある両極であり、そして、その自由との関係は単線的ではなく弁証法的である」。階位性をあまりにも排他的に強調しすぎると、日本社会は、歴史が示すように、権威主義に帰趨する。もしわれわれが階位性を正当化するイデオロギーの内に、一般住民の間にある種の道徳を勇気づける倫理を見なかったら、われわれは日本社会の力強さと活気を理解することにはならない（*ibid.*）。日本社会には道徳観念のない搾取システムは、ほとんど存在しなかった。個々の日本人が恐れふるえ、元気のないロボットのような羽目に陥らせるような独裁支配はなかった。「実に、日本における公共精神や共通善への関心の存在は、偉大な共和国の公共意識に匹敵するものである」。この逆説に直面することなしには、日本は謎のまま残るのであり、この文脈においてのみ、われわれは今日の日本に「道徳的価値の空白の深刻さ」を見ることができるのである（*ibid.*: 37-8）。

しかし、政治的自由の故国アメリカは、「平等主義的個人主義」を後戻りのきかないほど強引に推し進めてきた。トクヴィルが非常に分かりやすく指摘してくれたように、倫理的・道徳的抑制のきかない個人の利益を強調すれば、個々人は孤独な自己の心に閉じこもり新しい独裁支配、恐らく伝統的権威主義よりも残酷な道へ足を踏み入れることになるだろう（*ibid.*: 38）。「市民宗教の主題およびその宗教的・道徳的信条を取り巻く精神風土は単に古物研究の関心などではない。もしそうであれば、過去への関心は取り返しのつかない損失である。それどころか、われわれの市民宗教の健康状態は、われわれ共和国の存続に深く結び付いている主題かもしれないのだ」（*ibid.*）、とベラーは結んだ。

注

（1）ベラーの宗教社会学の方法論の概説は拙稿「ロバート・ベラーを読む（Ⅰ）宗教社会学の成立」『地域文化研究』一五号（二〇一四年）、五九—八八頁を参照。

（2）拙稿「ロバート・ベラーを読む（Ⅱ）アメリカの市民宗教」『地域文化研究』一六号、三七—七〇頁参照。

（3）なお、本書では、宗教と政治の関係、宗教の政治的合理化の分析のみならず、宗教と経済の関係を宗教思想の経済倫理、運動と組織、特に石田梅巌の心学と組織、運動およびその意義などを記述分析している。ここではその増補版、堀一郎・池田昭共訳『日本近代化と宗教倫理』未来社、一九七一年［一九六六年］を参照する。

（4）ここでは、インド哲学および仏教思想研究の第一人者、中村元氏の以下の論稿も有益的に援用する。中村元『日本思想史』一九八八年、新装版、二〇一二年、特に第一章を参照。本書は、もともと国際文化振興会の依頼によるもので英文で二巻本として出版されている。Nakamura Hajime, *A History of the Development of Japanese Thought, A.D. 592-1868*, 2 vols., Kokusai Bunka Shinkokai, 1967.

参考文献

R・N・ベラー著、堀一郎・池田昭訳『日本近代化と宗教倫理』未来社、一九七一年〔一九六六年〕。
Robert N. Bellah & Phillip E. Hammond, eds., *Varieties of Civil Religion*, Harper & Row, 1980.
Robert N. Bellah, *Imagining Japan*, University of California Press, 2003.
Johann Arnason, *Social Theory and Japanese Experience*, Kegan Paul International, 1997.
Louis Dumont, *Homo Hierarchicus*, University of Chicago Press, 1980.
G. B. Sansom, Japan: A Short Cultural History, Stanford University Press, 1952〔1931〕.
Stanley Tambiah, *Culture, Thought and Social Action*, Harvard University Press, 1985.
花山信勝『聖徳太子と憲法十七条』大蔵出版、二〇一一年。
中村元『日本思想史』東方出版、新装版、二〇一二年。

エコロジーと宗教
——戦後七〇年を回顧する——

坂東行和

一　自然破壊と自然保護——戦後七〇年の軌跡

1　地球的規模の環境破壊

大戦終結後の七〇年間は、人類が核の脅威と環境破壊という新たな危機に直面する時代でもあった。

ギリシア神話には、プロメテウスが天上の火を人に与えたためにゼウスの怒りを買い、コーカサス山に鎖で繋がれたとある。その火を使い始めて百数十万年、一九三〇年代に人間は「第二の火」を発見した。

「第二の火」即ち核エネルギーは、まず大量破壊兵器として用いられた。一九四五年八月、広島と長崎への原爆投下、四六～五八年、ビキニ環礁での核実験と続き、その後の「原子力の平和利用」と称する「原発」開発も、その背後には軍事目的があった。五七年一〇月ウィンズケーズ（イギリス）、七九年三月スリーマイル島、八六年四月チェルノブイリ、そして二〇一一年三月福島で、それぞれ大規模な原発事故が引き起こされた。

現在、地球上にある核兵器と原発の破壊力は、自然環境にとって、いや地球そのものにとって、脅威である。

使用済み核燃料（死の灰）を完全に制御する技術は未だ開発されていない。原子炉溶解の危険もある。核兵器廃絶と原発廃棄の問題は、エコロジカルな意味で人間の「罪業」としては、全く同質である。

環境破壊は現代に始まったことではない。プラトン（前四二七〜前三四七）の『クリティアス』には、肥沃な原野と繁茂した森林が石の荒野と化してしまった事例が述べられている。「メソポタミア、ギリシア、小アジアで、耕地獲得のために森林を伐採した人々は…その土地を今日のように荒廃させようとは夢想だにしなかった」とは、エンゲルス（一八二〇〜九五）の叙述である（『猿が人間化するに当たっての労働の役割』一八七六）。文明は農牧の歴史とともに始まり、その文明自体を培い育てた生態系（エコシステム）に影響を及ぼし続けてきた。「タッシリの岩絵」が示すように、サハラ砂漠でさえ四世紀頃までは緑に覆われていたのである。例えば、アフリカのサハラ砂漠周縁の砂漠化、米国アイオワ州などでの表土流出、サンホアキン渓谷などの塩害は、過度の灌漑や粗放な農牧が主要な原因であるとされ、一九七〇年代から問題化した。当時日本でも生態系を害う原因として、農薬と化学肥料の施用が問題になった（有吉佐和子『複合汚染』新潮社、一九七五）。

戦前の農業は、廃棄有機物を土壌に還元して再び作物に吸収させるという循環型の技術形態であったが、戦後の「近代化された農業」では、除草・殺虫・殺菌剤など農薬・化学肥料の多用が、増産には寄与したものの、食品・土壌などを化学的に汚染した。また、土壌に戻されない廃棄物は、浄化力の小さい河川・湖水・海洋を汚染し、鉱工業由来のカドミウムなど重金属含有廃棄物の土壌への侵入も作物を汚染した。

しかし、このような環境破壊は、自然条件を無視した生産方法に起因するもので、循環型の「自然農法」に従えば、農林・畜産・漁業は他の産業に比べて、環境保全目的によく適合し得る筈である（その根拠については、菅原友太『農林業が地球を救うこれだけの理由』、久宗高・熊沢喜久雄監修『環境保全型農業と世界の経済』、津野幸人『小農本論　だれが地球を守ったか』。いずれも九〇年代に農山漁村文化協会刊）。

一九六〇年代初めに、生物資源の利用と環境の改善の研究を目的として、国際生物学事業計画が発足した。また、七一年ユネスコは、生物多様性の保護、自然と資源の持続可能な利用保護の研究を目的に、ＭＡＢ（人間と生物圏）計画を発足させた。そして、生態系保全と持続可能な利活用との調和、〝自然と人間社会の共生〟を目的として、七六年から生物圏保存地域を指定している（これに呼応して日本でも一九六五～七〇年代に北沢右三「生態系代謝モデル化」ほか「バイオマスとエネルギー転流のモデル」などの共同研究が始まった。高井康雄「環境科学事始め」『肥料科学』第三四号。なお、二〇一四年六月現在、生物圏保存地域の登録件数は一一九カ国、六三一件）。

２　科学技術発展の〝光と蔭〟

科学・技術発展の〝光と蔭〟を示す最も見易い例として、ここでＤＤＴ問題を挙げることにする。

ＤＤＴは、一九四五～四六年に日本全土で占領米軍によって防疫目的で散布された。同じ頃イタリアでは、人口一〇万人当り九〇〇・六人いたマラリア患者が、ＤＤＴ噴霧によって四七年には七・五人にまで激減した。ところが、六〇年代初頭、カリフォルニアの大農場から流出したＤＤＴ分解物が食物連鎖を通じて生体濃縮され、アナカパ島のペリカンの卵に異変を生じさせるという衝撃的な事例が報告された。

六二年レイチェル・カーソン（Rachel Carson, 1907-64）著『沈黙の春』（*Silent Spring*）は、ＤＤＴの生態系に及ぼす弊害を大きく採り上げた（青樹簗一訳、新潮社、一九六四）。そしてＤＤＴのもつ発がん性や環境ホルモン機能が指摘されて、日本を含む各国は相次いでその製造、輸入又は使用を禁止した。

他方、途上国では、DDTによって激減したマラリア患者がDDT禁止によって再び激増した。スリランカでは四八〜六二年、年間二五〇万のマラリア患者を三一人にまで減らしたが、DDT禁止後五年ほどで年間二五〇万に逆戻りしたという。二〇〇一年、ストックホルム条約は、DDTを残留性有機汚染物質（POPs）に指定してその製造と使用を制限したが、マラリア対策だけはその規制から外された。WHO（世界保健機関）はマラリア対策として、〇六年九月からDDTの室内残留性噴霧を奨励する方針を打ち出している。

この事例に見るとおりで、科学技術は諸刃の剣である。以下、このことを踏まえながら「回顧」を進める。

3 環境破壊とその対策

戦後七〇年間、科学技術の発展がエコシステムに与えた影響は地球的規模で拡大した。キーワードで示せば、前述の砂漠化・表土流出・塩害、多肥農薬のほか、二酸化炭素濃度上昇による海の酸性化、絶滅危惧種、地球温暖化、オゾン層破壊、酸性雨、遺伝子組み換え、ダイオキシン、環境ホルモン、熱帯林減少、大気・海洋汚染などが問題化した。日本では、高度成長期に公害が社会問題になった。

七二年の国連人間環境会議でウ・タント事務総長は、六八年の総会で強調された人間環境の危機に関する「六九年六月報告」を総括してこう述べた。「私たちの環境は人類最高の願望を実現できる場であり、この環境の中で人類を脅かしている諸問題に対処するために必要な行動が…急務になっている」（大意）と。

この年（七二年）、ストックホルムでの国連人間環境会議が「人間環境宣言」を採択し、国連環境計画（UNEP）を設立し、またOECD（経済協力開発機構）委員会は汚染者負担原則を決定している。砂漠化に関しては、七七年の国連砂漠化会議で砂漠化防止行動計画採択。九二年リオの地球サミット（国連環境開発会議）を経て九四年六月、パリで砂漠化対処条約を採択した（九六年一二月発効。一四年、締約国・グループ 一九五）。

因みに現在、日本には、九三年環境基本法、九九年ダイオキシン対策特措法、二〇〇〇年循環型社会形成推進基本法などの法律、そして七〇年東京都公害防止条例、七九年琵琶湖富栄養化防止条例などの条例がある。環境庁は、〇一年省に昇格し、環境保全と保護などのほか原子力関係の安全確保を図ることをも任務としている（環境省設置法第三条）。

人間の本性に根ざす好奇心や向上心、または時には無知、傲慢又は過誤などが〝超えてはならぬ一線〟を越えたために、無残な結果を招いてしまう説話又は神話は、寓意をこめて世界各地で伝承されてきた。どんな生物も、個体と種を維持するために一定の欲求を持っているが、人間の過度の「我欲」は、自然界との調和を破る結果を招きがちである。そこで人間の「智慧」は、このような「我欲」の暴走に対する歯止めを案出してきた。古代・中世の宗教規範や自然法も、近代の立憲主義に基づく憲法や国際法もその例である。

それでは、戦後七〇年、宗教はこのような環境問題と如何に関わり且つこれに対応してきたか。環境破壊を人間の「罪業」として捉えれば、それに関する宗教倫理学的な考察は可能であろう。

科学技術の先進国は、自然破壊の深刻さにいち早く気づく点でも、〝人間中心主義から環境中心主義（ecocentrism）または生命中心主義（biocentrism）へのパラダイム転換〟を行う点でも、先進的であり得た。

戦後七〇年、〝人間中心主義に基づく西洋の伝統的思想〟への疑問や〝自然との共生を説く東洋思想〟への関心など多様な考え方が、宗教的伝統との関連において議論されてきた。本稿は以下、その流れを回顧する。

二　エコロジーと宗教――戦後七〇年の回顧

4　環境中心主義の提唱（一九四五～五〇年代）

西欧では、古来久しく「人間は自然を支配する特権をもつ」という考え方が支配的であった。C・マニス（Christopher Manes）は、「読み書き能力とキリスト教釈義の導入」が〃魂が宿るとされていた自然〃を〃沈黙する物質〃に変えたと言う（マニス、城戸光世訳　一九九九）。F・ベーコンやデカルトなどの近代科学思想と科学技術の発達を促した根底には、このような人間中心主義（homocentrism）思想があった。

大戦後いち早く、環境中心主義の立場を表明したのは、A・レオポルド（Aldo Leopold, 1887-1948）であった。四七年に彼はその著『野生のうたが聞こえる』（*A Sand County Almanac*, 1947）で、山河・土壌とそこに生きる動植物などを「土地 land」と総称して、生態系とほぼ同義の「土地共同体 land community」における「土地倫理 the land ethic」を提唱した。個体は共同体の部分として相互依存の関係にある。「生命体ピラミッド」の頂点に位置する人間も、共同体を構成する一部であって支配者ではないが、土地の自己再生能力に責任を負わなくてはならない（レオポルド、新島義昭訳　一九九七）。

同時代のシュヴァイツァー（Albert Schweizer, 1875-1965）もまた、生命中心主義の立場に立って〃生命への畏敬〃を説いた。全生物の〃生きようとする意志〃とその自己実現を尊重する自他共存の倫理を説き、また五七年以降、バートランド・ラッセル（Bertrand Russell, 1872-1970）らと共に反核運動に参加した。

レオポルドの考え方は七〇年代、V・R・ポッター（Van Rensselaer Porter）らのバイオエシックス

（bioethics）やH・シリング（Harold Sciling）のホーリスチック・エシック（holistic ethic. キリスト教の〝神と隣人に対する愛〟の観念を〝神と隣人と自然〟にまで拡大する）にも影響を与えた（Sciling 1972）。

5 東洋的宗教思想への関心（五〇〜七〇年代）

戦後の欧米における環境中心主義の流れは、東洋宗教思想からの影響を、少なからず受けている（以下、竹村牧男 二〇一二 所引のR・F・ナッシュ（Roderick Frazier Nash, 1939-）の記述を要約する）。

A・W・ワッツ（Alan W. Watts, 1915-73）は、東洋と西洋の思想を比較して、早くも一九五〇年代末に、主著『禅の道』（*The Way of Zen.* Pantheon Books, 1957）及び『自然 男と女』（*Nature, Man, and Woman,* Pantheon Books, 1958）において「道徳観には、自然のなかの存在すべてが含まれるべきだ」と述べた。

五〇年代のアメリカには、キリスト教に懐疑的な若者たちのなかに、東洋宗教に関心を寄せる者もいた。

J・ケルアック（Jack Kerouac, 1922- 69）の小説『路上』（*On the Road,* Viking Press, 1957）と『仏陀の教えは放浪する』（*The Dharma Bums,* Viking Press, 1958）がそれを物語る。ワッツとケルアックの友人G・スナイダー（Gary Snyder, 1930-）は鈴木大拙（一八七〇〜一九六六）の英文著作から影響を受けて京都で臨済禅を学び、六〇年代に「仏教、アメリカ先住民の信条、及びアメリカの自然権イデオロギーを組み合わせた一つの倫理」を構築した。自然もまた、〝市民権を奪われた被抑圧マイノリティ〟であった。彼は仏教徒として「思想や政治の場で代表者を持たぬ世界」の代弁者になると宣言した（ナッシュ、松野弘訳 一九九九：二七四 ff. 竹村牧男 二〇一二：一三〜一四 所引）。

経済学者E・F・シューマッハ（Ernst Friedrich Schumacher, 1911-77）は、五五年以降、ビルマ政府経済顧問としての在任中にビルマ仏教の感化を受けた。六五年、八正道の正業・正精進に基づく仏教経済学（Buddhist Economics）を構想し、七三年にその著『スモール イズ ビューティフル』（シューマッハ、斎藤志郎訳 一九七六、小島慶三・酒井懋共訳 一九八六）において、簡素（少欲知足、無執着）と非暴力を基本とする「仏教経済学」を提唱した。それは、物質に対する際限なき欲望の巨大化を肯定する従来の経済を排して「最小資源による最大幸福」を目指し、自利のみならず利他をも目的とする「正命・中道」の経済であるとされた。

六七年、リン・ホワイト（Lynn Townsend White, Jr., 1907-87）は、その著『機械と神』（青木靖三訳 一九九九）において《現代の地球環境の崩壊は西欧中世に始まる科学と技術の発展の産物である》と指摘した。その根源にあるのは、ユダヤ・キリスト教の創造説に基づく人間中心の自然観、無限の進歩を目指す目的論、及び修道院の機械技術尊重の思想であると。彼は、特殊歴史的な東洋思想の単純な受容には躊躇しながらも、東洋思想にも深い関心を寄せた。「アシジの聖フランシスコに帰れ」という彼の言葉は、六〇～七〇年代、ヒッピー運動の合言葉になった（なお、フランシスコ（Franciscus Assisiensis, 1182-1226）は、その「万物兄弟」の思想と実践から、教皇ヨハネ・パウロ二世（1978-2005）によって八〇年「エコロジーの聖人」に列せられた）。

他方、環境法学の面でも画期的な事件があった。六五年に自然保護団体＝シエラクラブが、ウォルト・ディズニー社のミネラルキング渓谷開発許可につき、内務長官を相手に許可無効確認請求の訴を提起した。しかしその請求は七二年に最高裁二審で却下された（Sierra Club v. Morton, 405 U.S. 727（1972））。このとき仏教徒にして法哲学者のC・ストーン（Christopher Stone）は、論文「樹木の当事者適格」（"Should Tree Have Standing ?"）を書いて、自然保護のために自然物にも原告適格性を認めよと主張した。原告適格を認めるべきだとの少数意見を主張したダグラス裁判官（William O. Douglas）は「原告は自然保護団体ではなく、渓谷自身であるべきだった」と述懐している（ストーン、岡嵜修多訳 一九九〇）。同じくシェラクラブで活動した法哲学者のJ・L・サックス（Joseph Lawrence Sax, 1936-2014）は、人間は未来世代のために、自然自体のために、環境保護を信託されているという「公共信託論」を唱えた（サックス、山川洋一郎他訳 一九七四）。

七〇年代、現代物理学と東洋思想との相同性・相補性を指摘したフリッチョフ・カプラ（Fritjof Capra, 1939-）の『タオ自然学』（Capra 1974, 吉福伸逸他訳、一九八九）及び『ターニングポイント』（Capra 1980, 吉福伸逸他訳 一九八四）が話題となり、ディープ・エコロジー〔後出7参照〕の考え方とも響きあっていた。

6 ホワイトヘッド「プロセス思想」という底流

戦後七〇年、環境に関する哲学、倫理学、キリスト教神学、及び仏教学などの新たな思想形成に影響を与え続けたのは、主に戦前、二〇世紀前半に活躍したイギリスのA・N・ホワイトヘッド（Alfred North Whitehead, 1861-1947）であった。

この哲学者は、《自然と人間、人間と人間、人間における知性と感性とが細胞のように有機的に結びつく関係》、あらゆる事象の相互依存性を重んじるホーリスティックな哲学、所謂「有機体の哲学」を提唱した。〝実在はプロセスなり〟というその「プロセス思想」に基づきつつエコロジカルな要素を導入したとき、「自然の神学（theology of nature）」が構成され、〝人間関係においてのみ成り立つ〟というカント的倫理を超えて、生命中心の〝存在の秩序〟に基づく新たな格率、即ち《「存在の大いなる連鎖」の中で総ての存在は手段でなく目的として扱われるべし》という格率が成立する（J. B. Copp & David Ray Griffin 1976. ジョン・カプ・

ジュニア他、延原時行訳、一九九三：chap. 4, chap. 9)。

ホワイトヘッドの「有機体の哲学」のエコロジカルな性格と神学との融合を図ったのは、J・B・カプ(John B. Copp, Jr., 1925-)であった。七一年、彼はその著『今からでは遅すぎるか？　エコロジーの神学』(*Is It too Late?: A Theology of Ecology*, 1971)の中で、新しい神学は人間の絶対性を否定して、レオポルドの言う「生命体ピラミッド」構想を採用すべきだと述べた。更にカプはホワイトヘッド派の生物学者C・バーチ(Charles Birch, 1918-2009)との共著で《真実在の構成は物的自然と生命の融合に因る。神への献身は素粒子から岩石・動植物、人間に至る全生命体の尊重とこれを繁栄させる責任を含む》として、倫理の範囲を最大限に拡げた（ジョン・カプ他、長野敬他訳　一九八三〜八四）。故にこそ「各有機体がその環境と結ぶ正しい関係を無視することは一つの悪である」（ホワイトヘッド、上田泰治他訳　一九八一：二六二、間瀬啓允　一九九六：五九）。

聖公会牧師で分子生物学者でもあったA・ピーコック(Arther Peacock, 1924-2006)はその著『創造と科学の世界』でこう述べている。「エコシステムをもったこの世界は『神の中』に存在している。創造は『神の中』のこの世界において進行している。それ故に……神は世界のプロセスすべての中で、すべてと共に、すべての下で現存している」と(A. Peacock, 1979：298. 間瀬　一九九六：四五　所引)。間瀬は、このような共生関係にある人間を「他の被造物との共生のために連帯と管理を委ねられた神のスチュワード」と定めることが「創世記第一章の枠組を超える転心、意識の革命」であると述べた（間瀬　一九九六：三四）。

こうしてホワイトヘッドの哲学は、のち八〇年代のアメリカ、カナダ、オーストラリア、ノルウェーなどで、時には文明論にまで及ぶディープ・エコロジーなどのラディカルな思想と運動の底流をなすことになる。

7　ディープ・エコロジーとそれに対する批判

六〇年代末、生態学的哲学（ecological philosophy）に関心をもったノルウェーのアルネ・ネス（Arne Dekke Eide Næss, 1912-2009）は、七二年、従来の「シャロー・エコロジー（shalow ecology）」に対する「ディープ・エコロジー（deep ecology）」を提唱した。前者は〝汚染と資源の枯渇から先進諸国民の裕福さを守るための闘い〟に過ぎず、科学による解決のみを求める。これに対して後者（ディープ・エコロジー）は人間の特権を認めず〝徹底的な生命平等主義・多様性と共生の原理〟に基づく相互依存的な複合体として生命圏を把握する。「お前か俺か」ではなく「生きて生かせ」という原理である。彼の言うエコソフィとは「生命圏の網biospherical net」（生態系とほぼ同義）における調和の規範的な智慧（哲学）であって、科学的記述や予測ではなく伝統的な意味での宗教でもない。規範の究極的源泉を聖書だけでなく、普遍的共生のための「自己実現」にも求める。万物は固有の価値を有して相互に依存し、平等である。このようなネスの思想は、仏教・ヒンズー教・道教との共通点が多い（若林明彦　二〇〇四）。桂紹隆はネスがウパニシャッドの「梵我一如」観念を採り入れていると指摘した（龍谷大学アジア仏教文化研究センター　一四年　第二回全体会での発言）。

ディープ・エコロジーへの批判は、「ソーシャル・エコロジー」を提唱したM・ブクチン（Murray Bookchin, 1921-2006）から提起された。彼は《自然との一体性とは人間の自然への従属にほかならず、自然と人間の支配－従属関係の主客逆転にすぎない》と述べて、自然支配の概念は、人間による人間の支配――男性による女性の支配、国家による社会の支配、官僚制による個人の支配、そのほか特定の経済的階級、植民地権力、民族集団などによる他集団支配など――から生じたと指摘した（M・ブクチン、小原秀雄監修　一九九五）。

また、A・サレー（Ariel Salleh）の『ディープ・エコロジーより深いもの―エコフェミニズムからの問題提起』（Salle, 1984: 339-345）もまた、ディープエコロジーに含まれる性差別意識を批判した。

七〇年代に活発化した「エコフェミニズム（ecofeminism）」とは、右のソーシャル・エコロジーをフェミニズムに適用したもので、《自然支配は、男性による女性支配と同根である》というその主張は、核の脅威も男性優位思想の産物であるとして、七九年のスリーマイル島の原発事故以来、反核運動と結びついた。

C・マーチャント（Carolyn Merchant, 1936-）は、その著『自然の死』（Merchant, 1980）の中で《先史時代のように、女性に内在する自然のリズムや宗教性を称揚する文化》の重要性を強調しつつ、子どもに危害を及ぼす原発や農薬などに反対する運動の背後には女性の直観、ケア倫理、人間と自然との網状の関係性を重んじる文化的な発想があると主張した。その所説によれば、七〇年代インドの女性たちが木に抱きついて伐採から木を守ったという「チプコ」運動もエコフェミニズムの実践であった。

彼女はこう指摘した。競争と経済成長を前提する資本主義の論理は持続可能性を妨げるが、これに対し、社会主義の論理は人々の貪欲ではなく欲求の充足を基礎におく。新しい形態の社会主義は、持続可能な経済にもとづいて社会を運営し、人間の生産と再生産を、自然の生産と再生産に調和させると（森岡正博 一九九五：一五二―一六二）。

8　ユダヤ・キリスト教の「尊大さ」をめぐって

右に述べたディープ・エコロジーなどの生命中心主義的な流れに疑問を呈したのは、オーストラリアの哲学者、ジョン・パスモア（John Passmore, 1914-2004）であった。パスモアは、前述のリン・ホワイトが環境危機の歴史的根源をユダヤ・キリスト教の教説に求めたのに対して、七四年にその著『自然に対する人間の責任』(J. Passmore, 1974) の中でこう述べた。環境危機の根源となった〝人間が自然支配の特権をもつ〟という「尊大さ」は、アリストテレスやストア派の影響を受けたギリシャ＝キリスト教に由来し、(ホワイトの言うような) ユダヤ＝キリスト教由来のものではない。しかし前者の「尊大さ」を継承したデカルトの哲学が科学技術の発展を基礎づけたところから、パスモアもまた環境破壊の責めを西欧文明に帰してはいる。ただし彼は自然保護のために、自らの思想を新たに構築することも、新たな倫理を求めることもせず、現存する道徳原理の強化や伝統的思想の解釈を変えるだけで十分に対応できると主張した。例えばシュヴァイツァーの「生への畏敬」の思想なども、自然保全の原理になり得るのだと。そして人間中心主義を維持しつつ、現在と未来の同胞を害なう生態系の破壊や資源の枯渇などは「貪欲と近視眼」に因るとして、「自然の権利」よりも「現在及び未来世代の権利」の方を問題にした。

彼は〝伝統的思想回復の新しい可能性〟として、①神秘主義、②ダーウィン主義、③スチュワード精神、④〝人間は自然を完成させる協力者である〟という伝統、の四つを挙げている。①と②とは人間と自然との生命を統一的な環において捉える一元論である。③のスチュワード精神は〝神は人間に自然保全の管理を信託した〟という聖書の再解釈に基づいており、④の「協力者」説とも結びついている。

パスモアが「新しい可能性」の③として右に挙げた「管理」については、既にバーミンガム主教のヒュー・モンテフィオーレ (Hugh Montefiore, 1920-2005) は自著 (*Can Man Survive?* London Collins Fontana, 1970) でこう主張していた。「地を従わせよ」とは「エデンの園を耕させ、守らせる」(*Ibid.*, 2-15) ことであって、それは「信託」を意味する。人間は「神のスチュワード」(管理受託者) であって、現在と未来の総ての生命を含む環境の総体に対して不可譲の義務と関心をもつべき立場にある。旧約聖書は〝人間が神に代わる支配者である〟とは言っていない。人間は「神のスチュワード」であると同時に「自然のなかで神との協働的創造者であり、自然界で神の目的を助ける協働的救済者でもある」と。

エコフェミニズム〔前出7〕の旗手、前述のC・マーチャントもまた、その著『ラディカルエコロジー・住みよい世界を求めて』の中でこう説明している（C. Merchant 2005 川本隆史他訳 一九九四：一六六～六七）。「創世記第一章二八節の『生めよ、増えよ、地に満ちよ、地を従えよ』を再解釈して実行する務めは、土地から得られたものを総て土地に返す責任のこと」であって、「管理」とは人間が大地の世話をし、地上の総ての存在が差別なく協働できるよう保証する責任を負うことだと（間瀬啓允 一九九六：三〇～三一）。

〝創造と生態学へのキリスト教の取り組み〟について、のち北アイルランド出身の聖公会神学者で「科学的な神学」（scientific theology）を提唱したマクグラス（Alister Edgar McGrath, 1953-）は、その著『キリスト教神学入門』において《創造の教理の教えは、生態学の敵などではなく、環境に対する人間の責任の重要性を説くものだ》と述べている（マクグラス、神代真砂実訳 二〇〇二：四一六～一七）。カナダの神学者、ダグラス・ジョン・ホール（Douglas John Hall, 1928-）もまた《聖書の「支配」という概念は世俗の文脈ではどのように解釈されようとも、「管理者」という視点から理解されるべきだ》と強調した。旧約聖書は被造物を人間の所有と見ているが、それは人間への委託を意味し、人間はその保護と世話との責任を負うのだと。

マクグラスは、九〇年代に環境管理学者のカルヴィン・B・デウィット（Calvin B. DeWitt）によって提起された次の四つの基本的な生態学的原理を、聖書の創造教理を反映しているものとして紹介している。

①「地球保護の原理」。創造者が人類を守り維持するように、人間も創造者の被造物を守り維持すること。

②「安息日の原理」。人間による資源の利用から被造物が回復することを認めること。

③「豊穣の原理」。被造物の豊かさは破壊されてはならず、享受されること。

④「成就と限界の原理」。被造物につき人間の役割には制約がある。所定の境界線を尊重すること。

（マクグラス、神代真砂実訳 二〇〇二：四一六～一七、加藤尚武編 一九九八）

9 仏教における環境論

リン・ホワイトの指摘〔前出5〕どおり、西欧文明の「尊大さ」が、科学技術の発展とそれに伴う自然破壊を促したことは歴史的事実である。既述のように、戦後欧米ではホワイトの指摘を主要な契機として、キリスト教神学の多様な立場から、反省や弁明を含む真摯な「エコ論争」が展開されてきた。

これに対して《東洋の仏教的自然観、固有の共生思想やパンセイズムからは自然破壊を糾弾する思想は育たず、また日本では、高度成長期以降、目に余る自然破壊が進行したではないか》と評されることが多い。日本人は「わが家の朝顔だけを大切にしてきた」に過ぎず、その自然愛は虚妄であるという指摘もある（大井道夫 一九七八、大仏次郎 一九七四：五七～六〇）。梅原猛は「日本人の自然愛がかえって自然に対する甘えを助長し、ついには自然破壊にまで至らしめた」と述べている（梅原猛 一九七二：二〇一 ff. 間瀬 一九九六：一五～一六 所引。同様の見解として Cf. Edwin O. Reischauer (1910-90), *The Japanese*, 1977)。

しかし、資本主義の展開に伴って「人間の自然支配」そのものが現実態として猛威を振るうとき、東洋思想が如何に環境中心主義的であったとしても、思想の力だけでこの物理的な侵害を斥けるのは難しい。

哲学者 S・フレチェッテ（Kristin Shrader Frechette, 1944-）は《たとえキリスト教が人間の自然支配を許したにせよ、教徒たちが貪欲を発明したのではない限り、環境問題に対する究極の責めは一般に人間の行いが負うべきであって…宗教に負わされるべきではない》と述べたが（Frechette 1991: 20）、このことは仏教についても当て嵌まる。ダライ・ラマ一四世（在位 一九四〇〜）によれば、自然破壊は、生物への敬意の欠如、無知、貪欲など個々人の「業」から生じたのであって、宗教的伝統から生じた結果ではない。仏教の所謂「器世間」（物質的環境の意）は、「自業自得」の「共業」版とも言うべき「有情の共業」から生じるからである（辻村優英 二〇一二：八七〜九〇）。

ここで、仏教思想などの説く環境中心（ecocentric）または生命中心（biocentric）の環境倫理は、《事実から価値を導き出せない》とする形式論理学からの疑問にどう答えるかということが、問題になる。

二〇世紀初頭、イギリス分析哲学の碩学G・E・ムーア（George Edward Moore, 1873-1958）は、〝事実命題から価値命題を演繹するのは「自然主義的誤謬」である〟と主張した（第二版、泉谷周三郎他訳 二〇一〇）。ヒューム（David Hume, 1711-76）以来のこのような二元論は、法哲学の領域でも、自然法の存在を否定し、実定法だけを法規範と認める近代の法実証主義によって主張されていた。しかし他方で自然法論には、自然界の客観的な存在を構成する本質的構造または人間の本然には、規範的意味が宿っていて、それは実践理性によって発見され得るし、発見されるべきだとする考え方がある。

レオポルド〔前出4〕は《自然法則の必然性と共に、その法則に関する知識から人間の為すべきことが認識論的契機によって生じる》と述べて土地倫理を唱え、V・ポッター〔前出4〕は《倫理的価値は生物学的事実から分離できない》と述べて生命倫理を説いた。また、H・ロルストン三世（Holmes Rolston III, 1932-）も《価値は自然の中で客観的事実と共に見出される》と述べ（*Philosophy gone Wild*, Buffalo, Prometheus, 1986,

20)、環境哲学者P・テイラー（Paul W. Taylor, 1923-）もその見解の側に立つ（Cf. P. W. Taylor, 1986）。C・マーチャント〔前出7〕も同様である（参照、間瀬啓允 一九九六：一五六〜一七二）。

同様に、仏教などの東洋思想もまた一元論を採り、事実命題から規範命題を演繹し且つ両者を融合させ得るとする。即ち、客観的事実として把握された存在を叙述する事実命題は、仏教では「無為」または「涅槃（nirvāna）」、老子では「無為自然」として、理想的な人間像を指示する当為命題に溶け込むものとされている。仏教を排斥した朱子も《万物は「理」を内包している》とする点では仏教と軌を一にしている。

生物学的共同体に新しい意味の概念を盛ることによって、生態学は道徳的共同体の新たな基盤作りを示唆する（ナッシュ、松野弘訳 一九九九：一三）――そう述べたナッシュはレオポルドを継承しつつ、その著『自然の権利』第四章において「宗教の緑化」にかかわる『東洋思想』というもう一つの源流」について論じている。

七〇年代、H・スコリモフスキー（Henryk Skolimowski, 1930-）は自著（*Eco-Philosophy: Designing New Tactics for Living*, 1981）で「エコ・フィロソフィ」を提唱し、エコロジーを「我らが時代の宗教」とした。八〇年代に提唱されたエコ・セオロジー（環境神学）によれば、《神は環境世界のプロセス総ての中で、総てと共に、総ての下に在る》とされる〔前出6参照。A. Peacock 1979：298〕。間瀬啓允の解説するように、このようなサクラメンタルな自然理解の根底には汎在神論がある（間瀬啓允 一九九六：四七〜四八）。

このような潮流の中で、八〇年代には日本でも「有機体の哲学」、バイオセントリズム、環境倫理 ディープ・エコロジーなど〔前出6、7参照〕の生命中心主義への関心が高まり、その関心は今日に至っている。

10　仏教的環境論の可能性と課題——日本での取り組み

仏教環境主義（eco-buddhism）に基づく倫理思想について、〇六年、スウェラー（Donald K. Swearer）は、次のような五類型を提示した（Swearer 2006：28. 辻村 二〇一二：七九～八〇）。

①仏教的世界観は自ずと環境主義に至る（eco-appologist. 例・ダライ・ラマ一四世）。②仏教の世界観は環境倫理と調和しない（edo-critic. 例・Ian Harris）。③世界観の到達点は異なるが経典・教義から環境倫理を構築する（eco-cinstructivist. 例・Lambert Schmithausen）。④仏教の世界観よりも仏教倫理の観点から実行可能な環境倫理を評価する（eco-ethicist）。⑤仏教の教義などの特定の文脈や状況から環境倫理を推論する。

このうち②のような消極説は、九四年のイアン・ハリス（Ian Harris）による同様の四類型中にも「仏典の現実離れした世界は自然界の拒否を示唆する」見解として掲げられてあった（Harris 1994：45-56. 辻村 二〇一二：七九）。このような消極説一般に対して竹村牧男は、環境倫理に関する仏教の可能性についてこう述べている。第一に、自己と環境は不可分一体であるという「身土不二」。第二に、自然世界は仏のいのち、体そのものという「娑婆即寂光土」。第三に、空間のほか時間的な、自己を含む世代間の「縁起」。以上が社会の変革や技術の在り方を導く方向性に繋がると（二〇一四年一〇月、龍谷大学アジア仏教文化研究センター全体会での報告「仏教の自然観とエコ・フィロソフィ」）。

「仏教環境倫理の可能性」に関する追求の気運は、二一世紀に入ってとみに高まった。〇六年日本で「サステイナビリティ学連携研究機構・Integrated Research System for Sustainability Science（ＩＲ３Ｓ）」が始動し、八つの大学と一研究機関による地球持続戦略の総合研究が続けられている。このうち東洋大学は人文・社会分野に参加し、エコ・フィロソフィと「共生学」の構築を目指して《東洋の知とエコロジー、サステイナビリティ意識、及び哲学的環境デザイン》を追究している。

本稿は、その紀要『「エコ・フィロソフィ」研究』（〇七～一五年、年刊）所収の次の諸論文の恩恵に浴した。〇七年、松尾友矩「『サステイナビリティ学』と『共生学』に関する一考察」、竹村牧男「エコロジーとエコ・フィロソフィ」、山田利明「中国思想の環境論」、渡辺章悟『インド仏教から見た自然観の可能性』、吉田公平『持続可能な社会』論についての一考察」。〇九年、竹村牧男「仏教の環境観について」、田中綾乃「自然に対する義務と人間中心主義」。一〇年、宮本久義「インドの自然観と環境問題」。一一年、関陽子「『森』の効用『杜』の意味―生態学的合理性と『自然観の合理性』による持続型社会―」。一三年、竹村牧男『環境倫理と宗教思想』一五年、西村玲『『金光明経』にみられる自然観」、相楽勉「初期日本哲学における『自然』の問題」（以上、一部副題省略）

以上「エコロジーと宗教　戦後七〇年」を筆者なりに回顧してきた。重要な研究業績の見落としがあることを恐れつつも、ここで現在進行中の研究を含めて、今後の研究課題を例示列挙をしてみたいと思う。

① 東洋の思想や民俗に伝統的なアニミズムやパンセイズムは、仏教環境論の方法として有効か否か。

② 日本人の自然愛、アニミズム又はパンセイズムの傾向は、感覚的・感傷的反応に過ぎないのか。

③ 仏教の生命中心主義、共生思想、非物質的価値などは、環境倫理として有効に生かせるか。

④「もったいない」、「少欲知足」、「所有価値よりも存在価値」の発想など「仏教経済学」の展開。

⑤ インド哲学の「絶対不二」、マンダラの「重々無尽」、大乗仏教に普遍的な「唯識」と「空」、法華経や華厳宗の「娑婆世界是国土」と「法界縁起」、禅宗の「我の放下」、親鸞の「還相」、天台・華厳・真言の「本覚」などの深遠な観念ないし思想は、自然観・世界観の哲学を超えて有効な環境倫理になり得るか。

⑥ 三論宗の吉蔵（五四〇～六二三）『大乗玄論』以来、唐から日本の華厳・天台・禅の各宗に伝播した「草木成仏」、天台の六祖湛然（七一一～八二）『金剛錍』の「草木礫塵悉皆仏性」、天台の安然（八四一～？）

『斟成草木成仏私記』の「草木国土悉皆成仏」等の含意は、環境倫理たり得るのか（参照、加藤尚武 一九九六：三四、谷本光男 二〇〇三：二〇三 ff.）。

むすびに代えて

戦争と原発は環境破壊の元凶であるが、戦前、共生思想を唱道して諸縁和合、覚醒正態などを説いた椎尾弁匡（一八七六〜一九七一）は共生を《浄土教の真実相、縁起の社会的実践である》と解し、「無我奉仕」を説いて「八紘一宇」実現のための戦争に協力した。八六年、当時の首相は、施政方針演説で「山川草木悉皆成仏」と述べ、座禅に傾倒する一方で原発導入の責任者でもあった。また一二年、天台・真言両宗・神社本庁と共に「宗教と環境―自然との共生」シンポを主催した某新聞社は「原発は安全だ」との宣伝を展開した前歴をもつ。また「惟神（かむながら）」を説く神社本庁は、平和憲法をどう評価しているのだろうか。

戦時中、国民は「少欲知足」、「贅沢は敵」という「エコ生活」を体験したが、それは「ほしがりません勝つまでは」の標語どおり「聖戦完遂」目的のためであった。仏教の環境倫理は本来、人間の自省と思索を深化する普遍的原理を目指すべきであって、ナショナリズムとは無縁である。一方で共生や「自然への畏怖」を説きながら、他方で例えば権力と癒着し、原発稼動や戦争法案を黙認し、信徒を思考停止の集票マシンにし、里山を墓苑に造成して財源にするなどの所業があったとすれば、そのような論者には自然保護を説く資格はない。

今日の自然破壊の主要な原因に、新自由主義的な権力の暴走がある。近代社会では、宗教それ自体は暴走阻止の物理的手段を持たず、心理強制力を持つに過ぎないが、それは自然保護の目的にとってけっして無力ではない。なぜなら、国民主権原則の下、国民の意思に基づく承認と支持なしには、どんな政治権力も成立・存続し得ず、そして宗教は、参政権をもつ主権者＝国民の思索を深化させる哲学を提示し得るからである。

参考文献一覧（本文中で引用した文献、及びおもに参照した文献の著者名は太字）

C・マニス「自然と沈黙：思想史のなかのエコクリティシズム」『緑の文学批評―エコクリティシズム』城戸光世訳、第二章、松柏社、一九九九年（原著 一九九二年）

アルド・レオポルド『野生のうたが聞こえる』新島義昭訳、第三部「自然保護を考える」森林書房、一九八六年、講談社学術文庫、一九九七年。*A Sand County Almanac*, 1947, N.Y: Oxford U.P., 1949. Cf. A Sand County Almanac and Other Writings on Ecology and Conservation, N.Y., 2013.

Harold Schiling, "The whole Earth is the Lord's : toward a holistic Ethic" Ian G. Barbour ed., *Earth might be Fair : Reflections on Ethics, Religion and Ecology*, N.J., Prentice Hall, 1972.

クリストファ・ストーン「樹木の当事者適格―自然物の法的権利について」『現代思想 特集 木は法廷に立てるか』岡嵜修多訳、青土社、一九九〇年、一二月号。

ジョセフ・サックス『環境保護』山川洋一郎他訳、岩波書店、一九七四年、第七章「公共信託 環境権の新しい憲章」。

R・F・ナッシュ『自然の権利―環境倫理の文明史』松野弘訳、ちくま学芸文庫、一九九九年。Roderick Frazier Nash, *The Rights of Nature: A History of Environmental Ethics*, 1989.）: 274 ff.

竹村牧男「研究ノート 環境倫理と仏教思想の課題について」『「エコフィロソフィ」研究』第七号、東洋大学、二〇一三年。

E・F・シューマッハ『人間復興の経済』斎藤志郎訳、佑学社、一九七六年。同『スモール イズ ビューティフル』小島慶三・酒井懋共訳、一九八六年。Ernst Friedrich Schumacher, *Small Is Beautiful: Economics As If People Mattered*, 1973.

リン・ホワイト『機械と神―生態学的危機の歴史的根源』青木靖三訳、みすずライブラリー、一九九九年。Lynn Townsend White, Jr., *Machina et Deo : The Historical Root o Our Ecological Crisis*, 1967.

F・カプラ『タオ自然学』吉福伸逸他訳、工作舎、一九八九年。Fritjof Capra, *The Tao of Physics*, 1974 及び同『ターニングポイント』吉福伸逸他訳、工作舎、一九八四年。Do., *The Turning Point*, 1980.
J・カプ・ジュニアほか『プロセス神学の展望—概論的解説』延原時行訳、新教出版社、一九九三年、第四章＝自然の神学、第九章＝地球の危機と生存の神学。John B. Copp & David Ray Griffin, *Process Theology: An Introductory Exposition*, 1976.
John B. Copp, Jr., *Is It too Late? : A Theology of Ecology*, 1971 revised ed., Denton, Texas, 1995.
ジョン・カプ・ジュニア、チャールズ・バーチ『生命の解放—細胞から社会まで』上下、長野敬他訳、紀伊国屋書店、一九八三〜八四年。
ホワイトヘッド「科学と近代世界」『ホワイトヘッド著作集』第六巻、上田泰治他訳、松籟社、一九八一年。
間瀬啓允『エコロジーと宗教』岩波書店、一九九六年。
Arther Peacock, *Creation and the World of Science*, Oxford, Clarendon P., 1979.
若林明彦「アルネ・ネスの環境哲学—ディープエコロジーとエコソフィ」『千葉商大紀要』四二（三）、二〇〇四年。
マレイ・ブクチン「ソーシャル・エコロジーとは何か」小原秀雄監修『環境思想の系譜2 環境思想と社会』東海大学出版会、一九九五年（原著 一九八七年）。
Ariel Salleh, "Deeper than Deep Ecology: The Eco-Feminist Connection", Winter 1984, in *Environmental Ethics* Vol.6.
Carolyn Merchant, The Death of Nature, 1980.
森岡正博「エコロジーと女性—エコフェミニズム」小原秀雄監修『環境思想の系譜3』東海大学出版会、一九九五年。
John Passmore, *Man's Responsibility for Nature : Ecological Problems and Western Traditions*, 1974.
Hugh Montefiore, *Can Man Survive?* London Collins Fontana, 1970. *Radical Ecology: The Search for a Livable World —Revolutionary Thought and Radical Movements*, 2005. 川本隆史他訳、産業図書、一九九四年。
マクグラス『キリスト教神学入門』神代真砂実訳、教文館、二〇〇二年。
加藤尚武編『環境と倫理 自然と人間の共生を求めて』有斐閣アルマ、一九九八年。
大井道夫「虚妄の自然愛」『風景の挽歌』アンヴィエル社、一九七八年。

大仏次郎「破壊された自然」『大仏次郎随筆全集 第二巻』朝日新聞社、一九七四年。
梅原猛『哲学の復興』講談社現代新書、一九七二年、二〇一ff。
Kristin Shrader Frechette, *Environmental Ethics*, 2nd ed., the Boxwood Press, 1991.
辻村優英「ダライ・ラマ十四世における環境思想― 植物の位置づけを中心に」『宗教と倫理』宗教倫理学会、二〇一二年。
G・E・ムーア『倫理学原理』深谷昭三訳、三和書房、一九七七年。同『倫理学原理（第二版）』泉谷周三郎他訳、三和書籍、二〇一〇年。George Edward Moore, *Principia Ethica*, 1903.
Holmes Rolston III, *Philosophy gone Wild*, Buffalo, Prometheus, 1986, 20.
Paul W. Taylor, *Respect for Nature*, Princeton U.P., 1986. Henryk Skolimowski, *Eco-Philosophy: Designing New Tactics for Living*, Marion Boyars, N.Y. & London, 1981.
Ian Harris, "The Problem of Buddhist Environmental Ethics," *Journal of Buddhist Ethics* vol. 1, 1994.
加藤尚武『技術と人間の倫理』日本放送出版協会、一九九六年。
谷本光男『環境倫理のラディカリズム』世界思想社、二〇〇三年。
岡田真美子「宗教と環境倫理」『宗教研究 第八三巻第二輯』日本宗教学会、二〇〇九年。同「東アジア的環境思想としての悉有仏性論」『木村清孝博士還暦記念論集 東アジア仏教―その成立と展開』春秋社、二〇〇二年。
立本成文「山川草木の思想」『総合地球環境学序論』総合地球環境学研究所、二〇一二年。
袴谷憲昭「自然批判としての仏教」『駒澤大学仏教学部論集第二一号』駒澤大学、一九九〇年。
畠中和生「宗教と自然環境破壊―伝統的宗教は現在の環境危機にどうかかわるか―」『広島大学大学院教育学研究科紀要 第二部 第五一号』広島大学、二〇〇二年。
伊吹敦「禅思想より見たる『共生』実現の根拠」『仏教を中心とした共生の原理の総合的研究』菅沼晃（代表）平成八～一〇年度科研費補助金（基盤研究（A）（一））研究成果報告書、一九九九年。
堀内俊郎「仏教における共生の基盤の可能性としての『捨』」『国際哲学研究一号』東洋大学、二〇一二年。
真鍋顕久「社会福祉の観点からの共生思想―仏教における共生―」『名古屋女子大学紀要第五〇号 人文・社会編』二〇〇四年。
加藤尚武『環境倫理学のすすめ』丸善ライブラリー、一九九一年。

小坂国継『環境倫理学ノート—比較思想的考察』ミネルヴァ書房、二〇〇三年。

カレン・コリガン＝テイラー「大地の倫理」文学・環境学会編『たのしく読めるネイチャーライティング』ミネルヴァ書房、二〇〇〇年。

溝口次夫「環境保全のための宗教の必要性」『環境と宗教』溝口次夫他編、環境新聞社、二〇〇六年。

岡田真美子「環境のための哲学」同『環境と宗教』二〇〇六年。

ウルリッヒ・ハインツェ「キリスト教の自然観」同『環境と宗教』二〇〇六年。

高橋憲昭「仏教の教えと環境」同『環境と宗教』二〇〇六年。

井上信一『地球を救う経済学 仏教からの提言』鈴木出版、一九九四年。

安原和雄『足るを知る経済』毎日新聞社、二〇〇〇年。

保坂玉泉「仏教の経済観」『仏教経済研究』一号、一九六八年。

水野弘元「仏教における経済思想」『仏教経済研究』一号、一九六八年。

難波田春夫「経済学と仏教の立場」『仏教経済研究』一号、一九六八年。

難波田春夫「大不況—その由来と行方—仏教経済学による解明」『仏教経済研究』一二号、一九八三年。

安原和雄「仏教経済学の今日的意義」『仏教経済研究』三〇号、二〇〇〇年。

武井昭「シューマッハ—仏教経済学の論理とその構造」『高崎経済大学論集』四三号、二〇〇〇年。


（二〇一五年六月一〇日）

真宗大谷派「教勢調査」雑感

寺林　脩

真宗大谷派（以下、宗門）では、約一〇年おきに「教勢調査」（実態調査）が行われてきました。その目的は、宗門（教団は社会的視点の表現であるのに対して、宗門は教団内の視点による表現）の現状と課題を把握し、施策の立案に必要なデータを得ることにあります。とくに、教化活動の実態を把握することに重点がおかれています。

前々回の第五回調査は一九九二年に、前回の第六回調査は二〇〇〇年に、そして今回の第七回調査は二〇一二年に実施されました。今回は全国三〇教区の八四六九カ寺の住職から有効回答を得ました。郵送による調査です。回収率は約九九％でした。

設問項目の大項目は、「教化組織」、「教化伝道」、「インターネット活用」、「宗門との関係」、「仏事（儀式）のあり方」、「門徒の状況」、「寺院の財的基盤」、「寺院運営」、「施設・設備」、「寺族」です。設問は四三あります。

「教勢調査」の詳細については、真宗大谷派宗務所から二〇一四年六月に発行された『別冊真宗　第七回

『教勢調査』報告書』を参照してください。この小論は、統計調査専門員として分析を担当した筆者が、調査結果から受けた感想を述べるものです。それは真宗大谷派固有の問題にとどまらず、真宗教団や既成の仏教教団にも共通するものではないかと思います。

「教勢調査」の結果は、宗門にとって予想以上に厳しいものでした。全体的に教勢の衰退・弱体化を強く印象づけるものでした。象徴的なデータは、この一〇年来で「法要・行事の参詣人数の推移『減った』」と回答した寺院が非常に増えたことです。「報恩講」では、「減った」と回答した寺院の割合は前々回の一七・二%、前回の二七・六%から、今回は四六・九%に激増しています。「永代経」では、同じく、一七・三%、二五・〇%から、四三・八%に。「修正会」では、同じく、一八・八%、二二・七%から、三七・三%に。「盆会」では、同じく、一四・六%、一九・五%から、三三・九%に。それぞれ「減った」が非常に増えています。

このような状況が続けば、寺院での法要・行事が教化の場でなくなり、宗門本来の存在意義である本願念仏の教えが忘れ去られてしまうように思われます。危機的状況です。

他にも、教化組織（「同朋の会」・「講」・「婦人会」・「子ども会」・「ご命日の集い」）の組織率は減少傾向にあり、門徒の葬儀や法事などの回数も減少傾向にあります。高齢者（六五歳以上）の人口は、前々回調査時の一九九二年では約一五〇〇万人、前回調査時の二〇〇〇年では約二二〇〇万人、今回調査時の二〇一二年では約三〇〇〇万人です。二〇一四年では約三三〇〇万人です。葬儀や法事の回数は増えてしかるべきなのです。

しかしながら、二〇四〇年頃の高齢者人口約三九〇〇万人をピークにして、それ以降は高齢者人口も減少に転じ、日本は人口激減時代に突入します。さらに、「門徒の後継ぎの不定住による寺院基盤の揺らぎ」を感じておられる寺院も、前回の三二・三%から、今回は五二・一%に激増しています。八四六九カ寺の約半数の寺院が危機感を抱いておられるわけです。

宗門の財政面では、「宗派経常費」や「宗費賦課金」、「教区費」、「組費」など、いずれも門徒から集めにくくなっています。例えば、本山を支える「宗派経常費」は、前々回は五一・一％、前回は四五・〇％の寺院で「全門徒から納入」との回答があったのですが、今回は三六・四％に減少しています。つまり、住職が自ら負担し補う傾向がすべての教区で強くなっています。他の諸経費もほぼ同様です。教化活動の衰退・弱体化は避けられません。

全国三〇教区における法要・行事の参詣人の減少や教化組織の組織率の減少などの傾向は、とくに従来真宗王国と言われた富山県・石川県・福井県などの教区で顕著です。過疎化の進行の著しい北海道や東北、九州では、教化活動は相対的に衰退・弱体化の傾向がとくに強いわけではありません。

他方、宗門にとって好ましい傾向もあります。最も顕著な例は「伝道活動」です。「掲示伝道」を実施している寺院の割合は、前々回の五三・五％、前回の五九・四％から、今回は六七・七％に。「文書伝道」では、前々回の六二・六％、前回の六一・五％から、今回は八三・四％に。また、「教区の教化事業への参加」では、前回の六八・七％から、今回は七五・六％です。「組の教化事業への参加」では、前回の八五・九％から、今回は九二・一％です。厳しい状況下において、各教区や各組、各寺院においてそれなりの努力がなされています。

ところで、全国三〇教区ごとのデータ間に相関関係をみいだすことができました。大きな発見は、教化組織である「同朋の会」（門徒が定期的に法話を聞いたり、声明の練習をしたり、座談会や学習会をするもので、住職が主催する場合が多い）の教区ごとの組織率と、「法要・行事　参詣人数の推移『減った』」と回答した教区ごとの寺院の割合との間に有意な逆相関関係があることです。例外もあるのですが、「同朋の会」の組織率の高い教区ほど「参詣人数」の減少の少ない教区が多いのです。「報恩講」ではマイナス〇・五六、「永代経」ではマイナス〇・五二、「修正会」ではマイナス〇・五六の相関係数がでました。つまり、「同朋の会」は、「報恩講」や「永代経」や「修正会」などの「法要・行事の参詣人数」の減少を抑止している何らかの関係性があるということです。

「同朋の会」の活動実態は、他の教化組織に比べて「座談会」や「学習会」を実施する割合が大きいという特徴があります。教団運動論として、「座談会」や「学習会」が有力な教化活動であることは広く知られています。信者の信仰を深めさせ、信者を教団につなぎとめる効果があるからです。

同様に、「文書伝道」（本山や教区、寺院の発行している文書による伝道活動）の教区ごとの実施率と、「法要・行事　参詣人数の推移『減った』」と回答した教区ごとの寺院の割合との間にも、有意な逆相関関係があることです。例外もあるのですが、「文書伝道」の実施率の高い教区ほど「参詣人数」の減少の少ない教区が多いのです。「報恩講」ではマイナス〇・七三、「永代経」ではマイナス〇・五九、「修正会」ではマイナス〇・五八の相関係数がでました。つまり、「文書伝道」は、「報恩講」や「永代経」や「修正会」などの「法要・行事の参詣人数」の減少を抑止している何らかの関係性があるということです。「同朋の会」の組織化と「文書伝道」は宗門の寺院の生命線であるといって過言ではありません。もっとも、教化組織はあればいいというものではありません。絶えず再構築されなければ形骸化します。また、「文書伝道」は手渡しで気持ちも伝えたいものです。

相関関係は因果関係ではありません。人間のかかわる社会現象に単純な因果関係はありません。データ間の関係の程度、その方向性や傾向性を示すものです。一例を挙げると、「子ども会」の組織率の高い教区では、「正信偈のおつとめのできる門徒の割合」が高いのです。「正信偈のおつとめのできる門徒の割合」が高い教区では、「子ども会」に熱心な住職や門徒が大勢おられると考えられます。また、「子ども会」の組織率が高いということは、子どものころから「正信偈」になじんでいるとも考えられます。後者の影響が大きいとすれば、因果論的関係があるといえますが、前者の影響も無視できないでしょう。

もう一つの注目すべきことは、「過疎地域」（過疎地域自立促進特別措置法による）にある寺院の踏ん張りです。二〇一二年四月時点の「過疎地域」は、全国一七一九市区町村の三三・八%、五八一市区町村が指定されています。人口要件や財政力要件、つまり人口動態と経済指標によって指定されています。宗門の寺院が「過疎地域」にある割合は一二・〇%の一〇五四カ寺です。宗門の寺院は全国的にみて「過疎地域」に多いわけではありません。

今回の調査結果で明らかになったことは、例外もありますが、「過疎地域」にある寺院が多い教区ほど教化活動を頑張っているということです。例えば、「過疎地域」を多く含む一二教区（二二五六カ寺）と、その他一八教区（六二二三カ寺）を比較すると、教化組織の「同朋の会」の組織率では、前者は三四・三%、後者は三〇・三%です。「婦人会」の組織率では、前者は三三・二%、後者は二五・二%です。「ご命日の集い」の組織率では、前者は二〇・八%、後者は一三・〇%です。「文書伝道」の実施率では、前者は八五・六%、後者は八二・六%です。「教化費の予算化している」割合では、前者は三九・八%、後者は二二・六%です。後者のほうがよいデータもありますが、明らかに前者のほうがよいデータが多いのです。

また、転居門徒との関係では、「今までとおりの関係を維持」しているのは、「過疎地域」を多く含む教区では四二・九％、その他の教区では三八・七％です。「寺院と無縁になった」のは、前者は四一・三％、後者は四八・八％です。転居門徒に対するアフターケアは、前者の方が比較的よくできているのです。また、諸経費を全門徒が負担している割合は、前者が圧倒的に高いのです。例えば、「教区費」を全門徒で負担している割合では、前者は四五・三％、後者は三〇・八％です。

歴史的にも、経済的要因や政治的要因と、信仰共同体の強弱は直接的関係はありません。経済的要因が厳しくても信仰共同体が強く機能する場合があります。宗門の場合、経済的に厳しい「過疎地域」にある寺院のほうが、寺院や本山を支えようとする情熱は強く感じられます。過疎による危機意識が寺院と門徒の関係を強めています。危機意識の共有が宗門の再生・再興に欠かせないことがわかります。「過疎地域」では真宗の教えが疎遠なものになっているという考えがあるようですが、そうした誤解は改めねばなりません。

しかしながら、将来的には「過疎地域」にある寺院や門徒から次第に消えていくことになるでしょう。日本の総人口は、二〇六〇年には約四〇〇〇万人減の約八七〇〇万人に、二一一〇年にはさらに約四四〇〇万人減の約四三〇〇万人に、人口が急減すると予想されています（国立社会保障・人口問題研究所）。一〇〇年後に、宗門の寺院数が現在の半数以下になっていることは十分考えられます。

過疎対策はすべての教団にとって急務なのです。寺院の合併・解散・移転（都市開教）対策に着手しなければなりません。同時に都市教化の確立なしに宗門の展望は開けないでしょう。人口の約五〇％が集中する首都圏や大中京圏や近畿圏、とくに東京や名古屋や大阪の教化活動への支援は、過疎対策とともに宗門の最重要課題であると思います。経済的に余裕のあるところが余裕のないところをサポートしなければなりません。

一昨年から昨年にかけて人口の増えた都道府県は、東京都、沖縄県、埼玉県、神奈川県、愛知県、千葉県、福岡県のみです。今のままでは、大都市部に多くの拠点をもつ新宗教に転居門徒の多くが取り込まれていく可能性があります。地方から都市に移り住んだ若い家族から高齢者にいたるまで、転居者に対してとても親切なのは同じマンションや近隣に住む新宗教の中年女性であるのはよくあることです。都市部での伝道活動と同様に転居門徒のケアが非常に重要です。

では、宗門の教勢の全国的な衰退・弱体化の傾向はどうして生じたのでしょうか。原因はどこにあるのでしょうか。前回調査時の二〇〇〇年と今回調査時の二〇一二年では、少子高齢化は進行しているものの、全人口的には大きな変化はまだ生じていません。二〇〇八年をピークに人口減少が始まりましたが、全人口は前回も今回もいずれも約一億二七〇〇万人です。一言でいえば、社会の変化、とくに人々の意識の変化に寺院や本山が対応できなかったからだと思います。

一九八〇年代以降、日本の社会構造が大きく変化（高度経済成長のフォロー経済社会から、成熟した低成長のストック経済社会へ）し、豊かな消費社会・高度な情報化社会・大多数が高等教育を受ける高学歴社会の出現によって、寺院や住職の存在価値が相対的に低くなりました。かつて住職は法要や葬儀や法事をやっていれば人々のニーズに対応できたのです。門徒の身辺の万相談相手でしたから。人々は家で病気になり、亡くなり、葬儀は家や寺院で地域の人々に見守られて行われていました。人々の生き死にが身近にあって、門徒と住職の共通体験が可能でした。

ここ二〇年来、人々は病院で亡くなり、セレモニー会館で多数の葬儀が行われています。寺院が形式的な場にならざるを得ない状況です。風景としての寺院です。人々の生き死にの場が家や寺院から離れるということは、人々の生活の中で本願念仏の教えに出会う場が失われるということです。

宗門が五〇年前の「同朋会運動」（戦後の宗門の近代化運動。全門徒一人ひとりの信仰の自覚による御同朋御同行教団の確立をめざす）において、「家の宗教から個の自覚の宗教へ」を提起したことは間違っていなかったと思います。

世帯の平均人数は一九八〇年では約三・二人でした。二〇一〇年では約二・四人です。今や単独世帯は三二％を超え、夫婦と子の世帯は約二八％、夫婦のみ世帯は約二〇％です（二〇一〇年の国勢調査）。一人暮らしは今後さらに増えるでしょう。二〇、三〇年前から、個のあり方が非常に重要な社会なのです。しかし、家の宗教という集団主義から、個の自覚の宗教という個人主義への移行は容易ではありません。

国家や集団よりも、自己決定をする自由な個人に価値をみとめるのが個人主義です。その個人は無限の因果連関に生きる存在です。仏教的にいえば縁起的存在であり、他者と共に生き合う存在であり、おかげさまの存在であるという自覚のうえで自分の考え方や生き方を示すのが個人主義だと思います。家族との関係もお互いを尊重し助け合うものです。個人主義はある程度の集団主義や伝統をベースにします。家や地域社会に根をもたない個人主義は不安定な浮き草なのです。

日本社会は一九七〇年代の二度のオイルショックを技術革新や賃金抑制で乗り切り、八〇年代は円高を背景にして、輸出不振の不況を恐れたゆえの金融大緩和政策による無節操な財テクブームがバブルを惹き起こしました。バブル崩壊後、日本経済は長期の消費低迷による停滞が続く。八〇年代以降の産業構造の変化、つまり、「経済のサービス化」や「サービスの経済化」によって第三次産業従事者が約六割を占めるにいたり、サービス業は機械化が困難ゆえに経済全体の生産性は伸びず、成熟した低成長時代を招来したのです。

七〇年代や八〇年代をうまく乗り切ったがゆえに、先進国のなかではグローバル化やIT化に若干遅れをとりました。九〇年代以降は、不良債権処理に追われる一方、低賃金をもとめて国内産業が海外移転して産業の空洞化を招くわけです。非正規雇用の割合が大きくなったのもそのためです。低賃金の接客サービス業はほとんど非正規雇用です。かつての経済成長は望めない「失われた一〇年や二〇年」ですが、ストックゆえの「豊かな社会」であることに変わりありません。ただ八〇年代の現世利益的拝金主義はバブル崩壊後の今も根強く残っています。

いわゆる「豊かな社会」における宗教は、先進国においては重要とみなされない傾向があります。信仰心の国際比較では、日本はフランスやドイツやイギリスと似た状況です。宗教を重要であるとする割合や重要でないとする割合が似通っています。重視する割合が三〇から四〇%、軽視する割合は五〇%を超えます。他方、発展途上国やイスラーム圏、アメリカなどストレスの大きな国や地域では、信仰心が強くなる傾向があります。宗教を重視する割合は八〇%を大きく超えます（『世界六〇カ国価値観データブック』二〇〇〇年調査）。

日本では八〇年代以降、家や地域社会の弱体化につれて、カネとモノと情報を手に入れた人々は私事に関心を集中させてきました。いわゆる私事化です。個人主義ではなくて自己中心的な私事主義になりました。相互扶助などの煩わしいものは排除します。「豊かな社会」は「薄情な社会」を結果したといえます。他方、寺院や住職への信頼は回復していません。経済一辺倒の風潮に抗わねばなりません。経済の成長がすべてを解決するという「呪術の園」から抜け出さねばなりません。

読売新聞社の二〇〇八年の調査（宗教意識調査、五月一七・一八日）では、「自分の葬儀は形式にとらわれない無宗教の葬儀にしてほしい」と回答した人が約四〇%です。また、NHKの二〇〇九年の調査（『無縁社会』文

藝春秋　二〇一〇年一一月）では、遺体の引き取り手のない無縁死は約三万二千人でした。寺院の存在が問われています。

家の宗教から個の自覚の宗教、さらに人々の絆を育てる宗教。つまり、地域社会に支えられてきた宗門の寺院として、地域社会への貢献は十分だったのでしょうか。寺院や本山の負うべき絆コストは不十分だったのではないでしょうか。

「教勢調査」で明らかになった、宗門の衰退・弱体化をどのように受け止めるべきでしょうか。社会の変化や人々の意識の変化になぜ対応できなかったのでしょう。変化を感知するのは、日頃からの社会や人々に対する関心です。なにより自らの寺院や組や教区に対する関心です。関心はセンサーなのだと思います。

「教勢調査」の分析を本山から依頼されたとき、いただいたデータは、設問ごとに数値の高い教区順に集計されたものでした。前回や前々回の調査結果もそうした一覧を機関誌『真宗』に掲載されていました。今回の調査結果だけをみていたのでは気づかないのですが、いままで指摘されることのなかった興味深い現象を発見しました。

それは設問ごとの教区順位に大きな変化の少ないデータの多いことです。例外もあるのですが、教化活動に関する設問項目でとくに顕著です。前々回の調査は一九九二年実施、前回の調査は二〇〇〇年実施、今回の調査は二〇一二年実施ですから、二〇年間の変化がわかります。

例えば、「同朋の会」の組織率の教区順位を、ベスト①位から⑤位の五教区と、ワースト㉖位から㉚位の五教区について、今回と前回と前々回の教区順位と教区組織率を列挙します。

今回①位の高山教区（組織率六六・七％、以下同様）は、前回①位（六五・八％）、前々回②位（五七・五％）です。今回②位の鹿児島教区（六〇・六％）は、前回⑦位（四八・九％）、前々回③位（五四・三％）です。今回③位の長崎教区（五九・二％）は、前回②位（六三・三％）、前々回①位（六三・三％）です。今回④位の三重教区（五〇・九％）は、前回③位（五九・五％）、前々回④位（五一・六％）です。今回⑤位の仙台教区（五〇・〇％）は、前回④位（五五・六％）、前々回⑤位（五一・四％）です。

今回㉖位の名古屋教区（二〇・六％）は、前回㉖位（二二・九％）、前々回㉕位（一八・八％）です。今回㉗位の富山教区（一七・七％）は、前回㉘位（一九・三％）、前々回㉘位（一六・〇％）です。今回㉘位の金沢教区（一六・一％）は、前回㉗位（二〇・四％）、前々回㉗位（一六・九％）です。今回㉙位の能登教区（一三・五％）は、前回㉙位（一六・〇％）、前々回㉙位（一六・〇％）です。今回㉚位の高岡教区（一二・五％）は、前回㉚位（一四・三％）、前々回㉚位（一四・四％）です。

次に、「婦人会」について同様に列記します。今回①位の長崎教区（六九・四％）は、前回①位（八三・七％）、前々回①位（六七・三％）です。今回②位の久留米教区（六三・六％）は、前回③位（六八・九％）、前々回②位（六四・三％）です。今回③位の鹿児島教区（六一・七％）は、前回⑥位（六四・九％）、前々回④位（六〇・六％）です。今回④位の北海道教区（六〇・四％）は、前回⑤位（六五・八％）、前々回⑤位（五六・七％）です。今回⑤位の長浜教区（五六・六％）は、前回②位（六九・四％）、前々回③位（六三・二％）です。

今回㉖位の四国教区（二〇・三％）は、前回㉒位（一八・一％）、前々回㉗位（一四・二％）です。今回㉗位の金沢教区（七・三％）は、前回㉘位（一二・二％）、前々回㉓位（一八・七％）です。今回㉘位の福井教区（六・二％）は、前回㉓位（一七・一％）、前々回㉔位（一八・二％）です、今回㉙位の富山教区（四・八％）は、前回前々回㉚位（七・九％）です。

次に、「月まいり（月忌・常飯・逮夜まいりなど）」の執行率（門徒の大部分＋半分以上）の教区順位を同様に列挙します。今回①位の大阪教区（八〇・九％）は、前回①位（八九・七％）、前々回①位（八九・一％）です。今回②位の名古屋教区（七三・〇％）は、前回②位（八二・三％）、前々回③位（七七・七％）です。今回③位の金沢教区（七二・六％）は、前回③位（七七・五％）、前々回④位（七七・四％）です。今回④位の高田教区（六七・二％）は、前回⑤位（七〇・一％）、前々回⑤位（六三・六％）です。今回⑤位の北海道教区（六三・〇％）は、前回④位（七七・〇％）、前々回②位（八〇・七％）です。

今回㉖位の山形教区（九・二％）は、前回㉖位（一四・六％）、前々回㉗位（一六・七％）です。今回㉗位の小松教区（五・五％）は、前回㉓位（一八・二％）、前々回㉒位（二〇・〇％）です。今回㉘位の鹿児島教区（四・三％）は、前回㉘位（七・四％）、前々回㉘位（八・五％）です。今回㉙位の仙台教区（二・九％）は、前回㉙位（三・七％）、前々回㉚位（二・八％）です。今回㉚位の東京教区（一・二％）は、前回㉚位（三・五％）、前々回㉙位（五・七％）です。

次に、「正信偈のおつとめのできる門徒の割合」が半分以上おられる寺院の割合の教区順位を同様に列挙します。今回①位の長浜教区（九八・二％）は、前回①位（九八・四％）、前々回①位（九八・二％）です。今回②位の大垣教区（九五・〇％）は、前回②位（九五・九％）、前々回②位（九六・〇）です。今回③位の高山教区（九一・四％）は、前回③位（九二・四％）、前々回③位（九一・二％）です。今回④位の三重教区（八七・五％）は、前回④位（八八・四％）、前々回④位（八七・一％）です。今回⑤位の岐阜教区（八四・九％）は、前回⑤位

（八四・九％）、前々回⑤位（八五・二％）です。

今回㉖位の仙台教区（三四・七％）は、前回㉗位（三四・三％）、前々回㉘位（三二・七％）です。今回㉗位の三条教区（三二・〇％）は、前回㉔位（三九・九％）、前々回㉔位（三八・三％）です。今回㉘位の鹿児島教区（二七・七％）は、前回㉙位（二三・四％）、前々回㉗位（三二・九％）です。今回㉙位の奥羽教区（二四・八％）は、前回㉘位（二四・〇％）、前々回㉚位（一八・五％）です。今回㉚位の東京教区（一七・三％）は、前回㉚位（一九・一％）、前々回㉙位（二〇・八％）です。


「同朋の会」と「婦人会」の教化組織については、本山の宗務所や教区の教務所も組織率の向上には力を入れてきたところです。しかし、列挙したように二〇年間の組織率の教区順位に大きな変化はありませんでした。とくに、①位から⑤位のベスト五教区と㉖位から㉚位のワースト五教区にそうした傾向が強く表われています。また、列挙はしませんでしたが、①位から⑩位の上位グループと、㉑位から㉚位の下位グループでの変化をみると九割がたの教区が二〇年間同一グループです。⑪位から⑳位の中位グループでは八割がたの教区が二〇年間同一グループです。他の教化組織である「講」や「子ども会」や「命日の集い」においても同様です。

また、「月まいり」の執行率の教区順位ではその傾向は著しく、上位グループと中位グループで九割がたの教区が二〇年間同一グループです。下位グループでは二〇年間一〇教区に変化はありません。「月まいり」という仏事では、伝統的慣行ともいうべき性格から歴史的地域性が強く残っていることがわかります。

ところで、宗門では二〇一一年の「親鸞聖人七五〇回御遠忌」を迎えるにあたって、「正信偈」のおつとめのできる門徒を一人でも多くしようと数年前から宗門挙げて運動を行ってきました。しかし、「正信偈のおつとめのできる門徒の割合」の調査結果には、「月まいり」と同様に二〇年間の教区順位に大きな変化はありませんでした。伝統的に根強い慣行的な「月まいり」のみならず、宗門挙げての運動においても二〇年間の教区順位にあまり影響しなかったということです。

今回の二〇一二年の「教勢調査」と同時に実施された「門徒戸数調査」の結果とを考え合わせると、教区の地理的広さや寺院数や一カ寺あたりの平均門徒戸数と、先に挙げた教化組織率の教区順位や「月まいり」、「正信偈のおつとめのできる門徒の割合」などの教区順位との間に有意な相関関係はありませんでした。教化活動や法要・行事に熱心な住職や門徒が多くおられる教区や組は、二〇年間そうした伝統は弱体化しながらも受け継がれています。反対もしかりです。宗門の保守的体質が如実に表れています。

他のデータにも同様の傾向が多くみられました。それは自分の教区が全体の中でどのような状態にあるのか、課題は何なのかの関心も自覚もなく、従来のあり方を踏襲してきたからでしょう。前回も前々回も機関誌『真宗』に教区順位のデータは掲載されていました。しかし、施策に反映されることもなかったようです。自分の教区や組について、現状を自覚し、他と比較し、望ましい教区や組があれば競い合うことが求められます。自覚、比較、競争のない組織に発展はありえないでしょう。

そもそも、真宗大谷派における同朋会運動の発足には新宗教に対する危機感もあり、負けてはいられないという強い競争心があったと思います。宗教教団にかぎらず、組織を形成しているのは組織目的を実現するためです。宗門の組織目的は本願念仏の教えを多くの人々に広めることです。強力なカリスマ的リーダーが望めないのなら、カリスマ的リーダーは必ずしも必要ではありませんが、目的合理的な競争心のある組織力を生かさねばなりません。競争心のある組織の第一歩は自らの弱点や課題を自覚することです。それを共有することです。その上での自己肯定です。

二〇一三年から一四年にかけて、全国三〇教区で実施された「教勢調査」の「報告学習会」では、筆者が調査の分析結果を報告しました。そこでの質疑応答の意見に、数値による評価と競争を強調することに対する抵抗感の表明が参加者の住職からありました。「数値にこだわるのはいかがなものか」、「調査結果の数値は全く一面的だ」、「宗門に競争という概念が受け入れられるのか」、「宗門に競争はなじまない」という疑念です。筆者はそこに宗門の衰退・弱体化の原因のひとつをみます。

三〇教区すべてが右肩下がりの教勢を示していることから、自他への無関心、あるいは評価や競争を嫌う感情の根深さを感じます。数値は一面的ですが、手掛かりを与えてくれます。長所や欠点、課題をみつけやすくしてくれます。評価がなければ質は必ず低下します。教育で試験を多用するのはレベルの維持や向上に欠かせないからです。ライバルを倒す競争ではなく、ライバルと競い合う競争です。

競争という言葉に対する嫌悪感のようなものは、多分に弱肉強食の市場原理のイメージからくるのでしょう。互いに切磋琢磨する競争は避けてはなりません。宗門が宗教教団という組織として存在している限り、宗門の内外での競争は避けられません。競争はライバルへの配慮を惹き起こし、ときには弱者切り捨てを防ぐための切磋琢磨であり助け合いでもあります。無関心こそが自他を貶めることになります。

教義・教学と組織論を明確に区別することは非常に難しいことではあります。宗門内では教義・教学について実に多くの学習機会があります。しかしながら、宗教教団としての組織論を議論し合って改革してきたということは寡聞にして知りません。そこに宗門の組織の脆弱性を感じます。スピード感のある運動を持続的に展開して着実に成果を上げていくことができる体制になっているのでしょうか。

「教勢調査」の結果を踏まえて、筆者は教化活動の方法や今後の寺院のあり方については次のように考えます。教化活動には、「信心とテクニック」が必要だと思います。信心が問われることはいうまでもないでしょう。テクニックとは、「いる、聞く、手伝う、話す、説く（問う）」です。つまり、日頃のコミュニケーションです。門徒と顔を合わせ、話を聞き、困っていたら手助けをする。広い意味の社会貢献です。とくに、住職に求められるのは門徒の他愛ない話を聞く能力だと思います。日々門徒の気持ちを感知し、信頼を得て初めて住職も話ができるでしょう。それを活性化させるのは住職の魅力です。

社会学者のG・ジンメルが、「多集団の交錯による個性の発達」を論じています。多くの集団に所属すれば、いろんな文化や人々に接して自然と個性が発達するというのです。自分のいろんな可能性に目覚めることができるというのです。住職や坊守や寺族は寺院から出て、寺院の組織やネットワークと地域社会の組織やネットワークのつなぎ役になる。そこでの人々との交流によって、寺院の人間の魅力が生まれてくるでしょう。新しい門徒を得るために地域の人々に関わるのではなく、寺院の人間が地域社会のなかで存在できているか否かが問題です。そして多くの友や仲間をつくることがこれからの寺院の生きる道だと思います。

寺院には学校と役所と企業の三側面があります。住職は学校の先生であり役所の職員であり企業人なのです。知識・教養を与えて人格の形成を促す。教えを説いて人の誕生を望む。生活に必要なサービスを提供する。社会貢献を心がける。経営を成り立たせる。救済財（宗教社会学用語）によって布施を頂く。救済財とは仏事全般において門徒の精神生活に資するものです。住職には三側面の見識とバランス感覚が求められます。

寺院についていえることは本山や別院・教務所においても同様です。「いる、聞く、手伝う」は住職が社会や人々の現状を感知するチャンスです。本山や別院・教務所のセンサーの感度が問われます。競争心のある組織力を発揮しているのでしょうか。本山のリーダーシップもさることながら、全国の寺院の住職の一人一人が宗門を支えているという意識を持っていなければなりません。本山や別院、教務所への要望もさることながら、自らできることにチャレンジしていただきたく思います。

Ⅱ　戦後七〇年と政治・社会・歴史

戦後七〇年に問われる国家の道義性
――「千百年の後に成就するの鴻基を開くは」――

眞田芳憲

一　戦後七〇年は戦前七七年から始まる

「千百年の後に成就するの鴻基を開くは」

副題の「千百年の後に成就するの鴻基を開くは」は、日清戦争（明治二七〔一八九四〕年―明治二八〔一八九五〕年）の宣戦布告の後、平壌の戦いや黄海の海戦等での戦いで日本中が勝利に酔い痴れ、戦勝の利得に夢中になっていた明治二七年一〇月、元軍人荒尾精（安政六〔一八五九〕年―明治二九〔一八九六〕年）の憂国警世の言葉である。荒尾精の経歴や人柄については後述に譲る。荒尾は、清国に対する勝利を奇貨として領土割譲や過大な賠償の損得を要求するの愚を犯してはならないと説いた『対清意見』の叙論の末尾に次のように論じている。

「東洋の衰運は我を駆ってこの義戦を起さしめ、アジアの頽勢は我を迎えてこれが興復を図らしむ。誠に天の我が国を命ずるゆえのもの、偶然ならざることを知らば、我が国民たるものはすべからく奮起してこの任務を完うするゆえのものを講究せざるべからず。しかして我が国民が従来東方各国、なかんずく東亜の運命を将来に決すべき西隣の大陸たる清国の現勢に通ぜざるは、実に其一大欠点なりとす。然らば先ずこの一大欠点を補うて我が国が将来如何にして清国に対すべきかを講究し、進んでアジアの各国を既に亡ぶるに興して欧亜の趨勢を一変するの大策を樹て、和するもまたこれに依り、戦うもまたこれに依り、経論施設総てこの大策に本づいて、以てこれを千百年の後に成就するの鴻基を開くは、豈に我が帝国国民が今日に当りて已むべからざるの任務にあらずや。[1]」（傍点筆者）

荒尾精の愛国の誠心は、東洋の一角にあって東洋の平和のためにも世界の平和のためにも、日本は道義国家として、西欧帝国主義の軍事力による覇権主義に対し異議を申立て、勝とうが負けようが、戦時であれ平和時であれ、道義国家として「千百年の後に成就すべき国家の大根本策」を策定することにあった。しかし、日本は荒尾の説く「已むべからざるの任務」を善しとせず、朝鮮や中国等の近隣諸国をはじめアジアの地で西欧列強以上の利権争奪を縦にし、覇権主義に突き進み、昭和二〇（一九四五）年の敗戦を迎えることになる。

戦後七〇年を語ることは、明治維新以降、太平洋戦争の敗戦にいたる七七年を語ることでもある。それはまた、戦後七〇年を迎え、荒尾精が問うた「これを千百年の後に成就するの鴻基を開くは、豈に我が帝国国民が今日に当りて已むべからざるの任務にあらずや」という問責の厳辞を三思三省し、彼の問いに対しいかなる言責を負うかということでもある。

「千百年の後に成就するの鴻基」としての日本国憲法

昭和二〇（一九四五）年八月一四日、日本国政府は御前会議で国体護持（天皇制の維持）を条件として「ポツダム宣言」（一九四五年七月二六日）の受諾を決定し、連合国側に対し直ちにこれを受諾する旨の通告を行なった。この通告を宣布した昭和天皇の「臣民ニ告ク」は、次の言葉で結ばれている。

「朕ハ茲ニ國體ヲ護持シ得テ忠良ナル爾臣民ノ赤誠ニ信倚シ常ニ爾臣民ト共ニ在リ若シ夫レ情ノ激スル所濫ニ事端ヲ滋クし或ハ同胞排擠互ニ時局ヲ亂リ爲ニ大道ヲ誤リ信義ヲ世界ニ失フカ如キハ朕最モ之ヲ戒ム宜シク擧國一家子孫相傳ヘ確ク神州ノ不滅ヲ信シ任重クシテ道遠キヲ念ヒ總力ヲ將來ノ建設ニ傾ケ道義ヲ篤クし志操ヲ鞏クシ誓テ國體ノ精華ヲ發揚シ世界ノ進運ニ後レサラムコトヲ期スヘシ爾臣民其レ克ク朕カ意ヲ體セヨ」（傍点筆者）

そして、翌八月一五日、天皇はいわゆる「玉音放送」で終戦を国民に宣布したのであった。戦後の日本は、一九四五年八月一四日、「ポツダム宣言」を受諾し、平和への道を歩むことになった。[2]「ポツダム宣言」では、日本の戦争についての認識が、二つの項目の中で明定されている。

一つは、第六項で「吾等ハ無責任ナル軍国主義カ世界ヨリ駆逐セラルルニ至ル迄ハ平和、安全及正義ノ新秩序カ生シ得サルコトヲ主張スルモノナルヲ以テ日本国国民ヲ欺瞞シ之ヲシテ世界征服ノ挙ニ出ツルノ過誤ヲ犯サシメタル者ノ権力及勢力ハ永久ニ除去セラレサルヘカラス」と規定していることである。

いま一つは、第八項で『「カイロ」宣言ノ条項ハ履行セラルヘク又日本国ノ主権ハ本州、北海道、九州及四国並ニ吾等ノ決定スル諸小島ニ局限セラルヘシ」と規定していることである。

一九四三年一一月調印、一二月一日に発表された「カイロ宣言」は、連合国の領土不拡大原則を確認し、日本が暴力や貪欲により略取した地域の返還について次のように定めている。

「三大同盟国ハ日本国ノ侵略ヲ制止シ且之ヲ罰スル為今次ノ戦争ヲ為シツツアルモノナリ右同盟国ハ自国ノ為ニ何等ノ利益ヲモ欲求スルモノニ非ス又領土拡張ノ何等ノ念ヲモ有スルモノに非ス」

「日本国ハ又暴力及貪慾ニ依リ日本国ノ略取シタル他ノ一切ノ地域ヨリ駆逐セラルヘシ」

日本が「ポツダム宣言」の受諾に合意したことは、他律的・強要的であったにせよ、日本国政府自らが太平洋戦争＝大東亜戦争を「世界征服」の戦争、「侵略」の戦争であったことを認めたものであり、この合意は国際法上、条約として有効性を有するものであった。それ故に、新生日本の国家統治の基本体制を定めた「日本国憲法」はその前文において次のように明定したのである。ここでは後半の部分のみを掲げるにとどめる。

「日本国民は、恒久の平和を念願し、人間相互の関係を支配する崇高な理想を深く自覚するのであって、平和を愛する諸国民の公正と信義に信頼して、われらの安全と生存を保持しようと決意した。われらは、平和を維持し、専制と隷従、圧迫と偏狭を地上から永遠に除去しようと努めてゐる国際社会において、名誉ある地位を占めたいと思ふ。（中略）われらは、いづれの国家も、自国のことのみに専念して他国を無視してはならないのであって、政治道徳の法則は、普遍的なものであり、この法則に従ふことは、自国の主権を維持し、他国と対等関係に立たうとする各国の責務であると信ずる。

日本国民は、国家の名誉にかけ、全力をあげてこの崇高な理想と目的を達成することを誓ふ。」（傍点筆者）

この前文は、平和こそが「人間相互の関係を支配する崇高な理想」であること、平和は「諸国民の公正と信義の信頼」にあること、自国の安全と他国との安全とが相互依存の関係にあるものであってみれば、「いずれの国家も自己のことのみに専念して他国を無視してはならない」こと——これこそが普遍的政治道徳の法則であると謳い上げている。まさしくこれこそが、戦後の新生日本の「経綸施設総てこの大策に本づいて、以てこれを千百年の後に成就するの鴻基を開く」ものであって、戦後の日本人は「今日に当りて已むべからざるの任務にあらずや」と、その責務を自覚したのではないのか。

「安全保障関連法案」は「千百年の後に成就するの鴻基を開く」ものとなり得るのか

しかし、安倍晋三政権は昨年七月、従来の憲法解釈を変更して集団的自衛権行使を容認する閣議決定を断行した。これまで禁じられてきた海外における武力行使を可能とする一連の法案が、現在、国会で審議中の「安全保障関連法案」である。日本は、戦後七〇年にわたり「戦争をしない国」であり続けてきたが、法案が成立すれば、その姿を大きく変えることになる。

この「安全保障関連法案」は、はたして今後の日本の「千百年の後に成就するの鴻基を開く」ものとなり得るのか。むしろ逆に日本は、戦前七七年の歴史の悲惨に懲りずに、しかも憲法改正なしに「戦争しない国」から「戦争できる国」に変身して、「海外で戦争する国」としての道を再び歩もうとしているのではないのか。

国会での法案審議を見ていると、「平和」という言葉があまりにも安易に濫用され、「平和の女神」も苦笑するどころか、慨嘆しているのではないのか。積極的平和主義の実現を名目とする集団的自衛権の行使とは、自衛権という名の下での戦闘行使を前提とする積極的平和主義であって、ここでいう「積極的」とは平和のためなら戦闘という武力行使を積極的に遂行するということになる。換言すれば、自国の自衛という名目の下で海外で、東北アジア地域だけでなく全地球的規模で同盟国の後方支援を理由とする武力行使が可能となるということであって、これこそ戦前において国の存立を守ることを目的とする国際法上の「自存権[3]」という名の下で「満蒙は日本の生命線」「自存自衛のための戦い」をスローガンとして中国をはじめ東南アジアに領土拡大を正当化していった歴史の悪夢を想起させるものである。

戦争と平和の人類史の中で人類が作り上げた平和実現の方法は、①戦争という武力による平和実現、②同盟による平和実現、③条約締結による平和実現、④常設の国際機関による平和実現、⑤国境を越えた草の根運動による平和実現を挙げることができよう。前四者は、国家の利害や打算、さらには国際社会における少数の超大国の利益とそのための世界戦略の思惑の上に樹立されるものであって、真の平和実現は期待できないものである[4]。特に、世界の人類史において①の戦争という武力による平和実現の道は決して永続する平和の達成にいたらないことは、万人の熟知するところであるはずである。

さらにまた、例えば「安全保障関連法案」において自衛隊の派遣・出動命令の前提となる日本の安全に影響のある「事態」の一つを見ても、その基準は曖昧模糊として「言葉はあっても、意味は定かでない」状態にある。毎日新聞（二〇一五年六月二日）社説の論説に基づいてこれを見てみよう。

「安全保障関連法案」において日本の安全に対する危険度が高い順から見ると、①武力攻撃発生事態 ②武力攻撃切迫事態 ③武力攻撃予測事態 ④存立危機事態 ⑤重要影響事態 ⑥国際平和共同対処事態等となる。①から⑥にいたる「事態」を線引きする基準はどうなっているのか。

例えば、②武力攻撃切迫事態と④存立危機事態の違いは何か。武力攻撃切迫事態とは、日本への武力攻撃が発生する「明白な危険」が切迫している事態をいうが、この場合自衛隊は武力行使はできない。④存立危機事態は、日本の存立が脅かされ、国民の権利が覆される「明白な危険」がある事態をいい、この場合は自衛隊は武力行使ができる。同じ「明白な危険」であるのに、一方は武力行使ができ、もう一方はできない。二つの事態の「明白な危険」は何が違うのか。「明白な危険」の線引きの基準が客観的にルール化されず、為政者の恣意的解釈に委ねられるとなれば、国民にとってこれこそ由々しき「明白な危険」はないと言わざるを得ない。

さらにまた、④存立危機事態と⑤重要影響事態の違いも曖昧なままにある。重要影響事態は、日本の平和と安全に重要な影響を与える事態で、自衛隊が米軍等他国軍に補給や輸送等の後方支援ができる。中谷元防衛相は、存立危機事態は重要影響事態に含まれるという趣旨の答弁をし、他方、岸田文雄外相は、経済的影響だけで軍事的波及がない場合には重要影響事態にならないとの見解をいったんは示しながら、その後、軍事的観点を含めて「総合的に判断する」と答弁を変えた。両者の関係は、政府内でも必ずしも整理、調整が行なわれていない。

重要影響事態と国際平和共同対処事態の違いも不明確だ。中谷元防衛相は、国会審議の場で、重要影響事態にあたる例として、インド洋で自衛隊が行なった米軍等への給油支援を挙げた。政府は、このケースは、国際社会の安全のために多国籍軍等へ後方支援ができる国際平和共同対処事態の例として説明してきたものである。

政府の解釈次第で、重要影響事態となり、時には国際平和共同対処事態にもなる。まことに融通無碍の御都合主義としか言いようがない。

「安全保障関連法案」の国会審議を見ていると、ただただ「言葉の魔術」に眩惑され、あらためて国会は、首相や閣僚をはじめとして、国会議員そして官僚のすべてではないにしても、「言葉の魔術師」、もっと率直に野卑な用語を使えば、「言葉のぺてん師」の殿堂と化そうとしているのではないのか。私たち国民は、狂言の言い回しを使えば「騙されまいぞ、騙されまいぞ」と常に頬を抓ることを忘れず、国会審議の推移を見守っていなければならない。

歴史に学ぶ――歴史とは現在と過去の対話である

今日、国の安全保障に直面して私たちに問われているのは、「安全保障関連法案」の法解釈論的技術論ではない。もとより法解釈論的問題の解明の重要性は否定できないことは言うまでもない。しかし、最も根本的課題は「千百年の後に成就するの鴻基を開く」礎としての日本の安全保障とは何か――他国との信頼醸成に基づく専守防衛を定めた現行憲法の道を歩み続けることか、それとも海外での武力行使の制限を解除して「仮想敵国」を想定してでの集団的自衛権行使の道を歩むことか。

どちらの道を選択するか。私たちは、富国強兵による軍事大国を志向した戦前の日本の七七年の歩み、特に大東亜戦争＝太平洋戦争の敗戦を日清戦争・日露戦争からすでに予告、予言し、世人に対し警虞の喚起に努めていた先人たちの思想や努力、そして失敗の経緯を学ぶことが現在に生きる者にとって極めて重要であり、それこそまさしく「豈に我が帝国国民が今日に当りて已むべからざるの任務にあらずや」と言うべきものであろう。未来は、現在、今、ここに生きている者が現在と過去との対話を行なうことによってはじめてその展望が切り開かれるのである。

二　日清戦争と荒尾精の憂国の警鐘

日清戦争の勃発

一九世紀に入って以来、朝鮮国内では人々の生活を顧みない暴政が続き、人々は生活苦に喘ぎ、あまつさえ外国勢力の侵攻によって朝鮮社会には不安が広がっていた。特に日本との関係について見れば、一八七五（明治八）年、武力によって朝鮮の開国を迫った江華島事件を契機として、翌一八七六（明治九）年に締結された「日朝修好条規」によって朝鮮は「自主の邦」であり、「日本国と平等の権利を併有する」ものとされ、清国の宗主権は否認され、朝鮮を独立国として認められることになった。しかし、この条約は武力を背景にして強要された不平等条約であって、釜山等三港の開港、開港場における日本側の治外法権と輸出入税不課および日本紙幣の使用等を内容とするものであった。日本は、かつて幕末に西洋列強と締結せざるを得なかった不平等条約を、向後は朝鮮に強要することになるのである。

一八九四（明治二七）年、欧米・清・日本の侵略と朝鮮王朝の圧政下で社会不安と生活苦に喘ぐ民衆の間に急速に広まった「東学」の信徒を中心とする農民反乱が全羅道で蜂起した。「甲午農民戦争」と呼ばれるものがこれである。朝鮮王朝がこの反乱を抑圧するため清軍の出兵を要請すると、七月二三日、日本も居住民の保護を口実に出兵し、景福宮を占領、その二日後、忠清道牙山湾に停泊していた清の艦隊に砲撃を加えた。ここに日清戦争の勃発となった。(5) しかし、明治天皇の宣戦布告の詔勅は八月一日であった。この詔勅の枢要部分を掲げておこう。

「惟フニ朕カ即位以来茲ニ二十有餘年文明ノ化を平和ノ治ニ求メ事ヲ外國ニ構フルノ極メテ不可ナルヲ信シ有司ヲシテ常ニ友邦ノ誼ヲ篤クスルニ努力セシメ（中略）朝鮮ハ帝國カ其ノ始ニ啓誘シテ列國ノ伍伴ニ就カシメタル獨立ノ一國タリ而シテ清國ハ毎ニ自ラ朝鮮ヲ以テ屬邦ト稱シ陰ニ陽ニ其ノ内政ニ干渉シ其ノ内亂アルニ於テ口ヲ屬邦ノ拯難ニ籍キ兵ヲ朝鮮ニ出シタリ（中略）帝國ハ是ニ於テ朝鮮ニ勧ムルニ其ノ秕政ヲ釐革シ内ハ治安ノ基ヲ堅クし外ハ獨立國ノ權義ヲ全クセムコトヲ以テシタルニ朝鮮ハ既ニ之ヲ肯諾シタルモ清國ハ終始陰ニ居テ百方其ノ目的ヲ妨碍シ剰ヘ辭ヲ左右ニ托シ時機ヲ緩ニシ以テ其ノ水陸ノ兵備ヲ整ヘ一旦成ルヲ告クルヤ直ニ其ノ力ヲ以テ其ノ欲望ヲ達セムトシ更ニ大兵ヲ韓土ニ派シ我艦ヲ韓海ニ要撃シ殆ト亡狀ヲ極メタリ則チ清國ノ計圖タル明ニ朝鮮國治安ノ責ヲシテ歸スル所アラサシメ帝國カ率先シテ之ヲ諸獨立國ノ列ニ伍セシメタル朝鮮ノ地位ハ之ヲ表示スルノ條約ト共ニ之ヲ蒙晦ニ付シ以テ帝國ノ權利利益ヲ損傷シ以テ東洋ノ平和ヲシテ永ク擔保ナカラシムルニ存スルヤ疑フヘカラス」（傍点筆者）

開戦以来、日本軍は平壌での戦闘や黄海の海戦で清軍を敗北させ、やがて戦線は中国大陸へと移動し、遼東半島の大連、旅順を占領した。日本に連敗した清は講和を求め、一八九五（明治二八）年四月一七日、下関で「日清講和条約」が調印された。

荒尾精と日清戦争の戦勝賠償に見る日本国家の道義性

(1) 荒尾精の人物像

日清戦争の開戦前の日本の世論は、朝鮮の独立を助け、清国の迷妄を開けというものであった。しかし、いざ戦争が始まり、戦局が有利に展開し始めると、世論の流れは一変して、戦勝に驕り高ぶり、目前の利欲追及に流れ、過大な賠償要求を叫び続けるようになった。こうした世論に抗して、開戦の目的は何であったのか、朝鮮の独立を全うし、清国の干渉を排除して、もって東洋の平和を強固にすることではなかったのか、領土拡大と権益・利権を競い合う西欧列強のパワー・ポリティクスに追従せず、東洋の一角に真の道義国家、真の文明国家をつくりあげることではなかったのかと、上は明治天皇や政府要路をはじめ、広く一般日本人に開戦の大義を想起するよう訴え続けたのが、荒尾精であった。

荒尾精(安政六年~明治二九年)[6]は、名古屋の人、陸軍士官学校を卒業して歩兵少尉に任官、熊本で連隊勤務の後、参謀本部支那部附に転任、清国への関心を強める中で実地調査のため渡清、帰国後参謀本部に復帰、後に軍籍を離れ、上海に「日清貿易研究所(東亜同文書院の前身)を設立し、アジアの実勢を説き、日清貿易振興の急務を説き、これに従事する人材の教育育成の必要を論じ、朝野の要人の賛同を得て精力的に全国遊説を行ない、各地で大変な歓迎を受けたとのことであった。明治二八年一〇月三〇日、南清歴訪中に立ち寄った台湾の地で黒死病(ペスト)で客死した。享年三八歳。「ああ、東洋が……」が、今際の言葉であったという。

(2) 荒尾精の『対清意見』と朝鮮の独立および東洋の平和こそが日本国の百年の長計とするの思想

荒尾精が『対清意見』を公刊したのは、明治二七年一〇月一〇日、その原稿に着手したのは、日本国中が日清戦争の相次ぐ勝利に沸き上がっていた時であった。荒尾がここで訴えたかったことは、「東洋の衰運は我を駆ってこの義戦を起さしめ、アジアの頽勢は我を迎えてこれが興復を図らしむ。……以てこれを千百年の後に成就するの鴻基を開くは、豈に我が帝国国民が今日に当りて已むべからざるの任務にあらずや」という、本稿冒頭に掲げた一文に尽きる。

この戦いで日本の勝利を確信していた荒尾精は、さらに清朝の政治と政治家、軍事、財政、教育、国民性等々の実情を詳細に論じ、対清問題の天意に順う解決こそが日本国の百年の長計であると主張するのである。すなわち「去れば朝鮮の貧弱は、たとい朝鮮の為にこれを憂えざるも、深く我が国の為に憂えざるべからず。清国の老朽は、たとい清国の為にこれを悲しまざるも、痛く我が国の為に悲しまざるべからず。いやしくも我が国をして綱紀内に張り威信外に加わり、宇内万邦をして永く皇祖皇宗の懿徳《いとく》を瞻仰《せんこう》をせしめんと欲せば、先ずこの貧弱なるものを救い、この老朽なるものを扶け、三国鼎峙し、輔車相依り、進んで東亜の衰運を挽回してその声勢を恢弘し、西欧の虎狼を膺懲してその覬覦《きゆ》（身分不相応なことをうかがい望む）を杜絶するより急要なるはなし。これ誠に国家百年の長計にして、又目下一日も忽諸に附すべからざるの急務なり。[7]」

そして、結論として講和を盟約する上で欠くべからざる三大要件を提唱する。

「第一　朝鮮の独立を安全にし東洋の平和を鞏固にするが為、清国をして盟約せしめたる条款履行の担保として我が国は渤海に於ける最要の某軍港を預り置くべし。

第二　東洋の平和を維持する為に、我が国は媾和の成ると同時に、清国政府と協議の上、適当の方法に由り、清国の鄙都人民一般に我が宣戦の大旨を説明し、これをして遍く我が国の真意を領会せしむべし。
第三　日清両国の福利を増進し東洋の平和と興隆とを期する為に、従来通商上我が国が受けたる不便不利を一掃し、欧米各国に比して更に優等親切なる通商条約を訂結すべし。(8)」

第一の要件は、開戦の目的を忘れず、国際公約として遵守することである。第二の要件は、戦争の大義と日本国の真意の理解の教化に努め、仇讐怨恨の念を戦後に留めず、両国民の融合一致を期することである。第三の要件は、清国との間で制限されていた経済上の不利益を西欧列強並みの最恵国待遇を受けるものとし、日清間の通商易を盛んにし、両国の福利の増進を図ることである。

その上、荒尾は次のように述べている。「万一にもこの条件中一を闕《か》かんか、余は窃《ひそか》に宣戦の本旨貫かず戦勝の効果収まらずして遂に或は驚くべく畏るべきの禍根を他日に貽《のこ》さんことを恐る(9)」と。荒尾精のこの危惧は、その後、日露戦争、日中戦争、太平洋戦争そして敗戦という一連の悲惨な禍機として現実化するにいたることは、歴史の証明するところとなった。

(3)　荒尾精の『対清弁妄』と賠償要求の非道義性

荒尾精の主張は、世に受け入れられるどころか、強烈な非難反論を浴せられることになる。当時の国内世論は、先にも言及したが、陸奥宗光外相の『蹇蹇《けんけん》録』が最もよくこれを伝えている。

「顧て我国内の形勢如何と云へば平壌（八月一六日）、黄海戦勝（九月一七日）以前に於て窃に結局の勝敗を苦慮したる国民が今は早や将来の勝利に対し一点の疑だも容れず余す所は我旭日軍旗が何時を以て北京城門を進入すべきやとの問題のみ是に於て乎一般の気象は壮心快意に狂躍し驕肆高慢に流れ国民到る処喊声凱歌の場裡に乱酔したる如く将来の欲望日々に増長し全国民衆を挙げ『クリミヤ』戦争以前に英国人が綽号せる『ジンゴイズム』の団体の如く唯是れ進戦せよと云ふ声の外は何人の耳にも入らず此間若し深慮遠謀の人あり妥当中庸の説を唱ふれば恰も卑怯未練毫も愛国心なき徒と目せられ殆ど社会に歯せられず空しく声を飲むで蟄息閉居するの外なきの勢を為せり。（後略）[10]」（傍点筆者）

しかし、荒尾精は毅然として、先の『対清意見』の非難反論に対し、領土の割譲や多額の賠償金の要求がいかに謬妄であるかを重ねて論難し、その非を正すため、明治二八年三月一五日『対清弁妄』を世に問うた。「日清講和条約」調印のほぼ一か月前のことである。

彼は、領土割譲を求める謬妄の論者に対し縷々反論し、結論として次のように論じている。

「我が国は天地の公道に基いて清国の罪を問うなり。朝鮮を扶植し東亜を安撫して天職を行うなり。然るに泰西人はややもすれば自家の邪慾野心に照準して我の本旨を誣いんとせり。この時に当り、領土割譲の説、我が国民の間に喧伝するに至らん乎。則ちたとい当局者はこれを実地に施さざるべきも、彼等の取りて辞柄と為し、誣いて真意と為し、言論に行為に、我の進路を妨げ我の施設を害する、必ず前日に幾倍する者あらん。且つそれ国家重大の事は、国民の全力を集め全心を合してこれを行うに非ざれば、所詮完全の成功を期すべからず。いわゆる国民の覚悟は実にこれに在り。今や領土割譲の事、未だ成否利害の何如《(ママ)》を究めずして、徒に壮快の言を放つは、独り議論者の恥辱たるのみならず、そもそも又国家の憂なり」(11)（傍点荒尾）

ついで、巨額賠償金を求めるの論者の謬妄を峻烈に論難する。

「清の財政振わざるや久しく、清の国庫に余帑なきや明かなり。現に戦局未だ終らざるの今日に於てすら、既にすでに兵丁糧餉の資給に窘縮《きんしゅく》し、或は万寿節の資金を転用し、或は外債の募集に奔走し、その他百方窮策を回らし、なお得る能わずして、兵丁の怨望を招き傭募の困難を極むるは、世人の洽《あまね》く知る所なり。すでに然らば我が国が実地受くる所の損害は仮に三億もしくは五億に至るべしと想定するも、彼清国は果して能く三億五億を弁ずるの力ある乎。なんぞ朝鮮償金の成蹟を追思せざる。けだし当時我朝鮮に求めたるは、四十余万に過ぎず。この少額は殆ど実地の損害を償うに足らざりし。然るに国帑窮乏の朝鮮は、辛うじてその幾分を償いしに止まり、爾後年々期を愆《あや》まり、遂に我が国をして免除の已《や》むを得ざるに至らしめたるに非ずや。今清国が三、五億の支出に困《くる》しむは、前に朝鮮が四、五十万に困しめるより甚し。我が国は、将に奈何《いかに》してこれを徴求せんとするや、戦勝の気炎未だ熄まざるに及んで、一時に峻求厳督すべき乎。国庫窮涸して復《ま》た釐毫《りごう》も余さざるを奈何せん。或は分年攤還《たんかん》の約を定めて漸次に徴収すべき乎。恰も朝鮮償金の最後と同じく有名無実に終るを奈何せん。単に有名無実に終るのみなればなお可なり。空しく過当要求の汚名を蒙り、近くは清国朝野の憤怨を買い、遠くは泰西干渉の辞柄を作るを奈何せん。（中略）これに由りこれを観れば今清朝に向って巨額の償金を求め、又随って峻求厳責するは、これ金融閎迫の窮人を推して資産盪燼の苦境に陥るるなり。貪婪なる諸強国を導きて禹域分食の素志を間接に行わしむるなり。[12]」（傍点荒尾）

そして、彼は次のように結んでいる。

「余は彼国内外の実情を按じて窃に算画する所ありしに、もし我が国の求むる所、実地の損害補償に止まるとせん乎、（中略）もしそれ我が国の求むる所は議者の言の如く始めより実地の損害に超えたるか、又はその金額は三億乃至五億の大額に達せん乎、則ち徒に有名無実の要求を以て清国朝野の怨恨を買うか、又は欧洲諸国の野心を長じて禹域分食の一変態を誘致するの外なきなり。[13]」（傍点荒尾）

三　荒尾精の説く道義国家としての「皇国」の道

荒尾精の憂憤と慨嘆

戦勝に驕り酔い痴れる日本人が「権謀術数」「弱肉強食」を縦にし、「虎呑狼食」の如くアジアを食い散らかしてきた西洋人を範としてその驥尾に近づかんとするが如きは、荒尾精の断じて容認し得るものでなく、むしろ彼の憂憤はとどまることを知らない。彼は『対清弁妄』の「序」で次のような慨嘆の辞で筆を起している。

「皇道の海外に行われざるや尚し。所謂雄邦強国は営々汲々として、唯権謀術数是れ闘い、唯呑噬《どんぜい》攘奪是れ事とす。宇内を挙げて弱肉強食の野と為し、民衆を駆りて狐狸豺狼の群と為す。而して揚々として一世を呼号して、曰く是れ開明の世なり、曰く是れ文華の国なりと。甚だしい哉泰西人の妄たるや。(中略)且つ夫れ権謀術数を以て権謀術数と闘う、是れ所謂暴を以て暴に代うる者。此れを以て宇内の雄邦強国を六合に統べ、八荒の宏猷鴻謨《こうゆうこうぼ》を包まんと欲す。何日《いつのひ》にか其の大成を望むべき乎。

嗚呼、上に至誠の真皇を戴き、下に忠孝の良民を擁して、営々汲々として虎呑狼食の尤《ゆう》に倣わんと欲す。議者の謬妄、亦泰西人より已甚しからざる乎。[14]」


荒尾の慨嘆は、ほとんど憤怒に近い。日本国は、上は至聖の天皇を戴き、下に忠孝の良民を擁している国家でありながら、「泰西人」に伍して「狐狸豺狼」「虎呑狼食」の徒に身を貶すのか。日本は「皇道の国」であることを、あるいは忘却し、あるいは放擲してしまったのか。

「兵を闘わす」強国たる「皇国」と「無為を闘わす」天成自然の「皇国」

荒尾の説く「皇道」は、大正期中葉から昭和初期にかけて起こった国体明徴運動の中で神道家や国粋主義者の間で国体論を論じる際に頻繁に用いられるようになった「皇道」「皇国」「皇軍」とは全く異なる。事実、「皇道」は明治政府の公式用語に採用されたことはなく、当時、一般周知の用語として定着していたわけではなかった。[15] 彼の「皇道」をもって後の軍国主義的「皇道」と同一視する愚を犯してはならない。

彼は、国家には皇国－帝国－王国－覇国－強国があるとし、日本国は「皇国」と称すべきものであると説いた。

「余は常に以謂う我が国は皇国と称すべく、帝国と称すべからず。何となれば我が国は、天皇の統治し玉う国なればなりと。これ徒に虚名空号に拘わりて爾《しか》云うに非ず。古書に曰く、皇国は無為を闘わし、帝国は徳を闘わし、王国は義を闘わし、覇国は智を闘わし、強国は兵を闘わすと。皇の本字は皇なり。自に従い王に従い、天より命ぜられたる自然の王と云うの義なり。」（傍点荒尾）

そして、さらに声を大にして叱喝の真情を吐露する。

「顧うに皇道の天下に行われざるや久し。海外列国概ね虎呑狼食を以て唯一の計策と為し、射利貪慾を以て最大の目的と為し、その奔競争奪の状況は、恰も群犬の腐肉を争うが如し。この時に当り、上に天授神聖の真君を戴き、下に忠勇尚武の良民を帥い、有罪を討して無辜を救い、廃邦を興して絶世を継ぎ、天成自然の皇道を以て虎呑狼食の蛮風を攘い、仁義忠孝の倫理を以て射利貪慾の邪念を正し、いやしくも天日の照らす所、復た寸土一民の、皇沢に浴せざる者なきに至らしむるは、豈に我が皇国の天職に非ずや。豈に我が君我が民の祖宗列聖に対する本務に非ずや。頃者（このごろ）征清軍の海陸に連勝を得るや、欧米諸国の人は、漫りに我が国を目して東洋の一強国と為し、我が国人もまた或は我が国が宜しく東洋の盟主権を握るべきを説き、特に知らず我が国は天成自然の皇国にして、その国位は世のいわゆる雄邦強国より数等の上に在るを。且つや盟主権の物たる、覇者の事なり。智術を闘わす者の執る所なり。設令《ママ》全地球上唯一の盟主たりとも、決して吾人の我が国に期望すべき者に非ず。然るに議者察せず、区々たる東洋の覇権を以て我が国に擬するが如きは、そもそも又我が国前途の目的未だ確定せざるより起るの過誤ならんか。[16]」（傍点荒尾）

「皇国」の道を誤った戦前の七七年

日本人は、明治維新以来、特に日清戦争後の講和交渉以降、荒尾の説く「皇国」の道を誤った。日本人は、「至誠一貫の道」としての「皇道」を忘れ、武力をもって覇者となる軍国主義的「強国」とも言うべき「皇道」の道に突き進んでいった。彼は言う。「区々たる東洋の覇権を以て我が国に擬するが如きは、そもそも又我が国前途の目的未だ確定せざるより起るの過誤ならんか」と。日本人は、ついぞその「過誤」に気付こうとせず、昭和二〇年八月、敗戦と無条件降伏、そして他国支配の屈辱に伏することになる。

四　はたして日本は道義の国家か

賠償請求放棄の日中共同声明と領土割譲・賠償金獲得の日清講和条約

一九七二年九月二九日、日本国政府と中華人民共和国政府は、いわゆる「日中共同声明」を発出することに合意した。この「共同声明」には、「戦争の反省」について「日本側は、過去に於いて日本国が戦争を通じて中国国民に重大な損害を与えたことについての責任を痛感し、深く反省する」、そしてさらに、「賠償」について「中華人民共和国政府は、中日両国民の友好のために、日本国に対する戦争賠償の請求を放棄することを宣言する」と明定された。

他方、「日中共同声明」発出の七七年前、明治二八（一八九五）年四月一七日、日清講和条約が調印された。煩を厭わず、関連する条文のみを列挙しておく。

「第一条
清国は朝鮮国の完全無欠なる独立自主の国たることを確認す因て右独立自主を損害すへき朝鮮国より清国に対する貢献典礼等は将来全く此れを廃止すへし
第二条
清国は左記の土地の主権並に該地方に在る城塁兵器製造所及官有物を永遠日本国に割与す
一　左の経界内に在る奉天省南部の地（中略）
　遼東湾東岸及黄海北岸に在て奉天省に属する諸島嶼
二　台湾全島及其の附属諸島嶼
三　澎湖列島即英国「グリーンウィチ」東経百十九度及至百二十度及北緯二十三度及二十四度の間に在る諸島嶼
第四条
清国は軍費賠償金として庫平銀弐億両を日本国に支払ふへきことを約す右金額は都合八回に分ち（中略）本約批准交換後七箇年以内に支払ふへし又初回払込の期日より以後未た払込を了らさる額に対しては毎年百分の五の利子を支払ふへきものとす[17]」

第一条は、朝鮮が独立自主の国であることおよび清の朝鮮に対する宗主権の放棄を確認したものである。これは一見、宣戦布告の詔勅の開戦の大義に調適するかのように見える。しかし、日本はその後、清に代わって清の利権をことごとく獲得したばかりか、第一次・第二次・第三次日韓協約で韓国の独立自主権を奪い、保護国化し、遂には一九一〇年韓国を併合してしまう。このようにして、日本の開戦の大義が、国際公約に違背して欺瞞の私曲であることを世界に周知させていくことになる。

第二条で定める領土割譲に関する遼東半島については、その後ロシア・ドイツ・フランスによる三国干渉によって還付を余儀なくされたばかりか、庫平銀三千萬両を代償として清に返還せざるを得なくなった。これもすべて、荒尾が夙に予見し、朝野の人士に対し浅慮妄動を厳として戒め、警醒を呼び続けていたことであって、彼の予見が早くも現実となったのであった。

さらにまた、日本は、第四条で定められているように、軍費賠償金として庫平銀二億両、日本円にして三億六千余万円を獲得した。この金額は、村上武によれば、「明治二十八年の全国銀行預金残高の二倍余、同二十九年の国家歳出額の二・二倍という巨額なものであった。この賠償金は日清戦争の臨時軍事費に繰り入れられた分を除いて、その七〇%は陸海軍の拡張費に使われ、日露戦争からの日本軍の礎石がこの賠償金によって据えられたのである」[18]。積衰極弊の清に対してこのような巨額な賠償金を求めることは、荒尾の言葉を用いれば、「射利貪欲」「虎呑狼食」にして「金融閟迫の窮人を推して資産盪燼の苦境に陥る」に追い遣り、「清国朝野の憤怒・怨恨を買う」ことは必然というべきものであった。

中国民衆にとって「不倶戴天の仇」とは

それのみならず、日清戦争で清から獲得した賠償金で軍事力を強化してロシアと戦火を交えた日露戦争の戦場は、ロシア領土でもなく日本の領土でもなかった。戦争は、交戦当事国とは関係のない中国国民の領土で争われたのであって、中国の民衆は他国の戦争に翻弄され、ただただ戦禍の犠牲を甘受せざるを得なかった。

その後、中国民衆の仇讐怨恨の根は、ますます深く蔓延ることになる。昭和に入り、満州事変（一九三一年）とその戦勝による傀儡国家、満州国の成立（一九三二年）、満州事変以後、日中戦争（一九三七年）から太平洋戦争（一九四一〜四五年）にいたる、通算一五年にわたる長期戦争の地はことごとく中国大陸の地であった。国土の荒廃と疲弊、戦火の惨禍はすべて中国民衆が負うことになった。

知日家で知られる、筆者の親しい友人、中国政法大学の華夏教授は語る。[19] 中国人が骨髄に徹する怨恨とするものは、「父殺しの仇」で、これを「不倶戴天の仇」と表現する。この言葉は儒教経典『礼記』の「曲礼」に「復讐三原則」とある。すなわち、「父の仇は倶に天を戴かず、兄弟の仇は兵に反らず、交友の仇は国を同じくせず」。さらに言う。『春秋公羊伝』の「復讐四大原則」に「父不受誅、子復讐可也」とあると。峻厳さという点では、「不倶戴天」よりはるかにその度合いは強い。

中国人の時間の観念は悠久である。一〇〇年の如きは昨日に比すべきに等しい。中国人の立場からすれば、祖国に残酷酸鼻な災禍をもたらした戦争を美化し、父親世代の無数の人々を殺戮した戦争犯罪者を赦せるはずはなく、況やA級戦犯を靖国神社に合祀することは到底受け入れられることではない。日中両国民の信頼醸成の道は決して安易なものでないことを心に深く刻み込んでおかねばならない。このことはまた、同じ儒教の国、韓国の民衆についても同じことが言えよう。

日中戦争後、中国人民共和国政府は日本に対する賠償請求権を放棄した。徳をもって恨みに報いるの道を選択したのである。他方、日本の明治政府は、日清戦争後、清国に対し過大な賠償を課した。虎呑狼食の道を選択したことになる。両国のいずれの態度が道義、人倫の道に適うものであるのか。荒尾精の言葉を借りれば、いずれが「皇道」の道を歩むものであるのか。語らずとも、事理明々白々であろう。

最大の国力は平和であること

荒尾精の主張を解説した村上武は、次のように論じる。その論説は、今、論議中の「安全保障関連法案」がはたしてわが国にとって「千百年の後に成就するの鴻基を開く」ことになるのか否か、日本の命運を予見する上で極めて重要かつ示唆深きものがある。

「もし、荒尾先生の主張された通り、領土の割譲も多額の賠償金も要求しなければ、その後の日本とアジアはどうなっていたであろうか。日本の陸海軍の強化は行われず、日本資本主義の発展も大幅に遅れたことであろう。しかし、日本はアジア諸民族の側に立って、一歩一歩苦難の道ではあっても歩を得た筈である。経済的には今日の繁栄は望めなかったとしても、日本の行動によって、西欧列国をアジアの地に呼び込んで利権争奪を激しくすることはなかったであろうし、アジアの国々が協力することによって西欧の侵略を防ぐことができたかも知れない。（中略）いずれにしても日本はアジアの諸国家諸民族のみならず世界中の国々から信頼される国となって、今日のように敗戦を経験した上に半世紀以上も外国軍隊に日本の本土駐留を許すような屈辱を受けなくて済んだことは確かである。[20]」

日本の近現代史において明治維新から敗戦までの七七年は、戦争の歴史であった。これに対し、戦後の「平和国家」として歩んだ七〇年は、経済発展の歴史であった。しかし、経済大国となった日本は、一九八九年以降バブルがはじけ、崩壊の道を歩みはじめた。経済の浮沈は、まさしく戦争の敗北と揆を一つにするものであった。二〇一一年三月一一日に発生した東京電力福島第一原子力発電所における同時多発事件は、経済大国を志向する国家運営の破綻を象徴的に示した預言者的惨事であった。

戦前は敗戦という軍事大国の失敗、戦後は経済の衰退という経済大国の失敗から学ぶ教訓は、第一に、日本は国土の狭隘性、自給能力の限定性、世界の秩序を創り出していくという国民性の欠如から見て、「大国」としての条件を具備していないということ。従って、第二に、比較的大きなミドルパワー国家であるという国家意識から出発すること。第三に、国力＝国富を軍事力に特化し、あるいは国力＝国富を経済力に特化して「大国」を志向する偏った国家運営を行なわないこと。この歴史の教訓を学ばないと、国家の進むべき道を時として誤らせることになる。

言うまでもなく、国力＝国富は多元的であり、軍事力の強さだけが、経済力の強さだけがその尺度となるのではない。二〇一四年五月二一日の大飯・発運転差し止め訴訟判決は、次のように判示している。「たとえ本件原発の運転停止によって多額の貿易赤字が出るとしても、これを国富の流出や喪失というべきではなく、豊かな国土とそこに国民が根を下ろして生活しているのが国富であり、これを取り戻すことができなくなることが国富の喪失であると当裁判所は考えている。(21)」

最大の国力＝国富は平和である。平和は、日々の生活の安全を維持し、かつこれを保障する不屈の意思である。戦後七〇年間戦争してこなかった日本は、政治的、経済的にミドルパワー国家であっても、最大の国力＝国富を誇る平和国家であると言わねばならない。

五　平和の要諦は敵を作らないこと

個人と個人の間たると国家と国家の間たるとを問わず、人は誰しも仲良く、平和でありたいと願い、祈る。仲良く、平和であるためには敵を作らないことである。敵を作らないことが、平和の要諦である。

敵を作らないことは、何よりも信頼を分かち合うことである。相手からの信頼を獲ち取るためには、あらゆる局面で出合い、語り合い、対話を重ね、理解を深めることが肝要である。理解とは、相手の立場に立って、相手に寄り添い、相手を知る心の営為である。こうした出合い、語り合い、対話を通して「あなたたちの安全をおかしませんよ。安心してください」「私たちが安全であるためには、あなたたちが安全でなければなりません」「お互いの安全は相互依存の関係にあり、安全を共有し合ってこそ、真の安全は可能となるのです」と、国と国、そして時と場合によっては国連をはじめ、あらゆる国際機構とあらゆる機会を利用して、心を開き、虚心坦懐、自己の立場を相対化して相手の立場を理解し、かつ自己の立場を伝えて、忍耐強く平和と正義を模索する創造的な真の対話を積み重ねていくことが問われることになる。これが現行「日本国憲法」が理念とし、第九条が明定する専守防衛による安全保障の道である。

いま一つの道は、最初から相手を信頼しないで仮想敵国を想定し、特定国と同盟関係を結び、「あなたたちはいつ私たちを攻撃してくるか信用できません。あなたたちが攻めてきたときには徒事ではすみませんよ」と、事前から喧嘩腰で身構え、自己の立場から想定した危険を抑止する武力行使に備えておくことである。これが抑止力による安全保障の道である。「衣の袖から鎧が見える」とも言うべきであろうか。鎧を「ちらちら」どころか、「ぎらぎら」見せていけば、仮想敵国に想定された相手は「あなたたちが武力を行使する気なら、私たちも負けるわけにはいかない」と、軍事力強化に奔走し、武力行使の準備に万全を期すことになり、帰するところ軍拡競争に陥ることになるのは理の当然である。安倍晋三政権が進める積極的平和主義の名の下での集団的自衛権行使の論理は、この道を志向するものである。

相手に対し「衣の袖から鎧をぎらぎら見せ」るようになれば、相手は私たちを信頼するはずはない。況や、特に戦前において日本の侵略による悲惨な戦禍と屈辱的な体験を持つ中国や韓国や北朝鮮等の周辺諸国からしてみれば、日本に対し信頼を寄せることなどは到底できないであろうし、むしろますます信義を踏み躙り、道義に悖る国と軽蔑の念を強めさせるだけであろう。

「安全保障関連法案」は、はたして「千百年の後に成就する鴻基を開く」ことになるのか。戦後七〇年を考えることは、戦前において日清、日露、日中、太平洋戦争と度重なる戦争を遂行し、敗戦という結末に終った軍国大国日本の歩んだ七七年の道を反省することから始めねばならない。そして、敗戦を迎えるにあたって、昭和天皇が大詔「臣民ニ告ク」において「將來ノ建設ニ傾ケ道義ヲ篤クシ志操ヲ鞏クシテ誓テ國體ノ精華ヲ發揚シ世界ノ進運ニ後レサラムコトヲ期スヘシ」と宣明された新日本再生の大道を重ねて想起し、「日本国憲法」で誓った「道義国家」たる名誉と国際信義を貶しめる愚を犯してはならない。

注

（1）荒尾精「対清意見」、荒尾精／村上武解説『日清戦勝賠償異論―失われた興亜の実践理念』（以下、荒尾／村上解説『異論』

と略す）書肆心水、二〇一五年、八六～八七頁。なお、本書については、保阪正康「保阪正康の昭和史のかたち（明治人・荒尾精の教え）軍事によらない本当の『皇道』」毎日新聞二〇一五年五月九日参照。

（2）本稿執筆中の五月二〇日、衆議院第一委員室での党首討論において、共産党の志位和夫委員長が安倍首相に対し『ポツダム宣言』の認識をお認めにならないのか」と質問した討議を知った。安倍首相は、志位委員長の質問に対して次のように答えている。「この『ポツダム宣言』をですね、われわれは受諾をし、そして敗戦となったわけでございます。そしていま、えー、私もつまびらかに承知をしているわけでございませんが、『ポツダム宣言』のなかにあった連合国側の理解、たとえば日本が世界征服をたくらんでいたということ等も、いまご紹介になられました」。

この答弁は、「戦後レジームからの脱却」を国家の大義と説く一国の首相として、戦後の出発点となる「ポツダム宣言」を「つまびらかに承知しているわけではない」とは、あまりにも無責任ではないのか。あまつさえ、「日本が世界征服をたくらんだ」という理解が連合国側の理解でしかないという趣旨の答弁は、あまりにも他人事的発言であって、日本が「ポツダム宣言」を受諾した国際法上の遵守義務に疑義を狭む意図のあることを感じさせ、一国の指導的政治家としての信義誠実性を疑わしめるものがある。

（3）戦前の国際法学の通説は、自存権と自衛権を区別し、自存権をさらに狭義と広義に区別する。広義の自存権は、国家がその生存のためにする行為の一切の自由を包括するものであって、生存のために軍備を整え、資源を開拓する行為等も自存権の作用とする。狭義の自存権は、いわゆる自衛権と緊密な関係にあるものとし、切迫する危険に対して自己の生存と維持するために必要な措置を行なう国家の緊急権であるとしていた。末弘嚴太郎・田中耕太郎責任編輯『法律学辞典第三巻』岩波書店、昭和一〇年、一〇七〇～一〇七一頁。

（4）飯坂良明・山岡喜久男・眞田芳憲・勝山恭男『平和の課題と宗教』佼成出版社、平成四年、一一五頁以下。

（5）李景珉監修・水野俊平著『韓国の歴史』河出書房新社、二〇〇七年、一六六頁以下。

（6）荒尾／村上解説『異論』二〇頁以下。

（7）荒尾「対清意見」荒尾／村上解説『異論』一一二頁。

（8）荒尾「前掲」一二〇頁。

（9）荒尾「前掲」一一九～一二〇頁。

（10）荒尾／村上解説『異論』四八〜四九頁。
（11）荒尾「対清弁妄」荒尾／村上解説『異論』一五一頁。
（12）荒尾「前掲」一五一〜一五二頁。
（13）荒尾「前掲」一五四頁。
（14）荒尾「前掲」一三五〜一三五頁。
（15）新野和暢『皇道仏教と大陸布教――十五年戦争期の宗教と国家』社会評論社、二〇一四年、三九頁以下。
（16）荒尾「前掲」一六五頁。
（17）荒尾／村上解説『異論　資料』一九九〜二〇一頁。
（18）荒尾／村上解説『前掲』一七頁。
（19）華夏「歴史を鏡とし、未来を志向する」世界宗教者平和会議編　眞田芳憲監修『東アジア平和共同体の構築と国際社会の役割「IPCR国際セミナー」からの提言』佼成出版社、二〇一一年、一一二頁以下。
（20）荒尾／村上解説『前掲』一七頁。
（21）大飯原発運転差止訴訟福井地方裁判所判決（二〇一四年五月二一日）『判例時報』二二二八号（二〇一四年）二頁以下。特に本判決の第九項の判示は極めて重要な指摘であるので、ここに呈示することにする。
「九　他方、被告は本件原発の稼動が電力供給の安定性、コストの低減につながると主張するが、当裁判所は、きわめて多数の人の生存そのものに関わる権利と電気代の高い低いの問題等とを並べて論じるような議論に加わったり、その議論の当否を判断すること自体、法的には許されないことであると考えている。このコストの問題に関連して国富の流出や喪失の議論があるが、たとえ本件原発の運転停止によって多額の貿易赤字が出るとしても、これを国富の流失や損失というべきではなく、豊かな国土とそこに国民が根を下ろして生活していることが国富であり、これを取り戻すことができなくなることが国富の喪失であると当裁判所は考えている。また、被告は、原子力発電所の稼動がＣＯ２排出削減に資するもので環境面で優れている旨主張するが、原子力発電所でひとたび深刻事故が起こった場合の環境汚染はすさまじいものであって、福島原発事故は我が国始まって以来最大の公害、環境汚染であることに照らすと、環境問題を原子力発電所の運転継続の根拠とすることは甚だしい筋違いである。」

原発政策をめぐる戦後七〇年の軌跡
――科学と価値の問題にふれて――

安斎育郎

はじめに

二〇一一年三月一一日の東北地方太平洋沖地震によって誘発された福島原発事故から四年余りを経た今日、日本のエネルギー政策における原発の位置づけについて根本的な問題が提起されている一方で、日本政府は「原発再稼働」に向けて突き進もうとしている。致死的な放射線ゆえに事故原発内部の調査さえ思うに任せず、廃炉には約半世紀を要するという深刻な状況の中で、一〇万人以上の人々が帰郷の可能性や今後の人生設計の展望も定かでないままに故郷を離れた苦難の生活を強いられている。われわれは、いま、なぜこのような事態がもたらされたのかを明らかにし、将来のわれわれ自身および子孫の生のあり方との関連において日本の原発・エネルギー政策を考えることが不可欠であろう。

広島・長崎原爆投下の経過

戦後七〇年に当たって日本のエネルギー政策の問題を考える場合、第二次世界大戦の終盤の局面から検討する必要があるように思う。

一九三九年にドイツのポーランド侵攻で始まった第二次世界大戦は、枢軸国と連合国の世界規模の戦争に発展したが、連合軍はすでに一九四三年のカイロ宣言で「日本の無条件降伏」を含む対日基本方針を決めていた。一九四五年二月、米英ソ首脳が「第二次世界大戦後の処理」に関するヤルタ会談を開いた際、アメリカはソ連と「極東密約」を結び、「ドイツ降伏後三カ月以内にソ連が対日参戦すること」を求めた。五月八日にドイツが無条件降伏すると、大戦の主敵は日本になった。

七月一六日、アメリカは人類史上初の原爆実験を成功させ、翌一七日からベルリン郊外ポツダムでの会談に臨んだ。ソ連のスターリンはアメリカのトルーマンに、「ソ連が八月中旬までに対日参戦すること」を告げ、翌一八日には、「日本がソ連を通じて終戦を模索していること」を示す天皇からの極秘親書の内容を伝えた。アメリカのイニシャチブで対日戦争を勝利に導きたいトルーマンは、日本に対する原爆投下の目標地選定を急いで「京都・広島・小倉・新潟」を候補地としたが、最終的には八月二日のセンターボード作戦で、「広島・小倉・長崎」と決定した。八月六日、テニアン環礁を飛び立ったB29エノラ・ゲイが広島にウラン爆弾を投下し、核地獄を出現させた。

ソ連は、当初の対日参戦予定を前倒しし、八月八日二三時、日ソ不戦条約を反故にして対日宣戦布告、一時間後の九日午前〇時を期して満州で戦端を開いた。それはヤルタでの極東密約が定めた「ドイツ降伏から三カ月目」に符合するタイミングだった。アメリカは、自らの手で日本に止めを刺すため、そのおよそ三時間後にテニアン環礁からプルトニウム原爆を搭載したB29ボックス・カーを離陸させ、第二目標の小倉に向かわせた。進入経路に失敗したのに加え、八幡爆撃による火災の煙のため目標が目視できず、結局、第二の原爆は第三目標の長崎に投下された。二つの古典的原爆は三〇万人以上を死地に追い遣った。

このように見てみると、原爆投下の背景には、戦時下の国際政治の中での「世界支配をめぐる国家間のかけひき」があったことを見て取れる。

戦後の核軍備競争へ

日本を占領したアメリカが報道管制によって原爆報道を禁止したこともあり、世界は核兵器使用の非人道的特性を十分理解しないまま戦後を迎え、アメリカは翌一九四六年七月一日、ビキニ環礁での戦後初の原爆実験を皮切りに、再び核兵器開発に乗り出した。

ところが、その三年後の一九四九年八月二九日、ソ連が逸早く原爆開発に成功した。そのほぼ一カ月後、中国共産党に率いられる中華人民共和国が成立し、翌一九五〇年六月二五日には朝鮮戦争が勃発する中で、アメリカは水爆開発と日本の再軍備へと向かった。戦力不保持を定めた日本国憲法が施行されてわずか二年後だった。

程なく米ソ両国は水爆開発に成功し、アメリカは、一九五四年三月～五月、ビキニ環礁で一連の水爆実験

（キャッスル作戦）を行なったが、そのうち最大のものはいわゆるビキニ水爆被災事件（第五福竜丸事件）として記憶されている三月一日のブラボー爆発であった。その威力（一五メガトン）は、第二次世界大戦で使用されたあらゆる砲爆弾威力合計（広島・長崎原爆を含む）の五倍に相当したが、それは「力による世界支配」の政治思想がもたらした「暴力の極大化」を意味した。

しかし、七年後の一九六一年一〇月三〇日にソ連がノヴァヤゼムリャで行なった水爆「ツァーリ・ボンバ」は五〇～五八メガトン（第二次大戦一七～一九回分）と言われ、不幸なことに、「アトムズ・フォー・ピース（平和のための原子力）」としての原発開発は、この米ソによる核軍備競争の展開過程と重なり、密接な関わりをもった。原発の黎明期、米ソは「資本主義陣営」と「共産主義陣営」の雄として全面対決していた。

原発開発の展開過程

実用規模の原発は、一九五四年、ソ連のオブニンスクの五〇〇〇kW原発によって始まった。この頃、アメリカの原子力法は民間企業の原子力分野への参入を認めていなかったし、核兵器生産によって巨億の利益を手にしていたアメリカの産業界も、強い利潤動機を欠いていた。しかし、ソ連の実用原発の開発によって、アメリカは原発開発を急ぐ戦略上の必要性に迫られ、ウェスティングハウス社が原子力潜水艦の動力用に開発した加圧水型軽水炉（PWR）をベースに原発開発を進め、一九五八年にシッピングポート原発（一〇万kW）の運転を開始した。アメリカの原発は、都市や産業に電力を供給する目的で安全性を担保しつつ技術開発する経過をたどったものではなく、核による世界支配をめぐる米ソのせめぎ合いの中で、軍事用技術の転用の形で慌しく「実用化」されたものだった。

日本の原子力開発も、このアメリカの動きと連動した。一九五四年三月一六日、日本国民は、ビキニ水爆被災事件を知ったが、その二週間前の三月三日、中曽根康弘改進党代議士のイニシャチブで二億三五〇〇万円の原子炉築造予算が唐突に国会を通過した（「二億三五〇〇万円」は「ウラン二三五」に由来）。中曽根氏はその前年、ハーバード大学のヘンリー・キッシンジャー（後の大統領補佐官）の夏季国際問題セミナーに参加し、アメリカの国際核エネルギー戦略を身に体し、原子力研究に慎重な日本の学界を政治の力で変え、日本への原発導入を推進することを決意していた。

産業界では、正力松太郎読売新聞社主がアメリカ国務省やCIAと連携し、一九五五年一一月には東京・日比谷で「原子力平和利用博覧会」を開催して三五万人を動員、ビキニ水爆被災事件を契機に反核世論が燃え盛る中で、原子力平和利用キャンペーンを繰り広げた。

アメリカ初の商業用原発が運転を始める前年の一九五七年三月、WASH七四〇「大型原子力発電所の大事故の理論的可能性と影響」と題する報告書（ブルックヘブン・レポート）が出され、最悪の原発事故の場合、三四〇〇人の死者が出る恐れがあり、放射能による土地の汚染の損害は最大七〇億ドルに達する可能性があることを示唆した。七〇億ドルは当時の日本の国家予算の約二倍に相当した。このままでは到底電力企業の参入が不可能だと考えたアメリカ政府は、同年九月、「プライス・アンダーソン法」を制定し、原発事故に伴う電力会社の損害賠償負担を軽減する法的措置をとった。この法律によれば、電力会社の賠償責任の上限は一〇二億ドルで、それを超えた場合には大統領が議会に提出する補償計画に基づいて、必要な措置をとることとした。四年後の一九六一年、日本にも原子力損害賠償法がつくられ、同じ道筋を歩んでいった。

アメリカの対日エネルギー支配

戦後の対日占領政策の中で、アメリカは「食糧とエネルギーを支配する」という基本戦略に基づいて政策を着々と進めた。第二次大戦直後、日本の発電・送電・配電は日本発送電株式会社（日発）と九つの配電会社（北海道・東北・関東・中部・北陸・近畿・中国・四国・九州）によって担われていた。紆余曲折を経て、日発と九配電会社は一九五一年五月一日に九地域の民有民営電力会社に分割されたが、この属地主義的再編成にはGHQの意向が強く反映していた。

日本の電力生産の大半は水力発電で賄われていたが、地域分割されれば、戦後復興期に急増する電力需要に各電力管内の水力発電だけで対応することは不可能であり、電力多消費地に隣接して火力発電所を建設せざるを得なくなる。戦後復興期の火力発電所はほとんど石炭を使用したが、やがて発電用燃料は石炭から石油への転換が進められ、日本の電力生産はアメリカの国際石油資本への依存体質を強め、原子力発電の導入もその延長線上に位置づけられた。

前述した通り、日本も一九六一年に原子力損害賠償制度をつくり、原発事故によって五〇億円以上の損害が出た場合には国が援助する体制をつくった。限度額は二〇〇九年に一二〇〇億円に引き上げられたが、「異常に巨大な天災地変」の場合には電力会社は免責される。今次福島原発事故の損害も何十兆円かに及ぶに相違なく、原子力発電は事故時の損害賠償や高レベル放射性廃棄物の何万年にもわたる保管廃棄費用などを考慮すれば一企業の手に負えるものではない。原子力発電は「国家と電力資本の結合」を前提としてしか成り立ち得ない。

日本ではこれに加え、いわゆる「電源三法」〈電源開発促進税法、特別会計に関する法律〈旧・電源開発促進対策特別会計法〉、発電用施設周辺地域整備法〉による特別交付金制度によって地方自治体を原発誘致に駆り立てる体制が築かれ、さらに、地域住民を原発推進のために組織することによって「原発促進翼賛体制」が築かれていくに及び、この国の原発開発は、極めて独善的で不寛容で排他的な「原子力ムラ」を築いていった。

「原子力ムラ」に入村して

筆者は、終戦直後の一九四七年、疎開先である福島県二本松の小学校に入学し、やがて東京都江東区深川の小学校に転じた。小学校教育を通じて、広島・長崎の原爆被害について学んだ記憶もなく、戦争から死なずに帰った四人の兄たちや父母も含めて、原爆について語ったことを聞いた記憶もない。中学校時代の一九五四年にはビキニ被災事件の時期を生きたはずだが、「放射能雨」についての断片的記憶はあっても、放射能の恐怖などについてとくに濃密に学んだ記憶もない。

筆者が一九六二年に東京大学工学部原子力工学科第一期生となることを選んだ背景には、一九五九年五月、東京・晴海で開催された「第三回国際見本市」で展示されたアメリカの原子炉を見た機会があったことが影響している。その意味では、中曽根―正力ラインがもくろんだ原子力平和利用の世論づくりに絡め取られた一人に相違ない。当時、「平和のための原子力」に新時代的先端性を感じ、放射性同位元素を用いたトレーサー実験などに知的興味をそそられたように思う。

一九六〇年に東京大学教養学部理科Ⅰ類に入学し、二年後の六二年に進学先を選ぶ段になって、第一期生一五人を募集した原子力工学科に進学、日本の「原子力ムラ」に入村した。筆者は、原子力が利用可能かどうかは、結局、人間が放射線や放射能を管理できるかどうかにかかっていると感じ、専門を放射線防護学分野に選んだ。

六〇年代は日米安保をめぐる国民的闘争で始まり、高度経済成長政策の下で公害・環境問題や労働災害や薬害問題などが噴出し、労働運動・市民運動・科学者運動などが活性化した時代だった。日本の米軍基地が発進基地となったベトナム戦争では、ボール爆弾・パイナップル爆弾・釘爆弾などの被害に加えて、ゲリラ戦対策の枯葉剤使用による大規模な森林破壊の実態も明らかにされ、科学者の社会的責任についての議論も活性化された時代だった。

筆者は、一九六五年に設立された日本科学者会議という「科学の自主的・民主的・総合的発展をめざす学際的な組織」に加わり、政府に対する原子力分野での公開質問状の取り組みや、原発立地予定地域での住民との共同活動に参画するようになり、徐々に、単なる原子力工学や放射線防護学の専門領域をこえた社会的視野を培っていった。とりわけ、地域住民との共同の過程では、原子力発電所の地域社会への導入に伴う多種多様な問題を容赦なく問いかけられ、それに答えるためには、政治・経済・社会・文化・科学技術のあらゆる面にわたる学習を求められ、筆者は、放射線防護学のスペシャリストから、原子力一般に視野をもつジェネラリストへと鍛えられつつあったといえる。

一九七二年、筆者は、日本の科学者の公的代表機関である日本学術会議の第一回原発問題シンポジウムの基調講演で「六項目の点検基準」を提起し、原発政策を総合的に批判した。弱冠三二歳だった。「六項目の点検基準」とは、①自主的なエネルギー開発であるか、②経済優先の開発か、安全確保優先の開発か、③自主的・民主的な地域開発計画と抵触しないか、④軍事的利用への歯止めが保障されているか、⑤原発労働者と地域住民の生活と生命の安全を保障し、環境を保全するに十分な歯止めが実証性をもって裏づけられているか、⑥民主的な行政が実態として保障されているか、である。これらの基準は今日なおその意味を失っていないと感じているが、同シンポジウムでは、原発が福島原発事故のような過酷事故を起こした場合の緊急炉心冷却系（メルト・ダウンを防止するための安全装置）の信頼性の問題についても提起していた。

翌一九七三年には衆議院の科学技術振興対策特別委員会に参考人として出席し、ここでも原発政策批判を行なった。筆者は当時東京大学医学部文部教官助手だったが、国権の最高機関である国会で、国家公務員が国策批判を展開した結果、「反国家的なイデオローグ」と見なされることになった。

同じ一九七三年の九月一八・一九日、東京電力福島第二原発一号炉の設置許可処分に関わる日本初の住民参加型公聴会が開催され、筆者も地元住民の推薦枠で意見陳述の機会を与えられた。それは「史上初の住民参加型公聴会」という触れ込みだったが、中身は「茶番劇」以外の何物でもなかった。意見陳述人も傍聴人も事前申込制だったが、推進者たちは活版印刷された大量の申込書を提出し、圧倒的多数の推進派陳述人が、圧倒的多数の推進派傍聴人の前で「原発安全・地域貢献コール」を繰り広げる茶番劇の場となった。

驚いたことに、一人の婦人代表が、「放射能恐れるに足らず」という認識を主張するために、その年の高校野球で広島商業が優勝したことを引き合いに出したことだった。七五年草木も生えないといわれた原爆投下被災地広島で育った高校球児が、福島代表の双葉高校を一回戦一二対〇で破った上、その後も勝ち進んで全国制覇を遂げたのだから、「原爆放射能恐れるに足らず」という趣意だった。「国防婦人会」の再来を思わせたこの演説を、筆者は、「このような非科学的な主張で原発の安全性が演出されていくのか」という悲憤を覚えたことを記憶している。今回事故を起こした福島第一原発がある福島県双葉郡には「明日の双葉地方をひらく会」が組織され、「われわれの〝力〟で原発建設を促進し、豊かな双葉地方を開いてゆこう」「原子力開発に協力し、エネルギー危機を乗切ろう」などというポスターを掲げた。

筆者は、やがて、福島第二原発一号炉の設置許可処分をめぐる行政訴訟に協力し、準備書面の作成や、被告である国側の証人の論文を批判する証言活動などに取り組んだ。

「アカハラ」体験にみる日本の原子力開発の危うさ

この頃、私は、原子力開発陣営から見ればかなりの「厄介者」だったのだろう。とりわけ一九七三年頃から一九七九年三月二八日のスリーマイル原発事故の時期にかけて、ネグレクト・差別・監視・恫喝・嫌がらせ・懐柔などさまざまなハラスメントを体験した。

東大の研究室では「安斎を干す」という教授方針が教室員に示されたことが人づてに聞こえてきた。教育業務から外され、研究発表は教授の許可制を申し渡された（研究成果の発表は固有の権利だから、これは無視した）。大学院生が筆者の研究上の示唆を求めたい場合は、勤務が果てた後、大学周辺の旅館や飲食店で行なった。放射線事故などについて筆者の見解が週刊誌などに掲載されると、文献抄読会の席で罵倒された。講演に行けば電力会社の「安斎番」が尾行し、講演内容を録音して報告する体制がとられたし、研究室の隣席には、筆者の言動に関する諜報活動を行なうために電力会社から研修生が派遣されていた時期もあった。筆者の共同研究者が研究室を訪れると、露骨な嫌がらせを言われて早々に追い出されたりもしたが、放射線防護学の専門学会の理事会の帰り東京電力所属の理事に飲食店に誘われ、「費用は全部保証するから三年ばかりアメリカに留学してくれないか」という懐柔策を提起されたこともあった。

批判者を垣根の向こうに追いやって、自由にものを言わせないばかりか、日常的に不快な思いを体験させ、「改心」や「屈服」を迫る。こうした反人権的な構造的・文化的暴力は、自由な批判精神の発露の上に行きつ戻りつしながら安全性を一歩一歩培っていく技術開発思想とは対極のものだろう。「自由にものを言わせないこの国の原発開発が安全である筈がない」ことを、筆者は肌で感じていた。

国家総動員原発促進翼賛体制

アメリカの対日戦略の延長線上で国家と電力資本が結合して「原子力ムラ」の骨格が形成され、実証性を欠いた原子力技術の「安全性」を権威づけるために原子力の専門家が動員され、電源開発促進税法の財源による特別交付金をエサに地方自治体が誘致に駆り立てられ、マスコミが十分な批判機能を果たせずに「安全・安価神話」を吹聴し、「豊かな地域づくり」を表看板に住民たちまで推進派として組織された。それによって「国家総動員原発推進翼賛体制」とでもいうべき巨大な「原子力ムラ」が築かれた一方、批判者は抑圧して「ムラ」から放逐し、その言い分を一顧だにしない――これが、この国の原発政策を「緊張感を欠いた独善的慢心」に陥れ、破局に向かって走らせた背景にあったと感じている。

科学と価値の問題

現在、政権党が「原発再稼働」を推進している重要な理由は、それによって電力企業に利潤をもたらし、政権党に対する政治献金を回復する狙いがあろう。原発は停止してもなお冷却などに毎日数千万円の費用を要するが、再稼働を実現すれば一日億単位の収入がある。それを進めるためには、福島原発事故で問題となって厳格化されたとされている事故原因の想定や避難計画についての審査をクリアーしたことにしなければならない。しかし、原子力規制委員長は「これは基準に合っているかどうかの判断であって、安全性を保障するものではない」といい、政府は「原子力規制委員会の審査を経ているので安全」と開き直るという、責任回避の極めて危険な状況がある。

基準をクリアーしたとされる鹿児島県の川内原発の近くには姶良カルデラなど複数のカルデラ火山があり、再稼働後に巨大噴火の兆候を監視する体制を整えるとはいうものの、噴火予知は現在の予知技術では不可能だという専門家の指摘もある。科学の名において科学の限界性を無視するような状況は看過すべきではないと思われる。

関西電力大飯三、四号の運転差し止めを命じた福井地方裁判所の判決では、原発が対応不可能な規模の巨大地震に襲われる可能性は否定できないとの認識の上に、関西電力の主張を退け、たとえ被告・関西電力が主張するように「原発停止で多額の貿易赤字が出る」としても、豊かな国土に国民が根を下ろして生活していることこそが「国富」であり、これを取り戻せなくなることは「国富の損失だ」として、大局的な見地から運転を差し止めた。

いずれの道を選ぶか、この国の主観者たる国民がよく考えて選び取らなければならない。福島原発の被災地に毎月訪れて放射能調査に取り組んでいる筆者は、この事故の影響がいかに甚大、広範囲、かつ深刻なものであるかを実感している。加えて、現代に生きる私たちが電力需要をまかなうために原子力発電を選びとれば、今後数千年、数万年にわたって放射能という「負の遺産」を残すことになるが、未来の人々は現在の政策決定に参加することはできない。われわれには「時を超えた民主主義」の担い手としての自覚と責任ある行動が求められていよう。

科学は経験的事実や論理によって真偽を確定できる客観的命題群を扱う役割を果たす。「2＋3は5である」という命題はいかなる価値観をもった人にとっても真である客観性をもつが、科学それ自身からは、われわれ人間にとって何が価値であるかは導かれない。科学は、原爆開発計画マンハッタン・プロジェクトに例を見るように、国家が価値あるものとして設定したものを実現するために動員される。したがって、科学者は「その能力をいかなる価値実現のために用立てるのか」を厳しく問われる存在に相違ないが、福島原発事故に示されるような甚大なリスクを含む原発に身を委ねるべきかどうかは、科学や科学者が決めることではなく、そのような危険な技術に将来の生存を賭けるようなことに価値を見出すかどうかに関するわれわれ自身の選択の問題に相違ない。

日本国憲法と都市計画
――戦後七〇年を迎えて――

波多野憲男

一　はじめに

私は、新制小学校一年生として、戦後を迎えました。空襲を逃れて、名古屋から母親の実家のある岐阜県中津川に疎開をしていたのです。子供の足では遠くに感じた小さな畑を借りて、父親が野菜を作っていました。戦後の食のひもじさを経験しています。それでも、振り返ってみれば、のびのびと遊びまわり、解放された子供時代だったと記憶しています。それ以来、一九四六年公布の日本国憲法（新憲法）のもとで七〇年目の生活を迎えようとしているのです。また、一九六五年に都市計画研究生活をスタートしたのですが、[1]その当時は、日本の都市計画にとって大きな転換点でもありました。一九六八年に現在の都市計画法（新都市計画法）が公布されるまで、戦後二〇数年間、明治憲法（大日本帝国憲法一八八九年公布）のもとでつくられた一九一九年の都市計画法、旧都市計画法と呼んでいるのですが、カタカナ文字の旧法が適用されていたのです。戦後も日本の都市計画制度は、戦前からの旧態を引き継いだままだったのです。新憲法によって様々な社会制度が民主化されるなか、遅ればせながら都市計画制度も民主化の緒にようやくついたのです。しかし、現実の都市計画が、新憲法の原理に基づいて施行されているとは言い難く、日本の都市計画制度の民主化は道半ばと言わざるを得ないのです。

そうした今日、日本国憲法そのものの存在が危うくなっています。安倍政権が強行しようとしている集団自衛権容認は、明らかに憲法違反ですが、国民主権、基本的人権、平和主義（戦争放棄）を原理とする日本国憲法を改憲する企ても進んでいます（二〇一二年自由民主党『日本国憲法改正草案』発表）。

私の専門分野の都市計画もこうした憲法状況と無関係ではないのです。

二　土地利用の自由と社会的制約

「法」に基づいて策定される「計画」による「土地利用」への「公共の介入」が都市計画の本質です。「土地利用」への「公共の介入」は、都市計画による土地利用への社会的制約の意味です。都市計画の用語でいえば、開発・建築行為による土地利用に対する「都市計画規制」です。

「公共の介入」のあり方が、社会制度としての都市計画の民主化の程度を規定します。この「公共の介入」の原理は、憲法に求められます。

国民の権利としての「土地利用の自由」

日本国憲法は、「財産権はこれを侵してはならない」（憲法第二九条一項）として、国民が土地を所有し使用すること、即ち、「土地利用」を保障しています。国民は、一人の人間として「住まいを定め」日常生活を営む自由を擁しています（憲法第二二条「居住、移転、職業選択の自由」）。憲法が国民に「人間らしい生活」を保障する憲法第二五条第一項「すべて国民は健康で文化的な最低限度の生活を営む権利を有する」をふまえて、言い換えれば、国民が、「住民として人間らしい生活を営む」ための権利としての「土地利用の自由」を持つということでしょう。これを都市計画における「住民主権」と呼んでおきます。

「公共の福祉」による制約

憲法は、「生命、自由及び幸福追求に対する国民の権利については、公共の福祉に反しない限り、立法その他の国政の上で、最大の尊重を必要とする」（憲法第一三条）として、個人の権利の尊重と「公共の福祉」による制約を求めています。他者の権利を侵害してはならないとする「内在的制約」といわれる必要最小限の制限です。個人の権利としての「土地利用の自由」は、他者の「土地利用の自由」を侵さないという「制約」のうえで、尊重されるということになるのです。

憲法第二二条と第二九条においても「公共の福祉」による「制約」が求められています。同第二二条一項は、「何人も、公共の福祉に反しない限り、居住、移転及び職業選択の自由を有する」としています。加えて、同第二九条二項は、「財産権の内容は、公共の福祉に適合するやうに、法律でこれを定める」としているのです。この二つの条項における「公共の福祉」による「制約」は、「社会国家の観点からする経済的自由権についての積極的制限（社会国家的公共の福祉による制限）を意味する」として「すべての人間らしい生活を保障すべく、社会経済的強者の財産・経済活動および公共性の強い財産・経済活動に積極的な制限を求めるものである」と

指摘されています。(2)

例えば、不動産的利益を目的とした経済活動の自由を周辺住民の生活環境を脅かす土地利用（高層マンション建設による周辺住民の日照被害等）として「制約」するのを憲法は、排除していないのです。

「土地利用の自由」は、土地所有権に基づく絶対的自由ではなく、社会的制約のもとでの自由として、その「制約」の内容は「法律によって定める」とされているのです。一九六八年に制定された新都市計画法は、その「法律」として、都市計画制度の基本法なのです。

都市計画法第一条（目的）

この法律は、都市計画の内容及びその決定手続、都市計画制限、都市計画事業その他都市計画に関し必要な事項を定めることにより、都市の健全な発展と秩序ある整備を図り、もつて国土の均衡ある発展と公共の福祉の増進に寄与することを目的とする。（傍線、筆者）

都市計画法第二条（都市計画の基本理念）

都市計画は、農林漁業との健全な調和を図りつつ、健康で文化的な都市生活及び機能的な都市活動を確保すべきこと並びにこのためには適正な制限のもとに土地の合理的な利用が図られるべきことを基本理念として定めるものとする。（傍線、筆者）

新都市計画法は、憲法の原理をふまえた目的と基本理念を表現しています。まずその目的に「公共の福祉」を掲げ、「健康で文化的な都市生活」を確保するために「適正な制限」のもとに土地利用を図るとして、「土地利用の自由」の「公共の福祉」による制約を求めています。

「公共の福祉」を「公益及び公の秩序」に

自由民主党の「日本国憲法改正草案」では、「公共の福祉」を「公益及び公の秩序」に変更するとしています。「『公共の福祉』に類する言葉には、従来多かれ少なかれ全体主義における『全体の利益』といったような反個人主義的な意味を与えられたことがある」「戦争中に日本で使われた『公益優先』における『公益』や、『滅私奉公』における『公』も、――言葉それ自体としては、特に『公共の福祉』とちがったものではないが――たぶんにそういう色彩を身につけていた。日本国憲法における『公共の福祉』は、それとちがい、どこまでも個人主義に立脚する」と指摘されています。(3) 自民党の「改正草案」の「公益及び公の秩序」がそうした指摘の「公益優先」「公」への回帰ではないかという疑いと都市計画の基本理念の後退につながるのではないかと疑問を持たざるを得ないのです。ちなみに明治憲法第二七条を紹介しておきます。

第二七条
日本臣民ハ其ノ所有権ヲ侵サルコトナシ
公益ノ為必要ナル処分ハ法律ノ定ムル所ニ依ル（傍線、筆者）

三　都市の「計画」の意味

都市計画の用語が一般的に用いられるようになるのは、一九一九年の旧都市計画法以降です。文字通り「都市」と「計画」を結合した用語です。

一九六八年新都市計画法では、まず「計画」の対象地域となる「都市計画区域」を定めます（同法第五条）。「計画」は、都市計画区域ごとに、都市計画図として公表されます。そこに表現されている「計画」の内容は、大きく区分して三つあります。第一は、土地利用規制に関する都市計画です。都市計画区域を市街化区域と市街化調整区域に区分する区域区分[4]の指定（同法第七条）、一二種類の用途地域等の地域地区の指定状況が示されています（同法第九条）。第二は、都市施設に関する都市計画です。道路、公園、河川、下水道などを「都市施設」として、位置及び区域が定められています（同法第九条）。第三は、市街地開発事業に関する都市計画です。土地区画整理事業や市街地再開発事業等の事業の種類、施行区域が定められています（同法第一二条）。

都市計画区域内の土地利用は、すべて、「計画」のもとに置かれるのです。

都市計画の「計画」の意味を歴史的変遷から考えてみます。

官が自ら行う事業の「計画」

日本の近代都市計画の始まりは、明治政府の東京を近代国家の首都として欧米に負けない都市に改造しようとした都市整備に求められます。その象徴が、銀座煉瓦街（現在の銀座）の建設（一八七二年）です。大火の発生を機にその焼け跡で道路を広げ、レンガ造りの不燃建築物を建てるという都市整備が行われました。東京府が焼失地域の土地を買収して格子状の道路を計画し区画整備をし、大蔵省建設局施工で店舗併用住宅の街並みを建築して、それを払い下げる官営事業でした。同様に、火災跡地での都市整備は度々行われています。しかし、たまたまの火災で、既存建築物がスクラップされた、官の立場から見れば絶好の機会を利用して都市整備をするというやり方を続けても道路網が都市全体に計画的に整備されることにはなりません。

一八八八年には、東京市区改正条例と東京市区改正土地建物処分規則が公布されます。

東京市区改正委員会という政府機関がつくられ「計画」が審議されます。東京にだけ適用されるものでしたが、日本最初の都市計画法でした（その後、大阪、京都、神戸でも）。市区改正計画は、東京市区を対象に、道路計画、公園計画、鉄道計画からなる「計画」です。東京市区改正条例がつくられる当時の東京府知事芳川顕正が提出した『東京市区改正意見書』（一八八四年）の中に「市区ノ計画ヲ定メ、普ク府民ヲシテ之ヲ知ラシメ、其計画ヲ実施スルニ妨害トナルヘキ土木ヲ止メ」（この場合の「土木」には建築も含まれています）という記述があります。「計画」を「知らしめ」加えて、官の道路建設事業を人民の土木・建築行為などが阻害することを禁止するとしているのです。

「東京市区改正計画図」は、印刷され、普及され「知らしめ」られました。[5]「計画」を策定して公開することの始まりです。東京市区改正土地建物処分規則では、事業予定地内の土地・建物を「収用」する規定や「木造ソノ他移転シ易キ構造ニ限ル」と事業予定地区内の建築行為に制限を加える規定が設けられました。市区改正計画は、国や東京府の行う自らの事業の「計画」でした。

即ち、市区改正条例は、「計画」による「土地利用」への「公共の介入」の始まりですが、都市計画を「公」

の事業として、人民に「知らしめ」「依らしめる」ものと性格付けたのです。

都市膨張に備える「計画」

一九世紀の終わり頃からの日本の資本主義経済の発展に伴って都市が急激に成長し、新しい市街地が形成され始めました。通勤交通機関の発展、土地投機の活発などによる都市郊外への市街地の拡大という新しい都市問題が起こるのです。市街地の拡大は、民間の「自由」な建設活動が要因です。そのような背景のもとに全国に適用される旧都市計画法が一九一九年に制定されたのです。都市計画は、市街地の拡大に「備える」という新しい性格を持つようになります。

「都市計画区域」を定め、区域に法を適用する仕組みが作られます。「二十箇年又ハ三十箇年間ニ交通上、経済上、一體トナルヘキ可能性ヲ有スル生活単位ノ區域ヲ都市計画區域」とするとされています[6]。法施行当初、都市計画区域の指定が行われたのは、東京以下六大都市のみでしたが、将来人口を予測し、将来の市街地範囲を考慮して「都市計画区域」を決める作業がされるようになったのです。

民間の建設活動に介入する「計画」

市街地は、主に民間の建設活動によって形成されます。それを、市場原理にゆだね土地利用を土地所有者の勝手に任せておけば、道路・公園や上下水道などの公共施設の未整備状態のまま、個別の建築による土地利用が進み、いわゆるスプロールが発生します。また、住宅と工場などの異なる土地利用が混在する問題や建物の密度が高くなりすぎる問題等が起こります。一九世紀後半の世界の大都市が直面する共通の問題でしたから、それに対応する欧米の都市計画から学ぶことになりました。

市区改正条例は、市区改正事業予定地における建設活動を規制するものでしたが、この時代での民間建設活動への「公共の介入」は、新たな都市計画規制を必要としました。

ゾーニングという概念です。市街地の地区別目標像を立て、それを実現するために地区ごとに土地利用に対する都市計画規制を変える用途地域制です。旧都市計画法の用途地域は、住居地域、商業地域、工業地域の三種類（それに、未指定地域を含めた四種類とも言われます）でした。(7) この地域内での建築行為は、「市街地建築物法」による「建築物規制」を受けることになります。一九一九年に旧都市計画法と同時に成立した「市街地建築物法」は、現在の建築基準法の前身です。戦前は、現建築基準法の「建築確認」にあたる「建築物規制」を「建築警察」事務として警察行政が所掌していました。用途地域ごとに建築できない用途を列挙して、「悪いもの」を国家が取り締まるという性格を持っていました。(8) 用途地域制の建築規制は、異種の建築的土地利用の混在、特に工業とその他の土地利用の混在の防止と土地利用の純化がその目的でした。

旧都市計画法は、その目的を「永久ニ公共ノ安寧ヲ維持」するための「重要施設ノ計画」と定めています（旧法第一条）。都市を物理的な施設と見なす考えが基本になっています。道路や公園、鉄道等のように「公」が直接的に「設備ヲ施ス」施設は、もとより、都市を用途地域に分け、建築物の用途に制限を設けることによって、間接的に「建築物ヲ整理スル結果ヲ生ム」「地域指定ハ都市計画施設ト謂フコトカ出来ル」として「地域指定」自体も「重要施設ノ計画」に含まれるとしています。(9)

旧都市計画法第一条

本法ニ於テ都市計画ト称スルハ交通、衛生、保安、防空、経済等ニ関シ永久ニ公共ノ安寧ヲ維持シ又ハ福利ヲ増進スル為ノ重要施設ノ計画ニシテ市若ハ主務大臣ノ指定スル町村ノ区域内ニ於テ又ハ其ノ区域外ニ亘リ施行スベキモノヲ謂フ（傍線、筆者）

土地所有者の共同事業の「計画」

旧都市計画法では、日本の都市計画の特徴的で重要な都市計画手法となる土地区画整理事業が制度化されます[10]。都市拡大に伴って、東京・名古屋などの大都市郊外において組合施行耕地整理事業が盛んに行われていました。耕地整理法[11]に基づいて設立される地主の組合が、農地を宅地に変えるために耕地整理事業を準用したのです。これを旧都市計画法において土地区画整理事業として制度化するのです。旧法第一二条に「都市計画区域内ニ於ケル土地ニ付テハ其ノ宅地トシテノ利用ヲ増進スル為ニ土地区画整理ヲ施行シ得」と規定されます。都市計画区域の一部を土地区画整理地区として「計画」し、事業によって整備される市街地は、一定の水準を確保することになるのです。もともと都市近郊の土地所有者の共同事業という私的性格を持つ組合施行耕地整理事業を、都市計画の組合施行土地区画整理事業として、公共的事業に位置付ける始まりです（ただし、事業の施行は、耕地整理法を準用しています）。

旧法第一二条の土地区画整理は、土地所有者組合が「設計書ヲ作リ地方長官ノ認可ヲ受クルコトヲ要スル」として、公的性格が付与されます。旧法第一三条では、「都市計画トシテ内閣ノ認可ヲ受ケタル土地区画整理ハ認可後一年内ニ其ノ施行ニ着手スル者ナキ場合ニ於テハ公共団体ヲシテ都市計画事業トシテ之ヲ施行セシム」と都市計画的強制による公共事業として行政庁、公共団体が土地区画整理事業を施行することができるとされたのです。土地区画整理事業が都市計画事業として位置づけられることになったのです。

道路や公園等の線的、点的「重要施設」を都市計画事業として、都市計画的強制（土地収用等）によって整備する手段に加えて、市街地を土地区画整理事業によって地区的、面的に整備する都市計画事業手段を備えた日本の都市計画制度がつくられました[12]。

日本の都市計画制度は、この時期の計画技術が、今でもその根底において、引き継がれています。

一九六八年新都市計画法の「計画」

市区改正条例、旧都市計画法によってつくられた日本の都市計画の「計画」の概念を整理すれば、二つです。

一つは、物象主義の計画です。都市は道路、鉄道、公園、上下水道、建築物などの物的「施設」で構成されるとして、「計画」に基づいてそれらが整備されれば、よい都市が造られるという考えです。「反射的利用」という言葉がよく使われます。「施設」が整備されれば、おのずから、住民はそれを受け入れ、結果として「計画」がもくろむ「都市」が形成されるというのです。

二つは、上位下達の計画です。明治初期の銀座煉瓦街建設の「計画」は、「官」が、自らの事業について自分で計画をつくり、人々に知らせるものではありませんでした。東京市区改正計画では、計画に「依らしめる」ために「知らせる」ようになりましたが、計画をつくるのは、やはり「官」の仕事でした。旧都市計画法も都市計画は国家の事業として臣民に「計画」を「知らしめ」「依らしめる」という性格を引き継ぎました。

新憲法下の都市計画に求められたのは、このような「計画」からの転換です。

新憲法が求める社会国家の原理・制度は、すべての国民に「健康で文化的な最低限度の生活」の保障（憲法

第二五条）という国民の生存権的要求を満たすことです。新都市計画法に基づく都市計画制度にこの原理が求められるのは当然です（新都市計画法の目的と基本理念については、二章で論述しています）。

住民の生活空間の「計画」

都市計画の「計画」は、本来は、単に物としての「都市」ではなく、国民の「住民としての生活」そのものが対象です。

都市は、物的施設によって構成されていますが、都市を形づくる本質は、その都市に生活する住民です。住民、すなわち、その土地に住む人にとっての都市は、平面的な土地のことではなく、その上で営まれる「生活」のための住民一人ひとりの土地の「利用」が集積した有機的な空間なのです。住民は、都市を「共同生活空間」として「共用」するのです。

都市空間を共用する土地利用主体である住民の一人ひとりの土地利用の意味も様ざまです。また、国や地方公共団体のような公共と企業やデベロッパーのような民間などが土地利用主体として重層的に存在しています。住民のみんなが共通の土地利用目的を持っているとは、限りません。他の土地利用主体との関係でも共通の目的が確定しているわけでもありません。都市計画は、この複雑で重層的な土地利用主体間の土地利用を調整する役割を持つのです。異なる土地利用意向を持つ土地利用主体の合意形成を図って策定された「計画」によって、初めて、都市を生活空間として共用する共通の目的が確定されるのです。本来、前述した憲法が保障する国民の権利である「土地利用の自由」に「公共の福祉」を原理とした「公共の介入」の「公共性」の根拠となるのが、「計画」でなければならないのです。少なくとも、新都市計画法の第一条と第二条からみれば、現行の都市計画は、この原理をふまえている筈です。

その点で、新都市計画法が、「計画」策定における「住民参加」の規定を設けたことは、旧都市計画法からの重要な変化です。「公聴会」を開催して、「計画案」を説明して住民の「意見」聴取すること（同法第一六条）、「計画案」を縦覧し、その「計画案」について、住民が意見書を提出することができるとしたのです（同法第一七条）。現実の都市計画では、それらが形式的に扱われ、十分に機能していないことが問題となっていますが、少なくとも旧法では、まったく制度的に考慮されていなかった「計画」策定への「住民意思の反映」が導入されたのです。

道半ばの日本の都市計画を憲法理念に基づいて、都市計画の民主主義を追求するうえで「計画」における「住民参加」の課題、即ち、「住民の意思」と「計画」との関係は、なお重要な課題となっています。

四　「都市計画を定める者」と地方自治体

「計画」の意味を検討してきましたが、「計画」を策定して、法に基づいてそれを「決定」するという事務を誰が、どのような権限で行うか、また、住民はどのように関与するのかは、日本の都市計画に通底する問題です。「都市計画を定める者」について、考えてみます。

都市計画は国家の権限か

既に、述べたところですが、新都市計画法が制定されるまでは、都市計画を決定する権限を国家が持ち、都市計画の事務は、国（中央政府）が所掌していました。

旧都市計画法の第三条には、「都市計画、都市計画事業及毎年執行スヘキ都市計画事業ハ都市計画委員会ノ議ヲ経テ主務大臣之ヲ決定シ内閣ノ認可ヲ受クヘシ」となっていました。都市計画委員会には、中央委員会と地方委員会があり、都市計画は、都市計画地方委員会の議を経た案を内務大臣が決定し、内閣の認可を受ける仕組みだったのです。各道府県の都市計画地方委員会は、知事を会長に組織されていましたが、その都市計画地方委員会事務局は国の内務省管轄の組織として、職員は内務省の官吏でした。「計画」の作成は、内務省の官吏が行っていたのです。

戦後、新憲法の「国民主権」のもとで、地方自治の位置づけが変わるなかで、[13] さすがに都市計画の案を作るのは、都道府県や政令指定都市などの都市計画課が行うようになっていました（戦後、旧都市計画法の都市計画委員会の用語だけは、新都市計画法と同じ都市計画審議会に変わりました）。しかし、旧都市計画法が適用されたまま、都市計画権限はやはり国（中央政府）にあり、建設省（現国土交通省）は、計画の内容に対して大きな影響力を持っていました。特に、戦後の経済成長を支えるための開発プロジェクトにかかわるような都市計画については、建設省の外郭団体を利用して、建設省の職員が策定委員会等に参加して原案策定に関与するなど影響力を持っていました[14]（今でも、このような構造は残っています）。戦後になっても旧都市計画法が用いられていたのは、このように、国（中央政府）にとって都合がよかったからです。

いまも、都市計画権限は国家（中央政府）だという考えが、まだまだ根強く残っています。

ます。

都市計画は市町村の最優先事務

都市計画は市町村の固有の仕事であるという考え方は、中世の自治都市の経験をしてきたヨーロッパや人が住みついて自分達の生活を運営する地方自治体を組織してきたアメリカなどでは、最も基本的原則になってい

ます。

戦後の税制改革問題を調査するためのＧＨＱ調査団がまとめたシャウプ勧告（一九四九年）が行政事務の国（中央政府）と地方（地方公共団体）との間での配分の問題を指摘し、その中で、都市計画は市町村に任せるべきだと指摘しています[15]。この権限移譲は当時の建設省の抵抗もあって実行されないまま、一九六八年の新都市計画法まで待たなければならなかったのです。

新都市計画法になって「機関委任事務」として都道府県知事と市町村に都市計画権限が委譲されましたが、知事の権限の方が強く、市町村が決められる都市計画は狭い範囲に限られていました。その上、市町村の都市計画は都道府県が定めた都市計画に適合しなければならないとされました（同法一五条三項）。さらに、市町村の都市計画決定には、知事の「承認」が必要とされたのです（同法第一九条）。

その後、二〇〇〇年の地方分権一括法施行によって、都市計画は、地方公共団体（都道府県と市町村）の「自治事務」となり、市町村が決められる都市計画の範囲も広がりました。しかし、市町村の都市計画のほとんどは、都道府県知事の「同意」が必要となっています（同法第一九条三項）。さらに、東京や大阪、名古屋などの大都市が存在する三大都市圏（首都圏、近畿圏、中部圏）の広域計画[16]のもとに置かれている市や東京特別区などと他の一般市町村とでは、決定できる計画の範囲が違っています。例えば、東京都の特別区では、用途地域の決定は、都の決定事項になっています。広域的な計画との整合性の観点から、狭い権限しか与えられてい

ないのです。

都市計画権限が国（中央政府）から地方自治体に移譲されましたが、市町村最優先の原則の確立は、未だということです。

「まちづくり」と地方自治

最近は、都市計画という用語に代わって「まちづくり」という平仮名で表現されることが多くなっています。このことから、何故、都市計画が市町村最優先事務でなければならないかを考えてみます。

もともと「まちづくり」は、目的を持った用語法でした。一九六〇年代の高度経済成長期（旧都市計画法が適用されていた時期）には、三大都市地域を中心に都市に人口が集中し、住宅需要が増大して都市郊外での民間宅地開発によるスプロールや都心部での木賃アパート、高層マンション建設等による居住環境の悪化など土地利用の混乱による都市問題が社会的問題となりました[17]。また、地域開発、都市開発が国・地方公共団体や公団・公社によって公共事業として進められ、その手段として多く用いられたのが土地区画整理事業でした。全国各地で、住民の反対運動が展開されていました。こうした各地の住民運動が、都市計画的強制に対抗して掲げたのが、住民主体、住民生活本位の「まちづくり」だったのです。

住民は、公共事業としての都市計画に直面するとき、特に、都市計画道路の整備や土地区画整理事業が象徴する都市計画の物象主義に反対するのです。住民が暮らしによって形成された有機的な生活空間の「まち」を格子状の道路が整備された「街」に、機械的に改変することに異議を唱えて、有機的な「まち」の内部、住民の生活から発想される改良が必要だと主張しているのです。その「まち」の改良に住民が主体的に係るという主張が「づくり」です。

「公共」事業として強制される都市計画に対置する意味で住民が「まちづくり」という表現を用いたのです。[18]住民は、自分の暮らしを総合的に捉えています。例えば、現実に起こっている問題ですが、東京都練馬区のある中学校の校庭を二本の都市計画道路が交差して都市計画決定されています。その一本の都市計画道路の事業化が浮上し、当然周辺住民からの疑問と異議の声があがりました。そこにみられる問題は、住民の主張する「まちづくり」を象徴しています。

学校も「都市施設」として、道路と同様に「計画」の対象となる施設です。[19]「都市計画を定める者」の内部として、何故、調整できないのかという問題ですが、一方、自治体の都市計画行政と学校・教育行政との調整の問題でもあるのです。住民は、これを都市計画上の問題、学校行政の問題と分けて捉えることにはなりません。住民は、地域の生活問題として総合的にとらえるのです。

「都市計画を定める者」としての地方自治体に住民が求めるのは、市町村の都市計画の個別的対応ではなく、住民に最も身近な市町村の自治体行政の総合的対応なのです。

市町村の総合計画と都市計画

都市計画法第一五条三項は、市町村の都市計画が都道府県の定める都市計画に適合することを求めているのと併せて、「議会の議を経て定められた当該市町村の建設に関する基本構想」に即していることを求めています。地方自治法第二条第五項（一九六九年改正）は、地方自治体（市町村）が議会の議決を経て基本構想を定めることを義務づけました。地方自治体に「総合計画」という計画行政が求められるようになったのです。[20]都市計画法の第一五条第三項の「市町村の建設に関する基本構想」は、自治法に基づく基本構想を指しています。

地方自治体の基本構想、それ自体は、抽象的な文章で「目標」が語られているだけで、計画図のようなものではありませんが、基本構想に基づいて、計画期間一〇年程度の基本計画が策定されます。基本計画には、自治体の全分野の行政施策が取り上げられます。都市計画法の「市町村の建設に関する基本構想」は、基本構想にもとづく都市計画・建設分野の基本計画を指していることになります。ただ、地方自治法の「計画」は、都市空間の「土地利用」に「介入」して調整するという規制的性格を欠いています。その点で、地方自治法の「計画」と都市計画法の「計画」の関係を都市計画法において規定をしているのが、都市計画法第一五条三項なのです。

市町村の都市計画については、一九九二年の都市計画法改正によって、「市町村の都市計画に関する基本的方針」いわゆる「市町村都市計画マスタープラン」が導入されます（同法一八条の二）。都市としての将来のあるべき姿を明示して、市町村が都市計画を定める指針となるものです。市町村の都市計画の基本構想・基本計画という性格のものです。「方針」の策定にあたっては、「市町村の建設に関する基本構想」に即することが求められています。

市町村の総合計画行政と都市計画との制度的関係、即ち、市町村の総合計画行政の一環として、都市計画を位置づけることの必要性を指摘しました。「計画を定める者」として市町村が都市計画権限を持つべきという理由がここにあります。

五　おわりに──憲法の下での民主主義の徹底

日本の都市計画を歴史的に遡ることで現行都市計画が制定された一九六八年以降とそれ以前の近代都市計画とを区別して、現代都市計画の課題を論じてきました。

明治政府による国家の事業として始まった都市計画は、一九六八年までは一貫して、国（中央政府）によって所掌されていました。都市計画の計画技術・制度もその中で発展してきたのです。都市計画の「計画」の概念は、民に「知らしめる」「依らしめる」ものでした。新憲法下で制定された一九六八年都市計画法によって、都市計画の事務は、中央政府から地方自治体に移譲され、「計画」策定における「住民参加」の制度が導入されたのです。しかし、基本的な計画技術・制度は、以前の内容を引き継いでいました。一九六八年以降に新しい計画技術・制度が加わったり、改良されたりしていますが、国、都道府県、市町村という縦割りの関係は、今でも色濃く残ったままです。

都市は、住民が日常生活を営む「生活共同空間」としての「まち」です。住民の生活は、自然や文化的、社会的、経済的な地域特性を持っています。そうした住民生活の営みによって、形成された有機的「まち」の土地利用の地域特性を考えれば、都市計画の事務を処理するのは、中央政府ではなく、最も住民に身近な地方公共団体（市町村）の最優先事務とするのは、当然の帰結です。

たしかに、都市計画が市町村の自治事務になったことは、一定の前進とみることもできますが、市町村の最優先事務として一貫されているとは言えません。まして、住民自治の点からみれば、現実の都市計画が、住民主権の立場で運用されているとは言い難い現実があります。

日本国憲法は、第八章「地方自治」を設けて、憲法第九二条に「地方自治の本旨の確保」を定めています[21]。この「地方自治の本旨」には、「住民自治」と「団体自治」がふくまれていると解されています。「団体自治」とは何か、「地方公共団体が、独自の法人格をもち、憲法の規定を条件としてではあるが中央政府から独立して、その自治事務を処理できることを意味する」とされています[22]。「住民自治」は、憲法の「国民主権」に基づく、「団体自治」の運営の原理です。即ち、住民の意思による運営が「団体自治」に求められているのです。

住民主権の都市計画が求める「公共」―市町村―の民主化と地方自治の「住民自治」「団体自治」とは、憲法の理念のもとに結び合う課題のように見えてきます。

市町村の「計画」行政に求められるのは、杉原泰雄一橋大学名誉教授の言葉を借りれば「住民による住民のための政治」の徹底した実行です[23]。

戦後、日本国憲法制定後の七〇年、いまだに、民主主義が定着していないと思われる憲法状況において、改めて、憲法のもとでの民主主義の徹底が様々な分野で、求められていると言えるのではないでしょうか。

参考文献

石田頼房『日本近現代都市計画の展開』自治体研究社、二〇〇四年
杉原泰雄『改訂版・地方自治の憲法論』勁草書房、二〇〇二年
杉原泰雄『憲法と資本主義の現在』勁草書房、二〇一〇年
宮沢俊義『日本國憲法』日本評論社、一九六七年
内務省都市計画局『都市計画法釋義』一九二二年（大正一一年）

注

（1）東京都立大学（現首都大学東京）の建築工学科都市計画研究室において石田頼房先生（東京都立大学名誉教授）から多くの知見を教授された。
（2）『憲法と資本主義の現在』二〇一〇年、二〇〇頁。
（3）『日本國憲法』二〇五頁。
（4）都市計画区域を市街化区域（既成市街地と市街化が認められる区域）と市街化調整区域（市街化を抑制する区域）に区分する。通称「線引き」と言われる。
（5）東京市区改正条例（一八八八年）によって策定された計画には、一八八九年（明治二二年）の市区改正委員会案（旧設計）と一九〇三年（明治三六年）の市区改正新設計とがある。
（6）『都市計画法釋義』一一・一二頁。
（7）現行法は、第一種低層住居専用地域、第二種低層住居専用地域、第一種中高層住居専用地域、第二種中高層住居専用地域、第一種住居地域、第二種住居地域、準住居地域、近隣商業地域、商標地域、準工業地域、工業地域、工業専用地域の一二種類となっている。
（8）建築確認は、地方自治体の建築主事が行っていた。二〇〇九年の建築基準法改正により民間の機関（指定確認検査機関）でも行うようになった。
（9）旧都市計画法の解釈には、『都市計画法釋義』を参照した。
（10）全国の二一五都市（沖縄を除く）が空襲によって被災した。戦災復興院は、そのうちの一一五都市を戦災都市に指定して一九四六年に制定された特別都市計画法による戦災復興土地区画整理事業が施行された。現在の日本の主要都市の中心市街地は、土地区画整理事業によって形づくられ、日本の都市を画一化したといわれるが、大きな影響を持った。
（11）田区の改良は、江戸時代の畦畔改良にまで遡るといわれているが、一八九七年の「土地区画改良に関する法律」一八九九年の「耕地整理法」によって耕地整理事業が行われた。
（12）戦後、単独法としての土地区画整理法が制定された（一九五四年）。
（13）新憲法第八章「地方自治」。

(14) 幹線道路整備や土地区画整理事業等の都市計画事業に対する国の補助金の執行を通しての国の影響力は大きなものだった。
(15) 中央政府と地方自治体との事務分担の原則といわれるのが「近接性の原則」「補完性の原則」である。
(16) 首都圏整備法の首都圏整備計画、近畿圏整備法の近畿圏整備計画、中部圏開発整備法の中部圏開発整備計画等。
(17) この時期の都市開発・地域開発による都市問題の激化、自然環境破壊・公害の深刻化に伴って展開された住民運動は、一九六〇年代後半の革新自治体誕生の背景となった。
(18) 筆者も理事として関係しているNPO法人区画整理・再開発対策全国連絡会議は、一九六八年に全国各地で展開されていた区画整理事業に対する住民運動によって結成された。早くから都市計画に代わる「まちづくり」を主張している。
(19) 都市計画法第一一条一項五号で「都市施設」として学校が定義されている。
(20) 二〇一一年の地方自治法改正によって、市町村の基本構想に関する規定（同法第二条第四項）が削除され、同法第九六条第二項の規定に基づき、個々の市町村がその自主的な判断によって引き続き現行の基本構想について議会の議決を経て策定することとされた。
(21) 憲法第九二条「地方公共団体の組織及び運営に関する事項は、地方自治の本旨に基づいてこれを定める」
(22)『改訂版・地方自治の憲法論』一六六頁。
(23) 同著、一五八頁。

朝鮮人「強制連行」問題を学び直す
――北の地方都市での体験から見えてくるもの――

佐々木建

はじめに――出発点としての私のささやかな体験

この数年、私は北海道の小さなまちでの体験を思い起こしながら、「本土決戦」を叫んで無謀にも戦闘を国内に呼び込んだ支配者の責任を、「私の戦争」というテーマで書き連ね追及している。一九四四年七月のサイパン島陥落で本土の空爆が現実味を帯び始めていた。敗戦は明らかだったのに戦争を引き延ばし、国民とアジアの人びとに塗炭の苦しみを味わわせた支配者の責任はそれだけでも許されるものでない。無責任な戦争継続によってもたらされた結末は何だったか。広島、長崎への原爆投下に至る都市空襲であり、住民を巻き込んで闘われた沖縄地上戦である。凄惨さはそれに止まらない。本土決戦準備のために国民の生命と財産の収奪は強化され、強制連行された朝鮮人労働者や中国人労働者もその過程に巻き込まれ命を落としたのである。

朝鮮人労働者「強制連行」から検討を始めたいと思う。この課題に取り組むには資料があまりに少ない。そうであっても、私は「研究」的に分析をするのではないのだから、少ない資料で曖昧なつなぎ合わせに依存しても問題提起だけは出来るだろう。そのような水準ではあっても、今の時期にこの問題について書き連ね批判の視点を獲得することには重大な歴史的な意義があることはあえて強調するまでもないだろう。

私の記憶から出発することにしよう。『すり込まれている筈の風景』で書いたことだが、[1]戦争末期に朝鮮人労働者の一群と生家近くの波止場あたりで出くわしたことがある。上半身裸でよく日焼けしていた。下穿きだけで毛布で身体を覆っていた。雰囲気が異様なだけに、その情景を鮮烈に記憶している。

彼らを見たのはいつ頃のことだったか、彼らがなぜあの場所にあのような身なりでいたのか、そのことが気になりだしたのは大学に進んでからのことだ。朝鮮人「強制連行」が話題になり始めていた。なぜあのような辺鄙な地に彼らはいたのか、考えるようになった。「強制連行」はもっぱら石炭増産のために連行されたと論じられていた。私のまちは炭鉱とまったく関係がなかった。千島列島や北海道の要塞化のために連行されたことを知ったのはずっと後になってのことだ。

当時、郊外の牧之内に海軍第二飛行場の建設が進められていた。朝鮮人使役も機材搬入も住民の目に触れないように鉄道を建設現場まで引き込んで行われた。この基地建設を請負ったのが、軍事基地建設に朝鮮人労働者を使役して成長した地崎組（現在の株式会社地崎工業）外いくつかの土建企業である。その地崎工業の社史によると、一九四二年末頃に飛行場建設工事を請負い、朝鮮人労務者を使ったという。[2]私の脳裏に焼き付いている光景もその過程の一部だったのかもしれない。

一九四三年にあのまちで発疹チブスが流行した。飛行場建設現場の朝鮮人飯場が発生源であったと言われている。[3] 防疫のために働いた医者も感染して死亡したことが私の家の茶の間でも話題になった。だとすれば、この年に朝鮮人労働者が集団でまちに出てくることはあり得ない。おそらく翌年か、翌々年の夏のことであったろう。波止場近くで見たのだから、船を使ってどこかに移動する途中だったのだろうか。

彼らは「強制」によって連れてこられたのだ。そうでなければ、あの厳しい気候の地の果てのまちまで自発的に契約してやってくる筈はない。それが「強制連行」の姿だと理解できたのは、ずっと後になっての学びの結果であった。その学びの概略を紹介し、私なりに今の時代にとっての教訓を学びとってみたい、それがこの仕事の課題である。

一 「強制連行」私見

私の記憶を補強するために、学びの結果を紹介しておこう。

「強制連行」という表現が登場したのはいつ頃のことだったろうか。それほど古い話ではないはずだ。日本の植民地になって朝鮮人は深刻な民族的差別をうけ、日本国内に導入されて低賃金労働力として資本主義的発展を底辺で支える役割を担わされていた。一九三八年に制定された国家総動員法によって計画的に強要されて国内に導入される過程が始まった。「強制連行」問題はこの過程に関わっておもに朝鮮人の側から提起されたのではないかと思う。朴慶植の問題提起が与えた影響は私にとっては大きかった。『朝鮮人強制連行の記録』を読んだ時は衝撃的だった。[4]

今読み返してみて、この書物の登場の歴史的背景と重ね合わせてみると、その狙いがよく理解できる。日韓基本条約が締結されて今年で五〇年になる。私もあの頃日韓条約反対の運動に参加し、日本からの経済協力と称する算出基準があいまいで掴み金同然の巨額の経済援助に反対していた。この条約によって帝国主義的抑圧の個別の保障は解決済みとされ、戦時下の犯罪行為がうやむやにされてしまったことに、若い私は気づいていなかった。[5]「強制連行」の問題提起は、その犯罪行為を暴いて日韓経済協力の欺瞞を明らかにすることも課題にしていたのだった。

「強制連行」の正確な理解のためには、その基底にある差別の仕組みを暴き出すことが不可欠である。その出発点は「日韓併合」あるいは「韓国併合」[6]にある。併合によって朝鮮人は日本帝国「臣民」にさせられたのだが、実体としては「日本人」ではなかった。この仕組みを無視しては「連行」問題は理解できない。

朝鮮人には、多くの留保条件がついて基本的人権の保障とは到底いえないような「臣民の権利」ですら与えられなかった。たとえば、天皇によって賦与された大日本帝国憲法の第二章「臣民権利義務」第二十二条で「日本臣民ハ法律ノ範囲内ニ於テ居住及移転ノ自由ヲ有ス」と規定されている。[7]「法律ノ範囲内ニ於テ」という留保は、基本的人権を権力者が意のままに制限できるという規定で、こんな程度のものなら、移動の自由についても内地人と同じにしたって何の問題もないはずだ。ところが、「内地人」と朝鮮半島や台湾に居住する「臣民」とに分けられ、その間に差違を作り出した。朝鮮人でもない日本人でもない、同化政策と収奪によって呻吟する民になったのである。同じ「臣民」であるという虚構にはめ込まれ、その枠組みの中で民族差別が展開されるという陰湿な差別の構造が作り上げられたのだ。

大日本帝国憲法のどこを見ても、朝鮮人の地位に関連する規定はない。それもそのはずで、閣議決定ですべてを決めたのだ。一九一〇年六月三日に閣議決定された「併合後の韓国に対する施政方針」がそれである。海野氏の著書から引用しておく。[8]

一、朝鮮には当分の内、憲法を施行せず、大権に依り之を統治すること。
一、総督は天皇に直隷《ちょくれい》し、朝鮮に於ける一切の政務を統括するの権限を有すること。
一、総督には大権の委任に依り、法律事項に関する命令を発するの権限を与うること。但、本命令は別に法令又は律例等、適当の名称を付すること。

総督の権限を規定した条項も憲法にはない。総督は天皇に直属する官僚にすぎなかったのに、天皇の名において専制的支配をほしいままにできるようになったのだ。

併合された国の住民が制度的には日本人とされていたことは、当時の国威発揚のさまざまな仕掛けに明らかだ。子どもの頃、出征兵士を送るときに「出征兵士を送る歌」を歌わされた。その一節に「讃えて送る一億の……」というくだりがある。今考えてみると実におかしな数字だ。この「一億」という数字は紀元二千六百年奉祝歌にも登場する。国威発揚のための最も重要な数字であった。現在、私たちが利用できる推計値では沖縄を含む内地人の数は一九四〇年頃で約七二〇〇万人、到底一億人には達しない。[9] この「一億」は明らかに併合した朝鮮、台湾の人口を加算したものだ。[10] 臣民としての権利を付与していないのに、計算上は統合した一つの民族と見せかける、なんと姑息なやり方ではないか。

この体制の下で朝鮮半島は実質上日本の「植民地」と化した。創氏改名によって日本名を名乗らされ、皇民教育が進められ、朝鮮語を使うことが禁じられて日本語の習得が強制された。朝鮮人の民族的特性は暴力的に否定されたのである。日本名を名乗らされながらも「半島人」「鮮人」という表現が一般的に使用され、本土の日本人は彼らを日本人として受け入れなかった。「臣民」でありながら移動の自由を認められず、実質上「移民」として本土に導入され、差別的に雇用されたのである。

このような差別の上に、労働の強制をともなう雇用関係が展開されていくのだ。徴兵によって深刻になった労働力不足を補い、炭鉱業や基地建設に従事させるためだった。

この過程を「移民」段階から「強制連行」段階への転換と理解してみよう。その違いは簡単な数字を見ただけでも明らかだ。一九二八年末の内地残留者は二三万八一〇四人、都道府県別で見ると、大阪府が五万五二九〇人、東京府が二万八三二〇人、福岡県が二万一〇四二人、愛知県が一万七九二八人、京都府が一万六七〇一人と続く。都市圏、とりわけ関西への移住が多かったことがわかる。北海道はわずかに六四四六人であった。同年六月現在の職業別統計を見てみると、人夫、水上労働者、鉱夫等の単純労働の分野で雇用されているものが多いものの、職工として雇用されているものもある。当時の大阪市社会部の調査によると、人夫が八割弱、職工は二割強であった(11)。私の住む京都でも、西陣織、友禅染等の地場産業に朝鮮人が導入されている(12)。都市部の熟練を必要としないいわゆる肉体労働者が中心だが、工場労働者や職人の比重も高かったのである。

これが、「強制連行」段階に入ると構成が大きく変わる。都道

官公吏及会社員	232人
学生	4,044
商業	6,881
農業	2,618
水上就労者	2,462
職工	36,038
鉄夫	12,786
人夫	88,353
その他	55,047
計	208,391

府県別では福岡県、北海道、長崎県などの炭鉱業が立地する地域が大都市圏にかわって上位を占める。一九三九年度から一九四五年度について厚生省が作成した数字によると、連行された朝鮮人総数六六万七六八四人の産業別構成は「石炭山」が四七・七パーセント、「金属山」が一一・三パーセント、「土建」が一六・一パーセント、「工場其他」が二四・九パーセントとなっている。戦争末期になって鉄鋼業を中心とする軍需産業部門への連行が急増した結果、「工場其他」の比重が約四分の一に急増しているものの、この時期の連行は明らかに炭鉱業中心であった[13]。

「移民」段階ではまだ表向きは維持されていた自発的な職業選択の傾向は「連行」段階では計画的強要に取って代わられ、炭鉱業や土建業の過酷な現場に投入されたのである。怨嗟の声が戦後に朝鮮人の間で高まったのは当然であった。

内務省警保局が発行する『特高月報』を見ると、朝鮮人のあらゆる動向は監視対象になり、日本の支配に抵抗し独立を求める運動を大事にならないうちに摘み取る弾圧が強まっていた。流言飛語、落書さえ弾圧の対象となった。日本帝国主義の敗北は近いと確信する朝鮮人が確実に増えていた。そのような気分が醸成されていたその朝鮮人を軍需産業の中枢に送り込まざるを得ないほど、戦争拡大で労働力不足は深刻になり、国内経済は窮地に追い込まれていたのである。

一九四三年一一月に発行された前田一[14]の『特殊労務者の労務管理』（東京、山海堂）という書物がある。「鮮人労働者」と「苦力」、つまり朝鮮人労働者と中国人労働者を雇用する際に留意すべき点を示し、少しは洗練されたようにも見える表現を使って「特殊労務者管理」制度の導入を提言している。この書物は、当時の紙不足による出版統制にもかかわらず版を重ねた。朝鮮人、中国人を使役していた企業や工場の数から言って当然であった。「大東亜共栄圏」の理念に見合った雇用と管理をという彼の提言は受け入れられ実現しただろうか。「特殊労務者」という用語だけは定着したようだが、表現が変わっただけで実態は変わらなかった。むしろ悪化していったのである。この本が出版された時期はすでに戦争末期であり、「強制連行」は新しい局面を迎えていた。

アメリカ軍の反攻によって敗北が続き、本土決戦が現実のものになりつつあるその時期に「強制連行」は新たな局面に入った。本土決戦の準備のために急がれた要塞化のため、なりふり構わぬ「徴用」や「朝鮮人狩り」が始まり、使役の軍事的性格が一層強まるのである。

「強制連行」は「従軍慰安婦」問題と同じように、いまや論じるのは勇気がいるテーマになりつつある。しかし、この問題を取り上げていくには、次の点を考慮にいれてこの最終局面を重視することが重要だと思う。

第一に、権力の側には八月一五日からアメリカ軍の進駐までの間に彼らに不利な資料を処分する時間的余裕があった。だから軍需産業や基地建設に徴用された員数は不正確で信用できないのだ。しかも、意図的にその問題に触れないようにしているようにも見える。たとえば、防衛庁防衛研究所戦史室が著した膨大な『戦史叢書』がある。そのどこをみても、本土決戦に備えた要塞化に朝鮮人労働者を使役したことなど触れられていない。[15]なかったはずはないのだが。

第二に、基地建設を軍から請負い朝鮮人労働者を使役した民間企業も軍事機密を理由に語りたがらない。使役したことを率直に認めるのはまだましな方で、関与について沈黙する企業も多い。まして責任を認め謝罪した企業などあまり聞いたことがない。こういうことだから、徴用された朝鮮人の数字は事実を正確に反映していないことは明らかなのだ。

一九四四年二月に決定され開始された中国人捕虜の連行[16]も加えなければならないだろう。どれほどの数が過酷な労働と病気で死んだのか、日本へ移送される時に、また千島列島、樺太に転送される時にどれほどの数が潜水艦の攻撃で殺されたのか、軍の資料には何も残されていない。証明する資料がないということが軍による使役がなかったということにはならないのだ。

書き記されることもなく死んでいった人びとの無数の無念を思うとき、私はいつも頭を垂れる。戦争による国内の死者は兵士だけではない。日本人だけでなく、朝鮮人、中国人も殺されたのだ。兵士の戦死を悼むだけでは、真の慰霊にはならないのだ。

第三に、「強制連行」の段階を一括りにして捉える理解ではその非人間的実態は見えてこない。出発段階では中国人の大群をアメリカ大陸に送り出したクーリー（苦力）制度のようにも見えるが、本土決戦局面での徴用と使役はそれまでとはまったく様相を異にして展開された。戦況の悪化と労働力供給の逼迫がそうさせたのである。

第四に、「強制連行」でも「本土決戦局面」でも、地域によってその特徴に大きな違いがある。北海道での使役の実態を見ると、私の示した論点の意味もよく示されるはずだ。

二　北海道での使役の実態を推定する

北海道での使役の非人間性は、朝鮮人たちがこの地に固有の搾取関係の中に無制約で投入され、本土防衛の捨石として建設が急がれたこの地の要塞化工事に投入されたことによって加速された。

第一に、近代北海道「開発」は非人間的搾取を基盤にする労働関係から始まった。だれも長い過酷な冬の北の国にすすんで働きに出ようというものはいなかったあの時代、アイヌから収奪した土地を実質的に掌握することは明治政府にとって急務であった。そのために戊辰戦争敗者の東北の武士たちを半ば強制的に送り出すとともに、自由民権運動で捕らわれた政治犯などを活用する策を思いついたのである。「開拓」の労働力不足はこの囚人たちを奴隷のように使役することによって補われた。[17] この体験が身体的拘束を伴った半奴隷的タコ労働者に象徴される使役を発展させたのである。[18] タコ労働は第二次大戦後にGHQによって廃止されるまで続いた。私の子どもの頃、「タコ」「タコ部屋」「監獄部屋」という言葉には、意味もわからないのにそれを聞くだけで身の震えるような恐怖を覚えたものだ。北海道の幹線道路も鉄道網も囚人とタコによって、彼らの膏血を搾り取る過酷な労働と生命の浪費のうえに築かれたことは忘れられてはならない。この過程は「開拓」や「開発」の歴史の暗部や裏面と捉えられがちだが、現実の歴史を直視しない誤った認識だ。彼らの犠牲こそが歴史そのものなのである。

朝鮮人の使役が「内地」のそれと違うのは、彼らの使役がこのような北海道に固有の関係に絡め取られ、はるかに非人間的な搾取が展開されたことにある。タコ部屋にみる過酷な使役は、表向きは「飯場」と名前を変えてもなお維持されていたのである。

第二に、北海道が国家総動員法と本土決戦の体制を構築するために担わされた役割は二つあった。軍需産業の基礎をなす炭鉱業の増産体制を維持すること、さらにアメリカの起こりうるかもしれない北からの侵攻に対処するために、千島列島や北海道の基地を強化することであった。労働力の確保が緊急の課題であった。基地建設は土建企業が軍から請負う形で行われ、朝鮮人を軍属として直接使役した例はわずかであった。軍による朝鮮人の使役は土建業という民間による雇用という形に見事に隠しこまれてしまったのである。

第三に、南方での相次ぐ敗北と後退でアメリカの本土攻撃が現実になる状況が強まり、北方でもアリューシャン列島での敗北と撤退によって防衛ラインを下げざるを得なくなっていた。千島列島の要塞化を加速することは急務であった。多くの朝鮮人労働者が千島列島に輸送された。この地域の海上補給路はアメリカ潜水艦の魚雷攻撃でとっくに不安定になり、まともな輸送船など残っていなかった。そのため木造漁船を徴用して輸送を試みたが、結果は同じだった。

軍首脳の不安と焦りが見て取れる。北海道や千島列島は彼らの言う「本土」つまり大八洲《おおやしま》たる本来の日本を守るための捨て石であった。長大な北方の地のどこに上陸してくるかもわからないのに限られた時間で限られた労働力で飛行場と要塞の建設をあちこちで急ぐものだから、この時期の朝鮮人の徴用・使役の非人間性が一層強まったことは十分に想像できる。

多くの証言がそのことを示している。連行され使役され生き延びた人にとって「ホッカイドーと聞いただけでも、からだ全身にしみるような痛みを感ずる」恐ろしい場所であった。[19]「千島に連れて行かれたら、おれたちも終わりだ[20]」、これが当時の朝鮮人たちの偽らざる悲痛な叫びであった。千島列島での過酷な労働実態は聞き取りもされないまま、多くの死者とともに眠っている。[21] 国家総動員法の下での朝鮮人「強制連行」の過酷な実態がこれほどまでに明確に示された地域はない。

どれほどの数の朝鮮人と中国人が連行され、タコ的な労働を強制されたのか。その正確な数字は明らかではない。しかも千島列島、樺太の状況を示すものは、個別の証言記録以外には存在しないのだ。警察がつくった統計でおおよその数を知ることが出来るだけだ。『北海道警察史』『中標津町史』の数字を組み合わせて見てみると、[22] 北海道に在住する朝鮮人は、すでにみたように一九二八年には六四四六人にすぎなかった。それが一九四〇年には約一万六〇〇〇人に達し、一九四五年八月、つまり敗戦の頃には七万八四八六人にもなっていたのである。

送り込まれた中国人労働者は捕虜が中心だった。警察が輸送その他を管理したので、警察統計は朝鮮人の場合よりも信頼できるようだ。全国で三万八九三五人が連行され、そのうち北海道には一万五五〇〇人、つまり約半分が振り向けられた。北海道の構造が軍事一辺倒に転換していったことを反映している。その中国人の数は、一九四五年四月の調査によると、一万三一二五人、同年八月には一万二七四〇人であった。連行時の数との差二七〇〇人あまりは死亡したか現場で殺害されたことになる。朝鮮人に対する以上に残虐な扱いであったことが想像される。敗戦直後に各地で中国人労働者の怒りが爆発したのも当然であった。北海道はその経済的、軍事的役割の故に「強制連行」の最終局面の修羅場を作り出したのである。

三　根室地方の基地建設に使役された朝鮮人

北海道の朝鮮人労働者使役は、中国人捕虜も含めて、「強制連行」の最終局面で最重要の位置を占めていた。私の生まれ育ったまちでも大きな役割を演じていたはずだ。その実態はどこまで明らかになっているのだろうか。

すでに利用した北海道の調査報告書『北海道と朝鮮人労働者』によると、調査によって確認された限りで朝鮮人労働者を使役していた事業所数は北海道全体で二一三、そのうち根室地方は五、産業別ではほとんどが土

地方	現行市町村名	業種	事業場等	1943年5月末現在数	1944年5月末現在数	1945年1月動員計画数	1945年6月末現在数	年次不明等	特記資料及び参考数値
根室	根室市	運輸	日本通運根室支店			70			
		土建	根室海軍航空基地（牧の内飛行場）工事					新 1000	新＝『統一日報』。請負人：丹野組・広野組・地崎組か。43年1月～45年7月朝鮮人死亡数56人（『戦時下朝鮮人名簿』）。地崎組：43年1月～飛行場根室整地工事（『地崎工業百年史』）。
			菅原組配下森田飯場	特⑫90					特＝『特高月報』（12月6日、菅原組配下森田飯場移入朝鮮人90人のうち23人が指導員に対抗）。
	中標津町	土建	計根別陸軍第1飛行場建設工事	特⑫30				史 3000以上	特＝『特高月報』（6月24日「野付牛郡所在陸軍飛行場移入朝鮮人労務者三十名」連絡船内で紛議）。 史＝『中標津町史』（1942年～44年3月、土木請負人：広野組・下請に宮坂組、一時は3000人を超える「朝鮮人」が従事したといわれる。「約三千人の朝鮮人・中国人が就労」ともある）。朝鮮人1500人（『ホッカイドーッ！ホッカイド生キテ再ビ帰レヌ地』ほか）。 計根別第2・第3・第4飛行場は別海町域。
	標津町	運輸	菅原組標津海軍基地建設工事場		特⑦87				特＝『特高月報』（7月19日、契約満期朝鮮人87人帰国要求で軍隊と対峙、全員6カ月延長）。
	別海町	土建	計根別陸軍第2・第3・第4飛行場建設工事					論 約1400	史＝『中標津町史』（「第四飛行場近くの朝鮮人飯場」に約1400人が「いたといわれる」）。1943年～1944年、請負人広野組・木田組・鉄道工業・山本組ほか（『風雪の百年―北海道請負業界史』）。中標津町参照。

建事業所である。[23] 原表から抜き出して示しておく。[24]

ただ次の点を強調しておきたい。第一に、事業所数が少ないからといって重要でなかったということにはならない。この少ない事例の背後に隠された現実を正しく観察する必要がある。第二に、使役されていたとされる数は文献で確認された限りでの数で、使役した軍や企業が公表したものではない。実際にはもっと多くの事業所が関わっていて、労働者数もはるかに多かっただろう。第三に、私のまちだけでなく、隣接する地方の事例も示したのは、朝鮮人労働者の使役を個別に点で捉えるだけでは不十分で正しくない、つながった地域的広がりで捉えることが必要なことを強調したいためだ。

この三事業所の例は、それぞれに私のまちの状況を示していて意味がある。

一番目の日本通運根室支店の場合、日本通運が兵站《へいたん》を担う民間企業として「特殊労務者」や囚人を積極的に使役していた。私のまちが千島列島への兵站基地として重要な役割を担わされていたことから、彼らの使役を必要としたと思われる。私のまちの港湾設備は実際には兵站基地には不向きであった。港も狭く、大型輸送船が接岸できる桟橋もなく、物資を保管する倉庫も十分ではなかった。しかし、大型輸送船が潜水艦の魚雷攻撃によって失われ、千島列島への補給は徴用された漁船や艀《はしけ》に依存せざるを得なくなったため、その戦略的地位が急変したのである。鉄道で運び込まれた物資がここで倉庫に保管され、漁船に積み替えられた。私のまちは突然兵士であふれかえるまちになった。兵士の多くは軍の兵站を担当する秘密部隊、暁部隊であった。日本通運と暁部隊、これが戦争末期の私のまちの戦略的重要性を示している。

二番目の牧之内飛行場建設、これは「強制連行」の歴史で記憶されるべき大事業の一つであった。根室海軍第二飛行場建設工事は地崎組、丹野組、広野組が請負い完成させたものとされるが、本当にこの三社だけだったかについてはよくわからないし、朝鮮人労働者の数についても二〇〇〇〇人という説もある。地崎組の後身である地崎工業の社史を見ると、年表に一九四三年一月に着工と書かれてはいるものの⑵⑸、完成したかどうかは明らかではない。軍の工事であるためすべて極秘扱いで、外国人労働者の使役についても、「外国人労働者と無縁ではあり得なかった」ことは認めるとしても、その実態は明らかではないとしている。事実を隠しているのではないかという疑いが残る⑵⑹。

地崎組は菅原組、瀬崎組と千島列島の飛行場建設工事を請負い、南千島を菅原組、中部千島を地崎組、北千島を瀬崎組が担当し、必要な労務者は根室の港から送り出され、そのほとんどは朝鮮人だったと、『百年史』は書いている⑵⑺。

この記述には重要な意味がある。ひとつは、私のまちが千島列島への送り出しの拠点、朝鮮人たちがおそれた千島送りの港だったことだ。おそらく牧之内飛行場の建設を終えて千島に送り出された人たちは多かったろう。すでに契約の期限に来ているのに、なだめすかしあるいは恐喝して無理矢理に連行したこともあったのではないか。鉄道で連れてこられてこの港で徴用船に積み替えられたのだろう。移動は漁船の徴用船によったに違いない。多くの朝鮮人労働者が現場に到着する前に海の藻屑となっただろう。「強制連行」問題を考える場合には、北海道と千島列島を不可分のものとして捉えることが重要ではないか。

竹内康人は、アリューシャン列島、千島列島の連行先として二五の地名をあげている⑵⑻。アリューシャンのキスカ島や北千島の占守島にまで連行され、過酷な自然条件の中で基地建設に従事させられた状景を想像しただけで、「連行」の非人間性は理解できる。彼の資料の特徴は、確認された限りでの死亡者の名簿が蒐集されている点にある。輸送船や徴用船の撃沈による死亡者数は約五五〇〇人にのぼっている。そのほとんどは海軍大湊施設部に軍人・軍属として連行され、太平洋や千島近海で魚雷攻撃で沈没、死亡した人びとである。(29) この数字は悲劇の全貌を示していない。もっと多かった筈だし、その上、沈没した船名も場所も示されていないのだ。

この飛行場、朝鮮人一〇〇〇人あるいは以上を使役して建設された壮大な「無駄」については噂話程度ですら蒐集されていない。ただ、唯一私の記憶にあるのは、牧之内の現場で発疹チブスが流行し、その治療にあたった福住医院の福住先生ご自身が感染し亡くなられ、町民の間で死を惜しむ声があがっていたことである。牧之内で実際に何がおきていたのかは小学生の私は知らなかった。病弱であった私は福住先生に診てもらったことがあった。それだけにこの医師の死の話は今も記憶に残る。

竹内康人の資料では、牧之内で死亡した朝鮮人は五六人、そのうち病死は二〇人を数え、一九四三年末から四四年初めに集中している。発疹チブスによるものだろう。(30) 過酷な労働で衰弱した身体ではひとたまりもなかった筈だ。この数字も正確かどうか疑わしい。

三番目の菅原組森田飯場の事例であるが、この事件はおそらく牧之内の建設現場でのことで、作業と飯場での待遇に抗議して発生したものと思われる。牧之内の工事は周知の三社以外にも請け負われていたか、下請関係が錯綜していたのであろう。同じ菅原組が海軍標津飛行場で事件を起こしている。契約期限が切れた朝鮮人労働者を引き続き働かせようとしたことにたいする抗議であった。この種の事件の発生が示していることは、徴用労働力源の枯渇が進む一方で工事が思うように進まぬことへの焦りがあったことを示している。

牧之内飛行場はともかく完成したようだ。しかも「飛行機のない飛行場」(31) として。なぜ飛行機がなかったのか。マリアナ沖、レイテ沖で大敗し敗色濃厚になったこの時期に、海軍には北の戦線にまわせるまともな戦闘機などなかったはずだ。残った貴重な戦闘機も南方で特攻攻撃に使い消耗していた。特攻攻撃は一九四四年四月に始まっている。

そう考えると、この飛行場建設はもともと「無駄」ではなかったのか。戦争そのものが壮大な無駄であることはあらためて言うまでもないのだが、その中にこのような無駄の連鎖が生まれているのだ。軍幹部の無能と縄張り争いがそれを作り出すのである。軍はアメリカ軍の侵攻を北と南からの両方を想定して本土防衛の体制を作ろうとしていた。北から侵攻されてアメリカ軍が本土つまり本州への空爆基地を確保するのを阻止することが目的であった。アリューシャン列島まで攻め込んだのもそのためだったが、撤収を余儀なくされ防衛ラインを後退させざるを得なくなった。千島列島と北海道東部の要塞化が急がれたのもそのためである。しかしその後の戦況を見ても明らかなように、アメリカ軍の主力は南から日本本土を目指していた。一九四四年七月のサイパン島陥落以降は北での基地建設は無意味だったと思う。

しかも、牧之内飛行場の最大の欠陥はその気象条件にあった。夏に根室半島沖で発生する海霧（地元ではガスと呼んでいる）によってその時期の飛行場は使用不能になったはずだ。このことは海軍首脳部は根室第一飛行場を実質的に放棄したときから理解していた。陸軍との先陣争いがこのような無駄を作り出した気がしてならない。

飛行場建設は隣の別海村、中標津町にわたる陸軍計根別飛行場の建設にその中心が移っていった。四つの飛行場からなる壮大な計画は一九四二年一月に着工されたが、防衛構想の再編によって工事が急がれ、全国から勤労報国隊、女子挺身隊、学徒勤労動員等延べ三〇万人もの労働力が投入された。私のまちからも中学生、高等女学校生徒までもが動員されていたと記憶する。朝鮮人、中国人も一時期は三〇〇〇人を超える規模で投入された。完成後は海軍と共用の予定で、軽爆撃機を含むかなりの数の飛行機が離着陸したという。[32] このほかに中標津町で第二標津海軍基地の建設が始まり、挺身隊・勤労奉仕・学徒動員の外に朝鮮人労働者二〇〇〇人が投入された。

戦争末期、本土決戦期の根室半島、根室原野は飛行建設のために全国から集められた土建作業など経験したことのないにわか仕込みの学生、朝鮮人・中国人労働者、そしておそらくは囚人までもが動員され、強制連行と長時間労働が強制される一大飯場と化していた。アメリカ軍の上陸に備え、計根別飛行場防衛のために私のまちの要塞化が進んだのもこの時期であった。

おわりに――「強制連行」問題から学んだこと

私が子どもの頃に波止場あたりで遭遇した一群の朝鮮人は基地建設に徴用された人びとであったろうか。彼らは私のまちでの作業を終えて、千島列島のどこかの基地建設のために移動するところだったのかもしれない。彼らは目的地に着く前に潜水艦の餌食になったかもしれない。

彼らは日本通運で使役されていた一群かもしれない。兵站の作業まで朝鮮人に依存せざるを得なくなっていたとは、もはや戦闘能力は危機に瀕していたということではないか。

輸送路の確保もままならないのに始めた戦争は無謀なものだったといわざるを得ない。ちっぽけな木造漁船や艀《はしけ》で戦地に送られた兵士たちや朝鮮人労働者たちの死との直面を思うとき、私は反戦の意志をあらためて確認する。「強制連行」問題を考えて行き着くところは、平和への希求なのだ。

以上で私は、一地方都市での私の不確かな記憶にはじまって、北海道での「強制連行」の非人間性と、戦争末期に無益な要塞化に狂奔する権力の狂気の犠牲の現実の一端を明らかにしたつもりだ。「強制連行」は、このように地域的特性をふまえて重層的に塗り込められた構造だった。同時にそれは、私のまちに関する限り、アリューシャン列島から千島列島まで、さらには根室半島、根室原野までを、魚雷攻撃に怯える徴用漁船でつないだ広がりの中にあったのだ。「強制連行」を考えることは帝国主義の支配の下での民族の尊厳の侵害を回復することだけに止まらない。それは無謀な戦争にも責任がある。戦争を拒否する明確な意思表明につながる問題なのではないか。

最後にもう一つ、朝鮮人労働者について鮮明に残る私の記憶について議論しておきたい。すでに『すり込まれている筈の風景』で紹介したことだ[34]。一人の朝鮮人が私の家に飛び込んできて、空腹を訴え食べ物を乞うた。祖母がにぎりめしを作って差し出し、彼がそれを玄関でほおばっていた状景は私の脳裏に残る鮮明な記憶のひとつである。

この記憶を呼び戻すとき、私はいつも暖かい雰囲気に包まれる。一体祖母が朝鮮人たちの飢えに対してあのような人間的共感の態度を示すことが出来たのは何故だろうか、どのような体験をふまえて身につけた共感だったのだろうか。私はそのことをいつも考える。研究と執筆で長々と理屈をこね回して得た結論めいたものよりも、字も知らずに生きた彼女の一回きりの行動のほうがはるかに多くを教えてくれる。

先に触れた福住医師たちの献身的治療活動もあらためて評価の動きがおきている。彼らの医療行為が軍やお上の命令で行われたにしても、彼らが感染を恐れず献身的であったことは否定しようもない真実である[35]。このような人間的共感の体験は朝鮮人が過酷な労働を強いられていた周辺で数多くあったのではないだろうか。

いくつかの文学作品は、戦時下でも起こりえた人間的連帯への賛歌を書き記している。三浦綾子が一九九四年に著した『銃口』[36]は、戦前の北海道の地方都市を舞台にして生活綴方運動に加わって弾圧された教師たちとその家族を主人公にした長編だが、空知の炭田から逃亡した朝鮮人労働者をかくまったことを軸に物語はさらに展開する。この小説はＮＨＫでテレビドラマ化された。水上勉は戯曲『釈迦内柩歌』[37]で、秋田の花岡鉱山における朝鮮人労働者の反乱を背景に逃亡した朝鮮人と火葬場に働く一家との人間的連帯を描いている。傑作である。著者の演出による地人会の上演も素晴らしかった。このほかにもまだ私の知らない作品があるかもしれない。

戦時下での抑圧をくぐり抜けて示された人間的共感の感情、理屈抜きの連帯の感情は、今日でも重要な意義を持っているのではないか。国益を主張し国民を煽り続ける政治の論理に対抗しうるものは何か、あらためて考えてみたい。

注

（1）佐々木建『すり込まれている筈の風景―私の戦争　序章―』ＫＤＰ（キンドル・ダイレクトパブリッシング）、二〇一四年八月、四五ページ。
（2）『地崎工業百年史』東京、一九九二年三月、一四二～一四三ページ。
（3）若松忠之助『根室市街発達史図鑑』「根室市街発達史図鑑」刊行会、一九七九年一一月、一七七ページ。
（4）朴慶植『朝鮮人強制連行の記録』未来社、一九六五年五月。
（5）日韓条約については次が参考になる。高崎宗司『検証　日韓会談』岩波新書四七九、岩波書店、一九九六年一二月。
（6）海野福寿氏は通常用いられている「日韓併合」という表現ではなく「韓国併合」とすべきではないかと主張される。前者のような表現では一見平等な国際関係にも誤解される可能性がある。後者では併合した日本と併合された韓国という関係は明快に示される。ここでは海野氏の表現を使うことにする。海野福寿『韓国併合』岩波新書三八八、岩波書店、一九九五年五月、二四五〜四六ページ。

（7）『日本国憲法』写楽ブックス、小学館、一九八二年四月、一一六ページ。

（8）海野福寿、前掲書、二一五〜一六ページ。

（9）『数字で見る日本の一〇〇年』改訂第五版、矢野恒太記念会、二〇〇六年一二月、三七ページ。

（10）戦時下の朝鮮半島の人口は二三〇〇万人といわれる。外村大『朝鮮人強制連行』岩波新書一三五八、岩波書店、二〇一二年三月、二〇ページ。台湾の人口は一九二七年末で約四三三万人であった。矢内原忠雄『帝国主義下の台湾』岩波書店、一九八八年六月、二九ページ（一九二九年に刊行されたものの復刊）。

（11）前田一『特殊労務者の労務管理』山海堂、一九四三年一一月、九〜一一ページ。

（12）歌手都はるみの父、李鐘澤（日本名松田正次）も西陣で働いた一人であった。有田芳生『歌屋　都はるみ』講談社、一九九四年三月、八四ページ以下。

（13）『北海道と朝鮮人労働者―朝鮮人強制連行実態調査報告書―』北海道、一九九三年三月、八八、九七ページ。

（14）前田一は当時北海道炭礦汽船の労務課長、戦後は日本経営者団体連盟（通称日経連）専務理事としてこの国の労使関係で経営者を代表した人物である。彼はこの書物に示される体験や考えを戦後どのように回顧していたのだろうか。

（15）数年前、防衛省戦史研究所に資料探しに出かけた際に朝鮮人使役に関する資料の有無を問うた。「そのような生臭い問題についての資料はない」との返事が返ってきた。

（16）朝鮮人徴用も戦争末期には枯渇状態に陥っていたから、労働力の供給源を中国にも求めることになった。一九四三年に捕虜を試験的に導入して結果が出せたので、一九四四年二月の次官会議で決定し、四月に導入を開始した。北海道警察史編集委員会編『北海道警察史』（二）昭和編、北海道警察本部、一九六八年一二月、二九八〜二九九ページ。全国で三万八九三五人が連行されたとされる。中標津町史編さん委員会『中標津町史』一九八一年六月、一一三八ページ。この数字の出典は示されていないが、おそらく警察資料からの引用であると思われる。

（17）『風雪の百年―北海道建設業界史―』（建設産業新聞社、一九七三年九月）は囚人労働について次のように言う。「明治時代の北海道で一番貴重な労働力、それは囚人であった。その囚人が現代に残した〝大いなる遺産〟は道路であった」。そこには「明治の囚人の血と汗どころか骨までがこめられている」（六五ページ）。当時の囚人の日当は一般的土工の半分以下、「この安い労働力はもじどおり現在の主要国道の礎となり、北海道の建設業界に監獄部屋、タコ部屋を招くことになる」(六七ページ)。

囚人労働については、一九七七年に筑摩書房から出た吉村昭の手になる名作『赤い人』が最も優れた手引書である。北海道に生まれ育ちながら、私はまったく知識がなかった。学校で教えてもくれなかったし、内地の歴史学者は興味を示さなかった。私にとっては吉村のこの作品は氏の数ある作品のなかでも最良のものと確信している。私の手許にあるのは次の版だ。吉村昭『赤い人』講談社文庫、講談社、二〇一二年四月。

(18) 前掲の『風雪の百年』は「監獄部屋」として紹介している(一二五～一二六ページ)。これに対し、警察はどういう理由からか、この表現を使用せず、「土工部屋」として取締まっていた。『北海道警察史』(二)明治・大正編、北海道警察本部、一九六八年七月、七四七～七六四ページ。朝鮮人強制連行真相調査団編『朝鮮人強制連行・強制労働の記録―北海道・千島・樺太編―』現代史研究会、一九七四年一〇月、一一一～一三二ページ。

(19) 後で見る計根別で飛行場建設に使役された労働者証言による。『朝鮮人強制連行・強制労働の記録―北海道・千島・樺太編―』前掲、二三〇ページ。

(20) 同上、二四三ページ。

(21) 上で引用した『記録』にもいくつかの証言が残る。菅原組のタコ部屋で一日一六時間という過酷な労働を強いられたという証言(三八一ページ以下)、騙されて根室経由で国後島で働かされたという証言(三八八ページ以下)。

(22) 『北海道警察史』(二)前掲、二九八～三〇二、五九七～六〇二ページ。一九四四年四月以降の受入事業所名とその人員数の詳細が示されている(二九九～三〇二ページ)。『中標津町史』前掲、一一三八ページ。

(23) 『北海道と朝鮮人労働者』(前掲)、一六一ページ。

(24) 前掲書、一七八～七九ページ。私のまちの三件は、二〇〇七年に刊行された竹内康人編著『戦時朝鮮人強制労働調査資料集―連行先一覧・全国地図・死亡者名簿―』とも一致する。竹内康人編著『戦時朝鮮人強制労働調査資料集―連行先一覧・全国地図・死亡者名簿―』神戸学生・青年センター出版部、二〇〇七年八月、一五ページ。

(25) 『地崎工業百年史』前掲、六一一ページ。

(26) 同上、一四三ページ。

(27)同上、一四六ページ。
(28)竹内康人、前掲書、五六ページ。
(29)同上、一五四〜一六一ページ。
(30)同上、一五一〜一五二ページ。
(31)『地崎工業百年史』前掲、一四二ページ。
(32)『中標津町史』前掲、一一三八〜一一五〇ページ。
(33)同上、一一五〇〜一一五二ページ。
(34)佐々木建、前掲書、四六ページ。
(35)牧之内の発疹チブス流行には根室町立病院が治療にあたったが、同病院の医師榊原徳太郎とともに、治療活動に協力した開業医福住一郎、有光藤三郎が感染して死去した。この三人の献身的医療活動の再評価が進んでいるようだ。「命を賭して強制連行同胞を治療した日本人医師」『民団新聞』二〇〇七年一月一七日付記事。古屋統「戦時中発疹チフスに倒れた根室の医師達─北海道労働衛生史メモ（その二〇）─」北海道産業保健推進センター『北の産業保健』No.三五、二〇〇七年夏所収。根室・千島歴史人名事典編集委員会編『根室・千島歴史人名事典』同刊行会、二〇〇二年三月、「有光光三郎」「福住一郎」の項を参照。
(36)三浦綾子『銃口』、『三浦綾子小説選集』第八巻、主婦の友社、二〇〇一年七月所収、同、小学館文庫、上下二冊、小学館、一九九七年一二月。
(37)水上勉『釈迦内柩歌』三蛙房、一九八〇年八月、同、新日本出版社、二〇〇七年九月。

戦禍の歴史から日本は何を学んだのか
――ローカルヒーローに見る沖縄の戦後七〇年――

山本　伸

戦禍の歴史と「民主主義国家」日本

戦禍の歴史からわれわれはいったい何を学んだのか。

この大いなる問いは、純粋なひとつの問いであると同時に辛辣な反語でもある。われわれ日本は、一般市民として、あるいは国家として、一〇万の民間人を含む二十数万もの犠牲者を出した沖縄戦の悲惨な歴史からいったい何を学んだのであろうかという問いと、いいや、結局は何も学んではいない、という反語である。

あれから七〇年という長い歳月が過ぎ、生の体験を語ることのできる人の数が急減するなか、戦争がいかに人びとを苦しめ、悲惨極まりない絶望の淵へと追いやるものであるかを、その生々しい息遣いとともに共感的に理解し享受することができなくなるのも時間の問題である。

そうなのだ。もはやバトンはわれわれに託されたのである。息絶え絶えにもがき苦しんで死んでいった人びとの、無念と悔しさと怒りと悲しみの血で染まったバトンを、われわれは、幸いにも、あるいは家族や親友を亡くした当人たちはむしろ不幸だと言ってはばからない、生き残った人びとの手から受け取ったのだ。そのバトンが冷え切ったただの物体にならないよう、受け取ったときのままの無念と悔しさと怒りと悲しみを人肌のぬくもりにたたえたまま、われわれは次世代へとつないでいく義務がある。それは人間としての義務であり、先人としての義務なのである。

そして、その義務はわれわれ個人に留まるものではけっしてない。われわれの一人ひとりが構成する国家としての義務でもあるのだ。

ここで再び、あの問いと反語が繰り返される。

われわれ日本は、一般市民として、あるいは国家として、あの沖縄戦の悲惨な歴史からいったい何を学んだのであろうか、いや、結局は何も学んでいない。

戦後七〇年という節目を迎えるにあたって、折しも今の政権は、多くの憲法学者や各方面の研究者の猛烈な反対にもかかわらず、「安保法案」なるものをきわめて前向きに検討しつつある。「国民と国家を守るため」という掛け声とは裏腹に、法案には七〇年前のあの戦禍をふたたび巻き起こす可能性が高まるにちがいない条項がずらりと並ぶ。そして、その政権を選んだのは、誰あろう日本国民自身なのである。

沖縄戦の教訓

七〇年という歳月を経てもなお消えぬ心の傷は、ウチナーンチュ（沖縄の人びと）に戦争がいかに恐ろしいものであるかを伝え続けている。それは体験者本人のみならず、その家族親族としての、そして集落のコミュニティとしての親近感を伴って広く地域に拡散し、世代をまたいでつながっていく。加えて、米軍基地によるさまざまな問題が、幸か不幸か、ウチナーンチュの神経を常に敏感にさせているのだ。

民主主義とは何か。

国家は誰のためにあるのか。

平和とは何なのか。

日常のなかで、ウチナーンチュは常にこれらの問いを繰り返している。それとは逆に、そのような日常にさらされることのほとんどない大半のナイチャー（内地の人びと、つまり本土の人）は、民主主義の、国家の、そして何より平和の根底が揺さぶられ、いまにも崩れそうな危うさにあることすら気付かないでいる。いや、たとえ気付いたとしても、沖縄のような親近感あふれる共感的継承がない分、楽観的で無責任な姿勢に留まる傾向があまりにも強い。

沖縄という遠いかの地に米軍基地があるという地理的な距離感だけでなく、七〇年という歳月を遠い昔としか感じられないナイチャーの限界がここにある。沖縄戦の教訓は、残念ながらナイチャーには継承されてはいないのである。辺野古移転問題への国の態度や姿勢、ナイチャーの遠巻きの視線を見れば、それは一目瞭然である。

歴史を継承する沖縄のポップカルチャー『琉神マブヤー』

ポップカルチャーとは、元来時代の一部を切り取ったもの、その時々を浮き彫りにする暫定性の強いサブカルチャーと相場は決まっているはずなのだが、この『琉神マブヤー』に限ってはどうやらそうではないらしい。なぜなら、この沖縄発祥のローカルヒーローは、沖縄の伝統文化とその価値観を余すところなく詰め込んだ結晶だからだ。つまり、『琉神マブヤー』そのものはまさに現代にポップアップしたばかりのヒーローに過ぎないが、このヒーローの存在の根幹を規定するのは、筆者が「ヒーローソフィカル」と命名せずにはいられなかった、まさに沖縄積年の知恵と哲学に他ならないのである。

『琉神マブヤー』の構成

二〇〇八年、琉球放送で初めてテレビ放映され、同時にスーパーの屋上などでキャラクターショーを展開したことによって沖縄一円で爆発的人気となり、その後、放送された順に、『琉神マブヤー外伝SO!ウチナー』、『琉神マブヤー2』、『琉神マブヤー3』、『琉神マブヤー1972レジェンド』、『琉神マブヤー4』とTVシリーズは全部で六本、間もなく『琉神マブヤー5』の制作が発表されることになっている（二〇一五年六月現在）。TVでの成功は、当初の目論見でもあったキャラクターグッズや関連商品によって地場経済の活性化を促進しただけでなく、全国的な視野での漫画化や映画化、さらにはハワイやマレーシアへの進出を果たすなど、ローカルヒーローとしては珍しい展開を見せたわけであるが、その基本姿勢は次の一言に尽きる。

「地産地消のヒーロー」。

近刊の拙著『琉神マブヤーでーじ読本―ヒーローソフィカル沖縄文化論』（三月社、東京）出版に当たって行ったキャストやスタッフのインタビューを見ても、また映画の先行上映時に現地の映画館前で実施した観客のアンケート結果に照らしても、そのことは明々白々である。皆が異口同音に口にしたのが、「沖縄の、沖縄のための、沖縄らしいヒーロー」。脚本家の山田優樹氏曰く「しょせんは仮面ライダーのバッタもん」であるマブヤーを、沖縄のマブイ（魂）を吹き込むことによってライダーとは似ても似つかないヒーローに育て上げたのは、他の誰あろう、このような意識を高く強く持った山田氏のような脚本家や監督、スタッフであり、演じるキャストであり、同時にまた、それを消費するウチナーンチュの観客なのだ。

しかしながら、この制作者、演者、そして観客の「ウチナー三位一体」によって導き出された地産地消のヒーローが、もはやその枠にはとどまらないほど高い文化論クオリティをかもし出していることに、意外にもウチナーンチュ自身は気づいていないかも知れない。それは作品がウチナーグチと呼ばれる「方言」と沖縄独特の「笑い」のオブラートに包まれているからであって、そのせいで、扱われている内容がきわめて重要かつ本質的、根源的な人間の理《ことわり》に関わるものであるにもかかわらず、当然のこととして片意地張らずごく自然に受け止められるよう工夫されているからである。これぞまさしく方言と笑いのなせる業なのだ。

しかし、先述したように、マブヤーに象徴されるこれらの重要な人間の理《ことわり》に関わる哲学や知恵は、そもそも先祖伝来の文化伝統が生み出し育んできたものであり、元来ウチナーンチュが持っている、あるいは、持っているべきものだ。ところが、時代の流れとともに、豊富な伝統文化であふれかえっているように見える沖縄ですら、このような哲学や知恵そのものが失われつつあったり、その価値が薄れつつあったりする。そんな沖縄に警鐘を鳴らすがごとく、『琉神マブヤー』は、沖縄のマブイ（魂）である伝統文化の一つひとつが宿ったマブイストーンという石を悪のマジムンに奪われることによって、沖縄が混乱したり沖縄らしさを失ったりするというモチーフで構成されている。そして、それをマブヤーが取り返したとき、本来の沖縄がよみがえるといいえよう。

う筋書きなのである。「失って初めてわかる有難さ」という人間の無精と無情を逆手に取った巧みな構成だと

沖縄の魂「マブイストーン」

シリーズに登場するマブイストーンは全部で三十三あるが、いずれも沖縄が沖縄らしくあるための魂を形作る要素である。主なものを大まかに分類すると、次の四つに分けることができる。

まずひとつは、沖縄の習慣とそれによって形作られたり再確認されたりするウチナーンチュとしての「アイデンティティ」に関連する要素である。たとえば、方言である「ウチナーグチ」、それを使って紡ぎ出す「島唄」、そして、そのためにはなくてはならない「三線」。「毛アシビー」は、浜辺などの屋外での若者の語らいの場や娯楽の場であったと同時に、男女の出会いの場でもあったが、結果としてそこで三線が奏でられ、島唄が歌われることで沖縄の芸能文化は継承されてきた。いい加減、ではなく、ちょうどいい加減という意味の「テーゲー」や、きっちり時間どおりに物事が運ばないことを容認する沖縄的時間概念の「ウチナータイム」、そして、きっちりと金額どおりの商品を渡すのではなく、少しオマケしてあげること「シーブン」もまた、狭い島コミュニティのなかでウチナーンチュ同士がギスギスした人間関係にならないように、自己を主張しつつ他者を受け入れる「寛容さ」の重要性を具現化した沖縄らしさにあふれる習慣である。

二つ目は、日常的な「精神世界」とのつながりを表わすものであり、いかにも信仰の島らしい要素が並ぶ。旧盆のウークイ（お送り）の日をとても大切にする沖縄では、ウンケイ（お迎え）でご先祖様の霊を家に招き

入れ、ナカヌヒ（中日）をはさんでウークイ（お送り）にご先祖様をあの世へと再び送り返す習わしがある。ウークイの日はご先祖様の霊と親類一同が遅くまで飲食して時を過ごすために夜半を過ぎることが多く、翌日も含めた四日間を休暇とすることが一般的な場合も少なくない。日本本土のお盆もまた、先祖の霊を迎え、送り返すという点では共通するが、しかし、通常は儀礼的であるために休暇は三日と決まっている。この一日のずれこそが大きな意味を持っているのであり、それはウークイが単なる儀礼ではなく、先祖霊との内実的な精神的交流であることを示している。この旧盆と並んで先祖崇拝には欠かせない重要な日が、親類縁者が先祖の墓の前でお供え物をしながらともに食事をいただく「シーミー」（清明祭）であるし、主に長男が代々受け継いでいく家いえの仏壇には「トートーメー」、すなわち位牌が祭られ、毎日祈りがささげられる。今ではすっかり沖縄の芸能、もしくは観光イベントの一つとなった「エイサー」もまた、元来は旧盆に先祖霊を供養するために踊られるものである。沖縄におけるこのような見えない世界との日常的なつながりは、何も先祖崇拝だけにとどまるものではない。どこの路地でもよく見かける「石敢當《いしがんとう》」は、魔物が直進しかできないという性質を受けて災いを跳ね返すために三叉路に面した家の門柱や壁に埋め込まれる魔除けであるし、ススキや茅の草で作られる「サン」は、先述の「シーミー」の際やおすそ分けで料理を持ち運ぶときに魔物や邪悪なものが寄ってきて腐らせたりお腹を壊させたりしないようにするためのおまじないである。ごく最近、筆者が米軍基地移設問題に揺れる辺野古を訪れたときに見つけたキャンプ・シュワブの金網に結び付けられたいくつものサンは、いかに沖縄が精神文化を基盤にした社会であるかを雄弁に物語っている。

三つ目は、「コミュニティの力」を示す要素であり、それは「他者と自己の融合」とでも言い換えられようか。手の脂《あぶら》を意味する「てぃーあんだー」は、愛情込めて丁寧に作った料理が美味しいのはこしらえた人の手の脂も加わっているからだということのたとえであるし、「チムグクル（肝心）」は他人への思いやりや優しさを意味する。これは助け合いの精神でもあり、経済的互助を目的とする自主的な集まりである「モアイ（模合）」にそのままつながっていく。互助関係は経済に留まらず、農作業などの労働にも及ぶが、それを「ユイマール（結まーる）」という。出会えば兄弟を意味する「イチャリバチョーデー」も他者への思いやりや気遣いを軸にした考え方であるし、五穀豊穣や豊漁を願う「ハーリー」もまた、漕ぎ手が一心に気と力を合わせることで勝利と幸運がもたらされる。自己と他者が互いを尊重し合った関係をどううまく築いていくかは、人が平和に生きていくうえでとても重要な、いわば人類普遍の、命題である。これらの要素が示す沖縄のコミュニティにおける自己と他者の関係にその答えが見えてくるはずだ。

そして、四つ目が「命の大切さ」に関わるものである。まずは日々、常に頑丈であるという意味の「チャーガンジュウ」に過ごすことが何よりであるということ、そして肉体が健康であればおのずと「クンチ（元気）」もあふれて来るし、苦しく悲しい目に合っている人には「なんくるないさ」（なせばなる／なんとかなる）と優しく励まし、自らの困難には「アララガマ」（負けてたまるか）と歯を食いしばる。もっともアララガマは宮古島の言語文化であるが、多かれ少なかれ、シマンチュ（島人）の精神性には重なるところがある。それもこれも、すべては「命《ぬち》どぉ宝」（命こそ宝物）という究極の哲学に通底するからだ。人だけでなく、自然の生きとし生けるものすべての命を慈しみ、かけがえないものとして崇めることは、やがては「ゆがふ（世果報）」、すなわち幸せな世の中へとつながっていく。ガンジュウであることに感謝し、老若男女が、世代も性別も人種さえも超えて「チャンプルー（混ざり合う）」することで人は幸せな社会を築くことができるという真理は、ウチナーンチュの日常のなかで先祖代々脈々と受け継がれてきたのだ。めでたいことがあると最後は必ず全員総出の

「カチャーシー（手踊り）」で締めくくられるのもその現れだ。そもそも、カチャーシーという言葉自体が「掻きまわす」という意味であることからしても、いろんな個人が混ざり合い、助け合い、愛しみ合う社会こそが本来あるべき社会だということを強く印象付ける風習である。

文化に裏打ちされたアイデンティティを強固に保ち、目に見えない世界との交流を日常的に行い、コミュニティの強い絆で結ばれ合って、何より命を大切にすることで世の中の平穏無事を願うウチナーンチュ。『琉神マブヤー』という沖縄のポップカルチャーを通して浮かび上がってくるのは、戦後七〇年たった今でも、これらの「命」の大切さを頂点とするウチナー哲学が累々と継承されつづけているという現実である。押し寄せる近代化やグローバル化の波のなかに立ち、まるで波消ブロックのように、その荒波を細かく砕くことで衝撃を和らげ、独自な沖縄文化という海岸をけっして削り取られまいとするウチナーンチュの知恵と哲学は、グロー「カ」リズムという第三の道の好例として現代社会に発信できるだけの高い価値を持つ。と同時に、自らの尊厳を脅かすものが国家であれ何であれ、けっしてひるまずに立ち向かう勇気と力をもたらしてくれることを如実に物語っている。

しかし、考えてみれば、これらの習慣や考え方はけっして沖縄にしかなかったものではない。かつては本土のどの地域にも多かれ少なかれあった、ごく当たり前の古き良き伝統であった。にもかかわらず、沖縄のグロー「カ」リズムのような現象が本土ではほぼ起きないのはなぜか。言うまでもなく、それは「継承」がないからだ。その差は、一言でいえば、旧盆には必ず家族や親類が一同に会するウチナーンチュと、盆休みは海外旅行のためとしか思っていないナイチャーの差である。

とはいえ、そんなもちろん沖縄にも似たような方向へと流れてしまう危機感がないわけではない。『琉神マブヤー』というポップカルチャーがまさにこのタイミングで出てきたことで、そのような流れに歯止めがかかるかもしれない。子どもたちが目を爛々と輝かせながらヒーローの一挙一動を見つめるなかで、ごく自然に語られる沖縄の伝統文化や習慣、そして知恵と哲学。そして、いつの間にか考えるようになる。人は何のために生きているのか。どう生きるべきなのか。ウチナーンチュであることの喜びとは何か、等々。だからこそ、この『琉神マブヤー』はただのヒーローものではないと断言できるのである。

殺さずにお仕置き、そして許す

そんなマブヤーの最も大きな特徴は「許し」である。

従来のヒーローものは、ウルトラマンにせよ、仮面ライダーにせよ、最後は怪獣、怪人を八つ裂きにするか、木っ端みじんに破壊して終わるのが常であった。悪を跡形もなく吹っ飛ばすところにこそ、ヒーローものの爽快さがあったと言ってもいいだろう。

ところが、マブヤーはそんな悪とされる怪獣や怪人にも「命」があり「魂」が宿っていると考える。まさに「命《ぬち》どぅ宝」だ。そのため絶対に悪のマジムン（魔物）を殺したり激しく傷つけたりはしない。代わりに必殺技でお仕置きをするのだ。マブヤーの必殺技には主にふたつある。ひとつは「スーパーメーゴーサー」、もうひとつは「ティーダヤーチュー」である。メーゴーサーとは沖縄の言葉でげんこを意味し、ヤーチューはやいとを意味する。超の付くげんこと、太陽ほどあついやいとで目一杯お仕置きするのだ。マブイストーンを取り返された後、毎回マジムンたちは海のはるか彼方へとくるくる回りながら吹っ飛ばされていく。結末にあるのは、「ざまぁみろ」という憎しみと抱き合わせの爽快感ではなく、愛と寛容に満ちた笑い、すなわち「許し」なのである。

「許し」の島のメッセージ

では、マジムン（魔物）とはいったいどのような存在なのであろうか。じつは、彼らにこそ本当に重要なメッセージが託されているのである。

マブヤーのなかでのマジムンとは、ハブデービル、ハブクラーゲン、オニヒトデービル、マングーチュ、ミノカサーゴ、クーバー（蜘蛛）の名前からもわかるように、自然の動物や昆虫の化身である。マブイストーンを奪うことで彼らは沖縄の社会にさまざまな嫌がらせをするわけだが、そこにはちゃんと理由がある。それは人間のエゴが引き起こす様々な問題への怒りである。自然破壊は言うに及ばず、乱開発による生態系への脅威、温暖化に伴う環境変化、さらには乱獲や虐待まで、自然の一部として共生すべき立場のはずの人間が、自然を我が物顔に扱い、独裁的に支配しようとしていることだ。何より、自然を敬う心が人間になくなっていることにマジムンたちは最大の怒りを覚えるのである。そのことが十分わかっているからこそ、マブヤーもお仕置きにとどめるわけだ。

ここまで書いて、ふと思うことがある。

このマジムンの立場は、まさに今の沖縄の立場ではないか、と。

米軍基地問題に関して、国家という名の人間に我が物顔で独裁的に支配されている沖縄という名のマジムン。

沖縄を敬う心をもたない国家に対するマジムンの怒り。その怒りの正当性を理解するならば、われわれはマブヤーになって国家にお仕置きを加えねばならない。大きなげんこを落とし、熱いお灸をすえねばならないのだ。辺野古を訪れたノーベル賞作家の大江健三郎の言葉通り、「沖縄は日本の植民地ではない」。沖縄を他者として突き離し、グローバルな国益だけを念頭にローカルを切り捨てようとする悪しき考えは、ウチナーンチュが先祖から受け継ぎ、現代のポップカルチャーにおいてなおも再確認の努力をつづけようとする「命《ぬち》どぉ宝」の精神や「チムグクル（思いやり）」の伝統とは対極を成すものである。

そんな国家は、仮面ライダーの憎々しい怪人のように木っ端みじんに吹っ飛べばいい、さぞ爽快にちがいない、という共通の思いを必死に押さえて、げんことお灸のお仕置きにとどめようとする沖縄。そこにあるのは「許し」の海容さであり、共有される沖縄の人間哲学である。

マジムンの存在意義はもう一つある。マジムンたちが沖縄の魂であるマブイストーンを奪うたび、ウチナーンチュは古き良き風習を忘れ、助け合いの精神やご先祖様を敬う気持ちをなくしてしまったり、平和の意味が分からなくなったり、日々の楽しみや喜び、充実感まで失ったりして、沖縄社会は大混乱する。そして、マブヤーによって取り返されるたび、ウチナーンチュは元に戻ってよかった、これでこそ沖縄だと胸をなでおろす。言い換えれば、マジムンがマブイストーンを奪ってくれて初めて、ウチナーンチュは沖縄の伝統文化の真価を実感するわけだ。

この時点で、もはや善と悪の境界は融合する。どちらが善でどちらが悪か。それらがチャンプルー（混ぜる）してカーチャースン（混ざる）したとき、そこに初めて善も悪もが仲良く一緒に暮らすというニライカナイ（あの世／理想郷）が現れるのだ。

われわれは、この「許し」の島のメッセージを真摯に受け止める必要がある。

国家の愚かさ、あまりにも無関心なナイチャーの愚鈍さは、いくら蔑んでも蔑みきれないほどにまで達している。沖縄のためだけではなく、日本の未来、世界の未来を真剣に見据えたとき、われわれは沖縄が育んできた崇高な哲学を享受すべきなのだ。そのためには、われわれの一人ひとりが第二、第三のマブヤーとして育っていく必要がある。琉球王朝時代の尚享《しょうきょう》（一六一〇年—没年不詳）の歌にある沖縄という言葉を、そのまま日本や世界に置き換えることができるように。

此《く》ぬ世《ゆ》人間《にんじん》や　皆《んな》うとぅじゃとぅ思《む》り
沖縄《うちな》御《う》間切《まじり》や　一家庭《ちゅちね》でむぬ

（この世の人間は　皆兄弟だと思いなさい
沖縄という地域は　ひとつの家庭なのだから）

Ⅲ　戦後七〇年と教育・思想

「戦後七〇年」と教育についての断想

伊藤彰男

一

一九四五年八月一五日の敗戦から今年は七〇年ということになる。現在、マスコミや雑誌あるいは関連書籍が、七〇年を取り上げ賑わっている。それほど問題とする意味はどこにあるのであろうか。戦後〇〇年というのは年が経過するとともにやってくるものである。しかし、現在はそれとは少し意味が違う。例えば、大学に関わる最近の状況は、「大学改革」の名のもとに国家権力により露骨な攻勢がかけられている。「新たな職業大学」の創設、①地域貢献大学、②全国的世界的な教育研究大学、③世界的な卓越教育研究大学の機能強化による三類型化の促進（運営費交付金の重点配分）、国立大学に対する教員養成系、人文・社会科学系学部・大学院の廃止・転換を求める文科相通知、大学における入学式・卒業式での「国旗掲揚・国歌斉唱」の文科相要請、入試制度の改変、教職課程カリキュラムへの静かなる介入問題等、直近のものを挙げるだけでも、「学問の自由と大学の自治」の切り崩しがはかられている。支配的イデオロギーによる法と制度の構築を企図していることとに対して、批判と運動をいかに展開していくか、大学人（教員、職員、学生）のみならず、国民的な問題であろう。憂慮すべき事態は、教育をめぐるだけを見ても、制度並びに内容の両面で進行している。

そのようなことを漠然と考えていた時に、成田龍一『加藤周一を記憶する』（講談社現代新書、二〇一五年）と、渡辺治「『戦後』日本の岐路で何をなすべきか」（『世界』二〇一五年六月号所収）を手にした。成田著書は、加藤周一の著書・論文を戦後思想と関わらせながら、加藤の思想と行動の軌跡を解析する。一人の代表的知識人をとおした戦後思想とそれに関わる行動が「記憶する」として考察された。その「あとがき」で、成田は、「『戦後七〇年』といわれますが、しかし、この言い方はなんとも奇妙です。〈過ぎ去ろうとしない戦後〉を意味していますといい、「主体的な変革を為し得てこなかった」「強い『恥』の感覚」（同書、四五三頁）と『戦後』がつくりだした制度や思想」を「議論ともども葬り去ろうという動き」に対し、「強い『憤り』」（同書、四五四頁）を感じると指摘する。そして、この『恥』と『憤り』のあいだに、『戦後七〇年』が横たわります」（同書、四五四頁）と「戦後七〇年」というものを位置づけるのである。一方、渡辺は、「『戦後』とは何か」を問い、「九条に象徴される平和主義、国民主権と市民的自由、二五条の生存権というセットで『戦後』体制を表明した」構想（『世界』八一頁）に対する保守支配層からの改変の企てが行われるが、この改変の企ては三度あったと指摘。にもかかわらず、「大きく後退と改変を余儀なくされながらも、『戦後』は廃絶を免れた」（同書、八一頁）。それは「抵抗の結果であり、綱引きに決着がついていないから」（同書、八一頁）との捉え方を示している。このような認識から、三つの岐路の分析を行っていく。グローバル経済の下での世界秩序づくりの担い手であり、アメリカに加担する軍事大国化を目標とする安倍総理の野望は、従って、「戦後をトータルに否定」し「戦前日本を肯定せざるをえない」ということになる（八二―八三頁）。三つの岐路の分析を踏まえ、いまは「戦後日本の第四の、そして最大の岐路に立っている」（同書、八七頁）ことを明らかにしている。

私は、成田・渡辺両氏の眼差しに学びながら、同時に諸先学の成果にも学びながら、現在問われている「戦後七〇年と教育」という形で、戦後教育の問題のごく限られた一部分を通してではあるが、教育を捉える方法的視角と枠組みについて検討してみることにしたい。「戦後七〇年と教育」を総体として総括するという能力は私にはない。しかし、いずれ教育の研究を目指す者の一人として、総括することは避けて通れない課題となろう。そうした作業への準備的なものとして、断想をエッセイ風に試みるものであることをお断りしておきたい。

二

戦前の天皇制公教育の特徴＝国権的ナショナリズムについて、先行研究の整理から示そう。戦前教育と戦後教育改革との関係を理解していくために必要なことであると思うからである。

戦前の天皇制公教育に関する究明は、教育史研究分野において、数多くの成果が出され蓄積されてきている。そうした個別の諸成果を踏まえて論ずることは、今の私には能力を超えたものであり、また、吟味し論ずることがここでの目的とするところでもない。ここでは森川輝紀「教育勅語体制とナショナリズム」（教育史学会編『教育史研究の最前線』日本図書センター、二〇〇七年所収）によって要点を示すことにする。第一点は、国体主義（天皇の道徳的権威）と実学主義（サイエンス）・法治主義の統合としての国権的ナショナリズムは、二面性を含みつつ教育勅語の成立に行きつくということ。第二点は、国権的ナショナリズムは伝統的・排他的な性格を内包するということ。第三点は、日本のナショナリズムは、非合理的な国民的統一意識と、低廉な労働力・軍事的要求に応える人間形成を課題とする、日本型国民教育の特質を生み出したこと。森川は、到達点及び論点整理と考察を加え重要な指摘を行っているが、私の関心からここでは以上の点に止めておきたい（森川、三七―三八頁）。

戦前教育の根幹を形作る帝国憲法と教育勅語の関係は、臣民の道徳観・価値観を独占する教育勅語において、神聖不可侵の権威とすることによって強化するものであった（久保義三編著『天皇制と教育』三一書房、一九九一年、九頁。久保義三『日本ファシズム教育政策史』明治図書、一九六九年、も併せ参照）。「教育勅語」は一八九〇（明治二三）年に発せられるが、「大日本帝国憲法」一八八九（明治二二）年並びに「軍人勅諭」一八八二（明治一五）年と一体化した天皇制絶対主義国家体制の根幹をなしたわけである。久保義三は、「第一に、忠誠と国家統治に必須の国民的統一意識、すなわち支配的イデオロギーを被治者に同質化すること、第二に、教育のもつ一定水準の知的・技術的能力と徳性の形成力は、資本の要求する能率的にして低廉な労働力を大量かつ継続的に養成しうること、第三に、そのような教育は、天皇制軍隊の圧倒的部分を占める兵士の養成に役立つ基礎教育に奉仕する」ことをもって、戦前公教育を組織化した「内在的契機ないし現実的根拠」と捉えた（久保義三編著『天皇制と教育』三一書房、一三頁）。このように戦前教育は捉えられるが、そこには教育固有の問題があることはいうまでもないが、しかし、国家権力、支配的イデオロギー、帝国憲法を軸とする勅令主義等との関連において作り出された構造をもつものであった。当然そこには批判的なイデオロギーや運動が介在したが、周知のように弾圧される歴史であったことを見落としてはならない。

戦前の教学体制の精神的支柱が、「教育勅語」であり、そこに示される理念・価値は超国家主義的・軍国主義的なものであったことは右に見たとおりである。

敗戦後の戦後改革は理念・価値の転換がなされたのである。「教育の理念・価値の転換とは、教育勅語に代表される超国家主義的・軍国主義的教育理念から、教育基本法に示される平和と民主主義の教育理念への転換であり、日本教育の制度と内容を通ずる根本理念・目標の転換を意味している」と捉えられる（鈴木英一『日本占領と教育改革』勁草書房、一九八三年、一頁）。戦後教育改革の理念と制度の確立に向けた過程で、では精神的支柱である「教育勅語」の取り扱いは、どのようになされたのであろうか。「教育勅語」の取り扱いと「教育基本法」の制定（一九四七年）の関係の経緯に関しては、鈴木英一の『日本占領と教育改革』において詳細な検討が行われ明らかにされている。従って、ここでは逐一の検討は氏の諸成果に委ねて、私なりに指摘すれば、占領軍の「思惑」（廃止論と一定の擁護論の葛藤）と日本側―日本教育家委員会、文部省、教育刷新委員会―の「擁護論・廃止論のツバぜりあい」との関係の中で最終的に「廃止」との結論で決着をみたのである。教育基本法の制定にともない「教育勅語」は国会決議、一九四八年の「教育勅語等排除に関する決議」（衆議院可決）と「教育勅語等の失効確認に関する決議」（参議院可決）がそれで「廃止」することとなったのである。鈴木の次のような指摘はとても重要である。

「成立事情を総括すれば、教育勅語から教育基本法への日本教育の指導理念転換の過程では、進歩対反動、民主主義対国家主義のさまざまなたたかいが数多く存在し、民主主義教育の勝利の裡《うち》に制定された。教育基本法は悲惨な戦争体験を経た日本国民の教育改革への強い期待を反映するとともに、当時の反ファシズム連合国の積極的な支持を得たものであったといえよう。これが歴史の教訓である」（鈴木英一「憲法・教

育基本法制の歴史的意義」川合章・室井力編『教育基本法　歴史と研究』新日本出版社、一九九八年、三三一頁)。

制定過程と実現過程の両面から検討することが重要となるが、そこでは教育意識ないし一般意思が特定の意識ないし意思へと転換されなければならない。イデオロギー的社会関係における闘争や運動により、矛盾を内包しつつ特定の教育意識・一般意思の具体的な表現となったといってよいだろう。

三

哲学者古在由重は、「教育の解放」論文(『古在由重著作集』第二巻、勁草書房、一九六七年第五刷所収)を一九四六年に発表した。戦前の教育への批判を行うとともに、これからの教育への方向を提起していた。「過去の教育、文教制度、教学体制は我々人民の力ではどうにもならないものだった。なぜなら、それらは頑丈な日本帝国主義の軍事的・官僚的な機構のきりはなせない構成部分であって、うえは天皇制政府の文部大臣から位階的な文部官吏の群(教学官、督学官、視学官など)をとおって学校長にいたるまでの、ゆるぎない中央集権的な命令系統につらぬかれていたのだから。そして、人民には縁のうすい由来と成立とをもっていたのだから。学校や教育にたいする過去の我々の関心のうすさはそこからきている」(二二五頁)。「我々は八〇年にわたる巧妙かつ執拗な国体教育の力を、わけても過去一五年に油をかけられた精力的な軍国教育の力をかえりみずにはいられない」(二二六頁)。「過去の教育がのこした影響というものは、これからもたやすくはきえさらないだろう」(二二六頁)。このように指摘したうえで、日本精神の支柱の検討がなされ、一つは、科学的精神の欠乏であり、二つには、偏狭な民族主義的・排外主義的な観念に根ざしていたこと、を明らかにした。ここから、古在は科学的精神、いいかえれば人道的精神（ヒューマニズム）が民主主義的な人間形成の理念となることを主張した。

それから半世紀後、加藤周一は「『過去の克服』覚書」（一九九五年）を書いている。そこでの主張は、過去の「清算」ではなく「克服」ということを強調し、その軸として、「断絶」と「持続」を設定して次のように指摘している。

「『過去の克服』または戦争責任の処理の条件は、過去と現在の、―詳しくいえばそれぞれの政治・社会・文化的体制の『断絶』を、あらゆる機会に全力を挙げて強調し、『持続』を可能なかぎり抑制する、必要ならばそのために法的手段さえもとることである。ここで『現在』というのは、敗戦から今日までの『戦後』（一九四五―九五）である。過去の克服に熱心な社会は『断絶』を強調し、不熱心な社会は『持続』に固執することになるだろう」（『加藤周一セレクション5　現代日本の文化と社会』平凡社、二〇〇九年第五刷所収、三七四頁）。

このように指摘したうえで、戦後日本社会における「断絶」と「持続」が、アメリカの占領下で同時に生み出されたことを解き、何故、日本は過去を克服しえなかったのかを問うたのである。「断絶」を明確にすること、「それは法的制度だけではなく価値観と行動様式でなければならない」といい、「一五年戦争の日本の特徴は、制度にあったのではなく、大いに超国家主義の思想と心理に係っていたのだから」との考えを提示した

（同書、三七六頁）。

古在・加藤両氏を引き合いに出したのは、戦後七〇年の教育の変転を考えてみるうえで改めて着目してみる価値があると思うからである。「教育改革の輝かしい基本的成果は、占領初期に生まれたといって過言ではない」（鈴木英一『日本占領と教育改革』二八五頁）と指摘されるが、古在のいう「偏狭な民族主義的・排外主義的な観念」の払拭の問題や加藤がいう「断絶と持続」の問題は、いまこそ問われているといわねばならない。変転のプロセスを捉える基軸となる「戦後教育改革」の基本的成果とその後それを改変しようとする企ての解明には、戦後改革期に立ち戻って、企てを突き動かす土壌を明らかにしなければならないだろう。戦後から現在に至る間の教育と教育学研究が、どのような形で問い分析を進めようとしてきたのか。それ自体を俎上に載せ、一定の総括を行いつつ課題を提示した佐藤学の論稿から、考えてみたい。

四

今日大きな影響力をもつ佐藤学の見解は、要約して示せば次の諸点である。ポスト・モダン的状況下における学校教育の揺らぎと危機の露呈との認識を前提に、四点提示する。第一は国民教育の揺らぎ、第二は教育における「日本型システム」の揺らぎ、第三は戦後民主主義の空洞化と危機、第四は家族と地域共同体の教育機能の危機、がそれである。さらに氏は、戦後教育の四つの規範の検討を行う。すなわち、四つの規範とは、「国民教育の理念」、「教育と教育学の自律性」、「技術的合理主義（科学主義）」、「市民社会の組織論と人権論」である。第一の規範に対する批判は、「『欧化＝近代化』によって自発的に『知の植民地化』を受け入れ、アジアに対しては文化の宗主国として『知の植民地化』を推進し続けてきた。『欧化＝近代化』という一方的に表象し一方的に語るオリエンタリズムを教育学の体質として内面化してきたのである」（六〇頁）という点にある。第二の規範に対しては、教育問題の複合性と裏腹な教育学の閉鎖性を問い、越境性と総合性の獲得により閉鎖性から脱却しえると批判した。第三の規範は理論と実践の乖離にあることへの批判であり、第四の規範に対しては、人間関係と社会関係の再構成に求めている。この論文は最後に境界線を越境し脱領域化し、学びの公共圏を構成する文化の政治学として教育学を脱構築すること、多様な歴史と文化を身体に刻んだ個々人が、差異をとおして学び合い育ちあう身体技法としての教育学の構築を展望して結ばれている（「教育学の反省と課題」岩波講座『現代の教育　1いま教育を問う』岩波書店、一九九八年所収、五四―七四頁）。

私は、佐藤論文を読みながら首肯しえる点も多かったが同時に、使用される用語については不勉強ゆえ理解しがたい点や幾つかの疑問、違和感を感ずるところもあった。しかし、多くの考えなければいけない事柄や視角や視点をえることができた。二〇世紀最後に刊行された講座本に収録された読み応えのある論文であるといってよいのではないだろうか。今、氏の見解の全面的な検討を行うことが目的ではないので、ここからえた示唆も踏まえて考えてみたいと思うのは、教育という営みの社会構成体における位置と構造についてである。

一九五〇年代初めに行われた教育科学論争――「教育構造」論争と「教育実践」論争――は、史的唯物論の「土台―上部構造」カテゴリーでの土台把握の見解をめぐっての論争であり、「生産諸関係の総体」か「生産力」かが中心的論点をなし、教育は上部構造に位置づけられたが吟味は十分に展開されず残された。検討することは課題として残されたままだといってよいのではないだろうか。教育の諸問題を解明していくうえで、吟味されるる課題ではないかと私は考える。一九七〇年代には、史的唯物論の再検討が歴史学、政治学、法学、哲学等各分野で活発に行われていた。教育の分野からこの教育科学論争の追検討を行いながら、「土台」把握に独自の見解を示したものとして、那須野隆一「国民教育と生涯教育」(『現代と思想』一七号、一九七四年)がある。那須野論文の主要課題は、土台についての解明であり、上部構造としての、またイデオロギー的社会関係としての教育問題は必要なかぎりでの補論にとどめられている。しかし、「土台」との関係把握における教育の内容と形態の提示は示唆的であり、教育分析の際の諸範疇編成を考えていくうえでふまえられるべきであろう。その後、現在に至るまで本格的な検討はなされていないのではないだろうか。「上部構造」に位置づけられる教育の諸範疇編成とその構造化の探究は、必ずしも明確なものとはしえず、教育の課題や問題の解析の方法的枠組みを形づくってきたとはいえないまま今日に至っているといってよいのではないだろうか。

そこで、私の能力では荷が重すぎる課題であることを自覚しながら、K・マルクスの『経済学批判序言』における定式についての検討から、十分な吟味と思考の結果とはいえないが試みてみたい。まず、すこし長くなるが「定式」の引用をお許し願いたい。

A「人間は、彼らの生活の社会的生産において、一定の、必然的な、彼らの意志から独立した諸関係に、すなわち、彼らの物質的生産諸力の一定の発展段階に対応する生産諸関係にはいる。これらの生産諸関係の総体は、社会の経済的構造を形成する。これが実在的土台であり、その上に一つの法律的および政治的上部構造が立ち、そしてこの土台に一定の社会的意識諸形態が対応する。物質的生活の生産様式が、社会的、政治的および精神的生活過程一般を制約する。人間の意識が彼らの存在を規定するのではなく、逆に彼らの社会的存在が彼らの意識を規定するのである」

B「経済的基礎の変化とともに、巨大な上部構造全体が、あるいは徐々に、あるいは急激に変革される。このような諸変革の考察にあたっては、経済的生産諸条件における物質的な、自然科学的に正確に確認できる変革と、人間がこの衝突を意識し、それをたたかいぬく場面である法律的な、政治的な、宗教的な、芸術的または哲学的な諸形態、簡単にいえばイデオロギー諸形態とをつねに区別しなければならない。ある個人がなんであるかをその個人が自分自身をなんと考えているかによって判断しないのと同様に、このような変革の時期をその時期の意識から判断することはできないのであって、むしろこの意識を物質的生活の諸矛盾から、社会的生産諸力と生産諸関係とのあいだに現存する衝突から説明しなければならない」（『経済学批判』杉本俊朗訳、国民文庫、大月書店、一九七五年第二六刷、一五―一六頁。傍線は引用者）

Aの傍線を引いたところとBの傍線部分の「生産諸関係の総体＝社会の経済的構造を形成」、「社会的意識諸形態」、「イデオロギー諸形態」の関係をどのように捉えたらよいだろうか。また、それらと「上部構造」との関係づけはどのように行ったらよいのであろうか。

「社会の経済的構造」が「土台」であり、その上に「法律的および政治的上部構造」が立つという関係であり、「土台」に対応するのが「一定の社会的意識諸形態」との関係である。「イデオロギー諸形態」は、「社会の経済的構造」、言い換えれば、生産力と生産関係の矛盾を「意識」し「たたかいぬく」という場面でのことを指している。自然科学的に捉えられる「土台」の変革とは異なり、「イデオロギー的社会関係」を媒介して「意識」されることにより生みだされる形態と理解する。それゆえ、「上部構造」は、「法律的および政治的」構造と「社会的意識諸形態」で捉えられる。「社会的意識諸形態」と「イデオロギー諸形態」の関係について、私は、後者の「イデオロギー諸形態」は変革と衝突を意識するという主体の側の活動と関わるものであるがゆえに、土台に「対応」し、同時に、「法律的および政治的上部構造」の構造化をめぐる対立・抗争＝運動として作用する相互作用の関係にあると理解する。「社会的意識諸形態」は、事物についての見方、観念、理論であり、それらは社会的存在に規定されているということ。従って、現実の土台に対応する精神的生活過程一般を制約する精神的生活の構成部分をなすということ。このように理解する。とすれば、土台との対応関係でとらえられる領域と上部構造を構成する部面で捉えられる領域に区別して両形態を把握していかねばならないだろう。とはいえ、上部構造に位置づくということは人々の目に見える形をとる、つまり、制度といえるものである。それゆえ、制度のように目には見えない形で捉えられる両形態（意識諸形態とイデオロギー諸形態）は活動＝運動として、目に見える形を追求することになる。すなわち、制度化を図っていくということである。このように仮説的に捉えたうえで、具体的な教育領域の問題—教育委員会制度の改革問題から考えてみよう。

一九四五年の敗戦を画期に教育行政の在り方は大きく転換した。戦前のそれは勅令主義を基本に中央集権的な行政制度を施行したが、戦後は法律主義に基づき展開されていく。大日本帝国憲法・教育勅語体制から日本国憲法・教育基本法体制への転換である。個人の尊厳を前提に教育を受ける権利、学問の自由の尊重、生存権の保障が法律として制定（＝日本国憲法）され、それを受けての教育に関する憲法というべき教育基本法の制定がなされ、それに基づく教育行政の在り方を規定した教育委員会法が一九四八年に制定された。人々の意識としては、戦前の維持、戦前からの解放の希求、根本的改革の主張等様々な観念・思想が混在していたであろう。いずれにしても、戦前教育に対する拒否の考え方が強く押し出され、アメリカ占領軍の戦前の超国家主義的・軍国主義的教育否定の考えとも合致してのことであった。それらは民主主義の教育の理念・原則に基づく改革イデオロギー諸形態として展開していくことになる。この面での立ち入った考察は省くが、先に触れた加藤周一の「断絶」と「持続」という捉え方の重要性を思い起こさなければならないだろう。その意味では両面を含む曖昧さを残しての教育行政制度の設計であった。それが教育委員会制度に結実する。旧教育委員会法は一九四八年に制定されたが、法律の目的を規定した第一条は、次のようになっている。全文を引用しておこう。

「この法律は、教育が不当な支配に服することなく、国民全体に対し直接に責任を負って行われるべきであるという自覚のもとに公正な民意により、地方の実情に即した教育行政を行うために、教育委員会を設け、教育本来の目的を達成することを目的とする」

委員の公選、教育長の教育職員免許状の保有、教育委員会による教育長の任命、予算権、人事権等、が規定された。宗像誠也は、「教育委員会法（旧法）の収録について」（一九七〇年）で、次のように指摘していた。戦後教育行政改革の三原則、すなわち、「教育行政の民主化、その地方分権、その一般行政からの独立性の保持」の機構化しようとしたもの、それが教育委員会法であったといい、重要点を簡潔に指摘した。第一点は、素人統制（layman control）と専門的指導性（professional leadership）との両輪による教育行政、という思想によるもの、第二点は地方分権に関わり、縦の統制関係（文部省と教育委員会の）の廃絶、教育内容への中央統制（文部省）の廃止にあること、第三点として教育予算原案の首長への送付権に示される相対的独立性の保持である（『教育小六法』学陽書房、二〇〇二年版所収、九一九頁）。一九五六年の「地方教育行政の組織及び運営に関する法律」（地方教育行政法）の制定はこれらを否定、強行し、なし崩し的に改変したことにより、戦後改革期の教育における原則は潰えてしまったのである。そしてそれは近年の再改変により骨抜きとなっていることは周知の事実である。これらは教育の基本法（教育の憲法）である教育基本法の改正を前提になされた。その教育基本法は二〇〇六年に改正され、それにともない地方教育行政法が二〇〇七年に、そして二〇一四年に改正され、首長主導型の教育行政へ、また、中央集権的な教育行政へと切り替えられるというのが今日の状況である。教育委員会制度をめぐる廃止論、戦後原則の維持・発展論の間での論争、捉え方をかえればイデオロギー闘争・運動となっているが、それらについては、中嶋哲彦『教育委員会は不要なのか—あるべき改革を考える』（岩波ブックレット九〇八、二〇一四年）、新藤宗幸『教育委員会—何が問題か』（岩波新書、二〇一三年）等が批判的検討を行って問題の所在を明らかにしている。

教育学研究の面からいえば、再度代表的な教育行政研究者であった宗像誠也や海老原治善の研究に目を向けてみる必要があるように思われる。ここでの関心から二点指摘したい。

第一の着目点は、宗像の代表的著作である『教育行政学序説』（有斐閣、一九六九年増補版）において、戦前の教育勅語法制と教育基本法制との間には「断絶がある」ことを確認することが基本的に、決定的に、「重要である」と指摘していることである（同書、二三九頁。なお、『教育と教育政策』岩波新書、一九六一年、六七—一一〇頁で詳細な展開をしている）。

これは勤評裁判での証言であるが、増補版に基本骨子の部分が収録された。宗像がいう教育基本法制とは、「一つの思想をもった全教育法体系・全教育組織制度の基礎がおかれた」ことを意味するもので、教育勅語法制とは根本的に異なる教育観にもとづく「断絶」と捉えたのである。そして、いまや安保教育体制（宗像の造語）の構築に躍起になっていると見た。「価値観的立場」から導かれた「憲法二六条から出発する教育行政学の樹立」を目指すところに特色を有していた。

第二の着目点は、その樹立に向けた考察の過程で、「教育政策、教育行政、教育運動」という基本概念を設定し分析したうえで、次のように定義した。それに対して、海老原治善が批判する見解を提示。その後、この基本概念を巡っての理論展開がなされていった。その発端をなす宗像のよく知られていることではあるが、教育政策とは、「権力によって支持された教育理念であり、教育理念とは教育の目的と手段と、内容と方法との総体」であると規定した。教育行政とは、「権力の機関が教育政策を現実化すること」「教育制度を働かせる、運営する、ことだ」と捉え、それに対して「教育運動」は、「権力の支持する教育理念とは異なる教育理念を、民間の社会的な力が支持して、その実現を図ろうとする時に成立するもの」と定義した（同書、一三四―一三五頁、及び『教育と教育政策』六頁）。

海老原は、宗像規定における国家権力の実体は何かを明らかにすることが重要だとし、そのためには、階級実態を把握し生産諸力と生産関係の矛盾からうまれる階級支配の現実を、政策起動の源泉として把握することが科学的分析の深化を図るとした。そのためには、資本家と賃労働者の基本的対抗関係に、政策の根拠を求める。従って、海老原の見解は、「資本―賃労働」関係を基本的分析基軸として、「近代資本主義社会を前提としての、教育政策とは、総資本＝ブルジョアジーの利益の実現の現実的代行機関である国家権力が、普遍人間的解放をめざし、全面的に発達した人間への教育を要求する労働者階級の要求に対決し、その労働者階級を中核とする国民諸階層自身の教化、および次の世代を対象に、労働能力の基礎的陶冶体制維持イデオロギーおよび軍事能力の形成を意図的計画的にめざしてとる教育上の、行政措置の体系である」と規定した（『現代日本教育政策史』三一書房、一九六五年、七三―七四頁）。いま両氏の、また、その後の諸氏の概念規定をめぐる問題や課題について考察することはここでは省略する。

ここで再び先の上部構造理解の問題に立ち返るならば、宗像のいう「理念を支持する」権力は、土台＝物質的社会関係から導き出される「支配―被支配」関係により露わとなる支配階級が担うことになる。それを海老原は「ブルジョアジー」とした。また、宗像の「教育運動」は、「教育行政、教育政策」とは範疇系列を異にしているように思われる。従って、上部構造に位置づく概念とはなりえないのではないか。海老原は、「教育政策とは支配権力のもの」「人間の本質実現をめざす要求は要求綱領として存在」（海老原前掲書、六四頁）と規定している。海老原の「要求綱領」もまた吟味されなければならないだろう。このように考えてみると、教育基本法体制の一環をなす教育委員会法のレベルでの範疇編成、すなわち、教育法規範、教育法制度、教育法関係と対応した編成と構造が設定される必要があろう。さらに、教育行政―教育政策という系列での編成、権力の支持をめぐる政治構造上での編成、そして、それぞれの相互作用を捉えていくことが求められる。政策把握に関わっては、土台に規定された支配階級の利益追求＝要請が国家権力の行使により実現を図る関連を組み入れての検討が不可欠である。それは、制定過程においても実現過程においても、支配―被支配関係のもとでの対立・抗争が捉えられなければならないからである。

最近の中央集権的国家教育体制への回帰的傾向ないし旋回問題は、突き詰めていえば、国家と教育の関係をいかに捉えていくかということに係っている。一つの困難ではあるが上部構造における教育の位置づけとその教育の諸関係をいかに構造的に捉えていくか。その鍵をなすと思われる基本カテゴリー、すなわち、「国家・国家権力・国家形態・国家装置」等と教育の関連を捉えることを試みることではないだろうか。

五

上部構造としての教育をいかに捉えるか。再度、『経済学批判序言』から引用した箇所に戻って、その捉え方を示そう。「社会的存在―社会的意識」の関係で捉えようとするカテゴリーと「土台―上部構造」との関係から把握するというカテゴリー、「物質的社会関係―イデオロギー的社会関係」で捉えるカテゴリー、の三つのカテゴリーで社会構成体は捉えられるのではないだろうか。第一の「社会的存在―社会的意識」のカテゴリーは、「社会的存在」、つまり、人間が自然に働きかけ生きていくための物質的生産であり、欲望の産出、また、他の人間の生産（繁殖）という物質的生活のことであり、これは「物質的社会関係」といわれるものである。「社会的意識」とは、この社会的存在、すなわち、「物質的社会関係」の反映のプロセスとしての人間の精神的生活現象を総体的に示すカテゴリーである。「土台」は現実の土台、すなわち、生産諸関係の総体が社会の経済的構造を形成するところの、実在的土台のことである。その上に、「そびえ立つ」のが「法律的および政治的上部構造」である。ここでは、二つのカテゴリー系列は、区別して捉えられているということである。このように理解しうるならば、上部構造の把握にとっては「社会的意識諸形態」と「法律的および政治的上部構造」と「イデオロギー諸形態」の関係把握にある（以上については、田中義久「物質的関係とイデオロギー的関係」『講座マルクス主義研究入門1　哲学』青木書店、一九七五年所収に負うている）。「土台」に規定される「上部構造」内の諸関係が教育を考えるうえで吟味されなければならない。「上部構造」内の諸関係は、大きく二つに、すなわち、一つは「法律的および政治的構造」であり、いま一つは「社会的意識諸形態（社会心理とイデオロギー形態の統合された)」である。これらの相互作用の関係において、教育の構造的把握が可能となろう。相互作用は、具体的には「イデオロギー的社会関係」を媒介項として、関係づけられると同時にその相互作用関係により支配―被支配関係が導かれることになろう。資本主義国家の「国家」概念は、「共同性」(共同事務という機能)と「階級性」(階級的機能)の両面をもつが、階級的機能が公的権力＝国家権力として物質的社会関係における支配的な階級によって規定される。共同性を秩序ある形で展開していくには公的権力が必要となるのであり、生産手段の所有関係による特定の勢力が掌握する。ここに階級意識が生み出され、階級的性格を帯びることになる。「公的権力」は、国家権力と同義となり共同性と階級性の統合された「政治権力」を意味する。物質的社会関係に規定された支配―被支配関係から階級的意識に拠るイデオロギー関係の根拠となる。こうして、「法律的および政治的上部構造」と「社会的意識諸形態」は、「イデオロギー的社会関係」を媒介させて関係把握できるのではないか。私は「社会的意識」が「イデオロギー的社会関係」を媒介に制度化されることによって、その上部構造が形作られると捉えたい。「社会的意識諸形態」は、物質的社会関係、すなわち、現実の実在的土台において取り結ばれる人と人との関係であり、生産手段を所有するか否かで区別されるところの資本と賃労働の社会的編成による。そのことに制約されながら生み出されるところの見方や観念といった社会的意識を体系だった理論、思想等のイデオロギー形態に転化させる。これが上部構造に位置づく「イデオロギー諸形態」である。それは、人間の思考により加工を施した体系的な見解・理論を意味する。だがそこには物質的社会関係における階級性を帯びざるをえず、また、イデオローグによる理論闘争が避けられない(田中義久前掲論文及び藤田勇『法と経済の一般理論』日本評論社、一九七四年、及び「国家論の基礎的カテゴリー」『現代と思想』一八号、一九七四年所収、に負うている)。

上部構造に位置づく教育は、このように捉えた土台に規定されて、その上にそびえ立つ上部構造内部の諸関連のもとに捉えていかなければならないだろう。先に見た宗像・海老原の「教育政策・教育運動・教育行政」の問題は、「社会的意識」カテゴリー、「イデオロギー諸形態」カテゴリー、「イデオロギー的社会関係」カテゴリーに対応する範疇を明らかにし、その上で、相互関係を構造的に捉えることにあろう。さらに、上部構造に位置づく国家や国家権力等の基本概念の吟味が必要となってこよう。教育についての見方や考え（社会的意識）が教育理念という纏まった形を形成（イデオロギー形態）、それを政策として制度へと転化していく（教育政策）ために国家機構を通じて制度を構築（教育行政）していく。この過程において、イデオロギー闘争が繰り広げられる（教育運動）ことになる。制度化のためには法制度との関連が生ずる。そこでもまた、運動が不可避である。先の具体的問題として指摘した教育委員会制度は、委員会制度が教育制度に包摂される制度であることからすれば、その教育制度は、国家によって具体化＝実体化される国家機構の一環であり、且つ、それは社会的に承認されたものである。それゆえ、階級関係を介在させての生産諸関係の矛盾の具体的・実体的な形態であり、支配階級と勤労国民諸階層の間で、シビアな闘争が展開される。イデオロギー形態における教育理念をめぐる矛盾、それは立法過程における矛盾として表れ、制度設計における矛盾ともなる。これらが相互に作用しあいながら、一つの法として制定される。土台との間の矛盾と上部構造内における矛盾が複合的に絡み合う中で、現実の法制度は構築されるのである。従って、教育の諸範疇と編成（構造化）は、単線的な単純化されたものとはなりえない。複合的であり媒介範疇を設定し、それらの相互作用の反映を捉えながら構造化し、その際、法律並びに政治の諸過程との関連を視野に入れたうえで構築されなければならない。こうした分析の必要性は、現在の教科書問題を捉える場合にも、また、「ゆとり教育」をめぐる問題でも、子どもにどのような力を求めているかという意識をめぐってイデオロギー形態での闘い=学力論争、検定制度論争となり、それらが学習指導要領を介して教育課程として制度化される。教科書でいえば、検定制度ということになろう。いま一度、教育問題の分析枠組みそのものの再検討が求められているのであり、その分析枠組みを研ぎ澄ましていくことがますます重要となってきているのではないだろうか。このことを考えてみることが、「戦後七〇年」との岐路に立つ状況下で、教育研究を志向する私に、突き付けられた課題である。他日を期したいと思う。

戦後七〇年と三浦綾子の『銃口』

――「教育基本法第一五条（宗教教育）」理解の手がかりに――

北島信子

はじめに

私は教育学の教育方法学を専攻しており、その中でも生活綴方教育を研究しています。生活綴方は、「書くことによって生まれた子どもの作品（綴方）を教材とし、学級集団による検討を経る中で、『ものの見方、考え方、感じ方』の深化と共有化を図る教育[1]」です。そのような生活綴方は大正・昭和初期とそして、戦後に復興しました。

その中でも私が強い関心をもったのは、本誌でも発表してきた、浄土真宗の僧侶であった東井義雄氏、そして、キリスト教の信仰をもっていた近藤益雄氏でした。生活綴方教師には、宗教者である場合が複数みられ、浄土真宗寺院の衆徒（僧侶）でありかつ教師でもある私にとっては、彼らの教育観と宗教にかかわりに大きな関心があります。

生活綴方教育をはじめ、民主的な教育実践の多くはとりわけ戦中期に官憲の弾圧を受けました。一九二五年に制定された治安維持法が戦中までに「国体の護持」を強く打ち出していくなかで、共産主義とされた人たちだけではなく、文芸関係者、教師、宗教者にまで思想弾圧が及びました。とりわけ戦時下では、「国体の変革」を画策していなくても、信仰を「天皇」以外にもつ場合、「国体の護持」を逸脱するものとみなされ、宗教者にまで弾圧が行われる場合がありました。

戦後、日本国憲法が制定され、教育基本法において、宗教教育は以下のように述べられています。

「第一五条（宗教教育）宗教に関する寛容の態度、宗教に関する一般的な教養及び宗教の社会生活における地位は、教育上尊重されなければならない。②国及び地方公共団体が設置する学校は、特定の宗教のための宗教教育その他宗教的活動をしてはならない。」

この条文は日本国憲法第二〇条「信教の自由、政教分離」を受けた規定です。教育基本法においては、文部科学省は以下のように示しています。第一項は、「すべての教育を通じて、宗教教育が重んぜられるべきことを前提として、宗教教育の在り方を示すもの。第二項は、憲法の政教分離の規定を受けて、国公立学校の宗教的中立性、すなわち宗教教育の限界（特定の宗教のための宗教教育ないし宗教的活動の禁止）を示すもの(2)」です。

このことは、戦後すべての教育において「宗教教育が重んぜられ」「信教の自由」が尊重されるようになったということです。第二項において、国公立学校での宗教的中立性として、特定の宗教のための宗教教育ないし宗教的活動の禁止とありますが、一般に「国公立学校では宗教教育をしてはならない」という意味に誤解されています。確かに、国公立学校においては「特定の」宗教教育は「宗教的中立」のためになされるべきではないのですが、それは宗教教育を遮断することではなく、宗教教育によって、「宗教に関する寛容の態度、宗教に関する一般的な教養及び社会生活における地位」を育て、尊重していくことが重んぜられているのです。

教育界においても、「国旗掲揚・国家斉唱」、「道徳の教科化」など戦前の「国家神道」につながる動きが起こっています。したがって、戦後七〇年を迎え、学校における「宗教教育」について「教育基本法」を改めてとらえ直し、教師も「宗教教育」とは何かという問題に今一度取り組む必要があると思われます。

この小論では、宗教への理解のあった民主的な教師が国家権力に思想弾圧をされ、教壇を追われた事実を三浦綾子氏の小説『銃口』から学びつつ、学校における教育基本法の理解、宗教教育の今日的意義を問い直したいと思います。

一　『銃口』における戦時下の教師への思想弾圧

『銃口』の解説者である高野斗志美氏によれば、三浦綾子氏は、一九二二年北海道旭川市に生まれ、旭川市立高等女学校を卒業し、一九三九年から空知郡歌志内の小学校に勤務し、その後旭川市の小学校を退職するまで七年間教師をされていました。戦後、教職を退職され、一三年間の療養生活中に洗礼を受けます。三浦氏自身がキリスト教の信仰をもっていたこともあり、作品では信仰について取り扱った作品が多数あります。ここで取り上げる『銃口』では、実在する「北海道綴方教育連盟事件」（一九四〇年）が軸となり、物語は進んでいきます。「北海道綴方教育連盟」は、一九三五（昭和一〇）年に北海道内の生活綴方教育実践をしている教師らで結成されました。その連盟の弾圧理由は以下のようなものでした。

「勿論、彼らは主義者ではなく、その教育実践は、その頃の単なる知識の伝達や、行動訓練の形式的なものだけに終わっている実情にあきたらず、綴り方教育を通して現実の生活を認識せしめ、子供たちの主体的な内面形成をはかろうとしたもので、あくまで彼らのヒューマニズム的な考え方から出たものであった。だが、彼らは獄につながれ、狡智と強圧によって遮二無二〝コミュニスト〟にしたてあげられ、いわれなき罪科を背負わされて教壇を追われてしまった(3)。」

主人公の北森竜太は、北海道旭川市の比較的裕福な質屋の長男であり、温かい家庭に育ち、勉強熱心で温厚な性格として描かれています。竜太は小学校時代に坂部先生に出会い、教師としてのあり方に感銘を受け、自らも教師を志すようになります。坂部先生はキリスト教に理解をもっており、教師中心主義ではなく、子ども主体の教育、平等性をもったあたたかい教育実践を行っていたことが描かれています。

竜太はその後、中学、師範学校に進みます。成績もよく、温厚で誠実な人柄から周りや教師たちから信用されている人物として描かれる竜太は、師範卒業後、軍隊を経て、一九三七（昭和一二）年、故郷である旭川市内の学校ではなく炭鉱街の空知郡を希望し赴任します。そこで、坂部先生のような先生を目指して、熱心に子どもたちと関わっていきます。

「北海道綴方教育連盟事件」の頃、竜太の勤める学校でも校長先生が「生活綴方」を危険視する動きが出てきます。この校長先生は転向者として描かれています。そのころ、竜太はのちに結婚する幼なじみの芳子（彼女も教師である）から札幌で「北海道綴方教育連盟」の会合があると聞き、綴方教育にも関心をもっていたので、勉強のために出掛けていきます。竜太は、共産主義でもなく、天皇制にも反対していませんでした。ただ、子ども主体の教育を考えていた熱心な教師の一人でした。会合において、名簿に記帳したことがきっかけで、

「コミュニスト」に仕立てあげられ教壇を追われます。

同じ頃、坂部先生も戦時下の思想弾圧によって、民主的な教育を行っていた教師の一人として、教壇を追われ、竜太と警察で再会することになります。

坂部先生が激しい拷問による弾圧にも屈せず、自身の教育思想を守りぬいたのは、キリスト教への明確な理解をもっていたことが大きいと思われます。また、小説では竜太も坂部先生もこの時点では、キリスト教信者としての信仰はもっておらず（妻はそれぞれクリスチャンで教師として描かれている）、かつ積極的に天皇制を否定してもいないのです。それにもかかわらず、「国体の護持」が急進的に進められるようになる過程において、子どもの主体の教育実践を行っている教師であり、特に坂部先生は宗教（キリスト教）への理解があったため、獄に投じられています。そのような姿勢は結果的に、「天皇制との一体化」を妨げてしまうからでしょう。

二　『銃口』から教師のあり方を学ぶ

（1）子ども主体の教育とは

一九二七（昭和二）年、小学校四年生になった竜太は坂部先生に出会い、前年度の担任教師である河地先生とは異なる教師として彼を受け止めています。河地先生は軍国主義の教育者で、「どうかすると大声を出す。拳骨をふるう」人物として描かれています。

それに対して坂部先生は竜太たちの学級に「（教師の）自分がまちがうこともある。その時は注意してくれてかまわない」と言ったことに両者のちがいが表されています。つまり、教師が権力者として上位に位置付けられず、子どもとの平等の関係性が提示されているのです。そして、次のように語ります。「百点取ることばかり考えるな。もっと大事なことは、みんなで仲良く遊ぶことだ。この組は、よく遊び、よく学んで欲しい(4)」といい、そんな坂部先生が「凄く怒る時」はどのような時であるかを以下のように子どもたちに伝えています。

「みんな、この坂部先生が怒る時はな、たとえばここに足の悪い友だちがいるとする。その友だちの歩き真似をして、からかったり、いじめたりした時は、猛烈に怒る。体が弱くて体操ができない子や、どうしても勉強ができない子を見くだしたりした時は、絶対許さない。また、家が貧乏で、大変な友だちをいじめたりしてみろ、先生はぶんなぐるぞ。只ではおかん」坂部先生は本当におそろしい顔をした。「ま、そんな生徒は、この組にはいないと思うが、念のために言っておく。宿題を忘れるより、零点を取るより、ずっと悪いのは弱い者いじめだ。よく覚えておけ。先生も気をつける(5)」。

また、次のように坂部先生の教育理念が述べられています。

「坂部先生のまなざしは常に公平であった。坂部先生が生徒たちの能力のあるなしにとらわれることは一度もなかった。成績のいい子も悪い子も、坂部先生にとってはあたたかい愛の対象であった。貧しい家の子も金持の子も、先生にとっては同じことだった。そこに差別を生む理由は何もなかった。生徒たちは、坂部先生と過ごす毎日が楽しかった。坂部先生のいるその場は、只あたたかく、生徒たちを自由に、快活に、伸び伸びとさせてくれた。[6]」

このように、坂部先生の教育理念は、教師と子どもの等しい関係性であり、教師が常に上位に位置付き、教師の絶対性を誇示しないことが表されています。そして、教師がどんな子どもにもあたたかい愛の対象として関わっていることがわかります。

また、多様な子どもたちがいるということ、それは仲間をどのように理解するのかという意味を学級全体に伝えています。このことは、教師の子ども観だけでなく、学級の仲間づくり、協同性にも言及しており、非常に学ぶべき点であると思われます。

竜太が赴任先に故郷の旭川市内の学校ではなく、炭鉱街の空知郡を希望したのは、師範学校時代に、坂部先生と以下のようなやり取りから、坂部先生の教育理念を学びとったことがその理由として描かれています。

「ぼくはねえ、竜太、自分が町の教師になったことを、少し後悔しているんだ。時々、親の住んでいる稚内に、帰ろうと思うことがある。そして、稚内の漁師たちの子供を教えてみたいと思うことがある。漁師たちは板子一枚の下は地獄といわれる危険な海で仕事をしている。そんな親たちを持っている子供と、仲よしになってみたいんだ」。竜太には坂部先生の心がよくわかった。旭川にはない危険が、漁師たちには毎日あるのだ。坂部先生は、そんな家の子供たちと共に重荷を背負いたいと思っているのだ。[7]

対話の中で、坂部先生は竜太に旭川市内の小学校よりも、厳しい生活をしている子どもが多い「炭鉱街に心が動いている」と伝えます。そこで竜太も、教師になったら、町の子どもたちより厳しい生活をかかえている子どもたちのところに行きたいと考えるようになり、「炭鉱街」の学校を希望します。このように、「より厳しい生活」を抱えている子どもたちの方に行きたいという、多様な子どもたちを理解したいという坂部先生の教育理念を学びとった竜太自身も、宗教に込められたヒューマニズムを理解しているように思われます。

（2）天皇制のとらえ方

とくに「左翼思想」をもっていなかったのにもかかわらず、坂部先生も竜太も教壇を追われ、獄に投じられています。彼らが天皇制をどのようにとらえていたかという部分をみていきます。

① 大正天皇の「御大葬」の綴方

小学校三年生で級長の竜太は、一九二六年の大正天皇の「御大葬」のことを綴方で書き、当時の担任である軍国主義教師の河地先生に罵倒とともに殴られ、書き直しを命じられます。竜太の作品は以下のとおりです。

「　御大葬の日のこと

大正天皇陛下がお隠れになって、御大葬というのがありました。これは天皇陛下のお葬式のことです。

お母さんが絣の着物と、羽織と、縞の袴を新しく作ってくれました。

外へ出ると、粉雪が降っていて、すごく寒かったです。式の日だからと言って、すべりどめのついた下駄を履いていけと言われました。ぼくはゴム靴をはきたかったけど、いとこの楠夫ちゃんや、弟の保志といっしょに、学校に行きました。途中、ふざけて下駄がぬげ、足袋が雪にぬれて、足が冷たかったです。時々雪を払い、二条から六条まで歩いて行きました。

　学校に着いたら、足袋がすっかりぬれていて、ほんとうに冷たかったです。寒い運動場で式がありました。運動場の板が氷のように冷たかったです。うわ靴を履いていても足が冷たかったです。気をつけの姿勢でいなければならないので、足を動かしたくても、動かせませんでした。

　ぼくは、天皇陛下がお隠れになったのだから、冷たいぐらいはがまんしようと思いました。校長先生のお話がありました。ぼくは足ばかり気にしていました。みんなで、大きな声で、御大葬の歌をうたいました。『地にひれ伏して天地に　祈りしまことといれられず　日出づる国の国民は　あやめもわかぬ闇地ゆく』という歌でした。悲しそうな歌でした。

　ぼくは御大葬の日を思うと、今でも足が冷たくなります。でもご大葬の日を思って、これからもぼくは勉強して行きます。[8]」

　この綴方を発表した竜太は、河地先生に「これが級長の綴方か！　御大葬の綴方か！」という罵倒とともに殴られ、書き直しを命じられます。河地先生は言います。

「万世一系の天皇陛下が崩御されたのに、お前は足が冷たいだけか。先生は恥ずかしいぞ。」竜太はどうして叱られたのか、よくわからなかった。綴り方は、見たこと、思ったこと、聞いたこと、したことを正直に書けばよい、といつも先生は言う。そのとおりにしたのだ。[9]

小学生の竜太は、綴り方は「見たこと、思ったこと、聞いたこと、したことを正直に書けばよい」と先生に言われたとおりに書きました。しかも、反天皇にかかわる内容ではありません。河地先生としては、「万世一系の天皇陛下が崩御された」ことをすべての最優先事項として、子どもたちは受け止めよということです。級長で、これまで一度も殴られたことがなかった竜太（つまり、優秀な人物として学級でみなされている）は学級の仲間が見ている前で殴られています。このことは、子どもたちにとって、非常に強い恐怖の「国体」イデオロギーの誇示であると思われます。

② 奉安殿

坂部先生の学級の子どもが奉安殿に背を向けたことで、河地先生が子どもを殴打する場面があります。

竜太たちの学校では奉安殿の掃除を四、五年に任せているということで、四年生になった時、子どもたち全員を集めて、教頭先生が説明します。各担任からではなく、管理職が行っているところも、「国体」イデオロギーをより子どもたちに植え付けるためだったのでしょう。教頭先生が奉安殿はどのようなものであるのかを述べ、「絶対にしてはならぬこと」を以下のように竜太たちに伝えます。

「絶対にしてはならぬこと、それはお尻を奉安殿に向けてはならないことです。草を取る時も、箒を使う時も、このようにして後退りをするのです」

そう言って、教頭先生はもう少しで壇から落ちるところだった[10]。

竜太は、奉安殿を以下のようにとらえています。

「奉安殿の前や横を通る時、最敬礼をするようにと、厳しく言われている。きちんと『気をつけ』の姿勢をし、九十度まで頭を下げて、うやうやしく礼をしなければならない。檜葉の生垣の外を歩いているときでも、そのように礼をしなければならない。だから生徒たちは、そこを通る時、駆けっこをしている時も、鬼ごっこをしている時も、きちんと立ちどまって礼をし、そして追いかけたり、追いかけられたりしている。

だが、竜太の観察によれば、奉安殿に礼をするのは、ほとんどは生徒ばかりだ。今もこうして草を取りながら眺めているが、大人はほとんど、奉安殿の所在も知らぬげに、すたすたと歩き去っている。学校の先生だって、生垣の外からお辞儀している姿は、先ず見かけたことがない。教頭先生や河地先生はともかく、他の先生たちは、奉安殿の真正面を通る時以外はお辞儀をしない。生徒にだけお辞儀させて、大人はお辞儀をしない。これがどうも妙だ[11]。」

このように、当時（一九二七年頃）の小学校では子どもたちに「天皇」が絶対的で、最も上位に位置付いているというイデオロギーの誇示があったことが表されています。「最敬礼」という行動様式も非常に厳しく強要し、「欠礼」は許されないことと教えています。だからこそ、遊びながらでも子どもたちは「きちんと立ち止まって礼」をするようになっているのです。奉安殿の掃除は、もはや単なる掃除ではなく、「決して背を向けることが許されない」という恐怖をともなった活動となっています。

そして、竜太たちが緊張しながらその掃除を終え、浅田という子どもが掃除し終えた竹箒を股に挟んでいたところを河地先生が見ていて、「すっ飛んで行って」、浅田の頬を殴ります。そこで、河地先生は次のように言います。「お前！ 畏れ多くも、畏くも、奉安殿を掃除する竹箒を股に挟んだな！」そして、また浅田の頬を殴ります。河地先生が「天皇」を「畏れ」るべきものとしているように、もっとも上位にあるもの、絶対的服従の対象としてとらえていることがわかります。そこへ坂部先生が来て、次のように言います。

「天皇は生徒たちの恐れの対象ですか、敬慕の対象ですか。河地先生の教育方針は、わたしには理解ができない」

「河地先生、天皇は、浅田の今の姿を見て、不快に思われるお方ですか、微笑ましく思われるお方ですか。奉安殿に背を向けるなとは、天皇が欲し給うた教育ですか。よもや天皇は、こんな小さな子供たちが、神経を使って掃除することをお喜びにはなりますまい。皇室と国民の間に、垣根を作ってはなりません(12)」。

坂部先生はこのように河地先生に言ったあと、教室に竜太と浅田を連れて帰るとき次のように言います。

「必ずしも河地先生が悪いんじゃないんだ。世の中が少しおかしくなっているんだ。ご真影が燃えて切腹したり、教育勅語をよみまちがえたそれだけのことで、長年立派に勤めてきながら校長を辞めて行く、そんな世の中だから河地先生は……」[13]。

このように、坂部先生は積極的に天皇制に反対している立場として描かれていませんが、軍国主義の河地先生は坂部先生と衝突します。河地先生には、「天皇」は絶対者として位置付き、「敬うべき」存在となっています。そして、「不敬」は「決して許されない」という軍隊のあり方と同一のものとなっています。それに対して、坂部先生は反天皇ではないものの、天皇を絶対的な信仰対象としてとらえてはいません。軍国主義者の河地先生が怒っているのは、坂部先生が国民と「天皇」を並列的にとらえていることです。

軍国主義の教師はそのような教育思想を「不敬」とします。その後、戦争が激化するにつれて、「国家総動員法」（一九四一年）の制定以降、「天皇」以外に信仰をもつこと自体、思想弾圧の対象になっていきました。それは、それぞれの人の信仰が異なるという現実を認めると「天皇の畏れ」は減少し、統率がとれなくなると国家権力は考えたからなのでしょう。その結果、宗教団体はもちろんのこと、一般に信仰をもっている市井の人々にまで批判の矛先が向かいました。

つまり、信仰をもつことで、「天皇」がその信仰の上位に位置付かなくなることを国家権力は危惧したのではないかと思います。宗教への理解がありながらも、天皇制を積極的に否定していなかった人たちは、宗教への信仰と天皇が並列・共存関係になっていたと考えられます。坂部先生もそのようにとらえているのではないでしょうか。もちろん、宗教者においても、一貫して天皇制を否定してきた人たちもいます。しかし、坂部先生たちを、「宗教への信仰があっても、天皇制を支持した」とは単純にいえないように思います。彼らの生きた年代、特に竜太は尋常小学校～師範学校での学生時代はすべて思想統制が激化していく時代です。受けてきた教育が軍国主義であればあるほど、天皇制に反対する思想はもちにくい環境であったと思われます。以下は、竜太が警察に連行される頃（一九四一年）、天皇制についてとらえている内容です。

「竜太は教師である。教室の壁には、『皇国民の錬成』と刷られたポスターが貼られてあって、竜太は何の疑いもなく、自分は皇国民を教え育てているのだという思いに燃えていた。日本人として、到底天皇制の否定などという思想に賛成するわけにはいかないと信じている。これは竜太のみならず、ほとんどの教師もそう信じて生徒たちを教えているのだ。(14)」

竜太自身、教師になってからも軍国主義の教育者ではありませんが、「奉安殿に一度だって欠礼したことはない」と描かれています。それは、少年時代からの学校における軍国主義教育がその役割を果たしているといえるのではないでしょうか。

そして、坂部先生は、軍国主義の教育者である河地先生に対しても、子どもたちに「必ずしも河地先生が悪いわけじゃない」と批判していません。このあたりは、坂部先生がキリスト教への理解から、自分と異なる思想をもつ人に対しても個人を否定しないという、ヒューマニズムをもっていることがわかります。河地先生もまた、軍国主義教育の末端を担わされている犠牲者とも考えられるのです。

（3）宗教のとらえ方――「宗教教育」のあり方――

最後に、学校において「宗教教育」をどのように子どもたちに伝えていくのかを考えたいと思います。小説の舞台は戦前ではありますが、教育基本法第一五条の理解の手がかりになる場面があります。六年生になった竜太は、日曜に炊事遠足（坂部先生のクラスだけ実施している）に喜んで出掛けていきます。旭川市神楽岡の丘に出掛け、上川神社にも行っています。そこで、坂部先生は「みんなはもう六年生だ。今、神社の前で手を合わせてきた者もいるが、神さまって、どんなふうに考えているか、話し合ってみないか」と言い、子どもたちが知っているいろいろな神や仏の話をします。そのなかで、子どもに「金比羅さんって何を祀っているの」と聞かれ、坂部先生は以下のように答えます。

「金比羅さんにはね、ええと……崇徳天皇が祀られてるそうだけどね。実はね、金比羅というのは、クンピーラという梵語なんだそうだ。梵語っていうのは……先生もよくわからんけど、簡単にいえば古いインド語らしい。その梵語でな、クンピーラというのは、鰐のことだそうだ」

「へえーっ、わにが神さま？」

みんなが驚いた。

「そうだ、鰐が神さまだ。狐も神さまだし、鰐も神さまだ。それにはいろいろないきさつや伝説があって、人でも動物でも、神格化されると神さま扱いになる」

「神格化あ？」

みんなが顔を見合わせた。竜太が言った。

「先生、ここの神社の境内にも、しめ縄張った木があるよね。ご神木に手を合わせる大人もいるよね。あれも木が神格化されたんですか」

「ああ、そうか。それが神格化かぁ」
二、三人がうなずいた。坂部先生が言った。
「な、みんな、人はいろいろなものを拝んでいる。人間として何を拝むべきか、これは、大変な問題だ。しかしな、人が信じているものをやめれとか、信じたくないものを無理に信じれとは、決して言ってはならんのだ」

竜太は今まで聞いたことのない世界を聞かされたような気がした(15)。


坂部先生はキリスト教に理解をもっていて、教会に通っています。しかし、キリスト教だけの信仰の話をしておらず、子どもたちといろんな神や仏の話をしています。そして、小学校六年生という発達段階の子どもたちに理解できるよう、「神格化されると神さま扱いになる」と「宗教的中立性」をもって話しています。そして、「人間として何を拝むべきか、これは、大変な問題だ」として、「宗教」の尊重を子どもたちに伝えています。最後に、「人はいろいろなものを拝んでいる」とし、「人が信じているものをやめろ」や「信じたくないものを無理に信じろとは、決して言ってはならない」としています。

坂部先生のこのような子どもたちへの提示は、まさしく教育基本法第一五条の正当な把握ではないでしょうか。「国公立学校で宗教教育をしてはならない」のではなく、「宗教に関する寛容の態度、宗教に関する一般的な教養及び宗教の社会生活における地位は教育上尊重されなければならない」のです。「信教の自由、政教分離」があるわけですから、「それぞれが拝んでいるもの」を尊重していく、そのような教育のためには、「宗教教育」自体に取り組んでいくことが今こそ問われているのではないでしょうか。

反対すべきは、「畏れ」という恐怖によって子どもたちが主体的に物事を考えることを阻害することです。「宗教教育」とは、愛や慈悲をもって、子どもたちが主体的に生きる道しるべの大切さを教師もともに学びあうことです。

坂部先生は、拷問の後、解放され自宅に帰されましたが、竜太が解放される少し前に亡くなってしまいます。竜太はそれを知って衝撃を受けるのですが、クリスチャンである芳子と信仰について話し合い、竜太自身も教会に通うなどを通して教育実践と信仰が深まっていきます。教師自身の信仰については、改めて考察していきたいと思います。

おわりに

小説『銃口』から、今日の学校教育における宗教教育のあり方を学んできました。教育基本法第一五条の正当な解釈の理解の手がかりになったと思われます。

何よりも、坂部先生や竜太がすべての子どもたちに対する愛をもって教育に携わっていたこと、それは教師が絶対者で子どもたちは常に下位に位置付いていることとは異なり、教師と子どもの平等の関係性が描かれていました。そして、彼らは多様な子どもたちに寄り添った教育者でした。今日も新自由主義の広がりの中でより厳しい生活を強いられている子どもたちが増加しています。このような現実に気付く教師の子ども観は、坂部先生がもっていた宗教（愛、慈悲）への理解と大きな共通項があるように思われます。

『銃口』の最後の場面は、「昭和天皇大葬」の日に竜太が芳子に「昭和もとうとう終わったわね」と言われて、「だけど、本当に終わったといえるのかなあ。いろんなことが尾を引いているようでねえ……」と言っています。ここには、現代においても、過去が完全に克服されていないことが示されています。

戦後七〇年を迎え、昭和を生きた竜太らの戦争、思想弾圧等の事実を忘れてはなりません。なぜなら、今日においても、過去と同様に人間性を抑圧するものが存在しているからです。三浦氏が本書のあとがきで述べているように、「昭和時代が終わっても、なお終わらぬものに目を外らすことなく、生きつづけるものでありたい」という言葉は、現実批判の視点を常にもつことと、平和実現の主体的あり方を問い直すことの必要性を語っているように思われます。

注

(1) 佐藤広和「生活綴方」『新版　現代学校教育大事典』ぎょうせい、二〇〇二年。
(2) 文部科学省「昭和二二年教育基本法制定時の規定の概要」、文部科学省ホームページ。
(3) 平沢是曠『弾圧―北海道綴方教育連盟事件』北海道新聞社、一九九〇年、九頁。なおこの箇所は、高野斗志美氏も「解説―石ころの叫び」(三浦綾子『銃口　下』所収)においても引用されている。
(4) 三浦綾子『銃口　上』小学館文庫、一九九八年、四一頁。
(5) 同上、四二頁。
(6) 三浦綾子『銃口　下』小学館文庫、一九九八年、五六頁。
(7) 三浦綾子『銃口　上』小学館文庫、一九九八年、二三八頁。
(8) 同上、二三～二四頁。
(9) 同上、二五頁。

（10）同上、七五頁。
（11）同上、七七～七八頁。
（12）同上、八〇頁。
（13）同上、八一頁。
（14）三浦綾子『銃口　下』小学館文庫、一九九八年、一四～一五頁。
（15）三浦綾子『銃口　上』小学館文庫、一九九八年、一〇四～一〇五頁。

参考文献

奥平康弘『治安維持法小史』岩波現代文庫、二〇〇六年。

教育学関連一五学会共同公開シンポジウム編『新・教育基本法を問う　日本の教育をどうする』学文社、二〇〇七年。

佐竹直子「北海道綴方連盟事件を追って」日本作文の会編『作文と教育』二〇一四年八月号、本の泉社。

佐藤将寛『三浦綾子最後の小説「銃口」を読む―綴方事件とそのモデルたち』柏艪舎、二〇〇六年。

澤藤統一郎「教育の『いのち』を奪う『国旗・国家』の強制」教育科学研究会編『教育』二〇一四年三月号、かもがわ出版。

福井雅英「子どもを見る目、社会を見る目、複眼を大切に」日本作文の会編『作文と教育』二〇一四年一二月号、本の泉社。

山本敏郎・藤井啓之・高橋英児・福田敦志『新しい時代の生活指導』有斐閣アルマ、二〇一四年。

子どもと他者

藤原和好

小学校の文学教育

今、日本の小学校では、文学の授業はほとんどなされていません。教科書に文学教材はありますし、文学教材を指導する時間は割り当てられてはいますが、そこで行われているのは、およそ文学とは無縁のことです。文学教材を使ってどういうことがされているかといえば、主としてこういうことです。

一つは、作品の内容とは無関係に、言語技術を教えることです（これを言語技術主義と言っておきます）。もう一つは、作品を使って、紙芝居を作ったり、朗読劇させたりすることです（これを言語活動主義と言っておきます）。両者に共通するのは、文学教育を否定するという姿勢です。なぜ文学教育を否定するかというと、以下のような理由からです。その理由の第一は、文学教育は思想教育につながるからというものです。主題の読み取りばかりを強調する傾向が批判の的になったのです。第二は、人物の心情の読み取りばかりを繰り返し、やたらに時間がかかりすぎるというものです。私はそういう読みを心情主義と呼び、そこから脱出しなければならないと四十年前から主張していますが、大勢はなかなか変わりませんでした。

テキスト論

文学教育否定の傾向は、そうした実践現場の状況だけから生まれたものではありません。文学研究の側の大きな変動もその背景にあります。フランスの思想家ロラン・バルト（一九一五〜一九八〇）は、フーコー、レヴィ＝ストロース、ラカンらとともに、構造主義の四銃士の一人とされていますが、バルトは、それまで常識とされてきた作者と作品を否定し、〈テキスト〉という概念を創り上げました。〈作品〉と〈テキスト〉はどう違うのか。バルトは次のように言います。

両者の差異は、つぎのとおりである。作品は物質の断片であって（たとえばある図書館の）書物の空間の一部を占める。〈テキスト〉といえば、方法論的な場である。……作品は（本屋に、カード箱のなかに、試験科目のうちに）姿を見せるが、テキストはある種の規則にしたがって（または、ある種の規則に反して）論証され、語られる。作品は手のなかにあるが、テキストは言語活動のうちにある。テキストは、あるディスクールにとらえられて、はじめて存在する（あるいはむしろ、そのことを知っているからこそ、〈テキスト〉である）。〈テキスト〉は作品の分解ではない。作品のほうこそ〈テキスト〉の想像上の尻尾なのである。あるいはまた、〈テキスト〉は、ある作業、ある生産行為のなかでしか経験されない。したがって、〈テキスト〉が（たとえば、図書館の書架に）とどまっていることはありえない。……〈テキスト〉を構成する運動は、横断である（〈テキスト〉はとりわけ、作品を、いくつもの作品を横断することができる）。（ロラン・バルト『物語の構造分析』花輪光訳、みすず書房、二〇一三年、九三〜九四頁）

なかなか難解で、これではよく分かりませんので、内田樹が解説してくれているものを紹介します。

〈テキスト（texte）〉とは「織り挙げられたもの（tissu）」のことです。この〈織り物〉はさまざまなところから寄せ集められたさまざまな要素から成り立っています。一遍のテキストが仕上がるまでにはほとんど無数のファクターがあります。媒体からの主題や文体や紙数の指定、同時代的な出来事、他のテキストへの気づかいと競合心……それぞれのファクターはてんでに固有のふるまいをします。しかし、それらが絡まり合って、いつのまにか〈テキスチュア（texture）〉は織上がります。これを前にして「作者は何を表現するためにこれを織り上げたのか」と限定的に問うことはそれほど意味のあることなのでしょうか。……私たちはインターネット・テキストを読むとき、それが「もともと誰が発信したものか」ということにほとんど興味を持ちません。誰が最初に発信したのであろうと、それはインターネット上でコピー&ペーストされ、リンクされているあいだに変容と増殖を遂げており、もはや「もともと誰が？」という問いはほとんど無意味になっています。問題は、それを私が読むか読まないか、読んだあと自分のサイトにペーストしたり、発信元のサイトにリンクを張ったりするか、という読み手の判断に委ねられています。これはバルトの言う「作者の死」とかなり近い考え方です。（内田樹『寝ながら学べる構造主義』文芸春秋、文芸新書、一二九〜一三一頁）

作品は作者が創り上げたものだから、作者の意図を探れば作品が解明できるという考えのもとに、文学研究は作者の研究に傾斜していました。しかし、テキスト論が出てその信仰は一気に崩れ、作品はただの資料となり、読み手の自在な操作の対象となりました。それがポストモダンという潮流です。

ポスト・ポストモダン

ポストモダンは、作者を否定することによって、さまざまなユニークな研究を生みましたが、しかし、同時に、他者との出会いを回避して、自己の絶対化という陥穽に陥ってしまいました。文学作品は作者が創ったものではありますが、けっして作者の手の内にあるものではありません。その意味で、文学研究＝作者研究が否定されたのは正しいことですが、しかし、文学作品は、作者を超えた何ものか（他者）との葛藤のプロセスに現れたものでもあります。〈他者との出会い〉、それこそが文学することの意義です。ポストモダンはそれを捨て去ったがゆえに無間地獄に落ちてしまいました。私の所属する日本文学協会国語教育部会は、そういう認識に立って、新たに〈ポスト・ポストモダン〉という立場を鮮明にしてきています。

〈ポスト・ポストモダン〉とはどういうものか。須貝千里は次のように定義します。

〈モダン〉の原理は言語とそれが指示する対象との一致にあります。こうした言語＝対象という実体主義は科学に対する信頼と信仰が疑われていない時代に対応し、そうした事態を〈モダン〉という語によって提示します。……〈ポストモダン〉の原理は言語とそれが指示する対象との不一致にあります。こうした非実体主義は科学に対する信頼と信仰が疑われ、徹底的なアナーキーという事態が問題とされるようになった時代に対応し、そうした事態を〈ポストモダン〉という語によって提示します。……〈ポスト・ポストモダン〉の原理は〈ポストモダン〉の原理をいかに超えることができるのかという課題に正対することが求められている時代に対応し、そうした事態を〈ポスト・ポストモダン〉という語によって提示します。〈ポスト・ポストモダン〉の時代を切りひらいていくためには、田中実が提起する〈第三項〉と〈語り〉の問題に関する探求が求められています。（須貝千里「「目次」・「単元」・「学習の手引き」――ポスト・ポストモダンと国語教科書の課題――」）

第三項（他者）

ここで紹介されている〈第三項〉というのがまさしく（他者）に他なりません。田中実はこう言います。

バルトは「〈テキスト〉は意味の共存ではない。それは通過であり、横断である。したがって、〈テキスト〉は、たとえ自由な解釈であっても解釈に属することはありえず、爆発に、散布に属する」と〈読むこと〉それ自体を禁じ、読み手に現象した〈文脈〉を砕き、〈記号〉に解体して〈文学の記号学〉に転向したのでした。それは読書行為が命を捉え直そうとする行為であることを自ら否定することになります。バルトは生命の《尊重》は、〈テキスト〉にとってまったく不要と断定します。この必然こそ克服すべきこと。バルトは〈読むこと〉の虚偽・誤謬を斥け、読み手自身のあらかじめ持っている観念・イデオロギーを文学作品を砕いた断片で駆使して開陳する方法、「文学の記号学」をもたらしますが、それでは文学作品に撃たれ拉致される、感銘を受けることはできません。文学の擁護を目指した〈文学の記号学〉自体がパラドックス、極めて鋭いジレンマの産物だったのでした。これはいかにして克服できるのか、もう一度、問い直してみましょう。筆者には簡単です。例えば、漱石の『坊っちゃん』を読むとします。当たり前ですが、『坊っちゃん』という作品がなければ、『坊っちゃん』という作品を読む行為ははじまりません。ならば、客体そのもの、『坊っちゃん』そのものがないのではない、その〈影〉が〈形〉になって現れた、その〈実体性〉を捉えているのではないか、わたくしたちの捉える客体の対象である『坊っちゃん』像とは、永遠にこの客体そのもの、主体と客体の二項の相関で捉えられるのでなく、〈第三項〉の〈影〉が〈形〉として現れている領域を捉える行為であります。もともと元の『坊っちゃん』（筆者注〈原文〉＝オリジナルセンテンス）がなければ、その像（筆者注〈本文〉＝パーソナルセンテンス）も生じようがありません。『坊っちゃん』そのものは捉えられないが、それは純粋にアナーキーなものではありません。常に言い続けているように、〈読むこと〉は自身の自己振幅の枠組みのなかの行為であり、そこから脱することのできない宿命を抱えています。〈読むこと〉は宿命に達することのできないプロセスにあるのですから、これを能動的に造り出すこと、この〈宿命の発見〉から〈宿命の創造〉に転じること、それはポストモダンの相対主義、死＝虚無、その観念の廃墟を潜り、〈読むこと〉の主体を造り出していくことと期しています。（田中実「〈主体〉の構築」日本文学協会『日本文学』二〇一三・八、五頁）

田中は、第三項、すなわち他者と出会わせることによって読みの主体を造り出すことが今求められていると言っているわけですが、もう一度小学校の文学教育に帰ってそのことを考えて見ると、それを阻害している大きな障壁が見えてきます。それは〈心情主義〉と〈主題主義〉です。

心情主義

「ずうっと、ずっと、大すきだよ」

小学校一年生の教材に「ずうっと、ずっと、大すきだよ」という絵本の翻訳作品があります（ハンス・ウィルヘルム作、久山太一訳）。これは、〈ぼく〉と愛犬〈エルフ〉の交流の話です。一年生の教材ということもあって、授業はもっぱら、「エルフに対するぼくの気持ちを読みとる」ということに終始し、結局、ペット愛護の話になってしまいます。典型的な心情主義の読みです。一年生だからそれでいいではないかという側面もありますが、それだけでは子どもの日常の、内々の心情の交流にとどまり、他者と出会うことがありません。物語の読みが力を発揮できないのです。

「ずうっと、ずっと、大すきだよ」という作品は、けっして動物愛護の話ではありません。この物語は次のように語られ始めます。「エルフのことをはなします。エルフはせかいでいちばんすばらしい犬です。ぼくたちは、いっしょに大きくなった。でも、エルフのほうが、ずっと早く、大きくなった。ぼくは、エルフのあったかいおなかを、いつもまくらにするのがすきだった」そして、物語は次のように結ばれています。「いつか、ぼくも、ほかの犬をかうだろうし、子ねこやきんぎょもかうだろう。なにをかっても、まいばん、きっといってやるんだ。『ずうっと、ずっと、大すきだよ』って」
すなわち、この物語は、ぼくとエルフの交流を同時進行の形で語っているのではなく、エルフが死んだ後に、その交流を回想として語っているのです。なぜそのように仕組まれているかというと、物語の要所要所に、「すきならすきと、いってやればよかったのに、だれもいってやらなかった。いわなくっても、わかるとおもっていたんだね」「ぼくは、エルフにやわらかいまくらをやって、ねるまえには、かならず、『エルフ、ずうっと、大すきだよ』って、いってやった。エルフは、きっとわかってくれたよね」「にいさんやいもうとも、エルフがすきだった。でも、すきっていってやらなかった。ぼくだって、かなしくてたまらなかったけど、いくらかきもちがらくだった。だって、まいばんエルフに、『ずうっと、大すきだよ』って、いってやっていたからね」という表現があるように、これは、「好きだと思っているだけでは心は通じない。言葉がけが大事だ」ということを言っている話なのです。それは、ぼくの心情を追っかけているだけではけっして表に出て来ません。この物語の語りの構造に目を向けなければ出てこないのです。一年生にそんなことが必要なのかという反論が当然出てきます。私は、一年生だから必要なのだと思います。なぜか。

「おてがみ」

大阪枚方市の教師、近藤恵子さんが、かつて、「おてがみ」(アーノルド・ローベル作、三木卓訳『ふたりはともだち』の中の一つの話)という教材の授業でこんな経験をしました。
「おてがみ」というのは、かえるくんががまくんに書いた〈おてがみ〉が主体となっている話ですが、その〈おてがみ〉は、「しんあいなるがまくん。ぼくはきみがぼくのしんゆうであることをうれしくおもっています。きみのしんゆう、かえる」というもので、特に内容のあるものではないのですが、近藤さんの学級の一年生たちは、この〈おてがみ〉にいたく感動し、口々につぎのように言い始めました。

「『だいすきながまくんへ』っていいやんなあ」「あんなあ、『しんゆう』って言ってもらえるだけでもな、うれしいのにな、『しんゆうであることをうれしく思っています』って言われたらな、とってもうれしい」「なんか、うれしくなってくるやんかなあ」「しんゆうっていいやんかなあ」「あのね、『うれしくおもっています』ってね、本物の本物のしんゆうって思う。だってね、うれしく思ってるってね、がまくんのこと、大好きだよって言ってるみたいだから」「『しんあいなるがまくんへ』って、いいわなあ。かえるくんが、がまくんのこともだちと思ってるってすぐわかるてがみ」「いっしょうけいめい書いてくれたてがみ」「こころがいっぱいつまっているてがみ」「はげまそうとおもって書いたてがみ」

圧倒的に多くの子どもが、「きみがぼくのしんゆうであることをうれしくおもっています」という言葉に感動しています。これはどういうことでしょうか。『ふたりはともだち』という作品は、五つの話からなり、「お手紙」はその最後に置かれている話ですが、その前の四つの話は、いずれもがまくんとかえるくんの交流を描いたものです。二人が親友であることの実体を描いたものです。にもかかわらず、なぜ最後の話でこのような手紙をわざわざ書き、それを二人が心待ちしているような話を書いたのかというと、それは、「しんゆう」という言葉によって実体化されるという名づけの効果、言葉の力を示そうとしているのです。

がまくんとかえるくんが親友どうしであるということははっきりしています。しかし、言葉によってそれを言うのと言わないのでは違うのです。がまくんは、そう言われることによってはっきりと自分の位置、他人における自分の値打ちというものを実感することができたのです（書いたほうのかえるくんも、書くことによってまた、自分の思いを確かなものにしました）。

これは、三十年も前の実践ですが、その頃でも、子どもたちは、不安定な人間関係の中で、自分の位置の不安定さにおびえていました。家族や集団の人間関係がもろくなり、個々がばらばらになるというグローバル社会においては、言わなくてもわかり合えるというわけにはいかなくなっている。子どもたちは、そのことを敏感に感じとっているのです。現在は、そうした事態がさらに深刻に進行しています。そういう子どもたちに対して、動物愛護のような話を持ってきても（もちろん子どもは動物が好きですから喜びますが）、子どもたちの心の奥にあるものを浮き彫りにすることはできません。「ずうっと、ずっと、だいすきだよ」という物語の語りの仕組みを明らかにすることによってしかそれはできません。それが、「子どもを他者と出会わせる」ということです。

「ごんぎつね」

「ごんぎつね」（新美南吉）は、今やたいていの人が知っている国民的教材で、四年生の教科書に載っています。「ごんぎつね」は、中山という町から少し離れた山の中で、ひとりぼっちで暮らしている〈ごん〉という狐が、中山に来てはとんでもないいたずらをしていましたが、ある日、〈兵十〉という百姓が、母親を亡くして寂しそうにしている所に出会い、その寂しさに、自分と同様のものを感じとって以来、兵十に心ひかれ、いたずらをやめて兵十に尽くそうとします。しかし、最後には、その兵十に鉄砲で撃たれて死んでしまうという話です。この「ごんぎつね」は、今までに、無数の実践記録が発表されていますが、そのほとんどは、ごんが兵十に惹かれていくプロセスのごんの心情をたどるというものです。しかし、こういう読みでは、登場人物の心情世界に閉じ込められてしまい、その向こう側にあるこの作品の思想に出会うことができません。

「ごんぎつね」はこういう書き出しで始まります。「これは、わたしが小さいときに、村の茂平というおじいさんから聞いたお話です」（すなわち、〈わたし〉の住んでいるところでは、〈この話〉が、代々語り伝えられるほど大事な話だというのです。それはなぜなのか。これこそが「ごんぎつね」の要諦です）。続いて次のような叙述があります。「昔は、わたしたちの村の近くの中山という所に、小さなおしろがあって、中山さまというおとのさまがおられたそうです」（この話は、封建時代の、閉鎖的な社会で起こったことだということです）。そしてさらにこうあります。「その中山から少しはなれた山の中に、ごんぎつねというきつねがいました。ごんは、ひとりぼっちの小ぎつねで、しだのいっぱいしげった森の中に、あなをほって住んでいました」（ここで語られているのは、ごんは異類のもので、中山の住民ではなく、しかも、たった一人で生きているものだということです）。「ごんぎつね」という物語が何を語ろうとしているのかは、この冒頭の部分を解明すればはっきりと分かります。すなわちこういうことです。「封建社会においては、なぜよそ者は受け入れられなかったのか。なぜ個と個が切り離されていたのか」。

ごんは、最初、身よりのない者でありながら、近くの共同体に受け入れてもらえないがゆえに、〈いたずら〉という形で関わりを持っていました、しかし、ある事件をきっかけに、自分と同じひとりぼっちの兵十という同類を見出し、彼に近づこうとしますが、閉塞的な時代と社会がそれを許しません。しかし、最後に、あえてそのタブーを破ったとき、皮肉にも、ごんは、彼が慕った兵十によって撃ち殺されてしまいます。この時代と社会にあっては、それは必然の悲劇です。しかし、それは乗り越えられなかったのでしょうか。時代と社会が変わればそれはなくなるのでしょうか。

ごんと兵十の間で起こったこの悲劇が、その後、中山では語り伝えられているのですが、もともと、この話を語ったのは兵十以外には考えられません。そうであれば、この話は、〈兵十の物語〉として語り伝えられているはずです。なのに、なぜ、「ごんぎつね」は、〈ごん〉の物語として伝えられているのでしょうか。それがこの「ごんぎつね」という物語の肝腎なところです。

兵十や加助には、栗や松茸を兵十のもとに届けてくれるものが誰か、まるで想像もつきません。そんな者が同じ村にいるはずがない、とすれば、それは神様だとしか思いつかないのです。よそ者の、嫌われ者のごんがそんなことをするなどということに思い至るはずがないのです。兵十や加助のように、自分たちの内側からしか見えない者にはそれは無理もないことです。ですから、事の真相は、兵十の身に起こったことを、他者の目から見てみないと分からない。「ごんぎつね」が、ごんの物語として語り伝えられているというのはそういうことだと思います。そして、このことは、けっして、封建時代・社会の特殊な出来事として回顧されることではない。現代でも、というより、現代ならなおさら、自己の側からしか物事を見ない、そういう自己中心の見方、考え方、生き方が問題になります。そういう自己中心の物の見方は、他者との出会いを通してしか撃たれることはない。そこにこそ、「心情主義から他者との出会いへの転換」の本質的な意味があるのです。

主題主義

「一つの花」

主題を問う授業は、いかにも作品の思想と出会わせているようでありながら、実はそうではありません。四年生の教材に「一つの花」（今西祐行）という作品があります。これは次のような話です。

ゆみこちゃんは、まだ片言しかお話しできない小さい女の子です。おとうさんやおかあさんと一緒に暮らしていましたが、小さいゆみこちゃんの口癖は、「一つだけ」「一つだけ」でした。食事やおやつなど、ゆみこちゃんが欲しがっても、おかあさんは十分に与えることができません。それでも、おかあさんは、「一つだけね」と自分の分をゆみこちゃんに与えるので、いつのまにか、「一つだけ」という言葉がゆみこちゃんの口癖になってしまいました。敗戦色が強くなっていったある日、とうとう、体の弱いおとうさんにも赤紙がきました。おかあさんとゆみこちゃんも、出征するおとうさんのお見送りに行きました。おかあさんは、貴重品のお米をたいておにぎりを作りましたが、駅につくまでに、ゆみこちゃんは「一つだけ」といって何度も欲しがって皆食べてしまいました。いよいよ、おとうさんとのお別れの時間が迫ってきたときに、ゆみこちゃんはまた、「一つだけちょうだい、おじぎり一つだけちょうだい」とぐずります。おかあさんは、すっかり困り果ててしまいましたが、おとうさんは、ポッンと咲いていたコスモスの花をゆみこちゃんに持たせ、「一つだけのお花、大事にするんだよ」という言葉を最後に汽車に乗り込み、そのまま帰らぬ人になりました。十年後、ゆみこちゃんは、おかあさんと二人で暮らしています。お料理もできるようになりました。二人の家の小さな庭には、コスモスの花がいっぱいさいています。（インターネットより）

こういう戦争物になると、教師は、戦争の悲惨さを説き、反戦感情を煽ろうとします。例えば、戦争体験のある教師は、戦時中いかに食べ物がなかったか、それに比べて今はどんなに恵まれているかということを強調します。また、出征に、家族以外見送りがないということはあり得ないと社会科的な知識を振りまきます。また、戦争体験のない教師は、体験者を教室に呼んで戦争体験を聞かせたり、あるいは資料を配って物語の背景の説明をします。まさしく、反戦の感情を煽り立てるプロパガンダの教育です。しかし、そういう類型的な読みではこの作品の思想があらわにはなりません。この作品の思想は、作品の題名である「一つの花」という表現に迫ることによってしか現れません。

「一つの花」を、いわゆるリアリズムの作品として読むと、何とも理解しがたい、おかしな表現に出会います。その一つは、お父さんが汽車に乗って行くとき、「ゆみ子のにぎっている、一つの花を見つめながら――」という表現です。普通なら、「ゆみ子」または「ゆみ子とお母さんを見つめながら――」となる所ではないでしょうか。いくら何でも、今生の別れとなるときに、「一つの花を見つめながら――」というのはあまりに不自然です。もう一つは、ミシンの音が聞こえてくる場面で、「それはあのお母さんでしょうか」としている所です。十年後に登場してくるゆみ子があの〈ゆみ子〉であることは、誰の目にも明らかなのに、なぜ語り手は、母親を、「あのお母さんでしょうか」というふうにぼかした言い方をしているのでしょうか。そこには、明らかに作者の虚構の意識が働いていると言わざるをえません。

「一つの花」は、まず、〈一つの花〉という題名に仕掛けがあります。通常、「花」は「一つ、二つ」とは数えません。「一本、二本」あるいは「一輪、二輪」というのが普通の数え方でしょう。「一つ、二つ」というのは物を数える数え方です。それを、この作品では、あえて、〈一つの花〉という言い方をしました。それはなぜかというと、作品の前半で、「一つだけのいも、一つだけのにぎり飯、一つだけのかぼちゃのにつけ」という表現が出てくるからです。それらは、食べてしまえばなくなってしまう、〈一つだけの食べ物〉という意味で出てきます。ところが、お父さんが見つけてきた〈コスモスの花〉は、消費されるものではなく、命のあるもの、新たな命を生み出すものです。「一つの花」という作品は、〈一つ〉という言葉に託された意味が、前半では〈消費される物〉であったのが、途中から〈新たな命を生み出すもの〉というふうに変わります。そういう、言葉の意味（価値）の転換を父親が見出したのです。そういうことを内包しているので、この作品の題名は、あえて、「一つの」「花」という異様な語法をとったのです。

〈一つ〉という言葉に、〈すぐに無くなってしまう物〉あるいは〈些細な望み〉という意味しか見いだせなかった間、お父さんは、ゆみ子に対して、「ゆみ子をめちゃくちゃに高い高い」するか、「みんなおやりよ、母さん。おにぎりを」と言うしかありませんでした。きっと、そういう行動をとってしかゆみ子への愛情を示すことのできない自分を情けなく思っていたに違いありません。「プラットホームのはしの方で、ゆみ子をだいて」「ばんざいや軍歌の声にあわせて、小さくばんざいをしていたり、歌を歌っていたりしました」という表現には、そんなお父さんの思いが出ているように思います。ところが、「プラットホームのはしっぽの、ごみすて場のような所に、忘れられたようにさいていたコスモスを見つけ」たお父さんは、それまでのお父さんと様子が違います。お父さんは、「ゆみ。さあ、一つだけあげよう。一つだけのお花、大事にするんだよう」とゆみ子への自分の愛情を示しうるものをようやく見つけたというような言い方になっています。その、お父さんが見つけた「一つだけのお花、大事にするんだようー」という言葉は、また、この父親の生き方を象徴している言葉でもありました。ですから、父親は、万感の思いを込めて、「何も言わずに」「ゆみ子のにぎっている、一つの花を見つめながら」行ってしまうのです。この作品は、〈一つ〉という言葉に、消費から生産へ、絶望から希望へという意味を見出した父親の物語なのです。

さて、では、「あのお母さんでしょうか」というあいまいな言い方はどのように理解すればいいでしょうか。「それから、十年の年月がすぎました」という表現で後半の場面は始まります。それから十年後というのは、父親が出征して、（おそらくは戦死して）、残された母と娘の物語という意味ではありません。「それから」の〈それ〉は、父親が「一つの花を見つめながら」出征した時から十年後という意味です。すなわち父親が〈一つ〉という言葉に見出した、「新しい命を生み出す一つの命」ということが、十年後にどうなったのかをこの場面で描いているのです。ですから、ここでは、〈一つの花〉が生み出した次の命が活躍します。すなわち、成長した〈ゆみ子〉と、いっぱい咲いた〈コスモスのトンネル〉」です。つまり、よくあるような、戦争未亡人と子どもの物語ではなく、あくまでも〈一つの（花）〉の物語なのです。ですから、ミシンを踏んでいる花親が、〈あのお母さん〉であろうとなかろうとどうでもいいことなのです。

いわゆる主題主義的な読みは既成の価値観の押しつけにしかなりません。それは、自分たちの内側に籠ってしまっているからです。優れた文学作品は、そうした既成の価値観を打ち壊す力を持っています。それが、〈他者と出会う〉ということです。

「モチモチの木」

もう一つ、主題主義的な授業を紹介しましょう。斉藤隆介の「モチモチの木」です。これは三年生の教科書に登場します。こういう話です。

峠の猟師小屋にじさまと住む豆太は臆病者で、夜はじさまを起こさないと雪隠に行けないほど。家の前にあるじさまが「モチモチの木」と名づけた（引用者注―これは間違い。〈モチモチの木〉と名づけたのは豆太）トチの木が怖いのであった。そんなある晩、じさまは腹痛で苦しみだす。じさまを助けるには暗闇の中、モチモチの木の前を通り、半道（約二km）も離れた麓の村まで医者を呼びに行かなければならない。豆太は勇気を振り絞り医者を呼びに行き、じさまは助かる。そのときにじさまの話していた木に雪明かりがともり、モチモチの木とはこのことだったんだと意味を知る。しかし相変わらず豆太はじさまを起こさないと雪隠に行けないのであった。（インターネット）

この「モチモチの木」では、もっぱら〈豆太の心情と行動〉を追っかける心情主義の授業が主流ですが、それと同時に、「豆太は勇気のある子になったのか」とか、「やさしさとはどういうものか」といった主題主義の授業が行われます。自民党政府が、「道徳、道徳」とやかましく言い始めていますので、この手の授業がますます横行してくるでしょう。しかし、そういう主題の読み取りでこの「モチモチの木」が読めるのか。そんなことで子どもの心を揺さぶることができるのかというと、それは疑問です。では、「モチモチの木」はどう読むのか。子どもは、この作品でどのような他者と出会うことができるのか。以下、それを解き明かします。

授業では、豆太にばかり焦点があてられますが、この作品は、題名が「モチモチの木」となっているように、実は、モチモチの木が大事な役割を担っています。

豆太にとってのモチモチの木は、あるときは、「空いっぱいのかみの毛をバサバサとふるって、両手を『ワアッ！』とあげ」たり、「『オバケエ……！』って、上からおどかす」存在ですが、あるときは、「茶色いピカピカひかった実をいっぱいふりおとしてくれる」ものでもあります。モチモチの木というのは、自然の代表、自然の象徴です。自然は恵みをもたらしますが、底知れぬ奥深さ、得体の知れぬ恐ろしさを持ったものでもあります。その底知れぬ奥深さ、得体の知れぬ恐ろしさというものが、夜になると豆太を怖がらせるのです。

語り手は、「まったく豆太ほどおくびょうなやつはない。もう五つにもなったんだから、夜中にひとりでセッチンぐらいいけたっていい。ところが豆太は、セッチンはおもてにあるし、おもてには大きなモチモチの木が突っ立っていて、空いっぱいのかみの毛をバサバサとふるって両手を『ワアッ！』とあげるからって、夜中には、じさまについていってもらわないと、ひとりじゃ小便もできないのだ」というように言っていますが、夜中にモチモチの木を恐れるというのはあたりまえのことで、それは、モチモチの木の向こう側に、自然の奥深さを感じているという証拠なのです。モチモチの木が「ピカピカひかった実をいっぱいふりおとしてくれる」のは、自然に対するそういう恐れの念を持っている者、自然を恐れ、敬う者に対して、その代償として恵みをもたらしてくれるのだといってもいいのではないでしょうか。その証拠に、豆太が、自然に対してちょっと偉そうに「ヤイ、木イ、モチモチの木イ、ー実イオトセ！」などと、「かた足で足ぶみして、いばってサイソクしたりすると」と、夜になって、「おこって、両手で『オバケエ……』って、上からおどかす」のです。

モチモチの木に灯がともるという「シモ月二十日のウシミツ」に、豆太はじさまから「おきてて見てみろ、そりゃキレイだ。おらもこどものころに見たことがある。死んだおまえのお父ウも見たそうだ。山の神様のおまつりなんだ。それは、ひとりのこどもしか見ることはできねえ、それも勇気のあるこどもだけだ」と言われますが、「こんな冬の真夜中に、モチモチの木を、それもたったひとりで見にでるなんて、トンデモネエはなしだ。ブルブルだ」と、「はじめっからあきらめて、ふとんにもぐりこむと、じさまのタバコくさい胸ンなかにハナをおしつけて、よいのくちからねて」しまうのです。

「ひとりの、勇気のあるこども」だけが見ることができるということはどういうことでしょうか。それは、豆太のように、自然への怖れの気持ちを持っていて、自然の神秘を感じることのできる子どものときにだけ自然がその神秘の本源を垣間見せてくれるということなのではないでしょうか。ただし、それは、誰でもというのではなくて、人間としてもっと大事なものを身に付けたとき、初めてそれを見せてくれるというのです。人間としてもっとも大事なものとは何かというと、それを、じさまは「勇気」というふうに言っていますが、実は、「勇気」というのは「やさしさ」のことです。「やさしさ」といっても、単に「おもいやる」というやさしさではなく、他のために、自分を犠牲にしてでも行動することのできるやさしさ、「かさこじぞう」のおじいさんと同じ質のやさしさです。すなわち、「他に対して開かれた自己」になりえたとき、自然は、その本源、本当の美しさを見せてくれるというのです。

医者様におぶわれて小屋にもどってきたとき、豆太は「モチモチの木に灯がついている」のを見ます。医者様には単なる自然現象としてしか見えませんでしたが、豆太には、「山の神様のまつり」が見えました。そして、それが豆太のお父ウにもじさまにも見えたということは大事なことです。じさまやお父ウや豆太のように、

「山に生きる」者、猟師として生きる者にとって、一度は体験しなければならない、そうでなければ「山に生きる」ことのできない、そういう大事なことであったのではないでしょうか。

豆太が山の神様のまつりを見たのだとすると、じさまとモチモチの木の関係も重要になってきます。じさまにとってモチモチの木は、単に豆太のためにその実を「木ウスでついて、石ウスでひいて、こなにする。こなにしたやつをもちにこねあげて、ふかして」食べさせるというだけではなく、自然の本源と豆太とを出会わせる契機であり、山に生きる者にとってもっとも大事なものを豆太に伝えてやるためのものでもあったのです。おそらくじさまも、父親からそのようにモチモチの木と出会わせられたのでしょう。不幸にして早くから父親を亡くした豆太には、父親に代わって、じさまがその役割を担っているのです。

このように、「モチモチの木」は、まさしくこの作品のテーマを担ったものとして登場してきます。だからこそ、この作品の題名が、「モチモチの木」となっているのです。

感じる心を育てる

自己の殻に閉じこもっている子どもたちを開かせてやるためには、心情主義的な読み、主題主義的な読みではだめで、物語の向こう側にある他者と出会わせなければならないということを述べてきました。しかし、小学校、あるいは中学校の教育においては、性急にそれを行っては、知識としてしか入らなくて、子どもの血肉にはなりません。同時に、子どもの感性を育てていくことをしなければなりません。

言葉の誕生

俳句同人誌「童子」を主宰している辻桃子さんの五歳になる孫のりく君が、「俳句ができました」といって持ってきたのをみると、こんな俳句でした。「せんべいがあるきだしたともうします」。「もうします」という古語は、テレビの幼児番組で俳句がとりあげられ、そこで覚えたらしいものですが、それにしてもなんとシュールな、大人ではとても作れない世界ではありませんか。りく君が俳句を持ってくるたびに桃子さんが誉めるものですから、三歳になる妹のくるみちゃんも、「私も俳句できた」といって持ってきました。「どんなの？」と聞くと、「あるるるるばぶばぶぼぼんうおんおん」と、大きな声で歌うように応えたと言います。みごとに五七五になっています。

このエピソードは、言葉がどのようにして生まれてきたのかを考える良い材料を提供してくれます。脳科学者の岡ノ谷一夫氏がこのようなことを言っています。

> 人間はいろんな事情で脳が大きくなり、いろいろな歌をうたえるようになった。そして、いろいろな歌といろいろな状況を結びつけて考えることができるようになった。こうやって、愛の歌しかなかった世界にいろいろな歌が満ちるようになり、歌どうし、状況どうしが相互に切り分けられて結びつき、子供たちがそれを学んで単語と文法を作り出し、言葉に満ちた世界ができるようになった。（『言葉の誕生を科学する』小川洋子・岡ノ谷一夫、河出文庫）

言葉以前の世界

三歳の女の子が歌うように五七五の俳句を詠み、五歳の男の子が、シュールな、つまり、制度に組み込まれていない言葉の組み合わせで俳句を作ったということは、学会の常識がどうであれ、言葉の前段階に感覚があるということを指し示しています。

私の娘がまだ文字を覚えたての頃、「モチモチの木」の絵本を繰り返し見ていましたが、見開き一頁のモチモチの木の絵の所に来るたびに、「モチモチの木に灯がついている」と叫んでいたのを思い出します。授業では、豆太のやさしさとか勇気ばかりがとりあげられ、モチモチの木のことはそっちのけになりますが、小さな子の心を引きつけるのはけっしてそんなことではありません。子どもは、まず感覚的に〈モチモチの木〉に出会うのです。

娘が、小学校に上がってから、妻が、本を読んだら感想を書くように指導したらしい。しばらくはしおらしくその言いつけを守っていたのですが、「モチモチの木」と同じ斉藤隆介の「花咲き山」という短い話を読んだ後の感想にこんなことを書きました。「『花咲き山』を読んで、思うたことなし」…きっと、「いちいちめんどくさいなあ」と思っていたのでしょうが、それより、「花咲き山」のようなお説教くさい話は子どもの心には響かないということなのでしょう。

感じる心

宮沢賢治は、「雪渡り」において、狐の紺三郎にこのようなことを言わせています。

「兄さんたちは十一歳以下ですか」と紺三郎が又尋ねました。「いや小兄さんは四年生だからね。八つの四つで十二歳」と四郎が云いました。すると紺三郎は尤もらしく又おひげを一つひねって云いました。「それでは残念ですが兄さんたちはお断りです。あなた方だけいらっしゃい」

つまり、十一歳以下でないと、狐の世界に入り込める〈感じる心〉を持っていないということでしょう。「風の又三郎」の〈嘉助〉は四年生ですから半分大人の仲間入りをしていますが、それでも、かろうじて〈風の又三郎〉を見ることができました。賢治の時代は、このように、三・四年生頃までは〈感じる心〉を失っていなかったのでしょう。ところが、学校制度が整備され、近代化が進んでくると、どんどんそれが失われてきます。すなわち、〈言語化・制度化〉が早まってくるのです。近年の、全国学力テストをめぐる一連の動きを見れば、ますますその傾向が強まってきていることが分かるでしょう。〈学力〉というのはそもそも〈測定可能な力〉のことですから、〈学力テスト〉が〈測定可能な力〉だけを測定するものでしかないのは当然のことです。それは当然、〈言語化（数字も言語の一種です）〉され、制度の中に組み込まれたものの測定でしかありません。しかし、すべてのものが言語化され、制度に組み込まれているわけではありません。そうしたものは、世界の一部分でしかないでしょう（宇宙はどんどん膨らんでいるのですから）。日本の教育制度は、どんどん〈言葉〉や〈計算〉の学習の低年齢化を進めていますが、それは日本人をやせ細らせ、日本を硬直化させることにつながるのではないでしょうか。

もう三十年以上も前のことですが、山口県岩国市岩国小学校の六年生に、まどみちおの「イナゴ」という詩の授業をしたことがあります。こういう詩です。

イナゴ

はっぱにとまった
イナゴの目に
一てん
もえている夕やけ

でも　イナゴは
ぼくしか見ていないのだ
エンジンをかけたまま
いつでもにげられるしせいで……

ああ　強い生きものと
よわい生きもののあいだを
川のように流れる
イネのにおい！

「イナゴの目に　一てんもえている夕やけ」とは何か。イナゴの目は、人間の目のような鏡にはなっていませんので、外の夕焼けが映っているのではありません。イナゴの内側に燃えている火です。それをどう感じとるかがこの詩を読むポイントです。しかし、それは難しいので、まず、「イナゴの目に夕焼けが映っている」として、「それをどう感じるか」を問うことから出発しようとしました。そこで、「君たちは夕焼けを見てどう思った？」と聞いたのですが、誰も何も言いません。夕焼けを見たことがないのかと思って、「夕焼けを見たことがない人」と聞くと、一人も手を挙げません。みんな、夕焼けは見ているのです。「じゃ、夕焼けを見て、どう思った？」と聞くと、「何も思わない」と、みんな、夕焼けを見ても何も思わないというのです。そこから先に進みようもありません。三十年以上も前からこんな状態が進行していたのです。現在は、もっと深刻な状態になってきているでしょう。

世界には、言葉では届かないものが無数にあります。もちろん、言語化されたものでなければ共有しにくいことは確かですが、だからといって、言葉になっていないものは「無い」ということではないでしょう。言葉は、固定されているのではなく、どんどん拡大していきます。ということは、言葉になっていない世界があるということが前提になっているわけで、それは、言葉では届かなくても、感覚（五感）で触ることもできるのです。

まどみちおはこういう詩も書いています。

さくら

さくらの　つぼみが
ふくらんできた
と　おもっているうちに
もう　まんかいに　なっている
きれいだなあ
きれいだなあ
と　おもっているうちに
もう　ちりつくしてしまう
まいねんの　ことだけれど

また　おもう
いちどでも　いい
ほめてあげられたらなあ…と
さくらの　ことばで
さくらに　そのまんかいを…

まどみちおは詩人ですから、新しい言葉を創りだして、彼が感じているものを何とか言葉にしようとしますが、それでも、まどさんは、〈さくらのことば〉で言うことはできません。しかし、〈さくらのことば〉で言うことができないからといって、それは〈さくらの美しさ〉を感じていないということではありません。まどさんはこうも言っています。

きこえてくる
土の中から　きこえてくる
水の中から　きこえてくる
風の中から　きこえてくる

ここに　生まれ出ようとして
小さな　数かぎりない生命たちが
めいめいの階段を　のぼってくる足音が

私たちが言葉に取り込んでいない膨大な世界があって、言葉にはできていないけれども、それを感じる心を人間は失ってはいません。でも、徐々に失いつつあります。

こういう詩もあります。

聴く力

茨木のり子

ひとのこころの湖水
その深浅に
立ち止まり耳澄ます
ということがない

風の音に驚いたり
鳥の声に惚うけたり

ひとり耳そばだてる
そんなしぐさからも遠ざかるばかり

小鳥の会話がわかったせいで
古い樹木の難儀を救い
きれいな娘の病気まで直した民話
「聞き耳頭巾」をもっていた　うからやから

その末裔は我がことのみに無我夢中
したばかり赤くくるくると空転し
どう言いくるめようか
どう圧倒してやろうか

だが
どうして言葉たり得よう
他のものを　じっと
受けとめる力がなければ

公教育と他者

宮沢賢治の「風の又三郎」は、表の物語と裏の物語の二重構造になっています。表の物語には二つの主題があって、一つは、近代公教育制度への子どもの取り込みであり、他の一つは、隣国ロシヤとの関係です。そして裏の物語は、土着の風土性と近代合理主義との葛藤です。

日本の公教育は、明治五年（一八七二）の「学制」の発布から始まり、後に「教育令」が制定されました（一次、二次、三次と改正され、第三次は明治十八年に公布）。「風の又三郎」は、賢治の生前には発表されませんでしたので何年に作られたのか分かりませんが、この物語の背景になっているのは、おそらく、まだ完全には体制の整っていない山村の小学校です。

この学校は、「谷川の岸」に立っている小さな小学校で、生徒は一年から六年（全員で三八名）までそろっていますが、教室は一つです。運動場もありますがテニスコートくらいの大きさで、「すぐうしろは栗の木のあるきれいな草の山でしたし、運動場の隅にはごぼごぼつめたい水を噴く岩穴もあった」のです。しかし、近代学校としての規律がいくつかあって、例えば、「時間にならない前に教室に入ってはいけない」「天気のいい時に教室に入ってはいけない」「先生は笛で合図をする」「整列して教室に入る」「きをつけ、礼をする」「授業が始まったら私語をしない」「通信簿と宿題の点検」「一斉掃除」などといったことです。そして、先生は標準語で話します。そのように、子どもたちは、学校という制度に組み込まれるようにしつけられていきます。しかし、そういう制度になかなか組み込まれていかないのが子どもです。子どもたちは、すぐに私語を始めたり、喧嘩をしたり、寄り道をしたり、水遊びをしたりと、のびのびと活動しています。子どもたちは、きっと、先生と同じように標準語で話すよう求められているに違いないのですが、転校生を除いてはみんな方言まるだしです。そういう、近代という制度に組み込もうとするものと、容易にそこには組み込まれないエネルギーとのせめぎ合いが表の物語の縦糸です。

表の物語の横糸は、転校生高田三郎の存在です。高田三郎は、他の子どもたちとは外見もまるで違っていて、〈赤毛〉で、〈靴〉をはき〈服〉も着ています。そして〈標準語〉で話します。三郎は、北海道の学校から転校してきたのですが、父親は北海道の会社で働いていたのですが、三郎の〈赤毛〉から推察されるのは、きっと、母親はロシヤ人だろうということです。この時代のロシヤとの微妙な関係が表の物語の横糸です。

「風の又三郎」の裏の物語は、まさしく〈風の又三郎〉の話です。「風の又三郎」の初期形は、「風野又三郎」と、〈野〉が漢字になっているもので、ここに登場する〈又三郎〉は台風の子です。ですから、この又三郎は、二百十日の九月一日にやってきて、二百二十日の九月十日に去っていきます。ところが、「風の又三郎」は、必ずしも台風に限定されているものではありません。ですから、「風の又三郎」の物語は、九月一日から始まりますが、終わるのは九月十二日です。では、「風の又三郎」に登場する〈高田三郎〉とは何者かというと、それは、柳田国男の言う〈小さき子〉（すなわち、異形の者で、特別な力を持ち、あるとき突然やってきて、また突然去っていく）です。すなわち、まさしく〈他者〉というべき者に他なりません。

「風の又三郎」の視点人物は〈嘉助〉という男の子で、三郎と同じ四年生という設定がしてあります。なぜ四年生なのかというと、この年齢が大人への入り口だからです。三年生の子どもなら、〈他者〉と出会える感性を色濃く持っていますが、大人の世界に入るとそういう感性を失って制度化される。嘉助はそういう際どい所に立っているのです。ですが、嘉助はあるとき、こんな奇妙な体験をします。

空が旗のようにぱたぱた光って飜り、火花がパチパチッと燃えました。嘉助はとうとう草の中に倒れてねむってしまいました。そんなことはみんな遠いできごとのようでした。もう又三郎がすぐ眼の前に足を投げだしてだまって空を見あげているのです。いつかいつもの鼠いろの上着の上にガラスのマントを着ているのです。それから光るガラスの靴をはいているのです。又三郎の肩には栗の木の陰が青く落ちています。又三郎の影はまた青く草に落ちています。そして風がどんどんどんどん吹いているのです。又三郎は笑いもしなければ物も云いません。ただ小さな唇を強そうにきっと結んだまま黙ってそらを見ています。いきなり又三郎はひらっとそらへ飛びあがりました。ガラスのマントがギラギラ光りました。ふと嘉助は眼をひらきました。灰いろの霧が速く速く飛んでいます。

また、高田三郎もこんな体験をします。

又三郎（高田三郎のこと）は、ひとりさいかちの樹の下に立ちました。ところが、そのときはもう、そらがいっぱいの黒い雲で、楊も変に白っぽくなり、山の草はしんしんとくらくなりそこらはなんとも云われない、恐ろしい景色にかわっていました。そのうちに、いきなり上の野原のあたりで、ごろごろと雷が鳴り出しました。と思うと、まるで山つなみのような音がして、いっぺんに夕立がやって来ました。風までひゅうひゅうひゅう吹きだしました。淵の水には、おおきなぶちぶちがたくさんできて、水だか石だかわからなくなってしまいました。みんなは河原から着物をかかえて、ねむの木の下へ遁げこみました。すると又三郎もなんだかはじめて怖くなったと見えてさいかちの木の下からどぼんと水へはいってみんなの方へ泳ぎだしました。すると誰ともなく「雨はざっこざっこ雨三郎　風はどっこどっこ又三郎」と叫んだものがありました。みんなもすぐに声をそろえて叫びました。「雨はざっこざっこ雨三郎　風はどっこどっこ又三郎」すると又三郎はまるであわてて、何かに足をひっぱられるように淵からとびあがって一目散にみんなのところに走ってきてがたがたふるえながら「いま叫んだのはおまえらだちかい」とききました。「そでない、そでない」みんなはいっしょに叫びました。ぺ吉がまた一人出て来て、「そでない」と云いました。又三郎は、気味悪そうに川のほうを見ましたが色のあせた唇をいつものようにきっと噛んで「なんだい」と云いましたが、からだはやはりがくがくふるっていました。

この場面では、高田三郎は又三郎だと決めつけたようになっていますが、しかし、その又三郎ですら、〈他者〉ではないのです。又三郎すら、恐ろしさのあまりからだががたがたふるえてしまう〈他者〉の声があるのです。

宮沢賢治の作品には、人間たちが、その奢りを〈他者〉によって裁かれるという話がしばしば登場します。「注文の多い料理店」は、外国かぶれで、拝金主義、自己中心で、動物の命を何とも思っていない若い二人の紳士が、山猫に化かされて危うく食べられそうになるという話ですが、その山猫の詐術も、もっと大きな力によって打ち破られてしまいます。また「オツベルと象」では、有能で勇敢な工場経営者オツベルが、仏の化身とも思える白い子象をもうまく手なずけて工場労働者にしてしまいますが、結局は、火山の爆発を連想させる象たちの雪崩に押し潰されてしまいます。「猫の事務所」では、姑息な官僚たちのいじめ社会が、獅子の一声で解散させられてしまいます。

このように、宮沢賢治は、人間たちの奢りを裁く〈他者〉というものを強く意識していました。まどみちおに「いちばんぼし」という詩があります。こういう詩です。

いちばんぼし

いちばんぼしが　でた
うちゅうの
目のようだ

ああ
うちゅうが
ぼくを　みている

この「宇宙の目」を、意識させること。これこそが、今、もっとも求められていることなのではないでしょうか。

〈補〉

もしも、ある人の仕事、ある人の姿が、他の人に感動をもたらすとしたら、それは、その人の仕事、その人の姿が、その人でありながらその人でない、その人を超えた何か大きなものに触れているからだ。だからこそ、それは、その人でない他の人にも、感動を与えることになるんだ。もしもそれが、自分の欲得を計算して為されたような仕事だったら、どうしてそんなものが他人に感動を与えるはずがあるだろう。

ところで、他人の仕事やその姿に感動できるためには、その人も、その人と同じ自分を超えた何か大きなものを知っている、共にそれを感じているのでなければならないね。感動するということは、共感するということにほかならないからだ。だから、ある天才の仕事に感動できるとしたなら、君は、天才だ。天才が何をしようとしたのかを理解できるなら、君は、天才だ。天才を理解できるのは天才だけだという動かせない対応とは、両者が共に自分を超えた大きなもの、つまり〈天〉を見ているということで理解し合うということなんだ。〈天〉を見ない人、〈天〉を知らない人は、結局天才を理解できない。（池田晶子『一四歳からの哲学』トランスビュー、一二八頁）

Ⅳ　戦後七〇年と文学

歴史の中の亡霊
——李永平の小説に見る戦争の記憶*——

李《リー》有《ユー》成《チェン》
加納光 訳

「私自身、戦後生まれであり、戦争を体験しておりませんが、戦争の記憶が薄れようとしている今日、謙虚に過去を振り返るとともに、戦争を体験した世代から戦争を知らない世代に、悲惨な体験や日本がたどった歴史が正しく伝えられていくことが大切であると考えています。」

徳仁皇太子（二〇一五年二月二三日に行われた東宮御所での記者会見より）

一　小説『尾白鷲：ある台北の寓言』に見る戦争の記憶

一九九二年に長編小説『尾白鷲：ある台北の寓言』が出版されて以来、李永平(1)の小説は程度の差こそあれいずれも皆戦争の記憶に言及している。そして、その戦争の記憶は、主に日本の中国への侵略戦争（第二次日中戦争）と太平洋戦争の歴史に関連するものでもある。李永平の小説は、一貫して完全に整ったストーリー構成でないことで知られており、彼が意匠を凝らして敷延するその大半は挿話式（episodic）のストーリー（構成）で、章節と章節の間に必ずしも緊密な関連性があるというものではない。時には、それぞれの章節が独立して存在することさえあり、そしてそれが往々にして前後の物語の展開に大きな影響を及ぼすことはない。簡単に言えば、彼の小説は、初期の抗日戦争を背景にした文学作品——（他の作家の作品）例を挙げれば、徐速の『星、月、太陽』（原題『星星、月亮、太陽』）、王藍の『青と黒』（原題『藍與黑』）、あるいは伝統的なマレーシア英文学に属さない（とされる）欧大旭（Tash Aw）の『和やかな製糸工場』（原題『和諧絲莊』）（*The Harmony Silk Factory*）、さらには陳団英（Tan Twan Eng）の『雨の贈り物』（原題『雨的禮物』）（*The Gift of Rain*）など——とは類を異にする。欧大旭と陳団英のマレーシア華人作家により執筆されたこの二編の英文小説には、直接太平洋戦争に言及する場面が数多くみられる。そして、それは特に一九四一年から四五年の間のマレー半島における旧日本軍の軍事的暴虐に関するものである。（ただ）これらの小説では、それらの場面を（小説から）切り離してしまうと、ストーリーの構成上たちどころに（作品に）不備を来してしまう。（ところが、）李永平の小説は（これらの作品とは）異なり、彼が呼びかける戦争の記憶は大半が個別の作品の章節に散見され、前後の章節間の繋がりも、大半が緊密な関係を有するものではない。そして、それ（らの記憶）は通常小説の一部分を成すに過ぎず、決して小説全般に関わるものではない。

この戦争の記憶が初めて登場したのは、他でもなく五十万字に達する（大作）『尾白鷲：ある台北の寓言』においてである。この小説はサブタイトルに物語の舞台が台北であることをはっきりと謳っている。（この）小説の第三部「春、海峡の日没」（原題「春、海峽日落」）の第十一章、タイトル「春の炎」（原題「一爐春火」）は、主として国立海東大学文学部のある教授たちの新年の酒宴の様子を記述したものである。これは、「北風が吹く海東の三月、春雨が降り続き、辺りは模糊としてうら寂しい」ある夜のこと、文学部の異なる学科に所属する一〇人ほどの大半が今もなお働き盛りの教授たちが、中国語中国文学科の丁旭輪教授の呼び掛けで、大学の向かいにある帰州路の蓬壺海鮮寄せ鍋料理店に集い、新年の酒宴を行っている場面である。

この章節は延べ一二〇頁にも及び非常に長い。しかし、コンロの火が燃え盛り、鍋の湯気が立ち込める中で、教授たちが酔いと紫煙に想いを委ね、放談と酒宴を楽しんでいることを読み取ることができるだけで、この場面が(その後の)物語の展開とどれほど重要な関わりを持つのかはまだわからない。これらの学術界のエリートたちは、詩歌、詩賦に長け、古典を操りながら凝った言葉使いをするのが常であった。(さて、酒宴も今がたけなわ、)ちょうどみんながほろ酔い加減になった時であった。寄せ鍋料理店の入り口に「クラクションを鋭く鳴らしながらまばゆいばかりのボディーに掛けられた白い旗をはためかせた」一台の観光バスが姿を現した。(そして、そのバスを降りた)四、五〇人の日本の老人達が数珠つなぎになって店内へと入ってきたのである。店の入り口に止められた観光バスのボディーに掛けられた白い旗には、赤漆《あかうるし》で九文字、「三八式歩兵銃同好会」と大きく書かれていた。

「三八式歩兵銃だって?」廖森郎教授はたばこのキセルをぽんとたたくと、入店してきた日本人観光客を見やった。「あの輩ども、死者の霊魂が復活したとでも言うのか! 第二次世界大戦が終結するまで旧日本陸軍の主要な武器であった三八式歩兵銃は、明治三十八年に設計、採用されたことから三八式と呼ばれていた。父親から、三八式歩兵銃の象徴的な意義は由緒ある武士にとっての刀と同じものであると聞いていたが、この三八式歩兵銃同好会は、その名の如く、三八式歩兵銃に専らこだわり収集した日本人により組織された親睦会、あるいは懇親会なのであろう」(711)。

外国語学科の廖森郎教授は台湾本省人で、彼は日本経験という点で同席している幾人かの教授たちとは立ち位置が異なっていた。しかし、(そのおかげで)彼は太平洋戦争時の旧日本陸軍の武器に精通し、この三八式歩兵銃が明治時代にまで遡るという銃器の知識を持っていた。三八式歩兵銃は明らかに明治的近代性の、延いては長期にわたる日・中関係の紛争の象徴——二度の日・中戦争における旧日本陸軍の主要な武器——であり、そのことから、(日・中)双方に(対し)、はっきりと異なった戦争の記憶と歴史のイメージを矮小化して呼びかけるものであった。もちろんこの二度にわたる戦争は、中国、日本、台湾の三者をそれぞれ異なる歴史的プロセスへと推し進めていくことにもなったのである。

戦争とはその大半が悲劇的な結末を迎えるものであるが、(その一方で)戦争は多くの民族集団の記憶の重要な部分を構成するものでもある。廖森郎教授は「三八式歩兵銃同好会」を「専ら三八式歩兵銃にこだわり収集した日本人により組織された親睦会」であると捉えており、(このことからみても)これらの旧日本軍人観光客が(三八式)歩兵銃を収集しているのは単なる偶然ではなく、李永平の小説の脈絡の中では、この組織は明らかに象徴的な意味を有するものなのである。これらの旧日本軍人が三八式歩兵銃を介してはるかに思いを馳せるのは、明らかに(過ぎ去った)旧日本軍国主義の栄光の歳月である。しかし、今やその栄光の再来はなく、(当の)旧日本軍人たちも既に年老い、仕方なく同好会の名目で観光目的の団体を組織し、かつての植民地を仰々しく再訪する他は何もできないのである。廖森郎教授がこれらの旧日本軍人の観光客を指して「あの輩ども、死者の霊魂が復活したとでも言うのか!」となじったのは、正にこのことを言い表しているのである。

（つまるところ、）三八式歩兵銃は日本の近代戦争の歴史を投影するものとして、これらの旧日本軍人に、（廖森郎教授とは）全く異なった戦争の記憶を呼び戻しているのである。

（さて、寄せ鍋店では教授たちの酒宴が続いていた。）幾人かの教授が大いに弁舌を振るっていた正にちょうどその時である。三卓のテーブルに着いていた旧日本軍人が何やら勿体ぶった仕草で軍事行動めいたことを始めたのである。

店内では、三卓のテーブルに着いていた洋服に革靴姿の白髪の日本人観光客が、丸まった海老のように腰を曲げ行儀よく鉄製の丸い腰掛に座り、五、六ダースのビールを飲み干し、青ざめた顔で首元を赤らめながら（寄せ鍋料理店での）飲食を正に満喫していたその時であった。彼らは突然箸を下し、物音一つ立てずに各々の背筋をぴんと伸ばし始めた。店の中央の（冷たく灯る）蛍光灯の下では、三台のコンロの透き通った青白いガスの炎によって沸き立った海鮮鍋の蒸気が四、五十人の白髪を揺らしていた。……（そして）店内に湯気が立ち込める中、腕を伸ばしながら洋服の袖を捲り上げ、（体の前で）握りしめた肌の張りも艶もなくなった拳を胸元に向けて一定のリズムで（上下に）動かし、感涙にむせびながら、声高らかに旧日本軍の軍歌を唱和し始めたのである。コンロの炎と寒風を背景に、白髪交じりの旧軍人たちは意気を高揚させながら――君が代は、千代に八千代に――と歌うのであった。……歌声が響きわたる中、三人の旧軍人が涙を流しながら旅行バッグを開き、（中から）色褪せた一巻の白地の絹の布を両手で捧げるように取り出して広げた。（そして、）店の真ん中に徒党となって集まると、縦一列に並び、曲がった腰に革靴姿で（一斉に）歩き始めた。すみません、すみませんと謝りながらお辞儀を続け、（やがて）店内後方の壁の前まで来ると、涙を浮かべた目頭を拭いながら、近くのテーブルにいた工学院の男子学生から鉄の腰掛を借りた。そして、ふらつきながら腰掛の上に立ちあがると、その白地の絹の布を壁に掛けたのである。（その後、）その春物の紺サージのダブルのスーツを着た三人（の旧軍人）は、横一列に並び、気を付けの姿勢のまま乱れることなく敬礼をすると、両手をのばして手のひらを合わせて柏手を二回打ち、両手を合わせて涙を浮かべながら壁に掛けられた白い布に向かって深々と三拝したのである。

蛍光灯の下には、色鮮やかな血判の寄せ書きの団旗があった。

祈　支那派遣軍第六師団(3)

武運長久

（733—34）

寄せ鍋の湯気がゆるやかに立ちのぼる中、旧日本軍人の儀式めいた行動は悲壮にも見えた。しかし、実際には、時代的にも、場所的にも相応しいと言えるものではなく、特に集団で高らかに旧日本軍歌を歌う行為は、（周囲の）人々の誇りを免れるものではなかった。彼らの儀式には明らかに彼らのイデオロギーに内在する頑迷不霊な軍国主義が具現化されており、あたかも時間が静止したように、彼らは再び旧日本軍がアジアの大地を蹂躙した（あの）時代に戻ったかのようであった。別の言葉で言えば、これらの旧日本軍人は店内の他の客——彼らは日本軍国主義の直接、あるいは間接的な被害者である可能性が極めて高い——の目を全く無視して、軍国主義が為の身勝手で独善的な招魂を企てたのである。（その中で）軍国主義の亡霊が最も体現されていたのは、言うまでもなく師団名と「武運長久」の祈願文が記された白地の絹の布であった。しかし、それにもまして人目を引き衝撃的であったのは、正に蛍光灯の下に置かれた絹の布に染められていた「鮮やかな血判の寄せ書き」であった。この血判は、実はこの三八式歩兵銃同好会のメンバーが、かつて「支那派遣軍第六師団」に服役していたことを表すものであると同時に、（この師団が）当時の南京虐殺の主力部隊であったことを示すものでもあり、（要するに）この白地の絹の布に染められた祈願のための鮮やかな血判の寄せ書きは、正に（この師団による）殺戮と暴力（の記憶）を留めた印影に他ならないのである。

しかし、このような場所で（彼らがどれだけ）軍国主義を呼びかけても、一連の儀式の嘲りとでたらめさが漂うばかりで、（確かなことは、今日《こんにち》の輩たちは）荘厳な決起の儀式をこともあろうに騒然とした寄せ鍋料理店で執り行うより他ないまでに零落しているのであり、（その点を考慮すれば）彼らが涙で目を潤ませた[4]のも無理はなく、恐らく型どおりの儀式以外には何もすることができなかったのであろう。（言うまでもなく）この旧日本軍人たちの戦争の記憶は近くのテーブルにいた幾人かの教授たちとは位相の異なる別物であった。旧日本軍人が、祭儀により過ぎ去った（かつての）軍国主義の栄光を追憶するのに対し、（一方の）教授たちは、この（旧日本軍人の）栄光が、彼らにとっては傷痕、羞恥、そして国家国民の宿怨以外の何物でもなく、一連の場面に対する教授たちの反応は（当然のように）、言葉による冷ややかな嘲笑と痛烈な皮肉に止まったのであった。（この時の教授たちの反応は以下のとおりである。）歴史学科教授謝香鏡は主に祈願文に焦点を当て、「この十四文字は異常な凶暴さと邪気に満ちていた」（735）と論評し、田終術教授はこの旧日本軍人たちを「非常に傲慢である」（742）と叱責した。また、丁旭輪教授は、「人目も憚らず泣きわめき、（店内の）人々を怖がらせ、驚かせた」（742）と不満を抱き、何嘉魚教授も同様に、「これらの日本の年寄りたちは酒に酔って度を越す振る舞いをして品位に欠けていた」（758）と不平を漏らしている。さらに、勝手気ままにわいわい騒ぐ旧日本軍人に対して、寄せ鍋店のおかみが亭主に倣ってお辞儀をしながら愛想笑いをして媚びへつらう姿を目にした丁旭輪教授は、こらえきれずに、「我が同胞の国の韓国人が日本を統治した倭政と呼ばれる時代——倭とは中国の歴史書にみる倭人、倭奴、倭寇である——と同じように、（今度は）日本人が（韓国を）統治した数十年（の間）、韓国（人）はこの日本人に比べはるかに気概があった」（746）と怒気を交えた嘆きの声を発したのであった。

『尾白鷲』のこの一章節に、李永平は、身にしみる寒風の中、春雨が降り続く夜を背景にして、ゆらゆらと湯気が立ち上る寄せ鍋店を舞台に、虚妄かつ荒唐無稽な時代錯誤の猿芝居を再演させる中に自身の哲学的な主題を凝縮させている。（もちろん）そこには批判的な意味合いが込められていることは言うまでもない。李永平は旧日本軍人による慎重な軍国主義が為の招魂を逆説的に風刺することをとおして、大勢の人々に南京大虐殺に関する戦争の記憶——人によっては恐らくこれらの記憶はもはや歴史の教科書の中の（歴史的な出来事としての）期日として、あるいは試験問題という形式としてのみ存在するものになってしまっている——を呼び起こそうとしたのである。李永平の意図は理解し難いものではない。彼は一方で、軍国主義の亡霊に取り憑かれることやその復活に対しては好感を示さず痛罵を浴びせ、もう一方で、知識人が（日中間の）いざこざは好ましいことではないことを知っていながら、歴史の教訓を忘却してしまっていることに心を痛めているのである。李永平の言葉を借りれば、歴史の中の亡霊は忘れようにも忘れられず、肝心な時に、依然として違った形でこの世に姿を現すのである。

二　小説『霏霏として降るみぞれ：ボルネオ幼年時代の記録』に見る戦争の記憶

李永平は、『朱鴒漫遊仙境』の（発表の）後、彼が後に月河三部曲[5]と称した一連の小説の構想を始めた。その第一作目が他でもなく二〇〇二年に発表された『霏霏として降るみぞれ：ボルネオ幼年時代の記録』である。「『霏霏として降るみぞれ』（訂正版）巻頭」の一文で、李永平は次のように自身の創作生涯を回顧している。「創作においては、まずボルネオの物語を、そして次に台湾での経験を書き、五冊の小説――他の作家から難解な（言い換えれば神懸り的な）文章とみなされている五十万字の『尾白鷲：ある台北の寓言』も含まれる――を完成させた後、まるで鬼神に取り憑かれたように、思わずもう一度ボルネオ（のこと）を振り返って書いた。外国で生活して四十年余り、大きく迂回した道程《みちのり》であったように思えなくもないが、年老いたわが旅人の心と創作はようやく故郷：私が生まれ育った南海のこの大きな島に帰ってきた[6]」のである。『霏霏として降るみぞれ』で、李永平は改めて台湾から彼の故郷であるボルネオを結び付けた。彼の言葉を借りれば、これは「ある種の神秘的で強靭な臍帯と胎盤の関係と同じ永遠の繋がり[7]」なのであった。

（ところで、）『霏霏として降るみぞれ』は、形式上は九編の「追憶」文の結集からなる短編小説集である。しかし、（見方によってはこれを）一編の長編小説とみなすこともできる。これらの「追憶」における語り手は同一人物――ある壮年の教授で、彼が国民小学校の女子児童である朱鴒に彼の幼年時代の出来事を回想し、聞かせる物語である。（李永平は）『尾白鷲』、『朱鴒漫遊仙境』と同様、（この）『霏霏として降るみぞれ』においても挿話式のストーリー構成を採用している。李永平は彼の（この）三部曲を「晩年の懺悔録[8]」と称しているが、確かに『霏霏として降るみぞれ』の作中のいずれの「追憶」も名実相伴った懺悔録である。なぜなら、その「追憶」で述べられるのは、正に語り手の「心の中の最も深い傷となっている幼年期の一つ一つの（追憶の）物語であり、（それは）傷を負い流浪し漂い続ける作中の一人ひとりの女性の亡霊と同じように、わたし（＝語り手）の脳裏に去来してひたすら付き纏う[9]」からである。『霏霏として降るみぞれ』の九遍の物語の中で、台湾とボルネオが最も緊密に繋がるのは最終編の「望郷」においてである。この「追憶」の中で、台湾とボルネオの間に関係を生じさせるのは日本であり、この物語は日本が台湾を植民した歴史と日本が南の国々を侵略した戦争の記憶に言及するものである。（その中で）語り手は朱鴒に次のように語っている。「毎回台湾の芒《すすき》を見る度に、わたしはボルネオの台湾寮の物語を思い出し、流浪して南の島に寄寓したあの謎めいた三人の女子のことが懐かしく思い出され、心がせつなくなるのである[10]」。

（ところで）この（最終）編の「追憶」は「望郷」と名付けられているが、（これは）明らかに同名の日本映画の影響によるものである。（日本）映画『望郷』は田中絹代主演で、太平洋戦争前、多くの日本女性が浮浪者に誘拐され、イギリス領のボルネオ・サンダカン（Sandakan、マレーシア）で娼妓になるストーリーである。李永平の「望郷」のストーリーはこの映画に類似し、（映画同様）女性が騙される物語である。ただ映画の背景は太平洋戦争期とその後に変更されており、語り手の言う謎めいた三人の女子もみな台湾人（という設定）になっている。その物語の中の一人が月鸞という名前の女性で、語り手はその月鸞の境遇を次のように回想している。

十六歳のその年の夏、ある地方の一人の紳士が、白いスーツに黄色いかんかん帽の出で立ちの二人の浪人風の日本人を引き連れ、突然、ジープ（車）に乗って彼女の農村にやって来た。（彼は）なにがし「拓殖会社」の幹部と称し、日本軍に代わり東南アジアの軍事病院に勤務する従軍看護師を募集しているというのである。……（疑うことに慣れていない）月鸞と村の六名の看護師を夢見る娘たちは（早速それに応募し、軍事病院に向け）出発した。喜び勇んで列車に乗り（込んだ彼女たちは、遠路、外国航路である）高雄港までやって来た。（そこで、）他の農村から来た二百名ほどの（月鸞と同じ状況の）娘たちと合流させられた後、日本陸軍第百二十四連隊に随行して、兵員輸送船に乗り込んだのである。……（そして）海を渡り（やがて）イギリス領渤泥島までやって来た。日本人の言う（この）渤泥とは、他でもなく中国人の言うボルネオのことである。……上陸後、十五名の娘たちがクチンの日本軍慰安所に配属され働かされた。その慰安所は町の中にある非常に大きな洋館で、二階建ての一階には木の板で仕切られた蓆二枚分ほどの広さの小部屋が設けられていた。数十にも及ぶ小部屋の中には頑丈な木製のダブルベットが置かれていた他は（家具らしきものは）何もなかった。それぞれの小部屋には娘が一人ずつ宛てがわれ、昼夜、日本の軍人相手の慰安婦として働かされていたのである。……クチン慰安所の慰安婦従事者にはさまざまな（肌の）色の人種がいた。朝鮮人、オランダ人、フィリピン人、イギリス人……（240—41）。

この個所の記述は聞き覚えがあってか、かなり詳しく述べられており、当時、日本軍が慰安婦を募った(11)おおよその経緯が説明されている。もちろん、この話は（同時に）日本が台湾を植民し、ボルネオを占領した歴史の記憶も喚起させるものである。植民された側の台湾の娘たちは、太平洋戦争中、半ば騙された状況の中で親族と別れ、故郷からも引き離され、遥かな海を越え、全く知らない土地で日本軍の性欲を満たす道具として、かつて想像したこともない役柄を無理やり演じさせられていたのである。このような彼女たちの遭遇は、太平洋戦争の異なる側面の戦争の記憶を成すものであり、未だに終結していない彼女たちの（悲惨な戦争体験としての）物語は、そのことが適切に清算されるまで今なお待たなければならないのである。李永平は、明らかに彼女らの物語を意図的に借りて、植民者に対する人道的な批判を行っており、これらの女性の悲惨な運命は、軍国主義の下での全く選択の余地がない必然的な結果であった。「望郷」の語り手は、恐らく予想もできなかったであろうが、太平洋戦争が終結した数十年後においても、歴史の中の亡霊は、依然（あって無き者の如く）影を潜めながら徘徊していたのである。そのことを感受した彼、李永平は、月鸞の故郷の台湾で、東南アジアに留まった彼女、（そして）彼女と同じような状況にある女性たちの悲惨で痛ましい運命を追憶したのである。

（ところで、）月鸞とその他の女性たちの悲惨な運命は、日本の敗戦という結末をもってしても決して終わることはなかった。捕虜にされていたイギリス軍が植民の主として再びクチンに戻って来ると、彼らは直ちに慰安所を閉鎖し、日本軍と慰安婦を日本または彼女たちの故郷へ送還したのである。しかし、（その時）月鸞は決して台湾には戻ろうとしなかった。その理由は悲しみを誘うもので、（実は、）彼女の「子宮は（すでに）ボロボロになっており、永遠に子供を産めない身体となり、実家に帰っても両親や郷里の人たちに合わせる顔がなくなっていた」（245）のである。さらに困ったことに、月鸞の腕には日本軍により「慰」の一文字が刺青されており、「それは一生彼女たちの身体に残り続け、永遠に消し去ることのできないものになっていた」（245）のである。言うまでもなく、この恥辱的な印影は今一つの異なる側面の戦争の記憶であり、彼女たちは実家があっても帰ることすらできず、仕方なく離散を続けざるを得ない運命にあったのである。故郷が恋しくなった時は、「月夜愁」や「雨夜花」などの台湾語の歌を口ずさむより他なかったのである。これらの歌が広く世に伝わったのは、実は、戦争（の歴史）と（大きな）関わりがあったのである。（この点について）語り手は次のように指摘している。「東南アジアの一世代前の華僑によれば、第二次世界大戦で日本軍が南洋群島に進攻した際、何曲かの台湾歌謡を（彼らが）日本語にアレンジして歌い、そのうちの月夜愁のほか雨夜花など幾つかが日本軍の軍歌になった」（224）のである。

（このような経緯から）月鸞と林投、菊子——彼女と生死を共にし、相憐れんだ二人の女性——は、戦後もサラワクのクチンに留まるより他なく、自らの蓄えで郊外にある鉄道の近くの林の中の白色の小さなトタン造りの小屋を購入したのである。その土地の人たちは皆彼女たちが台湾から来たことを知っていた。そのためこの小さなトタン造りの小屋は台湾寮と呼ばれていた。（このような状況の下、）彼女たちは依然として魂と肉体を売ることで生計を立てる他はなかった。小さな町の民間の風習は（多くの場合がそうであるように）純朴かつ保守的であった。（そのため）台湾寮は（いつしか）地元でも特に老人が好んで覗き見をする場所になっていった。（そして）老人たちは、「やせ細り腰を曲げた亡霊のような真っ黒な人影を引きずりながら、台湾寮までゆっくりぶらぶらと歩くのであった」。一方、台湾寮では、「ときどき窓際に揺れ動く青白い人影を見かけ、それが夜風に髪の毛をなびかせながら、夕映えの中で幽霊のように一瞬光って消えていくのであった」（228）。これらの描写は、正に戦後の一時期はいかに亡霊がひっそりと影を潜め、その正体をはっきりさせることが困難であったのかを際立たせるものとなっている。（なお）この世界観は、李永平の次の小説『大河の果て』の下巻『山』になると、さらに具体的に描写される。

（さて）語り手は（やがて）老人と同じように台湾寮に当惑するようになる。「肌が白く素性のはっきりしないその三人の……まるで（古代ギリシャの詩人ホメーロスの）叙事詩オデッセイア（漢字名：奥徳賽）の中の妖艶な海の女神のような女性たちの呼びかけが、七歳のわたしを惑わし、（わたしは）少しずつ知らず知らずのうちに彼女たちの世界に引き込まれていった」（229）。彼は毎日午後の授業が終わると、弁当を持参してトタン造りの小屋に行って食事をとり、彼女たちが彼のために用意してくれる味噌汁を飲むようになった。（ところが）月日が経つにつれ、隣近所では彼がその三人の「素性の分からない悪女が養っている私生児」（251）であるという噂が立つようになった。（そして、その噂を聞いた彼の）母親が悲しみ涙を流すのを目にすると、この僅か七歳の小学生は気が動転し、善意で彼に接してくれた（その）女性たちの不義密通を警察に告発してしまうのである。その結果、三人の女性たちは「不法売春」の罪名で、それぞれ二年六カ月の入獄判決を下されてしまうのである。（このような経緯の中、）「月鸞だけは出獄の後、少し気が変になり、マレー人を見かけると口をゆがめくすくすと笑うようになり、気が触れた中年女性のようになってしまった」（253）のである。

「望郷」は懺悔録のために理解しやすい。そのため語り手は、後日、台湾語の古い歌を耳にすると、「心の中の古い傷口がにわかに引き裂かれ、さめざめと（泣くように）鮮血が流れ落ちたのである」（254）。しかし、李永平が訴えたかったのは、明らかに語り手を生涯にわたって思い悩ませる懺悔録だけであるはずはなく、「望郷」のさらに重要なテーマである台湾女子月鸞とその姉妹の悲惨な運命の根源——それは、日本の植民統治、及びその後の軍国主義者が発動した戦争を指す——を遡（り振り返）ることであった。台湾は旧日本軍の南進時の重要な渡り板と後方の補給地となった。そのうえ、そこには旧日本軍への慰安婦の提供も含まれていたのである。彼女たちの運命は、まるで歴史の奔流の中に漂う根無し草のように、絶え間ない衝撃の中で浮き沈みを繰り返し漂流するより他なかったのである。このような理由から、「望郷」は多くの沈痛な告発に満ちている。李永平は、実は戦争により不幸にして東南アジアを流浪せざるを得なかったこれらの台湾女性の正義を求めるために、(彼女たちの受難や苦痛に思いを寄せながら、) 何事も無かったかのように日に日に薄れていく戦争の記憶を清算し、今一度、彼女たちが受けた屈辱を世の人々に知らしめようとしたのである。

三　小説『大河の果て』に見る戦争の記憶

李永平は二〇〇八年と二〇一〇年に、月河三部曲の第二作『大河の果て』の上・下巻をそれぞれ出版している。『霏霏として降るみぞれ』の中の語り手である永は、すでに永遠に子ども時代に別れを告げて十五歳の少年に成長している。『大河の果て』で述べられるのは、永少年が十五歳のその年の夏、西ボルネオのカリマンタン (Kalimantan BARAT) へ彼のいわゆる西洋人のおばクリスティーナ・マリヤ・ファロン (漢字名:克莉絲汀娜・馬利亞・房龍) を尋ねた際の思いもよらぬ奇怪で奇妙な大河の旅の様子である。この時、『霏霏として降るみぞれ』で朱鴒に物語を聞かせた壮年の教授はすでに花蓮奇萊山の麓に移住しており、国立東華大学で教職に就き三年が過ぎていた。(一方の) 朱鴒 (の魂) も新店渓の「黒ずんだ水底《みなそこ》に三年の間ひっそりと幽閉されていた」のである。語り手は朱鴒に呼びかけ、彼女を招魂し、その年に行った大河を遡る旅 (の様子) を彼女に語るのである。彼、永少年は『大河の果て (上巻):遡行 (原題:溯流)』の「序曲:花東縦谷」の中で、朱鴒に対し次のように語っている。「おばクリスティーナ・マリヤ・ファロンの案内により、私は見ず知らずの白人の男女たちに従って、ダヤク (dayaks) 人の長い船に乗り、カプアス(Kapuas) 川に沿って上流へと遡り、幾重もの熱帯雨林を通り抜け、一一〇〇キロを航行してボルネオの中心部に入った。」[12]

河を遡る旅はその年の八月に行われたが、(新暦の八月は)旧暦の七月に相当することから鬼月(旧暦七月の別称)の旅でもあった。李永平は『大河の果て(下巻):山』のために長い序文を書いているが[13]、その中の一節にこの旅と小説のフィクションの旅との親和関係を次のように記述している。「地球上のあらゆる生と死の歴史が覆いかぶさったような七月のジャングルのイメージの中、堤防が決壊したかのように沸き起こる大河の流れがわたしに襲いかかる。ボルネオの深い山奥で鳥たちが相争って喚きながら獣の屍をむしゃむしゃとついばむような騒がしさがたちまち頭の中に充満した。わたしはその様子に慈しみの心を喚起させられ、それらをペンにより済度するために(魑魅魍魎を)一つ一つ永遠に燦然と輝く漢字へと変質させ、(そして)わたしの膝元に控える将棋盤のような三百のマス目の原稿用紙に写しとって生まれ変わらせ、万事を解決させるのである」。この箇所の文章には、祭祀や法要と同じように死者の霊を弔うことに加え、大河を遡る旅での様々な遭遇が鬼月に発生することが描かれているが、語り手の言葉を借りれば、ボルネオの雨林には「山中に鬼火《おにび》が光り、いたるところに化け物や旧日本軍の亡霊が出没する」(35)のである。

旧日本軍の亡霊が現れる経過に関しては、『大河の果て(下巻):山』の八月八日(の一日)に詳細が記載されている。『大河の果て』上、下巻に記録される大河を遡る旅の日付は全て旧暦を採用しているが、この章節だけは新暦が採用されている。一九四五年八月六日、アメリカは広島に一つ目の原子爆弾を投下、さらに九日には長崎にも投下した。十五日、裕仁天皇は日本帝国の無条件降伏を宣言し、日本政府は九月二日ついに『降伏文書』に署名し、大東亜戦争は正式に終結した。(このような経緯から)日本現代史上、八月は他の月とは比べものにならない(特別な)意義を有する月であることは間違いない。語り手はクチンの聖パウロ小学校校長である龐征鴻神父の話を借り、「八月は日本人にとって一番悲惨な季節である」と述べている。李永平は、小学校を卒業しジャングルをハイキングしたとき龐神父が永少年らに話したことを思い出して、次のように語っている。「新暦の八月は旧暦の七月の（別称）鬼月に当たり、鬼門（亡者が集まる地獄の門）が大きく開き、第二次大戦の日本軍の亡霊が日本刀を振りかざしながら大挙して押し寄せ、ジャングルのあちこちをさすらいながらボルネオの様々な大河の流域をぶらつき回るのである。そして、あちらこちらの部落を訪れ、切妻屋根の母屋の張り出しにぶら下げてある一籠一籠の髑髏の中から、彼らが失った頭骨を探し求めるのである。[14]」

八月八日、その日の永少年の大河の旅は、途中、突然のスコールにより中断を余儀なくされた。クリスティーナ・マリヤ・ファロンと彼はプラ・プラ村（漢字名：普勞・普勞村）にお折り返し、庭園のある一軒の旅館に投宿した。この旅館は「かつては第二次世界大戦時の日本軍将校用のクラブであり、『二本松別荘』という気品のある名前で呼ばれていた。当時、この粋でロマンチックな名前はボルネオでは遍く知れ渡っており、毎晩、歓楽街のような賑やかさが絶えることのない場所であった」（239）。また当時、このクラブは中央にある庭園に二本の日本松が植えられていたことから二本松別荘と呼ばれていた。この二本の老いた松の木は、「畏縮して痩せこけ、背をかがめながらうろつき、町外れで通りすがりの女性をうっとりと盗み見る日本の老人のようであった」。また、まるで「一組の年が行った双子の兄弟が庭園の東西の両端にたたずみ、（そして）にこやかに向かい合いお辞儀をしている」（240）かのようでもあった。このような非常に対照的な叙述は、なんとしてもこの二本の老いた松の木を語り手による擬人化を通して旅館の庭園にも多くの謎と奇異な雰囲気を添えようとするものである。

午後の庭園のある旅館＝二本松別荘は人影もなくひっそりとしていた。白地に紺色の花柄の日本式の浴衣を纏った永少年は、退屈しのぎに旅の途中でケンヤ（＝クニャ、Kenya）族の勇士ポンコーロ・イバ（漢字名：

彭古魯・伊波）が彼にプレゼントしてくれた一振りの日本の小刀を取り出して賞玩した。刀身には明朝体で四文字の漢字、秘刀信国が切られていた。聞くところによれば、これは太平洋戦争終結の際、ポンコーロ・イバがある旧日本軍将校から手に入れたもののようである。彼は見せびらかすように「この刀はわたしの戦利品である」（245）と語った。永はこの一フィート程の長さの日本の古刀についてその委細を細かく語っている。「刀刃の両面には一本の樋（俗に血流しという）が鐫られており、刀身は庭園内の陽の光と水の輝きを映していた。辰砂の朱の鮮やかさに僅かな銅成分の緑青がきらめいていた」（246）。（どうやら）この刀身はかつて血に塗れたことがあるようだ。（彼は）小刀を手に取り賞玩しながらそのことを瞑想した。（そして）永少年は、魔物を捉えたかのように異界に思いを馳せ、何かに導かれるように「知らず知らずのうちに背筋を伸ばし着座すると、浴衣の胸元を開き両手で刀の柄をしっかりと握った。（そして）目を閉じ突然歯をくいしばると、刀の刃先を自身の左の脇腹に突き刺した」（248）。正にその時であった。突然「馬鹿者」という（鋭い）声が聞え、永は驚いて我に返った。辺りはひっそりと静まり返り、「旅館の奥の方からか澄みきった三味線の音色だけが響き渡たり、誰ともわからぬ女性が三味線を弾きながら古い日本の曲を、寝言のような低い声で寂しげに歌う声だけが耳に入った」（249）。（さらに）続いて、わたしたちは李永平が怪談小説の手法を用いて巧みに描写した放心状態の永少年がどのように庭園のある旅館＝二本松別荘での喜怒哀楽の歳月を体験したのかを見ることにする。

わたしは浴衣を纏い日本の小刀を腰に差して、一人でゆったりと、もの音を立てぬように用心しながら、その日本の迷宮を漫遊していた。一部屋一部屋の間仕切りの障子は隙間なく閉められていたが、部屋の中には影がひしめき、どうやら大広間に集まっているようである。足元から浮かび上がるような足音が徐徐にはっきりと聞こえてきた。束の間であった、数十、数百もの軍靴の足音が聞こえたような気がした。そして、その足音は中廊下の両側の幾つもの部屋から一斉に響き始め、前後左右からの雑音と混ざり合い、まるで出征を命令された軍人達が、死地に赴く前夜、悲壮な思いで、二本松別荘の日本軍の将校用クラブに集まり、一晩中、飲めや歌えの乱痴気騒ぎを繰り広げているかのようであった（250）。

この箇所の幻のような真実のような変幻自在な文章は、庭園のある旅館＝二本松別荘の戦時中の記憶をわたしたちに振り返らせるのである。これらの旧日本軍将校は死後もなお安らかに眠ることができず、せつない思いを抱いたまま、まるで世事が未解決であるために心は満たされず、未だに当時の征戦の歳月から逃れられずにいるかのようである。明らかに彼らの魂は今もなお平穏を待ち望んでおり、饗宴を楽しみながらもそこには凄惨な戦争の（記憶が）影を留めているのである。（正に）ここに李永平の怪談小説の批判性が表現されているのである。

永少年はしばらくすると、空疎な大広間に屏風が並べられているのに気づいた。（その）屏風には日本史上有名な「源平壇ノ浦の戦い[15]」の全景図が描かれていた。奥の横梁には、大きく五文字で「二本松芳苑」と書かれた大きな横額が掛けられていた。その文字は「雄勁な筆跡で力強さを感じさせる一方、骨髄まで震えさせる寒々とした寂寥感も滲ませていた」（251）。横額の落款は、以外にもイギリス軍の度肝を抜き「マレーの虎」と呼ばれた日本の南征の大将山下奉文であった。屏風の前に置かれた刀掛けには、一振りの日本刀が置かれ、刀身には変体の篆書体で「妖刀村正」の古い四文字が切られていた。永は身体の向きを変え、屏風を背にして板の間に跪くと、刀を鞘から抜き出した。この時、彼はふと「肝が打ち震え魂が抜け出し、体中がぼんやりと、そして朦朧とした状態に陥るのを感じた」(253)。家屋の外では雷鳴が轟き、大雨が降しきる中、彼はまるで神や悪魔に取りつかれたかのようであった。(すると)突然「森をさまよう首のない無数の旧日本軍人の亡霊が、今度は、次々に二本松別荘に雨宿りのために駆け戻り、かつての戦友たちと三々五々ホール周辺のそれぞれの畳部屋で再会し、昔話をしながら故郷の消息を尋ねるのが見えた。(さらに、)誰が連れてきたのかは分からないが、突然多数の強張った声が一斉に悲痛な声をあげ、かすれ声を詰まらせながら軍歌を歌い始めたのである」(253)。風雨の中とはいえ、それは、外は明るい白昼の出来事であった。つまるところ、頭部のない旧日本軍人の亡霊は型どおりこの鬼月に二本松別荘へ帰って来ることを選んだのである。あっと言う間の出来事であった。永は大広間の入り口付近で一筋の影が光ったのを目にすると、その影は音も立てずにそっと彼の前五フィートのところに立ち止まったのである。

頭部のない影は、胸の上部にある二つの赤い襟章の間から坊主頭の首が高く伸び、非常に逞しく丈夫な胴体と厚い胸板に体裁よく着こなされた茶褐色の旧日本軍将校の軍服の肩の上には三つの梅の花が明るく輝いていた。彼はよもや終戦当時、この大広間で小刀を使用して自害したこの刀の持ち主である村正大佐ではあるまい。当時、彼が厳粛な面持ちで板の間に跪き、首を伸ばして体を前かがみにした後、刀を取り自害しようとした時、彼の後方に立っている「介錯」(首をはねる人)を務める部下が、いっきに大刀を振り下ろし、彼の首を切り落としたのである。(やがて時は流れ、)今となっては、彼が如何なる理由で頭部のない胴体を引きずりながら森林の大雨をついて二本松別荘に戻って来たのかは知る術もないが、(恐らく）打ち取られた（自身の）首級《しゅきゅう》を探しに来たに違いない（254）。

それればかりではなく、それらの旧日本軍の頭部のない軍服姿の人影はどうやら永少年の跡をつけていたようである。「ふと見ると、数多くの蒼白な頭のない首が、春のタケノコのように、水滴が滴るほどびしょ濡れの茶褐色の軍服の中から絶え間なく湧き起こり、カサコソと音を立て（肩を）怒らせながら、がらんとしていた二本松別荘の長廊をあっという間にいっぱいに埋め尽くした」（258）のである。

暴雨の中、これらの古巣に戻った旧日本軍の亡霊は、大衣《だいえ》をなびかせた観世恩菩薩像によって、最後は消えていった。物語は、さらに進展するが、頭部のない亡霊が現れるこのストーリーに対するわたしの愚見はすでにかなり明白になっている。（つまり、）これらの亡霊たちはいずれも日本の敗戦により自害した殉国の士で、戦後二十年来、ボルネオ内地の森林を彷徨いながら自分の頭部を捜し続けているのである。（しかし、この間）怨念は募るばかりで、死後もなお安寧を得ることができずにいるのである。八月八日のこの日はちょうど旧暦の七月に当たる。森林は雷雨に見舞れていた。亡霊たちは村正国信大佐の引率の下、当時、多くの同僚たちと酒杯を傾け飲食をした二本松別荘に戻り、悲痛な声で高らかに軍歌を唄うのであった。李永平はもちろん手に汗握る亡霊の物語を書くことで満足したのではない。異郷の地で流浪する亡霊たちが、国のために命を捧げたにもかかわらず、未だに彼らの招魂と鎮魂を行ってくれる人に巡り合うことができず、無念さを抱いたまま彷徨い続けているのである。亡霊が現れ出るのは、抑圧されていた者が再来（tha return of tha repressed）し、抑圧されていた戦争の記憶を呼び覚まさすためである。（戦争の記憶については）二度と口にしないことを願う人もいる。しかし、語り手——あるいは小説家李永平——はあくまでもそれを喚起し続けるのである。

実は彼（、李永平）の戦争の記憶には、政治的な記憶も含まれているのである。戦争の記憶を喚起し、その記憶を清算する目的は失忘を拒絶し、平穏な過去に、相応しい（あるべき）居場所を見出すためなのである。歴史の亡霊が揺れ動き、見え隠れするのは、未だに亡霊の鎮魂が十分に行われていないからであり、亡霊はそのためにたびたび現れ、人心をたぶらかすのである。これらの亡霊の物語は、われわれが誠実に歴史と向き合うことの重要性を喚起しているのである。

四　まとめ——李永平小説に見る戦争の記憶

本稿は李永平の何編かの小説における戦争の記憶について論じたものである。これらの記憶は日本の中国への侵略戦争、あるいは太平洋戦争に言及するもので、（それが、）たとえ南京大虐殺であれ、慰安婦（問題）であれ、あるいは頭部のない日本の旧軍将校の境遇であれ、それらの記憶はいずれもかつての日本軍国主義と関わりを有することに疑いはない。李永平の軍国主義に対する批判の道理は言わずとも明白である。それらの惨劇はたとえ（それが）被害者であれ、加害者であれ、いずれも人類の悲劇であり、さらに（何よりも）、これらの惨劇は、地理的には日本、中国、台湾および南洋諸島に繋がるアジア地域の大半に及ぶ広範囲を巻き添えにし、時空的には戦時中から戦後まで延々と数十年間にも及んだのである。（しかし、そのために発生した）多くの歴史問題は今もなお未解決のままである。

実（のところ）は、李永平の最大の関心事も歴史問題である。彼はその独自の視点から、少しずつ影を潜めつつある戦争の記憶を世の人々が忘れ去ってしまうことのないように、文章を用いて重ねて呼びかけたのである。彼は、戦時中に無実の罪で亡くなった人たちの霊魂を呼び戻し、屈辱を受けた人たちの冤罪を晴らし、抗議するために、作品中に歴史の亡霊を何度も登場させ、文学という意外な切り口から未だに終結を見ていない歴史問題の解決を図ったのである。

(二〇一五年四月二日)

＊本稿は、愛知大学、台湾東呉大学、アメリカカリフォルニア大学サンディエゴ校の主催による『「戦争」とは何か?——アジアの『一九四五』およびその後」国際学術討論会(二〇一五年四月一一日〜一二日)において発表したものである。

注

(1)李永平は一九四七年イギリス領ボルネオ・サラワク(Borneo・Sarawak、現在はマレーシアの州の一つ)のクチン(Kuching)市に生まれる。中学卒業後は台湾で進学、国立台湾大学外国語学部に入学し勉強する。その後渡米し、ニューヨーク州立大学で比較文学修士号を、そしてセントルイス・ワシントン大学で文学博士号を取得する。台湾国立中山大学、東呉大学および国立東華大学などで相次いで教鞭を執る。著書には、『ボルネオの子』(原題『婆羅州之子』)、『ダヤクの女』(原題『拉子婦』)、『吉陵鎮ものがたり』(原題『吉陵春秋』)、『尾白鷲:ある台湾の寓話』(原題『海東青:臺北的一則寓言』)、『朱鴒漫遊仙境』(原題同じ)、『霏霏として降るみぞれ:ボルネオでの幼年時代の記録』(原題『雪雨霏霏:婆羅州童年記事』)、『大河の果て』(原題『大河盡頭』)(上・下巻)などがある。『吉陵鎮ものがたり』は英語と日本に翻訳されている。

(2)李永平『尾白鷲:ある台湾の寓話』二版(台北、聯合文学、二〇〇六)、六五九頁。以下『尾白鷲』の文章の引用は、引用文の後に頁数を加えるのみとし、注釈は省略する。

(3)『尾白鷲』の後に出版された『朱鴒漫遊仙境』の中で、「支那派遣軍第六師団」は再度登場している。朱鴒と他の同級生が台北中正記念堂で年寄りの日本人観光客の団体を見かけると、同級生の一人連明心が、「この日本の年寄りたちは、『支那派遣軍第六師団』の旧軍人」で、引率者が手にしている白絹の旗が彼らの軍旗であることを皆に説明する。「ほらみんな見て、旗に黒い糸で大きく「祈武運長久」の五文字が刺繍してあるだろう。あれは、彼らが当時軍行をする際のスローガンさ。旗には一つ一つの花蕊のような血判が染み付いており、一見するとまるで満開に咲き誇る桜のようだ。……支那派遣軍第六師団は、ほかでもなく世にも名高い南京虐殺に関わった部隊で、いっきに三十万人の中国人を虐殺したんだ。この年寄りたちのことを背丈は低いし、腰も曲がって猫背になっているからって見くびるんじゃないよ。皆当時の南京大虐殺に加わったんだから。」李永平『朱鴒漫遊仙境』二版(台北、聯合文学、二〇一〇)、三〇五〜三〇六頁参照のこと。

(4)『尾白鷲』の中で旧日本軍人が「目を潤ませる」この一幕は依藤(汪開競)の『ペナン余燼録《よじん》』(原題『彼南刧灰録』)を思い起こさせる。ペナン(Penang)は、かつてのマレーシアのジョージタウン(George・town)で、日本の占拠時にペナンと改名された。この書籍が出版されたのは、太平洋戦争終結後間もないころであり、作者はペナンの鐘霊中学の教師で、作品の中の記述は太平洋戦争期間中の旧日本軍占領下にあったペナン市民の生活上のエピソードである。そのうちの一章節は、敗戦前夜の旧日本軍の高等文官の奇妙な行いを叙述している。「ペナンの通りでは、よくさまざまな日本人を見かけることがある。彼らはきちんとした身なりで、風貌もあか抜けているが、ネオンの灯るレストラン街に行って夜食を食べるのも好きである。時には深夜になって店主が店仕舞いの準備を始めたころに、三、四人の日本人がふらりとやって来る。彼らの身なりから彼らが高等文官であることは明らかである。彼らは椅子に腰かけ、いくつかの料理を注文すると持参したお酒をだまって心ゆくまで飲むのである。……これらの日本人たちは終始一言もしゃべらずに夢中で酒を飲み続け、(やがて)半分飲んだころ突然、そのうちの一人が人目も憚らずに泣き出した。するともう一人が激しく怒り、こぶしを振るって繰り返し机を叩くのであった。このような一騒ぎの後、料理を食べ終え酒も飲み干すと、それぞれが疲れた足を引きずりながら、千鳥足で露店から遠ざかっていったのである。」依藤『ペナン余燼録』鐘霊書第二種(ジョウジタウン：鐘霊中学、一九五七)、一四一〜一四二頁。

(5)「月河三部曲」は李永平がわたしに語ったものであり、現在、目にすることのできる文章の中で、彼が時に「ボルネオ三部曲」と、時に「李永平大河三部曲」と呼んでいるものである。この三部曲には『霏霏として降るみぞれ』、『大河の果て』(上・下巻)、および『朱鴒書』(原題同じ)が含まれている。『朱鴒書』は既に原稿は書き上げられているものの、未だ出版はされていない。

(6)李永平『『霏霏として降るみぞれ』(改訂版)の巻頭に書かれている」、『霏霏として降るみぞれ』に収録。全面改訂版(台北、麦田出版、二〇〇三)、一三頁。

(7)李永平「河流の言葉——『霏霏として降るみぞれ』中国版序文」、『霏霏として降るみぞれ』に収録。全面改訂版(台北、麦田出版、二〇〇三)、三一頁。

(8) 李永平『霏霏として降るみぞれ』(改訂版)の巻頭に書かれている」、一六頁。

(9) 李永平「河流の言葉――『霏霏として降るみぞれ』中国版序文」、三一頁。

(10) 李永平『霏霏として降るみぞれ』、全面改訂版(台北、麦田出版、二〇〇三)、二一一頁。以下『霏霏として降るみぞれ』の文章の引用は、引用文の後に頁数を加えるのみとし、注釈は省略する。

(11) 台湾慰安婦の研究に関しては、女性救援基金会『台湾慰安婦報告』(台北、台湾女性救援基金会、一九九九)と朱徳蘭『台湾慰安婦』(台北:五南図書、二〇〇九)を参照のこと。慰安婦に関する最新の著作は、YukiTanaka, japan's ComfortWomen: Sexual Slaveryand Prostitution During War II and the US Occupacion (London and New York: Routldge, 2013) を参照のこと。

(12) 李永平『大河の果て(上巻):遡流』(台北:麦田出版、二〇〇八)、三二～三三頁。

(13) 李永平「朱鴒に問う:縁とは何か?――大河の旅、途中の伝言」、『大河の果て(下巻:山)』(台北、麦田出版、二〇一〇)三五頁参照のこと。

(14) 李永平『大河の果て(下巻):山』(台北、麦田出版、二〇一〇)、一四三頁。以下『大河の果て』の文章の引用は、引用文の後に頁数を加えるのみとし、注釈は省略する。

(15) 壇ノ浦は現在の山口県下関市周辺の海域をいい、壇ノ浦の合戦は平安時代末期の源氏と平家の最後の戦いをいう。時に一一八五年四月二十五日であった。小泉八雲に「耳なし芳一」というタイトルの怪談小説がある。正に、この壇ノ浦の合戦の後、平家側の犠牲となったすべての亡霊が壇ノ浦の海域およびその沿海一帯を彷徨い逃げ惑う物語である。

写真が示す暴力の姿、詩的贖罪

——林永得（Wing Tek Lum）の『南京虐殺：詩集』

單《シャン》德《テ》興《シン》
北島義信 訳

そのような写真《イメージ》は、国家権力によって加えられた大衆の苦しみの合理化に注意を向けさせ、その合理化を熟考し、検証し、学び、吟味することの誘いをもたらす以外の何ものでもない。

——スーザン・ソンタグ

私は、アウシュビッツ事件が起きた後で抒情詩を書くのは、野蛮だという言い方を和らげたいとは思わない。その言い方は社会政治参加の文学を生じさせる衝動を否定的な形で表現しているからである。

——テオドール・W・アドルノ

戦争は、記憶・感情を喚起させることにおいて、作家の最善の技能を要求する。それは、まったく、負傷者や死者に対して義務を負うているからという要求ではない。

——ケイト・マックローリン

ホロコースト（ナチスによるユダヤ人大虐殺）に比して、一九三七年一二月に日本軍によってなされた南京虐殺は、一般的には人々に無視されてきており、とりわけ、日本政府には回避されてきている。例えば、戦争文学に関する限り、『ケンブリッジ戦争文学作品必携』は、南京虐殺について何の言及もない。他方、『ケンブリッジ第二次世界大戦文学必携』には、その虐殺は年表では出ているものの、様々な章での追跡はない。他者の苦しみをどのようにみるのかの研究、『他者の苦痛へのまなざし（*Regarding the Pain of Others*）』において、スーザン・ソンタグは、「中国における日本の猛撃、特に約四〇〇万人の虐殺と、一九三七年一二月における、いわゆる南京レイプという八万人の中国人強姦」を「ほとんど誰も主張することを考慮に入れたことがない記憶」の一つだと述べている(1)（ソンタグ『まなざし』七六頁）。さらに、日本政府が七〇年以上も、その大惨事を否定し続けていることは、ドイツ政府のホロコーストに向き合う態度とは真逆で対照的である。アールン・ラザレ（Aarn Lazare）が『謝罪論（*On Apology*）』で書いているように、「日本は、ドイツと異なって、第二次世界大戦前及び大戦中に軍隊が犯した、様々な戦争の残虐行為に対する謝罪を表明することに乗り気ではない。この中には、南京虐殺、真珠湾奇襲攻撃、西洋諸国の戦争捕虜に対する不必要な残虐性、アジア諸国出身の性奴隷の使用、が含まれる(2)」（一九九頁）。事実、この態度はまた日本にも害を与えている。というのは、ジュディス・バトラーの言葉を借用すれば、そのため「自己をグローバル・コミュニティの一部として規定する機会」を逸したばかりでなく、いまも逸しているからである（バトラー『生のあやうさ（*PrecariousLife, xi*）』）。そして、すべての人類に共通である、自己と他者のあいだにある相依性・相互依存性と同様に、傷つきやすさ（vulnerability）の認識についてバトラーも言及しているが、その認識を通して、われわれには、犯された残虐行為をさらに深く見つめることが可能となるのである(3)（Butler, *Precarious* xii-xiii, 28-31）。

しかしながら、もし犯された犯罪とトラウマの苦しみが十分に認識され、適切に取り扱われないならば、関係諸国民が過去に安らぎを得て、より平和的で調和のとれた未来を待ち望むことは不可能であろう。だからこそ、アイリス・チャン（張純如）が、有名な自著『南京のレイプ』に対して、示唆的に「第二次世界大戦の忘れられたホロコースト」という副題をつけたのであるが、それは日本政府が無慈悲にも否定しているばかりでなく、その恐ろしい事件を世界が忘れたようにみえるからでもあるのだ。(4) 史詠・尹集鈞編『南京のレイプ：写真による否定できない歴史』の序言において、南アフリカのノーベル平和賞受賞者デズモンド・ツツ大主教は次のように述べている。「一九三七―三八年に南京で起きた残虐行為を隠し、真実に目を背けることは、未来の世代に巨大な害を与えることであり、最悪の場合には、犯罪に無頓着かつ無責任であるということである」（ix）。

張純如（アイリス・チャン）は、子どものときに両親が南京虐殺の話をするのを聞き、後にその書物を書こうと心に決めた。『南京のレイプ』の序論の第一節は次のような書き出しである。「人類同胞に対する人間の残虐さの歴史は、長く同情にたえない物語である。しかし、確かにそのような恐ろしい物語においても、無慈悲さには度合いの違いがあり、第二次世界大戦中の南京のレイプは、密度と規模という点では、世界史の残虐行為において比較にならないものである」（三頁）。彼女は、自著が「南京市において日本人によって犯された悲惨かつ野蛮な行為のごくわずかな要約を提示するにすぎない」と謙遜して語りつつ、出版の目的は「教訓を学び、警告が広がるように、その事件を理解すること」であると述べている（四―五頁）。われわれは、書くという彼女の行為を認識の行為として、また「死傷の非現実化―人間の苦しみと死に無感覚になること」、それはさらに「非人間化」へ行き着くであろうから、そのことに抗して闘うことの行為として、さらに哲学的に深めることもできる（Butler, *Precarious* 148）。

『南京のレイプ』は、読者の注意を引いた。その中には、中国系アメリカ人作家である林永得（ウィン・テク・ルム）や哈金（ハ・チン）がいるが、それは南京虐殺が数十年にわたる中国人の集団的トラウマであったからである。キャシー・カラスやドミニク・ラカプラのようなトラウマ研究の専門家たちは、トラウマは「遅延性と理解不可能性（belatedness and imcomprehensibility）」によって特徴づけられる。[5] 歴史的記録文書は、人々に南京虐殺として知られたトラウマを思い起こさせてきたが、一片の文学として完全に書かれるには、数十年がかかったのである。ラカプラの「トラウマを書く」という概念によれば、「（それは）行動に移し、徹底的に調査研究し、過去を分析し『言葉に表す』ことにおいて、完全ではないが、世に出すという過程を含んでいる。それは、トラウマの経験を、それらの事件を受け入れる過程であり、さまざまな結合とハイブリッド化した形態の接合を獲得する、対症的効果を受け入れる過程である」（LaCapra 186）。

天安門虐殺の後、合衆国に滞在することを決めた第一世代として、哈金（ハ・チン）はアイリス・チャンの書はミニー・ヴォートリンの日記とともに、その歴史的事件について彼が読んだ重要な参考文献であり、歴史文書の中に含まれていることを認めている。[6] すべてこれらの文書は、哈金の歴史小説『南京レクイエム』のインスピレーションと素材となったのである。[7] 同様に、ハワイ在住の第三世代の中国系アメリカ人である林永得は、中国人兵士、一般市民、男女に対して、老いも若きも同様に、日本人が加えた残虐行為に非常に大きな衝撃を受け、激怒した。そのため、彼はこの恐ろしい事件について資料を集めることを試みた。そして、一九九七年から一五年かけてそのテーマについての一〇〇以上の詩を書いたのである。[8]『南京虐殺：詩集』が二〇一二年に出版されたことは、犠牲者と加害者、生者と死者、を含めて異なった視点からこの歴史的悲劇を描こうという、その詩人の精力的な努力の完成のしるしとなるものである。[9] これらの耐え難い残虐行為を描写することを選択することによって、林は自己の芸術的技能を通して、この人間の悲劇を摘発するために最善を尽くすばかりでなく、戦争を再刻し記憶を再生することによって、その悲劇に創造的かつ批判的に介入するためにも、最善をつくそうとしているのである。その目的は、「国の、あるいは地域の経験を知的に証明するものとしての……特別な象徴的役割、それによってその経験に、地球規模の論証的で重要な政治課題に永遠に刻み付けられた公共的アイデンティティを付与するような役割」（一二七頁）について、エドワード・W・サイードが言っていることを満たすためなのである。

詩人・林永得の母親は、その悲劇的な事件が起こる前に南京を訪れている。そこで、ハワイ在住の中国系アメリカ人二世である、詩人の父親と結婚することに決めたのである。そして、戦争に引き裂かれた中国を後にしたのだ。このことは、南京虐殺に対する個人的繋がりという、林永得の強い意識の説明となる。そしてまた、なぜ彼が自分自身を潜在的な生存者とみなしているかの説明にもなる。それゆえ、六〇年後、ハワイ在住の中国系アメリカ人の筆になる、第二次世界大戦中の南京における中国人の「忘れられたホロコースト」の、後の記憶として、この詩集は読むことができる。[10] 詩集自体は、献辞、エピローグ、巻末の註を除いて、五部に分けられる。一五年という歳月をかけて書かれたため、その書物の構造にはいくつかの変化がみられる。この長い努力の末にこの書は出版され、そののち、私のインタヴュー（二〇一三年）を受けたのであるが、その折、林永得はこの詩集の基本構造についての質問に次のようにこたえた。

第一部では、基本的に場面を設定して、中日兵士間の戦闘を描いています。第二部は、南京市の占領と全体的に、多くの人々に起きたことに関係することを描いています。第三部は、女性の多くに起きたことを、虐殺自体の最初の六週間の経過ばかりでなく、慰安所に関係することも描いています。第四部は人々がどのように生き延びたかに係ることが描かれています。そして第五部は、虐殺全体、事件の全貌についてのより多くの意見を提示しています。[11]

剣に抗してペンを戦わせ、加害者と彼らの歴史観に対する「復讐」の行為として、戦争の名もなき犠牲者のために、創作的作家は語るのである。林は詩人として、言葉の力を信じる者として、自分が付けた註の序のくだりにおいて、創作的作家の重要性を次のように強調している。

生き延びてはいるものの、（ペンを得ても、剣に奉仕するためにはたらく）人々が歴史を書くことが、あまりにも頻繁に起きている。戦争の犠牲者、とりわけ、生き延びなかった人々の経験が語られることは、まずない。彼らの身に何が起きたのか誰も知らない。通常、彼らのことを誰も気に掛けることはない。彼らの生、彼らの苦悩は、真にその追悼を表わすために列挙されねばならないのである。忘れられた人々、その存在が故意に拭い消されたかも知れない人々の物語を表現することは、創作的作家の為すべきことである。これらは、自伝でもなく、回想録でもなく、やむをえずフィクションとなるが、それでも、真実の警鐘を鳴らすことのできる物語なのである。そうすることにおいて、如実にものがたることは、彼らに勝利した者たちに対するささやかな復讐にもなるのである（この場合、ペンは剣に抗するものとして用いられる）（林『南京』二二―二三頁）。

林永得が長年にわたって調べた、何十冊もの文献の中で、史詠と尹集鈞の編著は「本質的な文献」のトップにリストされている。[12]『南京のレイプ：写真における否定できない歴史』が示すように、この書には写真（全体で四〇〇枚以上）がふんだんに使われ、また口頭文献、地図、統計資料も含まれている。人文研究における業績をたたえる賞としては、名声高いジョン・W・クラジ賞があるが、後にその受賞者となる余英時（Ying-shih Yu）は、当時、プリンストン大学の中国史の教授であった。その余英時は序言において、この書の歴史的価値を要約し、それらの苦い記憶を生かし続けることの重要性を強調している。彼は次のように結論付ける。「中国人は自己の過去を忘れる傾向がある。願わくば、この書が彼らの痛ましい記憶をめざめさせ、また日本の市民の集団的意識と歴史的記憶を喚起させるものになってもらいたいものである」（xiii）。張純如（アイリス・チャン）の語りの歴史によって始められ、また何よりも、史詠と尹集鈞の写真による歴史に触発された林永得の詩集は、文学的介入という方法によって、同じ目的を獲得しようと努めているのである。

一〇四篇の詩集につけられた異常ともいえる夥しい註において、林永得は、史・尹の編著からえられた九枚の写真を含めて、少なくとも一二の詩は夥しい写真からインスピレーションを得たと具体的に述べている。その内二枚の写真は、『上海から上海へ：帝国日本軍の軍医・麻生徹男による、一九三七―一九四一年の陣中日記』に含み込まれている。麻生徹男は日本の侵略の時代において、中国の幾つかの「慰安所」で働いていたのである（二三〇頁）。それに加えて、林は「献辞」と「エピローグ」（二一八―二二〇頁）において、この恐ろしい事件と、母の家族アルバムと大学の刊行物の中で見出された母の写真の双方によって、インスピレーションを得たと述べている。他者の痛みと苦しみに係る写真についてのソンタグの主張は、ここでは現代的意義がある。

「そのような写真は、国家権力によって加えられた大衆の苦しみの正当化に注意を向けさせ、その正当化を熟考し、学び検証するための誘いをもたらす以外の何ものでもない」(*Regarding* 117)。林の詩集のように、人々がそんな誘いを真面目に考え、そんな革新的な、悲痛な思いをさせるような、思想を喚起するような詩集を出すことは、いままでまずありえなかった。

この論文の目的は、詩の創作のために用いた写真の分析によって、南京虐殺の潜在的生存者としての林永得の自己宣言を論ずることである。すると一連の疑問がおこる。中国系ハワイ人の詩人が、この二〇世紀中国人のトラウマについて、口頭的かつ視覚的テキストを利用しつつ、どのようにして長い間沈黙させられた犠牲者のために、嘆き、語ろうと懸命に試みるのか？　どのようにしてこれらの写真は、そのような恐ろしい戦争犯罪をさまざまな方法で詩人が再現するように、魂を吹き込む役割をはたしているのか？　詩人の道徳的憤りが、遅まきながらの正義への呼びかけを発するために、いかにしてこの悲劇の中に彼を割り込ませようと促しているのか？　加害者は、またどのようにして、まさに加害という行為において、人間の残忍さと日本軍国主義の犠牲者へと自己を変身させるのか？　どのようにして詩人は、詩的創作によって南京虐殺を再生し、犠牲者と加害者の双方を等しく名誉回復しようと試みるのか？　そして最も重要なことであるが、人々が歴史に正面から向き合い、同様な悲劇をおこさぬよう備えるために、加害者、残虐行為の責任がある日本軍国主義をどのように考えるべきであるのか？

写真はつねに林永得の強い関心を引いており、以下に引用する二〇〇九年のインタヴューにおいて述べたように、それは彼の詩的創作の価値ある源泉として機能していたのである。それは創作の長い過程の真っただ中にあったときのことである。彼は次のように述べた。

ある理由のために、私はとても写真に魅了されています。モノクロ写真の方が興味を引くのです。ですから、写真を観つつ書きとめ、写真は言うべきことを持てるようにしてくれます。読者は、私が体験したことを経験できるでしょう。個別を通じて、普遍を見出せると私は信じています。そんなわけで、私は固有のイメージを届け、読者に現実感を与えたいと思いますから、これらの写真を詳細に述べる際には、より具体的に個別的になるように最善をつくしたのです。写真を見るとき、そのような視点は助けになります。

三年以上も後に、ブラウン大学でジョスリン・リチャーズのインタヴューを受けたとき、林永得（彼はブラウン大学の出身）には、写真と詩の創作との関係について、語るべき多くのことがあった。

……写真を見ていると、写真は、何度も何度も私にとってインスピレーションを与えてくれるのです。私は写真をじっと見て、目に入ったものについてメモします。それからまた、じっと見て、さらにメモし、またじっと見るのです。そのようにして、一つのイメージの全体像を表現しようとするインスピレーションを見出すのです。それは私の頭脳の著述と何らかの関係があると思います。私は何かを注視できますが、それは将来、固定されるべきものなのです。ですから、私の詩は時間の一部の表現なのです。小説家にとっては、個々の時間の一部には関心がなく、時間の流れの方に関心があります。ですから、写真ではなく、映画の方に関心が強く、時間においてどのようにして始まりがあるのか、どのようにして中間と終わりがあるのかの方に、大きな関心があるのです。――それが、筋として知られているものでもあるのです。私は筋に追いついてゆくことはできません。そんなわけで、小説家とは異なった書き方をするのです（n.p.）。

換言すれば、写真は詩人としての林永得にとって、インスピレーションの重要な源泉なのである。家族のアルバムを利用し、家族史に焦点を当てた従来の詩集、『疑わしい点を暴露する』と比較すれば、『南京虐殺：詩集』は、歴史書から多くのインスピレーションを引き出している。詩人は、一九九七年以来積み上げてきた様々な音声的・記述的テキストという源泉を示す多くの註（一二三―一三三頁）を書くのに骨折っている。だが、じっくり註を読んでみると、次の九篇の詩が史詠と尹集鈞の編著における写真に基づいていることがわかる。[13]

第一部
「特恵証明書」（二〇頁）
第二部
「新しい入隊者」（五九―六〇頁）
「土の中に投げこまれて」（六〇頁）
「堕落」（七一―七二頁）
「気まぐれ」（七三―七四頁）
第三部
「この姿勢で」（一〇五―一〇七頁）
「彼らは記録係だった」（一〇八―一一〇頁）
エピローグ

「中国服を着た若き娘」（二一八―二二〇頁）

さらに、「椅子」（一二五―一二六頁）と「最善の攻撃」（一二七頁）の二つの詩は、二枚の写真と麻生の『上海から上海へ』における写真の説明に基づいている。それに加えて、「あなたの大学年報から学んだもの」（一三一―一四頁）と「この写真」は、写真集と密接に結びついている。[14]林永得の『南京虐殺：詩集』が公に出版される前であったが、ゲイル・佐藤は、「自己の生を書くことを通しての残虐行為を目撃すること、―林永得の『南京虐殺：詩集』」において、「中国服の娘」の精読を勧め、その詩を残虐行為、トラウマ、「自分の生を書くこと」と結びつけている。ヒルシュ、ソンタグ、バトラーの諸概念を関連させて用いつつ、佐藤は次のように論じている。「林の、自分の生を書くことによる証言は、不安定的存在（precarity）（客観化）をあやういもの（precariousness）（主体化）であると承認し、そのような由来の再明確化と、地政学的・歴史的境界を越える主体の受け入れの再明確化へと読者が参加する瞑想的空間を創り出している」（二一一頁）[15]。他方、この論文は林にとってのインスピレーションの源泉として役立った写真をピンポイントで示し、写真に基づいた詩集の全般的な分析を提供しようとするものである。それは、その詩人が、写真や、この歴史的悲劇に自ら文学的に介入するために関連する情報を、詩的真実と正義の探求のために、どのように使っているのかを示すためなのである。

『南京虐殺：詩集』における写真と詩の相互関係を注意深く読んでみると、林は写真を詩に変形するために主として、次のような叙述的戦略を採用していることが分かる。それは、忠実な訳、対象の直接的描写、残虐行為全般の表現、女性に対する暴行と侮辱の表現である。

一　忠実な訳

特恵証明書

（降伏者は、何人《なんびと》たりとも絶対殺害しない）。

抗戦の意思なき中国軍の兵士と
白旗を掲げるか、この証明書を携帯して
両手を挙げる者は
進み出て降伏し
日本軍に忠誠を誓いなさい。
この者を日本軍は、認め
特恵待遇として
十分な食料などを支給し
適切な職業を提供します。
賢明なる兵士諸君よ、来たれ。

日本軍司令（二〇）。

この詩のメモで、林はそれは「オブジェ詩であって、尹集鈞と史詠が発見したビラの翻訳」であることを率直に認めている（二二五頁）。史・尹共編の書物における「日本軍の飛行機から撒かれた」ビラの現物の写真と比較してみると、この詩は中国軍の士気を挫く心理戦行動の一部として使用されたビラの直訳であることが分かる。[16] 全体の中でも、この詩は原資料に最も近くかつ忠実である。ただし、詩人はメッセージを数行に分け、英語の自由詩に似せているが。それほどまでに強力な歴史文書に直面して、詩人は逐語訳以上の表現の手段を見出せなかったようにみえる。それゆえ、この詩の独創性は、逆説的に言えば、その「非創造性」にある。林永得は、南京虐殺を様々な形で表現しているが、その終わりの部分には、「中国のヴァイオリン」という詩があり、そこでは、人類が互いにくわえうる残忍性と不条理を明らかにするために、詩人の特権を行使して一つの事件を創作していることを林は認めている。その恐ろしい事件の基本的事実を固守しつつも、詩人として林は、自己の想像力を駆使して、創作とフィクション作品を生み出す権利を持つ者として自己を考えている。

二　対象の直接的描写

もし、写真の最も忠実な再現が直訳であるなら、次にふさわしいのは対象の直接的描写である。これは、「椅子」（一二五—一二六頁）と「最善の攻撃」（一二七頁）において見られ得る。この二つの詩は共に、日本帝国陸軍の中国侵略時代に、幾つかの「慰安所」で働いていた軍医・麻生の陣中日記における言葉と、写真による描写に基づいている。「椅子」は「婦人科の診察台」（麻生、七四頁）の描写であり、その診察台は「慰安婦」

として知られている性奴隷を素早く、能率的に診察するために、ほかならぬ軍医である彼が立案したものである。麻生の日記には、多くの写真やイラストが含まれており、その日記は、日本のみならず、恐らくは、組織上は独立した日本の法体系によって言い逃れをしてきた性犯罪が存在したことの強い証拠となるものである。「最善の攻撃」とは、皮肉にも、日本で生産されたコンドームのトップ・ブランドの名前である。警句的表現において、その詩人によって言及されているように、「標準的軍支給品」（麻生、七〇頁）の中に、それは含まれていた。そのブランド名には、軍事的形象が充満しているばかりでなく、それは強力な性的意味を持ち、かくして奇妙な軍国主義と女性差別があらわれるのである。

陰謀者であり軍医でもある人物の観点から書かれているので、「椅子」と「最善の攻撃」の詩は、その医師の性格を再現しようとする試みとなっている。そしてこの二つの詩は共に、愛国的メモで終わっている。「前線には」いないが、それでも「われわれの仲間たちが／十分な戦闘的力／に至ることを／確保するために／私の役割を果たす」ことで、日本の軍国主義的侵略に貢献した人物の誇りの意識を表現し、それによって、「椅子」はクライマックスに達している（一二六頁）。他方、「最善の攻撃」の最後の数行は、侵略者の故郷に思いを馳せたものである。「故国の工場は愛国的だ／コンドームは工場の熱情を露わにしている／工場は各々の製品に戦闘の叫びを刻印している／最高のブランド名が〝最善の攻撃〟なのだ」（一二七頁）。

しかしながら、これは物語の一面のみを提示しているにすぎない。それ以外の局面は、犠牲者の視角から語られるべきである。次の詩「不思議な事」において、詩人は日本人の性的暴行の犠牲となった中国人女性は、「祖国の／コンドーム／工場で／働く／悪魔のような／女性たち」（一二八頁）が、自分の仕事の本性について知っているのかどうか、訝《いぶか》っているのである。合わせて読めば、これらの三つの詩は戦時物語の二つの面を再現していることがわかる。これらの詩は、日本の軍国主義的拡張主義への詩的攻撃を構成し、また「前線で」闘っている兵士達によって犯された、また中国における「慰安所」の軍医たちや故国日本のコンドーム工場で働く女性労働者たちによって犯された戦争犯罪へ、直接的あるいは間接的に寄与した人々の告発を構成している。軍人であれ、非戦闘員であれ、これらのすべての日本人もまた、日本の軍国主義の犠牲者となったのである。

三　残虐行為全般を表現すること

第二部の注釈において、林永得は、主に、史・尹編著の写真から得られる、男性犠牲者に加えられた残虐行為について、五篇の詩をあげている。これらの詩は、「写真は大量死の財産目録である」というソンタグの批評を強く明示しているようにみえる（『写真論』七〇頁）。奇妙なことに、「新兵」（五九—六〇頁）は、柱に括り付けられた中国人男性の視点から語られている。この中国人男性は、日本人新兵が銃剣技術の訓練をするための対象物なのである。[17] 仲間に嘲られて、新兵は詩の中で、自分の勇気を証明しようとする。他方、哀れな犠牲者は、「抵抗する」（五九頁）ため、無益にも出来る限りのことをし、「命乞いをする」（六〇頁）。その詩の終わりで、犠牲者は自己の命を失い、新兵は人間性を失う。それは「私の命の死は／新兵の新しい命の中へ／死となって編み込まれる」（六〇頁）からである。

「土の中に投げこまれて」（六一頁）は、非人格的な、どこにでも見られる遠近法を採用しているが、それは生き埋めにされた人々の肉体的苦しみの様々な段階を描くためである。そして、「誰一人、逃れることはできない」（六一頁）と結論付ける。史詠と尹集鈞が編著で言及しているように、「生き埋めは、大集団の人々を虐殺し傍観者を戦慄させる、日本兵のやり方である。この殺し方は、徐々に苦痛を与えるものである」（一四四頁）[18]。この詩は、これらの生き埋めされた人々の「徐々に苦痛を与える」死の段階的描写を提示しているのに対して、「実利的」（七一―七二頁）と「気まぐれ」（七三―七四頁）は、犠牲者を効果的に「実利的」に、あるいは「気まぐれ」に処理することに興味がある、日本兵が犯した信じがたい残忍な行為を列挙している[19]。同じ叙述が、一九九七年にアイリス・チャンの『南京のレイプ』に出会って後、林がつくった最初の詩「南京、一九三七年一二月」にあらわれている。一見したところ、これらすべての様々な殺戮方法の客観的描写は、歴史的場所／光景を再建する試みである。そして、非人間的で「臨機の才のある」人々が、仲間の人間が命を奪われようとするとき、どうなるのかを証明する試みでもある。

同じ処刑場面を写した二枚の写真「ほんの一瞬のうちに撮られて」（史・尹編著、一一六―一一七頁）に基づいたものであるが、「邪道」（六四―六五頁）はドラマティックな場面を提供している。その場面では、処刑執行者である日本人大尉は、首切りの舞台を熱心に設置し、自己の権力を目撃させるために一群の部下たちを配置して、その行為が「一連のカメラ」（六四頁）に捉えられるように手配する映画監督に対比されている。解説者は、処刑執行人を傍観している部下たちの一人であり、大尉に所属した人物であるが、この行為を「この狂気的な」（六四頁）「この尊大な愚行」（六五頁）だとして、ひどく嫌悪している。というのは、戦場で「剣を抜いて」、あるいは「白兵戦」で、じかに敵と闘うのではなく、単に自己の虚栄を満たすために「餓えた、丸腰の」（六五頁）捕虜の首を切り落とすからである。その詩の終わりで、解説者は、そのような馬鹿げた残忍な行為の行き着く先を見つめている。「これはサムライ魂の逸脱であり、／だから、そのためにわれわれは、じぶんの首をなくす／人々となるであろう」（六五頁）。

これらの五篇の詩は、合わせてみてみると、様々な角度から日本帝国陸軍によって犯された残虐行為を表現する努力を体現している。「実利的」と「気まぐれ」は、中国人犠牲者を痛めつけて殺す様々な方法のカタログ、あるいは財産目録を提供しているのに対し、「新兵」「土の中に投げ込まれて」「邪道」は、侵略者の残忍さを証明するための個々の事件を詳細に描写している。これらの侵略者たちは、非人間的なふるまいを通して、冷血にも犠牲者を殺害したばかりか、自己自身の道徳性や人間性も、早晩、自らの命も放棄したのである。

四　女性への暴行と侮辱を表現すること

「南京のレイプ」と名付けられたのは、南京が性的攻撃の対象として女性化されているからであり、多くの暴行と侮辱が当地の女性に加えられたからである。この詩集における写真に基づく詩のすべての中で、「このような姿態で」（一〇五—〇七頁）は、いわば、恐らく最も濃厚な描写の一つであろう。[20] 七六行からなるこの詩は、六つの詩節に分かれている。そこにおいては、詩人のペンは、ショールと靴しか身に着けていない、三人の裸体に近い女性の身体のポーズを表現するカメラのように、機能する。カメラは遠くから、白日の下にさらされた三人に焦点を合わせている。二人の女性はカメラに顔を向けているが、三人目の女性は、左側に下半身だけが見えている。視界がさらに接近し、女性のショールと靴に焦点が合わせられる。女性たちが身に着けているものは、それだけである。カメラが女性の、むき出しになった体の様々な部分をクローズアップするにつれて、より詳しい映像が示される。その詩人にとって、「平然と」（一〇五頁）したこの姿態が、「何の羞恥心もないのは／（これらの女性たちに）猥褻な暴力以上のことがなされているからだ」（一〇六頁、傍線部強調は筆者）ということを示している。しかしながら、その写真の時と場所についての詩人の詳述、――「それは一九三七年、中国の南京である」（一〇六頁）――は、もし異常な何かが、一九三〇年代のこれらの中国人女性に起きなかったら、これは真実ではないということを暗示している。幸にせよ不幸にせよ、少なくとも、今のところ、「彼女たちはまだ、事実、生きている」（一〇七頁）のである。というのは、「カメラマンが最後の土産として、彼女たちを獲得した」（一〇七頁）後、そのカメラマンによって片づけられるかどうか、三人にはわからないからである。

さらにじっと観察してみると、少なくとも四種類の暴力が含まれうることが分かる。まさに「卑猥な暴力」（一〇六頁）という表現こそが、そのカメラマンに対する詩人の非難を表わしている。そのカメラマンの頭は影として、「写真の基底に／地面の上の幽霊、悪魔」（一〇七頁）として、突き出ているのである。換言すれば、この「卑猥な暴力」はもう一つの種類の暴力によって、――前景におけるカメラマンの「写真的暴力」によって、記録されているのである。隠されたカメラマンの次の暴力行為は、自分の大満足な瞬間を求めて望むものを得た後に、これらの女性を殺害することであるかもしれない――状況としては、「邪道」における大尉の行為とは、似てはいないが。そしてまた、三人の裸の女性の身体の前にある暗い影は、加害者兼カメラマンの悪魔的存在を表現している。さらに、すべてのこの種の暴力は、まず第一に、日本の侵略の軍事的暴力の結果なのである。

暴行と侮辱のさらに信じがたい行為は、すぐ後に続く詩――「彼らは記録係だった」（一〇八―一〇頁）において見ることができる。もし「この姿態」がたった一枚の写真の詳細に渡る描写であるならば、「彼らは記録係だった」は幾つかの言語的・視覚的資料から得られた素材の結合である（二二九頁）[21]。その詩の簡潔な警句は、次のように表現している。「度を越した暴行」は、林永得によれば、「遠回しな言い方」（一〇八頁）であり、控えめな言葉なのである。その詩全体は様々な形態の女性被害者たちが、いかに死後も平穏ではないかを述べているのである。というのは、「集団暴行」と「集団殺害」の結果として、また「証拠を残すな」という命令に反して、日本兵士たちは、「永遠に暴行されたことの猥褻さ」（一一〇頁）を保つために、死んだ女性の手足を切り取ることによって、幾つかの「目印、領土の杭」を意図的に残したからだ。換言すれば、「この／暗示的暴行」（一〇九―一一〇頁）と死後の侮辱は、もう一つの種類のレイプであり、レイプされ殺された女性たちの「さらなる冒涜」（二二九頁）の否定できない証拠を与えている。幾つかの資料からインスピレーションを引き出しつつ、林は、いわば、被害者に「よみがえり」をもたらし、彼女たちに対して犯された戦争犯罪を記録するために、詩人としてのペンを用いるのである。

林によるこれらの写真の鮮明な表現は、「主要ではなく、どちらかといえば目立たない文学ジャンル（視覚的芸術作品を表現する詩）の名前であり、より一般的な話題（視覚的に表現されたものの言語的表現）」（Mitchell, 152）の名前でもあるエクフラシス（ekphrasis）を人々に思い起こさせるかもしれない。いずれにせよ、林の作品を普通のエクフラスティクな詩と区別するものは、彼の詩は、視角的芸術反対者に基づく表現というよりはむしろ、恐ろしい歴史的悲劇の写真的表現に基づく言語表現であるということである。さらに、「椅子」や「この姿態」のような最も忠実な言語的再現においても、詩人は例えば、日本人軍医の自己祝福の声や兵士兼カメラマンに対する批判の声のような、他の要素や声を付け加えており、そうすることによって、彼の創造性と文学的介入を証明している。いずれにせよ、写真の表現を言葉で表現することによって、詩人は六〇年以上も前の南京虐殺の物言わぬ犠牲者たちのために、「率直に」「意見を述べる」(「外にむかって(“ek”)述べる(“phrasis”)」)ために最善を尽くしている。

詩人は、遠くから残虐行為の写真を見て熟慮するのではなく、半世紀以上も前に犯された犯罪の犠牲者たちとの繋がりを感じているのである。その理由の一つは、詩人の母親はかつて、その虐殺が起きる前に南京を訪問しており、一九三四年にハワイに向けて中国を去ることに決めたということである。献辞「あなたの大学年報から学んだもの」(一三一―一四頁)とエピローグ「中国人服をまとった若き娘」(二一八―二〇頁)の両者は共に写真集からインスピレーションを得ている――前者は「一九二九年の社会の星」であった母親の大学年報の写真から得たものであり、後者は若い娘で、史・尹の共著の写真から得られたものである。その若い娘は、詩人の母親と同様に中国人服を着てはいるが、それでも写真撮影のために、陰部をさらすことを強制されていた(史・尹、一七五頁)。

詩人は、『疑わしい点を詳述して』において、自分の家族史と特に中国系ハワイ人の社会を扱っている。私の意見では、『南京虐殺:詩集』への献辞として、「あなたの大学年報から学んだもの」は家族史と民族史の間にある変遷を提示している。[22] 母親と若い娘が中国人服を着ていることの関連は、林に次のように想像することを促している。「母親が南京にいたら、/恐らく同じような無差別のめぐりあわせに/あっていたであろう」(二二〇頁)。写真におけるその娘と彼の母親との、この強い関連性は詩人に、詩の終わりにおいて「単なる気まぐれとしての私の存在」(二二〇頁)の認識をもたらす。最も悲劇的な、それでもしばしば無視されてきた、二〇世紀の事件の一つについてその詩人が向き合い、書くことを強いているのは、道徳的憤りと人道主義的関心とともに、その虐殺の潜在的生還者の、後の記憶なのである。

『南京虐殺：詩集』は、長い間否定されてきた犯罪について永遠に沈黙させられてきた犠牲者のために話そうとする詩人の努力を表現しており、また自分の詩的技能を幾つかの言語的視覚的テクストへ適用することによって、かなりの真実と正義を犠牲者たちのために獲得しようとする詩人の努力を表現している。かくして、林は悲嘆可能性（grievability）、表現可能性（representability）、責任可能性（accountability）という三つの厳しいチャレンジに直面する。[23] 南京虐殺の潜在的生存者として、彼はこの悲劇的な事件を世界に注目させ、彼らを深い同情に値する犠牲者にしようと努め、そして悲嘆可能にしようと努めている。詩人として、彼は自分が最も慣れ親しんでいる詩というジャンルによって、様々な言語的・視覚的資料から学んだものを表現しようと試みている。それは文学的介入を通じて、犠牲者の声を表わすためなのである。そうする中で、彼は加害者たちを、日本の拡張主義と軍国主義を把握しようと努めた。その拡張主義と軍国主義は、七〇年以上も前に南京において、男も女も、老いも若きも、何百何千何十万もの犠牲者に加えたことがらに対して責任があるのである。――それらは、日本政府が本気で謝罪することはもちろんのことであるが、依然として公式に認められてはいない犯罪なのである。

史・尹の共編の序文において、ツツ大主教は自己の経験を共有しており、次のように述べている。「いかに恐ろしくても、われわれは過去の悪から逃げてはならない。もし、われわれが忘れようとし、人間の本性はいつでも善であると信じるよう努めるならば、われわれの記憶喪失にひどく後悔するであろう。というのは、われわれの過去は、巡り巡ってわれわれに付きまとうであろうからだ」（ix）。この光に照らしてみると、林の詩は怠慢、忘却、傲慢に抗する詩的意識の手本とすべき実例である。一九四九年に、テオドール・W・アドルノは大変うまく言っている。「アウシュビッツの事件が起きた後で叙情詩を書くのは、野蛮である」（『文化批評と社会』三四頁)。数年後に、彼はこの主張に関して、さらに言っている。そして社会政治参加の文学の意義を次のようにほのめかした。「私はアウシュビッツの事件が起きた後で抒情詩を書くことは野蛮だと言ったことを和らげる意思は全くない。その言葉は、社会政治参加の文学に魂を吹きこむ衝動を否定的な形で表現しているのである」(『社会政治参加』三一二頁)。『南京虐殺:詩集』は、社会政治参加の文学の完璧な例である。このような社会政治参加の感覚は、その本の表紙カバーと挿絵として谷川根(Noe Tanigawa)の絵が使われていることによって、視覚面からも、さらに高められている。個々の部分に先行する墨絵の挿絵が、人間の苦悩の名づけがたい恐怖を表現しているのと対照的に、意味ありげに「南京蓮」という表題の付けられた、表紙カバーの赤色を背景にした白蓮は、戦争中の犠牲者たちの潔白さと悲しさを象徴しているだけではなく、また癒しと平和と未来における超越をも象徴しているのである。[24] 二〇〇九年のインタヴューにおいて、林は、詩・トラウマ・告白・許し・癒しと平和の関係について次のように述べている。

この詩を隠してしまうのではなく、公にすることによって、癒しに向かう第一歩になると思っています。私は特に犠牲者たちを人間化しようと試みていますが、復讐目的のためではなく、実際に犠牲者を生かすためなのです。それは明確に私の意図するところなのです。私は犠牲者たちに、ある癒しを与えようとしているのです。…それは、復讐について書かないのとは、異なったやり方であるのかもしれません。しかし、われわれがこのような残虐行為を二度と起こしてはならないと決意し、また日本人が自ら加わった残虐行為を認め、未来において二度とそのようなことをしないようにするとき、その癒しは起こるのです。私は、それは日本人が癒される過程であると思います。中国人について言えば、人々は忘れられた人々を忘れるべきではないと思います。そして、どれだけ理想的であると言われても、未来の戦争は止めるべきであると思います。

南アフリカにおける貴重な経験を共有しつつ、ツツ大主教は次のように述べている。「加害者が自己の間違った行為を受け入れ、和解を求められるように、南京で起きたことの真実を知ることが必要である。われわれは、自ら知っていることを、ただ赦すことができるのであり、和解は赦しなしには不可能である」(ix)。赦しと和解の必須条件となる二つは、自分の犯した犯罪の承認と誠実な謝罪である。[25] 赦しと和解を通してのみ、過去は安らぎを得ることができるのである。この意味において、『南京虐殺：詩集』は、人々が今一度、南京虐殺を承認し、ある種の理解と和解を見出す機会を提供している。この詩集において、詩人としての林は、過去の悪に向き合い、歴史書、日記、インタヴュー、そして最も鮮明に、写真の中に自己を浸したのち、記憶喪失と闘ったのである。これらのショッキングな南京虐殺の写真映像を、注目、熟考、検証、教化への誘因と考えて、ソンタグが提案しているように、林は写真が示す暴力を芸術的介入と詩的赦しによって、詩的贖罪へと変形しようと努めているのである。結果として、『南京虐殺：詩集』は、彼のやり方による、社会政治参加の文学（アドルノ『社会政治参加』三二二頁）であり、真実、正義、希望に溢れる和解と平和の手段なのである。

＊この論文は『現代英米小説』二一巻一号（二〇一四年四月、一〇七―三二）に掲載された私の論文の増補版である。二〇一三年九月一三―一五日に韓国の光州で開催された、東アジアにおける現代アジア系アメリカ研究大会に招待いただき、また口頭発表の機会を与えていただいた、リ・ソ・ホ教授に衷心からの感謝を申し上げたい。そしてまた、私の発表に貴重な意見をいただいたゲイル・佐藤教授に衷心から感謝申し上げたい。『南京虐殺：詩集』の進展について、近年ずっと、情報を提供し続け

ていただき、私の質問にEメールを通して、あるいは直にお答えいただき、またこの論文の初版をお読みいただいて、意見をたまわった林永得氏に、深謝申し上げたい。また、三人の論評者に感謝申し上げたい。

注

(1)『虐殺の目撃:南京における日本人の残虐行為をアメリカ人宣教師たちは如実に物語っている』の序言において、ドナルド・マッキンスは次のように書いている。「殺害された兵士及び非戦闘員の推定数は、二六万人から三五万人にのぼる。その数は、日本に投下された二つの原子爆弾の合計死者数(一四万人+七万人)を超えている。推定で二万人から八万人の中国人女性がレイプされ、その多くは殺害された」(ix-x)。さらに、『南京のレイプについての記録文書』への序論において、ティモシー・ブルックは次のように述べている。「殺害された人々、負傷した人々、レイプされた人々の数の問題は、未解決であり、すべての人に満足がいく正確な数字は、恐らく決して確定されないであろう。南京地方裁判所が一九四六年に調査を終えたが、戦後のその調査では死者は二九万五五二五人だと述べている。犠牲者の内で七六%が男性であり、二二%が女性で、子どもは五%であった。とはいうものの、最終人数は確かに追跡調査が最も困難であったし、不幸にも、つねに数え上げることは、いつまでたっても不十分な状態のままであろう」(二頁)。これらの数字は確かに、膨大なものであるが、その数字は何を意味するのであろうか? ここでは、バトラーによる「数字」の概念化は有益な洞察を提供し得る。「数字は戦争の損失の枠組を定める方法であるが、これは、いつ、どのようにして人数を数えるのか、人数は数えるものかどうかをわれわれは知っているということを意味するものではない」。「われわれは数え方を知っている」としても、「命をどのようにして数えるのか、命は数えられるのかどうかを了解すること」とは異なっている(『戦争の枠組』xx)。人々は南京虐殺の犠牲者の正確な数について論じてきた。この恐ろしい事件の実在そのものを否定する方法として、犠牲者人数不確定という議論を使いさえする極端論支持者もいる。しかしながら、正確な人数の合意を得ることが不可能だからといっても、これらの犯罪に対して責任を問われるべき人々を見つけ出すことは、無駄であるということを意味するものではない。このような場合、加害者はまた自己を被害者へと変えてしまったのである。というのは、これらの残虐行為は日本帝国陸軍の名声を汚し、上品で礼儀正しい人々としての日本人の一般的印象と鋭く対立するものであり、さらに重要なのは、これらの実行者から人間性を奪うからである。

(2)『犯罪の報い：ドイツと日本における戦争の記憶』において、イアン・ブルマは、第二次世界大戦中に彼らが犯した戦争犯罪に対して、二つの前枢軸国の異なる対応についての、示唆に富む比較を提示している。

(3)ちなみに、人間の傷つきやすさと相互依存性についてのバトラーの概念化は、非永続性と相互依存性という仏教の重要な二つの概念をわれわれに思い起こさせてくれる。このことに注目することは興味深いことである。二〇一一年九月一一日以後、グローバル・コミュニティに焦点を合わせて、バトラーの傷つきやすさの概念は、主として人間生活の不安定さと、自己と他者（より正確に言えば、アメリカ合衆国とその他）の間の内的関係性と相互依存性に言及している。他方、非永久性についての仏教的概念は、すべては変化と生成の過程にあることを意味する（それゆえ、いくぶん否定的な光の下で解釈されるとき、それは傷つきやすさとなる）。そして相互依存性の概念は、すべては互いに関係し依存しているということのさとりを教えているのである。

(4)『南京のレイプ』の執筆と出版、及び著者の若死についての詳細な説明には、アイリス・チャンの母親であるイン・イン・チャンによる『忘れることができなかった女性：南京のレイプ執筆前後のアイリス・チャン―回想録』を参照。

(5)たとえば、『主張されない体験：トラウマ、語り、歴史』において、キャラスは次のように論じることによって、これら二つの特徴への注意喚起をおこなっている。「トラウマを引き起こす事件の反復は、…単に見られ得るもの、知られ得るものをはるかに超える事件へのより大きな関係を暗示している。そしてこの反復的視覚の中心部に残っている、遅延性と理解不可能性に頑強に結び付けられている事件へのより大きな関係を暗示している」（九二頁）。『歴史を書くこと、トラウマを書くこと』において、ラカプラは次のような同様の意見を述べている。「トラウマは、自己を分断し存在において穴をあける破壊的体験である。トラウマは、困難さによってのみ支配され、また恐らく決して十分には支配されない遅延的結果を持っているのである」（四一頁）。

(6)アメリカ人宣教師であり教育者でもあるヴォートリンは日中戦争期に南京の金陵女子文理學院の学長代理であった。日本兵士たちの残忍な暴力から一万人の女性と子どもを守るために、彼女は女子学院を難民キャンプにした。さらに、彼女は、人類史におけるもっとも残虐な戦争の一つに対する目撃報告となる日記と文書をしたためていた。

(7)二〇一一年に出版された哈金（ハ・チン）の『南京レクイエム』の議論のためには、私の論文「文学への歴史の昇華：哈金の『南京レクイエム』を読んで」を参照されたい。「なぜ『レクイエム』なのか、誰へのレクイエムなのか？」（單、三〇頁）の問いに答えて、私は次のように論じている。「この小説を書くことにおいて、哈金は少なくとも、次の四つの骨の折れる仕事を試みている。（一）南京虐殺の犠牲者を深く悲しむべきもの、表現可能なものにし、記憶すべきものにすることによって、古いトラウマ、その事件を詳述すること。（二）長く忘れられていた南京の「女神の慈悲」、ヴォートリンを正当に評価すること。（三）著者・哈金の「心の病」［この小説を書くことの強迫観念］を彼から取り除くこと。（四）この悲劇的事件に人々が直面することを可能ならしめること。『南京レクイエム』については、哈金はヴォートリンを甦らせている。彼女は金陵女子文理學院のモットー「豊かな人生」（一四〇頁）と「戦時におけるキリスト教徒の義務」（二七三頁）の双方を例証した人物である。さらに、書くという行為において哈金は、大部分は「名前を呼ばれることもできない、深い悲しみも与えられなかった」（バトラー『生のあやうさ』一五〇頁）犠牲者たちを表現する芸術的試みを通して、「倫理的激怒」を証明している。手短に言えば、彼は語りの介在を通して、「他者の苦しみを熟慮し、その苦しみに付き添う」（バトラー『戦争の枠組』六三頁）ことによって、『倫理的に共鳴するように努めているのである』」（單、三二頁）。

（8）二〇一四年四月一日付けのEメールで、林はアイリス・チャンの著書について次のように述べている。「その本は、最初にインスピレーションを受けたものであり、つねに全般的な源泉として役立ってきたものです」。アイリス・チャンの作品にインスピレーションを得て、林は「南京、一九三七年一二月」というタイトルの最初の詩を書いた。そして、「彼女がその本を書くことに感謝して」、出版後にその詩を送った。詩人・林はEメールで次のように述べている。「『南京、一九三七年一二月』のほかに、個々の詩に対する個々のインスピレーションに関する限り、アイリスの書はまた『暗い部屋で』（七九―八一頁）と『彼らは記録係だった』（一〇八―一一〇頁）（二二七頁と二二九頁で私が認めているように）の詩の源となる資料でした」。これらの直接的影響に加えて、間接的影響も存在する。それは次の理由による。「アイリスはジョン・レイブの書物の再発見者としてその功績が大きく、もし彼女がいなかったら、レイブの日記は決して英語に訳され、アメリカで出版されることはなかったであろう。そしてそれゆえ、（二三一頁で私が認めているように）レイブのその日記の記載内容に基づいて、二つの詩（一五〇―一六〇頁［「おかゆの鍋」と「街路清掃人」］）を書くインスピレーションを受けることも、なかったであろう。事実、われわれはまた、「『私は死んでいない』［四七―四八頁］も、ジョン・レイブの一九三八年一月二二日の日記内容に見出される観察によってインスピレーションを得たこと、『われらのミッション』（一一六―一一八頁）は『二〇〇九年に南京のレイブの家』を訪問したことによって、インスピレーションを得たことがわかる」（二二九頁）。レイブはジーメンス社の南京事務所の代表であり、ナチ党員であった。彼は、南京安全地帯を勇敢な人道主義的な外国人たちと一緒に設立し、約二〇万人の難民を保護した。

（9）以前に述べたように、アイリス・チャンの書物からインスピレーションを得たもう一人の作家は、哈金であった。彼の『南京レクイエム』（二〇一一年）もまた、文学によって、記憶喪失と傲慢さと戦おうとしている。その小説の中国語版の序文に、彼は意味ありげに次のように述べている。「中国人は忘れっぽい。多くの大きな歴史的事件は、文学において、それに対応する表現を見出すことができない。日本人は、それとは異なっている。彼らは、二つの原爆の攻撃を受けた後、『黒い雨』のような文学作品を書き、世界の同情を勝ち得た」（*Nanjing Anhunqu* 2）。

（10）後の記憶という概念の詳細な議論のためには、マリアンヌ・ヒルシュの『家族の枠組：写真、語り、後の記憶』の第一章（一七―四〇頁）、特に二二頁を参照されたい。ゲイル・佐藤は、ヒルシュの後の記憶という概念を次のように簡潔に要約している。「それは直接、その経験をしなかった人々、とりわけ、生存者の子ども達によるホロコースト（ユダヤ人大虐殺）の第二次的目撃の形態である。しかしそれは、より一般的に言えば、ホロコーストの間接的記憶を受けている人を含んでいる。『後の記憶』という用語は、ホロコーストに限定されるものではない」（二一四頁）。

（11）林の書物の構造は、史詠（Shi Young）と尹集鈞（James Yin）編『南京のレイプ：写真における否定しがたい歴史』第二章「南京陥落」、第三章「戦争捕虜の組織的虐殺」、第四章「殺し方」、第五章「女性に対する残忍な暴行」、第六章「放火と略奪」と幾分、類似性がある。

（12）他の三冊は、以下の通りである。本多勝一『南京虐殺』（Armonk: M.E. Sharp, 1999）、アーウィン・ウィカート編『南京の善良な男：ジョン・レイブの日記』（New York: Knopf, 1998）、胡華玲・張連紅編『南京のくじけない女たち、ミニー・ヴォートリンと程瑞芳』（Carbondale: Southern Illinois UP, 2010）（林『南京』二二三―二四頁）。二〇〇九年一二月一七日付けのEメールで、林は当時、南京虐殺について読んだ二六冊の「主要な書籍」を挙げていた。

（13）しかしながら、林のメモは特に頁数を示すことなく、史・尹編著に基づいた詩であると述べているだけである。この論文は、これらの詩の源泉を突き止めようとするものであり、写真と詩との関係を論じようとするものである。

（14）二〇一三年九月一〇日付けのEメールで、林は次のように指摘している。「この写真」は「実際の写真に基づくものではなく、写真をイメージしたものです」。彼のイマジネーションの源は、レスリー・C・チャンの詩集『もはや、私を喜ばせることのないもの』である。その詩集で、「彼女は戦争前後の家族について書いています。そして、詩集の中で写真について、言及しています」。林に対して、チャンは次のように述べている。「写真のことを述べているようにみえる、その書き方には、ある皮肉があるのですが、それは詩人として私が創りだしたものなのです」。換言すれば、写真はチャンの詩にインスピレーションを与え、こんどはその詩が林に写真について、詩を再創造させるインスピレーションを与えているのである。

(15) *Inter-Asian Cultural Studies* における佐藤の論文、林の「ゲイル・佐藤への手紙」を参照されたい。

(16) 宣伝ビラの本来の形態は次の通りである。

優待憑證（絶対不殺投誠者）

凡華軍兵士、無意抗戰、樹起白旗、

或高挙両手、携帯憑證、前来投誠、

帰順日軍者、日軍対此、必予以充分、

給与、且代謀適當職務、必示優待、

聡明士兵、盍興乎来！

日本軍司令

(17) 関係する写真は、史・尹共編著の六三頁、一〇七頁、一三四―一三六頁に見られる。

(18) 関連する写真は、前掲書一四四―四七頁に見られる。

(19) 二〇〇六年、国立中山大学でおこなわれた講演において、林は「実利的」という詩に、次のような意見を述べた。「…とてもひどい事件のカタログ、これらは幾つかの資料から得られたものですが、これらのすべては日本の侵略者たちがいかに実利的であったのかという考えが私に巡ってきます」（「書くこと」）。

(20) 史・尹の前掲書一一六頁を参照されたい。

(21) チャン、本多勝一、史・尹、に触れていることに加えて、林はまたスーザン・ブラウンミラーの『われわれの意思に反して』(New York: Fawcett, 1975)、M. J.サーマンとクリスティーヌ・シャーマンの『戦争犯罪：日本の第二次世界大戦の残虐行為』(Paducah: Turner, 2001)（林『南京』二二九頁）、にも言及している

(22) 佐藤は、林のホノルル詩、南京詩、それらの関係について素晴らしい解説をしている。二一三―一六頁、二一六―二〇頁、

二二〇—二三頁をそれぞれ参照されたい。

(23) 悲嘆可能性についての詳細な論議は、バトラーの、特に『戦争の枠組』一四—一五頁、二二一—三一頁、三八—四三頁を参照されたい。バトラーは簡潔に次のように述べている。「悲嘆可能性は、価値ある生の前提である」(『枠組』一四頁、筑摩書房版、二五頁)。換言すれば、それは生を生として遇し、それに応じて生を尊敬し、大切にすることである。

(24) 谷川根は林の詩集からインスピレーションを得た。二〇〇九年、ハワイ大学マノア校のアート・ギャラリーで谷川が描いた南京虐殺の絵を見に行ったとき、私は感動しかつまた、知的興味をひかれた。詩と絵画の相互作用は、巧みであり互いに照射し合っていた。林と私は、二〇一三年四月のインタヴューにおいて、本のカヴァー・デザインについて論じ合った。二〇一三年九月の学術大会で私の報告に対して、佐藤教授は林の書籍の絵画的・芸術的局面に対する注意を喚起していただいた。

(25) たとえば、ラザルの『謝罪論』二二八—五〇頁の「謝罪と赦し」の章を参照されたい。

『淑女と僧侶』における誘惑と悟り

(Distraction and Nirvana within Samsara in *The Lady and the Monk*)

傅《フ》 雋《チュン》
木田悟史 訳

You've so distracted me,
Your absence fans my love.
Don't ask how.
Then you come near.
"Do not . . ." I say and
"Do not . . . ," you answer.
Don't ask why
This delights me.
-Rumi[1]

To go out . . . is to go in.
-John Muir[2]

二度の世界大戦とそれに続く植民地の独立、そして多文化主義の隆盛を経て、現代の旅行記作家たちは、帝国主義の拡大よりも、世界の平板化に目を向けるようになった。旅の仕方と旅人が目にするものが変われば、旅行記というジャンルも変容する。情報通信と交通網が発達したことにより、人跡未踏の地を見つけ、そこを探検することはほとんど不可能になった。生活が脱領域的にならざるを得ない人々もいる。生活様式が変化し、旅行が簡単になるにつれ、故郷を離れる人々の数は増えた。かつてピコ・アイヤー（Pico Iyer）は、ざっと数えて一年のうち四十日は空港あるいは飛行機の中で過ごしていると語った。[1] 本稿で扱う『淑女と僧侶』（*The Lady and the Monk*, 1991）において、彼は宗教を目的にした一年間の京都滞在と、その後毎年六カ月を日本で暮らすようになった経緯を書いている。

アイヤーが初めて日本に来たのは『タイム』誌での仕事のためだったが、後に自ら選んで奈良に住み始めたことによって、旅と仕事との結びつきは弱くなり、彼は旅人というよりは、在留外国人になった。アイヤーが日本に魅せられていることに間違いはない。しかし、ここで一つの疑問が生じる。法的に居住を認められた人間が、それでもなお旅人を名乗ることはできるのだろうか。本稿は、精神性の探求と、その過程で直面する困難について考察する。『淑女と僧侶』における複数のアイデンティティーと心理の変化との緊張関係をより明確にするため、本文中では、作家としてのピコ・アイヤーと、彼の分身たち――旅人であり、語り手であり、素人僧侶でもある――を必要に応じて呼び分ける。

旅行と帝国主義的な征服とが切り離された結果、今や旅行記は「帝国主義の文化的副産物」でもなければ、「探検家や兵士や行政官や宣教師やジャーナリストのように帝国を維持する装置」でもないし、旅行記作家たちは「帝国主義的な機関に依存して、旅を援助してもらう」こともない（Ivison, 200-1）。新しい旅行記の表現は、ヨーロッパ中心のジャンルのあり方に挑む。たとえば、インダーパール・グレウェル（Inderpal Grewal）が指摘しているように、旅行記は「ネイションや階級、セクシュアリティーやジェンダーなどが強固で安定したものであるという前提を揺さぶる力を持つと同時に、そこから逃走する自我のあり方を提示することもできる」(3)。トライゼ・ヤマモト（Traise Yamamoto）の研究は、ピコ・アイヤーを、イギリスとアメリカが日本に派遣した文化使節として位置づけており、それに対して、日本は女性化され、外部からの力にもろい存在となる。「従来の日本人女性の表象は、その従順さや隷属的な女性らしさ、そして異人種結婚の可能性を強調する傾向にあった」が、それに対してアイヤーの語りでは、「差異が欲望を刺激する場となり、それは結婚によって飼いならすことはできないが、性的に抑えることはできる」（Yamamoto, 46）本稿では、『淑女と僧侶』におけるこのような権力と性をめぐる関係性を問い直し、西洋の男性と日本の女性との関係、つまり、異人種間の交際において西洋の男性が受益者となる関係性を再考する。『淑女と僧侶』では、「家」（home）は主人のシニフィアン（master signifier）としての地位を失い、浮遊する。さらに本稿は、遠心的な力と、旅を家の方に向かわせる求心的な力とが衝突する場として家をとらえる。故郷を離れ、遠い異国で僧侶になろうとする旅人は、望みとは裏腹に、「家庭化」（'domesticated'）されてしまうのである。メアリー・ルイーズ・プラット（Mary Louise Pratt）は、「コンタクト・ゾーン」をこのように定義している。それは、「異なる文化が出会い、衝突し、格闘する社会空間であり、植民地主義や奴隷制や、今も世界のあちこちに残るそれらの遺物などのように、そこでの力関係はしばしばあまりにも非対称的である」。プラットの概念は、淑女と僧侶との「非対称的な力関係」を詳しく分析する際にとても重要である。旅の喜びのひとつは、予定のルートから外れて、脇道の景色に誘い込まれたときの驚きにある。それでも旅人は、不安な気持ちでいっぱいになるだろう。

仕事で初めて日本に来たのが偶然であったとしても、その後アイヤーが自ら選んで、二度三度と訪れているということは、日出る国日本が、彼にとっていかに魅力的であるかを物語っている。作品の冒頭で、旅人は「私には日本で実地に試したい空想がまだあった。どこか知らない異国の地で一人簡素な暮らしをするという、ずっと温めてきた空想だ」と述べている（7）。自ら求めてそうしたとは言え、「まだ見ぬ地」にたった一人で身を置くことは、彼にとって大きな挑戦となる。ソロー（H.D. Thoreau）をまねて、アイヤーは生の深みそのものを探ろうとする[2]。

> 一人きりの生活というのは、私の中ではほぼ信仰に等しく、ソロー的な静謐な暮らしは外国でこそ可能ではないかと考えていた。とりわけ日本は、そのような暮らしを実践するのに理想的な場所に見えた。それは、日本の磨き抜かれた礼儀作法が閉じた扉のように外国人を遠ざけるからではなく、その社会形態が私にとっては、ウォールデン湖を囲む森のように計り知れなかったからである（7）。

この旅人は深く日本に魅せられてはいるが、自分が間違った前提から出発していることにはまったく気づいてない。所詮、日本とソローが暮らしたマサチューセッツ州のコンコードとは別物である。ウォールデン湖としての日本という彼の切実な思いは裏切られるが、そこは偶然にも旅人にとって理想的な場所となる。彼は日本で、他者よりも自己の理解へと向かうのである。

「ウォールデン湖を囲む森のように」という比喩には、ウォールデン湖のような場所にたどり着くことの不可能性が示唆されている。そこで彼は次善の策を選び、自分を安心させようとする。日本というのは、「磨き抜かれた礼儀作法が閉じた扉のように外国人を遠ざける」場所なのだから、少なくとも自分は静謐で孤独な暮らしをする機会には恵まれているのだ、と。

一八五〇年代半ばにおけるソローのコンコードとは異なり、アイヤーが住む世界は継ぎ目なく外部と繋がっているため、何ものにも汚されていない、まっさらな状態で生の深みを探ることなどできない。Kyoto は、そのアナグラムである Tokyo という町に比べれば、まだましに見える。しかし、彼が一人きりで坐禅を実践するために滞在する場所は、「水商売」の区域と接している。騒がしい東京を避けて静かな京都を選んだのに、実際に分かったのは、宗教を実践することの難しさだった。宗教は四面楚歌の状態にあるようだった。

私が滞在することにした地域は、幸運にも、宗教的に伝統のある地域であり、近所では、京都でいちばん有名な寺である清水寺に見守られ、芸者の置屋や、お香を売る店が古くから軒を並べている。

芭蕉が称えた名所を記した木の板があり、音羽の滝では僧侶たちが氷のように冷たい水を浴びていた。私が滞在している通りは、実は「水商売」の中心地で、同時に、この町で権勢を振るった将軍豊臣秀吉の妻が夫の死とともに隠棲し、寺院を建てた場所でもあった。かつてその寺では、「山猫」の異名を持つ芸者が僧侶たちの宴を彩ったそうであり、今でも提燈には彼女たちの名前が美しい文字で記されている(12)。

要するに、この旅人は、相容れないものの並置が日本の特徴であると身をもって知ったといえるだろう。「清水」と「水商売」という奇妙な並置の発見は、日本社会における相容れないもの同士の驚くべき共存状態について考察した『矛盾の中で生きる』（"Living Among Incompatible"）につながっていく。彼が旅人として繊細に感じとったように、「日本は記録破りのスピードで未来に突進していきながら、氷河のようにゆったりと流れてもいる。鎮静させながら、興奮させる。表層と深淵の謎かけがある」（13-14）。しかし、彼が寝泊りしている「寺の周囲のほとんどが、ラブホテルのけばけばしい紫色の壁と、入り口にカーテンのようなものがぶら下がっているその駐車場に囲まれている」（15）とは、さすがに思いもよらなかった。旅人としての彼は、聖と俗との結びつきをうっすらと感じただけだったが、これは素人僧侶としての彼にとっては、そこに内在する緊張関係が明らかになり始めた瞬間である。旅人はこうも語っている。「日本の文学において、女と僧侶はいつも近くにいた。事実、日本の古典文学は主に彼らによって伝えられていた。今の祇園は「花街」の名前であるが、有名な寺院の名前でもあった。商売女は長らく「ダルマ」（禅宗の開祖である菩提達磨のこと）と呼ばれていた。なぜなら、彼女たちは男に触れられるとすぐに体を倒し、またすぐに起き上がってくるからである」（15-16）。彼が感じ取り、理解した相容れないものの並置は、淑女と僧侶（モリシタ・サチコと、旅人にして素人僧侶の語り手）との出会いを読者に予告するだけでなく、彼が追い求めていた道は彼方の世界にはないということをほのめかしてもいる。しかし厳密に言うと、彼はまだサチコとの出会いが自分に重大な影響を与えることになるとは思ってもみない。後に彼女は、作家としてのピコ・アイヤーと、旅人としての語り手、そしてアイデンティティーの不安定な素人僧侶に対して、多面性というものを体現してみせるのである。素人僧侶としての彼は外の世界に妥協し、なすべきことは「自分の中に寺院を建てる」（17）ことだと思って自分を慰める。外の世界と真正面から向き合わない彼は宗教を誤解しているのだが、おもしろいことに、「自分の中」という言葉は、宗教とは内側に向かうものであり、個人的なものであるということを明らかにしてもいる。さらに、この「中」は、これからの旅行記が進むべき方向を指し示してもいる。その後、旅人は寺を離れ、一般の日本人に接近する。西福ノ川町で、彼はさらなる戸惑いを経験し始める。探険家のように未知の場所へ迷い込んでいくだけではなく、後に『我々はなぜ旅をするのか』(“Why We Travel”)で書いているように、自分を無知な状態にしていく。寺から離れるというこの動きが重要なのは、彼が旅人から素人僧侶になり、より世俗的な迷いに身をさらし、矛盾しているようだが、精神的な目覚めを経験するための準備段階となるからである。旅人が感じとる世俗的な誘惑の詳細な描写は、後に彼が不意に到達する悟りを際立たせ、禁欲と隠棲が宗教的覚醒への道だという誤った考えを改める役割を果たす。謎の力に導かれるように、彼は正しい宗教の道を歩み始める。旅人は、聴覚が研ぎ澄まされる「広大な静寂」に支配された寺を訪れる。しかし、陳腐な日常を想起させるかすかな音が静寂を破る。

京都の寺は、文字通り人を世間から離れさせる。騒々しくて慌しい日常を後にして、松に挟まれたせまい階段を上る。しかし、世間を完全に忘れてしまうことはできない。ごみ収集車の物悲しいメロディが、下から漂うように聞こえてくるのである(32)。

この「下から漂ってくる」騒音は、より強烈に感覚を惑わせる出来事、つまりサチコの登場へとつながっていく。ラフカディオ・ハーン(Lafcadio Hearn)は『心』(*Kokoro*)の一章で、ハルという名の女性を描いている。ハルは、「育ちの良い娘は、夫の一存のもとにあるという状況に、ものの道理として甘んじるよう躾けられた」女性であり(120)、「ほとんど超人的で完全な自己抑制という理想を課されている」(120)(4)。百年前の日本人女性の典型である。ハルは夫の浮気を知りながらもその理想を守り、心痛で死んでしまう。しかしサチコは、自己否定を何よりも嫌うという点で、この先行者を乗り越えている。

サチコとの出会いにより、素人僧侶のアイヤーは心を乱され、読経と坐禅に集中できなくなる。心を乱した彼は、即興で物語を作る。その名も、『淑女と僧侶』である。内容は簡潔で直接的である。一人の女が頻繁に寺を訪れるので、そこの僧侶は修行に打ち込むことができない。彼はもう来ないで下さいと物腰柔らかくお願いし、彼女は黙って従う。しかし、サチコがこのほのめかしを完全に無視するので、それは彼女にも素人僧侶にもまったく関りのない物語となってしまう。しかしヤマモトは、サチコというのは「彼女の不在によって立ち現れる精神性への、物質性からの転移点」であると述べている（Yamamoto, 52）。彼女の指摘によると、この作品における物質的なものと精神的なものは対極に位置しており、片方はもう片方を排除することによって成り立つ。作中作が言わんとしていることを聞き手がまったく受けつけないので、素人僧侶は思っていたように禁欲的な暮らしをすることができなくなる。サチコは型破りな女性である。世間が求める伝統的な日本女性の役割をほとんどすべて拒否する彼女は、旧時代の女性とも、同世代の女性とも似ていない。さらにサチコは、贈り物（present）と彼女の存在感（presence）によって素人僧侶を包囲し始め、彼の瞑想をほぼ不可能にしてしまう。

サチコは親切心を人質にして私をとらえようとしていた。私の心に高利で金を貸し付けようとしているかのようだった。サチコは、日本が台湾をそうしたよりも巧みに、私を植民地化しつつあった。私が平の僧侶にふさわしいように整えた簡素な部屋は、日に日に家庭的な様相を帯びてきた。彼女は贈り物で私を支

配し、私の部屋を、そして私自身をも作り変えようとしていた。私は彼女の存在に取り囲まれていた（241）

サチコはアイヤーを贈り物や二人で訪れた場所を思い出させる品々で、そして彼女の存在感で取り囲み、最終的に彼は、冒頭のエピグラフが描いているような取り乱した状態に陥ってしまう。サチコがそばにいなくとも、彼の頭は彼女で満たされ、彼女に操られ、飼《ドメスティケイト》いならされているような状態になる。語源的には、ドメスティケイト（domesticate）には、「手なづける」と「家に住む」という意味がある。自分の夢や不安や贈り物を押しつけることにより、サチコは彼を家庭的なるものへと引き寄せていると言えるだろう。旅人としての彼にとっては、これはつまり、自由な放浪の終わりを意味する。修行を積んで僧侶になるには、彼は文字通り「家から離れ」、日々の雑事をすべて忘れる必要がある。しかしこの素人僧侶は、世俗的なものごとを突きつけられ、サチコの世俗的な夢と不安に思いやりを寄せるようになる。サチコは合流点でもあり、分岐点でもある。彼女が物質性と精神性の衝突をあまりにもはっきりと体現しているので、素人僧侶は揺さぶられ、惑わされる。ひとことで言ってしまうならば、伝統的な女性の役割から自由でありたいと願う彼女の夢が、遠心的な彼を家の方へと引き寄せるのである。サチコが素人僧侶の輪郭を浮かび上がらせるのだ。彼女は迷いを体現する女性であり、世俗を求め、風変わりで、ロマンチストである。彼女はまず、周囲の騒音と結びつけられて登場し、徐々にくっきりとした形を与えられていく。同世代の女性が夢見るだけのことを平気で実行してしまうサチコは一般的な日本人女性ではないが、彼女がいなければ、素人僧侶の精神的な探求は身を結ばなくなってしまう。サチコは、精神性を求める彼にとっては、分岐点の役割を果たす。彼女は同時に複数の方向を指す標識のようなもので、旅人は混乱し、結局道に迷ってしまう。このような比喩にふさわしく、サチコは素人僧侶を脇道へと導き、彼は進んでその案内に従う。最終的には、彼の宗教的な探求は家の方へ向かい、個人的なものとなる。

ヤマモトは、アイヤーの語りが「イギリスと西洋、もしくはそのどちらかの卓越性と優位性を（再）確立するナショナリストの役割を賛美するもの」として読み、さらに個人のレベルでは、「セクシュアリティーとジェンダーにおける優位を相互依存的・互恵的な関係性と混同している」と指摘している（Yamamoto, 46）。一見したところでは、反征服的な旅行記の主人公は「不干渉主義的なヨーロッパ人（あるいは西洋人）」として現れ、「主人公の無邪気さは、その控えめな態度というよりは、従順さとか弱さ、もしくは、控えめな態度を「誇示」することによって保証される」（Pratt 2007, 78）というのはもっともらしい。「彼自身も好奇心の対象となる他者であり、したがって、自分が受益者となる非対称的な関係の構築に対して無罪でいられる」（Yamamoto, 47）。しかし、『淑女と僧侶』においては、素人僧侶は直接的な受益者などではなく、サチコと彼との関係性は、日本人である彼女のほうに傾く。別の言い方をすると、「女性化された」日本は、この異人種間の交流において、より主導権を与えられる。ヤマモトは、この旅人の越境的なアイデンティティー――「ミステリアスなインド人であり、歴史の染み付いたイギリス人であり、楽しいことが好きなカリフォルニアの男であり、孤独を愛するロマンチストであり、放浪の作家であり、ときには僧侶でもある」（192）――が前景化されることで、彼と英米との結びつきは見えなくなると指摘している。一方、モリシタ・サチコは「日本文化の象徴として、モーツァルトからマイケル・ジャクソンにいたる舶来のイメージを鸚鵡のように真似る人物として描かれ続ける」（Yamamoto, 51-52）。「鸚鵡のように真似る」とは、自己を消して、モーツァルトやマイケル・ジャクソンによって偶像化された西洋文化を持ち上げることと同じであり、サチコを「日本文化の象徴」とするのは不当である。さらに、西洋が想像する日本への玄関口・入り口としてサチコをとらえる――つまり、「魂への道をつなぐ女性器という比喩」（58）――も、日本人女性をまったく不当に評価しているだろう。ヤマモトは、「彼の語りを進めているのは、その女性自身ではなく、静的で完全に操作可能な女性というイメージである」と述べているが（53）、語り手はサチコを取るに足らない存在と見てはいないし、女性化された日本として見てもいない。

私が言いたいのは、サチコは静的な女性とはほど遠く、彼女がいなければ、この作品は精彩を失ってしまうということだ。サチコの「無邪気さは彼女のセクシュアリティーを際立たせる。そして彼女はアイヤーの精神的な探求（または征服）にとって、一種の性的な公案へと変身する」（Yamamoto, 58）。ヤマモトの「女性化する日本」（"the feminization of Japan"）という章題が物語っているように、日本人女性は、ほぼ例外なく、無知で、無邪気で、か弱いものとして描かれる。このアイヤーの旅行記のヒロインは、そのような女性像とはかけ離れている。たとえば、モーツァルトとドストエフスキーを何気なく引用する彼女は、無知な鸚鵡というよりも、文化的に洗練された女性である。彼女の無邪気さは、二人がそれぞれ異国の言葉で最低限の意思を伝え合う会話の簡潔さの中に現れる。語り手は、彼らの会話が「三本足で踊るワルツのように」――この比喩は、ルーミーの詩におけるカラスとコウノトリを思わせる――単純で、ぎこちないと表現する。ここでアイヤーが言う単純さというのは、余計な飾りがなく、したがって、欺瞞の余地もないものである。ヤマモトの指摘とは異なり、サチコは時には自分の子供もつれて、京都の寺へ素人僧侶を案内したり、長崎や神戸のように昔から外国人がよく訪れていた街へ一緒に出かけたりする。彼女は能動的な女性である。このような交流を通して、素人僧侶は日本社会とそこに暮らす人々について学び、そして何より、彼女を通して、自分自身について学ぶ。

結果、彼はサチコの悩みと風変わりな夢に巻き込まれていき、二人の関係が深まるにつれ、そこから逃れることは難しくなっていく。彼らの関係性を主人と従者の間で交わされる会話になぞらえるのは難しいとしても、地元の人間と旅人との知識の差を考慮に入れると、二人の思考のやり取りは生徒と教師の間のそれと似ている。サチコは実際に寺の門前に立つ女性でありながら（傍点は筆者）、誘惑的で挑戦的である。このような近接は、「水商売」と清水寺との近接を再び想起させ、素人僧侶にとっては、「見性」に到達する途上での大きな障害物となる。それでも彼はサチコの葛藤を理解しようとし、ひたむきに求婚し、人間的な思いやりを寄せる。彼には、サチコが難攻不落の社会構造――ハーンの言葉を借りるなら、「日本の国民性のうちに、利己的な個人主義が比較的少ないことは、この国の救い」（11）という通念[5]――と闘っているように見えるのだ。サチコはまさに個人の確立を求めている。周囲が自分に期待する役割を拒否するために彼女は闘っている。ときに突飛な彼女の闘いは、「社会全体」（225）という日本の重苦しい慣習から反発を受ける。サチコは「どこでもない国の永住者」である旅人／素人僧侶を鳥にたとえる。[3]彼は彼女の夢に翼を与えてくれるのだ。彼の助けにより、彼女は文字通り飛び立つことができるようになる。自由に動き回る旅人アイヤーを鳥にたとえる一方、家の束縛から自由になりたいと願う彼女の夢の中では、サチコ自身も鳥として現れる。この二羽の鳥はルーミーが描く鳥に似ている。「社会全体」と闘う彼女のゆるぎない決意は、素人僧侶の心を強く揺さぶる。

人は誰かを愛すると、何を見てもその愛を思い出す――心が日常を信仰の世界へと作り変え、あらゆるものに神の手を見出すのである。（141）

自らが直面しているものをよく理解できないまま、彼は愛の中に信仰を見つけたと言う。「ときに女は信仰の伝道者となり、天上の世界への通路となる」（179）。逆説的に聞こえるかもしれないが、精神性の探求において、僧侶は女を必要とするというわけである。

しかし、ヤマモトはサチコに完全な自己を認めることを拒否している。「サチコは精神の伝道者たり得ず、香水とブレスレットをつけてアイヤーに付き従う下女にすぎない。精神性への入り口にはなれるが、それを体現することはできない」（57）。香水とアクセサリーも含めたサチコの存在に引きつけられていると気づいたとき、素人僧侶は自分の感覚が惑わされていることを認める。そしてサチコは、彼の魂の旅路の障害物と見なされる。香水とアクセサリーは、彼がさらされている誘惑の一部を実体化しているだけでなく、彼の嗅覚と視覚に与えられる刺激の要因としてのサチコを前景化してもいる。ルーネ・グラウラント（Rune Graulund）は、アイヤーのテクストには「概念的なものと物質的なものとの収束、あるいは絡み合いがある」と述べている（8）。彼は、ハートとネグリによる「帝国」の概念に言及している。アイヤーが自由に飛び回る帝国の使者であるかどうかは今後検討する必要があるが、収束という考え方は淑女と僧侶との関係に新たな光を当てる。精神性を求めて京都にやって来た、国境や境界線にとらわれない自由な旅人は、サチコが体現する物質性に操られ、束縛される。サチコは入口と言えるほど受身的では決してない。このような彼女の姿は、素人僧侶が自身の精神的探求の障害物と感じる世俗的な葛藤を見れば分かる。サチコは入口のように静的な女性でもない。よって、女を拒否して終わる作中作が二つの役割を果たしている――「僧侶と淑女との出会いは僧の瞑想にとっての護符に変じ、彼女の退場は物質的なものに対する精神の勝利を示している」（Yamamoto, 52）――と読むヤマモトは、彼らをゼロサムゲームの型に押し込んでしまっている。サチコは素人僧侶が自己を定義する参照点となり、物質的なものと精神的なものは互いを排除し合うことになる。言い方を変えると、男が望みを成し遂げるために、女は自分の望みを後回しにしなければならない。ヤマモトの批評はフェミニスト的関心が強すぎて、作品の繊細さやニュアンスが抜け落ちている。

輪廻（samsara）における悟り（nirvana）とは、今ここの世界の内に見出されるものであり、社会との交わり、つまり、京都の日常的な音やサチコが体現する世俗的な誘惑から隔離された隠者の生活の中で得られるものではない。京都を選んだとき、語り手はそこが経典の勉強と坐禅をするにふさわしい場所を与えてくれると思っていた。彼は、坐禅は完璧な静寂の中で行うものだという誤解から出発する。しかし、あらゆる音が彼を日常へ引き戻す。禅の詩には、感覚にとって音が重要な刺激であることを実感させる表現が数多くある。感覚を研ぎ澄ますことで、今ここにある世界へ意識を向けられるようになる。芭蕉の「古池」と李白の「独り敬亭山に坐す」は、その典型である。芭蕉は蛙と池、その動きと音を捉えるが、彼の感覚は言葉では表現できないものをつかみ損ねる。それは、言葉と言葉の間にあるはかない何かである。詩人が水のはねる音を聞いたとき、蛙はすでに池の中に姿を消し、見えなくなっているのだ。李白は、同じはかなさを鳥と雲で伝えている。

このように考えると、語り手がどれだけ僧侶でいられるか、あるいは、旅人でいられるかを決めるのはサチコであり、彼の修行の成否を左右するのも彼女だということになる。彼の誤った宗教観は、聖なるものと俗なものとの相互排除へとつながる。肉体性・物質性の放棄が精神的な達成を保証するのであり、彼にとってサチコとの出会いは誘惑そのものとなる。誘惑された彼は、相反する力の衝突点になる。サチコは受身的な女性でも、単なる入り口でもなく、アイヤーの思考に決定的な影響を与え、宗教的な旅の目的地へと彼を連れていく。サチコの容赦ない攻撃から身を守っているアイヤーの方が受身であると言える。しかし、輪廻における悟りで重要なのは、今ここにあるありふれた日常を意識することである。精神的な探求が世俗的なものと溶け合っているとは、素人僧侶は夢にも思わなかった。後に旅人アイヤーは、『我々はなぜ旅をするのか』（"Why We Travel"）で思考を整理し、旅をした土地そのものよりも、「その土地をどのように旅したのか」が重要だと理解する。訪れた土地やそこに暮らす人々との交わりに重点を置く旅は、それらを受動的に感知していくだけの過程では決してない。素人僧侶が宗教と旅を同列に置くことにより、作品名にある淑女と僧侶との結びつきは強くなる。両者を引き離すことはできない。二つの異なる道は、やがて一つに合流するのである。接続詞'and'は、聖なるものと俗なものに同じ重みを与え、旅行記は精神的な探求の記録ともなる。女と僧侶というモチーフの一つとして、アイヤーは与謝野晶子の『みだれ髪』の一句「肩おちて経にゆらぎのそぞろ髪」を引用し、女性の髪が僧侶の思考を惑わせる様を描き出している。同じ葛藤は、エピグラフとして引いたルーミーの詩にも読み取れる。「髪」は押さえつけ、封じ込めるべき野生を表している。アイヤーにとって、与謝野の「みだれ髪」の中心イメージが表しているのは、「日本人が普段厳重に包み隠している野生と放縦さである（おそらく、「髪」と「神」という言葉が同音であるために、より一層）」（97）。このような与謝野の引用は、相反する力の衝突を際立たせるだけではなく、サチコを闘う女性の系譜に位置づける。与謝野は彼女の先駆者であり、「女性をおもちゃとしか見ない伝統」（97）に歯向かったのだ。サチコとの交際が始まったとき、アイヤーは彼女がなぜ旅人としての彼の生活を賞賛するのか、そこから自由を連想するのか、ほとんど理解できない。「あなたは鳥で、世界中どこへでも行ける。いとも簡単に。私は京都を離れたことがない。あなたと一緒に行けたらいいのに」（90）。初めてサチコの家に招かれ、夕食をごちそうになった夜のことを思い出し、アイヤーは香水と結びついた内心の葛藤をさらけ出す。別れ際に、サチコは「香水をふりかけたスカーフ」をほどく。アイヤーは書いている。「めまいがするような瞬間だった。スカーフは手に落ち、香水の匂いが辺りを満たした」(99)。その誘惑するような香りは、与謝野のみだれ髪と同じ力を発揮する。二人の生き方の違いが際立つにつれ、サチコの葛藤は激しくなる。彼女は自分に課せられたすべての責任から飛び去ってしまいたいと願う。母親がそうだったように、夫と家族の世話にすべてを捧げたくはない。しかし、知らないうちに、母と妻としての日常に取り込まれてしまっている。サチコは、自分は規範から逸脱した思想を持つ「悪い妻」だと責めるが(94)、大胆にも、「わたしを世界に連れていって」と彼に要求もする(108)。「私たちを包む霧の中に消えていく秋の小道のように日本人女性の人生を囲い込む境界線の存在を、私はまたひしひしと感じる」(89)と彼はサチコに同情するだけでなく、さらに彼女に引きつけられていく。「彼女の魅力を解剖し始めてまもなく、私は思っていたよりも深みにはまりつつあることに気づいた」(169)。淑女と僧侶は感情的に深く結びついているが、二人の夢は互いを消去し合う。この作品において、彼らの関係はいくつかに分割できる。作家ピコ・アイヤーにとって、サチコ(タケウチ・ヒロコ)は人生という旅の伴走者であり、[6] 旅人としての語り手にとっては、彼女は物語全体の回転軸であり、素人僧侶にとっては、彼を正しい道に導く教師の役割を果たす。これは、日本人と「ガイジン」のように両義性に満ちた関係である。

　戦後の日本では、生活が近代化・グローバル化したことにより、精神的なものを顧みる機会が少なくなり、その結果、宗教も衰退を余儀なくされているという山折哲雄の指摘には一理ある。[4] 近代化し、グローバル化した暮らしは否応なく世界と、より具体的には、西洋と結びつく。明治の近代化の背後には、外国人の姿がある。アヘン戦争が中国に今も癒えない傷を与えたのと同じように、日本人にとって外国人というのは、福澤諭吉の比喩を借りるならば、「麻疹」のように避け難いものである。私たちがものを買うために一万円札を使うと、必ずそこに印刷された彼の顔を見ることになるという点で、福澤は警鐘を鳴らすのにふさわしい人物だったと言える。彼はかつて日本の状況をこのように非難した。「唯々久しく太平打ち続き独り鎖籠りて世に交わらず、外国にては折々師《いくさ》もありて色々の事を発明し、蒸気車、蒸気船、大砲、小銃等を工風して（以下、略）」(7)。ここに挙げられている列車や蒸気船や銃などはすべて、西洋の産業力の優位性を象徴するものだと言えるだろう。このように遅れをとる日本に福澤は苛立ちを隠せない。

商売を以って之を論ずれば、外人は富て巧なり、日本人は貧にして拙なり。裁判の権を以て論ずれば、動もすれば我邦人に曲を蒙る者多くして、外人は法を遁るゝ者なきに非ず。学術も彼に学ばざるを得ず、財本も彼に借らざるを得ず。我は漸次に国を開いて、徐々に文明に赴かんとすれば、彼は自由貿易の旨を主張して、一時に内地に入込まんとし、事々物々、彼は働きを仕掛けて我は受け身となり、殆ど内外の平均を為す能わず。

精神的なものの衰退と西洋が強烈に体現する物質性との間に何か重要な関わりがあるのかということについては、議論の余地がある。山折の指摘は、外国人の目には違って見えるかもしれない。アイヤーは、余所者の観察力を発揮して、二つがどれだけ調和していても、いなくても、それぞれの痕跡を探り当てることができると確信している。明治以降、日本人は西洋から学び続けてきた。しかし、どのような異文化交流においてもそうであるように、絶妙なバランスに到達することは難しい。福澤が「事々物々、彼は働きを仕掛けて我は受け身となり、殆ど内外の平均を為す能わず」と述べているように、それを保ち続けるとなると、なおさらである。

日本人が自己を消すことなしに（それがどれだけかすかであろうと）、現状を保つことなど可能なのだろうか。『淑女と僧侶』では、新たな角度から外国人が描かれている。日本人女性が先導し、外国人がそれについていくのである。

『我々はなぜ旅をするのか』においてアイヤーは、「真の旅の感覚は旅した場所そのものではなく、旅した場所に対する私たちの関り方とともにある」と述べ、外にあるものをただ記録するよりも、その土地と交わることの重要性を訴えている。「旅した場所に対する私たちの関り方」についてアイヤーは具体的には述べていないが、『淑女と僧侶』を振り返ってみると、互いの可能性を気づかせ合うアイヤーとサチコとの関係性にそれがはっきりと現れている。

旅とは、とても主観的な領域、つまり想像力の領域への探検であり、旅人が持ち帰るものは、自分自身と旅した土地との言葉では言い表せない合成物であり、またそうでなければならない。それはその人の中にしかないが、確かに存在するものだ。（『我々はなぜ旅をするのか』）

二つ目のエピグラフが簡潔に述べているように、外の世界へ旅をする者は、逆説的だが、内側から自分を見つける。精神の探求も同じ道をたどる。サチコと婚約して初めて、素人僧侶は今ここという瞬間の認識に到達するのだ。釈宗演の引用が示しているように、「宗教は世界を見捨てて神を目指すのではなく、世界の中に神を見出すのである」（179）。文字通り家から離れて僧侶になる者は、家と、サチコが体現する日常の雑事を積極的に抱きとめなければならない。

旅は私たちを同時に二つの方向へ回転させる。旅をすると、私たちはいつもならば無視していたかもしれない景色や価値や問題に気づく。しかしもっと重要なのは、旅をすることにより、旅に出なければ錆びついていたかもしれない自分の一部に気づくことである。まったく知らない場所に行くと、私たちは否が応でも自分の精神状態や気分がいつもと違っていることに気づき、普段はめったに訪れない内側へ向かう小道を旅することになるのだ。（『我々はなぜ旅をするのか』）

後にアイヤーは、ダライ・ラマについての本を完成させるために、二〇〇六年にダラムサラで本人にインタビューをしたときに目撃した奇妙な光景について分析している。[5]驚いたことに、西洋からやって来た巡礼者たちが、ヒマラヤを越えてきたチベットの人々に囲まれていたのだ。アイヤーは、この互いに魅せられ合っている状態を、「魅惑のダンス」と表現している。このような現象はどこでも起こり得るものであり、隣の青い芝生を求めてしまう人間の性質をあらわにしている。「西洋人はチベットの神秘的な古めかしさに触れようとし、チベットの人々はアメリカの生活を求める」と、アイヤーは『我々はなぜ旅をするのか』で書いている。彼はこの状態を「幻想同士の結婚」と呼び、独自の「エキゾチカ」の概念を説明している。「現代の新しいエキゾチカはすべて、一つの文化が別の文化を潤色し、流用するところから生まれる」。現代のエキゾチカは文化的流用と浮遊性の産物であり、アイヤー自身がその「典型例」なのだ。旅によってコンタクト・ゾーンが生じ、文化の移植は避け難いものとなる。そのときエキゾチカは旅人にとって両立し得ない何か、判読できない何かとして現われ、アイヤーの考えによると、通常の予想と理解の先にあるものを浮き彫りにする。エキゾチカにはデジャヴの効果があり、旅人は他者の中に自分の姿を見つける。知らない場所に自分を見出すということは、自分を見失うということではない。結局のところ、自己発見というのは、自分の中の未知の次元を掘り起こすことなのだから。しかしそれは、見知らぬ土地で、差異の経験を通してなされねばならない。アイヤーが京都の四季に自らをさらしたように。

スコット・ロンドン（Scott London）とのインタビューで、アイヤーは旅が容易になった時代における旅の必要性を説明している。「私が旅をするいちばんの理由は、ひとことで言ってしまうならば、両義性を求めているからです。旅の良いところは、別の場所に移動できることではなく、家や故郷では向き合わずにすませられる感情やモラルに向き合えることです」。自分自身に向き合うには、慣れ親しんだもの（the familiar）——語源的に言うと、'family' の派生語——から遠ざかる必要があると言えるだろう。アイヤーはこうも言っている。「旅行記作家は、発見するとはどういうことなのか、エキゾチシズムとは、移動とは何なのかを考え直す必要があります」。『淑女と僧侶』に話を戻すと、最終的に素人僧侶は、彼方の正解に手を伸ばしたり、隠遁生活を続けたりするのではなく、今ここの世界に大切なものを見出す。文化の流用が当たり前のようになり、隣の芝生が青く見えなくなるにつれ、素材を内側に求めることが重要になってくる、というのも、そこは所有者もいなければ、地図にも載っていない領域だからだ、ということをアイヤーは『我々はなぜ旅をするのか』で書いている。旅は、自分の内側への足掛かりだと言えるだろう。「旅をするとき、私はそれぞれの土地を、もっと大きな何かに到達するための通路のようなものと考えている」。普段は姿を現さない「内側へ向かう小道」について書くためには、人は今でも見慣れない土地を旅する必要があるのだ。

精神的なものと世俗的なものとの結びつきが不可分であることは、「水商売」と清水寺との現実の近接が示している。旅人であるときも、素人僧侶であるときも、語り手は教師の役割を果たすサチコと出会い、さまよい続けることになる。しかし偶然にもこの出会いが、世俗的なものと精神的なものを一体にし、彼は目を開かされるのだ。旅をすることは人を愛することに似ているとアイヤーは言う。旅人は子供のような無邪気さを持ち、感性を研ぎ澄ませて、外部にも内部にも注意を向けなければならない。そうして初めて旅人は、外にあるものよりも、内にあるものをつかみとるのであり、その結果、旅行記も内面へと向かっていくのである。

原注

1 "Flux has become a country in itself." *Financial Times*. 23 April 2005.

2 アイヤーとソローとの類似はWalden中の次のような一節からも窺える。「私が森へ行ったのは、思慮深く生き、人生の本質的な事実のみに直面し、人生が教えてくれるものを自分が学び取れるかどうか確かめてみたかったからであり、死ぬときになって、自分が生きてはいなかったことを発見するようなはめにおちいりたくなかったからである(3)」。

3 アイヤーは*Global Soul*（2001）で「この時代にグローバルな魂が故郷を見つけられるとすれば、それは見知らぬもの、解読できないものの中にあるのかもしれない」と述べ、「どこでもない国の永住者」という独自の呼び名を定義している。

4 Yamaori Tetsuo, "70 Years after WWII / A Personal Philosophy for Living Alone"

5 二〇〇九年に" *The Open Road: The Global Journey of the Fourteenth Dalai Lama* として出版。

訳注

（1）ルーミー（1207-1273）は、ペルシャの神秘主義詩人。フ・チン氏が論文のエピグラフとして引いているこの詩は、参考文献表にも記載されている通り、詩人コールマン・バークス（Coleman Barks, 1937-）による英訳である（*Rumi: The Book of Love: Poems of Ecstasy and Longing* 所収）。「あなたはわたしをひどく惑わせる」（You've so distracted me,）で始まるこの詩は、アイヤーがサチコとの出会いによって直面する戸惑いや誘惑というこの論文のテーマを示唆している。

英語はとても簡潔であるが、それゆえに日本語への翻訳が非常に難しい。とくに、「わたし」と「あなた」がともに口にする“Do not . . .”を適切な日本語に訳すことができなかったため、英訳のまま掲載した。

（2）ジョン・ミュア（1838-1914）はスコットランド系アメリカ人のナチュラリスト。日本語訳は、「外に出ることは、中に入ることである」。

（3）ソローからの引用の日本語訳は、飯田実訳『森の生活・上』（岩波文庫）による。

（4）ハーンからの引用の日本語訳は、牧野陽子訳「ハル」（講談社学術文庫『光は東方より』）による。

（5）ハーンからの引用の日本語訳は、平井呈一訳「日本文化の真髄」（岩波文庫『心』）による。

（6）タケウチ・ヒロコは、ピコ・アイヤーの実際の妻。

（7）福澤からの引用の日本語訳はすべて、原文である「福澤全集緒言」（慶応義塾大学出版会『福澤諭吉著作集・第12巻』による。

参考文献

Basho, Matsuo. “Frog.” Trans. D. T. Suzuki. Web. 12 June 2015.

Edwards, Justin D. & Rune Grauland. Eds. *Postcolonial Travel Writing: Critical Explorations*. Basingstoke: Palgrave, 2011. Print.

Grewal, Inderpal. *Home and Harem: Nation, Gender, Empire, and the Cultures of Travel*. Durham: Duke Up, 1996. Print.

Hamill, Sam & J.P. Seaton. Eds. & Trans. *The Poetry of Zen*. Boston and London: Shambhala, 2007. Print.

Hearn, Lafcadio. *Kokoro: Hints and Echoes of Japanese Inner Life*. *Gutenberg*. Web. 10 June 2015.

Iyer, Pico. “Flux Has Become a Country in Itself.” *Financial Times*. 23 April 2005. Web.20 May 2015.

---. *Global Soul: Jet Lag, Shopping Mall and the Search for Home*. New York: Vintage, 2000. Print.

---. *The Lady and the Monk: Four Seasons in Kyoto*. New York: Vintage, 1992. Print.

Ivison, Douglas. “Travel Writing at the End of the Empire: A Poem Named Bruce and the Mad White Giant.”

English Studies in Canada 29 (3-4) : 200-19. Print.

London, Scott. "Postmodernism Tourism: A Conversation with Pico Iyer." Web. 20 May.

Mishra, Pankaj. *From the Ruins of Empire: The Revolt against the West and the Remaking of Asia.* London: Allen Lane, 2012. Print.

Pratt, Mary Louise. Imperial Eyes: Travel Writings and Transculturation. London: Routledge, 2007. Print.

----. "Arts of Contact Zone." Web. 25 May 2015.

Rumi. Coleman Barks, trans. *Rumi: The Book of Love: Poems of Ecstasy and Longing.* New York: Harper-Collins, 2003. Print.

Thoreau, H. D. *Walden.* Web. 10 June 2015.

Yamamoto, Traise. Making Slaves, *Making Subjects: Japanese American Women, Identity and the Body.* Berkeley: U of California P, 1999. Print.

Yamaori Tetsuo. "70 Years after WWII / A Personal Philosophy for Living Alone." *Yomiuri Shimbun.* 1 April 2015. Web. 1 May 2015.

カズオ・イシグロの流動的世界観における戦争の記憶とアイデンティティについて

陳《チェン》重《チュン》仁《ジュン》
渡邊丈文 訳

要旨

現在に至るまで、カズオ・イシグロの小説においては、記憶が重要な役割を果たしているものが多い。イシグロが記述しているのは、個人としての記憶ではなく、思い出される過去に編集された記憶であり、歴史とアイデンティティを問題にするものである。

イシグロがかつてあるインタヴューにおいて認めていたように、「私がまず始めるべきことは、歴史を利用することなのです。（中略）歴史の中に私の目的に最もかなうような瞬間や書き記しておきたかったことを探し求めたいのです」。こうした見解がイシグロの中心的な関心事を保持しているように思われる。もっとも、彼の作品の多くは、言わば、戦争の時代に歴史的な変化を背景として登場人物の価値観やアイデンティティを一致させようとしているわけではあるが。本論文では、戦争と記憶に関する作品の問題へと入り込んでいる。

イシグロは、如何にして歴史の要素を利用しているのか。戦争の記憶に関する作風の目的とは何か。どんな目的で戦争の記憶を書き記しているのか。また、現代の英国の文脈においては、彼の戦争の記憶の作風は何を示しているのか。

戦争の記憶の性質を示すためには、必然的に如何にして、単に個人だけではなく、歴史的で集合的な戦争の過程を刻み込む際に、アイデンティティに関する政治が、如何にして記憶を復活させ得るのか、という問題である。個人的ではなく、集合的な水準で如何にしてアイデンティティが想起され、評価されるのかを探求しようとする試みは、現代の英国の小説においては、喫緊の関心事として再燃している。フィリップ・テューが主張しているように、現代の小説は、しつこく、あくまでより幅広い文化とそれ自体の文化的影響との交わりの中で関係している。こうした総体的な努力は、再集積化と国家という媒介に疑義を呈する不断の努力であると考えられている。それゆえ、戦争の記憶を復活させることは、複雑な過程を有しており、異種ではあっても、個人と共同体のアイデンティティを何とかして虚構的に構築することにとっては不可欠なことである。本論文は、戦争の記憶への言及を再燃させ、イシグロの初期の作品で戦後の日本を描いた『遠い山なみの光』(一九八二)と『浮世の画家』(一九八六)における歴史の語りを通して構築されたアイデンティティを正当化することである。記憶の回復が現在の必要性に影響を帯びているという考え方を吟味することによって、私は、双方の小説における記憶と歴史の説明では、過去それ自体を取り戻すことが出来ないということを論じている。戦後の日本の浮遊する記憶を虚構化して作家の目的の必要性を満たし、固定観念としての文化と国家の政治性を反復しようとする。ある意味において、イシグロは、レベッカ・L・ウオルコヴィッツが、「異国ではない日本的」と称したものを保持している必要があるし、イシグロは戦後日本の記憶を復活させる形式をとって、作家としては、様々な問題を有する英国性を再構築しようとしているのである。

「確かに英国在住なので、同様の抑圧も感じるし、国際的である必要もあるだろう。
カズオ・イシグロ」("The Novelist Today's World: A Conversation"「今日の世界作家：一会話」)

現在までのところ、カズオ・イシグロの小説においては、記憶が主軸となる役割を果たしている。イシグロが記しているのは、個人としての記憶であるだけではなく、歴史とアイデンティティの問題に関する、過去の集積としての記憶である。イシグロがかつてあるインタヴューで認めていたように、「私が取り組み始めたことは、歴史を用いることでした。（中略）私は、自分の目的に最もかなう歴史の瞬間や私が書き記してみたかった歴史を探し求めているのです。意識面では、私は歴史それ自体に対してそれ程興味があったわけではなく、英国史や日本史を用いて、自分を占有する何かを明らかにしようとしたわけです」(Ishiguro and Oe 115)。イシグロは、過去と現在、個人と全体、日本人と英国人といった、異なった種類の記憶から成る不安に惹きつけられているように思われる。こうした言及こそが、イシグロの中心的関心事を保持しているように思われる。というのも、彼の作品の多くが、言わば、戦争の時代の歴史的変化を背景にして、様々な価値とアイデンティティを受け入れようとしているからである。

歴史と記憶、あるいは集積的な記憶と個人の記憶の間における、イシグロの強力で、自己の中で保持された関心事は、依然として問題となっている。同様の会話において、イシグロは、自分が歴史を書くことに属している感覚を進展させてはおらず、「実際には、固定的に属してはいない作家でした」と主張している。彼が記しているように、「私は日本史や英国史のいずれかと強い感情的な結びつきはありませんでした。だから、いずれか一方を用いて、私自身の個人的な問題を解決しようとしたのです」(Ishiguro and Oe 115)。

それでは、歴史について書くことのイシグロの目的とは何なのか。シンシア・ウオンが示すところでは、父と私の記憶の間の対立こそが、イシグロの作品の根本的なテーマである、という。イシグロの語りによると、「認識可能な歴史的な事象に従って」語りを構造化する上で「その当時に関する真実で、失われつつある部分をはっきりさせることから、より事実に近づいているように思われる」(130)。従って、話の目的は、公的な歴史によって、抑圧されたり、省略されることから、私的記憶と経験とを取り戻す、実際的な機能こそが小説にはある。ジェイムズ・ランはこう論じていた。作品を書くことの目的は、過去を回復し、追体験しようという試みであり、過去を説明したり、過去に言い訳をしようとするものである。しかしながら、語り手の自己の興味がその理解を難しくしようとしているのは避けがたいことである(143-4)。ユー・チェン・リーが強調していたところでは、語り手が「過去を掘り起こし、再発見する過程を思い起こし、抑圧された過去の記憶から、平穏を取り戻すべく、私的記憶を主観化するという観念である」(29)。マウリス・ハルプバクスによって、作り出された集積的な記憶という考えの後で、歴史に関して書くという目的に誰もが同意する傾向にある。つまり、「現在の社会環境の影響」の下で、「社会的構造物」としての過去は、「社会制度によって、蓄えられ、解決されている」のである(Halbwachs 24-5, 49)。「社会の卓越した思想」と合致した「過去のイメージの再構築」なのである(Halbwachs 40)。

よくあることだが、歴史に関する作品を吟味することは、いかにアイデンティティの政治が個別的で、集積的な記憶を刻み込むか、という問題を提示することは避けがたい。フィリップ・テユーの言明によれば、現代の英国の小説は、「幅広い文化とそれ自体の文化の影響との共通部分に固執して、関わっている」という（32）。

デル・イヴァン・ジャニックの考え方にも同様な考察がある。英国の小説には、「一九四〇年代か一九五〇年代初頭に生まれ、書き手として一九八〇年代に到達した作家のように、身元をはっきりと確認できる世代によって書かれている」。つまり、「第二次世界大戦後の最初の世代」として単純にまとめられており、「精確な歴史意識と歴史の意味あるいは潜在的な意味に激しく焦点をあてること」に暗黙の了解を得て、人々の了解を得ている（161）。こうした歴史の集積的な努力は、国民性という要因を再文脈化し、疑問視する一定の努力である、と考えられている。個人の記憶と集積的な水準において、アイデンティティを思い出し、吟味し、接近しようとする試みは、現代の英国小説の喫緊の関心事として再燃させるものである。戦争の記憶を思い起こさせることは、すなわち、個人と共同体のアイデンティティの異種で幾分虚構的な構造に対する必要不可欠で複雑な過程である。

本論文は、戦争の記憶の作品の問題点を示すことにある。如何にしてイシグロは歴史の要素を用いているのか。戦争の記憶に関する作品における問題点とは何か。どの程度、日本の戦争の記憶に関する作品が英国における現代の文脈を意味することになるのか。本論文は、イシグロの日本の小説『遠い山なみの光』（一九八二）と『浮世の画家』（一九八六）における歴史の語りを通して、戦争の記憶への循環的な言及と構築されたアイデンティティの正当化について読み解いてゆくことである。戦争の記憶を回復することが、現在の必要性を受けることとなる、という考え方を吟味することによって、双方の小説の記憶と歴史が過去自体を取り戻すことが出来ない、と論じている。戦後日本の流動的な記憶は、文化上の典型と国家性の政治を反映する上で、作家の目的の必要性を満たすように、小説に仕上げる必要性がある。ある意味では、イシグロはレベッカ・L・ウオルコヴィッツのいわゆる「譲歩できない日本人」(1053)を保持する必要がある。というのは、日本人としての記憶を復活させるという名目の下に、作家としては英国人であるという問題を再構築するためである。

戦争の遺物・記憶の名残り

一九四五年の第二次世界大戦の終わり頃に、アメリカは二つの原子爆弾を投下した。日本の広島と長崎がそうである。「リトル・ボーイ」と名付けられた最初の爆弾は、一九四五年の八月六日に広島に落とされた。広島在住のおよそ三五万人の内で、およそ一四万人が、当日あるいはその五日後に亡くなった(Milam 33)。「ファットマン」と名付けられた二つ目の爆弾は、八月九日に長崎に投下された。すぐさま、八万人の被爆者が出た(Milam 33)[1]。六日後に、日本は降伏した。現在、Truman Library and Museum に保存されている、公的な調査書によると、死の半数が、爆発・閃光・炎で、落下物による爆発の初日に生じていた("Survey" 1946; Chaitin et al. 20)。死の原因の半数は、複合された放射能の病気によるものであった。死者の大半は一般市民であった。

悲しいことに、人類に対する最初で、これまで用いられてこなかった兵器を利用することは、文学の創作に対する最高の動機付けと成りえたことであろう。しかしながら、イシグロはそのような態度はとらなかった。それどころか、彼は自分の小説が戦争の中で描かれる可能性を除去しているのだ。「原子爆弾に言及する場所などなかった」と肯定的に指摘している(Mason 340)。実際、戦時の悪事に対する内在的な言及をすることで、たとえば、核兵器で荒廃してしまったことを繰り返し描写することで、彼の日本の小説を反復し続けているのだ。ある意味では、イシグロの最初の二作品は、連動した作品であり、爆弾が外化されたものと、断片的な被爆者、つまり、爆発によって影響を受けた人々の記憶に捉われている。[2]原子爆弾は現在は用いられていないとしても、気をもみ、妨害する形で何も存在しない、核兵器による廃墟へと姿を変えているが、平静な状態を失わせ、人間性をも失わせる、記憶のトラウマとなるのがはっきりしている。

イシグロのデヴュー作、『遠い山なみの光』は、中年の日本人女性エツコのことを記している。第二次世界大戦後、三〇年して、英国へと亡命している。自身の姉の自殺によってトラウマを受け、戦後長崎の過去のことを振り返っている。作品全体は、自死をした、最初の結婚者の娘の記憶と自分の娘のマリコと一緒にいる、気の強い友人のサチコとの間の並行的な関係に基づいている。とはいうものの、エツコにとって忘れられない事実とは、明らかなギャップと矛盾に基づいている。二重の構造をもった語りが、エツコの反省を促すこととなる。現代の文脈において、英国と対比的に日本に該当するものは、戦後の長崎に設けられている。「最悪の日々はそのときまでに終わった」「アメリカ兵がこれまで以上にいた。というのも、朝鮮で争っていたからだった」(Ishiguro 1982: 11)。爆発が強引に忘れ去られてしまうかのように思われる。その衝撃が、日常生活の中で抑圧され、誰もそのことについては語ることをしない。あらゆる努力をしたにもかかわらず、爆発の記憶は抑えられ、抑圧された記憶が戻ってくることは、その存在上、残忍な程に、回復しているように思われる。たとえば、核爆弾で荒廃した光景の描写が思い出されてくるのだ。

夫と私は、街の東の領域に住んでいた。街の中心から短時間トラムにのって移動していた。一本の川が我々の近くを流れており、かつて戦前には、小さな村が土手の上に集落としてあった。しかし、原子爆弾が落ちて、結局残ったものと言えば、せいぜい黒こげになった廃墟だった。やがて、四つのコンクリートの建物が再建途上で、四十かそこらの別々のアパートが含まれていた。四つ目のコンクリートの建物に関しては、我々の住むブロックは最後に建てられており、再建計画が白紙になった点もあった。健全な危機だと主張するものも多く、実際に、排水はひどいものであった。一年を通して、よどんだ水で一杯のくぼみがあって、夏の数か月間は、蚊に往生した。時折、役人が測量に来たり、走り書きをしたりしたが、月日が過ぎても何も起こらなかった。(Ishiguro 1982: 11)

爆発は長期に渡って続いた。被害は大きく、爆発は永遠に過ぎ去ることはなかった。しかしながら、その衝撃は、この荒廃の形態の中で、憤りを催す存在として、一貫している。長崎は明らかに再建途上にある。小説に記されているように、さらに多くの家が建設途上にある一方で、破壊的な面としては、蚊だけが澱んだ水の上で繁殖しており、それ以上ではない。その過程はゆっくりとしており、痛みを伴わないものである。しかし、どんな努力を施してみても、荒廃したシナリオの永遠性を粉砕するのに十分な程、物質的に満たされているようには思われない。原子爆弾という幽霊が薄弱であれ、大規模であれ、等しく強烈な性格をもって絡みついてくる。亡霊はどこにでもいる近隣の女性にあらわれて、その生活は「戦時の悲劇と戦争の悪夢を抱いたものであった」(Ishiguro 1982: 13)。あらゆる悲しみをもって、共同墓地にやってきている妊娠した女性 (Ishiguro 1982: 25)、土手で自分の赤ん坊が溺れている女性を目撃したトラウマ的な光景 (Ishiguro 1982: 74)、ラーメン店の主人、フジワラさん。彼女の家族は、爆弾が落ちたとき、家族ごと消失してしまった。連続的に子供を失い、木にひっかかっている女の子の光景である（Ishiguro 1982: 100, 156）。さらに最もはっきりしているのは、彼女の神秘的な友人、サチコである。溺れている彼女の娘の猫と、言葉足らずの言い訳がゾッとするような形で黙殺されたことである。「それは動物に過ぎない。ただそれだけのことだから」（Ishiguro 1982: 167）。この表現は、彼女を悪霊のような存在にして、正当と認められる原因をもった生活を主張する上で、人間を逸脱した存在となった、ということであった。固形の物質が明らかに欠けた状態で、原子爆弾が同時にどこにでもあるということは、この核兵器の荒廃に関わるあらゆる全ての生物をひどく苦しめている。あらゆる生物が呼吸はしているが、魂を抜き取られているように思われる。

サタルバ・シンハ・ロイが論じているように、「トラウマは日常生活の条件ともなりうる」。イシグロの作品において、ありふれた記述を用いることは、「トラウマ的な被害を定義し、それを指し示す」ことを拡張することとなる（2011: 2, 5）。トラウマ的な記憶は色あせたりせず、明らかに日常生活の退屈さをとりなす折に、その特質を変えたりもする。「アパートではいつも愚痴をこぼしていたが、何年か経って、荒廃した土地に対する怒りは断念し、軽蔑的となる」（Ishiguro 1982: 99）。怒り、恐怖、絶望、そして痛みは全て、年が経つにつれて、異なった種類の感情になる。場合によっては、喜劇的で滑稽な様相を呈することもある。街の中心部にある「平和公園」へオガタさんとエツコが出かけることは、以前ならば、爆発により、何もない場所へ向けて、何気ない一日の旅であり、「観光客がやっているような」行為である（Ishiguro 1982: 137）。公園は依然として「大規模な緑に包まれた真面目な雰囲気」を醸し出しているものの、そのようなトラウマの具現化「原子爆弾によって殺された人々の記憶をもった大きな白い像」は、何か重大な変化を経験している。原子爆弾という亡霊を具現化したものが、喜劇的な雰囲気で修正されており、悲しさや後悔の念はもはやなくなっているのだ。

彫像は、ギリシアの男性神に似ており、双方の腕を伸ばして、腰を下ろしている。右手で爆弾が落ちた空を指しており、もう一方の腕は、左に伸ばしており、その像は悪の力を抑止しているかのようである。目は閉じて祈っている。いつも私の感情としては、その像は、かなり外見上やっかいな存在である。それに、私は原爆が投下された当日に生じたことと、その後の恐怖の日々をその像と結びつけることは出来なかった。距離をとって見ると、その像は半ば喜劇的であり、交通指導している警官のように見える。私にとっては、像そのものに過ぎず、長崎の大抵の人々が、その像を何らかの仕草だと評価する一方で、そうした一般的な感情が、はるかに私のものに近いのを疑ってさえいる。(Ishiguro 1982: 137-8)

仮に彫像が何がしかの共通の記憶を示す目的のために作られていたのだとすれば、日常的な形式として、具現化されたとき、残りの価値は、すぐに希薄な空気の中へ雲散霧消してしまうであろう。エッコが郵便葉書から自分の記憶を再確認しようとしたとき、記憶の価値は、もはや変わってはいないであろう。彫像のもつ意義の変化は、厳粛さの集積から一種の喜劇的な慰めになる。警官的な像とその場に郵便葉書が存在していたという描写の双方である。焼け野原となった戦後の土地に、何もない存在から彫像の固定的な物質主義を喚起する爆発の変化は、記憶という不安定な特徴を裏切ることとなる。

同様に、戦争の不在を代弁しているのが、『浮世の画家』であり、多くの側面において、前作を引き継いだものである。イシグロの二作品は、日本が負けを認め、一連の劇的な変化を経験し始める後の一九四〇年代後半の架空の都市が舞台となっている。オガタさんの持つ特質が、イシグロの処女作と第二作では、当時の父親の姿を示すものとして、作品の中では、首尾一貫した統一性がとれている。『遠い山なみの光』の中の軍国主義的教育を擁護している、退職した学校の教師と共に、引退をし、かつて影響のあった芸術家でオノ・マスジの解放の抑制と喪失感とをイシグロは保持している。話が展開するにつれて、歴史の暗部が明るみになる。芸術家はかつては影響力があった。というのも、好戦的愛国主義のプロパガンダに意識があり、また、スパイ活動をしたり、一九三〇年代には、秘密警察に自分の友人も売っていたからであった。小説のタイトルは、暗示された自明の皮肉であって、オノが以前、信念を曲げ、心を捕えられたように、自己を偽ったり、自己を保護する説明として、芸術家自身は流動化している。

暗示的な年表と共に、長崎に特別な設定を与えるのではなくて、『浮世の画家』は、一九四八年から一九五〇年の戦後の日本が舞台であり、舞台となる明確なアイデンティティと場所は、問題にはならなかった。舞台を特別に参照することなしに、この物語は、日本の至る所で行われてきていた。相違があるにもかかわらず、双方の小説は、戦争の記憶と爆発のイメージが組み込まれてきている。オノの人生は、生々しい爆弾を目撃したことである。連合国側が爆弾を戦争で投下したときに、妻を失っていたし、彼の一人息子は戦場に赴いていた。爆弾の破壊の中で自分の人生を送っている。爆弾に対する言及は、優位のある頻度と遍在性を伴って、至る所でなされている。

見渡す限り、破片ばかりの砂漠にすぎない。遠くの距離にあるいくつかの建物の裏手だけが、市の中心部から離れていないことを告げている。「戦争の衝撃」とカワカミ氏は語る。カワカミ氏自身の通りの側の建物は、建ったままであったが、占拠されない場所も多かった。例えば、彼女のいる側の建物は、しばらくは空いたままであり、彼女を不快に感じさせるものだった。（中略）その間、彼女は誰かが建物に入ってくるのを待っていた。彼女がもはや墓の中心にいないとしても、彼女と同様に棒になってしまうことを気に留めることはないであろう。（Ishiguro 1986: 26-27）

廃墟の形式の残留物は至る所にある。有害な爆発の力を示している。しかし、戦後、死の中で生活する残された人間の姿を見ることは、荒廃そのものである。爆発が人生を奪い、建物を破壊し、都市をなきものにするが、その最も悲惨な力は、人生の目的意識を修復できない程に散逸させてしまう認識から生じているものである。その価値や信念の幻滅に苦しんでいる生存者は、責任のある謝罪的な仕草として自殺をするのをやめる。キムラ・カンパニーの社長は、「我々が戦争の中に巻き込まれたある企画に対して責任感を感じ」て「戦争で亡くなった人々の家族に対する」謝罪として自殺した（Ishiguro 1986: 55）。ナガウチ氏は、軍歌の幅広い人気のある作曲家として知られる存在だが、「勇敢で名誉のある」謝罪の仕方で自殺した。「また、彼は自分が謝罪すべきだと感じていたこの世を去った全ての人々に対して、もはや両親を亡くした幼い少年に対しても、あなたのような幼い男の子を失った全ての親に対して、彼がこれら全ての人々に対して謝罪したがっていた」（Ishiguro 1986: 155）。

愛国主義的な教育と軍国主義的な拡大の前者の罠に入ってしまうと、麻痺と無気力に近い生活が、死者の目的からは方法を与えられない。例を一つ挙げてみよう。彼は、過去を後悔するものの、抵抗できないまま、最近高く上げざるを得なくなると感じている。彼は、自分の過ちに対して、責任をとる用意が出来ているように思われる場合もあるが、同時に集合的な障害から免疫を主張することによって、自分自身を擁護してもいるのだ。『遠い山なみの光』のエツコと同様に、オノは、自分の過去の記憶を変えて、それを世間に受け入れさせ、信頼をおかせるようにしている。オノは、自らをだまして、自分が罪悪感を感じないのならば、自分は有罪ではない、と信じ込もうとしている。

『遠い山なみの光』と『浮世の画家』の双方に見られる核兵器の荒廃は、人間の作り出した不幸の要素に関する真実を示している。原子爆弾で誰も生存者がいない一方で、原子爆弾を忘れる者もいない。しかしながら、グレアム・マクピーがホミ・バーバの「語りとしての国家」という有名な概念を当てはめようとするとき、「物語を語ることと責任との間の関係が逆転する」と主張している（2011: 178）。したがって、人間当人の歴史を語ることとは、「責任を回避する方法となる」（2011: 179）。『浮世の画家』のオノと『遠い山なみの光』のエツコの双方は、語り手のこの絶対的な仕草に固執する。エツコは、彼女の娘の自死を明らかにせず、二度目の結婚で英国へ移住した理由についても説明することはなかった。同様にして、オノが自分の息子の死に関して、何も語らないのも十分な説明責任を果たしていない。

記憶を超克することとアイデンティティの政治学

イシグロは、「私は、記憶のフィルターを通して作品を書きたい。記憶の際に雰囲気と精神の動きが好きである」と保証の感覚を通して説明している（Frumkes 2001: 27）。過去を超克するという過程において、記憶は代表的な選択肢の選択において、虚構となる表象の過程を活発化させている。つまり、記憶とは、読者が十分に読み取ることが出来ない、はっきりとはしない表象形態である。仮に、記憶が我々のアイデンティティを示しているとするのならば、移り気な心と不誠実さとのアイデンティティとなり、選り抜きの順応できる過程からの蓄積である。イシグロは、決して、あるがままに歴史を書くことはしない。彼にとって、歴史とは、歴史それ自体と歴史の虚構的な努力との間にあるかすんだ領域に存在している。虚構の語り手としての過去の記憶のそうした回復が、時・歴史・過去及び、個人・集合も同様に構築する記憶を定式化する上で明らかになっている。

イシグロは、「記憶のフィルターを通して」何を見たのであろうか。どの方向にどんな目的で彼が記憶をしているときに、彼の心は動いたのであろうか。最も重要なことだが、どのようにして、イシグロの記憶は、彼のアイデンティティの確立に貢献しているのだろうか。ラルス・ソーアーバーグは、イシグロの作品において、過去とは「確かさの欠如した」「もやのかかったもの」であり、過去それ自体や過去の威信というよりもむしろ、具体的な歴史のデータと具体的な虚構の「普遍性（原文は斜体）」をこえて、記憶の作用に似た様式と機能において設計された外形である（2006: 183）。過去の記憶は「歴史の記憶と集積の産物」として「疲労からの回復の強調」を示している（Sauerberg 2006: 184）。主に「過去は決して近づくことはできない」上に「表象的な克服の方法によって言及することができる」。というのも、過去の記憶は、「虚構的な話のダイナミクス」を示すものであるからだ（Sauerberg 2006: 182, 199）。イシグロの作品の記憶は「淘汰される機構」、つまり、「潜在的に選択的で、説明的で個人的」である（Sauerberg 2006: 179, 184）。同様に、チャールズ・サーヴァンによれば、言語の不安定さと言い逃れとは、イシグロのラカン的読解における、記憶の構築における暗部につながってゆくことであろう（1997: 97）。

イシグロは長崎で生まれたが、英国へと移住した。五歳のときに、家族全員で移住し、英国で教育を受けた。デイヴィッド・セクストンとのインタヴューの中で、彼は、自身の永遠の追放状態を認識している。というのも、彼の家族は決して日本に戻ってくることはないだろうからだ（2008: 33)。その一方で、イシグロは「個人的で心象の中の日本」が彼の心の中に残っていることも認めている。「幼年時代を通して、日本を忘れることなど出来なかった。というのも、自分自身、日本へ戻る準備をしなければならなかったからである」「私が小説を書くようになった本当の理由の一つは、この日本を再創造し、こうした記憶を全て集めて、日本と呼べる光景に関して持ち合わせている、こうした虚構の観念を寄せ集めることであった」(Ishiguro and Oe 1991: 10)。

記憶は、アイデンティティを定義し、逆にアイデンティティは、記憶を固め、強固なものにする。イシグロの小説と、小説としての彼のキャリアにおけるように、アイデンティティとは、過去から取り込まれた記憶によって形成されたものである。つまり、歴史を書くということは、虚構の形態の場合であっても、より長期に渡る政治のアイデンティティの経路として受け止められる場合であっても、記憶を再構築する過程だけではなくて、記憶を超克する手続きの延長をも明らかにすることになる。イシグロの、戦争の記憶に関する作品の一つは、自らの立ち位置を定めて、自身が何者であるのかを知る上で、戦略的な重要性を示しているのだ。イシグロが戦争の記憶を記すことは、戦略的な重要性がある。自分がどこの出身であるのか、自分自身が何者であるのかを状況付けようとしているのだ。というのも、彼の小説の中で、表象される日本はもはや存在していないからである。イシグロは次のように認めている。

私自身の幼年期に過ごした場所だと分かっていた。しかし、この特定の日本へ戻ることは決してないだろう。また、私が小説を書くようになった本当の理由の一つは、この日本を再生したかった。つまり、あらゆるこうした記憶を紡ぎ合わせ、日本と呼べるこの地に関して、私が有するこうした架空の思想を全て紡ぎ合わせることであった。私自身の記憶から消え失せないうちに、記憶を安泰なものにし、本の形でまとめておきたかったためである。(Ishiguro and Oe 1991: 110)[3]

記憶の中の日本をイシグロは描き出そうとしている。それは、一種の架空の日本であって、記憶の断片を紡ぎ合わせることによって、「再構築する」ことが可能である。ある面では、こうした日本の表象は、イシグロの思考の中の寄せ集めによる、創作や発明という面もあるだろう。イシグロは完全に自分の作品の中の虚構性について、十分認識してはいるが、「虚構の世界が歴史的な事実に対応していないのか否かについて、本当に注意を払ってはいない」(Ishiguro and Oe 1991: 110-1)。歴史の本質は、裏切り的で、不安定なものであるが故に、我々は、中身を詰め込んだり、変更させたり、自らを裏切ったり、付け加えたりするが、この点はイシグロには関係がない。イシグロは実際、日本史について書こうという意図は認めておらず、記憶通りに再構築している。イシグロは、こう主張している。「私は、自分の必要性に適う日本を発明している。また、わずかな断片、記憶、思索や想像から日本を再構築している」と(Mason 1989: 841)。

イシグロの日本の小説は、すぐに成功をおさめ、日本人に全て関心のあることについて読者に想起させる文体を用いていた。[4]読者は、彼の作品を「冷静で平和的で、繊細で微妙な特質が、日本の文化と共鳴し、物語の物質性と著者を誘発すること」として、記述することに慣れている(Wong 2005: 10)。批評家によると、日本の民族作家としての典型的なイメージが彼の達成を支配している。もっとも、イシグロは、彼の東洋的な立場から英国への立場へと一昔前に移っていたのだが、実際、日本の小説を書いた後では、イシグロは日本の祖先の不安定な衝撃について強く認識し始めていた（Jaggi 1995: 20）。結果的に、再び日本について書かざるを得ない感覚は決してなかった。しかしながら、彼の日本との関係は、あるいは、人々の受け止め方における典型的な日本人は、彼と共に消えてしまっている。二〇〇五年に、『私を離さないで』を出版したときでさえも、彼がデヴューして二三年経った後で、批評家は依然として彼の作品を翻訳のようだと考えている。(5)

ユー・チェン・リーが論じたように、イシグロが歴史上の過去について書くときには、彼は歴史を掘り起こして、一種の「治療上の企て」であるとしている（2008: 29）。こうした考えは、特に身を切るように聞こえ、彼の経験は二つの世界にまたがって拡がっていることを示すものと位置づけられている。「別れも言わずに出て行った感があり、この他の世界全体がただ消失していく感覚がある。私はこの二者択一の人間になるべくしてなったと感じている。私がこれまで送っていたであろう別の生活があるが、私はこの生活を送っているのだ」（Frumkes 2001: 24）。同様に、ロシオ・デイヴィスとルーク・ブレンは双方ともに彼の小説の中にイシグロの日本人的な要素があって、それが、彼の「架空の故郷」へと戻る旅路であると考えている（Davis 1994: 139; Bullen 2008-2009: 33）。イシグロの作品は、過去における事象や環境において、人々がどのように形成されるのかを取り扱っている。例えば、エツコが移住したり、オノが立ち位置を変えたりすることである。そのような形式は過去への回帰であり、自分が何者であるかを示す巡礼が現在では深くイシグロと共鳴しているように思われる。

しかしながら、イシグロの立場は、一般に認識されているよりも複雑である。民族文字の媒介を拒否する一方で、史的小説の特徴を定義する多くの事柄からも自らの距離感をとっている。イシグロが「何らかの領域」つまり、「歪曲されない現実主義と完全な虚構との間のどこか」に存在するのを見出すときに、異なった枠組みで彼の小説を読むべきだと示唆する（Vorda and Herzinger 1991: 141）。皮肉なことではあるが、人々が、イシグロの日本人としての名前と日本人としての背景に気が付くと、彼の受けた教育や自らの観点から、純粋に英国人であるという部分を無視しているように思われる。誰もイシグロを日本人作家とは考えなくなるだろう。というのも、彼はたった「五年間だけの日本人でしかないから」である（Mason 1989: 336）。感情的な次元を伴った題材を探求する選択において、イシグロの作風の戦略は、彼が国ではなくて人間と関わっている、ということを説明している。『浮世の画家』のタイトルは、彼がアイデンティティの政治学を理解した上で受け入れられ、自明とも言える。浮遊している世界の焦点化された印象は、社会の価値・過去の再現・個人や集合の記憶をじらすことが、本質的には流動的であるという事実に言及されている。

ここでの現実の問題点とは、記憶が主観的に現実を歪曲し、拡げて解釈し、それゆえ、過去が自己動的な回想へと精力的に固定されている、ということである。アイデンティティが記憶と関係を持ち、記憶が本質的には、幻滅的なものであり、アイデンティティの形式が常に複数の破られた現実から成り立っている。アイデンティティの語りは、本質的には、記憶上、アイデンティティの再発見と復活により、外部の者と衝突することになる。つまり、アイデンティティを解く試みは、過去を取り除き、疑問視し、再び捉え直す複雑な過程にさらされている。面倒な過去をしっかりと把握しようとする意図のある記憶の再現は、結局は、息苦しくなり、動的な記憶とアイデンティティを抑制することとなる。記憶を回復しようとする試みは、比喩的に言えば、現在の状況に過去の状況を持ち込もうとするようなものであるのと同様である。現実の目で過去を厳しく精査する行為でもある。その一方で、水位線は、観察の文脈において、様々な程度の視野を持つことが出来る。したがって、過去の解釈の相違は、逆にアイデンティティの構築において、変形され、構成され、再生される。かくして、日本の記憶に関するイシグロの作風の目的とは、治癒力のある機能を示しており、彼が架空の故郷に戻ってゆくという試みは、広大な海の上に浮遊している、とも言えるであろう。記憶の構築は浮遊しているのであるから、記憶からのアイデンティティの構築も同様であろう。したがって、イシグロは、文字通り、再び故郷に戻ることは出来ない。

問題となるアイデンティティ――英国人か日本人か

主たる現代の作家として、イシグロが重要であることは、大規模な社会文化的傾向と発展からも明らかである。二重性・移住・多文化主義の擬人化が、主たる英国の作家たるイシグロに見られ、これらは現代の文化的な文脈の枠組みの中に見られる。直接的に目に見える相関関係がある。英国と日本、西洋と東洋、過去と現在。東洋が同一的ではないことを消失する危険と二重の現在の状態を照らし出す潜在能力がそうである。レベッカ・L・ウオルコヴィッツが論じたように、イシグロは、「文化的真実の虚構に関して、語り手の文化的真実を埋め込むこと」によって、国家的物語性を分裂させている（2001: 1052）。イシグロの日本人的小説とアイデンティティの「奇妙さ」を現代の英国の作家として語ることによって、ウオルコヴィッツが指摘しているのは、イシグロは国家的確定性と不動の歴史的連続性を調べたり、挑戦することに長けている、ということであった（2001: 1055）。現在では、当の世代では最も成功した作家の一人として、高く持ち上げられているが、文化人としてのイシグロの立場は、自明の理のようにして英国の多文化主義の縮図を指し示している。イシグロが幅広く受け入れられているのは、「保守的なアイデンティティ政策によって、比較的自信をもって、分裂しない、包括的な社会の象徴」であるからだ（Sim 2010: 5）。

記憶に関する関心事がイシグロの作品を通して保持されているのならば、もう一つの一貫したテーマは、アイデンティティに関する反省であろう。彼自身が、日本と英国の両極の間に浮遊しているので、現在の問題は次のようになる。アイデンティティとは何か。国籍とは何か。アイデンティティを作り出すことと何か関係があるのか。日本的・英国的とは何か。そのような問題が存在するのか。

イシグロは、文化横断型の立場が現代の作家であるとの認識をもっている。彼は、自身の元来の姿の間での成功を民族的な背景に帰している。あるインタヴューで述べていたことだが、「ご承知の通り、通例、最初の小説は、何の痕跡もなしに消失するのです。しかし、多くの注目を集め、取材も受け、インタヴューにも応じてきました。この理由は私にも分かります。こうして日本人の顔と名前をしていて、当時、覆われていた殻があったからなのです」（Vorda and Herzinger 1991: 135）。文化横断的な背景の強さを示したのは、また、グレゴリー・マッソンであった。彼は、イシグロを次のように評している。「驚くほど日本的な特質を有しており、完璧な調子の英語の小説を書く人物だ」と（Mason 1989: 336）。マッソンはイシグロに対して、彼の才能に賛辞を送っている。枠組みを制限したり、登場人物の声を格別に抑制したり、二重で隔離的な背景の豊かさがそうである。

イシグロ自身は、日本か英国の代弁者になるという意図は全くない。イシグロが一貫した国際的な称賛を受けている作家として獲得したものは、彼の民族性と国籍の向上であった。日本に関して書くという意図について尋ねられると、しばしば、「日本を一種の比喩」として用いて読者を異なった文化的背景に誘い込んだり、日本についての作品にしても「日本人としての現象としてではなく、人間の現象として」読んでもらいたい、という（Mason 1989: 342）。たとえ、イシグロが日本の特質について書くとしても、精確な表現に対する責任がある。そこでは、「人々は、単に人々であると考えられる」というものだ（Mason 1989: 343）。

イシグロは、インタヴューの中で、「緑のある快適な細道があって、壮大な田舎の邸宅で執事がおり、紅茶を飲み、芝生があり、クリケットが行われること」について書き記す場合でさえも、「英国の観念」について詳しく述べている（Kelman 2008: 45-6）。イシグロの作品の青写真においては、「英国人」だけではなく「世界中の人々」を含みこんでいる（Kellman 2008: 45-6）。イシグロにとっての英国は、決して存在しない英国であり、彼の日本像も同様に、想像と反省の類似した虚構である。つまり、彼の言葉を借りれば、「想像力の光景」ということになる。ディラン・クライダー氏とのインタヴューにおいて、イシグロは日本についての意識が「ごく少数」しかないので、「非常に心苦しい」と認めている。イシグロは五歳のときに日本を離れており、日本に関する知識は記憶か書物かのいずれかによるものであり、その内のいずれも十分に本物だと説明できるものは何一つとしてない。

私は、基本的に記憶に頼っていました。物語が分かり、波長が合う度に、明らかに歴史書を紐解いていました。何年間にも渡って、日本人でありながら、日本と日本史に関するおびただしいほどの情報を吸収していました。実際、二十歳になるまで、ずっと日本についての本をたくさん読みましたし、日本の映画があれば、いつでもそれを見に行ったものです。今、振り返ると、私にはたくさん書きたい内容があったのでしょう。日本は私にとっては、非常に力強い場所でした。というのも、私はいつも結局最後は、日本に戻ってくるものと思っていたのですが、二度と戻ることはないと分かりました。日本というこの非常に重要な場所が記憶と思索と想像力がないまぜになった部分で、年々色あせてきています。それらが、すっかり消滅してしまわない内に書き残しておく必要があると思っています。(Krider 1998: 150)

イシグロもまた、日本の映画、特に、戦後の国内の映像から日本的な影響を受けたことを認めており、その中で、彼は自身の言葉で「日本こそ私が実際に記憶している」と応えているのである(Mason 1989: 336)。

イシグロは、歪曲のないリアリズムとポストモダン的なテクストの流出の双方から、自作との距離をとる傾向にある。イシグロが英国の自分の作品を分析するにつれて、英国それ自体を創作するつもりはない。「私の創り出している英国は、これまで存在していたと信じられている英国ではありません。歴史的に精確な形で過去の時期を生産するつもりはありません。そこで、私がやろうとしているのは、実際に、ある種の精神的な英国に関する特定の神話に実際に手を加えることなのです。この非常に強力な観念こそが、そのとき英国に存在しており、英国に関しては、人々は、それ程遠くない過去に住んでおり、様々な典型的なイメージと一致しています。つまり、眠りやすく美しい村で、非常に丁寧な人がいて、執事がいて、芝生の上で人々が紅茶を飲んでいる英国です」(Ishiguro, Herzinger, and Vorda 1991: 139)。

イシグロに自分の作品の国家的・文化的・社会的・歴史的な条件から成る立場を明確にする権利が与えられれば、彼はおそらく作家としてのイシグロと、彼の背景との間の必要不可欠な結びつきと重要性という観念を拒否することとなるであろう。彼の関心事は、日本か英国かのいずれか一方に立つというものではない。一九九〇年のインタヴューで述べているように「作家として私が実際に格闘していることがあるとすれば、人々が単に日本か英国かに関してのみ考えないように、ある特定の状況が実際に比喩の範疇にどのように向かわせるかに関する全体的な問題なのです」(Vorda and Herzinger 1993: 16)。イシグロは明らかに自分を結び付けている終焉なき問題点を取り除き、日本と英国の横断的な背景を最小に抑える方法を熱望しているのだ。イシグロが立ち位置を変え、立脚点を変えるという経験こそ、彼の作風において、小説家と登場人物の双方を悩ませているのである。この意味で、アメリカは特別だというチュー・チェ・チェンの読みの戦略は、日本と英国に対する双方の忠誠心を伝えるのに、アメリカが特別であることを採用するのに、自明の理であると言える。

イシグロの学問的下部領域だけでなく、大英帝国の伝統の中においても、明確な立場が示されている。たとえば、「アジアの離散の記述・少数派の記述。世界的な文学・ポストコロニアルな作品、世界の文学及び比較文学」がそうであり、それらは単一の事例である (Sim 2010: 5)。興味深いことだが、イシグロはあらゆるこうした様々な領域に入っているだけではなく、誰もがイシグロ自身の世界観を有していると主張している。アイデンティティ政策の地図製作にイシグロを位置付けることは、最も敏感な探求をその作風の根本へと高めることとなる。

一九九〇年代に、ポストコロニアルな理論の高まりによっては、二元論的な経済対立を脱構築し、アイデンティティの真実性の虚構を崩壊させることに成功した。イシグロの多重で、場合によっては、重なり合うアイデンティティは、アイデンティティの現代の政策の最も根本となる二重性が明らかになる。国家という観念は、虚構であり、現実でもあるので、アントニー・イーストホープの、英国性という有名な議論に従うと、イシグロの多重性とアイデンティティの不安定さは、彼の英国性を際立って示すものである。英国性とは、もはや次のような伝統的な言外の意味を生み出すものではないだろう。つまり、純粋な生誕地であるとか、同じ血が流れている、架空の兄弟関係によって、結び付けられた国家のまとまりはなくなっている、ということだ。国民性はもはや、国家とは同意語ではなく、「一つの共通の目的をもった、集合的なアイデンティティ化であり、相互に個々のアイデンティティを確立した存在である」(Easthope 1999: 22)。この意味において、アイデンティティの政治学とは、間主観的な問題である。国民性という概念は、他者との比較がなければ、自己の妥当性はないであろう。従って、英国性という創発的な概念は、ナショナリズムの伝統的な政治からは独立したものであり、「多文化主義・平等主義・民主主義・革新主義・国際的な(特にヨーロッパでの)協調・モダニズム、その他の文化への開放性」へと高められている(Aughey 2007: 105)。この意味において、英国性とは、英国に関するものではあるが、単に英国に留まるものではない。英国性は、与えられたアイデンティティの非英国的な要素を含みこんでいなければならないのだ。

経歴の初期段階からイシグロはある目的を準備し、厳密な国家主義を上昇させ、作家として単純な分析がなされてきた。一九九〇年代中葉に、イシグロの経歴が上昇すると、自己の言明は、著者のリーフレットを導入する、ブリティシュ・カウンシルによって引用されたのは、有名である。「私自身、国際的な作家であると考えている」と(qtd. In Wong 2005: 7)。「国際的な作家」という用語でさえ、明確な定義がなく、国際的な作家であるという考え方は、アイデンティティという考え方を固定的に指摘するラベル以上に不安を伴う。そのような用語が示しているのは、何らかの文化横断的で国家横断的な立場が二重性と多重性とを受け入れてゆく一方で、同時に固定的で物質的な定義の要素が求められている。国際的という用語を応用してゆく場合、「国際的」という語の作家は、作家自身を定義したり、異なったものであるという分類が行われるという不安が募ってくる。しかしながら、イシグロが「国際的」という用語を用いているのは、自分の時代の社会的心情を一致させて用いている。というのも、第二次大戦後、大英帝国が衰退してしまったからである。結果的に、英国の現代作家の中で、不安定感や劣等感までもが拡がっているものの、強烈に経験され、実践されている英国の作家はもはや、世界的な文学地図をもはや第一義とはしていない。フィリップ・テューが分析しているように、一九七〇年代中葉以降の作家は、「英国の知的で地理学上の文化への変遷」に対応する必要がある。というのも、「進化する英国の美」は、「分裂した因習と一種の他の世界化」として示されている（2007: 30-1）。そのような作風の現象変化は、同時代の英国の意識と虚構的観点が単に自己の心の定義を欠いているし、別のはるかに利便性の高い目録に狙われてしまうこととなる。イシグロの自己言明は、彼の明確な日本という祖先と、普遍的なテーマをもった、浸透性の高い関心事を包み込むことと考えられている。主たる作家として彼が重要であるのは、彼が自分の作品の中で、普遍的な人間の関心事を探求し続けていることにあり、グローバル化や文化横断的なやりとりがはっきりすると、その可能性が出てくる時代になっている。

イシグロは、普遍的な水準で人間性に頼っており、そこでは、日本と英国は全くの違いはない。このようにして、イシグロは、「国際的な方法で書こうとしている」という自己の可能性から、実質的な人間のテーマを考慮する過程を試みている（Ishiguro and Oe 1991: 115）。問題となってくるのは、イシグロがどういう意味で、「international（国際化）」という語を用いているか、ということである。イシグロはグローバリゼーションの流行を示唆しているが、そこでは、人間と情報が効率的に往来しているのであろうか。それともイシグロは国家的な境界を越えてゆく相互のやりとりを含意しているのであろうか。「international（国際的）」という語は、果たして十分に国際的足り得るのであろうか。変わりやすさだけではなく、他の枠組へと自己がまさに依存してゆくものであり、そのことで常に自己はもろいものになってしまう。したがって、現代の英国の小説を扱うことには、しばしば間主観的なアプローチが入り込んでいて、小説の状況の役割を再定義したり、英国の小説の伝統を再文脈化したり、文学の取り決めとなっている、倫理的で物語的な定義を再構成し、そのことで英国は、それ自体の中の変化を反映させるのである（Tew 2007: 31-2)。イシグロは、たまたま同様の不安を脅威と感じ、自分の仲間たちとの精神的な衰退を共有している。彼は、次のように語っている。

英国には、比較的若手の作家の感覚があり、英国はもはや十分な程に、重要な国ではなくなっている。比較的旧世代の作家は、英国は、非常に重要な国と想定しており、しかも、英国や英国の様々な問題について記す場合には、自動的にグローバルな重要性を帯びてくることになるであろう。英国の比較的若手世代の作家は、もはやそのようなことが事実ではなく、英国は世界の中で小さな田舎町のようであると気付いている。比較的若い英国の作家は、一種の劣等感をもっている。つまり、意識的に努力して、国際的な主題を提示する必要がある。というのも、ただ単に、英国の生活に関して書く場合には、誰も興味を示すものなどいないであろうからだ。(Ishiguro and Oe 1991: 119)

イシグロは、英国と日本について書こうとはしているが、研究と想像とのテクスト性を編み込んだものの偽造であると分かっている。彼の書いている、日本と英国は、決してこれまでには存在していなかったかもしれない。イシグロは、日本と英国の双方の側に立つことは、危険であり、厳密に制度的に定義された国籍に並外れた存在であると認識している。彼が告白する通り、「しかし、確かに英国での生活は、同様にプレッシャーのかかるものであり、国際的である必要がある」さもなければ、周辺部に追い込まれてしまうことであろう(Ishiguro and Oe 1991: 119)。イシグロのような背景をもった作家にとって、アイデンティティの問題点は、真面目な作家として生死を分かつ問題である。英国的であるためには、イシグロは、あらゆる英国性が非英国性をすっぽりと包み込んでいると明らかにする必要がある。逆説的に言えば、イシグロが、戦後の日本と英国とを書き記すことは、文化的典型性が反復され、国籍の政治学における作家の目的の必要性を満たしていることとなる。イシグロが典型的に偽造した日本性は、彼が英国性をひそかに増大させていることを示すものである。ある意味で、イシグロは戦後の日本の記憶を復活させようとして、日本的であるままに、作家としては、問題ではあるものの、英国性を再構築しようとしている。

結論——多文化主義の現在

デル・イヴァン・ジャニックの主張によれば、最近、英国の歴史小説が向上しており、イシグロの日本の小説においても、歴史の意味を追求することは、「歴史的な真実は、絶望的に捉えづらい」という認識に至っている(1995: 188)。ジャニックのより建設的な目的は、単に歴史小説において、ただ人間の構築された神話を、現実肯定することだけではなく、将来に開かれた潜在的可能性をも肯定することとなる。こうした考え方によって、一九八〇年代の文学的環境の中で育まれたイシグロの作品を研究することは、二〇年経った後で、彼の作品を再読するときに、今日の文脈における我々の理に適っているとも言えるであろう。

歴史とアイデンティティの問題は、喫緊の議論の余地があるのは、9・11以後7・7時代以降のままであるが、国家に対する忠誠は、政治的正しさの永遠の意味と共に上昇してきている。この文脈において、最近の英国の首相であるデイヴィッド・キャメロン氏は、ミュンヘンで行われた会話において、「国家的な多文化主義」に対して、最近では批判的である。これがキャメロン氏の、首相としての最初の発言であり、議論をよんだので、強烈な印象を持つこととなった。キャメロン氏は、英国はより強力な国家的アイデンティティを必要としており、あらゆる種類の極端な立場、特に、極端なイスラム主義の脅威に対して、より固定的な統合の感覚を維持している。彼は、骨を折って、次のように説明している。つまり、それは、新たな英国は、特定の価値に縛りつけられ、積極的に促進すべきである、と。「言論の自由・崇拝の自由・民主主義・立法・平等の権利・人種・性・セクシュアリティの相違は問題にしない」(Cameron)。彼にとって、大きな社会を共にまとめるのに必要不可欠であるように思われることは、共通の信念であり、「国家的多文化主義理論」であり、異なった文化を奨励し、個々別々の生活をするように、証明できているのだ。

キャメロン首相にとって、イスラム過激派を促進している集団に関して、より厳しい立場をとっているように思われたのは、大きな驚きもなく、言い争っている政党と民族集団の双方から反撃が生じてくる、と分かったからである。キャメロン首相は、明らかに極端なイスラム主義者を狙っていたが、国家の多文化主義のより大きな目的物を攻撃したのである。彼が強調したのは、戦略の重要性であり、近年は受動的な忍耐が少なくなり、積極的で力強く寛大な心に傾いている。彼の発言は、「自分たちが所属したいと感じる社会の視座を提供する」ための過失に焦点を当てている。つまり、民族主義的な共同体の間の分離・人種差別は長期に渡って、「英国の価値と対応している」ことに我慢してきたからである。首相は、自らの政策と視野を再び断言し、より強力的な国家のアイデンティティを構築しようとしている。そのためには、誇張された結束性の原因をより高めることによって、人々が確信とプライドを持って、「私は、イスラーム教徒です。私はヒンドゥー教徒です。私はキリスト教徒です。ただし、私はロンドン在住です、等々」と口にするようになるだろう、と彼は語った。

しかしながら、祖国とは虚構であり、戦争は現実の問題である。ポール・ジルロイは、「文化内在主義」という一次元の見解を批判している。「文化内在主義」とは、「あまりにも厳密に限定されているので、均一主義的な国家の文化と排除されるべき国家や民族に属しているという考え方を受け入れることが出来ない」ということである（1994: 72）。ジルロイによると、そのような文化内在主義という専制は、一連の比喩的な戦略から成り、「絶対的な民族主義の相違の感覚」を引き起こし、「人々をお互いに区別してゆくと同時に、議論の余地のない優先順位をつけており、社会的歴史的経験と文化とアイデンティティのあらゆる次元に渡っている」と議論が加熱する（1993: 3）。残念ながら、キャメロン氏の議論の余地のある発言から、我々は、ネオリベラリズム（新自由主義）の影の下で、極端な程に、暴露が想起されるのである。

スチュアート・ホールは、新古典派経済学の「未解決の決裂」について、不安を呈しているが、それは、私企業の効率性と新たな保守―自由民主連合における、統合と強力なイギリスの効率性を強調するものである（Hall）。一見して起こりそうもない伝統路線は、新自由主義の伝統の中で形成され、一九八〇年代の保守党政権から新たなサッチャー政権とも言える、トニー・ブレアの新労働党があり、デイヴィッド・キャメロンの保守―労働の民主主義的な政治提携に至っている。ホールが、新自由主義の進展を止めることが出来ないと分かり、不安をさらに促進するのとは違って、我々がイシグロの日本に関する小説を読むことによって、最近の進展がはっきりとしてくる。より純粋で強力な国家のための極端な主義やノスタルジアが情報不足で、錯覚に基づいた政治的ジェスチャーをする上での支えになっていれば、民族主義の不平等さが後退するのを挽回する意味での創発性は、はるかに後退したものである。新たな民族的な社会の底辺層の誘発と公式的な適法性の支配下にある社会的な依存は、既にアイデンティティについて、敏感に政治的に反応するだけであろう。仮にイシグロの日本の小説が、今回の英国や国際的な社会に対して、光を注ぐことが出来れば、国民国家の記憶は、虚構ではあるが、戦争は現実のものである、という確認を警告する上で、我々自身を関連付けているのである。

注

（1）直接、原子爆弾による結果は驚くべきものであった。しかし、その強力な余波は、絶望的なものでありえたであろう。キャメロン氏は、一九八三年に秋葉忠利氏の文言を援用しているが、秋葉氏は原子爆弾の死者の数を測定し、一九五〇年までに広島で二〇万人、長崎では一四万人としている。ほぼすべてが、一般市民であった。わずか一五〇人の日本人の軍人が、長崎で殺され、少なくとも一万人が子供であったことが確かに知られている。秋葉氏は、キャメロン氏の出版物が世に出た当初、広島市長であった。また、過去には、数学の教授も勤めていた。

（2）実際のところ、全ての人間が、二人の例外を除いて、爆心地の半径一・二㎞以内で「数秒の内に被爆した」(Miliam 33)。この意味において、運の良かった二人を除いて誰も助からなかった。全ての精神異常を起こしている市民の声なき声と地獄の光景を目の当たりにすることが出来たであろう。その後で、爆心地から安全な距離を測定することが出来た。ある意味で、イシグロは、戦後九年しての生まれとは言え、広い意味で、「被爆者」自身と考えることが出来よう。

（3）イシグロは、自分は決して日本には戻らないと考えている。自身の記憶の矛盾と首尾一貫性に欠けている面を示している。マヤ・ジャギとの対話の中で、イシグロは自分の幼年期の祖父について話をしている。祖父が、家父長であり、自分の祖父と過ごした時間が厳しかった部分があった反面、日本との「強い感情の関係」になっているという。祖父が亡くなったとき、イシグロは英国におり、「二度と日本には戻らない」という感覚をもったという (Jaggi 1995: 23)。三〇歳で日本に初めて戻ってきたときに行われたオオエ・ケンザブロウ氏との対話においては、イシグロが自分の父が日本での学者のポストを断って、教育が日本で続くように思われたときに、もう英国で滞在することが、決定的になるという可能性を認め始めたのである（Ishiguro and Oe 1991: 110）。

（4）彼の処女作である『遠い山なみの光』によって、すぐさま、批評家から賛辞を得て、Winifred Holtby Prize の栄誉に輝いた。二作目の『浮世の芸術家』はブッカー賞に選ばれた。いずれの賞も現代の英国小説では、主たる小説の賞である。

（5）キャロリン・ムーア氏は The Telegraph において、イシグロの作品は、翻訳のように読まれた、と主張している。「カズオ・イシグロは、外国人のように作品を書く。翻訳されてきたかのように読まれる。典型的に著者の声が出てくるのはわずかであって、同時に精確で、当惑してしまう面もある。まるで、記述された文化が、余りにも「他者」性であるので、英語に翻訳されているかのようだ（Moore 2005）。

「李陵」と「戦陣訓」
――李陵を中心に――

永井　博

はじめに――「李陵」と「戦陣訓」

中島敦の「李陵」は捕虜になった男達を描いた物語である。(1) これが書かれたのは一九四二年一〇月頃のことだが、その前年の一九四一年一月八日には、捕虜になることを禁じた「戦陣訓」が陸軍で示達されていた。ほぼ同時期の「李陵」と「戦陣訓」には捕虜という共通点があるということだ。

だが、「戦陣訓」の問題は必ずしも捕虜になることを禁じた「生きて虜囚の辱を受けず」の件りだけにあるのではない。そして「李陵」の問題も同じく捕虜を描くことだけにあるのではない。そう考えた上で「李陵」を「戦陣訓」との関連において読むことは、「李陵」の今日的意味を浮き彫りにするために有効な視点であると思われる。

従来、「李陵」を「戦陣訓」とかかわらせて論じたものとしては、川口久雄、入江春行、徳田進、山下真史の論がある。(2) 川口と入江は捕虜になった李陵や彼を庇った司馬遷を描く点に「戦陣訓」に対する中島の反発や批判意識を読み取り、徳田は「戦陣訓」および「葉隠」と、李陵・司馬遷・蘇武を描いた中島を対比している。だが、第二節で述べるが、単に「李陵」と「戦陣訓」を対比するだけでは「戦陣訓」に対する「李陵」の批判の有効性を十分にとらえることはできない。また、山下は蘇武の生き方を「戦陣訓」と関連づけ、それに重なるものと論じる。つまり、蘇武の人物像を解釈するために「李陵」と「戦陣訓」を関連づけるが、「李陵」の今日的意味を明らかにするための有効な視点という考え方をしているのではない。

本稿では、これら先行研究を批判的に踏まえながら、まず「戦陣訓」の問題点について考え、そして「李陵」について検討してみたい。

一　「戦陣訓」の問題点

はじめに「戦陣訓」の問題点について考えておきたい。現在では捕虜になることを禁じた「生きて虜囚の辱を受けず」の件りだけが問題にされるが、「戦陣訓」の問題はそこだけにあるのではない。「戦陣訓」の「本訓」は、日本の国の基本的性格を規定することから始まる。

「大日本は皇国なり。万世一系の天皇上に在しまし、肇国の皇謨を紹継して無窮に君臨し給ふ。皇恩万民に遍く、聖徳八紘に光被す。臣民亦忠孝勇武祖孫相承け、皇国の道義を宣揚して天業を翼賛し奉り、君民一体以て克く国運の隆昌を致せり」。

（「本訓　其の一」「第一　皇国」）

このように「戦陣訓」は日本を「皇国」であると規定するが、そこには起源に訴える論理がうかがわれる。歴史を遡ってその起源に神話を召喚し（「肇国の皇謨」）、そこからの連続性（「万世一系」）によって天皇を神格化し、その天皇によって統治される日本の性格を神聖なものと規定する（「大日本は皇国なり」）。そうすることによって現在のありよう（「皇国」）に一種の「真実性」を与え、その神聖性によって完全性（「聖徳」「天業」）、超歴史的性格（「無窮に君臨」・時間的無限性）、超領土的性格（「聖徳八紘に光被」・空間的無限性）を保障するのである。「戦陣訓」が日本の国の性格を規定するのに、このように起源に訴える論理を駆使するのは、そうすることで結果的に皇国日本の完全性を確保し、それに対する再定義・再解釈の可能性をあらかじめ排除するためである。換言すれば、そのようにして皇国日本の神聖性・完全性・無限性は非歴史化され、自然化されるのである。

この論理は、日本の国や天皇の性格だけではなく「臣民」の性格や天皇と臣民の関係のあり方にまで貫徹している。臣民は、天皇が「万世一系」であることに対応して「忠孝勇武」であることを「祖孫相承け」るとされる。臣民が「忠孝勇武」であることは、やはり「祖」という想像の領域に設定される起源にまで遡ることができ、そしてそれが子々孫々に亘って受け継がれるものであるとすることで、結果的にそれに対する再定義・再解釈の余地があらかじめ排除されるのである。そもそも「戦陣訓」は、直接には天皇のために戦うことを要請される兵士達に向けたものなので、このように臣民が「忠孝勇武」であることと、その臣民が天皇と一体であることが特に強調される（「君民一体」）。「皇恩万民に遍く」と言われ、それに対応すべく「臣民亦忠孝勇武」と言われているので、自ずとそうなるように述べられているのだが、起源に訴える論理によって「君」と「民」双方の性格が規定されているので、当然「君民一体」であること自体にも再定義・再解釈の余地は残されていないのである。

このように、「戦陣訓」の「本訓」は、まず日本は「皇国」であるとして、神聖性・完全性・無限性によって性格づけられるアイデンティティを固定することから始められる。このことが次に見る捕虜に関する戒めにも関連していると考えられる。

「恥を知る者は強し。常に郷党家門の面目を思ひ、愈々奮励して其の期待に答ふべし。生きて虜囚の辱を受けず、死して罪禍の汚名を残すこと勿れ」。（「本訓　其の二」「第八　名を惜しむ」）

この箇所には問題が二つある。第一に「郷党家門の面目」に言及すること、第二に捕虜となることが恥辱であるとされ、しかもそれが直ちに死に直結するものであるとされていることである。

第一に、なぜ戦略的な観点からではなく、言わば搦め手から縛りをかけるように「郷党家門の面目」が持ち出されるのだろうか。それは、捕虜になることは大きな恥辱であると前提した上で、その恥辱は単に捕虜になった当人だけではなく、郷里や一族の人々の恥辱でもあるということである。恥辱を被るべき対象を直接は何の関係もない郷党家門の人々にまで拡大することには、家族の編制原理を利用する国家の戦略的な意図がうかがえる。「家門」すなわち「家族あるいはもっと広く親族は関係的な同一性によって編制されている」[3]。そこでは夫や妻のように、具体的・個別的で特殊な関係が結ばれるので、その中の誰か一人の栄辱は他の者の栄辱でもあると意識される。それは、そのような関係的な原理ではない「種的同一性の原理」（同前）によって編成されている国民共同体、すなわち国家の場合にも意識されるが、家族・親族の場合の方が遥かに強く意識される。

国家は「家門」の人々がそのような意識を持つことを兵士達に銘記させることで「奮励」と自決への強制力を持たせようとするのである。

「戦陣訓」がここで「郷党家門」と、二つのものを並置しているのは、そのような「家門」における関係的な同一性に類似した編制原理が「郷党」にもはたらいているからである。朋友や職場の上司・部下などの間にも、家族・親族におけるのと同じような具体的・個別的で特殊な関係が存在する。国家はそれも利用しようとするのである。それが「軍隊は統率の本義に則り、隊長を核心とし、鞏固にして而も和気藹々たる団結を固成すべし」と述べた「戦陣訓」の「本訓　其の一」「第四　団結」にうかがわれる。ここでは軍に対して「和気藹藹たる団結」、つまりあたかも家族・朋友のような関係が求められている。確かに軍も一種の職場の集団であるから、そこに朋友の関係が生じることは当然である。それは時として家族における関係性より確固としたものであろう。だが、それはあくまでもその集団に属する一人ひとりの兵士達相互の中に自然に生じる関係である。軍が兵士達の「団結」のありようについて「和気藹藹たる」ものであることを要請するのは、明らかに朋友における関係性を軍の論理が横領しているのだ。

第二の問題は、捕虜となることが恥辱であるとしている点である。そもそも「戦陣訓」以前には、捕虜になることは恥辱であるという考え方だけが支配的だったのではない。日露戦争の際ロシアの捕虜となった日本兵が一九〇六年二月に帰還した時も、原所属部隊や中央の審問委員会の審問があったが、それは捕虜になった事実ではなく、その経緯を重視して行われたものであり、捕虜になることが恥辱以外の何ものでもないというわけではなかった。帰還した彼らは各地で大きな歓迎を受けてもいるのである(4)。それなのに、なぜここでは捕虜になることが命をもって贖わなければならないほどの恥辱とされるのか。利敵行為に及ぶかもしれないという戦略的な理由からであろうか。だが、それでは捕虜になった者が原隊に復帰して敵の情報をもたらすかも知れないという戦略的な利点を自ら閉ざすことになるという点を説明することができない。

この問題は、先に述べた皇国日本の神聖性・完全性・無限性という性格規定に関連すると考えられる。「戦陣訓」は起源に訴える論理を駆使すると同時に、兵士達に捕虜になることは無条件に命をもって贖わなければならない屈辱的なことであり、捕虜は絶対的な排除の対象であるとしたのである。どこの国、どこの軍にも「不完全」で「不純」な要素は存在する。それにもかかわらず、日本という国家を神聖で完全で無限の「皇国」と規定するためには、混在する雑多な要素が生み出す様々な差異を捨象して、集団の内部を均一化する論理の飛躍がなければならない。そのために絶対的な排除の対象を設けて、それに総ての不完全性・不純性を転嫁するのである。そうすることで、皇国日本の神聖性・完全性・無限性をより強固なものにすることができる。これは、皇国・皇軍に属する者達が、そのような絶対的な排除の対象である捕虜にあらゆる瑕疵を押しつけることで、自分が皇国・皇軍の一員としての資格を持つ存在であることを確認する根拠にもなる（「おれはあいつらとは違う」）のである。

このように、捕虜は絶対的な排除の対象なのであるが、皇国日本および皇軍の軍人、ひいては臣民にとっては、それは逆説的な意味で必要不可欠な存在である。そのような絶対的な排除の対象が存在しなければ、皇国日本の神聖性・完全性・無限性を捏造するための前提が揺らいでしまうからである。少なくとも皇軍にとっては、捕虜はおそらく他になかなか見出し難い、かなり貴重な排除の対象だったのではないだろうか。「戦陣訓」は、その名の通り戦陣にある軍人に示達されたもので、実戦の現場を想定している。そのような現場においては何らかの事情で捕虜は必ず出るものであって、「戦陣訓」はそれをよく知った上で無言の前提にしているのである。

このように見てくると、「戦陣訓」には、起源に訴える論理、家族や朋友における関係性の利用、絶対的な排除の対象の捏造という問題点があると言えよう。このような「戦陣訓」はすでに過去のものなのであろうか。一九四一年一月八日に陸軍大臣東條英機の名前で陸軍に対して「陸訓一号」として示達された文書としての有効性はすでにないと言っていい。しかし、そこにうかがうことのできる論理は決して過去のものではない。たとえば、捕虜のような排除の対象を捏造することで国家と国民の境界を画定しようとするのは、近代の国民国家が持つ「『われわれ』と『彼ら』の二分法[5]」の戦略そのものと言っていいだろう。

ここではこのように「戦陣訓」の問題点を確認しておく。そして、次にこれを踏まえて、中島敦の「李陵」について検討したい。

二　捕虜達のことば

はじめに述べたように「李陵」には多くの捕虜達が描かれている。捕虜になることを戒めた「戦陣訓」が示達された直後にこのような物語を書くこと自体、批判意識の表れと言っていいだろう[6]。だが、そこに描かれた捕虜達の姿や捕虜に対するとらえ方は「戦陣訓」のものとはかなり違っている。例えば、漢も匈奴も捕虜を情報源や協力者として活用し、厚遇したりする。捕虜になることを、必ずしも無条件に命をもって贖わなければならない恥辱であるとはとらえていない。そのせいか、漢の場合、捕虜をどのように遇するのかについての明確な基準はないようである。趙破奴は武帝に罰せられなかったが、李陵は漢に残してきた一族を族滅されたと語られている。

このように「李陵」には「戦陣訓」とは食い違うさまざまな捕虜の姿と捕虜に対するとらえ方が描かれている。したがって、そこに中島の「戦陣訓」に対する反発や批判的な意識を読み取ることもできるだろう。しかし、そのことこれらの例が「戦陣訓」の論理に対してどれほど有効性があるかということとはまた別の問題である。むしろこれらの捕虜達の姿を描くことは、かえって「戦陣訓」の論理を補強してしまう可能性がある。先にも述べたように、「戦陣訓」にとっては、捕虜は逆説的な意味で必要不可欠な存在である。そこで中島がいくら「戦陣訓」の規範から逸脱した捕虜の実態を描いても、と言うより描けば描くほど、戦場においては捕虜は必ず出るということを描くことになるので、逆に「戦陣訓」の論理の前提を補強することになってしまうのである。したがって、問題はその先にあると言わなければならない。このような巧妙な「戦陣訓」の戦略に絡み取られながら、なおかつその論理に抗うという際どい闘いが要求されるのである。それを「李陵」に読み取ることはできるだろうか。

皇国・皇軍が神聖で完全で無限であること、そして臣民がそのような皇国・皇軍の一員であることの根拠として捕虜が規定されているのなら、いかなる意味においても皇国・皇軍・臣民が捕虜の立場に立つということはありえない。それはあくまでも絶対的な排除の対象、つまり他者であって、捕虜は自分のことを語ることばを持ってはならない。国家からすれば、捕虜のことばはあたかも死者のそれのように決して発せられることのないはずのことばであり、最も聞きたくないことば、そして他の臣民に聞かせてはならないことばなのである。だが、繰り返しになるが、同時に国家は逆説的な意味で捕虜を必要不可欠とし、その存在を前提にする。ならば捕虜の側もそれを逆手にとって死なずにいて、その位置からことばを発することもできるだろう。国家によって本来は生きていてはならないとされた者が、国家の密かな意図の裏をかいて生き続けて発することば。それは国家に対する最も有効な抵抗になる可能性を持つものだろう。あるものを排除することによって成り立っているテリトリーとそのアイデンティティ。これらの持つ欺瞞的な明確さに亀裂を入れることができるのは、他ならぬ排除された者の存在とそのことばなのだ。「李陵」にはそのようなことばが語られているだろうか。語られているとしたらそれはどのようなことばで、どのように語られているだろうか。このことが問題なのであり、それを明らかにすることができれば、そこに「李陵」の持つ「戦陣訓」に対する批判の本当の有効性を見出すことができるだろう。そして、ひいては「李陵」の今日的意味を見出すこともできるはずである。

李陵のことばのうち、検討しなければならないのは任立政と蘇武に向けて語ったことばである。李陵は自分のことを迎えに来た任立政に向けて次のように語る。

「少卿よ、帰つてくれ。富貴などは言ふに足りぬではないか。どうか何もいはずに帰つてくれ。蘇武の所から戻つたばかりのこととて李陵も友の切なる言葉に心が動かぬではない。しかし、考へて見る迄も無く、それはもはやどうにもならぬ事であつた。『帰るのは易い。だが、又辱しめを見るだけのことではないか？如何？』言葉半ばにして衛律が座に還つてきた。二人は口を噤んだ。／会が散じて別れ去る時、任立政はさり気なく陵の傍に寄ると、低声で、竟に帰るに意無きやを今一度尋ねた。陵は頭を横にふつた。丈夫再び辱しめらるゝ能はずと答へた(7)」。

(五二二～五二三頁・傍線稿者)

李陵は、一貫して自分が漢に帰ったら再び辱しめられるだけだと任立政に語って帰還を拒否する。捕虜になって結果的に漢に対する軍略に与った李陵だったが、今や旧友霍光と上官桀が皇帝を補佐する高官となり、国家の意志として彼を許し、呼び戻そうとする。これは一種の名誉回復なのだから、李陵の言うような「又辱しめを見るだけのこと」があるのだろうか。しかし、李陵の「丈夫再び辱しめらるゝ能はず」ということばには、かつて自分を捕虜として排除したのと何も変わらない論理を、今度は違うかたちで自分に向けて使おうとする国家に対する不信に満ちた拒絶と抵抗の意志が込められている。

霍光と上官桀がなぜ李陵を呼び戻そうとしたのか、その真意について「李陵」には何も述べられていない。だが、それは任のことばの中に出る皇帝の代がわりに際した大赦令と関係があるのだろう。かつて捕虜になって、漢に対する軍略に与った廉で一族まで族滅された李陵と言えども、新帝の仁政の恩恵にあずかることができるという一種の政治的宣伝活動である。かつて国家の完全性を構築するために排除するというかたちで捕虜になった李陵を利用したように、今度は逆臣をも許す仁政が施される「完全」な国家を構築するために、逆に李陵を国家の一員として組み入れるというかたちで利用しようとしているのである。その上で、任は李陵に「どうか何もいはずに帰つてくれ」と懇願する。一族を族滅した漢に対して言いたいことはあるだろうが、どうかそれは許してくれ、と下手に出ているように受け取ることもできる。だが、李陵にとっては、それは「お前は自分のことばを持ってはならぬ」という、一貫した国家の意志の表れとしてしか受け止められないのではないだろうか。国家の論理は何も変わらない。となれば、またいつ国家の都合でどんな汚名を着せられるかわからない。李陵の「丈夫再び辱しめらるゝ能はず」ということばには、このような、自分を思うがままに利用し、そしてことばを奪ってきた国家の論理に対して、ことばを発し、自分がその戦略を見抜いていること、そしてそれを拒絶し抵抗する意志がこめられているのである。

蘇武に向けた李陵のことばについてはどうだろうか。

「別れに臨んで李陵は友の為に宴を張つた。いひたいことは山程あつた。しかし結局それは、胡に降つた時の己の志が那辺にあつたかといふこと、その志を行ふ前に故国の一族が戮せられて、もはや帰るに由無くなつた事情とに尽きる。それを言へば愚痴になつて了ふ。彼は一言もそれについてはいはなかつた。たゞ、宴酣にして堪へかねて立上り、舞い且つ歌うた。

径万里兮度沙幕　為君将兮奮匈奴
路窮絶兮矢刃摧　士衆滅兮名已隤
老母已死雖欲報恩将安帰」。

（五二三〜五二四頁）

蘇武に言いたかった自分の「事情」を李陵は一言も言わなかったと述べられているが、実はそれは歌のかたちで述べられている。この歌こそ語ってはならぬ捕虜が口にした自らのことばである。このことば（歌）については、それが蘇武に向けて語られた（歌われた）ということとその内容が持つ意味、そして彼にそれを歌わせた要因について考えてみたい。

そもそも蘇武はどのような意味を持つ存在なのであろうか。木村一信が指摘するように「蘇武はつねに李陵を通して眺められている」(8)。だが、蘇武が平和の使節として捕虜交換のために匈奴に遣わされたことや頑として匈奴に降らなかったことなどはそもそも史実であるし、「李陵」の登場人物である蘇武の問題としても動かしようのない事実である。蘇武は匈奴に降らなかった。そして武帝が崩じたことを聞いて号哭するほど「清冽な純粋な漢の国土への愛情」[9]（五二一頁）を持っていた。つまり、蘇武は事実として漢へのまったき愛国心を抱き続けた人物なのである。したがって、彼は漢という国家の論理の典型的な体現者だったと言えるだろう。李陵のことばは、そのような蘇武に向けて語られる。これは、李陵という捕虜のことばが、典型的なかたちで国家の論理を体現している蘇武という男に向けて語られたということを意味する。捕虜のことばが国家の論理に向けて直接発せられるという、国家にとっては最もあり得べからざることが、「李陵」ではこのようなかたちで描かれていると言っていいだろう。

このように事実として蘇武は漢という国家の論理の体現者であるが、同時に李陵の目に映る彼が李陵にとってどのような存在だったかということも考えなければならない。この観点から考えた時、蘇武は李陵自身の内面に規範的意味を帯びて制度化されている国家の論理を映し出して、李陵自身にはっきりと見せつける鏡の役割を負った人物である。李陵は、蘇武がなぜ匈奴に囚われながら早く自ら生命を絶たないのかと自らの心中で問いかけて、蘇武の壮大な「意地」（五一八頁）や「大我慢」（同）に思い至ったり、自分に対する優越者の寛大さを感じたりする。だが、それは李陵がそう思ったということであって、それが事実そうであったかどうかは分からない。ここから言えるのは、蘇武の心中をそのように解釈させているのは、李陵自身の内面にある規範的な国家の論理であり、それに照らして感じる自分に対しての引け目だということである。李陵は一族を族滅された時に漢に対して「憤怒」（五一二頁）を抱くが、その強烈な感情も蘇武と再会した後ではそれについて語ることが「弁明」（五一九頁）とか「愚痴」（五二三頁）だというように感じられてくる。これも彼自身の中にある漢の国家の論理が、蘇武を鏡として彼に反照的に作用した結果である。李陵はずっとこの思いに悩まされる。だが、彼は最後に遂に立ち上がって歌う。これは自分の内面に強固に制度化された国家の論理に対する抵抗だと言っていいだろう。つまり、ことばを発するという李陵の闘いは、実際に国家の論理の体現者である蘇武を相手として行われていると同時に、彼自身の内面においても行われているということである。李陵のことばが蘇武に向けて発せられたということには、このような二つの意味があるのである。

三　家族・朋友の関係性

ここまでで李陵のことばが蘇武に向けて発せられたことの意味について検討した。では、次にその内容が持つ意味について考えてみたい。李陵が歌の中で「老母已死雖欲報恩将安帰」と、自分の肉親のことを語ったのには大きな意味があると考えられる。

家族や朋友における関係性は、国家に対する抵抗の資源になる。だが、一方では国家はその関係性を利用する。具体的・個人的な特殊な関係性を、国家の次元にまで飛躍させて国家内部の一体感を捏造したり（「忠孝一本」・家族国家観）、具体的・個人的な特殊な関係性ゆえに一個人の責任を一族全体の者に拡大したりする（連帯責任）のである。このように、家族・朋友における関係性は、国家が利用もし、個人がそれに対する抵抗の資源ともする、それ自体闘争の焦点である。「李陵」では、国家がどのように家族・朋友における関係性を利用すると描かれているだろうか。まずこの点を確かめておきたい。

家族における関係性の国家による利用が「李陵」において最も露骨に表れているのは、李陵の一族の族滅である。第一節では「戦陣訓」の問題として「郷党家門」の人々の意識を国家がどのように利用するかということについて述べた。「戦陣訓」の論理は、言わば兵士が捕虜にならないようにする抑止のためのものであり、もし捕虜になってしまったらどう身を処するべきかについての規範を正当化するためのものであった。だが「李陵」は、そのような抑止や仮定ではなく、現実に捕虜になってしまった場合の話である。その場合、国家はどのように家族における関係性を利用するのであろうか。李陵は捕虜になっただけではなく、匈奴に軍略を授けているとされた。その本人ではなく、本来そのことと関係がないはずの一族を族滅するということのうらには、やはり一族の中の誰かの恥辱は自分の恥辱でもあるという意識、あるいは一族の外部の人間はその本人の恥辱を一族全体に拡大して、自分達を本人と同一視するから恥辱を感じなければならないことになるだろうという意識の利用がある。そこには、そのような売国奴的な大罪を犯した者の一族には、その者を生み育てた者としての連帯責任があるという、一族の外部の人間の論理をそのまま国家の論理とする意図も重なっている。だが、重要なのは何のためにそのようにして一族を族滅するのかということだ。それは、絶対的な排除の対象を一族にまで拡大することで排除の論理をより強くはたらかせようという目的があるからである。

匈奴にも家族・朋友における関係性を利用しようとする論理はある。且鞮侯単于は李陵に自分の娘を娶せる。それはやはり李陵を親族の一員に加えることによって、匈奴の社会の中に彼を取り込もうとするためである。このように、漢であろうが匈奴であろうが、さまざまなやり方で国家は家族・朋友における関係性を利用するということが「李陵」には描かれている。

では、李陵は家族・朋友における関係性という観点から見た時にどのように描かれているだろうか。気絶から覚醒した直後、李陵は咄嗟に敗軍の責めを償うに足る手柄を土産に、機を見て脱走する道を選ぶ。つまり、ここでの判断の基準は漢への忠誠であり、国家との関係において行動が決定されているわけだ。だが、彼は一族を族滅された後、それまでは頑として応じなかった漢に対する軍略に自ら進んで与ろうとする。しかし、そのようにして自ら請うて参加した漢に対する寇掠においては、かつてともに匈奴と戦った部下である漢の兵士達のことを想起してしまって漢とは戦えない。漢に対する「憤怒」の一方で漢とは戦えないという「ハッキリしない」（五一三頁）状態に陥るのである。そして、さらにその間、李陵は匈奴の左賢王に慕われて次第に友情と言ってもいい感情を持つようになっていく。

だが、それは決して「ハッキリしない」のではない。国家との関係において行動を決めていた李陵だったが、彼は次第に家族・朋友における具体的・個別的で特殊な関係性の論理に動かされていっているのである。族滅というのは、親しかった母・妻子・弟が彼のために殺されたということである。それを考えると、漢に対しては「憤怒」しかない。一方、かつての部下達のことを思うと漢と戦えないというのも、やはり自分のために命を賭けて、そして投げ出した者達との共通の体験や記憶が持つ重みには抗えないということである。さらに、左賢王だけは漢に負けさせたくないと思うのは、慕われて友情のようなものを彼に抱くようになったからだ。つまり、李陵を突き動かしているのは、もはや彼と漢という国家を結び付けていた種的同一性の原理ではなく、自分と体験や記憶を共有したところの親しい家族や朋友達との関係的な同一性の原理なのである。

このように家族における関係性に動かされる李陵が、それゆえにまた再び国家によって利用されていくということも「李陵」には描かれている。且鞮侯単于の娘を妻とすることで、次第に匈奴に取り込まれていくのはその例である。「李陵」の場合、李陵と個人的で具体的な関係を持つ者が、任立政や且鞮侯単于など、漢の高位・高官や匈奴の支配者だったりする。母や妻子との関係は家族における具体的・個人的な関係だが、国家の支配者や高位・高官達との関係にはそれとは次元の異なる種的な同一性という国家の論理が重なるだろう。つまり「李陵」では、李陵と他の人物との関係が、国家における種的な原理と家族における関係的な原理の重なりあったものとして描かれることも多いのである。

だが、ここでは李陵が家族における関係性ゆえに、それを利用して自分達を排除した国家に対して抵抗の意志を表明するところに、より大きな意味を見出したい。第二節で述べたように、李陵はたとえ旧友の任立政であっても、かつて自分と家族の関係性を利用して一族を族滅し、排除の論理をより強めようとした漢という国家の意を体した人間の意向には従わなかった。それと同じ抵抗の意志が、蘇武に向けて「老母已死雖欲報恩将安帰」という一節を含む歌を歌う彼の姿にうかがわれる。

この歌の中の「恩」とは、いったいどういうものだろう。『中島敦全集』第一巻の注は「国に報いたいと思っても」（五七七頁下）と訳しているが、直前に「老母已死」とあるので、これは「母の恩」だととっておく(10)。それは李陵が母との関係の中で生きてきたということの証しに他ならない。子である李陵は母に産み育ててもらうという「恩」を受けながら生きてきたということである。そして他ならぬ李陵が「老母已死」と歌うことは、その母と一緒に殺されてしまった妻子や弟のことも、さらに彼らの族滅をきっかけにあらためて想起した祖父や叔父のことも暗示している。つまり「恩」とは、母の「恩」だけではなく、一族の人達の「恩」、一族の人達への「恩」であり、李陵が彼らと関係を持ちながらその中で生きてきたということの証しなのである。歌の中で李陵が、そのようなことを表わす「恩」ということばを使ったということに注目する必要がある。李陵は「恩」ということばを使うことで、自分がその中で生き、関係性を築いてきた家族・親族というものをあらためて確認し、そしてそういう人達がいたということを訴えているのである。だが、その母はすでに死んだ。母がどのように死んだのかは、その場でこの歌を聞いた皆がわかるはずのことである。それを知っていてこのように歌うということは、自分がさまざまな関係性を築きながらその中で生きてきた家族・親族を自分から奪ったのは漢であると言っているのに等しい。その上で「将安帰」(いったい自分はどこに帰ろうか＝自分は漢には帰らない)と歌うのは、明らかに家族における関係性ゆえに、それを自分から奪った漢という国家に対して抵抗の意志を突きつけているのである。

先に述べたように、漢が李陵の一族を族滅するのは、家族における関係性を巧みに利用して絶対的な排除の対象を一族にまで拡大することでその論理をより強くはたらかせようという目的があるからである。李陵は、なぜ自分の罪とは直接関係のない一族まで殺されなければならないのかと「憤怒」したが、そのような国家の意図をどこまで見抜いていたかを見定めることはできない。だが、国家の論理の典型的な体現者である蘇武に向けて、漢は家族や親族を自分から奪った国であるゆえに自分はそこにもう帰らないと歌うのは、家族における関係性を拠点にして、それを利用しようとする国家に対して抵抗し、拒絶することを意味していると言えよう。ここに李陵の歌の内容の持つ意味がある。それは、家族における関係性という、それ自体国家と個人が対峙しあう闘争の焦点をめぐって、それを抵抗の拠点とする個人の側からの可能性を、李陵を通して描いているのである。「李陵」には、このような家族における関係性をめぐる国家と個人の対峙の構図があることは間違いない。

このことは、「李陵」においては、実は別のかたちでも語られている。しかもそこでは李陵が国家(軍)の論理を体現する側の人間として描かれている。それは、自分の軍の中に女が混じっていることを発見した李陵が彼女達を殺すように命じる場面である。彼女達はもともと漢によって盗賊だった夫や父を殺された者達であって、その中には李陵軍の兵士と夫婦になった者もいた。後に李陵軍から脱走して匈奴に情報を漏らすことになる管敢はその一人だったと述べられている。李陵が女達を殺すことも、管敢のことも『漢書』に基づいているが、そちらでは管敢が匈奴に走った理由は校尉に侮辱されたからだとだけ述べられている。管敢と殺された女とを関連づけているのは中島の創作である。そうすることで、衆人の前で侮辱されたことに付け加えて、妻との関係を奪い去られたことも、自分が属している軍を裏切る大きな理由になりうるとしているのである。つまり、そのようなかたちで軍（国家）に対する妻（家族）との関係の優位が描かれているわけだ。おそらく軍紀を優先するためであろうが、兵士達の持つ家族への思いをまったく無視した李陵の行動は、先に述べた家族における関係性を利用しようとする漢や匈奴よりもさらに酷薄である。ここでの李陵は問答無用に女達を殺すのだから。だが、その李陵の軍は妻を殺されたことを恨んだ管敢の裏切りにあって窮地に追い込まれることになる。これを見ると、家族における関係性を国家における種的同一性に優先させることが、国家あるいは軍という公の領域を破綻させる可能性を持つことが描かれていると言ってもいいだろう。

このように「李陵」というテクストは李陵を通してだけではなく、もう一人、軍から逸脱した者を通しても抵抗の可能性を示唆しているのである。

四　異国・異民族の生活の発見

最後に、李陵が蘇武に向けて抵抗の意を含むことばを発するに至った要因について述べておきたい。

そのおおもとの原因は、もちろん一族の族滅である。だが、李陵が家族の族滅のことを暗示して、それゆえに漢には帰らないということを自分のことばとしてはっきりと蘇武に向って口にすることになったのには曲折があったと考えられる。なぜなら、李陵は族滅の後に「怨は骨髄に徹してゐ」（五一三頁）て「再び漢の地を踏むまいとは誓つた」（同）が、その時には匈奴の人間として生きていけるかどうかについては自信がないという状態だったからである。つまり、この時の李陵は、漢は捨てたが、匈奴が以後の生涯を全うすべき場所だということを十分に呑み込むことができていなかったのである。もしそのような状態で蘇武の帰漢に際会したら、李陵は「家族のことがあるから自分は漢には帰らない」とはっきり口に出しただろうか。漢に帰らないという決心があっても、まだ匈奴の人間として生きていくという覚悟が定まらない状態では何とも言うことができなかったのではないだろうか。

それが最後には漢に対する抵抗の意志を口に出したのは、彼が自分の国とは違う他の国あるいは民族の生活を、その内側から発見していったということがあったからである。「李陵」には、李陵が胡地に暮らす人々の生活がどのようなものであるかを、その土地で身をもって発見したということが語られている。

「初め一概に野卑滑稽としか映らなかつた胡地の風俗が、しかし、その地の実際の風土、気候等を背景として考へて見ると決して野卑でも不合理でもないことが、次第に李陵にのみこめて来た。厚い皮革製の胡服でなければ朔北の冬は凌げないし、肉食でなければ胡地の寒冷に堪へるだけの精力を貯へることが出来ない。固定した家屋を築かないのも彼等の生活形態から来た必然で、頭から低級と貶し去るのは当らない。漢人の風を飽く迄保たうとするなら、胡地の自然の中での生活は一日と雖も続けられないのである」。

（五一四頁）

ここに述べられた李陵の観察は、人間の風俗をそれだけとして眺めるのではなく、その背景である土地の風土や気候と関連づけるもので、大変行き届いたものである。だが、もっと大事なのは、その観察が対象である生活の外側からなされているのではなく、自分もその生活の中の一員であるという内側から行われたものだということである。それは、傍線を付した箇所にうかがわれるように、衣食住という生活の三要素にわたって、自分が実際に着たり食べたり住んだりした体験から次第に納得されたこととして述べられている。そのことが、たとえば「礼のための礼」（五一五頁）などの漢の風俗や習慣の必要性に対して疑問を持つことを可能にしているのだ。それはその中で暮らしていると気づくことが難しい自分の国のものの考え方を相対化するということであり、自分を排除した漢の国家の論理に対する懐疑につながるものであろう。そして、そのような生活を営んだということは、李陵が胡地であらためて個別的で具体的な人間関係を築いていったということである。第三節で、李陵は次第に家族における関係性に動かされていったと述べたが、日常の生活こそ人が人間関係を築いていく場所である。

匈奴という他の国・他の民族の中で自分も生活しながら、そこに生きる人々の生活を発見していくという体験こそが、一方では再び匈奴という国家にその関係性を利用されつつも、漢に対しては家族における関係性ゆえに、その国家の論理に抵抗することばを発することを李陵に可能にしたのである。

注

（1）「李陵」で語られる捕虜は次の者達である。趙破奴、李陵軍を追う匈奴の内情を李陵軍に告げた胡虜、管敢、匈奴に捕えられた李陵の部下達、匈奴にいる漢の降人達、その一人である衛律、公孫敖に捕われた匈奴の捕虜、一族の族滅を李陵に知らせた一漢卒、李緒、そして李陵と蘇武。

（2）川口久雄「天地間の一粒子——中島敦の『李陵』」（中村光夫他編『中島敦研究』筑摩書房、一九七八年、一七四頁）、入江

春行「中島敦『李陵』論」(「大谷女子大国文」第一六号、一九八六年三月、一一〇頁)、徳田進『小説「李陵」新考』(ゆまに書房、一九九六年、一五一〜一五三頁)、山下真史「中島敦『李陵』論」(「紀要」第九九号、中央大学文学部、二〇〇七年三月。のち『中島敦とその時代』双文社出版、二〇〇九年、二三九〜二四一頁)。なお、注(6)参照のこと。

(3)酒井直樹・葛西弘隆「主体とは何か」(「現代思想」第二六巻第一二号、一九九八年一〇月、八四頁)

(4)秦郁彦『日本人捕虜』上(原書房、一九九八年、一六〜一七頁)

(5)西川長夫『増補国境の越え方　国民国家論序説』(平凡社ライブラリー、二〇〇一年、一八頁)

(6)川口久雄前掲論文は「敦の『李陵』の訴えの強烈さは、こうした中国・日本の歴史的な精神風土(蘇武を評価し、李陵を黙殺する=稿者)にあって、その通念をくつがえしたことにあるのではないか。彼がこうした変革的意識によって李陵を発掘して金玉の響きを発する硬質の文体に盛って、激烈な戦局下の国民の胸に投げつけ問いかけたところに、『李陵』の訴えのはげしさの根源があるのでないか」と述べる。

(7)以下「李陵」からの引用は『中島敦全集』第一巻(筑摩書房、二〇〇一年)による。漢字は現行の字体に改めた。

(8)木村一信『中島敦論』(双文社、一九八六年、一七四頁)

(9)蘇武が号哭するのは「清冽な純粋な漢の国土への愛情」ゆえのことだというのも李陵の観察による。しかし、これはさすがに彼の勝手な思い込みではなく、事実その通りのことであろう。

(10)この歌は『漢書』のものと同じだが、『漢書』ではその前に蘇武に対する李陵のことばがある。それは、中島が「胡に降つた時の己の志が那辺にあつたかといふこと、その志を行ふ前に故国の一族が戮せられて、もはや帰るに由無くなつた事情とに尽きる」とまとめたとおりのものである。『漢書』ではその李陵のことば、「李陵」では中島が要点を要約したこの箇所と関連づけて歌の中の「恩」の意味を解釈しても、「漢の恩」にはならないと思う。

研究論文

国際法における格差をめぐる試論
——経済的格差是正措置から国際公益における新たな権利の獲得への変容・変質(1)——

中田達也

はじめに

かつて国際法における格差は、経済的指標や固有な地理的不利性などに着目し、かかる基準で西洋社会との差異を認識し、これを埋めんとする積極的格差是正措置（affirmative action）を目指す文脈で捉えられることが多かった。他方、主権国家の権利は、形式的に平等（一国一票）であることから、国際社会に多く存在する途上国は、その格差をもちつつ、数の優位によって国際社会における法の形成に力を有している。実際、国連海洋法条約に規定された深海底制度（第一一部、一三三～一九一条）や排他的経済水域制度（五五条）は、国際社会における海洋秩序を根本から変革させたという意味で、途上国が法の形成において大きな力を発揮した顕著な例であろう。

また、国連安全保障理事会決議（以下、安保理決議）と国連総会決議では、拒否権の有無があるため、これが新たな格差を生んでいるという批判もある。安保理決議は法的拘束力をもつが（国連憲章二五条）、総会の多数決はそうではない。この点については、総会の多数意思に法的拘束力を持たせた場合、国際法の実効性（effectiveness）が安定を欠くことになると懸念されることから、十分ではないが国連憲章上の制度として今なお機能すると考えられる。

このようななか、現代国際社会を構成する多くは、途上国である。もちろん途上国である背景や理由はある。本稿は、その背景や理由を概観するが、むしろその目的は、いわゆる対置概念としての先進国と途上国の格差を埋めようとする動きが、いつから生起していつ衰えていったのか、そして経済的格差是正措置の確保が難しいと判明して以降は、どのように格差是正のありようを模索するようになったのかを示すことである。本来的には、途上国となった（またはならざるを得なかった）理由や背景を追究し、そこに何らかの対処をしてゆくことが求められる。現代国際法では、むしろかつての過ち——帝国主義の残滓や植民地支配の結果など——はそのままに、途上国と先進国との格差にどのように対処するかに重点が置かれている。そうしたなか、途上国は時にグループ化して共通利益を実現せんとしている。本稿は、その具体例を概観する。

「狭い領海、広い公海」という二元的海洋秩序を根本的に変革したのは、国連海洋法条約であった。上述したように、排他的経済水域は途上国の存在なしには結実しなかったと思われる。長い間、沿岸国の権限の及ぶ範囲はどこまでかという議論をしているときに、一九六七年にマルタのパルド大使は、いずれの国の権限も及ばない深海底という「区域」（the Area）を設定し、当該区域の鉱物資源から得られる収益は、いわゆる南北格差是正のために使われるという発想を提示した。かかる発想への賛意のもと、その制度を設定するには全海洋法秩序の再検討が要されるとして、第三次国連海洋法会議（一九七三〜一九八二年）が開催された[2]。

国連海洋法条約は、六〇番目の加盟手続きがとられて一二カ月で発効する（三〇八条一項）。みてきたように、同条約の始まりが南北格差是正の発想であったことを想起すると、こと深海底制度については、強く南北格差を是正するための規定が反映されていた。その仕組みに反対する先進国が条約に加盟しないまま六〇カ国に達することになっては、条約全体の実効性が危惧されたので、一九九〇年以降、国連事務総長の非公式協議がもたれ、南北格差是正の具体的な措置を実質的に修正する深海底制度を規律する「第一一部実施協定」ができるに至って、ようやく先進国も加盟するようになった（一九九四年一一月に国連海洋法条約発効）[3]。このことに象徴されるように、強制的技術移転を含む経済的格差是正措置が条約定立過程のときのように期待できなくなったことを受け、途上国が格差是正のために求めるものを国際法上、どのように変容させていったのかを明らかにするのが本稿の目的である。

具体的には、一、二及び三で、国際社会における国の数の変化は、帝国主義の終焉、即ち植民地主義の終わりを機に生じたものだと明示する。四及び五でイラクとシリアに跨る地域で出てきた「イスラム国」が、長く振り返られることのなかった格差に対する怨嗟を国際的に知らせることになったが、かかる現象に対して国際法はいかなる対処をしているのかをみる。続く六及び七では、一九七〇年代の経済的格差是正の試みの発生から衰退までを概観し、八及び九では、環境規範の発展にあって、急速に発展する国際公益のもと、分権的な国際社会における途上国の状況を勘案する例外的権利を獲得する方向にあることを示す。そして最後に、一〇で再び新国際経済秩序（New International Economic Order, NIEO）を考え、一一で途上国が求める権利の最近の態様をみて、途上国とは何かを再考し、今後の展望とする。なお、本稿は、国際法における格差の問題を現代国際法のなかに位置づけ、俯瞰的にこれまでの経緯と事象を追ったものなので、途上国が求める経済的格差是正の動きが国際公益実施における例外的取扱いに変容する姿を概観する試論にとどまることを記しておきたい。この試論は、後に国際公益をめぐる――ＷＴＯにおける漁業補助金規律協定草案のような――途上国の取り扱いと結びつけて精緻化するものとする。なお、「イスラム国」は、アラビア語の頭文字をとってダーイッシュ（Daesh）とも呼ばれるが、本稿では一般にわかりやすいように、段落の冒頭に「イスラム国」と併記したことを付け加えたい。

一　国家の数の変化――大戦前から現代まで

一九三〇年代の世界では、英仏独伊及び日本が国際連盟の常任理事国であった。国際連盟には加入しなかった米国と当時の新生ソ連を加えた七大国が、世界の指導国と認められていた。[4] この時期の独立国は七〇カ国弱であって、国際連盟の加盟国も、ほぼ六〇カ国だった。[5]

現在のアラブ・イスラム文化圏主要部の、エジプト、シリア、イラク、サウジアラビアなどは、潜在的に、大アラブ統一への志向を有する国々である。そのうちエジプト、シリア、イラクなどは、かかる志向が国際政治で妨げられる状況が常態化しているため準国民国家に近づいているともいう。[6] フランスは、第二次大戦中に統治していたシリアを分割し、国の実権を握るよう人為的な国境線を引いてレバノンをシリアから切り離し、シリアより先に独立させた（一九四三年分離独立、シリアは一九四六年独立）。[7]

第二次大戦中から一九五〇年代前半まで、主にアジアの旧植民地約二〇カ国が独立し、一九六〇年代にかけて、アフリカを中心とする旧植民地約四〇カ国が新独立国となった。次いで、一九七〇年代から八〇年代にかけて、ペルシャ湾岸のアラブ諸国、旧ポルトガル領のアフリカ諸国、太平洋やカリブ海の島嶼諸国などの旧植民地など三〇カ国以上が独立した。さらに一九九〇年代には、ソ連とユーゴスラビアの解体、太平洋の国などの国連加盟があって、二〇一五年七月現在、一九三カ国の国連加盟国となっている。(8)

二　バンドン会議六〇周年の今日——反植民地主義の確立

国際社会は、一九世紀後半までの比較的均質的な国家群とその周縁国というあり方から、現代では、経済または他の基準から格差を抱える多様な国から構成されるようになっている。反植民地主義を掲げるバンドン会議は、一九五五年四月の開催時には、当時のビルマ（ミャンマー）、セイロン（現スリランカ）、インド、インドネシア及びパキスタンの招請で二九カ国の政府とオブザーバー三カ国が参加した。日本は、当時国連未加盟だったが、高碕達之助（一八八五〜一九六四年）を代表として会議に参加した。この六〇周年会議（二〇一五年四月）で安倍総理は、アジア・アフリカ勢の一員として、世界に蔓延しつつあるテロリストに対し、世界のどこにも、安住の地を与えてはならないと表明した。(9)

一九七〇年一〇月には、途上国が主導して国連総会で「友好関係原則宣言」が採択された。そこには、バンドン会議で採択された一〇原則の一部も含まれた。具体的には、かかる宣言の七原則のうち本稿との関連で重要なものは、武力行使の禁止、不干渉、人民の同権と自決である。その作成過程で、途上国は、武力行使の禁止において禁じられる「力」（force）が政治的・経済的圧力も含むと主張したが、最終的には文言化されなかった。(10) また、条約をめぐる一般的規則を定めた「条約法に関するウィーン条約」（一九六九年採択、一九八〇年発効）

の起草過程でも、強制による条約締結を絶対的無効の要因として、この'force'という文言には、政治的または経済的な強制が含まれるかどうかという議論があった（例えば、シリアは、これを強く主張していた[11]）。

途上国が貧しいのは、かつて植民地として根こそぎ富を奪われたからである。しかし、戦後の反植民地化の流れにあって、従来の収奪や搾取は、世界経済のグローバル化のもとで、形を変えて世界の貧富の格差を拡大させ続けている[12]。

三　植民地独立付与宣言

ここで、第二次大戦後の植民地独立の法的側面を振り返りたい。一九六〇年一二月、国連総会において、アジア・アフリカ四三カ国の共同提案が、植民地独立付与宣言（決議一五一四、賛成八九、反対〇、棄権九）となった。宣言は、全ての人民が自決権を有すると謳っている。そのうち植民地の独立運動を抑圧しないよう求める第四項は、後にアジア・アフリカ諸国の民族解放運動について、国連憲章第七章の強制措置の発動を求めることができ、民族解放運動の武力行使が自衛権に該当する行為であって、これを援助することは合法と主張する根拠となった。この規定は、一九四九年のいわゆるジュネーヴ国際人道法の保護の対象を広げた第一追加議定書（一九七七年）が、一九四九年のジュネーヴ諸条約を補完し、人民自決権の行使としての植民地独立戦争や反人種差別体制闘争にも適用されるという文言（一条四項）になっている。

植民地独立付与宣言に象徴されるように、一九六〇年はアフリカ東南のインド洋のマダガスカルを含め、一四のフランス領アフリカ諸国が一斉に独立し、サハラ砂漠以南のアフリカの二大国ナイジェリアとコンゴ、そして旧英領とイタリア領が統合されて独立したソマリアを含め、計一七の国が独立した（アフリカの年）[13]。一九六四年には、国連総会の常設機関として国連貿易開発会議（United Nations Conference on Trade and Development, UNCTAD）が設立された。UNCTADは、先進国と途上国との経済格差を是正すべく、途上国への援助の増大や貿易の拡大などを議論する。同年、このUNCTADのもと、南半球に多く存在した途上国七七カ国が集まって七七カ国グループ（以下、G77）が形成された。二〇一五年六月現在、G77構成国は一三四カ国となっている[14]。かかる状況のもと、現在、南の諸国においても新興国や産油国のなかで急速に高所得化した国もあるので、いわゆる南南格差も生じ始めている。後述するシリアやイラクもG77の構成国である。

四　伝統的な国家の要件とイスラム国

米国と中南米が定立した「国家の権利及び義務に関するモンテビデオ条約」（Convention on Rights and Duties of States、一九三三年一二月署名、一九三四年一二月発効）の一条は、国家の要件として、a 永久的住民、b 明確な領域、c 政府、d 他国と関係を取り結ぶ能力、を定めている。一般に、国とは、一定の領域と国民と政治統治機構を備え、その領域内の国民に政府の実効的支配が及んでいるのみならず、領域内に等質性とまとまりがあり、領域外と明確に識別される組織体をいう。その意味では、イスラム国は、どのように捉えられるだろうか。

「イスラム国」は、スンニー派武装組織である。アラビア語圏では「イスラム国」の前身にあたる「イラクとシャームのイスラム国」の組織の頭文字をつないだ「ダーイッシュ」（Daesh）という略称が用いられることが多い。この名称が現れたのは、後述するように二〇一三年四月である。イラクで活動していた「イラク・イスラム国」がシリアに進出して改称されて現在の名称になった。[15] 一九七八年、ソ連がアフガニスタンに侵攻し、多くのアフガニスタン人がパキスタンで難民キャンプを作った。一九八九年にソ連が撤退すると、アフガニスタン人同士の内戦が始まり、その内戦から祖国を救うべく始められた運動が、アラビア語で「学生たち」を意味するタリバンであった。パキスタン及びアフガニスタンで活動するタリバンは、一九九六年にアフガニスタンに政権（アフガニスタン・イスラーム首長国）を樹立したが、国際的には一部国家を除き承認されなかった。

二〇〇一年九月一一日の同時多発テロ以降、その首謀者とされた過激派組織アル・カイーダ（al-Qaeda）指導者の引き渡しにその政権が応じなかったので、米国などが同年一〇月から攻撃を開始し、政権は崩壊した。その後のアフガニスタン地域では、駐留米軍や政府を主な標的としてテロが頻発している。他方、イラクにおける大量破壊兵器の存在疑惑を根拠に、二〇〇三年三月、米軍はイラクへの空爆を開始し、五月には戦闘終結を宣言（一九七九年以降のフセイン政権崩壊）した後、イラク地域ではテロが頻発するようになった。その活動集団が後にいうイスラム国の原型とされる。二〇〇四年に当該集団がアル・カイーダと合流し、二〇〇六年には他の武装組織と合流して「イラクのイスラム国」を自称した。そして、二〇一〇年五月にアブー・バクル・アル＝バグダーディーがその首長となって（後にカリフを自称）、二〇一三年四月に「イラクとシリアのイスラム国」（Islamic State of Iraq and Syria, ISIS）と改称し、アレッポ近郊のシリア空軍基地を制圧、シリアの油田地帯も掌握した。[16] こうした動きに対して、現イラク政権は、なす術がなかった。

かかる状況にあって、次第にそのテロ集団が組織化、巨大化し準国家化とも見紛う規模となった。これが、「イスラム国」（ダーイッシュ）である。イスラム国は、イラクとシリアの地域で二〇一四年六月二九日に首都をラッカ（Raqa）として建国宣言を行った。イスラム国は、厳格なイスラム法の解釈に依拠するモデル都市を建設するという[17]。しかし、これまで、外交関係の相手として国家承認を行った国はない。兵力は、七〇以上の国々から流入してくるイラクとシリア国籍以外の兵士が全体の四割を占め、一三歳以下の少年兵も動員するなど、様々な武装集団を取り込み続けている。この実体に対し、クルド自治政府は、外国から武器などの直接支援を求めているが、イラク政府はそれがクルド人自治区から独立する懸念を抱いていることもあって、これを拒否している[17]。

「イスラム国」（ダーイッシュ）が準国家化しているといわれるのは、最高指導者のもと、バグダーディーを頂点に、その下の軍事委員会及び評議委員会（行政や法務に相当）をはじめとして、財務、国防、広報などの組織や警察を備え、シリアとイラクの支配地域で少なくとも八〇〇万人を支配しているからである。また、イラン・イラク戦争、湾岸戦争、イラク戦争などの実戦経験をもつ旧イラク軍将校が多く参加したために、疑似国家統治を可能にしたともいわれる[19]。この実体の下では、学校のカリキュラムを書き換え、イスラム法廷を設置、イスラム法を遵守させるための宗教警察（男性版は「ヘスバ（Hesba）」、女性版は「カンサ旅団（Khansa Brigade）」）が組織されている[20]。目下、その実効的支配地域では、教育制度改革が推進され、奴隷制度の復活・運用が実施されている。その指導の中核を担っているのは、フセイン政権の元将校や政治家といわれる。

その背景を振り返ると、第一次大戦中に、英仏露三国が、大戦後のオスマン帝国の領土分割や勢力範囲を決めたサイクス・ピコ協定（Sykes-Picot Agreement、一九一六年五月）を締結した。「イスラム国」（ダーイッシュ）は、この協定を基にした国境線（シリア、レバノン、イラク及びヨルダン）を打破し、二〇一九年には占拠した領土を確立すると公表している。しかし、イスラム国が、これを遂行するにあたって行っている実体（国）内外への行為が、凄惨を極めるものであることから、国連はこれに即応し続けている。まず、二〇一四年八月一五日には、そうした行動を非難する安保理決議二一七〇が採択された。そこでは、かかる行為を、テロ行為、暴力的な過激思想、重大かつ系統的で「広範な人権侵害と国際人道法の侵害」と認定し、加盟国に対し「イスラム国」などに関わる個人やグループの特定、司法による裁き、また、自国内の過激な宣伝活動などを取り締まる措置も要請した[21]。

この決議の一週間後、シリアのアサド政権は、「イスラム国」（ダーイッシュ、Islamic State in Iraq and the Levant, ISIL）の勢力拡大に対し国際社会と協力する用意があると声明した。また、同年九月一日には、国連人権理事会が、「イスラム国」の行為を「戦争犯罪や人道に対する罪に該当する」とし（一項）、イラク政府に全ての加害者を訴追するよう要請したうえで（三、五項）、あらゆる国連加盟国にかかるテロ行為に正当性を与えないよう促した（六項）[22]。九月七日には、アラブ連盟（Arab League、一九四五年一〇月、エジプト、シリア、レバノン、イラク、ヨルダン、サウジアラビア及びイエメンの七カ国でつくられた地域協力機構）が、「イスラム国」を含む過激派勢力に対抗するため「必要なあらゆる措置をとる」という声明を公表した。また、九月一一日には、ヨルダン、エジプト、トルコ、サウジアラビア、UAE、オマーン、クエート、バーレーン及びカタールの外相が、米国の軍事作戦に協力すると約束した。九月一九日には、国連人権理事会が全会一致で、イスラム国の破壊に向け対策を強化する声明を採択した。さらに、同月二四日には、安保理が、テロ目的で外国に渡航したか、渡航しようとする自国民を起訴・処罰する国内法を整備することなどを含む外国人テロ戦闘員対策を明記した決議二一七八を採択した[23]。

二〇一五年に入ると、クルド人部隊と米国など有志連合の空爆によって、一定地域を「イスラム国」から奪還した[24]。同年一月時点で、イスラム国に公式に外交上の承認を行った国家は存在せず、かかる実体は国連に加盟していない。国連、EU、英米露豪加印、エジプト、サウジアラビア、UAE及び日本は、イスラム国をテロと認定した。同年四月に入ると、安保理は、タリバン及びアル・カイーダをテロ組織に指定、制裁措置をとると確認し、これに基づき設置された制裁委員会の対象にも「イスラム国」を含めた（決議二二六七及び一九八九[25]）。

こうしたなか、「イスラム国」（ダーイッシュ）が、二〇一五年五月二一日にパルミラ市街地を支配下に置いてから、シリア中部にある紀元前一世紀〜三世紀にシルクロードの隊商都市として栄えたパルミラにある世界遺産（一九八〇年登録、二〇一三年に危機遺産リスト登録）の古代遺跡に地雷や爆弾を仕掛けたと報道された[26]。これらの行為に対し、ユネスコのボゴバ（Irina Bokova）事務局長は、二〇一五年七月二日、「文化の浄化」（cultural cleansing）として、イスラム国は文化を組織的に破壊することで、社会のアイデンティティーを破壊しようとしていると非難した[27]。また同事務局長は、今後、衛星を使用して遺産を監視する意向も明らかにした。これらの破壊はその実行者を特定できれば、国際刑事裁判所で裁くことができる（国際刑事裁判所規程七条[28]、二〇〇二年発効）。同日、シリア文化省は、イスラム国がパルミラの博物館の外に展示されていたライオン像（一九七七年発見）を破壊したと公表した[29]。そして、二〇一五年七月三日には、ユネスコがイスラム国のパルミラ世界遺産破壊に対し、住民を奴隷化するために文化遺産を破壊していると非難した[30]。かかる状況を受け、同年七月開催のユネスコ世界遺産委員会（於ドイツ・ボン）では、このパルミラ遺跡やイラク北部のハトラ遺跡（約二〇〇〇年前の古代都市）を危機遺産に追加指定した[31]。

五　イスラム国出現の背景――怨嗟の原因

アフガニスタン紛争（一九七八〜八九年）の結果生じたタリバンは、パキスタンやアフガニスタンで過激派となってアル・カイーダとの結びつきを強め、米国などを対象とするテロ組織として拡大を続ける一方、イラク戦争の終結後は、イスラム国（ダーイッシュ）への合流によって、これが大規模化していることをみた。その実体は、インターネットなどのメディア戦略や政府並みの組織などのもと、過去の国境の一方的な線引き以降に生じた「格差」に対し強い憎悪と怨嗟を抱いており、それが残虐な行為となって表れている。イスラム国は、イスラムの思想とは何ら関係がない。実際、シリアでイスラム国に加わり、そこから離脱した女性へのAFPによるインタビュー（二〇一五年六月、於トルコ）によれば、「イスラム国はカリフ制国家ではない。セクト（危険な宗教集団）」と述べている。[32] 注意すべきは、その思想がイスラムと誤解されて、イスラムにあらぬ偏見がもたれることである。

こうしたなか、例えば英国を拠点とする非政府組織（NGO）「シリア人権監視団（Syrian Observatory for Human Rights）」によれば、イスラム国（ダーイッシュ）は「カリフ制国家」樹立を宣言したときから一年間で、シリア国内で三〇二七名を処刑したとされている。[33] その後、二〇一五年五月には、イランとの国境に近い地域でイスラム国が反政府勢力タリバンと交戦するようになっている。その理由は、イスラム国が中東からアフガニスタンやパキスタンに勢力を伸ばし、勧誘活動をしているからである。すなわち、アフガニスタンに根差すタリバンとの勢力争いが顕在化してきているということである。実際、イスラム国は、二〇一五年一月、アフガニスタンやパキスタン、イラン北東部にまたがる地域を新たな領土にすると宣言している[34]。

ここで、本稿でとりあげている事態に対し、どのような国際法が適用されるのかを検討したい。一九四九年及び一九七七年の国際人道法（ジュネーヴ人道法）は、従来の戦争観念では対応できない内戦などを「非国際的武力紛争」として法の保護対象にした。そこでは、①非国際的武力紛争が存在し、②領域紛争が締約国の領域で行われており、③紛争主体が当該締約国の軍隊と反乱軍その他の組織された武力集団で、かつ、④その武力集団は持続的にかつ協同して軍事行動を行うこと及び議定書を実施することができるような支配を責任ある指揮の下で当該領域の一部に対して行うものであるという要件が設けられている。この④の要件のため、アル・カイーダのような明確な指令系統をもたないテロリストには、適用が難しいとされる[35]。

アフガニスタン、シリア及びイラクといった地域で捕虜となった者に対する処遇は、九・一一テロ以降、特に重要である。この点、米国は、二〇〇一年九月一一日のテロに伴うアフガニスタン紛争で、アル・カイーダ兵にはジュネーヴ人道法が適用されないとし、タリバン兵についても、アフガニスタンが締約国であるのでジュネーヴ人道法は適用されるが、「不法戦闘員」(unlawful combatants) として、「捕虜の待遇に関するジュネーヴ第三条約」（一九四九年採択）にいう「捕虜」（四条）には該当しないとした。この点、実際のタリバン兵は、第三条約の四条A（二）に定める指揮系統、黒いターバンに見られる固有の特殊標章、武器携行の公然性などから捕虜要件を満たしているともいわれること、また、少なくも裁判所による決定までは捕虜としての保護を享有できる（ジュネーヴ第三条約五条[36]）ことを勘案すると、イラク内のアブグレイブ刑務所において米兵による捕虜虐待が発覚（二〇〇四年）し、関係者数名が米国軍事法廷で有罪とされたことから、二〇〇六年九月に刑務所が閉鎖された経緯、キューバのグアンタナモ基地での捕虜の不当な扱いは（オバマ大統領が閉鎖を署名）、イスラム国の憎悪にも繋がる原因の一つになっていると思われる。そのことは、当該施設の収容者が着せられた「オレンジ色の服」が物語っている。

こうしたことに加え、北と南、強者と弱者、中心と周縁、富者と貧者の格差がかつてなく大きくなった現代にあって、グローバルな市場経済が辺境まで浸透したことで、周縁として取り込まれ、尊厳ある生活が奪われたがゆえに、イスラム国（ダーイッシュ）は、自己防衛の手段として、残虐な暴力によって世界に自らの状況や怒りを伝えようとしているという[37]。その残虐性は、イスラム国の基礎を築いたアブー・ウマルが一九カ条で作成した組織の行動指針に顕著である。それによれば、イスラム国は、多神崇拝の根絶、及び偶像と聖廟の破壊、世俗主義の否定、そしてシーア派の否定（殺害）をも義務づけている。この行動指針で多くを割くのは、誰が不信仰かを認定するタクフィール（背教宣告）と不信仰者に対するジハードの正当化についてである。その考えに基づき、徹底的に対象者を排除する方法が採られている。こうしたイスラム国の思想は、権力を手に入れ維持するための実力行使を、ムスリムの心を捉えるイスラーム的言説によって隠蔽されて成り立っているものである[38]。

六　貿易分野における格差是正の要求――「開発の国際法」

ところで、二〇一四年は、UNCTAD初開催から五〇年にあたる。そこでの主な議論は、国際社会における配分的正義をいかに確保するかであった。南北格差を実質的平等の観点から埋めようとする試みの理論「開発の国際法」は、主にフランスの学者が唱えたものである。この理論は、当初、G77と先進国の対峙する状況が、UNCTAD対GATTという二項対立で語られたが、現在その二つはWTOのもと一つの論題として捉えられている。すなわち、UNCTADが掲げた「援助でなく貿易を」（Trade, not Aid）を継受し、世界貿易体制の中で格差を是正する方向を模索するようになったのである[39]。

その理由は、当初、低開発問題は、不足する資源・資本が先進国から入ることで解決されると考えられていたが、一九六〇年代の世界銀行、国際通貨基金（IMF）、アフリカ開発銀行及びアジア開発銀行などの活動によっても、南北格差が縮小されないと認識されたからである。GATT体制においても、当初は相互主義の例外や一般特恵（特定の国または植民地に対し関税について、他の国に対してよりも有利な待遇を与える）が格差是正の中心議題であったが、一九七〇年代に入ると、先進国と途上国の格差に対する実質的平等の追求となって、途上国への積極的格差是正措置を具現化するNIEOが求められるようになった。その象徴が、一九七四年の新国際経済秩序樹立宣言（国連総会決議三二〇一）と「国家の経済的権利義務憲章」（国連総会決議三二八一）である。

七　国家の経済的権利義務憲章（一九七四年）

「開発の国際法」は、先進国に比して途上国の状況を考慮して国際秩序と国際法を捉え直す理論であって、そこで想定されるのは、主に大戦後に生じた先進国、社会主義国及び途上国の三類型である[40]。その類型を対象として作成された「国家の経済的権利義務憲章」は、主権と国際共同体、そして実質的平等を掲げた。その目指すところは、途上国を念頭においた経済主権の確立と、その過程を支援する国際共同体の連帯である。その意味では、特に海洋法分野において、国家間の合意で設定した深海底を「人類共同の遺産」（Common Heritage of Mankind）とする「国家の経済的権利義務憲章」第二九条が、実質的平等という格差是正を求める具体的規定として最大のものである。実際、この規定は、国連海洋法条約第一一部（一三三～一九一条）に具体化された（一九八二年採択）。しかし、この部が問題とされて先進国が多く批准しなかったために、条約の発効までに一〇年以上の時間と実質的な条約内容の修正を余儀なくされることになった（一九九四年発効）。

国家の経済的権利義務憲章　第二九条［深海底と資源の開発］

国家管轄権の範囲をこえる海底、海床及びその地下は、その地域の資源と同様に人類の共同遺産である。一九七〇年一二月一七日の決議二七四九において総会が採択した諸原則に基づき、すべての国家は、当該地域の探査及びその資源の開発が平和的目的のためにのみ行われること、並びにそこから得られる利益が開発途上国の特有の利益及び必要を考慮してすべての国家によって衡平に分配されることを、確保するものとする。当該地域及びその資源に適用されかつその規定を実施する適当な国際機構を包含する国際制度は、一般的に合意された普遍的性格の国際機構により設立されるものとする（傍線筆者）。

ＮＩＥＯの議論では、途上国の「天然資源に対する恒久主権」や「国有化」などの政策が途上国に有利に解釈される素地を生んだが、深海底制度における議論の停滞がいみじくも示したように、ＮＩＥＯをめぐる議論は次第に停滞するようになった。一九八〇年代に入ると、途上国同士の現実の格差が一層増大したので、かかる格差において劣位に置かれる主体にいかなる「特別待遇」を付与するかが議論の中心となっていった。[41]その一つとして、途上国は新たに「発展の権利」(the Right to Development) を求め、これが国連総会で採択されたこと（決議四一／一二八、一九八六年）。この権利は、ＮＩＥＯの停滞を打破すべく主張されたもので、「第三世代の人権」として主張された。それは、第二次大戦後の脱植民地化の流れを機に、特に途上国を中心に新しく主張されるようになった人権の総称で、発展への権利、環境への権利、平和への権利などを含むものである。

この時期と前後する一九八四～一九九四年にＮＩＥＯがなくなった（NIEO vanishes from sight）という見解がある。ＮＩＥＯを目指す国の交渉者は、ＮＩＥＯの流れが国内経済政策として利益があるとして、国連、Ｇ77及び非同盟国会議（Non-Aligned conferences）で擁護した。その認識を強く持っていたのは、アンデス条約（the Andean Pact）[42]の加盟国、即ちメキシコ、アルゼンチン、インド及びブラジルなどであった。それらのうち、チリはラテンアメリカで最も大きな経済成長を遂げ、アンデス条約から一九七六年に離脱した。また、これを模倣する形で、アジア諸国のタイ、シンガポール、香港、韓国及びインドネシアは市場開放を行った[42]。

この時期には、レーガン政権が広範囲の規制緩和を行ったことで、石油、ガス、電気、水、及び通信のように従来、国家が関与していた事業に企業が参入し始めた。それらは瞬く間に成長産業となって、新たな雇用の機会を生んだ。その状況は、途上国にも規制緩和を誘発し、かかる事業に対する国家の関与を後退させた。こうして、国家主導経済だったからこそ成立していたＮＩＥＯは、かかる規制緩和の結果、企業が中心となる中では、その存立基盤を失うことになった[44]。それから間もなく共産主義は崩壊し、中国とベトナムが修正社会主義を採るようになった。こうした状況は、ＮＩＥＯのパラダイムに二つの効果をもたらした。一つは、資本主義に代わる現実の生活はないと認識されるようになったことである。もう一つは、途上国のうち非同盟主義を標榜する第三世界を支援していた共産主義自体が崩壊したことで、第三世界もこれに頼ることができなくなったことである。かつて、東西陣営のいずれにも属さない途上国は植民地から独立して、非同盟を掲げて第三世界を形成した。それらは、開発援助（development aid）を受けるものの、いずれの陣営にも参加しない姿勢を貫いた。しかし、共産主義が崩壊したので、東西両陣営に属さないことがもはや価値ではなくなった。[45]

八 「貿易と開発」における格差是正の試み

みてきたように、一九八〇年代後半に米国などの規制緩和に次いで、計画経済が破綻したことで、英米に端を発する市場原理を重視する新自由主義が世界を席巻するようになった。この頃、冒頭に触れたように、国連海洋法条約第一一部（深海底の部）も、「市場志向の方向性」に基づき、その具体的内容を根幹から変更させる第一一部実施協定に修正されている。こうして新自由主義が国際社会に拡散された二一世紀初頭は、財・資本・サービス・人・情報の移動費用も低廉化し、正にグローバル化時代の幕開けとなった。これによって、財や資本の移動先の資源や環境が害され、労働が搾取されるなどの現象も生じたが、この問題に諸国は迅速に対処できなかった。そこで、NGOや民間団体などが、現行の法規範の正当化に疑念を呈するようになった。その運動の成果が法制度のなかに一部反映するようになって、現在では、WTO紛争処理手続や投資紛争仲裁へのamicus curiae brief の提出（法廷の友として事件現場の状況とその背景を裁判に役立てることができる制度）などがみられるようになった。[46]

冷戦が終焉し、先進国、社会主義国及び途上国の三類型が崩れるなか、WTOが設立された（一九九五年）。

その設立協定の前文では、「開発途上国特に後発開発途上国がその経済開発のニーズに応じた貿易量を確保することを保証するため、積極的に努力する必要があることを認め」ている。また、WTO協定下の多くの協定も、途上国を特別待遇している。こうしたなか、新自由主義に対する動きとして、一九九九年一一月にシアトルで開催されたWTO閣僚会合に世界から約五万人もの市民、NGO、労働組合、社会団体などが集まって抗議活動をしたことは大きな出来事であった。実際、二〇〇一年開始のドーハ・ラウンドでは、「途上国の開発を促進し、貧困を削減する」という格差是正への言及のもと交渉が進められるようになった。

このラウンドでは、利益グループ化が進み、途上国内部のみでなく先進国も巻き込んで、グルーピング（国家の類型化）も細分化されるようになった。そうしたなか、WTO諸協定に明記された「特別な待遇」を実現すべく、途上国は紛争解決手続も利用するようになってきている。その理由は、この体制になって、紛争解決手続が二審制で、その判断がネガティヴ・コンセンサス方式（すべての参加国が反対しない限り、その議題は採択されるという方式）で採択されれば法的拘束力をもつようになったので、対抗措置を発動して、従前に比して成果を途上国が得られやすい状況が整ったからである。(47)

九　環境分野における途上国の特別待遇

一九六四年に「関税及び貿易に関する一般協定」に追加された第四部「貿易と開発」は、途上国に対し、貿易上の無差別最恵国待遇と相互主義原則に対する例外を認めた。GATTが設立された一九四七年当初から、途上国には一般特恵の権利が認められていた。この点、「国家の経済的権利義務憲章」（一九七四年）以降も求められ続けた先進国との「異なる有利な待遇」は、一九八〇年代前半まで、かかる待遇を議論するための交渉がなされなかったため（失われた一〇年）、ＮＩＥＯのもとで頓挫したといわれる。そこで、途上国は一九八六年から始まったウルグアイ・ラウンドのなかで「発展の権利」を求めた。具体的には、自由貿易分野における途上国の「特別のかつ異なる待遇」（Special and Differential Treatment）である。

ウルグアイ・ラウンドでは、特許権、商標権、著作権といった知的所有権の取扱いから、旅行、金融、情報通信など、物品を伴わないサービス貿易の国際取引の自由化、農産物の例外なき関税化について一二四カ国が参加し、一九九四年に合意に至った。そこでの交渉を通じ、先進国と途上国の不平等な構造を是正することを目指し、「同志グループ」（Like Minded Group, LMG）といわれる途上国が連携した。これは、第一回ＷＴＯ閣僚会議（於シンガポール、一九九六年）の準備段階で、インドが主導して八カ国（後に一四カ国）で形成されたものである。その立場は、ウルグアイ・ラウンドがもたらした先進国・途上国間の格差が是正されなければ、新ラウンドには応じられないというものだった[48]。

かかる状況にあって、一九七〇年代に生じた地球環境保護の流れが加わることになる。一九七二年六月に環境問題で世界初の国連人間環境会議（United Nations Conference on the Human Environment）が開催された。これを奇貨として先進国は、取り返しのつかない地球規模の環境改変を議題としたが、途上国からすれば、それは先進国の責めに帰するものなので、なおも途上国の「発展の権利」は失われないという姿勢であった。これが、途上国の開発との間で新たな対立構造となって、「開発と環境」が議論されるようになった背景である。その後、世界的に環境保全をめぐる法規範が漸進的に発達するなか、一九九二年六月にリオ国連環境開発会議（United Nations Conference on Environment and Development）が開催され、「持続可能な発展」（Sustainable

Development）が「環境と開発に関するリオ宣言」（リオ宣言）に明記された。このとき再び途上国が「発展の権利」を主張したことで、先進国と途上国の双方にオゾン層破壊物質の段階的削減を義務づけながらも、途上国に義務履行の猶予を認める例（モントリオール議定書五条）や、先進国のみに数値目標を伴った温室効果ガスの削減義務を課す（京都議定書三条）などの例が生まれた。これが、環境分野における「共通だが差異ある責任」（Common but Differentiated Responsibilities）である（リオ宣言原則七）。

このようにWTOが環境保護措置に寛容なのは、一九四七年のGATT協定前文が、「貿易及び経済の分野における締約国間の関係が、……世界の資源の完全な利用を発展させ、……」という表現であったのに対し、一九九五年に発効したWTOのそれが、「経済開発の水準が異なるそれぞれの締約国のニーズおよび関心に沿って環境を保護し、及び保全し、並びに、そのための手段を拡充することに努めつつ、持続可能な開発の目的に従って世界の資源を最も適当な形で利用することを考慮し、更に、成長する国際貿易において途上国（developing countries）、特に後発開発途上国（the least developed among them）がその経済開発のニーズに応じた貿易量を確保することを保証するため、積極的に努力する必要があることを認め」としていることからも窺える。みてきたように、現在、「持続可能な発展」は、「ドーハ閣僚宣言」（二〇〇一年）でもWTO諸協定の重要な一部と確認されている[49]。

一〇　NIEO再考と受入国（途上国）の提示する条件

NIEOというのは、つまるところ、多国籍企業の経済力が圧倒的であったために、これに受入国（途上国）

が対抗するための反作用であった。しかし、一九七〇年代後半からの二〇年で、国際的な経済関係を支配するパラダイムは、劇的に変化した。すなわち、国家主権主義（statism）から自由主義市場への移行、国有化から民営化への転換、外国投資の制約から規制緩和された門戸開放政策への転換である。その背景には、国家主導型経済発展モデルが期待され過ぎたことや、共産主義の崩壊がある。これに関連して、Thomas W. Waeldeは、二〇年にわたるＮＩＥＯは結局、無駄に終わったが（twenty years of NIEO have been in vain）、その結果は、一九六〇年代初頭と状況が同じに戻ったということを意味するものではないと指摘する。ただし、ＮＩＥＯを実現しようとする過程で得られた途上国の認識は、アクター、個人、国家、組織のいずれも、単なる開発対象と見なされる不平等性に反発していたということなので、今度は環境や人権といった基準によって、単なる開発対象でないことを示そうとする状況は起こりうると指摘されている。[50]

こうして、今後、ＮＩＥＯに類似する保護主義が受入国（途上国）で生じるとすれば、グローバルな競争によって危険にさらされる環境や人権といった新たな規範を基準としたものになるかもしれない。また、ＮＩＥＯの巻き戻し（the roll-back）が起こるとしても、それは現在生起している国際環境、人権など喫緊の「グローバルな要求」からの制約という形になるだろうから、一九六〇〜一九七〇年代に生じたＮＩＥＯとは異なるものになると思われる。そこでは、グローバル・コモンズや「人類の共同遺産」とみなされる資源について、対世的な義務（obligations erga omnes）、即ち国際公序を構成する公益を遵守するための条件に服することになると思われる。それは、分権的な国際社会において、かつて外国投資を受け入れるための条件を自国の経済的主権に基づいて国有化をも自国に有利に解釈した時期（ＮＩＥＯ）から、今度は国際環境法にみられるような国際公益を受入国から発信することで、受け入れの条件とするようなあり方に変化するかもしれない。[51]

二　途上国類型の細分化――「特別のかつ異なる待遇」をめぐる展望

「持続可能な発展」は、一九八四年に設置された「環境と開発に関する世界委員会」（World Commission on Environment and Development）のもと、環境保全と開発について「将来世代のニーズを損なうことなく現在の世代のニーズを満たす」文脈で考案されたものである。その本旨は、開発は環境を保全しながら進めてゆかなければ、将来的に持続的に進められなくなるという認識である。上述のように、二〇〇一年から始まったドーハ・ラウンドでは、環境も含めた貿易交渉が進められている。一九九〇年代までは、開発に成功した先発途上国がある一方、開発が進まない後発途上国や、開発が進むなか国内の貧困も増大してしまう途上国があることも判明してきた。この点、国連ミレニアム開発目標（Millennium Development Goals, MDGs）によれば、もはや開発問題は途上国と先進国の二項対立では扱えなくなってきているという。これまでは、貿易などのもと、途上国には有利な待遇が与えられた。しかし、ＭＤＧｓは、同じ活動を先進国、途上国双方が各国で行うのではなく、途上国の貧困という状況の克服のため、第一義的には途上国が発展の義務を負い、それに先進国を中心とする国際協力が働きかけるよう求めている(52)。

このことを象徴するように、Ｇ77内の発展度にも、大きな格差が生じている。たとえば、メキシコ、韓国及びチリは、それぞれ一九九四年、一九九六年、二〇一〇年にＯＥＣＤに加盟した。また、韓国、台湾、シンガポール、ギリシャ、メキシコなどの新興工業経済地域（Newly Industrializing Economics, NIEs）、有力新興国とされるブラジル（Brazil）、ロシア（Russia）、インド（India）、中国（China）の頭文字をとったＢＲＩＣｓなども現れている。さらに、一九七〇年代に急速な工業化をとげたスペイン、ポルトガル、ギリシャ、旧ユーゴスラビア、ブラジル、メキシコ、香港、韓国、台湾、シンガポールの一〇カ国・地域のような新産業国（Newly industrialized countries, NICs）も現れ、これに中国、マレーシア、タイの三国を加えたＮＩＥｓ（新興工業経済地域）も加わる。[53]

他方、現行の途上国も、分野、種類、問題などのそれぞれの格差の共通項を求心力として、後発途上国（ＬＤＣｓ）、Ｇ20（有力途上国）[54]、アフリカ諸国グループ、Ｇ10[55]、アフリカ、カリブ、太平洋諸国（ＡＣＰ）、Ｇ33[56]（特別待遇途上国）、Ｇ90[57]、Ｇ27、新規加盟国グループ（Recent New）、アジア途上国などが林立している。また、Ｇ77の中にＧ24[58]も形成されている。このことは、一九六〇年代に始まった途上国をめぐる特別な状況をめぐって、一般の主権国家のカテゴリーとは異なる特別待遇が認められていた段階から、もう一段下げて後発途上国へ、更には、小規模国や脆弱国、島嶼途上国、内陸途上国といった多様な状況と先進国との格差を考慮しつつ、その各々の特異性とそれに対応した待遇を設けるようになっていることを意味している。[59]これらの類型は、位田教授によるものである。そして、これが国際法にいう「特別のかつ異なる待遇」の現況である。[60]こうして、国際法にいう国家間の格差は、一九六〇年代初頭の類型からして相当に多様化かつ詳細化し、その格差を埋める交渉のために設定した共通利益を基に、更なる「特別のかつ異なる待遇」が獲得されようとしている。

むすびにかえて

帝国主義の結果としての植民地主義は、南北格差を生み出しただけでなく、帝国主義時代の政治的かつ意図的な国境線引きによって、現在に連なる怨嗟や憎悪を生み出すことがある。イスラム国は、イスラムの名を借りたセクト（一般的にはカルトという）である。国家に準じるような規模と組織的体制をもつ実体が、様々な資金源から入手した武力を用いてイラクとシリア双方に跨がる地域を実効支配し、かかる地域とそこに住む人々を暴力という恐怖で支配している。インターネットなどによる戦闘員の募集に応じて当該地域に入る者がいる事実は、世界には西洋を中心とした経済や国力の優位に、また帝国主義以来の克服しがたい国際秩序に、憎悪や怒りを感じている者が多く存在することを示唆している。しかし、国際社会が二度の世界大戦を通じて、人権という普遍的価値を保護するための法制度を発達させてきたこともまた事実である。イスラム国について言えば、もはや国際犯罪である人権侵害を侵しているのみならず、人類の遺産である文化財を破壊するという暴挙を意図的に行っている。このような行為は、国連憲章の手続きに従って、違法行為と認定され、イスラム国に与さないよう諸国に要請する一連の決議が採択されている。

国家間の格差は、先進国を基準として、それがもつ経済力や権利の範囲といった指標との乖離として顕現する。このとき、先進国のもつ指標が帝国主義やそれによって獲得された植民地経営によって得られたものだという思考に囚われれば、その犠牲になった地域や人々は途切れることのない怨嗟や憎悪をもって先進国を見つめ続けることになろう。先進国は、その相手国に対して直接にその過去を忘れていないことを伝え、一方でそのような構造自体を法的に克服することが求められる。本稿で見た植民地独立付与宣言はその一端であろうし、積極的格差是正措置の発現形態としてＮＩＥＯが出てきたことも、その一側面であろう。このＮＩＥＯも、受入国たる途上国が、形を変えた植民地主義との懸念ももつがゆえに、一九六〇年代初頭から、天然資源の恒久主権であるとか経済主権ということで外国の投資に対応してきた。そのピークであった一九七〇年代半ばの

「国家の経済的権利義務憲章」にみられるような経済的格差是正措置の試みも、一九八〇年代の先進国内の規制緩和によって国外に進出した大企業と受入国との関係によって急速にその力を失い、冷戦構造の一翼を担う共産主義が崩壊したことで、国家の類型が一部の先進国と多くの途上国という構造にシフトしていった。その過程に、環境規範の高まりが重なって、先進国と途上国双方に「持続可能な発展」という条件が課されるなかで、双方の格差が着目されると、それが途上国の「発展の権利」に転化していった。また、そうするうち、GATTがWTOになって、貿易における待遇に新たな権利を求める動きにつながっていったことを見た。そこでいう環境は、国境や国家という枠組みでは対処しえない、本来的に国境を越えた悪影響をもたらしかねない(事態が生じた後では取り返しがつかないため、事後でなく事前予防が求められる)気候変動問題や海洋における生物資源の個体数をめぐる事項という形で公益となって、それに対する「発展の権利」を具体化した義務の相違が明示されるようになった。これが、本稿にいう「共通だが差異ある責任」であり、「特別のかつ異なる待遇」である。

さらに本稿で明らかになったのは、格差の一方である途上国が経済的に発展するなどして先進国になる例や、途上国間でも相対的には更なる途上国が生じるといういわゆる「南南問題」という例もあるということであった。特に経済成長が目覚ましい国家のなかには、もはや途上国ということができないものも出てくる。そこで、途上国は意思を同じくする途上国と共通利益で結びつき、「共通だが差異ある責任」や「特別のかつ異なる待遇」の具体的数値を詰めてゆく交渉も行っている事実を見た。その交渉の場となるのは、位田教授が示したように実に多岐に渡るが、重要なことはそれらの多くに途上国が重複して参加しており、そのようにしてグルーピングされた集団が、また他の集団と重複するなど、相当に複雑な様相を呈しているということがわかった。

Ｇ77のなかにＧ24があって、それに参加する国が、また他のグルーピングに参加する。そのような状況が複雑に重なり合うなか、新たな権利を獲得すべく途上国が動いていることもわかった。例えば、ＷＴＯのもと草案段階の「漁業補助金規律協定草案」がある。同草案は、漁業補助金のうち漁業資源の乱獲につながると合意された原因の補助金に規制をかけようとするものであるが、途上国の漁業は小規模で、乱獲には影響がないので、かかる規制から免除されるという想定がある。これがＷＴＯにいう「特別のかつ異なる待遇」の具現化である。

みてきたように、ＮＩＥＯでみられたような経済的格差是正措置はほぼ消えて、今後は上述の権利獲得に向けて途上国は行動すると思われる。ゆえに、取りあげる問題に応じた途上国をできるだけ具体的にイメージして、かかる権利獲得に向けた動きを分析してゆくことが適切であるように思われる。国際法における格差は、変えられない過去の上に生じるものであると同時に、その過去にも基づいて現状を少しでも有利にして将来を変えようとする政治的な動きの基準ともなりうるのである。

注

（1）本稿は、地域文化学会二〇一五年度年次大会（第一八回研究大会）における発表に加筆・修正したものである。

（2）中田達也「海Ⅲ　深海底」大森正仁編『よくわかる国際法』（ミネルヴァ書房、二〇〇八年）第二部各論Ⅴ―七所収、八〇～八一頁。

（3）詳細については、次を参照。Koskenniemi & Lehto, *The Privilege of Universality: International Law, Economic Ideology and Seabed Resources*, 65 NORDIC J INT'L L. 533 (1996) 533 et seq. コスケニエミ教授（一九五三～）は、人類（humanity）の名のもとで、特別な伝統――ここではトルコ人、セルビア人及び他の世界の人々が例にあげられる――をいかに遇するか、そしてそれにいかに納得して貰うかにつき、一八八〇年のアンスティテュ（*the Institut de droit international*）におけるトゥウィス卿（Sir Travers Twiss）の言説を引用しつつ、考えを示している。トゥウィス卿は、コーランは、イスラム教徒が多くいる地域と異教徒の国の間にある平等を禁じているので、領事裁判権の普遍的な実行を可能にするとした。すなわち、ここでいう普遍性（universality）は、普遍的な特別な取扱い（privilege）として述べられているのである。また、コスケニエミ教授は、歴史家のパグデン教授（Anthony Pagden, 一九四五〜）の見解を引用し、例えば、開発協定（development agreements）を締結するにあたって、相手国の人権に条件づけをする（conditionality）ことは新しい植民地主義ではないのかという疑問に対して、過去の帝国主義を否認しているのに、かかる条件づけを説得するのは難しいというジレンマがあるとしている。Martti Koskenniemi, *International Law in Europe: Between Tradition and Renewal*, 16 EURO. J INTL. L. 113, 115 (2005).

（4）加藤淳平「現在の国際社会における『国』」地域文化研究六号（二〇〇二年）二〇頁。

（5）同書、三頁。

（6）同書、三五、五八頁。

（7）同書、二二頁。

（8）同書、四頁。

（9）山影進「アジア・アフリカ会議」『国際関係法辞典（第二版）』（三省堂、二〇〇五年）四頁。

（10）松井芳郎「友好関係原則宣言」『国際関係法辞典（第二版）』（三省堂、二〇〇五年）八五〇〜五一頁。

（11）中野徹也「条約法」浅田正彦編『国際法（第二版）』（東信堂、二〇一三年）第三章所収、七一頁。

（12）加藤・前掲注（四）四七〜四九頁。

（13）同書、二二〜二四頁。

（14）*Available at* http://www.g77.org/doc/members.html (July 5th of 2015).

（15）今澤紀子「ダーイッシュ（「イスラーム国」）について考える」地域文化研究一六号（二〇一五年）八五〜八七頁。

（16）イスラム国を設立したのは、アブー・ムスアブ・アッザルカーウィー（一九六六〜二〇〇六年）である。彼は、一九九〇年にソ連撤退後のアフガニスタンに赴きアルカイーダに接近後、イラク戦争前のイラクに現れるようになった。イラク戦争後の混乱にあって、彼はシーア派を不信仰者として攻撃を繰り返した。二〇〇六年に戦闘中に受けた傷がもとで彼は亡くなった。後継者は、アブー・ウマル・アルバグダーディー（一九六四〜二〇一〇年）であった。バグダーディーは、イラクのムスリム同胞団やクルド人も攻撃した。二〇〇五～二〇〇九年まで米国に拘束された後「ジハード戦士評議会」で知り合い、生前の指示を受けていたアブー・バクル・アルバグダーディー（一九七一年～）が現在の後継者である。同書、八七～八九頁。

(17) ＡＦＰ時事、二〇一五年六月二六日（金）。
(18) 東京新聞、二〇一五年六月一日（月）夕刊。
(19) 今澤・前掲注（一五）九一頁。
(20) ＡＦＰ時事、二〇一五年六月二六日（金）。
(21) S/RES/2170.
(22) A/HRC RES/S-22/1.
(23) S/RES/2178.
(24) 空爆は、二〇一四年八月に開始された。東京新聞二〇一五年六月一二日（金）。イスラム国が関与したとされるテロ（チュニジア中部で二〇一五年六月二六日発生、英国人三〇名が犠牲）を契機として、英国では、シリア国内のイスラム国関連施設の空爆を求める声が出始めた。それまでは、シリア政府から要請なきシリア空爆には参加していなかったが、この事件以降、積極的なシリア空爆が必要との見解も出るようになった。
(25) *Available at* http://www.mofa.go.jp/mofaj/gaiko/terro/anpo_1267.html, and http://www.mofa.go.jp/mofaj/files/000053571.pdf (July 13th of 2015).
(26) 東京新聞二〇一五年五月二五日（月）、東京新聞同年六月二二日（月）。二〇一五年六月二三日には、イスラム国がパルミラ近郊にあるイスラム教の聖者の墓を爆破した写真が公開された。
(27) 二〇一四年九月一日の人権理事会の決議の前文でも、「記念建造物、廟、教会、モスク及び他の会衆のための施設、遺跡並びに文化財のみさかいなき破壊」を憂慮すると明記された。A/HRC RES/S-22/1.
(28) 「第七条　人道に対する犯罪」１　この規程の適用上、「人道に対する犯罪」とは、文民たる住民に対する攻撃であって広範又は組織的なものの一部として、そのような攻撃であると認識しつつ行う次のいずれかの行為をいう（以下、本稿に関連する部分のみ抜粋）。（ｈ）政治的、……文化的又は宗教的な理由、……に基づく特定の集団又は共同体に対する迫害……

(傍点筆者)。２　１の規定の適用上、(g) 迫害とは、集団又は共同体の同一性を理由として、国際法に違反して基本的な権利を意図的にかつ著しくはく奪することをいう。

(29) 東京新聞、二〇一五年七月三日(金)。

(30) 東京新聞、二〇一五年七月四日(土)夕刊。

(31) 東京新聞、二〇一五年七月五日(日)。危機遺産には、紛争や自然災害で重大な危機にさらされている世界遺産が登録される。遺産の所在国は「世界遺産基金」への財政支援を申請できる。

(32) ＡＦＰ時事、二〇一五年七月七日(火)。

(33) 東京新聞、二〇一五年七月一日(水)。

(34) 東京新聞、二〇一五年五月二七日(水)。

(35) 米国は、第一追加議定書を批准していない。酒井啓亘・寺谷広司・西村弓・濱本正太郎『国際法』(有斐閣、二〇一一年)五五七～五五八頁。

(36) 同書、五六八頁。

(37) 今澤・前掲注(一五)九三頁。

(38) 同書、九五～九六頁。

(39) 位田隆一「グローバル・ジャスティスにおける『開発の国際法』の意義―『実質的平等』の展開と到達点」世界法年報三四号(二〇一五年)一六九頁。

(40) 同書、一六五～六六頁。

(41) 同書、一八三～八五頁。

(42) *See* J.R. Pate, Introductory Note to Andean Pact Decision 290, 30 ILM (1991) 1283.

(43) Thomas W. Waelde, *A Requiem for the "New International Economic Order": The Rise and Fall of Paradigms in International Economic Law and a Post-Modern with Timeless Significance, in* Gerhard Hafner, Gerhard Loibl, Alfred Rest, Lilly Sucharipa-Behrmann and Karl Zemanek *et al. in* LIBER AMICORUM: PROFESSOR IGNAZ SEIDL-HOHENVELDERN IN HONOUR OF HIS 80TH BIRTHDAY (Kluwer Law International, 1998) 778-80.

（44）*Id.*, at 783-84.
（45）*Id.*, at 781-82.
（46）酒井他・前掲注（三五）四二四頁。
（47）位田・前掲注（三九）一七五～七六頁。
（48）鳴瀬成洋「GATT / WTOにおける途上国の待遇―『特別かつ異なる待遇(S&D)』と相互主義の相克」商経論叢四三巻一号（二〇〇七年）三〇九頁。
（49）同書、三一四頁。
（50）Waelde, *supra* note (43), at 796-97.
（51）*Id.*, at 798-800.
（52）位田・前掲注（三九）一八〇～八二頁。
（53）同書、一六九頁。
（54）Group of Twentyの略で、主要国首脳会議（Ｇ８）に参加する八カ国、欧州連合（ＥＵ）及び新興経済国一一カ国の計二〇カ国・地域からなるグループである。構成国・地域は、米英仏独日伊加、ＥＵ、中国、インド、ブラジル、メキシコ、南アフリカ、豪州、韓国、インドネシア、サウジアラビア、トルコ及びアルゼンチン。
（55）Group of Tenの略で、一九六二年一〇月にＩＭＦの一般借入取極（General Arrangements to Borrow, GAB）への参加に同意した国のグループをいう。一九八四年四月にスイスが新たにＧＡＢに参加したので、現在の参加国は一一カ国だが、名称はＧ10のままである。
（56）現在は、四六カ国。ＷＴＯのもと、農産品市場の制限ができるよう途上国のための特別なルールを提案している。
（57）Group of 90の略で、最貧国と最小途上国間の同盟。その多くは、ＷＴＯの加盟国である。このグループは、二〇〇三年九月のカンクン第五回閣僚会議で形成された。その構成は、アフリカ諸国、カリブ諸国、アフリカ連合（ＡＵ）及び最貧国（ＬＤＣｓ）。
（58）*Available at* thttp://g24.org/ (July 6th of 2015). 正式名称は、国際通貨問題及び開発に関する二四カ国グループ。通貨及び開発問題に関する途上国の立場を調整するため一九七一年に設立された。また、国際通貨制度の改善に関する交渉における途上国の提示と参加を確保することも目的の一つである。構成国は、アフリカ・グループ（アルジェリア、カーボベルデ、エジプト、エストニア、ガボン、ガーナ、ナイジェリア、南アフリカ及びコンゴ）、ラテンアメリカ及びカリブ海諸国グループ（アルゼンチン、ブラジル、コロンビア、グァテマラ、メキシコ、ペルー、トリニダート・トバコ及びベネズエラ）、及びアジア・グループ（インド、イラン、レバノン、パキスタン、フィリピン、スリランカ及びシリア）。

（59）例えば、太平洋の島嶼国が、二〇一五年五月二二日に「日本・太平洋諸島フォーラム首脳会議（第七回太平洋・島サミット、於福島県いわき市）を開催した（オーストラリア、パプアニューギニア、ソロモン諸島、フィジー、バヌアツ、キリバス、ミクロネシア、パラオ、マーシャル諸島、ナウル、サモア、トンガ、クック諸島、ツバル、ニウエ及び日本）。この会合で、日本の首相は各国首脳に対し、インフラ整備や防災対策の資金援助として二～三五億円の支援を表明した。この会議は、当時の橋本龍太郎首相の呼びかけで一九九七年から三年に一度、開催されている（東京新聞、二〇一五年五月二三日（土））。安倍首相は、この第七回会議で、参加国に今後三年間で計五五〇億円以上の資金援助と四千人規模の人的交流をすると表明した（東京新聞、二〇一五年五月二三日（土）夕刊）。

（60）位田・前掲注（三九）一七八～七九頁。

研究論文

世界を旅し日本近代を見つめた水彩画家、三宅克己について

森　芳功

はじめに

三宅克己《こっき》という画家のことはご存じだろうか。日本近代を代表する水彩画家の一人である。一八七四（明治七）年に生まれ、水彩画が隆盛をきわめた明治後半に人気作家となった。画壇で地位を得た一方、その枠組を超えた活動も行っている。一九五四（昭和二九）年に八〇歳で没するが、作家生涯の長い期間を著名な存在であり続けたといっていい。しかしいま、日本近代美術史に関心をもつ人以外、彼の名を知る人は少ない。亡くなってからすでに六〇年以上が過ぎ、忘れられた画家ということもできる［図1］。

だが、二一世紀の今日から見ると、彼の生涯には興味深い点が少なくない。何よりも当時の人としては珍しく、世界と日本をグローバルな視点で捉えようとしたところがあったからである。明治期から昭和初期まで、ヨーロッパに六回、アメリカに三回、朝鮮や中国大陸、台湾への旅行も経験し、風景画を描き続けている。もちろん日本国内での取材は全国におよぶ。風景の取材が目的だったとはいえ、世界を旅し、また日本に戻るこ

とを繰り返す生涯は、外から日本を見る目も養った。

当時の美術エリートたちと違って、彼の度重なる渡航資金は、自身の制作と工夫で得ていたのもユニークな点であろう。それは美術界のなかで「群れる」必要がなく、独立した精神を保ち、「世界」に対して独自の視線を注ぐことができた背景の一つでもあった。日本の近代化や戦争に対する批判的発言など、社会的問題意識も隠すことはなかった。彼は、あくまで水彩画家として生きようとした人であったが、近代日本における個人の精神を考えるうえで、記憶されるべき存在なのだと思う。

本稿では、彼の生い立ちや生き方、美術や市民との関わり方を検討しつつ、世界と近代日本に向かい合った姿勢を概観したい。(1)

一　独立した生き方を育んだ生い立ち

まず、三宅克己がその考え方の基礎をつくった生い立ちについてスケッチしておこう。(2) 生まれたのは一八七四（明治七）年。生地は四国の徳島である。三宅家は、代々江戸藩邸で働いた徳島藩士の家系で、父親の盈衛《みつえい》は留守居役という藩邸の重要ポストを務めていた。明治維新後の版籍奉還によって藩がなくなり、両親が徳国元に戻っていたときに生まれたのが克己であった。父親は、徳

図１　三宅克己の代表作の一点〈羅馬《ローマ》コンスタンチン凱旋門〉
1920年　東京国立近代美術館蔵　＊図版の出典は巻末

島で成すべきこともなく過ごしていたというが、克己が六歳のとき、旧藩主蜂須賀茂韶《もちあき》から東京に呼び寄せられる。「若殿様」である蜂須賀正韶の養育係となったのである。上京後、一家は蜂須賀家本邸の長屋で生活をはじめる。

克己が将来画家となるうえで幸運だったのは、屋敷近くに日本洋画のパイオニアである高橋由一の画塾、天絵学舎があったことである。自伝によると、彼は父親に連れられ生徒の制作画を見に行くのが好きだったという。子ども心に、物事を写実的に描く西洋画法に印象づけられたのである。小学校でも、西洋の描写力を身につける画学の教科書を熱心に模写している。学校の他の勉強はなまけて一年留年したにもかかわらず、教員のなかに、「あなたは今にきっと豪い絵の先生になりますよ」と真剣に繰り返して語る教員もいたという。

だが、将来の進路については、父親の盈衛と激しく対立している。立身出世が求められた時代であり、父は、中位の武士としての家系を維持できるよう、息子を大学に進学させて鉄道技術者にしたいと願っていた。蜂須賀家本邸の同僚たちも、競うように息子を工部大学校（後の東京帝国大学工学部）や慶応義塾に進学させていた。そのような雰囲気のなかで、父の立場として、息子を画家の道に進ませる選択肢はなかったと思われる。

しかし克己には、絵の道へ導くような出会いが次々と訪れる。高等小学校時代に通わされた英語塾月山学舎では、洋画の勉強を励まされている。先生は、幕府留学生としてロンドンに学び、維新後も岩倉使節団の一員として渡欧した川路寛堂だった。寛堂は、克己の西洋画を学ぼうとする熱意に共感し、イギリスの美術館の話をしている。その妻花子は、日本初の官立美術学校、工部美術学校で最初の女子学生として洋画を学んでおり、克己が画家になれるよう熱心に励ましている。ちなみに寛堂の父は、幕府の対欧米外交を担当し、幕府崩壊に殉じて自害した旗本の川路聖謨《としあきら》だった。

克己は、勉学に追われる東京府尋常中学校（現在の都立日比谷高等学校）への進学を避け、その頃の自宅近くにあったキリスト教系の明治学院普通学部へ進む［図2］。一八八八（明治二一）年九月、彼が一四歳のときのことである。父親は「耶蘇教」の学校を嫌ったが、アメリカ人やイギリス人の教師から英語を学ぶ有利さがあると考えなおし妥協した。そこで克己が出会ったのは、図画教師の上杉熊松であった。上杉は、克己の父親に絵の勉強ができるよう説得を試みたが、父は拒絶し、「上杉様のような華族様ならまだしも、我々のごとき貧乏者が、悠長に絵とはもってのほかの事だ」と述べたという。上杉は、旧大名家の出身であった。

父の盈衛は、絵ばかり描き学校の勉強をしない息子を説得するため、ついに藩命でアメリカに派遣されたことがある知人を家に招く。その人は、克己が制作し玄関に飾っていた肖像画を見てたいへん驚き、克己に専門的な絵の勉強をさせるべきだと逆に父親を説得する始末だった。それでも諦めきれない盈衛は、蜂須賀家本邸の同僚にも助力を頼む。息子を慶応義塾から後にアメリカのハーバード大学に留学させた人だったが、やはり克己の作品を見て、「これは克己さんを画家にしないのは三宅さん、あなたが悪いよ」と述べたという。

とうとう盈衛は克己の意志を認めざるを得なくなった。そして図画教師の上杉は、克己を明治学院から退学させ画塾に入れるという、かなり思い切った指導を行っている。

克己の少年期は、さまざまな分野において近代のシステ

図2　三宅家家族写真
後列中央が明治学院普通学部時代の克己

ムがつくられようとしており、経済的基盤のある若者は、将来に大きな夢をいだくことができた時代であった。美術の分野でヨーロッパに留学する者もいた。ただし、明治二〇年代の国内に絵を描いて暮らしが成り立つ条件は、ほとんどなかったといっていい。洋画を学んでも、肖像画を細々と描くか、新聞社で報道に関わる挿絵を描くか、あるいは師範学校を出て教員となるか、洋画家の生きる手だては限られていた。克己の父は、絵を描くのは「隠居の道楽」と考えていたが、現実を見ればその通りであり、その頃の日本に、洋画が流通する市場などなかったのである。

そうはいっても、克己のまわりには、彼の夢を励まそうとした人が少なくなかった。彼らはどうして克己を励ますことができたのだろうか。

背景にあるものはそれぞれ異なっていたと思われる。日本の近代化・西洋化のために洋画分野の人材が必要と考えた人もいたはずである。あるいは、果たせなかった自身の夢を託した人もいただろう。図画教師の上杉のように、キリスト教の立場から、人は天職につくべきだという信念を持つ人もいた。だが、私がそれ以上に注目したいのは、小学校や高等小学校の担任である。美術の専門家でない人たちが、「きっと豪い絵の先生になりますよ」と自信をもって励ましているのである。若者の未来について確信をもって語ることができる雰囲気が、明治前半の日本社会に広くあったことを示している。

それは、当時のベストセラー『西国立志編』の影響も関わっていたと考えられる。同書は、サミュエル・スマイルズ（Samuel Smiles）『自助論（Self - Help）』の翻訳書である。「天は自ら助くる者を助く」という格言をひきながら、独立した精神と行動、そして努力によって人生を切り開いた欧米人の伝記を、政治や経済、文化芸術などの分野から幅広く紹介している。一八七一（明治四）年に中村正直（敬宇）の訳で初版が出版され、版を重ねた。小学校時代の担任教員田中瑞穂も克己に読んで聞かせ、「大いに励ましてくださった」という。『西国立志編』は、福澤諭吉『学問のすゝめ』とともに、明治初期から中期の青年たちに大きな影響を与えた啓蒙書だったのである。画家としては、理髪師の息子だったターナーが、英国王立アカデミー会員となる話も収録されている。才能をもち努力した者が報われるという考え方に貫かれていて、実力さえあれば旧時代の身分を超えて社会的指導者になれる可能性を示すものであった。当時の若者たちの心をつかみ、克己も繰り返しこの本を読んだという。

彼の『西国立志編』への共感について理解するには、自身の先祖に対してどのような意識をもっていたのかを見ておく必要もあるだろう。家系は江戸藩邸で代々働いた三宅家に連なるのだが、彼の家はそのなかでも本家であり、克己本人は当主を受け継ぐ立場にあった。重要な働きをした先祖もいたのだが、そのような業績を含め、彼は自伝『思ひ出つるまゝ』(一九三八年)でも、他の文章のなかでも一切触れていない。父親の仕事が留守居役だったことは書いているが、「他藩の役人どもと、酒など飲み合い遊んでいればよいという、至極呑気そうな結構な役割であったらしかった」と述べるほどであり、そこからは家系を誇りに思う気持ちを読み取ることはできない。

ちなみに、父親の盈衛は、養育係として仕えた蜂須賀正韶が元服した後、本邸から高輪別邸に配置換えとなる。蜂須賀茂韶がむかえた側室の住む、大きくはない屋敷の担当であり、恐らくはその責任者になったのだと思われる。その後しばらくして、盈衛は蜂須賀家を退職し、数年後に結核で亡くなってしまった。もともとは儒学を学び明治以降、福澤諭吉の「大の信者」となった学者肌の盈衛にとって、高輪への転勤は、面白いものではなかったのだと想像される。

自伝には、克己が画家として成功した後の話題として、蜂須賀正韶に触れたところがある。正韶は、克己の画室に華族仲間とやってきたのだが、かなり迷惑な客であったことや、作品の購入は一枚もなかったことを戯画的に記している。旧藩主の蜂須賀家に対して、臣従する意識の感じられない内容となっている。

克己は、古い地縁や血縁に頼らず、経済的にも独立した近代の画家であろうとしたが、自伝などの記述、あるいは書き残さなかったことから、そのことを浮かびあがらせているように思われる。

二　海外に目を向けて道を切り開く

次に克己の初期の渡米、渡欧から考えられることを見ておこう。彼は明治学院普通学部を退学した後、一八九〇（明治二三）年九月、洋画家大野幸彦が自宅で開いていた画塾に入った。大野は、工部美術学校でお雇い外国人教師に師事し、国家を背負って学んだ人であり、非常に厳しい指導を行った。若い克己は感覚の自由を求めた面があったものの、そこでの修業に耐えて描写技術の基礎をつくっている。この大野画塾時代、一七歳のときに彼は、来日中のイギリス人画家、ジョン・ヴァーリー・ジュニア（John Varley Jnr.）の水彩画と出会う。

「これを視た私は、忽然自分の進むべき世界の入り口が目前に開かれたように思った。バアレイの写生画は水彩画と油絵であったが、何故か私にはその水彩画が炎々たる火焔となって私の心魂に燃え移ったのであった」という有名な言葉を残している。その作品との出会いが、彼を水彩画家の道へ進ませた大きな原動力となったのである。

その後、大野が病没したため、ドイツ留学の経験者、原田直次郎の教える鐘美館に移っている。「忠臣二君へ仕えず」という封建時代の気風が残る時代であり、転塾には非難もあったが彼は自分を貫いている。

だが鐘美館に入り、水彩画の勉強が進みはじめた頃、今度は父が病で亡くなる。三人の弟と母親をかかえ、長男として一家を支えなければならず、一時は、版下絵の職人や浮世絵師のもとに弟子入りすることも考えている。そのようなときに、日本風景の水彩画を描き、アメリカで売って学費を得ることを思いつく。当時、誰も試みたことのないアイデアであり、先生の原田直次郎も画塾の仲間たちもこぞって反対している。

発想の源は、横浜にあった欧米人を顧客とする画廊に絵を納めたことにあるらしい。わずかなお金をかせぐ画学生のアルバイトだったが、外国人には日本風景の水彩画が売れる可能性があると感じたのである。

しかし、風景画を描きためてアメリカに向かったのは、その時から数年後、日清戦争の従軍や朝鮮半島での軍務を終えた一八九七（明治三〇）年六月、二三歳のときだった。

片道の旅費を持ち、清国船籍の船で太平洋を渡った後、鉄道でニューヨークにたどり着く。克己は結局洗礼を受けなかったのだが、日本とアメリカにおける会衆派キリスト教会の人脈が彼を支え、東部ニューヘイブンにあるイェール大学附属美術学校で学ぶこともできた。学費免除の待遇を得、レストランでアルバイトをしつつも所持金が底をつき、ぎりぎりまで追いつめられた冬の日、日本から持参した水彩による風景画がすべて売れたという。美術学校長のはからいで開いた個展が成功したのである。四百ドルの貯金ができ、彼はイェールで学ぶ日本人留学生のなかで一番の金持になったという。校長らが、地元有力者に声をかけてくれたのだろう。

彼はそのお金をもとに、水彩画の本場イギリスに渡り、さらに絵の勉強を続け、フランスのパリやオランダを訪れた後、地中海からスエズ運河、インド洋を通る航路で一八九八（明治三一）年一〇月に帰国した。地球を一周したわけである。

この克己の成功と欧米で描いた水彩画の展示は、当時の日本の美術界に衝撃を与えることとなった［図3］。白馬会という新傾向の画家たちが集う美術団体に迎えられたほか、アメリカで水彩画を売ろうとする追随者も生み出している。実際に渡米して、克己よりも多い売り上げを稼ぎだした人や、帰国後、立派な家を新築した者もいたほどであった。

克己が渡米で成功した理由はどこにあったのだろうか。日本風景に対するアメリカ人のエキゾチックな興味に加え、一九世紀のアメリカには風景画への関心があったことが大きい。旧宗主国のイギリスでは、清教徒革命、名誉革命の後、ヨーロッパ大陸への修学旅行ブームがあり、風景画が盛んに描かれた。そして、世界各地の風景を描こうとする画家たちの動きにつながっていったが、アメリカ美術はその影響下にあったのである。

また、当時の中流以上の市民にとって、絵画が教養の一つだったことも、厳しい修業を経た克己の表現が受け入れられる背景にあったと考えられる。克己もニューヨーク滞在時に絵を教える家庭教師の仕事を体験し、描く技術をもつ者に対する尊敬の気持ちが、極東の新興国から来た自分にも向けられているのを感じている。ロンドンやパリでもそれに近い

図3　三宅克己〈ニューヘブンの秋〉
1897年　第一回渡米期の作品

感覚を得たようだ。市民と交流することで得たその感覚は、克己の美術に対する考え方をつくるうえで大きな意味があったように思われる。西洋的な価値観ではあったが、日本一国の枠組みでは捉えられない、絵画が生み出す普遍性に触れた経験だったからである。

しかしながら克己が画家として大成できたのは、一度の成功に満足せず、二度三度と渡欧を繰り返したことにある。日本近代の洋画家たちの多くは、芸術の中心地パリで学んだ最新の傾向を日本に持ち込み、評価されることで地位を得ようとした。たとえば克己がパリで会った大野画塾の先輩、岡田三郎助は、明治政府の一翼を担った佐賀藩の出身であり、国費で留学していた。帰国後は、東京美術学校（現在の東京藝術大学）で教鞭をとり、画壇の重鎮となっていく。岡田の業績も日本近代美術史のなかで意味あるものだったが、克己には国費留学の条件などなく、別の道を歩まざるを得なかったといえる。

もっとも、第一回渡米・渡欧から帰国後に脚光を浴びたといっても、克己の作品が日本で売れたわけでなく、日々の暮らしは厳しいものがあった。しかしアメリカでの需要は続いており、在米の美術商から注文が入り大金を得ることもできた。その資金で、再び渡欧を決行したのである。第一回渡欧の帰国から三年後のことであった。二度目の渡欧では、印象派の表現など、当時パリで注目されていた新傾向を学んでいる。

三　市民と結びつく幅の広い活動

三宅克己は、結果的に画壇的地位も得ることができた。美術界で最も権威ある展覧会となった一九〇七（明治四〇）年開設の文部省美術展覧会（文展）やその後の帝国美術院美術展覧会（帝展）で発表を続け、文展時代には最高賞を受賞している。

だが彼は、アカデミズムに捕らわれない活動も同時に続けていた。一九〇〇年前後（明治三〇年代）の水彩画、絵葉書ブームのときは、彼自身「私の風景絵葉書は、素晴しい勢いで天下に横行した」というほどの大衆的な流行作家となった。日露戦争の頃、原画の注文をさばくため、仲間の画家に代作を頼んだこともあったと自伝で告白している。日本風景や戦場のようすを描いた絵葉書が飛ぶように売れたのである。

絵葉書への関心は、水彩画の流行と重なりながら高まったものであった。当時の中学生（今日の高校生）や大学生など、芸術志向のある青年たちはスケッチ箱を持ち、こぞって写生に出かけている。風景写生は、自身の眼で風景を見、自身の手で形を捉える自己表現の行為となる。自然主義文学の影響から、「近代」を実感できる試みやすい手段として、青年たちは熱烈に水彩画を受け容れたのである。克己は、大下藤次郎、丸山晩霞とともに、カリスマ的存在となり、執筆した水彩画技法書も版を重ねた。

雑誌の口絵も盛んに描いている。絵葉書もそうだが、主にその印刷は、西洋からもたらされた石版印刷の技術で行われ、彼の絵の色彩を美しく再現した。『中学世界』、『少学世界』、『文章世界』、『家庭文芸』、『明星』など、掲載が分かっているものだけをみてもその分量は多く、毎月忙しく働いたことがうかがえる。興味深いのは、それらの口絵は、画家としての技量を見せるものだけでなく、簡潔なタッチで描かれたものが少なくない。恐らく水彩画を学ぶ人のお手本的な意味をもたせていたからなのだろう。彼は、読者の求めに応じる柔軟性を持っていたようである。

もちろん流行というものはいずれ終わりがやってくる。どのような分野の有名人でも、時が過ぎると忘れられてしまうものだが、彼の場合、水彩画の普及に力を入れたことが、その後の活動につながった面もあった。

たとえば『中学世界』（博文館）という雑誌は、いまでいえば大学受験生が読むような雑誌であり、進学率が低かった時代の読者はやがて会社や役所で出世し収入を得るようになる。そのとき三宅克己の名前を思い出し、絵を購入したケースも少なくなかったという。水彩画ブームが終わった後、彼の作品が取引された理由の一つに、明治末の雑誌口絵の役割があったことは否定できない。

青年を読者とする雑誌で彼が受け容れられた点について補足するなら、第一回渡米・渡欧が、経済的裏付けのない完全な冒険であり、その困難に打ち勝った物語がアピールした点をあげることもできる。大日本国民中学会編『学生立身要鏡』（一九〇九年）など、しばしば初期の挑戦が取り上げられたのである。それは、『西国立志編』を絵で描いたような成功物語であり、またそれゆえに水彩画ブームにおけるカリスマとして、他の水彩画家を超える人気を勝ち得たのだともいえる。

また、彼は、第一高等学校（現在の東京大学教養学部）や慶応義塾の絵画サークルで、水彩画を指導する機会も大切にしていた。講師として地道に水彩画普及に取り組んだのである。そのような市民向けの活動を行いながらも、水彩画団体の指導者になろうとしなかったのが彼らしいところである。水彩画隆盛期の頃、弟子入りを志願する青年も少なくなかったというが、そのような者に対しては、冷静になるよう諭し、東京美術学校や白馬会、太平洋画会の研究所で学ぶことを薦めている。大正期を代表する洋画家となった中村彝《つね》も彼を訪ねた一人だった。

克己は、美術界の枠を超えた存在感を得ていくのだが、マスメディアとの関わり方も興味深い。第一回渡米・渡欧から帰国した後、『美術新報』（画報社）で、彼は自身の体験を執筆。その後も海外に赴くたびに、さまざまな雑誌に記事を書いていった。第三回渡欧時からは、『美術新報』の「渡欧通信」（一九一〇―一一年）のように、帰国後でなく、滞在地から速報のようにしてエッセイを送り、毎月の誌面に掲載されることがあった。美術家たちは、そこから欧米のようすを知り、自身の渡欧計画の参考にしただろうし、一般の読者は、世界旅行を垣間見るようにしてそのエッセイを楽しんだはずである。彼は渡欧だけでも六回行っており、その記事の数は多い。『欧州絵行脚』（一九一一年）のように旅行記が単行本にまとめられたものもあることから、人気のエッセイだったと考えられる。

彼は次第に海外の文化や地理を知る知識人の一人と目されるようになり、『世界旅行案内』（一九三四年）の執筆と監修も手がけている。面白いことに、夫人を同行した長期のヨーロッパ滞在が当時としては珍しく、婦人雑誌に取り上げられたこともあった。

写真の分野での活動も忘れてはならない。大正後期から昭和初期において、彼はアマチュア写真の世界でも知られていた。第一回渡米の折にコダックのカメラを購入し、それ以降、「趣味」として写真に取り組んでいる。渡欧時などに風景写真を撮影し、写真紀行文も執筆した。それを、『欧州写真の旅』（一九二一年）、『写真機さげて欧米へ』（一九三三年）などの本にまとめている。雑誌『カメラ』（アルス）では、一九二一（大正一〇）年の創刊時に顧問となり、毎号のように自身の写真やエッセイを掲載するなど、長く関わっていく。都市における「新市民」ともいうべき中間層が、彼の主要な支持層といえるが、市民に啓発する仕事を写真の分野でも行っていたのである。

四　従軍体験

次に、どのように彼が世界を見ていたのかという点に話を進めよう。克己の海外での足跡は、欧米が中心となるが、中国や韓国、台湾といった東アジア各地に及んでいる。そのなかでも最初の海外が、日清戦争で従軍した中国大陸だったことは注目しておくべきだろう。そこでの体験は、日本と世界に対する見方を問われる強烈なものだったと考えられるからである。

彼は、東京の第一師団の歩兵二等卒として、一八九五（明治二八）年一月、遼東半島に上陸した。転戦する陸軍の補充兵として、冬の満州路を北に行軍し戦場に向かったのである。彼の部隊は、営口の地雷原のなかで苦戦し、田庄台、牛荘《ニュウチャン》で市街戦をたたかっている。そして、どうやらそのとき、彼は清軍の捕虜となったらしい。囚われの身となったときに、素描だろうが、清の将校の肖像を描いてみせると、将校から「お前は兵隊ではなく画家になれ」といわれ、歩哨をつけて帰されたのだという。[3] そのことは、一九三八（昭和一三）年に刊行された自伝『思ひ出つるまゝ』には書かれていない。第二次世界大戦の終戦後、シベリア抑留の経験をもつ、三宅担当の画廊職員に語った話として伝わっている。この従軍時の経験は、後で紹介する芸術に国境や敵味方はないという、彼の考え方を形づくるうえで重要な要素になっていったように思う。

自伝では、日清戦争での従軍や戦争と関わる部分が何カ所も伏せ字となっている。「××などで度々虐たげられた若い心」の伏せ字のように、「軍隊」あるいは「戦争」の文字が削られたと思われる部分もある。数行に渡った伏せ字部分では原文の復元は難しいのだが、厭戦的（あるいは非戦的）な意味合いから検閲にひっかかったのだろう。自伝には、「せめて半時間でも楽しい絵を描いて死にたいものと、鉛筆の手を絶えず動かした」と述べたところもある。彼は、人間が敵味方に分かれ、命をやりとりする戦争の最前線を経験し、その悲惨さを深く知ったはずである。自伝には、戦場へは行きたくないという気持ちを滲ませた部分が所々にみられるのである。『思ひ出つるまゝ』が出版されたのは、日中戦争のさなかだが、それから四〇年ほど前の日清戦争に参加した元兵士が抱いていた、新たな戦いに対する批判的心情が表れた資料の一つになるのかもしれない。

それはともかく克己は、日清戦争後、再び召集された朝鮮半島での軍務でも命の危機を経験した。日露戦争のときは、召集令状を待つ日々が「食事すら満足に喉に通らず」というほど不安な気持ちだったと自伝に記している。東京の第一師団は旅順攻撃で大きな被害を出したが、結局克己は召集されなかった。しかしその間、彼は雑誌の口絵の戦意高揚画制作に携わっている。市民の熱狂とマスコミの報道が重なる過熱した雰囲気のなかで、風景画を描いていた克己も動員されたのである。それらの口絵に携わった頃から、第二次世界大戦までの間には、彼の内部で変化していくものがあったようだ。克己の遺族は、太平洋戦争開戦の頃、自宅に憲兵が来て彼が取り調べを受けたことを覚えている。(4) 公然と日本の敗北を口にするところがあったからだという。

彼は思想家でなく、社会に対する見方をまとめた著作はない。だが、いろいろなところに書きつづったものを突き合わせていくと、戦争への姿勢を含め、日本近代への批判的視線が深まっていったことをうかがうことができる。それは、画家としての思考によるものなのだが、そのことを次に見ていこう。

五　海外体験と日本近代への眼差し

克己が水彩画家を目指すようになったのは、すでに触れたように、イギリス人画家ジョン・ヴァーリー・ジュニアの描いた日本風景に魂を奪われるほど感激したときからである。それは、普段自分が目にする日本の風景が、「鏡にでも映っているように」描かれていたからに他ならない。

軍隊から帰り、アメリカをへて初めてヨーロッパに渡ってからは、新緑のロンドンやパリ郊外の牛乳色にけむるセーヌの光景が、この世のものとは思えないほど美しく感じられ、夢中になって描いている。しかし帰国後に見た日本の風景は色あせて感じられた。美術留学者の多くが経験するスランプを彼も経験することになったのである。彼の場合、日本とヨーロッパの風景や空気の違いに戸惑い、表現の壁となったのだが、そこには人々が手を加え、長い年月をかけて公共的景観を形作ってきた西洋文化と日本の風景との差が関係している。

そこから克己の日本の風景を描く真剣な探求がはじまったといっていい。彼が欧米への旅行を繰り返したのは、歴史と文化が映し出された西洋の風景に美しさを見出すとともに、新しい表現傾向や水彩画の伝統から学ぶためでもあった。帰国後は、それを受けて日本風景を追求しようとした。そのような欧米旅行と日本での制作は、彼のなかで対になっていったように思われる。四度目の渡欧から帰国後、彼は次のように述べている。

奈何《いかん》しても日本では日本の自然を相手として新しい物を生み出さねばならぬ。生み出すのは―中略―苦しい。唯困ったことはその肝心の日本の自然なる物です。

私は今自然から新しい物を得ようとするより、先づこの日本の自然を奈何して美しく観て行こうかと云う事に思い悩んで居ます。(5)

彼は台湾にも二度出かけている。朝鮮旅行を行い、中国も二度旅行したが、最終的に日本の身近な風景を題材とし、自身の風景画を見出そうとする。当時の画壇には、日本の植民地となった地域に出かけ、拡大する「日本」を風景画にしようとする傾向もあったのだが、彼は、昔ながらの日本の四季の美しさにこだわり、描こうとしたのである。一方で彼は、近代化によって「俗化」していく風景に対する批判的な発言も残している。

東京附近などは、昔江戸時代にあった可なりの勝地も、今日は既に破壊されて、劣等趣味の俗界と化しつゝある。(6)

「日本の自然を奈何して美しく観て行こうかと云う事に思い悩んで居ます」という言葉と、かつての景勝地が「劣等趣味の俗界と化しつゝある」という言葉は、彼のなかで重なって意識されていたのではないだろうか。国内を旅して美しい風景を探し求めながらも、日本の風景が、俗悪な看板や無秩序な開発などによって世俗化している現実に直面せざるを得なかったのである。「自然美は追々自分から遠くへ逃げて行くような気がされて、心細い次第である」とも述べている。とくに関東大震災によって、少年時代の克己が親しんだ江戸時代以来のよき東京の風景が消えてから、「劣等趣味の俗界」と呼ばざるを得ない景観は広がっていたのである。

震災のことで付け加えるなら、彼は地震直後、被災地の惨状を写真に記録した人でもあった。『カメラ』「大震災写真号」（一九二三年一〇月）に五六枚という多くの写真を掲載し、重要な記録者の一人となっている［図4］。彼は、発表しなかった写真をアトリエに残していたが、おびただしい被災者の遺体が写るものなど、雑誌掲載をはばかられる写真が多くあった。それらを見ると、悲惨な死と生の現実を見つめるリアリズムの精神が彼にあったことが分かる。

そのようなことを知ると、克己の美しい風景画のなかには、近代化によって失われようとする日本の美しさを絵に留めようとする気持ちと、悲惨な運命と隣り合わせにある人間と自然の関係が意識され表されているように思われる［図5］。

ここまで克己の海外渡航と日本風景への眼差しについてのべたが、そのうえで私が紹介したいのは、次のような言葉である。

芸術には国境無く、敵も味方もある可《べ》き筈《はず》が無い。殊《こと》に地球上の自然美に到っては、萬世不変のもので誰彼のものと限られて居るもので無い。

この意味からして今度の展覧会は、人為的無益の葛藤を他所《よそ》に、欧米各地大自然の楽土の縮図として観ることが出来ようと信ずるのである。(7)

この言葉は、日米開戦の年、一九四一（昭和一六）年に開いた個展

図4　三宅克己〈浅草六区より眺めた十二階〉1923年

のあいさつ文のなかにある。日本が世界との戦争に突き進もうとしていた時期に、芸術に国境はなく、敵味方もないという考え方を表明し、あえて国境のない「楽土」について述べたところに、彼の芸術を通じた社会観が表れている。海外と日本で美しい風景を描く探求を続けてきた人の心の叫びであったのかもしれない。

先に述べたように、日清戦争中捕虜となり、画学生であることを尊重した清軍将校の判断で釈放されたことも、芸術に「国境」がないと思わせるものがあったはずである。彼の外国経験は、最初の海外であった従軍期から、芸術の力と普遍性を意識させるものとして繋がっていったのではないだろうか。

彼がこのような考え方をつくることができたのには、いくつかの背景があったはずである。青年時代から親しんでいたキリスト教の教えや、文学者の徳冨蘆花、東京美術学校教授で美術評論家の岩村透、歌人の与謝野晶子などとの交流も検討されなければならないだろう。

それらのなかでも岩村透との関係が興味をひく。克己が二〇歳のときから、水彩画家を志すチャレンジャーとしての道を励まし、アドバイスを続けた人物である。イギリスやフランスへの留学経験があり、ジョン・ラスキンの社会主義思想に関心をもちロダンとも面会した研究者であった。岩村が没したときの追悼文で克己は、「美欲の満足」のために制作するのが美術家であり、「国家の為めなど云ふ積りは毛頭あるべき筈が無い」という岩村の言葉を紹介している。[8] 個人の表現

図５　三宅克己〈渓流（箱根底倉）〉
1941年　徳島県立近代美術館蔵

の発展と広がりが社会を豊かにするという考え方である。

もちろんこのような言葉だけで、安易に克己の思想的所属を決めつけるのは戒めるべきだが、克己が自身の経験にもとづき思考する人であったことは間違いない。たとえば、最後となる六度目の渡欧をシベリア鉄道経由で行い、ソビエト・ロシアを実際に見ている。革命後のロシアにいくらか関心もあったようだが、帰国後、スターリン体制下の疲弊した社会の状況を正直に報告している。(9)「地上の楽園」ではなかったというのである。自身の眼と体験で、風景も社会も見つめようとした現実感覚をもった画家だったといえる。

まとめにかえて——日本近代との距離

三宅克己の生涯と彼の考え方を、一八八〇年代後半の少年時代から一九四〇年代の第二次世界大戦頃までをたどっていくと、近代日本の絵画や社会の変化の大きさを改めて感じさせられる。

絵画の面でいえば、西洋の新傾向が次々と移入され目まぐるしく消費されていった時期にあたる。克己自身も最初は洋行帰りの若手作家として画壇に登場し、ブームとなった水彩画の啓発者として活躍したわけだが、表現の新しさの点で次第に過去の人となっていく。新たな傾向が西洋から移入されるようになったからである。ただし彼は、数度に渡る渡欧と渡米、日本での制作を繰り返しながら、自己の問題意識を見つめ、自身の表現を追求していくことができた。それと比較するなら、抽象主義やシュルレアリスムなどが登場した日本絵画の変化は、際だって感じられるのではないだろうか。

ふり返ってみると、彼にとっての風景水彩画の出発点は、青年時代に観たイギリス人画家、ジョン・ヴァーリー・ジュニアの描いた日本風景であった。身近な風景に宿る美に目を開かせられた瞬間だったといってもいい。しかしその後、「劣等趣味の俗界と化しつゝある」日本の変化を目撃しながら、美しい風景を見出そうとし続けた。そしていつしか彼は、近代化で失われた懐かしい日本を描くようになっていくのである。

日本近代の変化の大きさは、むろん絵画だけの問題ではない。克己の少年期は、『西国立志編』がベストセラー、ロングセラーとなり、個人の努力によって人生の可能性が追求できると思われたが、時代が進むにつれて「天は自ら助くる者を助く」という純粋な理想がいろいろな面で成り立ちにくい社会となっていく。たとえば、フランス語や英語を学ぶ努力をせず、日本人コミュニティーのなかだけで生活し、洋行帰りと見なされる一部美術家たちの外遊に対して、それでは「外国の本当の処が一際解らぬ場合もあろう[10]」と批判的に述べたこともあった。それは、国として経済的豊かさを得て旅行や滞在が便利になったとしても、グローバルな視点から自身を見ることができなくなっていた日本社会（美術界）への批判だったのかもしれない。

年齢を重ね、画壇のご意見番のように直言することもあった克己の発言は、日中戦争の頃から著書の文章が伏字となり、太平洋戦争開戦の頃には、官憲から監視を受けるようになる。さらに、創刊時から関わっていた雑誌『カメラ』も戦時統制による写真誌の統合で姿を消す。それは、彼が、水彩画の啓発者として活躍した明治末以来、専門家でない市民に表現の場を広げようとする長年の努力を否定するものであった。

このような時代の変化を見ると、明治初期、中期にあった克己を含む当時の若者たちの理想とは逆向きの方向に歴史が動いていたということもできる。しかし、世界を旅しながら、芸術に国境はないという考えをつくり、個人の能力を活かし、幅の広い市民の表現を発展させようとした克己の努力は、日本近代をつくったベクトルの一つとして、貴重な財産となっているように思うのである。

最後に戦後の克己についても若干述べておこう。第二次世界大戦の終戦の年（一九四五年）、彼は七一歳になっていた。戦後すぐは海外への自由な渡航は制限されており、自身の体の不調も重なったため、七度目のヨーロッパ旅行は叶わなかった。彼はアトリエを神奈川県真鶴町に構えていて、近くの箱根や伊豆などの風景を描いたのだが、その風景画のなかに、着物姿の母子の姿や編み笠をかぶった旅人の姿がしばしば登場するようになる。最晩年の作品は、はじめて上京したときに住んだ日本橋浜町の日没近い水辺の風景であった。克己は、少年時代にもどって、夢のなかの風景を描いていたようである。

注

（1）三宅克己の作品は、三輪英夫編『日本の水彩画14　三宅克己』（第一法規出版、一九八九年）、『生誕一四〇年・没後六〇年　水彩表現の開拓者　三宅克己回顧展』（徳島県立近代美術館、二〇一四年）などの作品図版を参照していただきたい。彼の著作については、拙編「三宅克己文献目録」（前掲『三宅克己回顧展』所収）がある。

（2）三宅の生い立ちと青年時代については、左記の文献をもとにしてまとめた。
三宅克己『思ひ出つるまゝ』光大社、一九三八年。

拙稿「三宅克己の画業と生涯（一）―（四）」『徳島県立近代美術館研究紀要』第一二号―一五号、徳島県立近代美術館、二〇一一年―一四年。

なお、本稿における引用は、旧漢字旧仮名遣いを現行の表記に改めたところがある。

（3）詳しくは、拙稿「三宅克己の画業と生涯（四）―鐘美館時代から第一回渡米まで」『徳島県立近代美術館研究紀要』一五号、徳島県立近代美術館、二〇一四年三月、二二頁。

（4）拙稿「三宅克己の画業について」『みずゑのあけぼの　三宅克己を中心にして』徳島県立近代美術館、一九九一年、一〇一頁（注一四）。

（5）三宅「あちらから帰って　下」『美術月報』第二巻第一一号、一九二一年六月、一六〇頁。

（6）三宅「非常時の日本風景」『風景』第三巻第七号、風景協会、一九三六年七月、二八頁。

（7）三宅「欧米巡遊の写生画展に就いて」『三宅克己先生　欧米巡遊風景写生画集』日動画廊、一九四一年、頁表記なし。
（8）三宅「逝ける芋洗先生」『みづゑ』第一五二号、春鳥会、一九一七年一〇月、三〇―三二頁。
（9）三宅「シベリヤ線の往き帰り」『文藝春秋』第九巻第二号、文藝春秋社、一九三一年二月、七八―八七頁。
（10）三宅「御姫様の飛石づたい」『みづゑ』第二四五号、春鳥会、一九二五年七月、一八頁。

図版出典

図1　『生誕一四〇年・没後六〇年　水彩表現の開拓者　三宅克己回顧展』徳島県立近代美術館、二〇一四年、一二九頁。
図2　三宅克己『思ひ出つるまゝ』光大社、一九三八年、五〇頁左口絵。
図3　『三宅克己画集』飯田呉服店美術部、一九一二年、頁表記なし。
図4　『カメラ』アルス、一九二三年一〇月、別刷一八。
図5　前掲『三宅克己回顧展』一三七頁。

✣ 随想 ✣

生の実感

――ラフティング体験から見えてくるもの――

渡辺　淳

全国の郷土の話題をとり上げている京都新聞が「競技ラフティング、世界舞台なるか」とＩＲＦ会長が吉野川へ視察に、という記事を載せている（二〇一五・五・一四）。

徳島県三好市では競技ラフティング世界大会誘致をすすめており、今回の視察の結果次第で、吉野川での世界大会開催が決まる運びだという。

ラフティングというのは、硬質ゴムボートで川下りをするリバートリップのことで、発祥は恐らくアメリカのコロラド川でなかろうか。最初は川の探検から始まったものが、今のようなウォーターレジャー化したのだと思われる。

いずれにしても、世界中の河川でラフティングが盛んになり、四国の吉野川が世界の舞台になるというのが今昔の感にたえない。しかも高齢者でも楽しめるラフティングというスポーツについての私の小さな想いを少しく綴ってみたい。

アメリカ西部の大河・コロラド川で、私は初めてラフティングに挑戦した。途中、コロラド川の支川から小さなボートが一艘、本流に滑り込んできた。その日の停泊地でキャンプファイヤーを囲む輪の中へ、件のボートマンも合流。アメリカ人にしては小柄で寡黙。七七歳。流れに乗って悠々と遊ぶ老人が輝いて見えた。そうか、リバートリップって年取ってもできるんだ、と私は深く頷いた。

あれから四〇年。私は今、四国の吉野川で一人乗り〝タタミボート〟を操るラフティングの修行中。洪水のたびに押し流された巨岩がつくる堰は毎年その形状を変える。流れは加速度を増してボートと共にその堰を乗り越えていく。その瞬間、数メートル落下。ズズーンと肚にこたえる衝撃。身体のバランスを崩せば転覆だ。今ここを生きるいのちが歓喜の光を放つ。まさに心底生を実感する一瞬だ。

この高揚感を全身で味わえるリバートリップ、もう止められない。

〝四国山脈の中央部で激しい雨〟という天気予報をテレビで見ると、吉野川の大歩危あたりは今ごろかなり水嵩が増しているだろうなぁ、ちょうどラフティングにもってこいの水量だろうなぁと思い、吉野川へすぐにもかけ出したくなってくる。

なぜこれほどリバートリップに魅了され、執着するのだろうか、と考えてしまう。

木の葉のような小さなボートが石の堰を乗り越えた一瞬、フワッと宙に浮き上がるその恍惚感がたまらないのだ。

しかしその高揚感はボートが転覆したら次の瞬間、滝壺の底で激しい水圧に翻弄され、岩に頭をぶつけて重大事故につながりかねない危険に満ち溢れているのだ。

つまり大げさにいえば、この遊びは巨大な開放感と充足感を獲得する歓喜体験に浸りきれる反面、その裏側にはひょっとしたら死が待ち伏せている恐ろしい一面を凝視しなければならない。

つまり私は死に近づいて生を浮き彫りにしようと願っていたのではないか。

死を真近に見据えて、生の実感を確かめたかったのではないか。

こんなことを考えていると、私は若い頃の現場体験に思いいたった。

わが国の高度成長期、私はゼネコンの技術者として勤めていた。折しも大阪の主要河川では高潮を防ぐ大水門工事が行われていた。ゲートを支える基礎工事の最中、尻無川の現場では大事故が発生したのである。巨大な鉄筋コンクリートの函を水中深く建設しているとき、突如、濁流が多くの作業員が働く作業室へ流れ込んだ。昼夜兼行の救助作業に私もすぐ駆けつけた。夜半、ひとときの休憩があり、にぎり飯が配られた。わたしはそれをほおばったとき、「あっ、俺は生きているのだ！」と感動を伴って生を実感した。天空には下弦の月が輝いていた。これほどまでにわが生を確認したのは初めての体験であった。二日後、地下数十メートルの川底からは十一名の遺体が引き上げられた。

「あっ、俺は生きているのだ！」と生を実感したのは、そのとき川底数十メートル下では、まだ人数もつかめないまま、多くの作業員が絶望＝死が直感されたからであった。つまり、生は死を背景にしてはじめて心底頷くことが出来るのであろう。

親鸞仏教センターの機関誌『アンジャリ』第二八号（二〇一四年一二月）に角幡唯介氏の「生と死の巡礼」が掲載されており、私はむさぼるように活字を追った。

チベット、世界最大のツアンポー峡谷に挑んだ体験をベースにした『空白の五マイル』を大きな興奮をもって読了していたので、私の頭中には探検家・角幡唯介という名前が、くっきりと刻まれていた。

彼にとって「自然の奥深くに入りこもうとする冒険者の行動は最終的にその土地をめぐる生と死の巡礼」であるという。

その報文の中で彼はチベットのツアンポー峡谷の無人地帯を生と死の境界線上で探検し、思索の経緯を次のように記している。

時間の流れ方は濃密だった。一日が終わると必ず私はちろちろと赤い光を放つ焚き火の前に座り、過ぎ去った一日と再び始まる明日のことを考えた。たしかに今はまだ死なずに存在できているが、明日も同じように存在できているとはかぎらない。自分の生存基盤の不確かさはあまりに自明であったせいで、私は自分の命がガラスケースのようにもろい「今」という一瞬に閉じ込められて過去や未来と分断されているように感じていた。自らの生が未来に連なっているというそれまで当たり前だと考えていたことが実は当たり前ではなかったという存在のあり方に、私は生きていることのザラザラとした時間を掴みとれているような気がした。

この旅で私が思い知ったのは、生のかたちを明確にするためには死の充満する世界に肉体をほうり込まないといけないということだった。生が生であるためには死を取り込まないといけないのだ。ツアンポー峡谷では死がいたるところに穴をあけて私を闇の奥底に引きずりこもうとしていたために、逆にそこから逃れようとすることで私の生の輪郭は鮮烈な光をあびて輝いていたのである。

ここで、唐突ではあるが、私は曇鸞大師の「非有而有」の論理に想い到るのである。

「非有而有」とは、有にあらずして有なり＝無いけれど有る、有るけれど無い、という全く相反するものが、実はひとつだということ。

親鸞は、

罪障功徳の体となる　氷の水の如くにて　氷おほきに水おほし　さわりおほきに徳おほし

と和讃している。

すなわち、地獄行きの因が、そのまま浄土往生の体となるというわけで、それはあたかも氷と水のような関係であると明かしている。

このように全く矛盾する概念であるが、体験としては、この句のような状況が成り立ってくるのである。角幡唯介のいう「ガラスケースに閉じ込められた「今」といういのちの一瞬が過去や未来と分断されている」、その感覚、それこそがいつ死ぬかもしれないいのちを生きている（生かされている）――まさに「非有而有」ということではないのか。

つまり曇鸞の「非有而有」の論理――無いものが有る――は、そういう実感体験の表象として捉えれば容易に頷くことができるのである。

そして「生は死を背景にしないと発光しない」という角幡の体験からにじみ出た言葉に私は強く共感するのである。

死を思索の対極においてどれほど考えてみても、「生」という事実が立ち上がってくるはずはない。己自身の「生」を実感する体験を大事にすること、そのことが、いま、ここを生きる私の生を充実させ、後生の一大事に思いを巡らせる根源的な要素になると思うのである。

随想

西藏・祈りの旅

渡辺　淳

一　神々が湧出する山々

「五〇〇〇m級の山脈から神々が踊り出てくる光景を見てみようじゃないか。本来の仏教がもっている活力を蘇らせるヒントがつかめるかもしれないぜ！」

岡村昭彦のクルクルッとした大きな眼が、はるかヒマラヤ山脈とその奥の広漠たるチベット高原を眺める眼差しのように思えた。

もう三〇年も前のこと、京都岡村ゼミナールでのひとこま。

「今、チベットへの旅は難しい。幸い来年の夏、私の友人のチベット学者たちがアメリカからチベットへ入る。彼らと同行すれば簡単さ。まずアメリカで彼らからチベット学の手ほどきを受けて、それから一緒にチベットへ行くんだ。旅費は一人八〇万円要るよ。これが高いかどうかは君たちの考え方だ。普通なら仲々行けない国へ行く、しかも事前指導付きの旅なんてめったにできるものじゃないさ」

この京都岡村ゼミは、〝一九八五年・歩みだすための素材〟を主題とした国際報道写真家の岡村昭彦氏が主宰する民衆のための独自のゼミナールであった。

「この特異なゼミナールは、一九二九年に日本に生まれ、日中戦争、大東亜戦争、敗戦、六〇年安保、南ヴェトナム戦争、ロバート・ケネディの暗殺、ナイジェリア内戦などを体験しながら、アイルランドに住むようになった、一人の日本人の五六年間の歩みを、次の世代に証言する目的で、自ら企画したものである」

彼が示したカリキュラムの冒頭の言葉である。

しかし、彼の突然の死により、残念ながら岡村ゼミもチベット行きもご破算になった。それ以来、チベット高原への旅は、私の頭の片隅に残りながらも見果てぬ夢となっていた。

ところが、今年早春のある日。上海の友人から「中国人のグループツアーで西藏へ行かないか」というのである。

よし、いこう。と私はすぐに決めた。

万年白雪の山脈から諸仏諸神が湧出し、遊戯するラマ教の世界。河口慧海の『チベット旅行記』にみる破天荒の過酷な旅。ジェイムズ・ヒルトンの小説『失われた地平線』に描かれたシャングリラ（桃源郷）。一九八七〜八八年に起こったチベット騒乱——チベット独立をめぐり民衆と官憲との大規模な衝突があって多数の死傷者が出たという現実。あるいはまた、中国の西部開発によって、チベットという「秘境」はどのように変化しているのだろうか。

こうしたいろいろな視点から、西藏を私の眼で確かめてみたい。

二　はるかラサへ

上海からラサへの直行便はない。

まずは成都へ。成都からラサへ。いずれも約二時間のフライト。

成都空港へ着くと、接続の午後の便は今日は欠航とのこと。ラサ空港周辺が砂嵐のため着陸できないからだという。チベットの風土は一〇月から四月までが乾季・風季で空気が乾燥し、雨はめったに降らず時に大風が吹く。

そこで仕方なく成都で泊り、明朝の便を待つ。

成都は四川盆地のド真ん中。いつも雲が垂れこめてカラッと晴れる日は少ないのだそうだ。今日は暗雲が空をおおい気分がうっとおしい。それを吹き飛ばすには、激辛の四川料理がいいのではないか。

という訳でタクシーでダウンタウンへ向かった。涙をポロポロこぼしながらピン辛の料理を食べると案の定、気分爽快。身体の内側から元気が湧き出てくる感じだ。

安宿へ戻ってベッドでごろり。
先ほど本屋で買ったガイドブックを読む。
"Travel Guide to Tibet of China"（二〇〇三年一一月　第一版）
『西藏行知書』（二〇〇四年一月）

いずれも中国で発行された最新版である。

旅の極意は、そこで旅人自らが先入観なしに受けるフレッシュな印象を楽しむことである、と思う。その土地についての断片的な雑多な知識などは、旅人の新しい発見とは全く無縁のこと。

とは言え、地図を広げ旅のガイドブックをひもときながら、未知の世界を想像し、そこに繰り広げられた歴史のドラマに想いをよせるのも、これまた旅の事前の愉しみである。このひとときを〝幸せ〟というのではなかろうか。まして〝美味と癒しの旅〟とかで、コ娘タレントが「ムッ、おいしい〜ィ!?」と素っ頓狂な声をはりあげるテレビ番組を見るよりは、はるかに知的で精神安定上いいのである。

翌日、成都の空は思いがけなく晴れ渡った。ＣＡ四一一二便は昨日の欠航で満席だったが、定刻七時一〇分離陸した。

三　ラサの桜

ラサのクンガ空港に向かって高度を下げると、灰茶色の禿山が連なる山裾をチベット南部を東西に横断する大河、ヤルツァンポ川の流れが見えてくる。

空港ビルを出ると、強い日差しに圧倒された。三月末だというのに、日本の夏の暑さだ。私たちの小型バスが待っている。

チベット人ガイドがカタという白い布を首にかけてくれる。

これが高貴な人を迎えるときのチベット流歓迎の儀式。

そんな説明を聞くと何だかくすぐったいが、みんないい気分で、日焼けしたガイドと握手している。

バスはラサへ向けて、ヤルツァンポ川沿いに走り続ける。途中、ところどころに土壁の家並みのある小さな部落が見える。

一時間余りでラサの街へ入った。

ホテルへ荷物を置いてすぐ出発。

ラサ市内を走る。二〜三階建のレンガ造しっくい塗りの白い建物が続いている。

この通りの街路樹は桜。満開である。

チベットで日本より一足先に花見ができるとは思ってもみなかった。が、ここの桜は何だか風情がない。それはなぜだろう、と考えた。

日本の桜は、古木はどっしりと枝を四方に張りめぐらし、若木はそれなりのエネルギーを天に向けて発散してその枝を垂直に伸ばすが、いずれその枝は次第に撓んでくる。刈りこまれることがめったにないからである。桜剪るバカ、梅剪らぬバカ、というではないか。

ところが、ラサの桜は街路樹として等間隔に植えられ、しかも逆円錐形に刈りこまれている。つまり、マネキン人形が並んでいるようで色気がない。

やっぱり桜は枝垂れたのがいい。

もっとも街路樹を見て優雅の世界にひたりきるというわけにはいかないだろう。ラサもまた車の数は激増しているのである。結局、街路樹に桜、という植材の選定の誤りということではないのか……。

四　温泉と地熱発電

バスはラサ市街から青海省の方へ北西へ向かって青蔵公路を走った。茶色の岩肌をむき出した低い山あいの道路である。ところどころに白い雪のかたまりが残っている。行先は羊八井地熱地帯。

一時間半ほどで羊八井着。

枯草がまばらな平原のあちこちから湯気が立ち昇っている。地熱発電所の黄色い建物の周りで蒸気が吹き上げる鋭い音に驚く。

チベットは、地熱資源に恵まれ、さまざまな地熱温泉、熱水湖沼、熱水川などがある。現在では、一〇〇余カ所の地熱が発見され、その地熱包蔵量は全国一位。一六九の地熱田のうち、水温が八〇度以上に達した地熱田は総面積の二二%を占め、熱水泉の出口の水温は九五・五度に達し、現地の沸点に接近したか、超過している。

この羊八井発電所は現在八基の発電機で二五〇〇〇kWの発電量があるとのこと。

ここの地熱田は中国最大の高温蒸気熱水田として知られ、熱水温度は九三～一七二度に達し、年間熱量放出量は四七万トンの標準石炭の燃焼熱量に相当する。地熱発電は潜在力が大きく、将来は一五万kWに達すると推定されている。

発電所の近くに、大きなプールのある温泉施設ができている。標高四二〇〇mの地点で白雪を頂く山脈を眺めながら温泉プールに入るというぜいたくは世界中でここしかないだろう。

しかし、私たちのツアーグループはほとんど全員が高山病にかかって、温泉につかるという者は誰もいない。周り一帯は広大な平原。向こうに白い峯々が連なっている。雄壮な光景だ。羊飼いと一緒に写真を撮ろうと歩き出したが、急に息苦しくなりバスの中へよろよろと戻ってきた。この高原を横断する青蔵鉄道の工事が行なわれているのが遠くに見える。が、今は頭が重くて鉄道工事を見学に行こうという気力すらない。

五　巡礼の青年

バスは元の道を引き返した。

途中、岩肌に真紅の衣の仏像が描かれているところで下車。この鮮やかな仏画を見ると、チベットへ来たんだなァと実感がわく。

さらに感動的な光景に出くわした。

それは青蔵公路のアスファルトの路上を尺取り虫のように、身体の長さだけしか前進しない〝五体投地〟を繰り返しながら、聖都ラサへ向かっている青年の姿だった。

彼は全身が土と汗で汚れ、皮の前掛けも大きな手袋もすりきれて、靴はほとんど壊れていた。

ラサから約二〇〇㎞北方、那曲から二カ月かかってここまで来たという。市内へ入るのはまだ一カ月位先のことだろう。彼の陽やけした笑顔から信仰の強さが伝わってくるようだ。まさに自分の身体を投げうっての巡礼の姿を目のあたりにして、私はただただ脱帽あるのみ。

食事はどうするのだろう。どこかに接待所でもあるのだろうか。そんな心配をしながら私は僅かな心付けを手渡した。

六　高山病で入院

私たちは市内へ戻ってレストランで夕食。

しかし私は先ほどの羊八井地熱田の散策あたりから、少しめまいがして頭が痛く、食欲がない。ああ、これは高山病だ！

この病気の症状は、頭痛、嘔吐、呼吸困難、ついには肺水腫で入院と大変な騒ぎになるらしい。それを考えると、はるか昔チベット旅行記などを書いた先人の体力はまさに超人的だと感心せざるをえない。

ホテルへ戻ってはみたが、夜八時頃になっても外は夕方の明るさ。寝る気になれない。今、チベットも中国全土標準時間で統一されているが、実際のローカルタイムは上海より二時間ぐらいは遅いと思う。

シャワーを浴びて寝ようとしたら、せきがひどくなって心配になってきた。

重症にならないうちに病院へ行こうか、とロビーでタクシーを手配していたら、同じグループの中国人のおばさん二人組もかなりひどい症状のようだ。一緒に行った病院は、西藏自治区人民医院。ラサ市内唯一の救急病院である。西藏医科もあるのだろうが、見かけは普通の西洋医学の病院である。

私の場合は軽い高山病と診断された。それでも今夜は入院となった。

ベッドに寝かされて、酸素マスクで吸入。

チベットまで来て入院だなんて、とんだことになったなァと思案しているうちに、まどろんできた。

七　大昭寺

翌朝一〇時、回診の医師から退院の許可が出た。まだ頭がスッキリしないが、歩きまわるうちによくなるだろう。

まずは、大昭寺へ参拝。

この寺はチベット仏教の総本山。

人々の信仰の中心で、通称チョカンと呼ばれている。

七世紀はじめチベットを平定したソンツェン・ガンポ王はネパールの王女と唐の太宗の王女の二人を妃に迎えた。いずれも熱心な仏教徒。王の死後、六五〇年頃菩提供養のために建てたのがこの寺院。

聖徒ラサへの巡礼たちが必ず訪れる場所。今日も巡礼の群れが波のように押し寄せてくる。寺の前の広場は露店が立ち並び、客呼びの声がかまびすしい。

境内は石を敷き詰めた広場があって、その周りが回廊のある建物群。

真中の建物が本堂であろう。祈祷用のマニ車をまわしながら巡礼の出入りが絶えない。

建物は土石と木造の折衷建築。木の柱や梁には仏や花が極彩色で描かれ、装飾はすべてが華やかであくどい。

本堂内部は、裸電球がぶら下がり、仏前にはバターの灯明が揺らめいているが暗い。

中央の大きな仏がシャカムニ仏。

金色の尊顔、冠も衣も宝石がちりばめられて豪華である。脇侍は観音、弥勒の二菩薩であろう。

この三尊像のまわりにはいくつもの小部屋があって、さまざまな仏、菩薩や奇怪な魔神が祀られている。バターの灯明にほのかに照らされたこの空間は妖しく神秘的で異次元の世界へ入り込んだ感じ。一人だけ取り残されたらちょっと怖いのではないか。

今は続々と押し寄せる巡礼であふれ、仏に向きあって心ゆくまで祈ることはできそうにない。そんな中で私はふとひとりの老婦人に釘づけになった。

銀白色の頭髪、陽やけした面長な顔、さっぱりしたグレーのスーツ、黄緑色のネックレス、白いポットを左手で胸に抱きしめている。このポットは仏前の灯明用に供養するバター油が入った容器だとあとでわかったが……。

老婆は参拝者のうしろで合掌し、経文を唱えているのであろうか、かなり長い時間祈り続けた。それから小部屋の仏像を右まわりに拝む。他の参拝者の邪魔にならないように、いつもうしろの方から。

彼女はおそらく、それが何という仏であろうがそんなことはどうでもいい、ただこのチョカンの本堂で祈ることが大事なのだ、とひたすら祈りを捧げているようであった。

本堂内の諸仏を礼拝し一巡するのにどれほど時間がかかっただろう。しかし、私にはその時間の長さを忘れてあたかも彼女の祈りの中に融けこんでいくかのような安らぎを覚えた。それは恍惚というあいまいさを超えた、むしろ爽やかな心の清涼感であった。

思えば一三〇〇年の昔から幾千億の人々がここに集い、祈り続けたことであろう。この祈りの空間は、彼らにとって仏の慈悲に満ちみちた世界であったろう、と頷ける気がしてきた。

暗い本堂から外へ出ると一瞬陽光がまぶしい。寺の門前では巡礼たちが五体投地を繰り返している。

この礼は、まず手を頭上にかかげ合掌して胸の前で祈る。次に両手を下げ、膝を屈めながら両手を前方にすべらせて身を大地に投げ出し、額も地につけて祈る。すぐ立ち上がり先ほどの動作を繰り返す。

これが最高の礼であるといわれる。

五体投地をする若い女性の巡礼も多い。

私は今まで、人々が祈る姿をあまた見てきたが、真剣な祈りに出合うと、いつもそこには大きなパワーを感じる。

先ほどの本堂の中の老婆の祈り。また目の前の五体投地礼。

祈りとは何だろう。

祈りは本来、無為の行為である。祈りによって、ひとの願いがきき届けられるかどうかはわからない。という点で無為である。しかし、ひとが祈るとき、そこには凝縮した精神の極度の緊張と、それによる高揚感があることも確かである。真剣な祈りのあと、ひとは何かしら満ちたりた心の安らぎを覚えるのである。

この祈りという行為の中で、ひとはひととき煩悩を忘れ去って、澄みきった氷のような清澄なこころを我しらず感じとる一瞬があるにちがいない。

そのとき、祈るものは己れが帰依する仏に出遇うことができるのであろう。

巡礼たちの五体投地がいつまでも続けられている。

日暮れの遅いラサの街も、もう西の空は茜色に染まっていた。

八　ポタラ宮

ここはラサの顔である。

市街部中央の丘の上に築かれた巨大な建物、いや城と呼んだ方が似つかわしい。

第五代ダライ・ラマが一七世紀中頃から造営、その後幾たびも増築、修復を繰り返してきた。歴代のダライ・ラマがチベットの政治と宗教の二つの権力を掌握するトップの座にすわった。そしてこの宮殿が政治の中心であり、役所、寺院、住居でもあった。

中国政府が支配する今も、あちこちに足場が組まれ、工事用シートがはためき修復工事中。

はるか昔、天から降りてきた観音菩薩ゆかりの地、それがチベットだといわれる。人々はダライ・ラマを観音の化身として崇め、信じて疑わない。

現在、ダライ・ラマ一四世は、一九五九年チベット動乱のさなか、インドへ亡命した。祖国へ帰れないまま平和活動を続け、ノーベル平和賞を受賞している。また、ある意味では仏教界の代表と目されている。

私がチベット人ガイドに、ラサの寺で催される大きな仏教行事のとき、ダライ・ラマはチベットの信者に対して何らかのメッセージを送ってくるのか、と尋ねてみた。

彼は、それはヒミツ、と笑っていたが、今もなおチベットの人々は、ダライ・ラマを「生きている仏」として崇拝している。

さて、ガイドの車はポタラ宮の裏側の道を車が登れるところまで私を送ってきて、あとは自分で自由に見てくれと言った。

一〇〇元の入場券を買って宮殿内へ入る。内部はうす暗く、小部屋が連なっているのがぼんやりと見える。ポタラ宮は紅宮と白宮からなり、寺院部と政治執行部とにわかれている。見学できるのは寺院部の方だけである。

仏たちの前でバター油の灯明が揺らめいている。天井や壁にも仏画が描かれているが暗くてよくわからない。狭い階段を登り各階ごとに見て廻ろうとしても立入禁止のところが多く、巡路案内も不親切で次第に歩き疲れてくる。

大きな仏事のときに使われると思われる広い講堂があって、その上が最上階らしい。天井の明かり窓から光がさしこみ仏像や法具を照らし出している。

この階からさらに突出した上階に、この宮殿の守り本尊である観音さまの像が安置されている。中国風の丸いお顔であった。

うす暗い迷路のような宮殿から屋上へ出ると強い日差しだ。ポタラ宮の金箔の屋根が輝いている。その大棟の上の装飾がおもしろい。その一つが天界の楽士、ティサと呼ばれる半人半鳥の動物である。ティサは周囲に吊された小さな釣り鐘を指揮して、その音をききながら、香りを食べて生きているのだという。

屋上からラサの街が一望できる。南の方は草木のない紫色の山々のふもとをキチュ川が流れている。

下りの巡路は宮殿の正面へ出る。またうす暗い階段をおりていくと、途中ダライ・ラマの居間がある。低い天井、壁面中央に仏像があり、周りは極彩色の画が描かれている。床面はじゅうたん。真中にソファー。主のいない部屋はひんやりとしていた。

部屋を出るとテラスがある。映画“7years in Tibet”の中で、少年―ダライ・ラマ一四世が望遠鏡でいつも外界をのぞいていたあのシーンが思い出されて感慨深い。

この映画を見ると、チベット激動の現代史の一端をうかがうことができる。

どれだけの部屋があるのか、どうつながっているのか全くわからないまま、この迷宮のような巨大な城を出ると中庭がある。周りは三階建ての僧侶の宿坊だろうか。

雲が垂れこめている。そこへサッと風が吹き抜けた。と同時に強烈な異臭が漂ってきた。宮殿内の暗闇、バターの灯明にボォーと浮き上がる奇妙で妖気に満ちた絵画、極彩色のキラキラの仏たち、堂内の小部屋から聞こえる読経のくぐもった声、この非日常の世界から我に返ったような一瞬。トイレの臭いだった。

宮殿前は大広場。その隣が小公園。池があり休憩所がある。

柳が芽吹き、楠の若葉がハラハラと降ってくる。

茶館で緑茶を飲みながら柳条の間からポタラ宮の全貌を見上げた。まさに威容である。今もなお、チベットの人々をこれほどひきつけているチベット仏教の根底にあるものは何だろう、と考えこんだ。

むろん調査研究書はいっぱいあるだろう。素人が一寸考えたくらいでわかる訳がないが、以下は私の思いつきである。旅人の勘で私には次の二点が気になった。「風土」と「〝廻る〟という概念」。

まず、荒漠たるチベットという風土の影響から、人間の身体を尊ぶという考えが極端に強くなったのではないか。仏もまた人間の身体をもったものとして「生きている仏」がほしい。これが今もチベット人が尊崇する活仏たちがいる理由。このような展開が考えられる気がする。

次に〝廻る〟という意味。

例えば巡礼が手にする祈祷用のマニ車。この中にはお経が入っており、一回廻す毎にお経を一巻あげたと同じ功徳がある、という。もちろん数が多い方がよいから巡礼は歩きながらこのマニ車を廻し続ける。

また経筒というのがある。

これも廻した分だけ、お経を読んだ功徳がある。私が見たのはポタラ宮のまわりの露店に沿って、たくさんの経筒が並んでいる風景。軽く手を触れるとクルクルまわる。

さらに巡礼は仏像や寺を右まわりにまわるという行を続ける。

チョカンの本堂の中でも、本尊のまわりを右まわりに巡拝する。

またチョカンの周囲は巡礼の循環路になっている。中国名、八角街、通称パルコルという。

ここを巡礼は右まわりに何回でもまわる。この道の両側の店には、仏具、衣類、装身具、骨董品、靴……などの品がぎっしり並んでおり、初めて通ると珍しい。

またチベットでは輪廻の思想が強く受け入れられている。

輪廻の思想は、インド以来、仏教の中にある考え方で珍しくはないが、チベットの仏教徒は〝六道〟の実在を堅く信じている。六道とは地獄、餓鬼、畜生、修羅、人、天をいう。そして来世は、これらの迷いの世界へ落ちこむことなく、極楽浄土へ生まれさせてもらう、という信仰をもつ。

彼らはそのために巡礼をして、五体投地の礼拝をあれほど真剣に行じ続けるのである。

〝廻る〟という key word が救いを願うチベット人の思惟や行動の原動力としてあるのではないか、という気がしてきた。

〝廻る〟という作用には始めも終りもない。

人間のいのちのサイクルは、無始よりこのかた未来永劫に生死を繰り返しており、その回転のひとこまが、ただ今現在の私のいのちとして生きている——このようなとらえ方をしているのではないだろうか、と推測してみた。

この確かめをチベット人と行うだけの語学力がないのだからどうしようもない。

先ほどポタラ宮の上を暗雲をおおって、パラパラッと雨が降りかかったが、その雲もすぐにどこかへ流れていった。

九　西蔵博物館

高山病がすっきりしないまま、私はラサで五日目の最終日を迎えた。結局、ツアーの行程に組まれていたチベット第二の都市、シガチェ行きも見送った。

今日は快晴。三月末、ここラサの街は初夏の風が吹き渡っている。自転車のうしろに幌のある座席部をくっつけてこいでいく、輪タクを拾って、西蔵博物館へ出かけた。

堂々たる建物。日本語で解説が聞けるレシーバーを借りて見学。石器時代から近現代にいたる文物が展示されている。しかし、見栄えのするものは、各寺院が所有しているか、それも文革のときチベットの寺院は見境なく破壊されたため失われたのか、展示物は何となく見劣りするものばかりのように感じられた。また一九五一年の中国進攻以来の文書類の展示は、もちろん中国政府側の視点で解説されているから、少し押しつけがましいとの印象を深めた。

次に仏教文物展示室を見学。チベット人の精神の支柱が仏教であるだけにかなり充実した展示がなされているように思った。

私は壁面に吊されたタンカにひきつけられた。タンカとはチベットの仏画である。

チベットの絵師は、高い峰々から湧出する仏を心に念じ、強烈な信仰の中で、教理に基づいて諸仏を描いたのである。

経典の中の仏、菩薩だけではなく、高僧の絵像も多い。師資相伝の師が重んじられてきたからであろう。

構図は自然界の中の高僧図である。つまり人物だけの肖像画と違って、背景には山や川があり、動植物が描かれている。

異様にデフォルメされた高僧の顔、怪奇な動物、ドクロをまとい、血をすすりながら女神を抱く忿怒尊……。

チベット人は絢爛たる自由な想像力をもって見事なタンカを描いた。

原色で描かれたこの奇想に満ちた世界は、仏画というより、魔界の図ではないのか。

人間の想像力がつくり出したこの絵像は、自分の意識の中から〝魔〟を生み出したときの表現である。ならば、この〝魔〟を裏返したとき、〝仏〟を観ることができるのではないだろうか。

そうこう考えているうちに、忿怒の尊形が私にほほ笑みかけてくるようにも思えた。

少しくタンカになじんでくると、六道輪廻図の前ではタンカがより近しいものに感じられる。私は輪廻の説が好きだからである。

ほろほろと鳴く山鳥の声聞かば

父かとぞ思う母かとぞ思う

この古歌は行基作ともいわれているが、それは定かではない。しかし、いのちの連鎖がほのぼのと感じられて、私は心惹かれるのである。

六道輪廻説は、いわずもがなであるが、ひとのいのちは、地獄、餓鬼、畜生、修羅、人、天の六道を輪廻を繰り返して、迷いの世界を無限にさまよい続けるというのである。

だから仏教では、ひとが人間として生きているうちに、この迷いの円環を断ち切って、まことの世界へ踏み出す道すじをつけよ、と説く。

さて、このタンカである。

三つの同心円を描いたその輪の全体を赤鬼で象徴される死王が口でくわえ、両手両足でガッチリと握りしめている。つまりこの輪全体を死王が支配していることを表わす。

中央の円の中は、鳥と豚と蛇がそれぞれしっぽを食い合っている。鳥は貪り（貪）、豚はうらやみ（痴）、蛇は怒り（瞋）を表わし、人間の根本煩悩である貪、瞋、痴の三毒を意味する。この三毒が輪廻の輪を回転させる原動力となっているのだ。

そしてこの外側の円は、死後四九日間、いわゆる中有のとき、そのひとの次生の六つの世界が描かれ、最外輪は十二縁起が表わされている。

とりわけ六道の世界は、細密画のように人々が苦しみ悶えているさまが実にリアルに描かれている。

六道輪廻の思想は、釈尊以来、仏教の教えの中で受け継がれてきたもので、チベット人の独創ではない。しかし、この円環の図は人々を導くためのタンカとして、その意味するところを明確に語り、迫力と説得力がある。

じっと見つめていると、目がまわりそうになるが、高山病のためではないだろう。

一〇　連続する生

チベット人にとって、中有の期間が六道への分岐になる、という。
帰宅後、私は『チベットの死者の書』（川崎信定訳、筑摩書房）を読み返してみた。
この書は「連続する生」が断固たる口調で説かれていることに新鮮な驚きを感じた。

「ああ、善い人よ、三日半の間、汝は失神していたのである。失神から目覚めると、自分には何が起こっていたのだろうかという想いが生ずるであろう。汝はパルドゥ（中有）の状態にあるのだと覚るべきである。――この時に、意識の集まりからできている、清浄であって紺青色をした仏の世界の叡知であるもの、明瞭で光沢のあるもの、眩惑させるように輝くものが、如来の心臓から出て汝の面前に近づいてくる。――

しかしこの時に汝は、この紺青の光明におののいてはならない。おびえてはならない。――これに敬慕の気持ちを寄せるべきである。

――そして次のような祈願の言葉を、導師である私の後にしたがって繰り返すがよい。――」

すべての人は死後三日半を過ぎて覚醒する。それから四九日間に次の生へと転生する。もちろん肉体はないが、霊的世界でひとは次なる生を自分で選びとることができるというのだ。つまり死は、その瞬間だけ。図示すれば次のようになる。

生→死（瞬間）→失神状態（三日半）→中有（四九日間）
（転生）→生

死は生の一部分（one of the parts of life）であると、よく言われるが、それにしてもこの書のように死が一瞬時のことだけとしたら、人間の生死観は大きく変わるのではないだろうか。

死はすべての人に平等に訪れる必然であるが、死後中有の期間、己の次の生を選択できるというのは、何と明るい見方ではないか。その手助けをするのが僧侶の役目であるという。

そして生きるということは、人間としての生を楽しみつつ、次の生へ向けての自己研鑽に努めるということである。一番望ましい生き方は、チベット的表現で言えば、〝大楽を考える〟ということであると思う。つまり、彼岸への道すじをつけよ、ということである。

白雪を頂く数千メートル級の山脈から湧出した諸仏、諸菩薩は、巡礼を続ける青年となり、ひたすら祈る老人となり、五体投地を捧げる少女たちとなって、私の目のあたりに確かに現前したのである。

そして、私に生きることの意味とその内容を厳しく問いかけてくることになった。ともかく、ひとりの僧侶として「自信教人信」を改めて問い直す機縁になったことだけは確かである。

✣随想✣

ソウル法要紀行

北畠知量

二〇一五年年四月四日、荒木文子さんの七周年法要が韓国の五鳳寺で営まれた。文子さんは、九州の真宗寺院から韓国の寺院に嫁ぎ、その地で三人の子供に恵まれたが、胃癌のため四二歳の若さで逝去された。

夫のユン君が、婚約時代に自坊に遊びに来たときのこと。彼は九州に居る文子さんと電話で話をし、その電話を私に手渡した。私に、自分の婚約者と話をしてみたらどうかというわけだ。

「遠いところへ嫁ぐのですね。言葉も習慣も違う。大変ですね。よく思い切りましたね」

「はい。まあ、人間が住んでいるところなら、私、どこでも住めますから」

そのとき私は、肝っ玉の太い人だなあと感じたことを覚えている。

結婚式の案内がきたが、私は多忙で行けなかった。それからユン君との間は、年賀状だけの交流ということになった。そして年月が流れた。

ある日ユン君は突然自坊にやってきた。そして、妻が亡くなったことの一部始終を話してくれた。私は、ただ彼の話を聞き、酒を酌み交わしてもてなした。

その後、何度か法要の案内がきたが、大学の入学式と重なっており、私は都合がつかなかった。ところが今年二月八日、ユン君はまた自坊にやってきて私に言った。

「法要に出て、僕の信者たちに仏教の話をしてくれませんか」

私は、大学を定年退職し、特任教授となっていたので、わざわざ自坊まで来ての頼みを断れなかった。こうして韓国行きが実現した。

韓国の五鳳寺は、ソウルから車で高速道路を一時間程走った田舎にある。二階建ての大きな建物で、一階が本堂、二階が納骨堂になっていた。韓国にはいくつかの宗派があるが、ユン君はどの派にも属さず、在家仏教

本堂全景

本堂内部

本堂テラスにて

を称えていた。それは、亡き文子さんが遺した教えでもあった。数段の階段を上がって本堂に入ったら、出迎えてくれた弟子の僧侶が、コンクリートの床で私にクンジョル(1)をしてくれて、私は肝をつぶした。

法要は、鐘が鳴り、鈴が鳴る中で阿弥陀経が勤められた。もちろん韓国語の阿弥陀経である。その間、献香があり献花があった。全員が、遺影に向かってクンジョルをした。そして文子さんの長女が追悼文を読んで終わった。読んだ長女は泣き、遺族も皆涙を流した。

その日の夕方、私はソウル市内のホテルの一四階にあるホールで講演（日本語）をした。通訳はユン君がしてくれた。

法話「仏道を歩むということ」

はじめに

インドに起こった仏教は、アジア各地に伝わりました。今日ではアメリカやヨーロッパにまでひろがっています。発祥の地であるインドの仏教徒は、総人口の〇・八％で約八百万人とされてきましたが、近年、佐々井秀嶺（佐々井実：一九三五年生）という僧侶が、カースト以下の身分の人々（ダリット＝不可触民）の開放運動を行い、彼らを仏教徒へと改宗させることで、仏教徒人口は一千万人を超えたと推定されます。彼は、インド仏教復興運動の中心人物とされています。

世界の仏教は、上座部仏教　大乗仏教　欧米仏教の三つに大別できます。

上座部仏教

仏教徒の人口比率は、カンボジア 九六・四%、タイ 九四・六%、ミャンマー 八九・〇% と報告されています。[2] これらの国では、仏教は出家主義で、「生きることは苦しみだ、出家をして功徳を積む者だけが救われる」と考えます。

死後は、別のものに生まれ変わるという輪廻の思想が重視されていますから、人々は現世の汚れを清め、来世でのよりよい身分への生まれ変わりを願って功徳を積みます。

タイにおいては、仏教徒の男子はすべて出家するのが社会的に望ましいとされますが、近年では、出家するのは成人式のように受け止められています。

大乗仏教

中国仏教徒の人口比率は一八・二%です。中国政府は文化大革命のときに仏教を否定しました。現在はその非を認め、政府の統制の元にある中国仏教協会を中心とした活動を公認しています。仏教寺院は荒れ果てていましたが、現在では日本の寺院や華僑の援助によって復興しつつあります。民衆は、仏に福（富）を願うのが主流で、まことに実利的な仏教です。

韓国 二三・二% 説明は省略します。

日本 七一・四% 七～八つの宗派に分かれます。相互の交流は、ほとんどありません。人々が仏教に関わるのは、葬式、法事、年末の除夜の鐘、年始の初詣のときくらいです。でも、多くの家には仏壇があり、神棚があります。葬式の大半は、仏式で営まれます。仏教は、個人の宗教ではなくて、家の宗教です。

日本人の多くは、正月には神社に行きます。春と秋のお彼岸や夏のお盆には、墓にお参りします。一二月二五日はクリスマス・パーティーをする若者が多くいます。女性はキリスト教会で結婚式をしたがります。日本人は、宗教は何でもいいみたいですね。

欧米仏教

オーストラリアの仏教徒の人口比率は二・一％、ニュージーランドは一・三％です。アメリカ合衆国は〇・七％、ほぼ三〇〇万人の仏教徒がいる計算です。武蔵野大学のケネス田中教授によりますと、アメリカ仏教には次のような特徴があります。

アメリカ社会では、チベット仏教や禅や創価学会が受け入れられている。アメリカで、自分は無宗教だと言ったら、選挙では確実に負けるそうです。僧侶と信者は平等です。心の安定を求めると同時に、社会貢献が重視されます。また家の宗教ではなく個人の宗教という形をとります。効果があれば何宗でもよいと考えます。仏教寺院に行き、キリスト教会に通い、占いも信じるといった感覚ですね。また実践 practice が重視されます。practice の中身は幅広く、お経を読む、座禅をする、meditation、念仏・題目を唱えることもこれに含まれます。また、仏教は科学と矛盾しないという点で評価されています。アメリカ仏教徒の代表的人物として、アップルの創業者スティーブ・ジョブズ、リチャード・ギア、タイガー・ウッズなどが挙げられます。

現代ヨーロッパには一〇〇〜四〇〇万人の仏教徒がいると推定されます。仏教徒の多い国はドイツ、イタリア、フランス、イギリスなどで、主に知識人階級に受け入れられているようです。

このように、仏教徒は世界に多くいます。けれども、仏教の本質を理解している人は、少ない。世界の多くの仏教徒、特にアジアの仏教徒は、おそらく、「願いがかなう」ということを期待して仏に手を合わせていると思います。

韓国の母親も、子供の大学受験が近づいてくると、お寺で合格を祈りたくなりますね。仏の力を期待し、仏にすがりたい気持ちになる。祈ると、すこしは心の支えになる。その後はチマパラム[3]ですね。(笑)

日本の場合も変わらない。仏壇にほとんどお参りしないお爺さんが、孫の高校受験の日、孫に言った。「仏壇にお参りしてから、受験に行きなさい」(笑)

日本でも、大きな手術を受ける前日には、うまくいきますようにと祈りたくなります。

日本の家には、仏壇と神棚が一緒に祀られることが多いです。かつて私が法事で訪問した家の主人が言いました。「宝くじを五〇枚買って、半分は仏壇に、半分は神棚にお供えしてある。どっちが効くか、試しています」(笑)

こういう感覚で仏教に関わる人は多い。

けれどもこれは、自分を主とし、仏様を利用し、仏様と取引(商売)しているのと同じこと。こんな感覚を克服することが大事です。

(1) 仏教で大事なこと

仏教でまず大事なことは、自分を主とし仏を利用しようとする姿勢を転換することです。

神や仏に祈って、自分の願いを聞いてもらおうという感覚は、原始的な子供の感覚ですね。キリスト教でも、子供の頃は「神に願い事をするアーメン」です。でも思春期の頃になると、「御心のままにのアーメン」を理解するようになります。

私は、浄土真宗の僧侶です。浄土真宗の僧侶は、僧侶になるとき、得度式を受けます。このとき一度だけ頭

髪を剃ります。それ以外は、普通の人と何一つ変わりません。酒も飲みます。二日酔いにもなります。（笑）

その浄土真宗の祖である親鸞は『教行信証』という本を書きました。教は教え、行は教えを行うこと、信は信じるということ、そして証は確かであるという証拠。これら四つの語の順番がとても重要です。

例えば、誰かの**教**えがあった。私がその教えの通りに**行**ってみたら、確かな**証**拠が得られたので教えを**信**じた。これだと教行証信になりますね。

あるいは、誰かの教えがあった。私は試しにこれを信じ、そのとおり行ってみたら、はやり確かだった。これだと教信行証になります。

どうしたら、教行信証になるでしょうか。

先の二つの場合、主語になっているのは「私」です。私が行い私が信じるのです。ところが親鸞の『教行信証』の場合、主語は「教え」つまり「仏法」なのです。

仏法（教え）がある。その教えが私に働きかけてくる（行）。だから私に信がおこった。そのことで仏法は、自らの正しさを証明していく。こんな文脈になるのです。

その法の第一発見者が釈尊ということですね。

韓国の仏教も、日本の仏教も、仏法の発見者である釈尊の教えを受け継ぐという形で、仏教が伝わったのです。

では、受け継がれてきた仏教の中身とは何でしょうか？

（2）仏教の中身＝三法印

諸行無常　諸法無我（一切皆苦）涅槃寂静

あらゆるものは変化する。あらゆるものに実体はない（従って、自我という実体はない）実体のない自我にこだわるから苦が生じる。それが分かれば涅槃が得られる。

世界のどの仏教にも、この基本哲学があります。（こだわりを克服する実践という点に注目すれば、八正道ということになります。）

この基本を心底から会得せず、自我の思いにこだわる（＝執着する）ことで、人間は迷い、苦悩を抱え込む。この基本を踏まえたとき、重要となってくるのは何か。それは、

○自我の努力は極限まで尽くすべきだが、ダメだという最終結論が出たなら、そんな自分への執着を捨てよ。そんな自分を越えてゆけ。これが重要です。

○生きることへの努力は、極限まで尽くすべきだが、もう生きられないという結論が出たら、生きたいという執着を捨てよ。生きたいという自分を越えて、死を受け入れよ。ここに救いがある。こういうことです。

○迷い苦悩し挫折した自我を超える。行き詰まった自我の思いを超えよという仏の願いを受け入れる。ここに救いがあるということです。

（3）自我を超えるということを具体的に説明します。

まず、自我とは何か。

自我とは「私の心の内me」と「それを知る自分I」、つまりIとmeです。

この自我に関して、いくつか例を挙げます。

（例一）

子供が、犬や猫の子を拾ってきて、これを飼って欲しいと親に頼むことがあります。かつて私も、子供からそう頼まれました。子供が子猫を差し出して「お父さん、これ飼おうよ」と言った。

見るとなかなか可愛らしい猫です。私は、動物は嫌いではない。そこで、お〜よしよしと猫の喉を撫ぜた。子供は、飼ってもらえそうだと期待して、名前を考え始めた。私は猫の後ろ脚のあたりを見ました。メス猫でした。そこですぐに思った。これメスだ。すぐに子供を産むだろうな。避妊手術をせねばならない。餌もやらねばならない。あちこち引っ掻くだろうな。飼うとやっかいだぞ。そう思って、子供に「もと居たところに戻しておいで」と言いました。

子供はかなり抵抗しました。けれどもしぶしぶ、戻しに行きました。

ところがその夜、寝ていた私の床下から、必死になって親を呼ぶ子猫の鳴声が聞こえてきました。その声を聞いて私は思いました。子猫の一匹くらい飼ってやってもよかったな。かわいそうなことをした。私も坊さんなのに。

さあ、ここで考えてみます。

①素朴に可愛い子猫だなと思う「子供のような自分」がいました。

②ところが、飼うとやっかいだと計算する「大人の自分」もいました。

③そして、床下で鳴かれると、薄情な私だったと反省する「親のような自分」もいました。

こんなとき、皆さんはどうなさいますか？

素朴な例ですが、これが迷いの姿です。

子供、大人、親の自分、そのどれを生きるのかが決められないとき、我々は迷うのです。

（例二）

子供が五〇歳ころになると、親が亡くなります。そのしばらく後には、親の残した形見の品（時計、宝石、骨董品など）を子供たちで分ける集まりがあります。これを日本では「形見分け」といいます。

その形見分けの様子を描いた川柳。

　泣き泣きに良い方をとる形見分け（笑）

皆さん、どう思いますか？

入院中の母が急死したと病院から電話があった。慌てて病院に駆けつけ、母の死に顔を見た。あれこれ思いがこみ上げてくる。母さん、最後に何か言いたいことはなかった？　遺体にそう問いかけたりもします。

ところが、だめだめ、こんな感傷にひたっていてはだめ。いまに釜山の姉がやってきて、母親のダイヤの指輪を持っていく。あの指輪だけは、渡せない。そう考えるのですね～人間は（笑）。そこで急いで母の家に行き、ダイヤの指輪を探し出して、自分のハンドバッグに隠した。

お通夜が終わり、葬式も終わった。その後一人自宅に戻り、ダイヤの指輪を取り出して眺める。これ買ったら高いだろうな～。そう思っていたときに、別の自分が現れてくる。それは、「私という人間は、いつまでたっても浅ましい人間だな～」そう反省する自分です。

そうすると、ここにも三つの自分が示されていますね。

①母の死を悲しんで泣く「子供の自分」。

②泣いてばかりいたら、釜山の姉がダイヤの指輪を持っていく。あのダイヤは私がもらう。つまり、泣く自分を無視して、良い方を取ろうとする「大人の自分」

③しばらくすると、そんな二つの自分を見わたして、「私は、いつまでたっても浅ましい」そう反省する「親のような自分」が生まれてくる。

この例では、子供、大人、親という三つの自分は、矛盾します。

三つの自分が矛盾するとき、我々は悩みます。

(例三)

三つの自分が矛盾せず、うまく調和しているのに、そんな自分が否定されると、我々は苦を感じます。

先のダイヤの例で言います。

①「子供の自分」は思う。私の大好きな母親が突然に死んだ。これは本当に悲しかった。

②「大人の自分」は、このダイヤはお前が使うといいねと母が言っていたことを覚えている。

③「親の自分」はこう考える。子供たちの中で私が一番母に尽くしてきた。母を旅行に連れて行ったのも私。母を病院に入院させたのも私。何度も面会に来たのも私。

こう思っていると、三つの自分は調和しますので、自我は矛盾を感じませんね。

ところが、そう思っているときに、釜山の姉が言った。「あのダイヤを盗《と》ったのあんたでしょ。返しなさいよ」

姉にそう言われたら、どうしますか。

「はい返します」とは言わないですね。(笑)

三つの自分は調和していても、その自我を立てることができない。つまり、自我を否定されるという事態に追い込まれると、私たちは苦を感じます。

（例四）

もう一つ、同じような例をあげましょう。

韓国では、しばらく前に、セウォル号が沈没するという痛ましい事故が起こりました。それをニュースで見ていた奥さんが思った。何と可哀想なこと。そして奥さんは、家計のことも考えて、現地で活動する人に十万ウオンの寄付をしようと決心した。そして、私は善人だな〜と思う。

①かわいそうと思ったのは「子供の自分」

②家計のことを考えたのは「大人の自分」

③十万ウオンを寄付して自分は善人だと思ったのは「親の自分」です。

ここでは、三つの自分は、調和していますね。

十万ウオンの寄付をした奥さんは、お隣の高校生の坊やに言った。「オバさんは、十万ウオンの寄付をしてきたよ」そうしたら、高校生が、「オバさんケチだな〜。僕は二〇万ウオン寄付したよ」そう言ったらどんな感じがしますか。おばさんの三つの自分は調和していても、その自我をたてることができませんね。

さあ、以上で四つ例をあげました。

自我を超えるというのは、このような三つの自分をまるごと超えるのです。

自我は、様々な欲望を持ちます。努力して、欲望が満たされ、うまく行けばいい。

しかし、どのように生きていったらいいかに迷う。一つの生き方を選び取ろうとすると、別の生き方と矛盾する。自分の生き方には矛盾がない、調和していると思っていても、その自分を否定される。否定されなくても、その自分を立てることができない。

そんな自分の生きる努力を尽くしながら、最終結論が出たなら、そんな自分への執着を捨て、そんな自分をまるごと越えて、苦をさらりと引き受けて、穏やかに生きていく。自分にこだわらないその生き方に、三法印が実現するのです。

（4）自我を超える方法

自我を超える方法として、昔はずいぶん乱暴な方法が用いられました。自我は、自分の内を人に知られては具合が悪いので、面をつけています。その面を力尽くで剥がして、ありのままの自我の姿をあらわにして責め立てるというやり方です。

例えば……。親が死んで泣いていているときに、僧侶が「欲張り女のくせに、人並みに泣いておるわい」などと批判する。そんな風に批判されたら「何だと！」と反発しますね。すると僧侶は「ダイヤを持っていこうとしたのはお前じゃなかったのか」と指摘。そこであれこれ言い訳をするのですが、何日か後、「やはり私は浅ましい人間でした」と反省する。すると、僧侶は「しおらしく反省しても、またすぐに本性を現すぞ」と追い打ちをかける。

どうでしょうか。

こんなふうに責め立てられると、子供、大人、親のどの自分を生きることもできませんね。つまり、これら三つを超えざるを得なくなるまで、次々と自我を責め立てる。こんなやり方です。

他人からこんなことをされたら、生きていけない程苦しみますね。

だからこれを、自分で自分に行ってみればいい。

もっと優しい方法は、赤裸々な三つの自分を詩にしてみることです。自我そのものを詩にしているとき、作者は、自我を超えています。

子供、大人、親という三つの自分、つまり自我は、移り変わって行くものであり、自我という実体はないのです。諸行無常　諸法無我　なのです。

ここでお話の視点を変えましょう。

（5）自我の高次化

生まれたときには自我はありません。この状態を**自我〇**とします。

私たちは、三歳ころに自我に目覚めます。これを**自我一**とします。

三歳ころの自我一は、自分中心＝自己中心的で、他者の立場に立って物事を考えるということができません。

一例をあげます。例えば幼稚園が終わるとき、先生が十人ほどの園児たちに向かって「みんな、この紙、大事な紙だから、帰ったらすぐにお母さんに渡すのだよ。みんな分かった？　みんな分かったね」と言う。先生は、念を押して何度も言うのです。そうすると、「そうか、みんなはこの紙を渡すのか。じゃあ僕は渡すのかな。渡さなくてもいいのかな？」と考える子供が出てきます。先生が言った「みんな」の中には、自分も含まれるということが理解できないわけです。これが自己中心と言われるものです。

五歳ころになると、他者の立場に立って自分を見るということができるようになります。自分の立場だけでなく、他者の立場にも立つことのできる自我、これを**自我**二とします。

これに関しては、次のような実験があります。

座っている子供の前に二つの木箱A・Bを置き、次のようなシーンを見せる。

> アンがやってきて、Aの箱にお人形をいれて行ってしまいました。
> サリーがきて、Aの箱から人形を出して遊び、Bの箱にいれて行ってしまいました。
> 戻ってきたアンは、人形を出そうとして、AとBのどちらの箱を開けるでしょうか。

この課題にたいして、四歳までの子供は、ほとんどBと答える。自分が見たままに答えるわけです。ところが五歳になると、ほとんどの子供がAと正解するようになる。これに正解するには、子供はアンの立場に立って、〈アンは、人形はAにあると思っているはずだ〉というように、アンの心が読めなければならない。五歳になると、こういう自我二が成立します。この自我二は、他者の立場に立つことはできますが、自分の内面を見るということができません。

思春期のころになると、内面に目覚めるということが起こります。それ以降、自我ははじめて、自分に悩むという体験をします。これが**自我**三です。

そこに見出されてくる内なる自分は、とても脆弱で、そんな自分を他人に示すことは、とても怖くてできません。しかし年と共に、自我の面は次第に厚くなり、自我そのものは腹黒くしたたかになっていきます。これが私たちの自我の姿です。私たちは、自我三を生きているのです。この自我がどんな風に迷い、悩み、苦に直面するかということは、先ほど具体例を四つ出してお話しましたね。

こんな自我が丸ごと超えられたとき、自我四が誕生します。**自我四**に目覚めた人は、普通は自我三を生きて、様々に努力しています。その努力を極限まで尽くしてもダメだという最終結論が出たなら、そんな自分への執着を捨てて自我四を生きることになります。自我四を生きることで、受験に失敗したり、死病の床にあったり、かけがえのない人を失ったり、事業に失敗したりしてどうにもならなくなった自分、つまり行き詰まった自我三をこえるのです。

こんな生き方をしているとき、更なる目覚めが起こります。「私は、自我三と自我四を行ったり来たりして生きているだけの人間だ。自我四でさえ、実体は無いのだ」ということ、つまりmeの中身は無いのだということに目覚めるのです。こうして**自我五**が誕生します。

ところがこの場合、meの実体は無いのだと知るIは残っていますね。このIがさらに法と一体になる。すると、私が法に則して生きているという世界観が逆転し、法が私を生きているという姿が感得されます。ここで**自我六**が誕生します。それは覚りの世界（涅槃寂静の世界）です。

私たちは、とてもここまでは行けません。せいぜい行けるのは自我四までです。その世界を体験することが重要です。このことを確認して終わりたいと思います。

このあと質問が続出した。主だったものだけをあげてみる。

Q　自我二の子供を自我三に引き上げる方法は？

A　自我三を体験した子供の書いた作文を読ませてみることですね。あまりレベルのかけ離れた作文を読ませますと、何のことを言っているのかわからなくて、頭が真っ白になります。ですから、年齢が少し上で、自我三に目覚めた子供の作文がいいですね。

Q　先生は、仏教からこの理解を導き出したのか、他の学問からこれを導いたのか？

A　前半は発達心理学、後半は仏教ですね。この両者を、自我の高次化という視点に立って繋ぎ合わせるということがこれまでなされませんでした。私は、その仕事をしたと思っています。

Q　「子供の自分」「大人の自分」「親の自分」というところをもう少し詳しく。

A　これはフロイトの考えを実用化したE・バーンの考えに依っています。彼はフロイトに従って、自我を五つに分けました。

例えば、交通事故に会い、骨折して手術をする羽目になった。医師が太い金属を見せながら、「これを足に入れてボルトで固定する」と説明した。すると、子供の自分は、二通りの反応をします。

・こわいよ。嫌だよという「やんちゃな自分」

・これ入れなきゃダメなんだねという「すなおな自分」。

そして大人の自分は考えます。

・この方が治りが早い。麻酔もあるから痛みはないはずだ。

そして親の自分はこう考える。

・私は本当に注意散漫だ。そう自らを批判する父性的な自分。
・事故にはあったけれど、命があってよかったと自分をなぐさめる母性的な自分。
ですから、三つの自分は、詳しく言いますと、五つの自分に分かれます。

Q　自我三を超えるとはどのようなことか。

A　これら五つの姿をまるごと見る立場に立つということですね。

Q　自我三を高めていく方法は。

A　自力で高めるという宗派もあれば他力によるという宗派もあります。どちらを取るかは皆さん次第ということになりますね。

質疑の後、私は実に丁寧なお礼を三度してもらって、講演会は終わった。
その後、二十数名で会食。さらにソウルの街に出てお話を続け、遅いお開きとなった。

注
（1）土下座するようなスタイルの最も丁寧な礼。
（2）明治大学国際日本学部鈴木教授のデータによる。以下同じ。
（3）スカート風。チマ（スカート）を風にはためかせながら、子供の教育に血相を変えて走り回る母親をからかった言葉。

【法話】

仏教不思議の教え

水谷　葵

現代社会において、親鸞聖人の教えをどのように聞いていったらよいのか。現代という科学や文化が発達した社会において、八〇〇年もの昔に説かれた教えが現代の救いとなるのか。そんな課題を意識しつつ「仏教不思議の教え」という題を掲げてみました。

言い古された考えでありますが、近代文明の発祥を産業革命と致しますと、デカルトの哲学がそれに起因すると言われています。有名な「我考える故に我あり」という人間復興の宣言が、人間の神に仕えることのみが使命とされてきた中世を覆して、人間の考える力によって機械文明を促し、重労働から庶民を解放し、徐々に人間に幸福をもたらすことができたと言われています。そして、ニーチェが「神は死んだ」と宣言したように、神に代わって人間の思考が至福を与える救世主となりました。

それには、人と人とに差別があってはならない。平等が旗印となりました。フランス革命が「自由・平等・博愛」のもとに社会を変革出来たのは、人間の自信と尊厳の自覚が、現代へとつながる道となったのでしょう。イスラムのムハンマドを揶揄するフランスの出版社があえてイスラムの社会に一石を投じたのは深い歴足に対する反抗であったと思われます。フランス革命の掲げた旗印が、はたして現代の人間を幸福に至らせることができるのでしょうか。

少なくとも、自由平等の思想は、経済的文化的な差別からの解放を遂げてきた一面は大きいと思います。その基礎となった科学文明は、加速度的な勢いで発達しています。むしろ、人間存在が科学によって脅かされています。言うまでもありませんがコンピューターによって、博学ということが人間の価値ではなくなり、今や学習型のロボットが社会に普及しようとしています。コンピューターが自動車を運転し、介助ロボットが高齢者を介助するようになるプラスの面と、その反面、近未来に人間がロボットとの競争に破れなければならない時代が来ます。近代の黎明期を「人間が考える」ということで開きましたが、現代はロボットに人間の尊厳性を奪われ、「人間とは何か」という課題を突き付けられています。

また、医学の先進的な発達は、障害を持つ胎児の検査を容易にし、障害児抹殺という胎児選別にかかわる人権問題となってきています。

一方、妊娠した親にも、その検査を受けることは、唯一の親として選んでいのち託してくれた胎児に対して、親のエゴの眼がよぎったという罪悪感に苛まれ続けるという悲劇を生んでいます。

二千数百年前に韋提希というお妃が阿闍世という子を選んで産み落とした物語が涅槃経に記述されていますが、まさにそれと同じです。

更に、医療の発達は高齢化社会を生み出しています。高齢者が病と老の苦を抱えていつまでも生きねばならない恐ろしい時代が私の前にはだかっています。遺言を言って、ぱたっと死ねる社会が望まれるのではないですか。

科学文明の発展が加速度的になり、今日「人間が満足できる社会を実現する」という期待が持てなくなってきました。すでに科学の暴走が環境や人間の心理にまでも影を落としていると感ぜずにはおれません。

人間の愚かさを八百年も昔に教えてくださった親鸞。それは、人間の愚かさではなく、人間そのものが愚かな存在であることを見つめる眼を如来から頂くと教えられるのです。それだけでなく、その愚かな人間に慈しみを持って見続けていて下さる大悲が向けられている。それは人間という第二人称ではなく、第一人称として教えられるのです。

現代を形作った科学文明がすべての罪を持っているというのではありません。たゆまぬ努力は人間の幸せに貢献したいという純粋な志を持って発展したに違いありません。しかし、その発展の暁が、人間を不幸に導くという、この問題を解き明かすことが親鸞を学ぶ私達の課題であると思うのです。

釈尊は八万四千もの法門を説いて全ての人間の幸せへの道筋を明らかにしたと言われています。ところが、親鸞の浄土教はその八万四千の他に見出された教えなのです。つまり、人間が八万四千という膨大な法門を学び、修行しても幸福に辿りつけない。人間側の大きな落とし穴に気づかれたのです。

八万四千の法門と言うのは、大雑把に言って、幸せ（悟り）とは何か、叡智を持って仏の教えを掌握して、自らの力で幸せを開くという精神の純粋さと強靭さを前提としています。それを賢善精進の修行と言われてきました。善いことをしたら、それだけ幸せが来るはずだという幸福観です。この考えは、現代の文明の先鋭隊として私達に身についてしまいました。いや、私の構造そのものだというべきでしょう。第二人称として「私」を対象化して、その私が解決すれば、全てが解決するという予想と期待を持っている第一人称の私に元凶があった、これまで私と言い続けてきた私の底にあるものから捉え直していく必要があるのでしょう。今、平野修先生の言葉を引用すると、

「私達はともかく生きて満足したいということを思って生きています。乱暴な言い方をすれば、私が満足するためなら、使えるものは何でも杖にし、柱にし、綱にする。逆に言えば、そのことは如何に私というものは頼りないものかということです。そして、それはそういうものを頼りにしなければならないほどに、私は私を信じていないということでもあります。われわれの『私』というものは、はじめから不信の上に成り立っているのです。…中略…根本のところに不信になっているから、私を充実する、私が満足するということは永劫にありえないわけです。そういう私の構造を見破って、私を離れるというところに我々が求めている満足なり、充実なりが可能になるのです」(正信念仏偈の教相)。仏教では、私を離れるということを「生死出る道」として、それこそ沢山な修行の道を示されました。道元禅師は「仏教を習うというは、自己を習うなり。自己を習うというは自己を忘れるなり」と言われています。

自己を離れた至福の姿は、仏陀釈尊であり、その理想を達成するには、五十二階段の菩薩道を行じて自利利他の悟りを完成すると教えられているのです。私を出発点にして、私が根絶するまで心身を痛めつけることが修行の道だったのです。しかし、体を痛めつけても分析しても人間の努力で、私を離れることは出来ない。私以外の何者かを持ってきて自分の幸せを完成させようとすること自体、私に対する過信と言わなければなりません。円満な善、賢明な智慧、これを満たすことで自分を確かな

ものにしようとしてきた歴史が、仏教の歴史と言ってもいいでしょう。そうした愚かさ、人間悪を既に阿弥陀仏という仏さまが見越してその救出を誓っておられるのだ。と、法然上人が中国の善導大師の観経の解説書の中に見出されたのです。「決定して深く、かの阿弥陀仏の四十八願は衆生を摂取して、疑いなく慮りなく、かの願力に乗じて、定めて往生を得と信ず」に触れられて浄土教の流れに真実の救済が有るということを開顕されたのです。

釈尊が仏陀になられて、その悟りを開きたいという仏弟子の歴史の中で、中国の曇鸞大師という方が「浄土論註」を著しました。これは正信念仏偈に触れられていますように天親菩薩の浄土論の注釈書であります。親鸞聖人は、その書を通して「他力」と「信心」が、真実の仏教の骨格であると受け取っておられます。この中に仏様の国、浄土の世界は特別な十七種の不可思議な功徳で飾られていると説かれていまして、一つ一つに「これいかんが不可思議なる」と問いを出しています。その冒頭に、「諸経に統べてのたまわく」と五つの不可思議にまとめられています。

一には衆生多少不可思議
二には業力不可思議
三には龍力不可思議
四には禅定力不可思議
五には仏法力不可思議
なり、と。

通常「不可思議」というのは、知性に叶わないこと、科学的に解決できないことですが、ここでは、ているのです。

「思議することを得べかざるを指すなり」とあって、私達の知力を超えている事柄であると述べられ

第一の衆生多少不可思議と言いますのは、衆生が無量無辺であることを意味します。考えてみれば、世界の人口が七十億人を超えても男女の数はほぼ均等であると言われます。また、三帰依文の冒頭にありますように「人身受け難し、今すでに受く」とあります。私がいま人間としてここに現在することは、人間の誕生、いや生物の誕生からの必然としてここに在る。悠久の歴史の願いに催されて、今私がここに在る。この不思議さの前を素通りして、私は善だ、あなたは悪だ、多いことが好きで、少ないことが嫌いとか、損得の欲界に迷っていると言わざるを得ません。私の存在は思いも及ばないほど悠久の昔からこの世に生まれることを願われていたのであって、存在に値しない悪業を積み重ねている私であるにもかかわらず「今ここに在る」という不可思議さを教えられるのです。

第二の「業力不可思議」と言われますのは、人間はほぼ同じ環境や境遇にいて同じような生活や行動をしているのに、思いの世界は別々です。それによって人は全くちがった結果を受けています。人間の集まりを群萌と表現することがありますが、共に群がって茂っている名も無き草に例えられます。しかし、十把ひとからげではありません。一人ひとりの業道は誠に孤独といわねばなりません。ある研究者のグループの調査によると、十代後半の若者の「友だち」の数は平均で百二十五人と、驚くべき数である（中日春秋）とありました。私達は群れに埋もれていることへの安心感を本能的に持っています。むしろ、本能的に孤独であるがゆえに群萌たらんとするのでしょう。反面、個としての独立と自尊の身の事実に立てないのでしょう。「萌」という字は種が芽を出し、まだ種の殻が芽の頭に付

いている状態を表す字と言われます。個々の人間には過去の煩悩や我執を身につけていて、それでいて共なる世界を築こうとしています。だから、群萌の中で確執のトラブルがいじめを引き起こすのでしょう。「狭いグループの中で自分が大将になりたい」「あの人に付いて行けば自分を認めてくれる」 などなど平穏を求めて群れを形成したにも拘らず群萌内では争いが絶えないのであります。業力不可思議ということは、「私独りの尊厳に満ちた生き様が有る」そういうことを教えられるのです。

第三に龍力不可思議と言われます。龍という架空の生き物は魔力を持っているのでしょうか。大きく言って龍は自然を表現する生き物だそうです。神社仏閣には描かれたり、彫刻されたりしています。私達は自然を拠り所として生きています。清水で顔を洗うことから始まって食事の全ては自然の作り出した「いのち」を戴いて生きているのです。私のいのちは、無量のいのちの犠牲の上に成り立っている。自然はその事実を認め許して生かしめている。このように教えられると、緊張関係の中で今日あることに頭がさがるばかりです。

競争社会のストレスの中にあって、旅に出て自然と触れ、癒されるのは龍力不可思議のしからしむところでしょう。

第四の禅定力不思議というのは、人間の思考力の素晴らしさであります。ノーベル賞受賞者には、思考を一点に集中させ、その力を深めた結果、知力を超えたインスピレーションが閃き、思いも及ばない発明が生まれたとお聞きしたことがあります。この先、静かに思考する人間の能力はどこまで進んでいくのでしょう。そして、その恩恵を世界全体が受けることでしょう。

さて、親鸞聖人が曇鸞大師を讃えられたご和讃に

「五つの不思議を説くなかに
仏法不思議にしくぞなし
仏法不思議ということは
弥陀の弘誓に名づけたり」
というのがあります。
今まで見てまいりました四つの不思議は、仏教に触れて初めて気づいて感動した。そして、私の思いを超えてこの身は他から与えられ、他の力（他力）によって生かされているという事実に触れるのであります。
このように、八万四千もあると言われる仏教の法門のほとんどが、不思議に対する感謝を教えとしています。このご和讃には仏教不思議を「彌陀の弘誓」に限るとうたわれますのはどういう深い意味があるのでしょうか。
大無量寿経には、「法蔵菩薩という求道者が、我が名を唱え、憶念するすべての人が、私の建立する浄土に生まれないならば、私は仏にならないとう本願を立てられて、その本願が完成して阿弥陀仏になった」と、述べられています。しかし、私達は「彌陀の弘誓」を素直に受け取ることが出来ません。
仏様がすでに
「諸行無常　一切皆苦　諸法無我」
と、教えて下さっていても聞こえないのです。その教えの前を他人ごととして素通りしているのです。

また、私達は全ての存在の哲理が説かれた仏の教理や言葉を意識の解釈を通して悟りうるものと考えてきました。それは、仏教の八万四千の法門を私達の意識の中に受理できるという、仏教より私の意識の方に信頼をおいている姿なのです。

私達の意識は、あらゆるものを知り尽し、私を支配できるという傲慢さを秘めています。しかし、私達は記憶をどんなに遡ってみても二、三歳が限界という浅さです。こうした意識を中心とする生き様を親鸞聖人は、正信偈に「極重悪人唯称仏」と謳われ、私達の姿を極重の悪人と言い当てられています。蓮如上人が各地のご門徒に送られたお手紙「御文」の中に「末代無智の在家止住の男女」とか「そもそも、男子も女子も罪の深からん輩は」等、知識や学問・人生の経験の裏打ちをもって、自分を善人と自認している意識こそが深い深い罪であります。そして、善人性を主張しているにもかかわらず、四苦八苦に苛まれ、浮かんだり沈んだりして人生が終わっていきます。最後に、来たるべき「死」に対してオロオロするだけです。法の持つ普遍性を「諸行無常」教えられていても、私の諸行無常とは頷けません。私の意識が万策尽きた所に、私の身は意識に先んじて自然の法に従って生きていることに気付かされます。五十年生きていれば五十の顔に否応無しになっています。その法に随順する身の行として仏の名「南無阿弥陀仏」と唱えることで、生死の迷いをもつ意識を離れて浄土往生を遂げさせると教えられるのです。

修行も功徳も積むことなく深い罪業を積み重ね、未来の不安に慄く「今」の私に、阿弥陀を信じ、呼びかけることで救いが完成すると教えられるのです。親鸞聖人の救いは、この生で過去と現在と未来を見通せる定まったいのちを獲得できる、それを「正定聚に住す」と言い、菩薩の修行の位である

「不退の位」を得るという教えです。それは阿弥陀仏の浄土に迎え入れられた姿なのです。浄土の教えは、死を克服するのでなく、生死を離れるという仏教の本道に立っているのです。仏教理解に依るのでなく、弥陀の救いを信ずることを最優先にして私を離れることができる。それを、聖人の言葉によると「死なんずるやらんとこころぼそくおぼゆることも、煩悩の所為なり。久遠劫よりいままで流転せる苦悩の旧里はすてがたく、いまだうまれざる安養の浄土はこいしからずそうろうこと、まことに、よくよく煩悩の興盛にそうろうにこそ。なごりおしくおもえども、娑婆の縁つきて、ちからなくしておわるときに、かの土へはまいるべきなり。…中略…これにつけてこそ、大悲大願はたのもしく、往生は決定と存じそうらえ」（歎異抄）と、煩悩の心を信ずることなく、浄土に往生させるという阿弥陀の誓の方に定まった信が、お念仏の口業によって定まるのです。「死」の解放こそ、人生の解放であり人生の定まった姿（正定聚）であります。

阿弥陀の弘誓とか本願という言葉は、法のはたらきをあらわす言葉であります。阿弥陀様と申しますと、あだかも意志のあるような人格的表現となって、「南無阿弥陀仏」と名号を称える時、救世主の寵愛を願う心となってしまいがちです。法のはたらきとは、本来の姿に戻る自然のままのはたらきであります。山々に降った雨の水は低きに流れ、川を伝って海に流れ着くように、阿弥陀の誓願が私を自然の法爾の流れのままに受け入れて下さる、そう頂くことができるのであります。「南無阿弥陀仏」という言葉となって私の傍に、一時も忘れることなく働きかけ続けてくださっている。そこに私が完成すると教えられるのです。

編集後記

集団的自衛権の行使を認める安全保障法案は、七月に衆議院本会議で可決され、現在、参議院で審議されている。六月四日、衆議院憲法審査会で参考人招致された三人の憲法学者（自民党推薦の長谷部泰男氏、民主党推薦の小林節氏、維新の党推薦の笹田栄司氏）は、この法案について共通に「憲法違反」の見解を示した。また九月三日の共同通信の取材に対して、元最高裁長官・山口繁氏は「集団的自衛権の行使を認める立法は憲法違反と言わざるを得ない」と述べた（「中日新聞」九月四日付）。この法案に反対する人々は、八月「三〇日、全国で一斉に抗議の声を上げた。国会周辺では、市民団体『戦争させない・九条壊すな！総がかり実行委員会』主催のデモに一二万人（主催者発表）が参加、人の波が国会を取り囲み、法案反対デモとしては最大規模となった」（「中日新聞」八月三一日付）。当日の集会、デモは全国二〇〇か所以上で行われた。私も、この「総がかり実行委員会」賛同者の一人として、朝日新聞【全面広告】（八月二三日）に名前を連ねさせて頂いた。

今年は、「戦後七〇年」の節目の年にあたる。今日の情勢は、この節目の年を、平和実現の決意とその取り組みへの主体的参加の年として捉えるのか、それとも再び戦争への具体的参加の年として捉えるのかを問いかけている。安倍首相は、「戦後七〇年談話」において、「侵略」「植民地支配」について、「一人称」で具体的に対象を明確にして語ることなく、戦後世代・未来の世代に「謝罪を続ける宿命を背負わせてはなりません」と居直り、集団的自衛権の行使を前提とする「積極的平和主義」という戦争への道を強調している。

今回、本誌では特集として「戦後七〇年と宗教」を取り上げた。巻頭言で山崎龍明師が言及しているように、「主上（上に立つ者）がその器でなく、よく考えもせずに部下を採用すると、その部下もまた勝手なことを行い、国は偽りだらけになる」という仏説無量寿経の言葉は、まさに今日の安倍首相と政府与党の醜い姿を見事に映し出している。だからこそ、そのような人々に「否」と言い続けなければならないのである。その実践的課題が、仏教者に問われているのである。

一九八〇年代の南アフリカにおいても、宗教者たちがアパルトヘイト体制に対して反対することを宗教的課題として取り上げ、行動することによって、全人種平等主義の立場に立った反アパルトヘイト運動は飛躍的に前進し、一九九三年にアパルトヘイト撤廃を実現させた。山崎師の指摘は、平和実現において普遍性をもっている。宗教が政治的対立・戦争を阻止し平和実現に大きな役割を果たしていることは、具体的に朴光洙教授が述べている通りである。そこで大切なのは、対話による「宗教多元主義」である。この「宗教多元主義」の核心は相互依存性である。相互依存性は、黒田壽郎教授の展開するイスラーム思想に基づく存在論、松本祥志教授のウブントゥ思想、李贊洙教授の「共同体的自我」の指摘によって深められている。宗教の問題は、坂東行和教授の指摘のように、エコロジーと無縁でなく、また宗教の現状については、寺林脩教授が責任者として直接かかわった、現実の分析が必要であることは言うまでもない。また日本の宗教研究については、宗派主義・日本中心主義が多くみられる現実の中で、奥田和彦教授の指摘のように、R・ベラーのような「外部」からの宗教の鋭い分析視点は重要である。

戦後七〇年と宗教という特集テーマは、狭い意味の「宗教」に矮小化されるものではない。宗教とは、生活のあり方全体に係るものであるがゆえに、政治、歴史認識、教育、文学等すべての人間の営みと有機的に繋がるものである。それゆえ、今回の特集では、読者の理解を容易にするため、分野わけをおこなっている。また、「戦後七〇年」という「括り」についても、それは歴史的な「切り取り」を意味するものではない。それは、眞田芳憲教授が「戦後七〇年は戦前七七年から始まる」と指摘しているように、日本近代からの国民国家のあり方そのものを問うものでなければならない。したがって、それは多面的にならざるを得ない。波多野憲男教授の「日本国憲法と都市計画」、佐々木建教授の「朝鮮人『強制連行』問題を学び直す」、山本伸教授の「戦禍の歴史から日本は何を学んだのか」、安斎育郎教授の「原発政策をめぐる戦後七〇年の軌跡」は、いずれもその課題に応えたものである。

今日の課題に繋がる政治、歴史認識、東アジアとの関係、原発問題を明らかにすることは、未来の歴史の形成者である子ども、教育のあり方とも密接にかかわっている。このために、特に、教育の分野を設定した。この分野では、「土台」に規定された「法律的および政治構造」と「社会的意識諸形態」の相互作用の関係をベースにした教育の構造的把握のあり方を示す伊藤彰男教授の「『戦後七〇年』と教育についての断想」、宗教教育のあり方を示した北島信子准教授の「戦後七〇年と三浦綾子の『銃口』」、欧米近代の主流となっている「自己中心主義」を超える「他者」から自己を見る視点の重要さを指摘した藤原和好教授の「子どもと他者」が今日的課題に応えている。

「戦後七〇年」を主体的に受け止めるためには、宗教と並んで、文学が大きな位置を占めている。李有成教授は、東アジアの視点から李永平の作品の分析を通じて「戦時中に無実の罪で亡くなった人たちの霊魂を呼び戻し、屈辱を受けた人たちの冤罪を晴らし、抗議するために、歴史の亡霊を何度も登場させ、文学という切り口から未だに終結を見ていない歴史問題の解決を図る」視点を明らかにしている。この視点は、單德興教授の、南京大虐殺をテーマとした「写真が示す暴力の姿、詩的贖罪」とも重なり合うものである。この論文は、南京大虐殺において加害者である日本人も虐殺に加わる過程において人間性を喪失することによって被害者となり、被害者である中国人も、日本人もともに救われる方向性が提示されている。他者を通じて今この世界に大切なものを見出すことを『淑女と僧侶』を通して明らかにした傅雋副教授や、カズオ・イシグロを通して、アイデンティティと戦争・歴史の記憶の関係を追求した陳重仁助理教授、他者を通して自己を相対化することの意義を説く永井博教授の「『李陵』と『戦陣訓』」が、他の論文と相互に係り合いを持つのは興味深く、これらの文学における人間像は、今日のわれわれのあり方を立体的に問う意義を持っている。

　戦後七〇年の特集をこのようにして、東アジアからの視点を含めて、総合的に取り上げた試みは他にはあまり見られぬものである。中田達也准教授と美術批評家・森芳功氏の研究論文も、現代の課題に意欲的に応えた力作である。渡辺淳師と北畠知量教授のエッセイは広い視野から親鸞に収斂する仏教の本質を説いたものであり、水谷葵師の法話も本号の特集の基底となっている他者・外部性の重要性を浄土真宗の立場から説いたものである。

　全体を通じて共通に貫かれているのは、自己中心主義を超えるものは、他者、外部性から自己を見るという視点であり、この視点は差異性をもつ他者との共生、「狼《おおかみ》は仔羊《こひつじ》とともに宿り豹《ひょう》は仔山羊《こやぎ》と共に臥す」ということにつながるものである。これはすべての宗教、学問、人間生活にも貫かれるべき視点であろう。この視点こそが、戦後七〇年から、われわれが学ぶべきものであり、その視点に立って生きていくことが平和の実現につながるものであろう。

合掌

（きたじま・ぎしん）

＊投稿論文は査読によって掲載採否が決定される。投稿希望者は編集部（文理閣気付）へ連絡されたい。

Tew, Philip. 2007 (2004). *The Contemporary British Novel*. 2nd edition. London and New York: Continuum. "U. S. Strategic Bombing Survey: The Effects of the Atomic Bombings of Hiroshima and Nagasaki, June 19, 1946." President's Secretary's File, Truman Papers. <http://www.trumanlibrary.org/whistlestop/study_collections/bomb/large/documents/index.php?pagenumber=22&documentid=65&documentdate=1946-06-19&studycollectionid=abomb&groupid=>

Vorda, Allan, and Kim Herzinger. 1991. "An Interview with Kazuo Ishiguro." *Mississippi Review* 20: 131-54.

Walkowitz, Rebecca L. 2001. "Ishiguro's Floating Worlds." *ELH* 68.4: 1046-76

Wong, Cynthia F. 1995. "The Shame of Memory: Blanchot's Self-Dispossession in Ishiguro's *A Pale View of Hills*." *Clio* 24: 127-45.

---. 1998. Conversation with Kazuo Ishiguro 3 Sept. 1998.

---. 2005 (2000). *Kazuo Ishiguro*. Second edition. Tavistock, Devon, U.K.: Northcote House.

전후(戰後) 70년과동북아시아평화공동체실현을위한종교의역할

박광수(朴光洙)교수(원광대학교)

1. 서론

현재는과거의산물이며미래는현재의과정에서전개된다. 동북아시아의한국, 중국, 일본등삼국은오랜세월에걸친상호간의활발한인적물적교류를통해아시아의정신적가치와종교문화를공유해왔다. 그러나19세기후기부터20세기초에이르기까지서구유럽과미국의아시아대륙침략과식민지정책이세계의주류를이루었고동북아시아삼국의국제정세가급변하였다. 급격한세계정세의변화와대내외적위기상황에대해한국, 중국, 일본은사회와제도적혁신을통한자국의발전을이루어야한다는인식은공유하고있었지만, 대처하는방식은달랐다.

중국의경우, 이른바'제 1차아편전쟁(鴉片戰爭, 1839-42)'에서중국왕조인청국(淸國)이패배하며불평등조약인난징조약(南京條約)을체결하게되었고광저우(廣州)와상하이(上海) 등5개항구(港口)를강제로영국에개항하게되었다. 또한, 태평천국의난(1853)이일어나정치적으로혼란한상황에서영국과프랑스연합군은베이징침략(1856-1860)을감행하여1860년10월베이징을함락하고강제적불평등조약인베이징조약(北京條約)을맺는것으로막을내렸다. 이러한불평등조약은중국에대한서구의제국주의와자본주의의정치적, 경제적침탈을본격화함으로써반(半)식민지화의결과를초래하였다.

반면, 일본은제도적으로는도쿠가와시대를지탱하던막번(幕藩)체제가해체되는과정에서미국은1854년8월일본에강제적으로「미일화친조약」을맺게하고1858년7월에는「미일수호통상조약」을맺어경제적불평등조약이이루어졌다. 이러한과정에서일본은무사들을중심으로신진세력들이메이지천황을옹립하면서외래문물을신속하게수입하고정부를수립하는과정에서서구의강력한제국주의체제를수용하였다. 일본의근대(近代)를논할때면대개그기준이되는시점은메이지(明治)유신(1868년)으로,일본은메이지(明治)유신이후탈아론(脫亞論)을내세워일본국왕을중심으로대동아(大東亞)를건설하기위한제국주의의길을걸었다. 그리고근대일본을대표하는철학자인니시다기타로(西田幾多郎, 1870-1945)가기초를마련한교토학파에서는'세계사의철학'혹은'세계사적입장'을통해동아시아에서권익을확보하면서'세계질서'의재편을요구한제국주의일본의정책에대한철학적기저를제공하였다. 세계질서의재편을위해일본은개방개혁을통해부국강병책을펼쳤고대동아정책을통해침략주의적제국주의를전개하였다.

1860년대전후, 한국은대외적으로는서구제국주의의침략과조약을통한경제수탈이확대되기시작하였다. 제너럴셔먼호사건(General Sherman, 1866), 병인양요(1866), 신미양요(1871)등서양세력의확장으로양반지배층의위기의식이고조되었다. 뒤늦게제국주의대열에낀일본에의해1876년강제로「조일수호조규(朝日修好條規)」을체결하게되었으며이를계기로 1882년미국과의통상조약에이어여러유럽국가와의통상조약이잇따랐다. 1894년갑오개혁이실패하고, 1894년1월초동학농민운동을빌미로중국과일본은군대를주둔시킴으로써 6월말청일(淸日)전쟁이발발하는계기가되었다. 중국을패배시킨일본은러일전쟁(1904~1905)의승리를통해조선에대한우월적지배권을확보하였다. 이무렵, 조선은대한제국(大韓帝國)으

로국가의명칭을바꿔1897년10월12일부터1910년8월29일까지존속하였으나한일합병(韓日合倂, 1910)이후 조선왕조(1392-1910)가멸망하여1910년부터1945년까지일본의식민지로전락하게되었다.

2차세계대전이1945년막을내린지70년의세월이지났다. 동북아시아삼국은종전이후정치적혼란과경제적위기상황을극복하고국가경쟁력을국제사회에안정적으로확보하는데성공하였다. 이런과정에서서양을모방한일본제국주의의침략전쟁과식민수탈은아시아전역에걸쳐치유하기어려운깊은상처를남겼다. 현재일본의아베정부는야스쿠니신사참배를비롯해평화헌법9조를변경하고침략의역사를은폐또는축소하여가르치는등여전히폐쇄적이며배타적인민족주의경향을띠고있다. 한중일삼국은경제적교류의확대와협력을추구하면서도, 경쟁적으로군사력을증강하고있으며이는이웃국가간의상호신뢰가확고하게이루어지지않았다는반증이기도하다.

현대의경제적신자유주의시대에동북아시아의평화공동체건설은가능한일인가? 한국, 중국, 일본모두에게주어진과제는건강한공동체의식을확보해동북아시아의평화공동체를이루는것이다. 이런의미에서"전후(戰後) 70년과동북아시아평화공동체실현을위한종교의역할"에대한논의는매우필요하며시의적절한주제이다. 이와관련하여첫째, 세계보편적공공성의가치와윤리를공유하고실천하기위한방향제시가필요하다. 둘째, 남한과북한의분단상황과정치적대립구도를넘어서기위한종교간의대화와협력의실천사례를살펴보고자한다. 이는한반도의평화정착을위한남한과북한을중심으로종교간대화와협력, 그리고인도적지원사업이어떻게진행되었는지파악할수있는중요한사례이다. 셋째, 한국.중국.일본삼국의열린문화공동체의가능성을제시하고자한다. "동북아평화공동체건립을위한한국, 중국, 일본의공통점"을찾는작업은매우중요한과제이다. [1]이는동북아시아가직면하고있는위기를극복하고화합및신뢰의사회로가기위한길이며세계인류사회에대해상생과평화의비전을제시하고실천하는과정이다.

2. 평화공동체를위한종교의보편윤리

최근세에있어서종교간의대화와협력의공식적인역사는1893년시카고에서열린세계종교의회(World's Parliament of Religions)를계기로비롯되었다. 이모임은종교다원주의의이념적토대를이루는종교간대화의실천적장(場)으로국제사회에서의종교간대화와협력의활발한전개와종교연합운동과세계보편윤리를태동하게하는중대한역사적사건이다.

이를계기로, 현재세계도처에서활동하는국제적인종교연합기구를보면, 1900년에유니테리언교회(Unitarian Church)를중심으로이루어진오늘날의국제자유종교연맹 (International Association for Religious Freedom, 약칭IARF)을시작으로, 1950년인도에서이루어진세계종교협회 (the World Fellowship of Religions), 1960년이해의사원 (Temple of Understanding, 약칭TOU), 1970년세계종교인평화회의 (World Conference on Religion and Peace, 약칭WCRP; Religions for Peace), 1976년아시아종교인평화회의 (Asian Conference on Religion and Peace, 약칭ACRP), 1988년세계종교의회 (the Council for a Parliament of the World's Religions, 약칭CPWR), 1993년국제초종파신앙센터 (the International Interfaith Centre, 약칭IIC),

[1] 뒤에언급할한국종교인평화회의(KCRP) 산하종교평화국제사업협력단 (IPCR) 에서는과거 6년간한중일종교인이모여종교간상호대화와협력을통해동북아시아의평화공동체를건설하기위한학술세미나를매해개최하고있으며, 이세미나는지금도지속되고있다.

1996년종교연합추진회(United Religions Initiative, 약칭URI), 그리고2000년에천년세계평화정상회담(the Millennium World Peace Summit) 등이활동하여왔다.

종교에대한학문적모임가운데에는'국제종교학회'(International Association for the History of Religions)가"이분야와관련된모든학자들의국제적인협력을통해학문적인종교학연구의발전을도모"하기위한목적으로1950년에창립되었다. 1958년동경대회는'동서의종교와사상 · 문화교류의시대'를주제로열렸으며, " 모든종교들이인류를위해진정한관용과협동을이룬다면새로운시대가밝아올것이다. 이새시대를향한길을여는데기여하고자하는것이종교학의훌륭한소망중하나이다."라고결론지었다. 2015년에는8월독일에르프르트(Erfurt)에서21차국제학술모임이개최되는등(XXI IAHR World Congress 2015 in Erfurt) 활발한종교간대화와학술연구가지속적으로이루어지고있다. 국제종교학회는종교학적차원에서종교다원주의시대를열어놓는중요한계기를만들었다고여겨진다.

문명과문명간의교류가시간과공간을넘어서서급격하게진전됨에따라, 현대사회는자문화중심주의사회에서다문화중심사회로변화하고, 다양한민족과다양한종교가대화와협력또는충돌의현상이일어나고있다. 종교간'대화'의주관적인측면이학문의엄정성과객관성에어떻게수용될수있는가하는것은종교의과제이다. 종교간대화의접근태도는대체적으로배타주의(exclusivism), 포괄주의(inclusivism), 그리고종교다원주의(religious pluralism) 등으로구분하고있다.

그중에서도종교다원주의의특징은종교간의대화에서나타난다. 대화는일방적교리의전파가아닌쌍방향적으로이루어진다. 파니카(R. Panikkar)는대화만이다원주의, 공존, 민주사회(democracy), 정의와평화를만든다고보았다. 종교다원주의는각종교의신앙과수행의특성을그대로인정하며, 고유한문화적배경을통해이해하려한다. 배타주의는자신의종교만을유일한것이라보고, 다른종교의가치를전혀인정하지않는다. 포괄주의는다른종교의가치를부분적으로인정하지만가장뛰어난진리성과구원성은오직자신의종교에있다고본다. 배타주의와포괄주의적성격의종교가지향하는진리와구원은오직자신의종교에서찾아볼수있음을강조하게된다.

시카고종교의회이후100년이지나1993년에인도뱅갈로와미국시카고에서100주년기념대회가열렸다. 필자는뱅갈로에서개최된기념대회에참석하면서지구윤리 (Global Ethics) 에대한논의가구체적으로이루어지는과정을지켜보았고, 이러한논의가미국시카고대회에서 「하나의지구윤리를향한선언 (The Declaration Toward a Global Ethic)」으로채택되는결실을맺었으며, 이선언문은인간중심, 실천중심의종교다원주의사회를실현하기위한방향을제시하고있다.

세계의보편적윤리를만들려는시도는독일의신학자인한스큉 (Hans Küng) 과세계종교의회준비위원회사이에서1988년부터시작이되었다. 한스큉의지구윤리에대한관심은그의저서 『세계윤리구상(*Projekt Weltethos*)』에서자세히나타난다. 한스큉은" 세계윤리없이는생존이불가능하다. 종교의평화없이는세계의평화도없다. 또종교의대화없이는종교의평화도있을수없다"라고주장하고있다. 한스큉의세계윤리구상은유럽지성계의관심을대변한것이다. 1989년유네스코주최로파리에서열린"종교평화없이세계평화없다"에대한심포지엄과1990년다보스(Davos)에서열린세계경제포럼의기조강연에서구체화되었다.

종교계의지구윤리에대한구상은세계종교인평화회의(WCRP, World Conference on Religion and Peace)의모임에서도나타난다. WCRP의경우, 창립총회는1970년일본도쿄에서열렸고채택된선언문에서인권과

환경문제등에기본적인윤리적틀을제시하고있다. WCRP의1970년1차총회의선언문과1999년요르단암만의7차총회선언문에서지난인류역사에있어서종교로인한전쟁과갈등의역사를회개하고, 새로운천년의도래와함께, 희망과사랑의새로운미래를열어가기위해, 공동의인간성(Common Humanity), 공동의안전(Common Security), 상호의존성 (Co-Dependence), 공동의미래 (Common Future), 공동의삶 (Common Living), 포괄적교육 (Comprehensive Education), 희망과헌신 (Hope and Commitment) 등을실천해야함을제시하였다.

세계보편윤리에대한모색은종교계뿐만아니라, 세계지성계와UN과관련된기구특히UNESCO 등에서이루어져왔다. 1999년10월한국에서열린「보편윤리와아시아가치에관한국제회의」에서김여수교수는「21세기윤리를위한공동의토대(A Common Framework for the Ethics of the 21st Century)」를발표하여세계의동향을살펴보았다. 1970년대「로마클럽보고서(The Report of the Club of Rome)」아우렐리오페세이의「인간의삶의질(Aurelio Peccei's The Human Quality)」에서지구전체가봉착한문제들을포괄적으로다루고해결방안들을모색하였다. 1990년대에는이러한노력이세계적으로확산되어, 30여개국전현직정상들의모임인「국제행동위원회(The International Action Council)」에서는1997년에「인간의책임에대한우주적선언(Universal Declaration of Human Responsibility)」을발표하여인간성에대한근본원리와비폭력과생명에대한존엄성등을강조하였다.이선언문은한스킹과전문가들이초안한것으로서세계종교의회에서1993년에발표한선언문의내용을담고있다.

또한, 루쉬워스키더 (Rushworth Kidder) 가창립한「지구윤리를위한기구 (The Institute for Global Ethics)」에서 " 생명에대한사랑, 진실, 공정, 자유, 통일성, 인내, 책임과존중 " (love, truthfulness, fairness, freedom, unity, tolerance, responsibility and respect for life) 등의8가지의가치를중요한지구윤리로제시하고있다.

3. 평화정착을위한종교의역할과실천사례: 한국종교인평화회의(KCRP).조선종교인협의회(KCR).아시아종교인평화회의(ACRP)를중심으로

국가나사회또는종교는서로경쟁적으로각자의사업을추진하고있지만, 서로협력하는예는역사적으로드물었다. 유대교와기독교와의갈등, 기독교와이슬람교간의전쟁과갈등, 동양의유교・불교・도교간에도회통의정신을바탕한교류와협력도있었지만, 종교적세력간의갈등이없지않았다. 종교적갈등은결국전쟁으로또는반목의역사로거듭되고있다. 이러한문제를근본적으로해결하기위해서어떻게해야할것인가? 종교간의대화와협력은평화의문제를어떻게해결해갈것인가는큰화두(話頭)가아닐수없다. 종교다원주의의가능성에대한이론적전개는종교학에있어서중요한토대가되는반면, 종교협력운동의구체적실천운동의전개양상은종교가사회와어떠한구체적인연관성을갖고움직이는가에대한역사학적차원의중요한연구대상이된다. 여기서도'실천적다원주의'성격의종교연합운동을한반도의평화문제와관련되어KCRP.KCR.ACRP를중심으로그사례를간략히살펴보고자한다. KCRP는한국의수도서울에소재하고있으며한국종교계를대표하는종교협의기구이다. KCR은북한평양에소재하고있으며북한의종교계를대표하여구성된종교협의기구이다. 반면, ACRP는일본을중심으로한국, 중국및아시아전반에걸쳐대표적인종교단체가국가를대표하여회원으로참여하고있다.

한국종교인평화회의(KCRP)는1965년서울에서한국의6개종단(개신교, 불교, 유교, 원불교, 천도교, 천주교)지도자들이모여대화모임을갖기시작하면서그조직을확대해나갔다. 초기의다양한종교인간의자발적인모임은1986년제3차아시아종교인평화회의(ACRP)의서울총회를계기로국제종교기구와유대관계를갖는「한국종교인평화회의」로새롭게출범하였다. 현재는7대종단(개신교, 불교, 원불교, 유교, 천도교, 천주교, 한국민족종교협의회)이회원종단으로참여하고있다.

조선종교인협의회(Korean Council of Religions, KCR)는조선천도교중앙지도위원회(위원장류미영), 조선그리스도교련맹, 조선카톨릭교협회, 조선불교도련맹등4대종단의연합기구로1989년에출범하여, 최근러시아와의관계강화차원에서출범한조선정교회(위원장허일진) 등5개종교단체가있다. 1991년네팔카투만두에서개최된ACRP 총회에조선종교인협의회장을맡고있는정신혁천도교교령과천주교인협회중앙위원인한인철토머스를참석하였으며, ACRP 회원국가로가입하였다. 이때, 당시6대종단협의체인한국의KCRP와의접촉을갖게되었으며, 천도교, 유교및원불교는분단이후처음으로회합을가지는등여러종단의지도자들이함께만나는계기가되었다.

아시아종교인평화회의(ACRP)는1974년9월벨기에루뱅에서열린제2차WCRP 총회에서아시아종교인대표들이모여아시아지역기구의필요성을논의하였다. ACRP는1976년11월5일싱가폴에서세계22개국161명의대표와세계각국의옵저버등800여명이참석한가운데처음총회가이루어졌다.

필자는1996년부터2005년무렵까지KCRP에사무부총장으로ACRP의실무위원으로참여하면서관심을갖고중점적으로추진한것은아시아차원에서분단국가인한국을중심으로평화실현을위한실천운동이었다. 1996년부터기획을하면서구체적으로시행된것은1997년이후부터이다. KCRP는ACRP와연대하여북한의KCR과깊은유대관계를유지해오고있고, 북한이자연재해로인한피해를덜기위한식량보내기운동을하고있다. 이와더불어, 남북의평화적교류와한반도의화해와평화를위해중국북경, 일본동경, 한국의서울을넘나들면서종교인의다양한역할을담당해왔다.

제3국을통한극히제한적인남북종교인간의교류는1995년과96년의북한의홍수(큰물) 및자연재해를극복하기위한인도주의적대북지원사업을시도하면서종교인뿐만아니라민간인의교류에물꼬를트는역할을하였다. 1995년도이후에종교연합체형성과국제적연대가이루어졌고북한의「조선종교인협의회」의위상도따라서증폭되었다. 남한의종교협의체기구는KCRP를중심으로1995년10월에‘범종단북한수재민돕기추진위원회’를구성하고, 각종단에서모금된성금으로구입한밀가루를한국적십자를통해지원하기시작하였다. 이러한종교계의노력은1997년에‘우리민족서로돕기운동본부’가출범하면서종교계와사회단체가연합하여지원하는형태로본격화하게된다. 북측은대북지원을주도하는민간단체의원동력이종교단체라는점을간파하고각개별종단차원의접근을적극적으로펼쳐나가게된다.

KCRP는ACRP와공동으로북한수재민실태에대한세미나및기자회견을1998년5월22일부터26일까지일본동경에서열었다. 특히5월25일동경기자회견에서는북한수재민실태및인도주의적원조에대한국제적공동협력방안7개항을발표하였다. 또한KCRP, ACRP 및세계종교인평화회의종교지도자들은북한사람들을돕기위해식량과의약품을보낼수있도록의견을나누었으며, 국제기구들인WFP, FAO, CARITAS, AMERICARES 등의북한에대한인도주의적식량과의약품원조에대한감사표시와함께북한의현재식량위기를해결하고동북아시아에평화, 화해, 그리고안전을불러오기위한「한국종교인평화회의・아시아종

교인평화회의동경선언」에합의하였다. 이선언문은일본뿐만아니라전세계에있는종교및정치지도자와 민간인들에게심각한기아와질병에고통받고있는북한주민들을도와줄것을진심으로호소하고, 남북한당국과미·일·중3국과유엔그리고모든나라의언론에게도도움을호소하는내용을담고있다.

그러나, 북측은대북지원을수용하는과정상의문제와북한사회내부로의파장을염려하여제한된형태로조심스럽게접근하였으며, 대남(對南) 공세적접근행태와는판이하게수세적접근행태를나타내게되었다. 남한정부또한, 남측인사들의북한방문을법률적으로뒷받침하면서도, 소극적으로북한방문을허가해주었다. 북한주민접촉에대하여, 1989년도까지신청36건(70명)에21(22명)건을승인하였으나실제로는1건도성사되지않았다. 1990년대에들어서서신청자수가235건(687명)으로늘어났으며, 남한정부의승인과 북한주민접촉의성사비율이지속적으로늘어났으며, 민간단체및종교단체의인도적대북지원또한급증하였다. 2000년남북정상회담이후, 2001년도주요접촉사례로는조선그리스도련맹과의종교교류협의(3.2), 부활절연합예배개최협의(3.12), 금강산평화모임협의(3.26), 남북불교교류협의(4.23), 개천절공동행사협의(4.30), 금강산노동절행사(5월), 6.15 통일토론회, 남북기독교교류협의(6.25), 평양에서열린8.15 남북공동행사(8.15) 등을들수있다.

KCRP.KCR.ACRP는 「동북아시아의평화- 한반도의평화적통일을위한종교인의역할」을주제로 1999년4월25일부터27일까지중국베이징에서 '99베이징종교인평화모임'이개최되었다. 남쪽에서는 KCRP에속한29명의7대종단대표들이대거참석하여북한의조선종교인협의회와공식접촉을갖게되었었다. 이에따라이후의남북종교교류는각개별종단차원의접촉을넘어북한의4대종교단체와남한의7대종교단체가자리를함께하는새로운계기마련을가능하게했다.

1999년4월중국베이징에서이루어진「북경선언」에서주목할내용은"우리는조국의평화적통일과상호관심하는문제해결을위해서다양한형태의만남이이루어져야한다는점을공감하여다음모임이서울/평양또는제3국에서이루어질수있도록노력한다"(제2항)라고명시한부분이다. 남북종교교류에있어상호방문의원칙을수용하는이합의의내용으로이후2001년평양에서열린8.15남북공동행사에필자를비롯하여종교계지도자, 사회단체대표등300여명이참석하였다. 서울에서평양으로1950년이후처음으로열린직항민항기를이용하여참석한것도매우의미있는일이다. 이합의가 2003년3월1일에북한종교인110명의대표들이남한을방문하여3 · 1한민족대회를개최하는획기적인계기로이어지는초석이되었다고해도과언이아니다.

KCRP는국제종교협력기구와연대하여북한에인도적지원을지속적으로추진해왔다. 2002년인도네시아에서열린ACRP 총회와2006년일본에서열린세계종교인평화회의(WCRP) 총회에북한종교계대표들이참석하여남 · 북한종교교류와인도적대북지원의성과를세계종교인들에게알리는중요한역할들을담당하였다. KCRP 대표단41명은북한조선종교인협의회의초청으로양단체간교류10주년을기념하기위해2007년5월5일부터8일까지3박4일일정으로평양을공식방문하였다. KCRP 방북단은공동기념행사및북한내각종단시설방문하였으며, 그동안개별종단차원에서이루어지던부정기적인교류사업을정례화하여민간교류차원에서상호긴밀히협력해나가기로하였다. 현재, 남 · 북한의종교인과민간인의상호만남은늘정부당국의허가를받아야하는제약을안고있지만, 남 · 북한간의활발한교류와함께종교인과사회민간단체의역할이증대되었다.

그러나, 2014년에서울에서열린ACRP총회에북한종교인대표단을초청하였으나성사되지못하였다. 이는최근한국정부의강경한대북정책에기인한다. 남북종교교류의활성화는현실적인면에서양측체제의차이와이념상의한계를내포하고있는가운데상호이해를증진하고신뢰회복의기점을마련한다는점에서중요하며, 이런측면에서그동안보이지않게쌓아온성과를무시할수없다. 이런의미에서남북종교교류가단기적으로는일방적인희생을감수하는것으로평가되더라도장기적으로아시아평화정착을위한상호이해증진과신뢰회복을위한기초작업이라는점에서그현실적의의를인정하고이를뒷받침해야할것이다.

국제사회에서의종교간의대화는각종교문화, 교리, 의례등신앙적이며수행적인특성들을이해하고교류하는과정이라볼수있다. 종교인간의만남은대화를통해이루어지며, 대화를통해정의평화등에대한구체적인실천을어떻게할것인가에대해서도논의를하게된다. 여러종교협력기구들은빈민지역과여성, 어린이, 청년, 베트남보트난민등을위한다양한실천을해오고있다. 종교계와NGOs 단체들의인도적차원의대북지원은국제기구와연대하여이루어졌으며, 모니터링을명분으로하여북한을방문하는기회를확보하였을뿐아니라북한내종단과의직접적인대화와교류가이루어졌다. 남북종교교류의역사는짧지만, 그성과와영향력은무시할수없을만큼크고, 갈수록그현실적의미와결실이중대하고있다.

종교뿐만아니라, 학술적인차원에서의만남또한평화를실현하기위한매우중요한가교역할을할수있다. 일차적으로남・북한을포함하여일본과중국, 그리고해외의학자들이공적으로참석가능한학술모임을활성화하는작업이다. 특히, 조선학전반을다루고있는'조선학국제학술토론회'에깊은관심을둘필요가있다. 조선학국제학술토론회는1986년중국베이징에서베이징대학조선문제연구소가주최해처음열렸다. 그두해뒤인88년역시베이징에서열린제2차대회는오사카경제법과대학아시아연구소와베이징대학조선문제연구소가함께주최했고, 이두연구소는1990년8월일본오사카에서열린제3차조선학국제학술토론회도공동으로주최하였다.오사카에서개최된회의는대한민국과조선민주주의인민공화국을비롯한14개국에서1000명을넘는학자들이모였으며인문/사회/자연과학의11개분야에서활발한학술토론을전개하여한국학역사상처음인최대규모를자랑하는국제적학술회의가되었다. 그이후로이름을변경하여 '제9차코리아학국제학술토론회 (The 9th ISKS International Conference of Korean Studies)'가2009년8월27-28일양일간중국상해의복단대학 (Fudan University, Shanghai, China) 에서열렸으며, 한국의역사, 문화, 종교분야등다양한분야의학계인사들이참석하였다.2011년제10차KOREA학국제학술토론회는캐나다밴쿠버UBC (Univ. of British Columbia) 대학에서개최되었다. 2013년제11차코리아학국제학술토론회는중국광저우에서열렸는데필자도참여하여학술발표를하였으며, 당시남북한을비롯한일본, 중국등10여개국가에서한국학/조선학을연구하는학자들100여명이참가하여학술교류를활발하게하였다. 2015년에개최되는12차국제고려학회학술대회는8월20일(목)-21일(금)에비엔나대학, 오스트리아 (University of Vienna, Austria)에서개최될예정이다.

그동안종교관련학자들은북한학자들을국제학술세미나에서개별적으로만나담론을하였으나, 종교문화에대한별도의독립적인세미나를개최하지못하였다. 북한의주체사상과한국신종교사상과의비교연구, 통일전후의민족역사, 문화, 사상, 교육, 종교등에대한종합적이며전문적인연구가이루어지고, 교육에공동으로참여하는작업들이필요한때이다. 남북한,그리고동북아시아의정치적대립구도가경색될때야말로, 종교문화차원의교류, 인도적대북지원, 학술공동연구를통한남북관계를선구자적상생의관계

로발전시키기위한배가의노력이필요한때이다.

5. 결론

동북아시아의한국, 중국, 일본은과거역사의상처를치유하고새로운평화적이상향을공동으로이루는 노력이필요하다. 전쟁이없는상태는갈등이내재되어언제나전쟁이가능한휴전에불과하다. 평화란일반적으로전쟁이없는상태만을의미하지않는다. 진정한의미로서의평화는인류상호간의살상의가능성마저 사라진상태, 즉, 서로돕고위하는조화의원리가이상적으로실현된세상을의미한다. 세계정세의냉전체제가종식되고이념의대립, 민족간의갈등적구조를넘어설수있는길은무엇인가? 갈등의역사적관계와민족과국가간의대립적구조를극복하고교류와협력을통한공생의관계로전환하여민족간공유할 '문화공동체(cultural community)'를형성할때, 인류보편적가치와평화적문화형성도가능하다.

동북아시아각국의고유한특성을가진문화적영역에서서로교류하고, 이해하며,소통할수있는구체적 인실천의장(場)을마련하는방안이이루어져야할것이다. 김광억은남한과북한간의분단과갈등을넘어서는길로서「문화적으로서로를용인하고받아들일자세」라고보고, 문화적차이를인정, 수용, 관용하는 마음가짐을중요시여기고있다. 중국연변지역에있는중국의동포사회에서는북한의혁명가, 1940년대의 유행가, 현대의남북한유행가, 그들이만든조선족노래등이아무런구분과거리낌없이불리는것을발견하게된다.

현재한국.중국.일본은영화와음악등대중문화에있어서매우활발한교류가이루어지고있다. 이와같은대중문화가정치적이념과민족의차이를넘어아시아인의민족적정서와감정을자연스럽게교류하고이해하는과정이될것이라본다. 공적가치, 평등및균형, 통합을주요이념으로삼는동북아시아삼국의전통에서열린종교문화의이해와재발견한다면,분열과갈등, 불신, 불평등과불공정등에시달리는사회를치유하는중요한계기로만들어갈수있어야한다.

종전70년이후에도존속하는국가와민족중심주의및대립적정치체제를넘어서기위한종교와문화소통을위해, (1) 상호국가간문화정책의근본적인변화가이루어져야하며, (2) 동북아시아공동체의식및역사성을교육체계를활용하여후세대를가르치는공동의장을마련하고, (3) 아시아인들의고유의문화적영역을서로교류하고, 이해하며, 공유하여서로소통할수있는구체적인실천의장(場)을마련하는방안하며, (4) 동북아시아인들이공유할수있는동질적문화체계를통해종교및사상에있어서도덕적규범과사회적규범등을함께만들어가는작업이요구된다.

각국의정권재창출을위한수단으로서각민족주의적문화를강조하고활용되어왔던것을각민족의고유한정체성을드러내는데주목적으로삼아야한다. 상대국가와민족의적개심을유도시키는문화적요소들이 있는한, 하나의공동체의식을갖기보다는아시아민족상호간에적개심으로상대할수밖에없게된다. 국가간의정치적협상이결렬될때모든다른논의구조가해체되는경향이있다. 현재의정치논의구조형태에영향을받지않는종교와문화그리고민간차원의다양한교류가활성화되도록협상구조의변화가근본적으로이루어지도록인식의전환이필요하다.

현대의다문화다종교사회는'실천적다원주의'를요청한다. 이는어떠한이념과구원의체계를가지고있느냐에대한관심의방향을인류공동이이루어야할평화와사랑의세계를어떻게구현할것인가에대한관심으

로전환하여실천하고자하는운동이다. 대화의경험과실천의공유를통해각종교의문화적체계를깊이이해하고자신의영적세계를깊게하는결과를가져오는계기를불러온다. 물론, 갈등과대립, 서로간의차이를아는것자체가다원주의의입장에서있는것이기도하다. 따라서, 종교간의대화와협력운동은서로다른종교인과종교문화적특성을만나고이해함으로써이론적다원주의에서실천적인다원주의를실현하는장(場)이다.

동북아시아한국, 중국, 일본의공동체의식공유는민족과국가간의다양한문화적특성을인정하고존중하는것을전제로이루어지기에이것이야말로평화를실현하는토대가될것이라생각한다. 이는한국.중국.일본내에'다국적민족공동체(multi-national ethnic community)'를형성하고있는외국인거주자또는다문화가정들에대한배려와존중에서시작된다. 일본의한국인혐오(嫌韓)시위, 중국과한국의혐일(嫌日)시위등갈등의고조는민족적배타주의를양산할뿐이다. 이를정치적으로이용하여정치권력을유지하는수단으로삼지않도록상호간의의사소통과문화적교류가성숙하게이루어지도록하는작업이필요하다.

<참고문헌>

김광억, 「문화소통과문화통합: 통일에대한인류학적접근」, 『21세기민족통일에대한사회과학적접근』, 서울대학교출판부, 1999.

동학농민전쟁백주년기념사업추진위원회, 『동학농민전쟁사료총서(東學農民戰爭史料叢書)(1~30)』, 史芸研究所, 1996.

박광수, 「원불교의회통사상을통해본종교연합운동의과제」, 크리스챤아카데미편, 『열린종교와평화공동체』, 대화출판사, 2000: 245-265.

______. 『한국신종교의사상과종교문화』, 집문당, 2012.

申國柱(신국주), 『近代朝鮮外交史硏究(근대조선외교사연구)』, 東京:有信堂, 1966.

신승하, 『중국근대사』, 대명출판사, 1990.

에릭샤프, 『종교학: 그연구의역사』, 윤이흠·윤원철옮김, 서울: 한울아카데미, 1996 (초판1986).

이종현, 『근대조선역사』, 사회과학원연구소, 1984 (서울: 일송정, 1988).

태윤기, 『아편전쟁과제국주의침략』, 진명문화사, 1986.

R. Pankkkar, "Christianity and World Religions", in *Christianity*, Patiala: Punjabi University, 1969: 78-127.

______. *Myth, Faith and Hermeneutics*, Bangalore: Asian Trading Corporation, 1983.

한스큉(Hans Küng), 『세계윤리구상(Projekt Weltethos)』, 안명옥번역, 서울분도출판사, 1992(R. Piper GmbH & Co. MG, Munchen, 1990).

고야스노부쿠니, 『동아대동아동아시아-근대일본의오리엔탈리즘』, 이승연역, 2005, 역사비평사.

小島晉治·丸山松幸공저, 『중국근현대사』, 박원호역, 지식산업사, 1993.

신자유주의 시대의 '자유'의 양상과 '자유들'의 연대: 공동체 운동의 가능성을 모색하며

李贊洙

I. 신자유주의 시대의 구조화된 자유

1. 신자유주의의 출현

근대는 수직적 신분사회에 기반한 봉건주의가 타파되고 개인주의에 입각한 세속화 현상과 함께 시작되었다. 획일적이고 초월적인 가치가 삭제되거나 약화되었고, 진리는 인간 안에 내면화 및 상대화되었으며, 사물의 사적 소유권 등 개인적 권리가 정당화되었다. 자유주의가 소중한 가치로 부각되면서 강화된 소유권이 자본주의의 토대를 다졌고, 자본주의는 다시 개인의 소유권과 권리를 추동하며 더 공고해져갔다.

자본주의를 지향하는 국가는 자본을 확장시키고 원활하게 유통되도록 하기 위해 정책적 개입을 시도한다. 이를 위한 이론적 기초를 놓은 케인스(John Maynard Keynes, 1883-1946)는 자본을 더 많은 이가 소유할 수 있도록, 그리고 완전한 고용이 이루어질 수 있도록 국가가 시장에 개입해야 한다고 주장했다. 자유로운 경제 활동으로 더 많은 자본이 축적될 수 있도록 개인과 기업의 자유에 국가가 개입하는 것이다.

국가적 개입의 정도에 따라 경제 시스템에 대한 명칭도 달라진다. 실제로 동구권에서는 자본의 축적과 분배에 대한 국가적 개입을 강화하며 개인의 자유를 제한하는 사회주의적 흐름도 생겨났다. 하지만 서구에서는 그에 대한 반작용으로 개인 중심의 자유주의가 더욱 강조되었고, 시장의 논리에 맡기는 흐름이 강해졌다. 급기야 고전적 자유주의에 대비되는 이른바 신자유주의(Neo-liberalism)의 모습이 드러났다.

특히 1970년대 이스라엘과 주요 산유국인 아랍권 간 중동전쟁 이후 석유 가격이 급등하고 세계 경제가 급격히 위축되자, 영국과 미국을 중심으로 본격적인 자유시장주의 정책이 등장했다. 영국의 대처 정권과 미국의 레이건 정부는 정부의 규제를 줄이고 세율을 낮추어 민간 기업이 자율적으로 활동할 수 있도록 정부의 역할을 축소했다. 국영 기업을 민영화하고 정부 기구를 축소하면서 국가적 경쟁력 강화에 '올인'했다. 시장을 내수에서 해외로 적극적으로 넓힐 수 있도록 하기 위해, 국가 간 무역에 제한을 철폐하도록 유도하는 정책을 펼쳤다. 그 영향력 속에서 세계는 단일한 자본과 시장의 구조 속으로 빨려 들어갔다. 자본주의의 세계화, 좀 더 좁혀 말하면 시장의 세계화가 급격히 진행된 것이다. 거의 전 세계가 시장의 원리에 포획되면서 세상이 시장근본주의 혹은 시장만능주의로 치닫게 되었다. 이러한 현상이 넓은 의미의 신자유주의이다.

신자유주의는 국가 단위의 전략적 추진의 결과라는 점에서, 단순히 개인의 자유를 보장하거나 신장하기 위한 순수한 흐름은 아니다. 자본의 축적으로 시장을 확대하고 국가적 경쟁력을 강화하는 데 개인의 자유를 수단처럼 이용하는 측면이 더욱 크다. 신자유주의가 강화되면서 외견상 개인의 자유는 더 확보되는 듯하지만, 실제로 개인의 자유는 자본의

축적을 위한 수단에 가까워진다.

신자유주의는 자본의 사적 소유를 위한 자발적 투신을 지속적으로 추동한다. 개인 혹은 기업의 자유 경쟁을 자본 축적의 수단으로 삼으며, 개인주의 내지 특정 목적에 기반한 집단 중심적 성향을 드러낸다. 인간과 인간의 사이, 그 관계마저 자본 지향적 서비스로 메워지면서 순수한 대인적 결속 원리는 사라진다. 사람들 간 상호협력 조차 자본 축적을 위한 수단으로 사용할 것을 직·간접적으로 요구하는 흐름이 강한 곳일수록 공동체적 의식을 갖기는 쉽지 않다. 공동체는 상부상조의 자세로 형성되고 유지되는 상호 공감적이고 유기적인 조직이지만, 신자유주의는 경쟁심을 자극하며 근원에서는 더욱 더 개인주의적으로 남을 것을 요구하기 때문이다.

이러한 상황에 대한 문제의식을 가지고 이 글에서는 신자유주의가 원칙적으로는 개인의 자유를 내세우면서도 실상은 그 자유를 제한하는 흐름을 형성해가는 과정을 먼저 살펴보고자 한다. 대표적 신자유주의 경제학자인 하이에크(Friedrich August von Hayek, 1899-1992)가 자유와 경쟁을 앞세운 경제 논리를 펼쳤지만, 결과적으로 그 자유는 그렇게 하지 않을 수 없는 자유, 그런 의미의 강제적 자유로 흘러가게 된 모순적 현실을 짚어보고자 한다. 부채를 지고서라도 소비해야 작동하는 경제 시스템 속에서 인간은 의식하지도 못한 채 사실상 자신의 자유를 박탈당하고 부채를 갚아야 한다는 원죄 의식에 시달리게 만드는 현실도 드러내보고자 한다. 자유를 내세우면서도 사실상 자유를 저당 잡힌 신자유주의 시스템을 비판적으로 의식하면서, 자유는 단독자로서의 개인적 행위가 아니라, 샌델(Michael J. Sandel)의 표현을 빌리면, '속박적 자아(encumbled self)', 즉 타자와의 공생적 '관계'를 전제하며 이루어지는 것이라는 사실을 제시해보려는 것이다. 마지막으로 타자 지향적이고 관계적인 자유를 기반으로 경제적 약자들이 경제 활동의 주체로 자리매김할 수 있는 협동조합 운동의 가능성에 대해 알아보고, 협동조합 운동이 어떤 점에서 신자유주의의 위력을 위축시키는 대안적 시도가 될 수 있겠는지도 간략하게나마 살펴보도록 하겠다.

2. 자유들의 경쟁

신자유주의에서는 정부가 개인 및 기업의 권리와 사적 재산권을 보호하되 시장의 흐름에 정책적으로 개입하는 것은 최소화하거나 폐지해야 한다는 입장을 보여준다. 하이에크는 이차대전 당시 유럽의 집단주의 혹은 전체주의적 흐름을 비판적으로 목도하면서, "우리의 문제를 해결하는 데 가능한 한 사회의 자발적 힘을 최대한 이용하고, 가능한 한 최소한의 강제력만 써야 한다"[1]는 사실을 경제의 근본 원리로 제시한 바 있다. 자신의 주저인 『노예로 가는 길』(*The Road to Serfdom*, 1944)의 결론도 "개인을 위한 자유의 정책이 참으로 유일한 진보적 정책이라는 지도적 원리는 19세기에 그랬듯이 지금도 여전히 진리로 남아있다"[2]는 문장이었다.

그가 자유를 최고의 가치로 내세운 것은 인류가 획득한 자유주의적 가치를 현대적으로

---

[1] Friedrich A. Hayek, *The Road to Serfdom*. Chicago: The University of Chicago Press. Hayek, 2007, p.71.

[2] Hayek, Ibid, p.238.

계승하기 위한 작업의 일환이라고 할 수 있다. 그것 자체는 의미 있는 시도였다고 할 수 있다.

하지만 문제는 자유 자체가 아니라, 자유가 작동하는 방식에서 왔다. 가령 자본의 축적을 지향하는 경제 시스템에서 자유는 경쟁이라는 외피를 입는다. 하이에크도 권위에 입각한 강제적이고도 자의적인 간섭이 없이도 여러 행위들이 서로 조정될 수 있는 유일하고 우월한 방법이 '경쟁'이라고 말한다.[3] 시장이 자유롭게 경쟁해 최대한의 효율성을 발휘할 수 있도록 국가가 간섭하지 않는 것은 당연했다. 국가의 시장 개입은 "경쟁이 가능한 한 효과적일 수 있도록 조건을 창출하는 일, 경쟁이 효과적이지 못하면 보완해주는 일"[4] 정도에 머물러야 한다는 것이었다. 경쟁이 자유시장주의의 체제를 유지시키는 동력이자, 자유주의를 위한 가장 효율적이고 유일한 방법이라고 보았기 때문이다.

이러한 자유 경쟁으로 개인의 성과와 국가적 생산성은 높아지게 된다. 하지만 문제는 그만큼 불평등도 심화된다는 점이다. 경쟁 자체가 정당화되면서 불평등 문제는 등한시하게 될 가능성이 커지는 것이다. 실제로 하이에크는 자유의 남용에 따른 책임의 문제를 도외시했고, 사회 정의라는 것은 개인의 자유와 양립할 수 없는 미신이나 신기루 혹은 자유에 대한 위협으로 치부하기까지 했다.[5] 그는 사회 정의라는 선험적 가치가 시장이 만들어내는 창발적 질서를 앞서서 제한하도록 두어서는 안 된다고 보았다.[6] 시장의 질서 밖에서라면 정해진 기준에 따라 국가가 최소한의 보장을 제공하는 것 자체는 반대하지 않는다며, 때로는 자신의 기본 입장과 모순되는 '감상적' 주장을 하기도 했지만,[7] 그는 기본적으로 자유로운 선택과 경쟁의 원리를 내내 중시했다.

그러나 하이에크가 보지 못한 측면도 컸다. 그는 자유라는 말을 자의적으로 전제했을 뿐, 자유란 무엇인지, 정말 자유로운 경쟁이라는 것 가능한 것인지는 묻지 않았다. 진정한 의미에서의 자유로운 선택이라기보다는 그렇게 선택할 수밖에 없는 필연이기도 하다는 사실, 그리고 자유롭게 선택한다지만 그 선택의 목적이 목적했던 것만큼 구체화되는 것도 아니라는 사실을 간과하지 못했다. 자유라는 이념에 자유가 속박되는 현상마저도 자유의 이름으로 긍정할 수밖에 없는 모순이 하이에크 부류의 신자유주의 경제학에 함축되어 있었다는 말이다.

3. 불평등의 심화, 위험의 확산

실제로 시간이 흐르면서 자본주의에 따른 경제 성장은 예상했던 것과는 달리 심각한 불평등을 야기했다. 경제가 성장하면 낙수효과(trickle down effect)로 인해 소득불평등이 완화될 것이라는 견해들이 무색하게, 경제 규모는 커졌지만 불평등은 심화되었다.[8] 경제 성장의 초기에는 소득 불평등이 완화되는 듯 했지만, 자본주의적 체제가 세계화하면

[3] Hayek, Ibid, p.86.

[4] Hayek, Ibid, p.88.

[5] Friedrich A. Hayek, *The Mirage of Social Justice,* London: Routledge. 1976, p.67.

[6] Adam Tebble, *Friedrich Hayek,* 아담 테블, 이화여대통역번역연구소 역, 『프리드리히 하이에크』(서울: 아산정책연구원, 2013), pp.109-122.

[7] 아담 테블, 위의 책, pp.122-125.

[8] 신광영, 『한국사회 불평등 연구』(서울: 후마니타스, 2013), pp.37-40.

할수록 개인은 물론 국가들 사이에도 양극화가 진행되었다.

자유로운 선택이라지만 사실은 구조적 혹은 일방적 흐름에 휩싸여 이루어지는 것이기에, 구조가 만든 불평등을 타개할 수 있는 길도 기존 불평등한 질서 '내'에서의 노력일 수밖에 없었다. 국제통화기금(IMF)과 세계은행(World Bank), 세계무역기구(WTO)와 같은 초국적 조직들이 주도하는 세계화 현상도 실질적으로는 미국과 같은 특정 국가나 기업의 입김 속에서 운영되는 '초국적'이기에, 불평등을 타개하려는 노력도 기존 질서를 넘어서지 못하게 된 것이다.[9] 자본 축적을 위한 경쟁이 자본을 넘어서지 못하고 도리어 자본의 힘 안에 갇히는 현상이 벌어진 것이다. 더 많은 자본을 산출해 앞서가기 위한 경쟁이 결국은 경쟁의 목적이었던 자본의 힘 안에 갇히고, 자본의 지배를 정당화할 뿐이라는 말이다. 이런 점에서 보면 신자유주의는 "사회체제를 경쟁 원리로 가득 채우고 경쟁에서 낙오된 사람들을 사회에서 배제해가는 통치" 양식이라고까지 할 수 있다.[10] 경영학자이자 지역운동가인 강수돌(Kang Su Dol)은 이렇게 말한다.

> 타자를 누르기 위한 생존경쟁, 즉 세계시장을 둘러싼 상품경쟁은 어떤 상품이 승리하는가와 무관하게 자본주의 세계 체제의 지배를 존속시키는 조건이 된다. 내가 시장경쟁에 참여하는 순간, 그 승패와는 무관하게 경쟁의 희생자가 될 뿐만 아니라, 그것을 넘어 (우리 모두를 지배하는) 자본의 지배력을 강화시켜주게 된다.[11]

가령 축구 선수가 운동장에서 자유롭게 축구 경기를 한다 해도 그 자유는 어디까지나 정해진 규칙 안에서의 자유인 것과 같다. 선수가 정해진 규칙에 따라 열심히 뛰면 뛸수록 축구의 규칙은 정당화되며, 그 운동 속에 내면화된다. 축구는 규칙의 내면화를 통해 운동선수를 통제한다. 축구의 규칙은 선수의 실존을 제어한다. 마찬가지로 신자유주의적 경쟁 체제는 그 경쟁 체제 안에 있는 구성원들을 통해 스스로를 정당화하고 강화한다. 문명이 도리어 위험을 생산하며, 그 위험이 체제 안에서 승인되면서 "엄청난 정치적 동력을 길러낸다"는 울리히 벡(Ulrich Beck)의 진단처럼[12], 신자유주의는 형식적으로는 자유를 보장하면서 사실상은 자유를 구속하는 방식으로 스스로를 유지해가는 경제 시스템이다. 이러한 모순은 '금융자본주의'에서 전형적으로 드러난다.

4. 금융자본주의와 '부채인간'

산업사회에서는 인간의 노동으로 물건을 생산했고, 생산물을 거래해서 이윤을 남기고 자본을 축적했지만, 신자유주의는 자본[金]을 융통[融]해 이윤을 획득해가는 체계, 즉 금융자본주의(finance capitalism)로 이어졌다. 자본을 융통해 이윤을 획득해가는 방식들이 다양해지고 그와 관련된 금융상품들이 자체의 시장을 형성할 정도로 증식해나가면서, 실물 경제 체제 전반을 지배하는 단계에 이르렀다. 셀 수 없이 많은 금융 관련 파생 상품들

---

[9] 신광영, 위의 책, pp.47-48.

[10] 佐藤嘉幸, 新自由主義と權力., 김상운 옮김, 『신자유주의와 권력』(서울: 후마니타스, 2014), p. 10.

[11] 강수돌, 『경쟁은 어떻게 내면화되는가』(서울: 생각의 나무. 2008), pp.40-41.

[12] Ulrich Beck, *Risk Society*, 울리히 벡, 홍성태 옮김, 『위험사회』(서울: 새물결, 2006), p.21, p.139.

이 거미줄처럼 뻗치고 얽히면서 금융자본주의가 실물경제 질서마저 떠받치게 되었다.[13] 일정한 돈으로 그 이상의 돈을 만들어내는 금융회사가 기업과 국민 경제 전반을 지배하면서 자본이 오가는 과정 자체가 세계적 경제 원리의 주축이 된 것이다.[14] 금융자본의 '큰 손' 조지 소로스(George Soros)는 "국제 금융시장이 민족국가의 경제를 지배하는 현상이 세계화"라고 규정한 바도 있다.[15]

이 때 중요한 것은 금융자산이 국내총생산(Gross Domestic Product) 보다 월등히 많아지는 현상이 나타났다는 사실이다. 그리고 금융자본이 실물 경제 시스템의 생산량 이상으로 확대됨으로써 실제 자연에서 생산된 것 이상으로 소비할 수 있는 가능성이 생겼고, 생산된 것 이상으로 소비할 수 있는 그만큼 부채 규모도 커지고 있다는 사실이다.[16]

실제로 금융자본은 부채의 형태로 세계 경제를 지배한다. 금융의 법칙에 따라 컴퓨터상에서 만들어진 자산이 실물경제를 이끌어가는 기현상, 다시 말해 실질 생산보다 부채가 훨씬 많아지게 된 기현상이 이제는 정상처럼 여겨지는 지경이 된 것이다. "빚내서 집사라"며 부채의 확장을 충동질하고, 부채로 부채를 막으면서도 그 모순을 느끼지 못하도록 구조화되어 있는 형국이다. 자유를 찬양하며 방조하는 제도와 정책으로 사실상 자유를 속박하고, 부채가 부채를 낳으며 빈부의 격차를 더 심화시켜가고 있다. 전 세계가 부채로 연결되어 있으며, 급증한 부채는 더 이상 통제되지 않는다. 이것은 생산된 것 이상을 소비한 데서 비롯되는 일이다.

경제의 주요 척도를 국내 총 '생산량'(GDP)으로만 평가하는 자본주의의 구조 자체가 문

---

13 금융자본주의의 근본 원리라는 것이 무엇이던가. 가령 이런 예를 들어보자: '농부甲이 생산한 쌀값 만원을 A은행에 맡기면 A은행은 자기자본율(10%라고 치면)을 지키고 9천원을 乙에게 대출해준다. 乙이 대출받은 9천원을 B은행에 예금하면 B은행은 丙에게 8천100원을 대출해주고, 丙이 C은행에 8천100원을 맡기면 C은행은 7290원을 丁에게 대출해줄 수 있게 되어 있는 것이 현 금융 제도이다. 이런 식으로 계속 대출을 이어가면 실질 생산액의 거의 아홉 배에 해당하는 가치가 창출된 것처럼 계산된다는 것이다. 부채를 늘리면서 추상적 자산 가치를 늘리고 그 자산으로 실물을 소비하는 구조이다. 그리고 이 추상적 자산이 유통되면서 경제의 기초를 형성해간다. 이런 계산법에 근거해 부채 창출을 통한 추상적 가치를 늘려가다가 2008년 미국 발 금융위기가 전 세계를 강타했던 것이다. 농부甲이 만원을 일시에 찾아가면 전체가 무너지게 되어있는 시스템이었던 것이다. 자연 안에서 실제 생산된 것은 1만원뿐인데, 부채의 연결고리를 통해 9만원이라는 추상적 부를 창출해내는 기이한 계산법이다.' 이상의 내용은 David. C. Korten, 데이비드 코튼, 차혜원 옮김, 『기업이 세계를 지배할 때』(서울: 세종서적, 1997), pp.267-279에서 부채를 축적해 부를 창출하는 방식에 대해 해설하고 있는 부분을 한국식으로 쉽게 각색한 것이다.

14 세계화 논쟁의 선두자자라 할 월러스틴(Immanuel Wallerstein)도 "세계는 자본주의로 통합된 하나의 체제"라고 보기도 했다(Andrew Jones, *Globalization*, 앤드루 존스, 이가람 옮김, 『세계는 어떻게 움직이는가』, 서울: 동녘, 2012, pp.45-51). 특히 금융시장의 세계화는 공공성이 없는 사적 자본이 투자보다는 사실상 투기를 통해 자본을 증식시켜간 역사와 비례한다. 그것을 주도하는 주요 세력은 상업은행(commercial bank)은 물론 그 이상 가는 투자은행(investment bank)의 자본력이다.

15 George Soros, *On Globalization*. New York: Public Affairs, 2002, p.vii.

16 2013년 말 기준 한국의 총부채(기획재정부 발표)는 4,507조2,000억원(계산 주체와 방법에 따라 약 7,650조원 까지 추산하기도 한다)으로 집계되고 있다. 이 가운데 국가부채(국가채무+공공기관 부채+지방공기업 부채)는 1,058조1,000억원, 가계부채는 1,021조4,000억원, 기업부채 2,212조2,000억원, 소규모 자영업자 부채는 215조5,000억원이다. 정부·기업·가계 부채가 GDP(1천428조3,000억원)보다 3.1배 되는 액수이다.

제이기는 하지만, 더 근본적인 문제는 생산한 것보다 부채를 더 많이 지고 지속적으로 소비해야 돌아가는 구조이다. 석유경제 전문가인 리차드 하인버그(Richard Heinberg)에 의하면, 지난 50년 동안 단 한 해를 제외하면 "부채는 늘 GDP로 측정한 경제 산출보다 빨리 증가했다"고 한다. 문제는 "부채는 결코 완전히 상환할 수 없다"는 데 있다. "부채가 청구하는 양만큼의 노동과 자원이 존재하지 않기 때문이다."[17] 아무리 노동을 한다고 해도 지구의 자원이 제한되어 있는데다가, 심은 만큼 내어주는 노동력만으로는 다 헤어 나올 수 없을, 소용돌이와 같은 빚의 관계망에 이미 휘말려 있기 때문이다. 이탈리아의 사회학자 마우리치오 라자라토(Maurizio Lazzarato)가 간명하게 규정하고 있듯이, 신자유주의 시대 인간은 한 마디로 "부채인간"이 된 것이다.[18]

5. 책임의 개인화와 동원된 자율성

일찍이 니체(Friedrich Nietzsche)는 물질적 '빚(Schuld)'이 도덕적 '죄(Schulden)'로 규정되어온 "도덕의 계보"를 밝힌 바 있다.[19] 니체는 권력 혹은 계급 관계에서 생겨난 물질적 빚이 권력에 의해 정의의 이름으로 제정된 법적 테두리 안에 갇히자 죄책감 형태로 내면화되고 이른바 '양심의 가책'이라는 도덕적 가치로 이어졌다고 본다. 물질적 '빚'이 도덕적 '죄'로 규정되어온 역사도 이러한 내면화의 과정을 겪으며 형성되었다는 것이다.[20]

이처럼 라자라토도 부채는 불균형적인 사회 정치적 관계에서 생긴다는 사실을 강조한다. 특히 신자유주의 시대 부채는 국내는 물론 해외의 소비까지 진작시켜 자본을 창출하려는 다국적기업, 국가 등 권력 집단의 경제 정책이 만들어낸 구조의 산물에 가깝다. 하지만 개인은 정작 부채도 스스로 선택한 결과라는 원죄 의식을 짊어진 채 실존에 제한과 고통을 받는다. 채무자는 자신의 부채를 자신 탓으로 돌린다. 그 부채를 갚기 위해 다시 부채를 진다. 물질적 '빚'이 내면화하면서 도덕적 '죄'의식으로 바뀌었듯이, 채무자들은 빚의 구조적 원인을 읽지 못하고 경제적 주체가 되라는 사회적 요청에 따라 빚을 개인의 죄책으로 이어간다는 것이다.[21] 신자유주의 시대 태어났다는 이유만으로 '죄인'이 되는 셈이랄까.

개인들이 물질적 부채를 갚으며 내면의 부채의식도 청산하려 할 수는 있지만, 이미 생산량보다 더 많은 부채를 짊어지고 사는 경제의 구조적 측면에서 보면, 총부채는 근본적으로 다 갚지 못하도록 되어 있다. 빌려온 가상의 가치를 생활에서 실제 생산량 이상으로 소비하면서 사는 삶이 자연스러운 구조 속에 있기 때문이다. 하이에크도 금융 자체가 시장의 상품이 되면서 시장이 사실상 신격화되고 그만큼 인간의 자유는 종속되어버린 작금의 상황을 예견하지는 못했다. 시장 원리, 시장 가치를 향해 사회 전체가 자율성의 이름

---

17 Richard Heinberg, *The End of Growth*, 리차드 하인버그, 노승영 옮김, 『제로 성장 시대가 온다』(서울: 부키, 2013), p.74.

18 Maurizio Lazzarato, *La Fabrique de L'homme Endetté*, 마우리치오 라자라토, 허경 옮김, 『부채인간』(서울: 메디치미디어, 2012).

19 Friedrich Nietzsche, 프리드리히 니체, 김태현 옮김, 『도덕의 계보 · 이 사람을 보라』(고양: 청하, 2005), p.71.

20 프리드리히 니체, 위의 책, pp.70-93.

21 마우리치오 라자라토, 위의 책, pp.57-60, 68-73, 80-85.

으로 '동원'되고, 무한경쟁시대의 생존을 개인의 역량과 책임으로 돌림으로써 개인을 '감시'하며, 공적 영역의 존립을 위태롭게 만드는 이른바 '시장전체주의'에 휘둘리고 있는 상황인 것이다.

이런 식으로 시장은 본래 인간을 위해 생긴 것이지만, 인간이 시장의 질서에 맞추지 못하면 생존이 불가능한 상황이 되었다. 자발적으로 경제적 명령에 예속되어 있고, 자발적으로 너무나 투명한 규율사회의 구성원이 된 것이다. 21세기의 경제 상황은 하이에크가 통제 없는 자유를 선호하며 사회주의 경제에 반기를 들었을 때와는 너무 다른 상황 속으로 진입해버렸다. 신자유주의는 거대 기업과 국가의 전략적 개입 속에 자유의 신장이라는 이름으로 자유를 구속하고, 자신을 위한 성과가 자신을 소외시키는 모순을 드러낸 것이다. 자유라는 이름으로 자본에 의해 발가벗겨져 시장에 의해 감시당하는 "완전히 새로운 양식의 판옵티콘"을 경험하고 있는 것이다.[22]

II. 경쟁하는 자유에서 자유들의 연대로

1. 서사적 존재와 속박적 자아

현실이 이렇게 모순적 상황 속으로 내몰리게 된 근본적인 이유 중의 하나는 자유에 대한 오해 내지는 왜곡이다. 자유는 분명히 인류가 쟁취하고 성취해낸 소중한 가치이고 자산이다. 전술했듯이 신자유주의도 본래는 19세기 유럽의 자유주의를 정치·경제적 차원에서 계승하려는 노력의 일환으로 시작되었다. 그렇다면 인류가 성취한 자유 본연의 가치를 포기하지 않으면서도, 사실상 강제력으로 작동하는 신자유주의의 구조화된 자유를 극복해야 한다는 사실도 명백하다. 지켜야 할 자유와 바꿔야 할 자유를 구분할 필요가 있는 것이다. 무엇을 지키고 무엇을 바꿔야 할 것인가. 이것은 자유에 대한 두 가지 관점과 연결된다. 자유란 무엇이던가.

아리스토텔레스에 의하면, 자유는 자기 행위의 원리와 원인을 자신 안에 두는 상태이다. 타자에 의한 속박으로부터 벗어나 자신 안에 있는 원리에 따른 자기의 행위가 자유라는 것이다. 이로부터 타자의 의존성에서 벗어난 "~으로부터의 자유"(freedom from) 개념이 등장한다. 여기에서 자유는 단독자로서의 개인적 행위가 된다. 오늘날 많은 이들이 자연스럽게 사용하고 있는 자유 개념이기도 하다.

이러한 자유 개념이 사회화하면서 신자유주의에서도 아리스토텔레스 식의 자유를 자본축적을 위한 경쟁의 전제 내지 동력으로 이용하는 경향이 있다. 자유를 타자로부터 벗어난 개인의 능력 혹은 단독자의 행위로 여기고, 그러한 자유를 자본이 없는 상태로부터 벗어나기 위한 경쟁 체제의 정당한 동력으로 삼는다. 이러한 '개별적 자유들'이 경쟁하고 서로 충돌하면서, 자신의 자유가 타자에게, 타자의 자유가 자신에게 걸림돌로 작용하는 것은 자유로운 선택의 필연적 부산물로 간주한다. 그러면서 걸림돌을 제거하는 과정에 누군가의, 대체로 약자들의 희생이 뒤따른다. 경쟁으로서의 자유가 누군가의, 그 어떤 것의 희생을 야기시키는 것이다. 불평등, 양극화가 확대되어가는 것도 이런 과정에서 비롯된다.

신자유주의는 자유의 이름으로 자기중심적 욕망을 확대·재생산시키도록 요청하는 강력한

---

22 Han, Byung Chul, *Transparenzgesellschaft*, 한병철, 김태환 옮김, 『투명사회』(서울: 문학과 지성사, 2014), p.94.

흐름이기도 하다. 그 속에서 발생한 낙오자의 배제와 희생은 전체의 성장을 위해 불가피한 것이라면서, 가능한 한 외면한다. 타자 의존성에서 벗어난 '~으로부터의 자유'가 자유로운 경제 행위라는 이름으로 둔갑하면서 사실상 자유라는 이름의 억압이 곳곳에서 횡행하게 되는 것이다.

그러나 개별적 자유들의 경쟁이 산출하는 폐해는 심각하다. 문명이 생산한 위험이 정치적 동력을 길러낸다는 벡의 진단처럼, 그 폐해는 경쟁의 '부'산물이기보다는 '주'산물에 가깝다. 부의 축적을 추구하는 "경제적 자유를 마치 기본적 인권처럼 보고" '개인적 부의 극대화를 기본권으로 요구하는' 행위는 다른 기본권과 충돌한다. 그리고 서로가 서로의 기회를 제한하는 형태로 나타난다.[23] 이것은 자유를 단독자로서의 개인적 행위로 쉽게 규정하는 데서 오는 필연적 결과이다.

하지만 근대의 사상적 기초를 놓은 데카르트적 주체, 그리고 그 사상적 심화인 칸트의 선험적 자아론이 오늘날 극복되어가고 있듯이, 이런 식의 자유론은 비판의 대상이다. 하이데거의 '세계-내-존재'(In-der-Welt-Sein)라는 인간 규정에 함축되어 있듯이, 인간은 단독적 존재가 아니다. 개인의 인식 행위조차 늘 세계 '안'에서 일어난다.[24]

정의(justice) 담론의 열풍을 일으켰던 마이클 샌델(Michael J. Sandel)도 인간은 단독적 선택자가 아니라는 입장을 견지한다. 샌델은 "나는 무엇을 해야 하는가'라는 물음에 대답하려면 그전에 '나는 어떤 이야기의 일부인가'에 답할 수 있어야 한다"는 매킨타이어(Alasdair Macintyre)의 '서사적 존재'(narrative being) 개념을 받아들이고, "나는 과거를 안고 태어난다"는 말도 인용한다.[25] 인간은 사회적 이야기의 한 구성원으로 살아가고, 과거와 연결되어 있으며, 타자에게 영향을 받는다. 개별적 자유관으로는 정의를 설명할 수 없다는 것이다.

'서사적 존재'나 '세계-내-존재'라는 인간 규정은 모두 개별적 자유관과 대척점에 있다. 인간이 자기 행위의 원리와 원인을 자기 안에만 둔다는 것은 사회의 구성 원리상 불가능하다는 사실을 인정하고 있는 것이다. 샌델은 이러한 인간적 상황을 '속박적 자아'(encumbered self)로 규정하기도 했다. 칸트적 자유주의자들이 인간은 스스로 어떤 목적을 자유롭게 선택할 수 있다는 무속박적(unencumbered) 자유관을 가지고 있는 데 비해, 샌델은 "그것으로는 우리의 도덕적 경험을 정확히 이해할 수 없다"고 비판한다.

> 무속박적 자아의 이미지는 강력한 호소력을 갖고 있기는 하나 결함도 있다. 그것은 우리의 도덕적 경험을 정확히 이해할 수 없다. 또 우리가 일반적으로 인정하고, 더 나아가 찬양하기도 하는 도덕적·정치적 의무들을 설명할 수 없다. 그러한 의무에는 선택과는 무관하게 우리에게 부여되는 연대의 의무, 종교적 의무, 그 밖의 도덕적 유대들이 있다. 우리 자신을 스스로 선택하지 않은 도덕적 유대들에 묶여있지 않은 자유롭고 독립적인 자아로 이해할 경우에는 이러한 의무들을 설명하기 어렵다. 도덕적·정치적 경험들에 필수불가결한 이러한 측면들은 우리 자신을 이미 모종의 계획과 의무의 요구

---

23 Dada Maheschvarananda, *After Capitalism*, 다다 마헤슈와라난다, 다다 칫따란잔아난다 옮김, 『자본주의를 넘어』 (서울: 한살림, 2014), p.79.

24 Martin Heidegger, *Sein und Zeit*, 마르틴 하이데거, 전양범 옮김, 『존재와 시간』 (서울: 시간과 공간사, 1992), pp.87-99.

25 Michael Sandel, *Justice*, 마이클 샌델, 이창신 옮김, 『정의란 무엇인가』 (서울: 김영사, 2010), pp.310-312.

하에 있는 속박적 자아로 보지 않는 한 이해할 수 없다.[26]

'무속박적 자아'에 기반한 "~으로부터의 자유"론으로는 홀로코스트처럼 나의 자발적인 선택과 상관없이 벌어진 사건에 대한 도덕적 유대감을 설명하기 힘들다는 것이다. 자기의 행위의 원인이 자기 안에만 있다면, 자기 밖에서 벌어진 일에 대해 어떤 식으로든 책임을 느끼거나 져야 할 이유가 없기 때문이다. 이러한 자유론의 한계를 의식하며 샌델은 자아 자체가 타자에, 사회에, 세계에 속박되어 있다고 본다. 이러한 '속박적 자아'는 인간의 주체로 여겨지는 자아조차 어떤 식으로든 타자와의 관계성 속에서 성립된다는 사실을 함축하는 언어이다. 나의 자유로운 선택에서 비롯되지 않은 '세월호 사건'에 대해서도 무언가 연대적 책임을 느끼는 이유는 나의 자아가 이미 '세계'라는 지평 속에서 형성되는 것이기 때문이다. 그렇기에 다시는 그런 비극이 벌어지지 않기를 바라는 공감 및 아픔과 함께 해야겠다는 연대의식도 생겨나는 것이다. 단독적 혹은 개별적 자유와는 다른 차원의 자유가 요청되는 지점이 바로 여기인 것이다.

2. 적극적 자유와 자유들의 연대

다른 차원의 자유란, "~으로부터의 자유", 즉 어떤 구속에서 벗어나 있는 상태에도 불구하고 타자와의 관계 안에 일부러 스스로를 구속시킬 줄 아는 자유, 즉 "~으로의 자유"(freedom to)이다. 앞에서 말한 자유가 소극적, 개인 중심의 개별적 자유라면, 나중에 말한 자유는 적극적, 타자 지향의 자유이다. 타자를 억압하는 자유가 아니라, 자신의 자유에 기초해 타자로 나아가면서 타자의 자유를 신장하기 위한 자유이다.

'~으로부터의 자유'가 자아와 공동체를 분리시키는 데 비해 '~으로의 자유'는 자아와 공동체를 연결시킨다. 자아는 사실상 타자의존적으로 세계와의 관계성 속에서 형성되며, 공동체와 분리되지 않는다. 도리어 공동체 속에서 자아의 정체성이 형성된다. "내 삶의 이야기는 다른 사람의 이야기에 포함된다는 인식" 속에서 나의 선택과 상관없이 벌어진 일에 대해서도 연대적 의무, 도덕적 책임이 나오는 것이다.[27] '~으로의 자유'는 이러한 도덕적 경험의 근거를 잘 설명해주고, 관계성과 연대적 실천을 강화시켜준다. '~으로부터의 자유'에 기반한 자유들이 상극적 경쟁의 동력이 되는 데 비해, '~으로의 자유'에 기반한 자유들은 상생적 연대와 협동의 동력으로 작용할 가능성이 커진다. 자유로운 연대의 논리적 근거도 이러한 자유관에서 성립된다.

엄밀하게 보면 사실 이 두 자유는 별개의 것이 아니다. '~으로의 자유'를 실천할 수 있는 이는 '~으로부터 자유'롭기도 하다. 인간이 어떤 것으로부터 자유로운 한, 도리어 그 어떤 것으로 나아갈 수 있고, 그 관계 안에 자신을 구속시킬 수도 있다. 단독자로서의 개별적 자유에 머물지 않고, 다시 타자로 나아가는 자유를 통해 '서사적 자아', 적극적 자유를 구현하는 것이다. 타자를 살리는 자유는 소극적 자유를 소화하고 넘어선 적극적 자유이다. 하이데거(Martin Heidegger)는 이렇게 말한 바 있다.

적극적 자유는 '무엇으로부터의 떠남'이 아니라 '무엇으로의 향함'이다. 적극적 자유

---

[26] Michael Sandel, *Democracy's Discontent*, 마이클 샌델, 안규남 옮김, 『민주주의의 불만』(동녘, 2012), p. 36.

[27] 마이클 샌델, 『정의란 무엇인가』, p.314.

는 무엇을 위해 자유로움, 무엇을 위해 열려있음, 따라서 무엇을 위해 자기를 열어놓음, 무엇을 통해 자기 자신이 규정되도록 함, 스스로 무엇에 헌신함이다.[28]

적극적 자유는 소극적 자유를 발판으로 하되, 타자를 위해 자신을 열어놓고 나아가 스스로의 자유를 제한할 줄 아는 자유이다. 나아가 스스로의 자유를 제한해 타자의 아픔으로 구속되어가는 자유이다. 이 적극적인 자유야말로 자유라는 이름을 내세운 거대한 억압을 극복하는 근본 동력이다.

물론 소극적 자유가 원칙적으로 타자의 존엄성을 훼손하는 것은 아니다. 다만 소극적 자유가 성과지상주의적인 신자유주의와 만나면서 더욱 개별적 자유로 나타나는 것이 문제의 원인으로 작용한다. 소극적 자유는 타자에 대한 긍정과 존중으로 이어지지 못하고, 따라서 공동체를 형성하는 데까지 나아가지 못한다. 어느 지점에 이르면 소극적 자유는 공동체와 자아를 분리시킨다. 이 자유는 "어느 수준을 넘어서면 우리가 약속한 것만 지키면 된다"는 암묵적 합의를 따른다.

가령 경제가 위축되면 정부는 불황의 극복 과정에서 개인의 참여를 요청한다. 금리를 인하해 줄테니 '빚내서 집사고 소비하라'고 독려한다. 카드회사는 정부 정책에 근거해 신용카드를 남발하듯 발행해주기도 한다. 소비를 진작시켜 경제를 활성화시키고 기업을 성장시키기 위해서이다. 그러나 그 과정에서 오는 위험 부담은 그렇게 추동했던 국가나 기업이 아닌 전적으로 개인의 몫이다. 만일 수입보다 소비가 많아 신용불량자가 되면, 그 책임은 당사자에게 전가된다.[29] 국가가 자신의 경제정책으로 야기된 위험을 결국은 개인에게 떠넘기는 것이다. 이렇게 소극적 자유주의에서는, 특히 소극적 자유주의가 경제와 만나는 곳에서는, "타인의 권리를 존중하라고는 하지만, 타인이 이익을 얻도록 행동해야 한다고는 말하지 않는다."[30]

이와는 달리 '~으로의 적극적 자유'는 그렇게 나아간 지점에서 타자를 상상하고 타자의 이익까지 고려한다. 자신과 타자 사이에서 관계성을 보고 타자 안에서 자신을 읽기 때문이다. 이러한 관계성을 감성의 언어로 읽으면 '공감'이 된다. 이렇게 해서 적극적 자유는 '공감'의 문제와 연결된다.

3. 자기중심의 공감과 타자지향의 공감

자유가 그렇듯이, 공감에도 두 종류가 있다. 자기중심적 공감[sympathy]과 타자지향적 공감[empathy]이다. 자기중심적 공감이 자신에서 출발해 타자를 수단화하는 개인주의적 흐름의 연장선이라면, 타자지향적 공감은 타자 속으로 들어가 타자를 살리는 방식으로 자기가 사는, 그 반대방향을 취한다.

예상 가능하듯이, 신자유주의를 추동하는 힘 중의 하나는 자기중심적 공감이다. 이런 식의 공감은 자본의 축적을 통한 영향력의 확대를 목적으로 할 때에 더 큰 힘을 얻는다. 가령 리프킨(J.Rifkin)이 인간을 "총체적 소속감을 추구하는" 공감적 존재로 규정하고, 오늘날

---

[28] Martin Heidegger, *Vom Wesen der menschlichen Freiheit*(1932), 정은해, 『자유교육의 철학』(원미사, 2000), pp.110-111에서 재인용.

[29] 김순영, 『대출 권하는 사회』(후마니타스, 2011)에서 이런 문제를 심도 있게 다루고 있다.

[30] 마이클 샌델, 앞의 책, p.313.

은 공감의 영역이 확장되고 있다는 진단을 하고 있지만,[31] 이때의 공감은 사실상 신자유주의 시대의 경쟁적 공감과 다른 차원에 있지 않다. 리프킨이 시장자본주의는 그 자체의 모순으로 인해 종언을 고하고 앞으로는 협력적 공유경제에 기반한 공유사회로 나아갈 것이라며 희망적인 예견을 하고 있지만,[32] 그 때의 '공유'가 자본의 자기중심적 축적이라는 목적을 포기하고서도 유지될 수 있을지 장담하기 힘들다. 신자유주의는 공감의 대상조차 결국은 은밀한 경쟁상대로 추동하는 흐름이라는 점에서 그렇다. 이러한 흐름에 휩싸이면, 공유경제도 결국 시장 논리를 벗어나지 못하게 되는 것이다.

가령 협력적 소비(collaborative consumption)에 기반한 플랫폼의 모델이라 할 수 있을 '우버'(차량공유)나 '에어비앤비'(숙박공유) 등은 동종 업계 오프라인 1위 업체의 시장 가치를 넘어섰다.[33] 공유 서비스 종사자들은 형식상으로는 특정 기업에 고용되지 않는 일인자영업자이다. 공유 경제가 개인들의 주체성을 아래로부터 엮어나가는 대안 경제의 일환으로 등장한 것도 사실이다. 근로자의 일자리를 늘린다는 분석도 있다. 하지만 일인 자영업자를 더 열악한 노동형편으로 몰아갈 가능성도 적지 않다. 그래서 현실적으로 공유 경제가 가난한 일인 자영업자만을 양산하는 '디지털 신자유주의'나 다름없다는 비판도 제기된다. '공유'라는 '선한' 의도에도 불구하고, 공감의 기준을 자기만족적으로 자기 안에서 찾다보면, '공유'조차 시장 중심의 논리에 종속되고 결국 상품이 되고 말 가능성이 커진다는 것이다.

이웃이 경쟁상대로 전락하고, "친절마저 상품이 된 시대"[34]를 전복시키고자 한다면, 적극적 자유 개념에서처럼, 공감에 대해서도 적극적 개념 규정이 필요하다. '~으로의 자유'처럼, 타자의 감정(pathy) 그 내면으로 진입해 들어가는(em) '타자지향적 공감'이 요청된다. 이런 공감 없이 공유 경제가 지속되기는 힘들다. 타자지향적 공감이 공동체적 자아의 모습이며, 이 공감이 사회화하며 결국 자신도 살리는 형태로 되돌아오는 것이다. 적극적 자유가 타자와의 관계성을 전제하듯이, 타자지향적 공감은 '너' 안에서 확인한 '나'와의 근원적 관계성에 대한 성찰의 결과이다. 사회가 개인들의 단순한 합집합이 아닌 인간들의 유기적인 관계망이라면, 적극적 공감만이 개인과 사회를 살리는 근원적인 동력이 된다. 내가 살기 위해 너를 살리는 방식이 아니라, 너를 살리며 결국 내가 사는 방식으로 드러나는 공동체적 공감이다. 타자의 입장에서 타자로 나아가기[empathy]가 아래로부터의 공동체적 연대를 향한 인간적 기초를 형성하는 것이다.

III. 협동의 윤리와 경제

1. 협동운동의 근거

그렇다면 자유 경쟁을 앞세운 신자유주의의 모순적 물결도 이러한 적극적 공감성에 근거해 극복해나가야 한다는 것은 자명해진다. 이러한 공감의 사회적 실천 가운데 하나는 '협

[31] Jeremy Rifkin, *The Empathic Civilization*, 제러미 리프킨, 『공감의 시대』, 이경남 역(민음사, 2010), p.5, p.757.

[32] Jeremy Rifkin, *The Zero Marginal Cost Society*, 제러미 리프킨, 『한계비용 제로사회』, 안진환 역(민음사, 2014), pp.7-48.

[33] 주식시장에 상장되지 않은 상태지만, 자산 가치는 2015년 초 기준으로 45조 원 정도 된다고 한다.

[34] 한병철, "친절마저 상품이 된 시대, 혁명은 없다", 「한겨레신문」, 2014.10.16.

동'이라고 할 수 있다.

물론 협동의 원리는 어디에서나 적용된다. 시장 경제 시스템에도 기본적으로 협동의 원리가 작동한다. 협동조합 연구자인 스테파노 자마니(Stefano Zamagni)가 규정하듯이, 시장경제 체제의 핵심에는 '경쟁'과 '협동'이 두 축을 이룬다.[35] 그러나 이때의 경쟁과 협동은 엄밀하게 말해 양립적이지 않다. 신자유주의 경제에서는 자유가 경쟁의 옷을 입듯이, 협동은 경쟁을 강화시키는 수단일 때가 많다. 시장경제의 핵심은 협동이 아니라 결국 경쟁에 있다는 말이다. 그러면서 '인간은 이기적'이고 '시장은 효율적'이라는 명제를 경쟁으로 뒷받침하려 한다.

그러한 경쟁의 목적은 주로 재화의 생산에 있다. 실제로 시장경제학은 재화의 '생산'만을 중시한다. 생산 과정의 '오염'은 묻지 않고, '취업'은 중시하면서도 '실업'은 계산에 넣지 않는다. 자본의 유통과 크기의 논리에 익숙하다보니, 그 과정에 얽힌 기쁨과 슬픔, 조화와 갈등 등 인간의 내적 경험이나 사회적 비용 등은 판단의 영역에 넣지 않는다. 인간의 삶을 종합적으로 검토하지 않고, 경쟁을 통한 자본의 확대를 중심으로 삶에 대한 경제적 가치의 우월성을 끝없이 주입시킨다.

그러나 자율이 동원되고 자유가 강제로 작동하듯이, 시장 경제를 추동하는 경쟁의 원리에 대한 의문도 생기고 한계도 드러난다. 인간은 이기적이기만 하지 않으며, 상호 신뢰로 협력적일 때 함께 번영한다는 생각도 생겨난다. 정태인은 이런 사실을 의식하면서 "협동의 경제학"을 주장한다.[36] 인간은 이기적이지 않고 시장은 효율적이지 않다며 '다른 경제학'을 요청한다.

> 장구한 인류 역사에서 시장이 인간관계를 대변한 건 지난 300년뿐이다. 뿐만 아니라 논리적으로도 인간이 서로 관계를 맺는 수많은 방법 중 시장이 제일 먼저 나와야 하는 이유는 그 어디에도 없다. 왜 사랑이 먼저 나오면 안 되는가? ... 경제학이 자랑하는 효율성이라는 가치가 평등이나 우애와 같은 다른 가치보다 중요하다는 근거는 없다.[37]

효율성을 평등이나 우애보다 중시하는 시장 논리를 뒤집어, 사랑하며 협동하는 존재로서의 인간을 살려내야 한다는 것이다. "착한 애들이 뭉치면 세다"며,[38] 협동조합 운동을 협동경제의 한 사례로 탐구하기도 한다. 오늘날 세계 곳곳에서 협동조합(協同組合, cooperative) 운동이 활발해지고 있는 것도 경쟁 체제만으로는 사회가 원활히 운영되지 않는다는 사실을 경험해오고 있기 때문이다. 자유 경쟁 속에 담긴 모순적 강제력과 그로 인한 희생에 대한 외면이 결국은 자신의 희생으로 이어진다는 실존적 경험이 '개별적 자유'에 대한 반성으로 표출되고 있는 것이다.

이러한 상황에서 경쟁보다는 경제적 약자들 간의 상호부조 내지 협력을 운영의 근간으로 하는 협동조합 운동이 현실적 대안으로 부각되고 있다. 이 글에서 상세히 분석할 여유는

---

35 Stefano Zamagni, *Cooperative Enterprise*, 스테파노 자마니 외, 송성호 옮김, 『협동조합으로 기업하라』 (서울: 북돋움, 2013), p.14.

36 정태인·이수연, 『협동의 경제학』 (서울: 레디앙, 2013).

37 정태인, "시장이 아니라 정치가 먼저다", 『주간경향』 (1011호, 2013.1.29.)

38 정태인, 위의 책, p.114.

없지만, 경제적 약자들이 경제 행위의 주체가 되고, 불평등과 양극화를 해소하는 데 협동조합이 대안적이고 현실적인 모델로 작동하리라 기대하는 이들이 많아지고 있는 것은 분명하다.

협동조합은, 사용자 내지 주주 중심인 자본주의적 기업과는 달리, 이용자와 소유자와 통제자와 수익자가 동일한 경제적이고 사회적인 사업체이다. 시장 안에서 작동하고 그 원리를 받아들인다는 점에서 경제적 차원의 기업이면서, "사회적 자본, 즉 시민의 신뢰 네트워크의 강력한 창조자로서, 소득 분배의 불평등을 축소하고, 민주주의 공간을 확장하는 데 기여"[39]한다는 점에서는 사회적 차원의 기업이기도 하다. 협동조합은 지역 기반의 사업 현장에서 정치적 민주주의를 실천하려는, 이른바 경제적 민주주의 실험장이기도 하다. 그런 점에서 신자유주의 시대 자유의 모순성을 경험하는 이들이라면 더욱 관심을 기울여야 할 분야이다.

이러한 경제민주주의 혹은 협동조합운동을 어떤 정신에서 가능할 것일까. 그것은 앞에서 본대로 '적극적 공감'이다. 전술했듯이, 적극적 공감은 '서사적 자아', '세계-내-존재'성에 대한 실존적 통찰로 얻어진 도덕적 연대감이다. 크든 작든, 구조적 모순이 발생시킨 타자의 아픔에 대한 공감이 경쟁보다는 협동의 형태로 나타나는 것이다. 당연히 '협동'이 없다면 '조합'도 불가능하다. 협동 없는 조합은 언어 모순이며, 단순한 자본주의 기업이 되고 만다.

협동조합의 운영에 인간의 공감력이 감소되거나 삭제되면, 운영 자체의 논리만 부각되고, 결국 협동이라는 기본 원칙과 이상도 상실된다. 대안적 공동체 의식의 심화와 확장의 기초에 언제나 인간에 대한 적극적 공감력이 놓여있어야 하는 것이다. 교육 등 소통을 통해 공감력을 지속적으로 확보하고, 공감성에 기반해 공동체 의식의 기초를 다져야 할 이유도 여기에 있다.

2. 소통과 연대

많은 학자들과 운동가들이 연대와 협동의 중요성에 대해 강조하고 실천해왔다. 가령 강수돌은 노동자 의식을 국제적 차원으로까지 연대해 경쟁을 통해 지배하는 자본에 맞서야 한다고 제안한다. 네트워크를 통해 "지역자치, 지역경제, 분권화된 공동체를 지향"하면서 "삶의 문제를 공동으로 해결"해야 하고, "자율적인 지역 공동체들을 범지구적으로 확장"시켜야 한다는 것이다.[40] 네그리(Antonio Negri)는 민중의 내면화한 협동과 상호작용 세력, 즉 '다중'(多衆, Multitude)[41] 이 탈중심적이고 탈영토화된 자본주의 지배체제, 즉 '제국'(Empire)[42] 에 대한 대항세력이라고 주장한다. 울리히 벡(Ulrich Beck)은 노동자 의식보다는

[39] 스테파노 자마니 외, 송성호 옮김, 『협동조합으로 기업하라』(서울: 북돋움), p.23, p.26.

[40] 강수돌, 『경쟁은 어떻게 내면화되는가』, p.42, pp.117-118.

[41] '다중'은 다양한 문화, 인종, 민족, 성별, 성적 지향, 노동형식, 삶의 방식, 세계관, 욕구들과 같은 "이 모든 특이한 차이들의 다양체(multiplicity)이다." '민중'과 '다중'은 다르다. 민중이 "다양성을 통일성으로 환원하여 인구를 하나의 동일성으로 만들고" "대중의 본질도 무차별성"인 데 비해, '다중'은 "하나의 동일성이나 단일한 동일성으로 환원될 수 없는 수많은 내적 차이로 구성되어 있다." Antonio Negri · Michael Hardt, *Multitude*, 안토니오 네그리 · 마이클 하트, 조정환 외 옮김, 『다중』(세종서적, 2008), p.18.

[42] Antonio Negri · Michael Hardt, *Empire*, 안토니오 네그리 · 마이클 하트, 윤수종 옮김, 『제국』(이학사, 2

'소비자' 의식의 확장과 소비자의 연대로 나아가야 한다고 주장한다. 기업 내지 자본가와의 상호 계약 관계 속에 있는 노동자 의식보다는 소비자 의식이 더 근본적이며, 소비를 먹고 사는 기업이 소비자를 억압할 수는 없다고 보기 때문이다. 자본주의를 거부하기 위한 좀 더 래디칼한 도전을 주문하는 이들도 있고, 자본주의의 틀을 유지하되 그 내용을 조절해야 한다는 주장도 있다. 자본주의도 "변화하는 환경에 대응하여 변화하고 진화하는 적응력 있는 사회 시스템"이니,[43] 정부와 시장과 기업이 유기적으로 협력하여 소외자들도 끌어안는 '자본주의4.0'으로 나아가야 할 때라는 칼레츠키(Anatole Kaletsky)의 실용적인 주장이 그 예이기도 하다.

물론 자본주의 체제 하에서 시장과 기업이 먼저 소외자를 끌어안을 리는 만무하다. 한국 정부에서 신설했던 '동반성장위원회'가 사실상 유명무실해지고, '대형마트'와 '골목상권'의 상생을 위한 협력조차 지속적인 난관에 부딪히고 있는 데서 알 수 있듯이, 적어도 한국에서 자본주의4.0은 여전히 희망의 영역이다. 그런 점에서 시장과 기업이 소외자를 끌어안을 수 있도록 국가를 자극하는 동력은 노동자나 소비자의 연대를 통해 나올 수밖에 없다. 노동자 의식과 소비자 의식이 이끄는 아래로부터의 소통과 연대가 소외자를 끌어안는 공생적 삶의 가능성을 구체화시킬 가능성이 더 크다.

실제로 국가에 대한 의존을 포기하는 방식으로 국가의 권력을 축소시키고, "이용자 소유 회사"(협동조합)를 확대해 대기업의 영향력을 줄이는 아래로부터의 연대운동이 느려도 실질적인 변혁운동이라고 보는 이들이 늘고 있다. 자유 경쟁으로 인한 성과의 축적이 인간의 행복을 보장해주지 않는다는 사실을 많은 이들이 경험적으로 알아가고 있다. 적극적 자유, 타자지향적 공감이 필요하다는 것을 마음 깊은 곳에서 확인해가고 있다.

가령 '한겨레사회정책연구소'의 여론조사에 의하면, 2015년 한국사회가 추구해야 할 바람직한 미래상으로 응답자의 47.3%가 '빈부격차가 적고 사회보장이 잘돼 있는 사회'를 지적했다. '힘없는 사람들도 평등하게 보호받는 사회'가 28%로 2위, '경제적으로 풍요로운 사회'는 14.8%로 3위였다.[44] 경제적 풍요사회보다 경제적 약자들에 대한 사회보장과 보호를 바란다는 현대인의 기대치 안에 오랜 대동사회의 염원이 여전히 살아있다는 뜻이다.

자유를 가장한 강제, 경쟁으로 야기된 불평등, 인간에 대한 공감마저 상품화하는 자본주의의 모순을 극복하기 위한 대안적 운동들은 '대동'의 이상을 현재화하고 미래에도 구현하기 위한 현대적 시도들이라고 할 수 있다. 자본의 흐름 자체를 폐기하지는 않되, 신자유주의라는 시장만능주의를 약화시키고, 자유의 가치는 살리되, 경쟁만이 아닌 공감에 기반한 협력의 형태로 경제를 이끌려는 각종 제안과 시도들은 여전한 과제이자 동시에 인류의 영원한 기대라는 사실이 덤으로 확인된다고 할 수 있다.

---

001).

[43] Anatole Kaletsky, *Capitalism 4.0: The Birth of a New Economy*, 아나톨 칼레츠키, 위선주 옮김, 『자본주의4.0』(컬처앤스토리, 2011), p.15.

[44] "새해, 여러분은 어떤 사회를 바라시나요"(광복 1945, 희망 2045 여론조사), 「한겨레신문」(2015.1.1.)

歷史的鬼魅：李永平小說中的戰爭記憶*

李有成

「我自己沒有經歷過戰爭，在戰爭記憶逐漸淡化的今天，我認爲重要的是，謙虛地回顧過去，經歷過戰爭的一代應將悲慘的經驗以及日本走過的歷史正確地傳達給不知戰爭的一代。」

——日本德仁皇太子（二〇一五年二月二十三日東宮御所記者會）

一

自一九九二年出版長篇小說《海東青：臺北的一則寓言》以後，李永平的每一部小說都或多或少涉及戰爭記憶；而這些戰爭記憶主要又與日本侵華戰爭（即第二次中日戰爭）與太平洋戰爭的歷史有關。[1] 李永平的小說向來不以完整的情節結構著稱，他刻意敷演的多半是插曲式的（episodic）的情節，章節與章節之間未必呈有機關係，有時候個別章節甚至可以獨立存在，而且對前後故事的發展往往影響不大。簡單言之，他的小說有別於早期以對日抗戰爲背景的文學創作，如徐速的《星星、月亮、太陽》或王藍的《藍與黑》，也不屬馬來西亞英文文學傳統下歐大旭（Tash Aw）的《和諧絲莊》（*The Harmony Silk Factory*）或陳團英（Tan Twan Eng）的《雨的禮物》（*The Gift of Rain*）。在歐大旭與陳團英這兩部馬來西亞華人作家以英文撰寫的小說中，有許多場景直接指涉太平洋戰爭，特別是一九四一至四五年間日本皇軍在馬來半島的軍事暴虐。抽離了這些場景，這些

*本文初稿曾發表於日本愛知大學、臺灣東吳大學與美國加州大學聖地雅哥校區所主辦的「何謂『戰後』？——亞洲的『1945』及其後」國際學術研討會（二〇一五年四月十一日至十二日），承主辦單位邀請，特此表示謝意。

[1] 李永平於一九四七年出生在英屬婆羅洲沙勞越（Sarawak，現爲馬來西亞一州）的古晉市。中學畢業後到臺灣升學，進入國立臺灣大學外國語文學系就讀。後赴美國深造，獲美國紐約州立大學比較文學碩士、聖路易華盛頓大學比較文學博士學位。曾先後任教於臺灣國立中山大學、東吳大學及國立東華大學。著有《婆羅洲之子》、《拉子婦》、《吉陵春秋》、《海東青：臺北的一則寓言》、《朱鴒漫遊仙境》、《雨雪霏霏：婆羅洲童年記事》、《大河盡頭》（上、下卷）等書。《吉陵春秋》有英譯與日譯本。

小說在情節結構上就會造成缺陷。李永平的小說不同，他所召喚的戰爭記憶多半散見於個別的小說章節中，前後章節多半關係不大，而且通常只屬於小說的某一部分，並不是小說的全部。

最早出現這些戰爭記憶的即是長達五十萬言的《海東青：臺北的一則寓言》。小說的副書名清楚說明這部小說影射臺北，講的是臺北的故事。小說第三部〈春，海峽日落〉第十一章題爲〈一爐春火〉，主要的情節在敘寫國立海東大學文學院一群教授喝春酒餐敘的經過。這是一個「朔風淒迷，海東三月春雨只管滴瀝不停」的夜晚，[2] 十來位多半仍在壯年，分屬文學院不同系所的教授，由中文系丁旭輪教授邀集在學校對面歸州路蓬壺海鮮火鍋店喝春酒。

這一章甚長，共有一百二十頁，卻未見情節有何關鍵性的發展，只見教授們在爐火燄燄、湯霧瀰漫中，又煙又酒，語言混雜，汪洋恣肆。這批學界菁英長於詩詞歌賦，出口每每措詞拗峭，用典奇僻。就在眾人酒酣耳熱的時候，火鍋餐廳門口來了一輛金碧輝煌的巴士，「綻響著喇叭招飆著車身張掛的一幅白幡」，緊接著進來了四、五十位日本老人。那遊覽車身張掛的白幡上面寫著九個斗大的紅漆大字：「三八式步兵銃同好會」：

> 「三八式步兵銃嗎？」廖森郎教授磕磕菸斗，望了望堂中那團日本觀光客：「這玩藝兒又借屍還魂來了！直到二次世界大戰結束三八式步槍是日本陸軍主要武器，明治三十八年出廠，故叫三八式，聽家父說，它的象徵意義相當於武士刀之於傳統武士——這個三八式步兵銃同好會，顧名思義，應是專門收集三八式步槍的日本人組織的同樂會，或者聯誼會。（711）

外文系廖森郎教授是臺灣本省人，他的日本經驗有別於同座某幾位教授，可是他對太平洋戰爭時日本陸軍的武器卻瞭若指掌，他甚至將這個三八式步兵銃上溯明治時代。顯然，三八式步兵銃是明治現代性，乃至於百年中、日關係糾葛的象徵——這步兵銃既是兩次中、日戰爭裏日本陸軍的主要武器，因此具體而微地召喚著雙方截然不同的戰爭記憶與歷史想像。這兩次戰爭當然更將中國大陸、日本、臺灣三方推向不同的歷史進程。

儘管戰爭多半是以悲劇收場，戰爭卻也是許多民族集體記憶的重要構成部

---

[2] 李永平，《海東青：臺北的一則寓言》，二版（臺北：聯合文學，2006），頁 659。以下引自《海東青》的文字僅在引文後附加頁碼，不另加註。

分。廖森郎教授認爲「三八式步兵銃同好會」是「專門收集三八式步槍的日本人組織的同樂會」，可知這批日本老兵觀光客獨鍾這種步槍並非事出偶然，這樣的組織在李永平小說的敘事脈絡中當然有其象徵意義。這些日本老兵藉著三八式步兵銃所緬懷的顯然是日本軍國主義的光榮歲月，如今光榮不再，老兵也已經年華老去，只能以同好會的名義，以觀光之名招搖地組團重臨前殖民地，廖森郎教授指這批老兵觀光客讓「這玩藝兒又借屍還魂來了」，正是這個意思。三八步兵銃投射著日本的近代戰爭歷史，爲這些老兵喚回全然不同的戰爭記憶。

正當幾位教授高談闊論之際，那三桌日本老兵開始其具有象徵性意義的類軍事行動：

> 店堂中，三桌日本白頭觀光客西裝革履團團蝦腰恭坐圓鐵凳上，五六打啤酒落了肚，臉青脖子紅，緊繃住腮幫嘰嘰喳喳正在興頭上，忽然，擱下筷子沒了聲息，一個個挺直起了腰桿子來。堂心日光燈下，碧燐燐三爐瓦斯火蒸騰著三口魚蝦火鍋，風中，蕭蔌起四五十顱花髮。……湯霧迷漫中，滿堂心登時竄伸出了條條胳臂，捋起西裝袖口，捏起枯黃拳頭，一板一眼揮舞著擂向心口，泣聲起，四五十條蒼冷嗓子哽咽著嘎啞引吭高歌起皇軍戰歌來——君爲代呢，千代呢，八千代呢——蕭蕭白頭昂揚爐火朔風中。……歌聲中，淚眼婆娑，三個日本老人打開旅行袋捧出一卷泛黃的白絹布，攤開了，滿堂心團團招兩招，魚貫，蝦腰，邁出皮鞋輸呢嗎先輸呢嗎先一路鞠躬致歉，穿梭過十來桌圍爐夜談的海大師生，來到後牆下，噙住淚水，擦了擦眼角，問一桌工學院男生借張鐵凳，顫巍巍攀爬到凳上，把白絹布掛到牆頭，整整身上那套藏青法式雙排釦春西裝，三個兒排排立正，敬禮，張起爪子拍兩推合十頂禮哈腰，朝白絹布淚盈盈拜了三拜。
>
> 日光燈下，血跡斑斕。
>
> 祈　支那派遣軍第六師團
>
> 武運久長　　　　　　　　　　　　　　　　（733-34）

在火鍋的湯霧繚繞中，日本老兵的儀式性動作看似悲壯，實則時地不宜，尤其集體高唱皇軍戰歌，不免令人側目。他們的祭儀無疑具現了他們在意識形態上冥頑不靈的軍國主義，時間彷彿靜止，他們再次回到皇軍鐵蹄蹂躪亞洲大地的年代。換句話說，這群老兵完全無視於餐廳裏其他人的反應——這些人極可能是日

本軍國主義直接或間接的受害者——，忘我地企圖爲軍國主義招魂。最能體現軍國主義幽靈的當然是那塊題有師團名字與「武運久長」祈願詞的白絹布，而最令人觸目心驚的正是燈光下絹布上的「血跡斑斕」。[3] 這也說明了這批三八式步兵銃同好會的成員其實曾經在「支那派遣軍第六師團」服役，而且是當年南京屠城的主力部隊，其祈願白絹布上所沾的血跡正是殺戮與暴力留下的印記。

不過在這樣的場合召喚軍國主義也坐實了整個儀式的諷刺與荒謬：莊嚴的誓師儀式竟然淪落到只能在人聲吵雜的火鍋店舉行，難怪這些老兵要「淚眼婆娑」，除了行禮如儀之外，恐怕也只能徒呼奈何。[4] 這些日本老兵的戰爭記憶與鄰桌幾位教授的顯然大不相同。老兵藉由祭儀追憶軍國主義逝去的榮光，而對鄰座的教授而言，這些榮光所代表的卻是創傷、恥辱，是國仇家恨，只不過他們對整個場面的反應卻僅止於言詞上的冷嘲熱諷而已。歷史系教授謝香鏡的評論主要針對絹布上的祈願詞：「這十四個字寫得張牙舞爪，充滿戾氣」(735)。田終術教授斥責這些日本老兵爲「目無餘子」(742)；丁旭輪教授則抱怨：「淫啼浪哭，大庭廣眾吵得人心裡發毛」(742)；而何嘉魚教授也有類似的怨言：「這些日本老先生鬧酒鬧得太過分，不成體統了」(758)。眼看著火鍋店老闆娘跟著她家男人對那些撒嬌起鬨的日本老兵鞠躬陪笑，丁旭輪教授也忍不住感歎：「咱們兄弟之邦的韓國人管日治時代叫倭政時期——倭，中國史書上的倭人、倭奴、倭寇嘛———同樣讓日本人統治了幾十年，韓國比起這幫海東人要有志氣多了」(746)。

在《海東青》這一章裏，李永平以淒風苦雨的春夜爲背景，以湯霧裊裊的火

---

[3] 在《海東青》之後出版的《朱鴒漫遊仙境》中，「支那派遣軍第六師團」再度出現。朱鴒與其同學在臺北中正紀念堂見到一批老年日本觀光客，同學之一的連明心向大家解釋：「這群日本老頭子是『支那派遣軍第六師團』的老兵！領隊手裡拿的那幅白緞旗子，就是他們的軍旗。妳們看，旗子上面用黑線繡著『祈武運久長』五個大字，那是他們當年行軍的口號。整幅旗子沾著一蕊一蕊的人血，看起來就像滿樹櫻花。……支那派遣軍第六師團就是赫赫有名的南京屠城部隊，一口氣殺了三十萬中國人。這一群老頭子，莫看他們個子矮小、彎腰駝背的，當年都參加過南京大屠殺呢。」見李永平，《朱鴒漫遊仙境》，二版（臺北：聯合文學，2010），頁 305-06。

[4] 《海東青》裏日本老兵「淚眼婆娑」這一幕讓我想起依藤（汪開競）的《彼南劫灰錄》。彼南者，即今日馬來西亞的檳城，日據時易名彼南。此書出版時距太平洋戰爭結束不久，作者爲檳城鍾靈中學教師，書中所敘爲太平洋戰爭期間日軍佔領下檳城居民的生活點滴。其中一章敘述戰敗前夕日本佔領軍高級文官的怪異行徑；「彼南街道上，不時可以看到各式各樣的日本人。那些衣冠楚楚，儀表不俗的東洋佬，也喜歡到五盞燈『共榮圈』裏去宵夜。有時候到了深夜，人家預備收檔了，三四個東洋佬翩然光臨；看他們的打扮，分明是高級文官。他們坐在椅上，叫了幾色菜，自己帶得酒來，默不作聲地盡情痛喝。……這些東洋佬竟一句話也不說，祇是拼命飲酒，飲到一半，有的忽然縱聲痛哭，有的則怒髮衝冠，不住揮拳擊桌，如此鬧了一陣子，菜也吃完了，酒也喝光了，然後各人拖着疲乏的腳，一步一蹶的離開了食物攤。」見依藤，《彼南劫灰錄》，鍾靈叢書第二種（檳城：鍾靈中學，1957），頁 141-42。

鍋店爲舞台，搬演一齣虛妄而又時代錯誤的荒謬劇，議題集中，其批判性不言而喻。他讓日本老兵慎重其事地藉由祭儀爲軍國主義招魂，卻反諷地勾喚起許多人有關南京大屠殺的戰爭記憶——對某些人而言，這些記憶恐怕早已化作歷史教科書上的日期，或者以考題的形式存在。李永平的用心不難理解：他一方面不假辭色，痛詆軍國主義陰魂不散，甚至借屍還魂；另一方面則痛心讀書人但知口舌是非，渾然忘卻歷史的教訓。對他而言，歷史的鬼魅揮之不去，在關鍵的時刻仍會以不同的形式還魂現身。

二

在《朱鴒漫遊仙境》之後，李永平開始構思他後來稱之爲月河三部曲的系列小說，[5] 第一部就是二〇〇二年推出的《雨雪霏霏：婆羅洲童年記事》。在〈寫在《雨雪霏霏》（修訂版）卷前〉一文中，李永平這樣回顧他的創作生涯：「在創作上，我先寫婆羅洲故事，接著寫臺灣經驗，完成五本小說後——包括被看成一部天書的五十萬字《海東青：臺北的一則寓言》——彷彿神差鬼使般，身不由己地又回頭來寫婆羅洲。在外　迌四十多年，兜了偌大一個圈子，在心靈和寫作上，我這個老遊子終於回到原鄉：我出生、成長的那座南海大島。」[6]《雨雪霏霏》讓李永平從臺灣重新連結上他的故鄉婆羅洲，用他的話說，這是「某種神秘、堅韌、如同一條臍帶般永恆的連結」。[7]

《雨雪霏霏》由九篇「追憶」的文字集結而成，在形式上是一部短篇小說集，不過視之爲一部長篇也無不可。這些「追憶」的敘事者屬同一人——一位壯年教授對國民小學校女學生朱鴒回憶他的童年往事。跟《海東青》與《朱鴒漫遊仙境》一樣，《雨雪霏霏》所採用的也是插曲式的情節結構。李永平將他的三部曲稱作「晚年懺情錄」，[8] 《雨雪霏霏》中的每一則「追憶」確實都是名符其實的懺情錄，因爲「追憶」中所敘述的正是敘事者「心中最深傷疤的一則則童年故事，和故事中一個個受傷的女子，就如同一群飄蕩不散的陰魂，只管徘徊縈繞我腦子

---

[5] 「月河三部曲」是李永平對我說的，在目前可見的文字中，他有時稱之爲「婆羅洲三部曲」，有時又作「李永平大河三部曲」。這三部曲包括《雨雪霏霏》、《大河盡頭》（上、下卷），及《朱鴒書》。《朱鴒書》已經完稿，但尚未出版。

[6] 李永平，〈寫在《雨雪霏霏》（修訂版）卷前〉，收於《雨雪霏霏》，全新修訂版（臺北：麥田出版，2003），頁 13。

[7] 李永平，〈河流之語——《雨雪霏霏》大陸版序〉，收於《雨雪霏霏》，全新修訂版（臺北：麥田出版，2003），頁 31。

[8] 李永平，〈寫在《雨雪霏霏》（修訂版）卷前〉，頁 16。

裏」。[9] 在《雨雪霏霏》的九篇故事中，最緊密連結臺灣與婆羅洲的是終篇的〈望鄉〉；而在這則「追憶」中讓臺灣與婆羅洲產生關係的則是日本：這則故事涉及日本殖民臺灣的歷史與日本南侵的戰爭記憶。敘事者這樣告訴朱鴒：「每次看見臺灣芒花，我就會想到婆羅洲臺灣寮的故事，心中一酸，思念起那三個一身飄零、流寓南島的奇女子」。[10]

這篇「追憶」取名〈望鄉〉顯然受到同名日本電影的啓發。電影《望鄉》由田中絹代主演，敘述太平洋戰爭前一群日本女人被浪人誘拐到英屬北婆羅洲山打根當妓女的故事。李永平的〈望鄉〉部分情節與電影的故事類似，說的也是女性受騙的故事，只不過背景換成了太平洋戰爭期間與其後，而敘事者所說的三個奇女子都是臺灣人。其中一位名叫月鸞。敘事者這麼回憶月鸞的遭遇：

> 十六歲那年夏天，地方上有位紳士忽然帶著兩個身穿白西裝、頭戴黃草帽的日本浪人，搭乘吉普車，來到她家田庄，自稱是什麼「拓植會社」的幹部，替皇軍召募隨軍看護到南洋軍醫院上班。……月鸞和村裡六個夢想當護士的姑娘出發囉，興沖沖喜孜孜，搭火車到高雄港，跟兩百多個來自其他鄉村的女孩子會合，搭上運兵船，隨同日本陸軍第一百二十四聯隊，……飄洋過海來到了英屬渤泥島。日本人講的渤泥，就是中國人說的婆羅洲。……登陸後，十五位姑娘被分派到古晉皇軍慰安所工作。那是城中一棟巨大的洋樓，上下兩層，底層用木板分隔成幾十個兩蓆大的小房間，裡頭啥都沒有，只擺一張挺堅固的雙人木床。每個房間住一個姑娘，日夜接待皇軍，從事慰安工作。……古晉慰安所的那群服務生，各色人種的女子都有：朝鮮人、荷蘭人、菲律賓人、英國人……（240-41）

這段敘述耳熟能詳，說明當年皇軍招募慰安婦的大致經過。這段話當然也喚起日本殖民臺灣與佔領婆羅洲的歷史記憶。身爲被殖民者，臺灣姑娘就這樣在半哄半騙之下別親離家，遠渡重洋，到一個完全陌生的地方充當皇軍的洩慾工具，在太平洋戰爭中被迫扮演她們從未料想過的角色。她們的遭遇構成太平洋戰爭另一個版本的戰爭記憶，她們的故事至今尚未結束，而她們的戰爭經歷更是有待妥善清

[9] 李永平，〈河流之語——《雨雪霏霏》大陸版序〉，頁 31。

[10] 李永平，《雨雪霏霏》，全新修訂版（臺北：麥田出版，2003），頁 211。以下引自《雨雪霏霏》的文字僅在引文後附加頁碼，不另加註。

理。[11] 顯然，李永平有意藉她們的故事寄託他的後殖民的人道批判：這些女人的悲慘命運全然是軍國主義意志下毫無選擇的結果。〈望鄉〉的敘事者大概不會想到，太平洋戰爭結束數十年後，歷史的鬼魅依然杳杳幢幢，他竟然在月鸞的故鄉臺灣追憶滯留南洋的她和她那群姊妹的悲苦命運。

月鸞與其姊妹的悲慘命運並未因日本戰敗而結束。當被俘的英軍又以殖民主之姿重返古晉時，他們立即關閉慰安所，把皇軍和慰安婦遣返日本或她們的家鄉。月鸞並未返回臺灣，原因讓人心酸：她的「子宮破爛，永遠不會生孩子了，沒臉回家見阿爸阿母和鄉親們」(245)。更要命的是，月鸞的臂膀被皇軍黥上了一個「慰」字，「這個刺青一輩子留存在姑娘們身上，永遠洗刷不掉」(245)。這個恥辱的印記當然也是另一種形式的戰爭記憶，她們有家卻不能回去，注定必須無奈地繼續她們的離散命運，想起老家時也只能哼唱〈月夜愁〉與〈雨夜花〉等臺語歌曲。至於這些歌曲的流傳，其實也與戰爭有關。敘事者指出：「聽南洋老一輩的華僑說，第二次世界大戰日本進軍南洋群島，把一些臺灣歌謠改編成日語來唱，其中幾首變成皇軍的軍歌，除了月夜愁，還有雨夜花」(224)。

戰後月鸞與林投姐、菊子姑娘——她的另外兩個同命相憐的姊妹——只能留在沙勞越的古晉，以她們的積蓄買下城外鐵道旁樹林中的一間白色小鐵皮屋，由於當地人都知道她們來自臺灣，因此管這間小鐵皮屋叫臺灣寮，她們也只能繼續靠出賣靈肉爲生。小城民風淳樸保守，臺灣寮竟因此變成當地一景，尤其成爲老人慾望窺伺的所在。這些老人「拖著他們那鬼魅般瘦佝佝、黑魆魆的一條條身影，慢慢遛達到臺灣寮」；而在臺灣寮裏，「偶爾你瞥見一條蒼白人影在窗口晃漾，晚風中髮絲飄颺，夕陽斜照下幽靈似地一閃即逝⋯⋯」(228)。這樣的描述正好襯托出戰後的世界一時是如何鬼影杳然、幽暗難明。這個世界到了李永平下一部小說《大河盡頭》的下卷《山》中更形具體。

敘事者跟老人一樣，爲臺灣寮所迷惑，「那三個肌膚皎白、來歷不明的女子⋯⋯就像奧德賽史詩中那群美豔的海上女妖，一聲聲召喚，蠱惑七歲的我，誘引我一步一步身不由主抖簌簌走進她們的世界」(229)。他甚至每天中午下課後帶著飯盒到小鐵皮屋用餐，喝著她們爲他準備的味噌湯。久而久之，街坊鄰里竟

[11] 有關臺灣慰安婦的研究可參考婦女救援基金會，《臺灣慰安婦報告》(臺北：臺灣婦女救援基金會，1999）與朱德蘭，《臺灣慰安婦》(臺北：五南圖書，2009）。有關慰安婦的最新著作可參考 Yuki Tanaka, *Japan's Comfort Women: Sexual Slavery and Prostitution During World War II and the US Occupation* (London and New York: Routledge, 2013)。

傳言他是那三位「來路不明的壞女人合養的私生子」(251)。眼見母親因此而傷心落淚，這一位年僅七歲的小學生在情急之下，向警方告發這幾位善意待他的女人與人通姦。最後三姊妹就以「非法賣淫」的罪名，各被判入獄兩年六個月。「只是月鸞阿姨出獄後，人就變得有點癡呆，看到馬來人就咧嘴嘻笑，像個傻大姊」(253)。

〈望鄉〉之為懺情錄不難理解，此之所以敘事者日後一聽到臺語老歌，「心頭那塊舊瘡疤就會驟然撕裂，潸潸流下鮮血來」(254)。不過李永平想要訴說的顯然不會只是讓敘事者終生懊惱的懺情錄而已，〈望鄉〉更大的目的是在追溯臺灣女子月鸞與其姊妹悲慘命運的根源——這個根源指向日本的殖民統治，以及其後軍國主義者所發動的戰爭。臺灣成為皇軍南進的重要踏板與後勤補給站，包括為皇軍供應慰安婦。她們的命運就像歷史洪流中的無根浮草，只能在不斷的衝激中浮沉漂流。〈望鄉〉裏因此充滿了一聲聲沉痛的控訴，李永平其實是要為這些因戰爭而不幸流落南洋的臺灣女子討取公道，為她們清理日漸蒙塵的戰爭記憶，再一次讓世人了解她們所蒙受的屈辱。

三

李永平分別在二〇〇八年與二〇一〇年出版月河三部曲的第二部《大河盡頭》上、下卷。《雨雪霏霏》中的敘事者永已經告別童年，成長為十五歲的少年。《大河盡頭》所敘述的是少年永在十五歲那年夏天，到西婆羅洲的坤甸探望他所謂的洋人姑媽克莉絲汀娜・馬利亞・房龍，而意外地開展了一趟詭譎、奇特的大河之旅的經過。此時在《雨雪霏霏》為朱鴒講故事的壯年教授已經移居花蓮奇萊山下，任教於國立東華大學，而且事隔三年，朱鴒也已經在新店溪「黑水潭底幽錮三年」，敘事者對朱鴒呼告，向她招魂，要跟她講述那一年他的溯河之旅。他在《大河盡頭(上卷):溯流》的〈序曲：花東縱谷〉中，這樣告訴朱鴒說:「就在克莉絲汀娜・房龍小姐帶領下，我跟隨一群陌生的白人男女，乘坐達雅克人的長舟，沿著卡布雅斯河一路逆流而上，穿透層層雨林，航行一千一百公里進入婆羅洲的心臟。[12]

這一趟溯河之旅發生在那一年的八月，也就是陰曆的七月，因此也是鬼月之

---

[12] 李永平，《大河盡頭(上卷):溯流》(臺北：麥田出版，2008)，頁 32-33。

旅。李永平爲《大河盡頭（下卷）：山》寫了一篇長序，其中有一段文字描述這趟旅程與他筆下之旅之間的親和關係：「成堆成捆的鬼月叢林意象，決堤般，衝著我洶湧而來，有如婆羅洲深山中眾鳥唼喋群獸喧嘩，登時充塞我一腦子，競相鼓譟，央求我發慈悲心，用我的筆超渡它們，將它們蛻化成一個個永恆、晶亮的方塊字，讓它們投生在我膝頭舖著的原稿紙上，那棋盤樣的三百個格子中，從此一了百了」。[13] 在這段文字裏，寫作猶如祭祀，如同做法事超渡亡靈，更何況溯流之旅的種種遭遇發生在鬼月，用敘事者的話說，婆羅洲雨林是「滿山燐火睒睒，四處飄竄出沒的山魈樹妖和日軍亡魂」（35）。

關於日軍亡魂的現身經過，《大河盡頭（下卷）：山》八月八日這一天有詳細的記載。《大河盡頭》上、下卷記錄溯河之旅日期全部採用陰曆，唯獨這一章用的是陽曆。一九四五年八月六日，美國在廣島投下第一顆原子彈，九日又在長崎投下另一顆，十五日日皇裕仁宣布日本帝國無條件投降，日本政府終於在九月二日簽署《降伏文書》，大東亞戰爭正式結束。因此在日本現代史上，八月無疑是個意義非比尋常的月份。敘事者借用古晉聖保祿小學校長龐征鴻神父的話說，「八月是日本人最悲慘的季節」。他想起小學畢業到叢林健行時，龐神父告訴他們的話：「陽曆八月正逢陰曆七月，鬼月，鬼門大開，二戰皇軍亡魂揮舞武士刀蠭擁而出，四處飄蕩叢林，遊走婆羅洲各大河流域，探訪每一個伊班部落，在長屋正堂大梁懸吊的一簍一簍髑髏中，尋找他們失落的頭顱。」[14]

八月八日這一天，少年永的大河旅程因一場突如其來的赤道暴雨而中斷，克絲婷（即克莉絲汀娜・馬利亞・房龍）與他折返普勞・普勞村，投宿在一家松園旅館。這家旅館「原本是二戰日本軍官俱樂部，有個風雅的名字叫『二本松別莊』，當年乃是婆羅洲內陸一個豔名遠播，極風流，極羅曼蒂克，夜夜燈紅酒綠笙歌不輟的所在」（239）。當年俱樂部取名二本松別莊是因爲其中央庭院內栽種著兩棵日本松。這兩棵老松「猥猥崽崽縮頭縮腦，倒像一對傴僂著枯瘦身子踽躅在市町一隅，瞇眼偷看路過女人的東瀛老翁」；又像「一雙……孿生老兄弟，分頭佇立庭院的東西兩端，笑咪咪相對打躬作揖」（240）。這樣的描述對比強烈，無論如何，這兩棵老松經敘事者擬人化之後，整個旅館的日本庭園也因此增添了不少幽

[13] 李永平，〈問朱鴒：緣是何物？——大河之旅，中途寄語〉，見《大河盡頭（下卷）：山》（臺北：麥田出版，2010），頁 35。
[14] 李永平，《大河盡頭（下卷）：山》（臺北：麥田出版，2010），頁 243。以下引自《大河盡頭（下卷）：山》的文字僅在引文後附加頁碼，不另加註。

秘、詭異的氣氛。

午後的松園旅館／二本松別莊空寂無人，少年永身著白底藍花和式浴袍，百無聊賴，於是取出航程中肯雅族獵頭勇士彭古魯・伊波贈與他的一把日本短刀來把玩鑑賞。刀上刻有四個宋體漢字：秘刀信國。據說這是太平洋戰爭結束時彭古魯・伊波自一位日本軍官身上取得之物。他炫耀說：「此刀是我的戰利品」（245）。永仔細端詳這把呎許長的日本古刀，他發現，「刀刃兩面各鐫有一道溝槽（術語叫血溝），映著庭院中的天光和水光，碧燐燐閃爍著一蓬子硃砂似的血色」（246）。可見這把短刀曾經見血。就在邊把玩短刀，邊冥想的當兒，少年永著魔般神馳物外，「不知不覺就端正起坐姿，掀開浴袍襟口，雙手握刀，闔上眼睛猛一咬牙便舉刀往自己左腹刺下」（248）。此時忽聞一聲「八嘎」，永才驚醒過來，四周圍卻空無人影，他只聽到「客舍幽深處傳出三味線清雅的絃聲。有個女人在彈三絃琴，咿咿唔唔，夢囈似地唱著一支淒涼、渾厚、古老的扶桑曲」（249）。緊接著，我們看到李永平的怪談筆法，繪聲繪影，狀寫恍神中的少年永如何經歷松園旅館／二本松別莊的悲歡歲月：

> 我身披東洋浴袍腰插日本短刀，悠悠晃晃，獨自浪遊在這座大和迷宮，探頭探腦，走過一間間紙門緊閉，屋中影影簇簇，好似聚集著一群賓客的榻榻米廂房。跫跫，腳下的回音越來越清晰、嘹亮。霎時間我好像聽見幾十、幾百雙軍靴聲，從甬道兩旁各個房間中一齊綻起，四面八方雜雜沓沓，混響成一片，彷彿一群奉命出征的軍人，赴死前夕，悲壯地聚集在二本松別莊皇軍軍官俱樂部，飲讌歌舞狂歡達旦。（250）

這段文字波譎雲詭，似幻似真，爲我們找回松園旅館／二本松別莊的戰時記憶。這些皇軍軍官死未安息，魂牽夢縈，彷彿世事未了，心有未甘，尙且懸念著當年的征戰歲月。他們的三魂七魄顯然尙待安頓，而在讌飲狂歡中仍不免潛伏著腥風血雨，這是李永平的怪談筆法饒富批判性的地方。

少年永後來在空蕩蕩的大廳發現一排屏風，上面畫著日本史上有名的「源平壇之浦合戰」全景圖，[15] 頂頭橫梁上懸掛著一塊巨匾，上題「二本松芳苑」五個大字，「筆走龍蛇，雷霆萬鈞中挾著一股令人冷澈骨髓的肅殺之氣」（251），落

[15] 壇之浦爲今日山口縣關市周邊之海域，而壇之浦合戰指的是平安末期源氏與平家兩大家族最後的決戰，時在一一八五年四月二十五日。小泉八雲有一則怪談題爲〈無耳芳一〉，寫的就是壇之浦合戰後平家悉數犧牲的亡魂在壇之浦海域及其沿海一帶飄蕩流竄的故事。

款竟是令英軍喪膽的日本南征大將、被稱為「馬來亞之虎」的山下奉文。屏風前刀架上有一把武士刀，刀身上以變體小篆鐫刻著「妖刀村正」四個古字。永轉身背向屏風，跪坐地板上，並且抽刀出鞘。此時他驀然「覺得心旌搖蕩，魂飛冥冥，整個人陷入恍惚迷離的狀態中」(253)。房舍外雷聲轟隆，暴雨大作，他彷如神魔附身，恍然只見「無數飄蕩叢林中的無頭日軍亡魂，這會兒，紛紛趕回二本松別莊避雨。袍澤故友，三五成群，重聚在大廳周遭各個榻榻米房間，敘舊，打探家鄉消息。不知誰帶著，幾百條剛硬的嗓子驀地一齊放悲聲，嘶啞地、呢呢喃喃哽哽噎噎地，唱起了軍歌來」(253)。儘管風雨交加，可是當時畢竟是白晝天光，無頭日軍亡魂照樣選在這鬼月重返二本松別莊。倏忽間，永看見廳堂門口有一條影子閃過，然後悄沒聲響地佇立在他跟前五呎之處：

無頭影子。胸膛上方兩片紅色領章中間，突兀地聳出一株光禿頭脖。頗魁梧結實的一條軀幹，胸膛鼓鼓，光鮮地穿著一件赭黃色皇軍將佐制服，肩上三朵梅花，熠亮熠亮。莫非他就是這把刀的主人村正大佐，當年，終戰時，在這間廳堂中使用短刀自裁。當他整肅儀容，跪坐在地板上，伸長脖子傾身向前準備取刀切腹之際，被站在他身後擔當「介錯」（斬首人）的部屬，猛一揮長刀，砍下頭顱。如今，多年後不知因何緣由，他拖著無頭的身軀，冒著叢林大雨回到二本松別莊。莫不是前來尋找他失蹤的首級？（254）

不僅如此，那群身穿皇軍制服的無頭影子似乎跟定了永。「只見幾百株蒼白的無頭頸脖，一根根，春筍似的，從那濕淋淋不住滴答的一堆米黃軍服中，倏地冒出來，窸窣窸窣不住聳動，霎時，擠滿二本松別莊整條空蕩蕩的長廊」(258)。

這些在暴雨中回到老巢的日軍亡魂最後因一尊白衣飄飄的觀世音菩薩像而終告隱去。故事雖然仍有發展，但是無頭亡魂現身的情節寓意已經相當清楚。這些亡魂都是因日本戰敗而切腹殉國，戰後二十年來，亡魂在婆羅洲內陸叢林中飄飄蕩蕩，尋找自己的頭顱，怨念深積，陰魂不散，死後猶不得安寧。八月八日這一天適逢鬼月，叢林雷雨交加，亡靈在村正國信大佐引領之下，回到當年眾多袍澤把酒餐敘的二本松別莊，悲聲高唱軍歌。李永平當然不會滿足於書寫一則驚心動魄的鬼故事而已。這些流落異鄉的亡靈雖然為國犧牲，然而似乎心有未甘，尋尋覓覓，卻未見有人為他們安靈。亡魂現身，彷如被壓抑者的復返（the return of the repressed)，要喚醒被壓制的戰爭記憶，有人希望別再提起，敘事者——或者

小說家李永平——偏偏要提起，這裏其實隱含記憶的政治。召喚記憶，清理記憶，目的在拒絕遺忘，在安頓過去，爲過去尋找適當的位置。歷史的鬼魅晃蕩明滅，假如未妥爲安魂，這些鬼魅會不時魂兮歸來，蠱惑人心。這些亡魂的故事提醒我們誠實面對歷史的重要性。

四

本文討論了李永平幾部小說中的戰爭記憶，這些記憶涉及日本侵華戰爭或太平洋戰爭，不論是南京大屠殺、慰安婦，或者無頭皇軍軍官的遭遇，這些記憶無疑都與日本軍國主義有關。李永平對軍國主義的批判其理自明。這些慘劇不論發生在受害者或是加害者身上，都是人類的悲劇。此外這些慘劇牽連甚廣，在空間上連接了日本、中國、臺灣及南洋，波及大部分的亞洲地區；而在空間上，從戰時到戰後，綿延數十年，許多歷史問題至今尚未獲得解決。

李永平的終極關懷其實也是歷史問題。他以其獨特的角度，調動文字，一再召喚漸被蒙塵的戰爭記憶，逼迫世人不可忘記，要爲戰爭中的冤靈招魂，爲那些受屈辱者申冤，抗議。他透過小說讓歷史的鬼魅一再降臨，竟意外地以文學處理了歷史迄今尚未解決的問題。

——二〇一五年四月二日

〔作者現任臺灣中央研究院歐美研究所特聘研究員〕

Photographic Violence, Poetic Redemption—
Reading Wing Tek Lum's *The Nanjing Massacre: Poems*[*]

單德興

> Such images cannot be more than an invitation to pay attention, to reflect, to learn, to examine the rationalizations for mass suffering offered by established powers.
>
> —Susan Sontag

> I have no wish to soften the saying that to write lyric poetry after Auschwitz is barbaric; it expresses in negative form the impulse which inspires committed literature.
>
> —Theodor W. Adorno

> War demands the writer's best skills at evocation, not least because of duties owed to the wounded and the dead.
>
> —Kate McLoughlin

In comparison with the Holocaust, the Nanjing Massacre, committed by the Japanese army in December 1937, has been neglected by people in general and evaded by the Japanese government in particular. For instance, so far as war literature is concerned, *The Cambridge Companion to War Writing* does not mention the Nanjing Massacre at all, whereas *The Cambridge Companion to the Literature of World War II* includes that Massacre in its chronology (xiii) without pursuing it any further in various chapters. In *Regarding the Pain of Others*, an investigation into how we see the suffering of others, Susan Sontag mentions "the Japanese onslaught in China, notably the massacre of nearly four hundred thousand, and the rape of eighty thousand, Chinese in December 1937, the so-called Rape of Nanking" as one of the

[*]This is an expanded version of my paper published in 현대영미소설 (*Studies in Modern Fiction*), 21.1 (April 2014): 107-32. I would like to express my sincere thanks to Prof. So-Hee Lee for inviting me to give an oral presentation at the Conference on Current Asian American Studies in East Asia in Gwangju, Korea. September 13-15, 2013and Prof. Gayle Sato for her valuable comments on my presentation. Special thanks go to Wing Tek Lum for keeping me informed of the progress of *The Nanjing Massacre: Poems* all these years, answering my questions via emails or in person, and reading and commenting on the previous version of this paper. I would also like to thank three anonymous reviewers for their comments.

"memories that few have cared to claim" (Sontag, *Regarding* 76).[1] Moreover, the Japanese government's continual denial of the catastrophe for more than seven decades has often been contrasted unfavorably with the German government's attitude towards the Holocaust. As Aarn Lazare writes in *On Apology*, "Japan, unlike Germany, has been reluctant to express apologies for various war atrocities its armies committed before and during World War II. These include the Nanking massacre, the surprise attack on Pearl Harbor, unnecessary cruelty to prisoners of war of Western nations, and the use of sex slaves from Asian nations" (199).[2] In fact, this attitude also does harm to Japan, because it not only missed but is still missing "an opportunity to redefine itself as part of a global community," if we may borrow Judith Butler's observation on another occasion (Butler, *Precarious* xi). And her remarks on the recognition of vulnerability, which is common to all human beings, as well as the relationality and interdependence between self and other, allow us to look more deeply into the atrocities committed (*Precarious* xii-xiii, 28-31).[3]

---

[1] In his foreword to *Eyewitnesses to Massacre: American Missionaries Bear Witness to Japanese Atrocities in Nanjing*, Donald MacInnis writes, "Estimates of soldiers and noncombatants killed range from 260,000 to 350,000—more than the combined death toll of both the atomic bombs dropped on Japan (140,000 and 70,000). An estimated 20,000 to 80,000 Chinese women were raped, and many of them were killed" (ix-x). Moreover, in his introduction to *Documents on the Rape of Nanking*, Timothy Brook mentions,"The numbers of people killed, injured, and raped are in dispute, and precise figures will probably never be established to everyone's satisfaction. A postwar investigation that the Nanjing District Court completed in April 1946 put the death toll at 295,525 people. Men counted for 76 percent of the victims, women 22 percent, and children 2 percent—although the last were surely the hardest to trace and will always remain sadly undercounted" (2). These numbers are staggering, indeed. But, what do they mean? Here Butler's conceptualization of "numbers" might offer some useful insights: "numbers are a way to frame the losses of war, but this does not mean that we know whether, when, or how numbers count." Whereas "[w]e may know how to count," it is different from "figuring out how and whether a life counts" (*Frames* xx).People have disputed about the exact number of the victims of the Nanking Massacre. And some extremists even use that controversy as a way to deny the very existence of this horrific incident. However, the impossibility of having a consensus on an exact number does not mean that there is no point in finding out who should be held accountable for these crimes. In cases like this, the victimizers have also turned themselves into the victims. For these atrocious acts tarnish the reputation of the Japanese Imperial Army, pose a sharp contrast to the general impression of the Japanese as a polite and decent people, and, more importantly, deprive those executioners of their humanity.

[2] In *The Wages of Guilt: Memories of War in Germany and Japan*, Ian Buruma provides a thought-provoking comparison of the different attitudes of these two former Axis countries toward the war crimes they committed during World War II.

[3] It is interesting to note in passing that Butler's conceptualization of human vulnerability and interdependence reminds us of two important ideas of Buddhism: impermanence and interdependence. Focusing on the global community after September 11, 2001, Butler's idea of vulnerability mainly refers to the precariousness of human lives and the interrelationship and interdependence between self and other (to be more precise, the U.S. and the rest). On the other hand, the Buddhist idea of impermanence means that everything is in the process of changing and becoming (therefore, vulnerable, when interpreted in a somewhat negative light) and the idea of

However, if the crimes committed and the trauma inflicted are not sufficiently recognized and properly dealt with, it would be impossible for the people concerned to put the past to rest and look forward to a more peaceful and harmonious future. That is why Iris Chang (張純如) significantly subtitled her famous *The Rape of Nanking*, "The Forgotten Holocaust of World War II," not only because of the Japanese government's relentless denial, but also because the world seems to have forgotten that horrific event.[4]In his foreword to *The Rape of Nanking: An Undeniable History in Photographs* edited by Young Shi (史詠) and James Yin (尹集鈞), the Archbishop Desmond M. Tutu of South Africa and the Nobel Peace Prize Laureate remarks, "To sweep under the carpet the atrocities which occurred in Nanking in 1937-38 and turn a blind eye to the truth is at best a gross disservice to future generations and at worst to be criminally negligent and irresponsible" (ix).

Iris Chang heard her parents talking about the Nanjing Massacre when she was a child and later decided to write a book about it. The very first paragraph of her introduction to *The Rape of Nanking* reads, "The chronicle of humankind's cruelty to fellow humans is a long and sorry tale. But it is true that even in such horror tales there are degrees of ruthlessness, then few atrocities in world history compare in intensity and scale to the Rape of Nanking during World War II" (3).Humbly saying that her book "provides only the barest summary of the cruel and barbaric acts committed by the Japanese in the city," she states that its aim is "to understand the event so that lessons can be learned and warnings sounded" (4-5). We may further philosophize her act of writing as an act of recognizing and fighting against "[t]he derealization of loss—the insensitivity to human suffering and death," which will further lead to "dehumanization" (Butler, *Precarious* 148).

The Rape of Nanking did catch the attention of a number of readers, among them Chinese American writers Wing Tek Lum and Ha Jin, for the Nanjing Massacre has been a collective trauma for the Chinese people for decades. As Trauma Studies experts, such as Cathy Caruth and Dominick LaCapra, tell us, trauma is characterized by "belatedness and incomprehensibility."[5] While the historical documents have

---

interdependence refers to the realization that everything is related to and dependent upon each other.

4 For a detailed account of the writing and publication of *The Rape of Nanking* and the untimely death of the author, see *The Woman Who Could Not Forget: Iris Chang Before and Beyond* The Rape of Nanking—*A Memoir* by Ying-Ying Chang, Iris Chang's mother.

5 For instance, in *Unclaimed Experience: Trauma, Narrative, and History*, Caruth calls our attention to these two characteristics by arguing, "The repetitions of the traumatic event . . . suggest a larger relation to the event that extends beyond what can simply be seen or what can be known, and is inextricably tied up with the belatedness and incomprehensibility that remain at the heart of this repetitive seeing" (92). In *Writing History, Writing Trauma*, LaCapra expresses a similar observation, "Trauma is a disruptive experience that disarticulates the self and creates holes in existence; it has belated effects that are controlled only with difficulty and perhaps never fully mastered" (41).

reminded people of the trauma known as the Nanjing Massacre, it has taken decades for it to be written out as a piece of literature and to gain wide attention. According to LaCapra's concept of "writing trauma," "[i]t involves processes of acting out, working over, and to some extent working through in analyzing and 'giving voice' to the past—processes of coming to terms with traumatic 'experiences,' limit events, and their symptomatic effects that achieve articulation in different combinations and hybridized forms" (LaCapra 186).

As a first-generation writer who decided to stay in the U.S. after the Tiananmen Massacre, Jin admits that Iris Chang's book, along with Minnie Vautrin's diaries, was among the important references and documents he read about that historical incident.[6] All these provided inspiration and materials for his historical novel *Nanjing Requiem.*[7]Similarly, Lum, a third-generation Chinese American poet in Hawaii, was so shocked and angered by the Japanese atrocities against Chinese soldiers and civilians, men and women, elders and infants alike, that he set out to gather materials about this horrible incident and wrote more than one hundred poems on the subject over fifteen years ever since 1997.[8]The publication of *The Nanjing Massacre: Poems*

[6]An American missionary and educator, Vautrin was the Acting President of Ginling College(金陵女子文理學院) in Nanjing during the Sino-Japanese War. She turned this girls' college into a refugee camp to protect ten thousand women and children from the brutal violence of Japanese soldiers. In addition, she kept diaries and other documents which served as eyewitness reports to one of the most atrocious wars in human history.

[7]For a discussion of Jin's *Nanjing Requiem*, published in 2011, see my paper "Sublimating History into Literature: Reading Ha Jin's *Nanjing Requiem*." In answering the questions "Why 'requiem' and for whom is it a requiem?" (Shan 30), I argue that "[i]n writing this novel Jin attempts at least four tasks: (1) to write out the old trauma, the Nanjing Massacre, by making its victims grievable, representable, and memorable, (2) to do justice to Vautrin, the long-forgotten 'Goddess of Mercy' of Nanjing, (3) to cure the author of his 'heart disease' [his obsession with writing this novel], and (4) to enable people to confront this tragic incident. With *Nanjing Requiem*, Jin brings life back to Vautrin, who exemplified both the Jinling motto 'Abundant Life' (140) and 'The Christian Duties in the Time of War' (273). Moreover, in his act of writing, Jin demonstrates his 'ethical outrage' through an artistic endeavor to represent those victims who have been mostly 'unnameable and ungrievable' (Butler, *Precarious* 150). In short, he strives to 'become ethically responsive' by 'consider[ing] and attend[ing] to the suffering of others' (Butler, *Frames* 63) through his narrative intervention" (Shan 32).

[8] In his email to me dated April 1, 2014, Lumhas this to say about Iris Chang's book: "It was the initial inspiration and has always served me as a general resource."Inspired by Iris Chang's work, Lum wrote his first poem on this subject, "Nanjing, December, 1937," and sent it to Iris Chang after its publication "in appreciation for her writing her book."The poet remarks in his email, "As far as specific inspiration for specific poems, besides 'Nanjing, December, 1937,' Iris' book was also the source material for 'In the Darkroom' (pages 79-81) and 'They Were Markers' (pages 108-10) (as I acknowledge on pages 227 and 229, respectively)."In addition to these direct influences, there are also indirect ones, for "Iris is credited as re-discovering John Rabe's book. If it were not for her, Rabe's diary would never have been translated into English and published here, and therefore I would not have had the inspiration to write two poems (pages 159 and 160 ["A Pot of Rice Gruel" and "The Scavenger"]) based on specific diary entries of his (as I acknowledge on page 231)." In fact,

in 2012 marks the culmination of the poet's strenuous efforts to represent this historical tragedy from different perspectives, including those of victims and victimizers, the living and the dead.[9] By choosing to represent these unbearable atrocities, Lum tries his best not only to expose this human tragedy through his poetic art, but also to creatively and critically intervene by reinscribing war and reclaiming memories so as to fulfill what Edward W.Said says about "the special symbolic role . . . as an intellectual testifying to a country's or region's experience, thereby giving that experience a public identity forever inscribed in the global discursive agenda" (127).

The poet's mother visited Nanjing before the tragic incident, then decided to marry the poet's father, a second-generation Chinese American in Hawaii, and left war-torn China behind. This explains Lum's strong sense of personal connection to the Nanjing Massacre, and why he regards himself as a potential survivor. Therefore, this collection of poems can be read as the postmemory of "the forgotten holocaust" of the Chinese people in Nanjing during World War II, penned by a third-generation Chinese American poet in Hawaii sixty years later.[10] The main body is divided into five parts, not including the Dedication, Epilogue, and Notes at the end of the book. Over fifteen years of writing, the structure of the volume underwent some changes. In a 2013 interview with me after the publication of this long-term endeavor, Lum responded thus to a question about the basic structure of this collection:

> Part One basically sets the scene and describes some of the fighting between soldiers. Part Two has to do with the capture of the city and what happened to many of the persons as a whole. Part Three deals with what happened to many of the women, not only in the first six weeks of the massacre itself,

---

we also find "'I Am Not Dead' [pp. 47-48] was inspired by an observation found in John Rabe's diary entry for January 22, 1938" (226) and "Our Mission" (116-18) was inspired by the poet's visit to "Rabe's home in Nanjing in 2009" (229). Rabe was the representative of the Nanjing office of Siemens and a member of the Nazi Party, who, by helping establish the Nanking Safety Zone with a group of courageous and humanitarian foreigners, sheltered about 200,000 refugees.

9 As mentioned earlier, another writer inspired by Iris Chang's book was Jin, whose *Nanjing Requiem* (2011) also tries to combat amnesia and arrogance by means of literature. In his preface to the Chinese translation of the novel, he remarks significantly: "The Chinese people are forgetful. Many big historical events cannot find corresponding expressions in literature. The Japanese people are different. They wrote literary works such as *Black Rain* after having been attacked by two atomic bombs and won sympathy from the world" (*Nanjing Anhunqu*2).

10 For a detailed discussion of the concept of postmemory, see the first chapter "Mourning and Postmemory" (17-40) of Marianne Hirsch's *Family Frames: Photography, Narrative, and Postmemory*, esp. 22.Gayle Sato succinctly summarizes Hirsh's concept of postmemory as follows: "a form of secondary witnessing of the Holocaust by those who did not directly experience it, in particular the children of survivors, but including more generally anyone who receives a memory of the Holocaust secondhand. Nor is the term 'postmemory' limited to the Holocaust" (214).

but also the comfort women's situation. Part Four concerns how people survived. And Part Five provides more reflections on the whole massacre, the whole event itself.[11]

As a poet and believer in the power of words, Lum pits the pen against the sword in the introductory paragraph to his notes, and stresses the importance of creative writers speaking for the unknown victims of war as an act of "revenge" against the perpetrators and their version of history:

> Too often history is written by those who survive, those who won (the pen then works in service to the sword). The victims of war, especially those who did not survive, seldom have their experiences told. No one knows what happened to them, too often no one cares. Their lives, their sufferings must be recounted to provide a true memorial. It is up to creative writers to imagine the stories of those who have been forgotten, whose existence may have been deliberately erased. These are stories which are perforce fiction, not autobiography, not memoir, yet nonetheless can ring true. In doing so, bearing witness also provides some small measure of revenge against their victors (in this case the pen is taken up in opposition to the sword). (Lum, *Nanjing* 223)

Among the dozens of texts Lum consulted over the years, Shi and Yin's book is listed at the top of his "essential bibliography."[12]As its name *The Rape of Nanking: An Undeniable History in Photographs* indicates, this volume is rich in photographs (totaling more than four hundred), and also includes verbal texts, maps, and statistics. In his preface, Ying-shih Yu (余英時), then a Professor of Chinese History at Princeton University, and later winner of the prestigious John W. Kluge Prize for Achievement in the Study of Humanity, summarizes the historical value of this volume and emphasizes the importance of keeping those bitter memories alive. He

---

[11] The structure of Lum's volume bears some resemblance to *The Rape of Nanking: An Undeniable History in Photographs*, compiled by Shi Young and James Yin: Ch. 2 "The Fall of Nanking," Ch. 3 "The Systematic Massacre of Prisoners of War," Ch. 4 "Killing Methods," Ch. 5 "Brutal Assaults on Women," and Ch. 6 "Arson and Looting."

[12] The other three are: *The Nanjing Massacre*, by Honda Katsuichi (Armonk: M. E. Sharpe, 1999); *The Good Man of Nanking: The Diaries of John Rabe*, edited by Erwin Wickert (New York: Knopf, 1998);and *The Undaunted Women of Nanking, The Wartime Diaries of Minnie Vautrin and TsenShui-fang*[程瑞芳], edited by Hua-ling Hu (胡華玲) and Zhang Lian-hong (張連紅) (Carbondale: Southern Illinois UP, 2010) (Lum, *Nanjing* 223-24).In his email to me dated December 17, 2009, Lum listed twenty-seven "major books" he had read about the Nanjing Massacre at that time. See the appendix for the book list.

concludes: "The Chinese have a tendency to forget their past. May this book awaken their painful memories, and also arouse the collective conscience and historical memory of the citizens of Japan" (xii). Initiated by Iris Chang's narrative history and inspired by Shi and Yin's photographic history, among other sources, Lum's volume of poetry endeavors to achieve the same purpose by way of literary intervention.

In the unusually numerous notes to his collection of one hundred and four poems, Lum specifies that at least twelve poems were inspired by photographs from various sources, including nine from Shi and Yin's volume, and two of those included in *From Shanghai to Shanghai: The War Diary of an Imperial Japanese Army Medical Officer, 1937-1941* by Aso Tetsuo (麻生徹男), who served at several "comfort stations" in China during the Japanese invasion (230). In addition, Lum states that the "Dedication" (13-14) and "Epilogue" (218-20) were inspired both by this horrible incident and photographs found in his mother's family album and college annual.Sontag's statement about photographs concerning the pain and suffering of others is relevant here: "Such images cannot be more than an invitation to pay attention, to reflect, to learn, to examine the rationalizations for mass suffering offered by established powers" (*Regarding* 117). Seldom do we find people taking such an invitation so seriously and producing such an innovative, heart-wrenching, and thought-provoking volume of poems.

This paper aims to discuss Lum's self-proclaimed role as a potential survivor of the Nanjing Massacre by analyzing the photographs that he uses for his poetic creation.A series of questions arise: How does the Chinese Hawaiian poet, availing himself of verbal and visual texts about this twentieth century Chinese trauma, strive to grieve, and to speak, for long-silenced victims? How do these photographs serve to inspire the poet to represent such horrendous war crimes in various ways? How does the poet's moral indignation prompt him to intervene in this tragedy in order to issue a belated call for justice? How do victimizers, in their very acts of victimization, also transform themselves into victims of human cruelty and Japanese militarism? How does the poet attempt to reclaim the Nanjing Massacre and redeem the victims and victimizers alike by way of poetic creation? And, most importantly, how are we to hold the victimizers, and Japanese militarism, accountable for their atrocities so that people might face history squarely and guard against similar future tragedies?

Photos have always held a strong attraction for Lum, and function as a valuable source for his poetic creation, as he remarks in an earlier interview with me in 2009, while the work was still in the midst of its long process of making:

> For some reason, I am very fascinated by photos. Black-and-white photos intrigue me more. So I write something down as I look at them and

they help me to have something to say. Hopefully, my readers can experience what I have been through. I believe that through the particular you find the universal. So I tried my best to be more concrete and specific when describing these pictures because I want to deliver the particular image and give my readers a sense of reality. So it helps when I look at photographs. I can steal those things from them.

In another interview with Jocelyn Richards at Brown University, his alma mater, more than three years later, Lum has more to say about the relationship between photography and his poetic writing:

> . . . when I'm looking at a photograph, very often the photograph is an inspiration for me. I look at it and jot down details about what I see, and then I look at it again, jot more things down, and then look at it again. So I've found inspiration in trying to describe the entirety of a single image. And I think that that has something to do with the wiring of my brain; I can look at something but it has to be fixed in time. So, I think my poems are a description of a slice of time. Again, for prose writers, they're not interested in individual slices of time, but the flow of time and so instead of photographs, they're more interested in film and how there's a beginning, middle, and end in time—which is also known as a plot. I can't come up with plots, so I have a different wiring. (n.p.)

In other words, photography is an important source of inspiration for Lum as a poet. In comparison with his previous collection of poetry, *Expounding the Doubtful Points* (1987), which made use of family albums and focused on his family history, *The Nanjing Massacre: Poems* derives a lot of inspiration from history books. The poet took pains to write numerous notes (223-33) to indicate the sources of various verbal and graphic texts he had accumulated since 1997.A close reading of his notes reveals that the following nine poems are based on the photographs in Shi and Yin's book:[13]

Part One
"Preferential Certificate" (20);

[13] However, Lum's notes only mention the poems based on Shi and Yin's book without specifying page numbers. This paper tries to locate the exact sources of these poems and discuss the relationship between photography and poetry.

Part Two
"New Recruits" (59-60);
"Thrown into the Earth" (61);
"A Perversion" (64-65);
"Pragmatic" (71-72);
"Capricious" (73-74);

Part Three
"In this Pose" (105-07);
"They Were Markers" (108-10);

Epilogue
"A Young Girl in a Cheongsam" (218-20).

Moreover, two poems—"The Chair" (125-26) and "Best Attack" (127)—are based on two pictures and their descriptions in Aso's *From Shanghai to Shanghai.* In addition, "What I Learned from Your College Annual" (13-14) and "This Photograph" (205-07) are also closely connected to photographs.[14]

In "Witnessing Atrocity through Auto-bio-graphy: Wing TekLum's *The Nanjing Massacre: Poems*," which appeared before this collection was formally published, Gayle K. Sato offers a close reading of "A Young Girl in a Cheongsam" and relates that poem to the themes of atrocity, trauma, and "auto-bio-graphy." Aptly interweaving concepts from Hirsch, Sontag, and Butler, Sato argues, "Lum's auto-bio-graphical witnessing re-cognizes precarity (objectification) as precariousness (subjectification), creates a contemplative space for the reader to participate in such a reformulation of filiation and inter-subjectivity across geopolitical and historical borders, and in doing so, enables the writing of a tomb for the unknown civilian that demonstrates the vital role of the literary arts in critical memory work" (211).[15] This paper, on the other hand, tries to pinpoint the photographs which served as sources of inspiration for Lum, and to provide a general analysis of the poems based on photographs, in order to show how the poet appropriates photographs and related

[14] In his email to me dated September 10, 2013, Lum indicates that "This Photograph" is "not based on an actual photograph, but imagines one." The source of his imagination is Leslie C. Chang's collection of poems *Things That No Longer Delight Me*, in which "[s]he writes about her family before and after the war, and makes references to photographs in the poems." To Lum, "there is some irony of my seemingly describing a photograph, but which I as poet have invented." In other words, photographs inspire Chang's poems which, in turn, inspire Lum to re-create a poem about a photograph.

[15] See Sato's article and Lum's "Notes to Gayle Sato" in *Inter-Asia Cultural Studies*.

information for his own literary intervention into this historic tragedy and for the sake of his quest for poetic truth and justice.

A careful reading of the relationship between photography and poetry in *The Nanjing Massacre: Poems* reveals that Lum mainly adopts the following writing strategies to transform photographs into poems: literal translation, direct descriptions of objects, representing general atrocities, and representing assaults and insults on women.

1. Literal Translation

PREFERENTIAL CERTIFICATE

(We absolutely will not kill
anyone who surrenders.)

Any soldier of the Chinese army
not interested in the war of resistance
and who holds up a white flag
or raises both hands
carrying this certificate
may come forward to surrender
and pay allegiance to the Japanese army.
This the Japanese army will affirm,
and will provide full provisions
and offer suitable jobs
as expressions of our preferential treatment.
Intelligent soldiers, why not come?

The Japanese Military Command (20)

In his note to this poem, Lum admits frankly that it is "a found poem, a translation of a flyer found in Yin and Shi" (225). A comparison of this poem with the picture of the original flyer "distributed from Japanese planes" in Shi and Yin's book (33) proves that this is indeed a literal translation of the flyer which was used as part of the psychological war campaign to undermine the morale of Chinese soldiers.[16] In

[16] The flyer in its original format is as follows:
優待憑證（絕對不殺投誠者）

the whole collection, this is closest and most faithful to the original source, except that the poet divides the message into lines and, thus, gives it the appearance of English free verse. It seems that confronted with such a powerful historical document, the poet could find no better means of representation than a word-for-word translation. Therefore, the originality of this poem, paradoxically, lies in its "unoriginality." At the other end of the spectrum of Lum's various representations of the Nanjing Massacre are poems such as "The Chinese Violin" (183-87), in which the poet confesses to exercising poetic license and inventing an event in order to illustrate the cruelty and absurdity human beings are capable of inflicting on one another. This indicates that while adhering to the basic facts of that horrendous event, Lum, as a poet, considers himself entitled to exercise his imagination and produce works of invention and fiction.

2. Direct Descriptions of Objects

If the most faithful representation of the photograph is a literal translation, the next in order is the direct description of objects. This can be seen in "The Chair" (125-26) and "Best Attack" (127), both based on photographs and verbal descriptions in the wartime diary of Aso, a medical officer serving in several "comfort stations" in China during the invasion of the imperial Japanese army. "The Chair" is a description of the "gynecological examination table" (Aso 74), designed by none other than the military doctor himself, for a quick and efficient examination of sex slaves known as "comfort women." Aso's diary contains many photographs and illustrations, and provides strong evidence of the existence of the sexual crimes that have been glossed over not only by the Japanese government, but also by the supposedly independent Japanese judicial system. "Best Attack" was, ironically, one of the top brands of condoms produced back in Japan, and included among "items of standard military supply" (Aso 70), as noted by the poet in the epigraph of the poem. The brand name not only is replete with military imagery, but also carries powerful sexual overtones, and thus a weird combination of militarism and sexism.

Written from the point of view of the military doctor-cum-designer, "The Chair"

凡華軍士兵，無意抗戰，樹起白旗，
或高舉兩手，攜帶本憑證，前來投誠
歸順日軍者，日軍對此，必予以充分
給與，且代謀適當職務，必示優待，
聰明士兵，盍興乎來！

日本軍司令

and "Best Attack" attempt to reproduce the doctor's tone, and both end on a patriotic note. "The Chair" culminates with a sense of the pride of the person, who though not "on the front lines," still contributed to the Japanese military aggression for "doing my part / to make sure / that those of us who were / were up to / their full fighting strength" (126).On the other hand, the final lines of "Best Attack" look back to the home country of the invaders: "homeland factories are patriotic / rubbers display their zeal / they imprint on each a battle cry / one top brand is *Best Attack*" (127).

However, this presents only one side of the story. The other side is to be told from the perspective of the victims. In the next poem "Wonder," the poet creates a scene in which the Chinese female victims of Japanese sexual assaults wonder whether the "demon / women who / work in / the rubber / factories back / in their / homeland" (128) know anything about the nature of their work. Read together, these three poems represent two sides of these wartime stories. They constitute a poetic attack on Japanese military expansionism, and an indictment of those who contributed directly or indirectly to war crimes committed by the fighting troops "on the front lines," by the medical officers in the "comfort stations" in China, or the female workers in the rubber factories back in the Japanese homeland. All these Japanese people, military or civilian, also fell victim to Japanese militarism.

3. Representing General Atrocities

In the notes to Part Two, Lum specifies five poems, primarily about the atrocities inflicted on male victims, derived from the photographs in Shi and Yin's book. These appear to manifest strongly Sontag's observation that "[p]hotography is the inventory of mortality" (*On* 70).Curiously, "New Recruits" (59-60) is narrated from the point of view of a Chinese male tied to a pole so that Japanese new recruits can practice their skills with the bayonet.[17]Laughed at by his comrades, the new recruit in the poem tries to prove his courage, whereas the poor victim does what he can to "resist" (59) and "beg for mercy" (60), albeit in vain. At the end of the poem, the victim loses his life, and the new recruit, his humanity, for "the death of my life / now woven into / his new life of death" (60).

"Thrown into the Earth" (61) adopts an impersonal, omnipresent perspective to depict the various stages of the physical suffering of those buried alive, concluding: "the soul / no escape" (61).As Shi and Yin remark in their book, "Burying people alive was the Japanese troops' way of massacring large groups of people and

[17] Related pictures can be found in Shi and Yin 63, 107, and 134-36.

terrorizing onlookers. This method of killing is slow and excruciating" (144).[18] While this poem provides a step-by-step description of the "slow and excruciating" deaths of those buried alive, "Pragmatic" (71-72) and "Capricious" (73-74) enumerate many other incredibly brutal acts committed by Japanese troops looking to dispose of their victims, efficiently and "pragmatically," or "capriciously".[19]The same writing method is apparent in "Nanjing, December, 1937" (92), the first poem composed by Lum after he encountered Chang's *The Rape of Nanking* in 1997.All these seemingly objective descriptions of various killing methods are attempts to reestablish historical sites/sights, and to demonstrate how inhuman and "resourceful" people can be when it comes to depriving fellow human beings of their lives.

Based on two pictures of the same execution scene, "taken just a split-second apart" (Shi and Yin 116-17), "A Perversion" (64-65) presents a dramatic scene in which the executioner, a Japanese captain, is compared to a director eagerly setting the stage for a beheading, arranging a group of his subordinates to witness his power, and requesting that the act be captured by "a battery of cameras" (64).The narrator is one of the executioner's on-looking subordinates who refers to his captain, in great disgust, as "[t]his fanatic" (64) and "[t]his pompous fool" (65).For instead of fighting his enemy face-to-face in the battlefield "with a drawn sword," or "*hakuhisen*," he cuts off the heads of POWs "starving and without weapons" (65) simply to satisfy his vanity. At the end of the poem, the narrator contemplates the possible consequences of such an absurd and atrocious act: "This is a perversion of the warrior spirit, / and we will be the ones / who will lose our heads for it" (65).

Taken together, these five poems embody efforts to represent atrocities committed by the Japanese imperial army from different perspectives. While "Pragmatic" and "Capricious" provide a catalogue or inventory of various ways of tormenting and killing Chinese victims, "New Recruits," "Thrown into the Earth," and "A Perversion" offer detailed descriptions of particular incidents to demonstrate the cruelty of the invaders who, through their bestial behavior, not only murdered their victims in cold blood, but surrendered their own morality and humanity, and their lives as well, in time.

4. Representing Assaults on and Insults to Women

"The Rape of Nanking" was so named both because Nanking was feminized as

---

[18] Related pictures can be found in Shi and Yin 144-47.

[19] In his lecture given at National Sun Yat-sen University in 2006, Lum thus commented on the poem "Pragmatic": " . . . a catalog of some of the more egregious incidents, from a number of sources, all somehow revolving around how pragmatic the Japanese invaders were" ("Writing").

an object of sexual attack, and because of the many assaults and insults inflicted on women there. Among all of the photograph-based poems in this collection, "In this Pose" (105-07) is probably one of the thickest descriptions, as it were.[20] This 76-line poem is divided into six stanzas, in which the poet's pen functions like a camera describing the poses of the bodies of three near-naked women, clad only in shawls and shoes. The camera focuses on the three women under the sun from a distance; two of them face the camera, while only the lower half of the third is visible, on the left. The perspective draws closer, focusing on their shawls and their shoes: the only covering they have. A more elaborate picture unfolds as the camera provides close-ups of different parts of their exposed bodies. To the poet, this pose, with its "sense of nonchalance" (105), shows that these women are "without regard for any shame / for they are beyond such *pornographic violence*" (106, emphasis added). However, the poet's specification of the time and place of the picture—"it is 1937, and in Nanjing, China" (106)—strongly suggests that this is not the case, unless something extraordinary has happened to these Chinese women of the 1930s. Luckily or unluckily, "they are still indeed alive" (107), at least for the time being. For they have no idea whether they would be disposed of by the cameraman after "he had captured them in this one last souvenir" (107).

Further contemplation reveals that at least four kinds of violence might be involved. The very expression "pornographic violence" (106) expresses the poet's accusation against the cameraman whose head protrudes as a shadow "at the bottom of the photograph, / a ghost, a demon on the ground" (107). In other words, this "pornographic violence" is recorded by means of another kind of violence—"photographic violence" of the cameraman in the foreground. The hidden photographer's next act of violence might be to murder these women after he has taken what he wants for his vainglorious moment—a situation not unlike that of the captain in "A Perversion." And the dark shadow right in front of the three naked female bodies represents the demonic presence of the victimizer-cum-photographer. Furthermore, all these kinds of violence are the result of the military violence of the Japanese aggression in the first place.

More incredible acts of violence and insult are to be seen in the immediately following poem—"They Were Markers" (108-10).If "In this Pose" is a detailed description of a single photo, "They Were Markers" is a combination of materials from several verbal and visual sources (229).[21] The pithy epigraph of the poem reads:

---

[20] See Shi and Yin 166.

[21] In addition to mentioning Chang, Honda, Shi and Yin, Lum also refers to Susan Brownmiller's *Against Our Will* (New York: Fawcett, 1975) and M. J. Thurman and Christine A. Sherman's *War Crimes: Japan's World War II Atrocities* (Paducah: Turner, 2001) (Lum, *Nanjing* 229).

"Extravagant defilements," which, according to Lum, is "a euphemism" (108) and understatement. The whole poem describes how the female victims of a variety of forms of violence are not left in peace even after death. For in the wake of "mass rape" and "mass murder" and against orders to "leave no evidence" (108), Japanese soldiers deliberately left a number of "markers, a / staking of / territory" (109) by mutilating the dead female bodies so as to keep "the / obscenity of / being defiled forever" (110). In other words, "this / intimate violation" (109-10) and posthumous insult are another form of rape, and constitute undeniable evidence of "the further desecration of women who were raped and then murdered" (229). Drawing inspiration from a number of sources, Lum brings the victims "back to life," as it were, and uses his poet's pen to record the war crimes committed against them.

Lum's vivid representation of these photographs might remind people of ekphrasis, which is both "the name of a minor and rather obscure literary genre (poems which describe works of visual art) and of a more general topic (the verbal representation of visual representation)" (Mitchell 152). Be that as it may, what distinguishes Lum's work from the ordinary ekphrastic poetry is that his are verbal representations based on photographic representations of a horrendous historical tragedy, rather than on a still objector visual art. Moreover, even in his most faithful verbal representation, such as "The Chair" and "In This Pose," the poet adds other elements or voices, such as the Japanese military doctor's self-congratulatory voice in the former and the poet's critical voice of the soldier/cameraman in the latter, and, by so doing, demonstrates his creativity and literary intervention. Last but not least, by his verbal representations of those photographic representations, the poet tries his best to "speak" ("phrasis") "out" ("ek") for those silenced victims of the Nanjing Massacre more than sixty years ago.

Instead of looking at and contemplating these photos of atrocities from afar, the poet feels a sense of connection with the victims of crimes committed more than half a century ago. One of the reasons for this is that the poet's mother once visited Nanjing before the massacre and decided to leave China for Hawaii in 1934. Both the dedication, "What I Learned from Your College Annual" (13-14), and the epilogue, "A Young Girl in a Cheongsam" (218-20), are inspired by photos—the former from the pictures in the college annual of his mother, who was "[t]he social star of 1929" (13), and the latter, a photo from Shi and Yin's book of a young girl who, like the poet's mother, also wore a cheongsam, and yet was forced to expose her private parts to be photographed (Shi and Yin 175).

In *Expounding the Doubtful Points*, the poet deals with his family history, and that of the Chinese Hawaiian community, among others. In my opinion, as the dedication to *The Nanjing Massacre: Poems*, "What I Learned from Your College

Annual" provides a transition between family history and national history.[22] The association between his mother and the young girl in a cheongsam prompts Lum to imagine "My mother had she stayed / would likely have met / the same indiscriminate fate. And when I look at the photograph / there is a special sorrow" (220). This strong association of the girl in the photo with his mother causes the poet to recognize "my blood existence as mere whim" (220) at the end of the poem. It is this kind of postmemory of the potential survivors of the massacre, together with moral indignation and humanitarian concern, that compels the poet to confront and write about one of the most tragic, and yet often neglected, incidents of the twentieth century.

The Nanjing Massacre: Poems represents the poet's efforts to speak for the eternally silenced victims of long-denied crimes, and to obtain for them a degree of truth and justice by applying his poetic skills to a number of verbal and visual texts. As such, Lum faces three severe challenges: grievability, representability, and accountability.[23] As a potential survivor of the Nanjing Massacre, he strives to bring this tragic incident to the world's attention, and to make the victims worthy of compassion and, thus, grievable. As a poet, he attempts to represent what he has learned from different verbal and visual materials by means of the genre he is most familiar with so as to give voice to the victims via his literary intervention. In so doing, he endeavors to hold the victimizers, and Japanese expansionism and militarism, accountable for what they inflicted on hundreds and thousands of victims, male and female, young and old, in Nanjing more than seventy years ago—crimes as yet not officially recognized, let alone earnestly apologized for by the Japanese government.

In the foreword to Shi and Yin's book, Archbishop Tutu shares his experience, "However terrible, we must not be sheltered from the evils of our past. If we attempt to forget and try to believe that human nature is good all of the time we will bitterly regret our amnesia, for our past will come to haunt us" (ix).Seen in this light, Lum's poetry is an exemplary example of a poet's conscientious fight against negligence, forgetfulness, and arrogance. In 1949, Theodor W. Adorno famously said, "To write poetry after Auschwitz is barbaric" ("Cultural" 34). Years later, he said something more concerning this famous statement, and hinted at the significance of committed literature, "I have no wish to soften the saying that to write lyric poetry after

---

[22] Sato offers a brilliant discussion of Lum's Honolulu poems, Nanjing poems, and their relationship (see 213-16, 216-20, and 220-23, respectively).

[23] For detailed discussions of grievability, see Butler, esp. *Frames* 14-15, 22-31 and 38-43.Butler puts it succinctly: "grievability is a presupposition for the life that matters" (*Frames*14). In other words, it is to treat a life as a life and to respect and cherish it accordingly.

Auschwitz is barbaric; it expresses in negative form the impulse which inspires committed literature" ("Commitment" 312). *The Nanjing Massacre: Poems* is a perfect example of committed literature. This sense of commitment is further enhanced by another visual aspect of the volume: the use of Noe Tanigawa's paintings as the front cover and illustrations. Whereas the charcoal illustrations preceding each part represent unnameable horrors of human suffering, the white lotus with a red background on the front cover, significantly entitled "Nanjing Lotus," symbolizes not only the innocence and sadness of the victims during the war, but also the hope for healing, peace, and transcendence in the future.[24] In my 2009 interview with him, Lum has this to say about the relationship between poetry, trauma, confession, forgiveness, healing, and peace:

> I think by bringing this open, not hiding away, is the first step toward healing. I am trying to humanize especially the victims, not for the revenge purpose, but actually to give them lives. That's definitely part of my intent. I try to give them a start of some healing. . . .It may be a different way not to write about revenges. But I think for people who read these poems, the healing occurs when we decide this atrocity should not happen again and the Japanese admit the atrocity they participated and that they would try not to do that again in the future. I think that is the process for the Japanese to be healed. As for the Chinese people, I think people should not forget those who had been forgotten and should stop future wars, however idealistic thatmight sound.

Sharing his valuable experiences in South Africa, Tutu remarks, "It is necessary to know the truth of what happened in Nanking in order that the perpetrators might accept their wrongdoing and seek reconciliation. We can only forgive what we know and reconciliation is impossible without forgiveness" (ix). And two of the preconditions for forgiveness and reconciliation are a recognition of one's wrongdoing and a sincere apology.[25] Only through forgiveness and reconciliation can the past be put to rest.In this sense, *The Nanjing Massacre: Poems* offers an opportunity for people to recognize the Nanjing

---

[24] Tanigawa derived much of her inspiration from Lum's poems.I was both emotionally moved and intellectually intrigued when I went to see the exhibition of her paintings on the Nanjing Massacre in the art gallery of the University of Hawaii at Mānoa in 2009.The interplay between poetry and painting was subtle and mutually illuminating. Lum and I discussed the cover design in our interview in April 2013.In her response to my presentation at the conference in September 2013, Sato also called our attention to the pictorial and artistic aspect of Lum's volume.

[25] See, for instance, the chapter on "Apology and Forgiveness" in Lazare's *On Apology*, pp. 228-50.

Massacre once again and to find some kind of understanding and reconciliation. In his collection of poems on one of the greatest tragedies of the Chinese people in the twentieth century, Lumthe poet confronts past evils and battles amnesia after immersing himself in history books, diaries, interviews, and, most vividly, photographs. Taking those shocking photographic images of the Nanjing Massacre as an invitation for attention, reflection, examination, and reclamation, as Sontag suggests, Lum strives to transform photographic violence into poetic redemption by means of artistic intervention and poetic license. As a result, *The Nanjing Massacre: Poems* is his version of committed literature (Adorno, "Commitment" 312), a means of seeking truth, justice, and, hopefully, reconciliation and peace.

Appendix: The "Major Books" Lum had read about the Nanjing Massacre up to 2009 (in the original order and format)

James Yin and Shi Young, *The Rape of Nanking: An Undeniable History in Photographs,* Innovative Publishing Group, Chicago, 1996.

Iris Chang, *The Rape of Nanking,* Basic Books, New York, 1997.

Honda Katsuichi, *The Nanjing Massacre*, M. E. Sharpe, Armonk, 1999.

The Good Man of Nanking: The Diaries of John Rabe, Knopf, New York, 1998.

Hua-ling Hu, *American Goddess at the Rape of Nanking*, Southern Illinois University Press, Carbondale, 2000.

Xu Zhigeng, *Lest We Forget: Nanjing Massacre, 1937*, Chinese Literature Press, Beijing, 1995.

Masahiro Yamamoto, *Nanking: Anatomy of an Atrocity*, Praeger, Westport, 2000.

Timothy Brook, editor, *Documents on the Rape of Nanking*, University of Michigan Press, Ann Arbor, 1999.

Zhang Kaiyuan, editor, *Eyewitness to Massacre*, M. E. Sharpe, Armonk, 2001.

Yuki Tanaka, *Hidden Horrors*, Westview Press, Boulder, 1996.

M. J. Thurman and Christine A. Sherman, *War Crimes: Japan's World War II Atrocities*, Turner Publishing, Paducah, 2001.

Lawrence Rees, *Horror in the East*, Da Capo Press, Cambridge, 2002.

Lord Russell of Liverpool, *The Knights of Bushido*, Greenhill Books, London, 2002.

R. J. Rummell, *China's Bloody Century*, Transaction, New Brunswick, 1991.

Susan Brownmiller, *Against Our Will*, Fawcett Books, New York, 1975.

Simon Winchester, *The River at the Center of the World*, Henry Holt, New York, 1996.

Hal Gold, *Unit 731 Testimony*, Yenbooks, Tokyo, 1996.

Daniel Barenblatt, *A Plague against Humanity*, HarperCollins, New York, 2004.

Sheldon Harris, *Factories of Death*, Routledge, New York, 2002.
John Dower, *War without Mercy*, Random House, New York, 1986.
John Dower, *Embracing Defeat*, W. W. Norton, New York, 1999.
Ian Buruma, *The Wages of Guilt*, Jonathan Cape, London, 1994.
Kittredge Cherry, *Womansword*, Kodansha International, Tokyo, 2002.
Maria Rosa Henson, *Comfort Woman*, Rowman& Littlefield, Lanham, 1999.
Haruko Taya Cook and Theodore F. Cook, *Japan at War*, New Press, New York, 1992.
Kazuo Tamayama and John Nunneley, *Tales by Japanese Soldiers*, Cassell, London, 2000.
Patrick K. O'Donnell, *Into the Rising Sun*, Free Press, New York, 2002.

Works Cited

Adorno, Theodor W."Commitment" [1962]. Trans. Francis McDonagh.*The Essential Frankfurt School Reader*. Ed. Andrew Arato and EikeGebhardt.Oxford: Basil Blackwell, 1978.300-18.

——. "Cultural Criticism and Society."*Prisms*.Trans. Samuel and Shierry Weber. Cambridge, Mass.: MIT P, 1981. 17-34.

Brook, Timothy, ed. *Documents on the Rape of Nanking*. Ann Arbor: U of Michigan P, 1999.

Buruma, Ian. *The Wages of Guilt: Memories of War in Germany and Japan*. New York: Plume, 1995.

Butler, Judith. *Frames of War: When Is Life Grievable?* London and New York: Verso, 2010.

——. *Precarious Life: The Powers of Mourning and Violence*. London and New York: Verso, 2004.

Caruth, Cathy. *Unclaimed Experience: Trauma, Narrative, and History*. Baltimore and London: Johns Hopkins UP, 1996.

Chang, Iris (張純如).*The Rape of Nanking: The Forgotten Holocaust of World War II*. New York: Basic Books, 1997.

Chang, Ying-Ying (張盈盈).*The Woman Who Could Not Forget: Iris Chang Before and Beyond* The Rape of Nanking—*A Memoir*. New York: Pegasus, 2011.

Hirsch, Marianne.*Family Frames: Photography, Narrative, and Postmemory*. Cambridge, MA: Harvard UP, 1997.

Jin, Ha(哈金).*Nanjing Anhunqu* (《南京安魂曲》). Complex Chinese character version.Trans. JiSicong (季思聰). Taipei: ShihpaoWenhua, 2011.

-----. *Nanjing Requiem*. New York: Pantheon, 2011.

LaCapra, Dominick. *Writing History, Writing Trauma*. Baltimore and London: Johns

Hopkins UP, 2001.
Lazare, Aaron. *On Apology*. Oxford and New York: Oxford UP, 2004.
Lum, Wing Tek (林永得).E-mail to the author.17 Dec. 2009.
——. E-mail to the author.10 Sept. 2013
——. E-mail to the author. 1 Apr. 2014.
——.*Expounding the Doubtful Points*. Honolulu: Bamboo Ridge P, 1987.
——."An Interview with Wing TekLum." By Shan Te-hsing.Honolulu. 6 Nov. 2009.
——."An Interview with Wing TekLum after the Publication of *The Nanjing Massacre: Poems*." By Shan Te-hsing. Seattle. 17 Apr. 2013.
——."Interview with Wing TekLum '68: 'My Poems Are a Description of a Slice of Time.'" By Joycelyn Richards.Accessed 1 Mar. 2013. <http://brown.edu/about/administration/international-affairs/year-of-china/news/2012/01/interview-wing-tek-lum-68-my-poems-are-description-slice-time.>
——.*The Nanjing Massacres: Poems*.Honolulu: Bamboo Ridge P, 2012.
——."Notes to Gayle Sato." *Inter-Asia Cultural Studies* 13.2 (2012): 226-28.
——."Writing within Chinese Diaspora: A Personal History." Lecture at National Sun Yat-sen University, Kaohsiung, Taiwan. 8 Nov. 2006.
MacInnis, Donald. "Foreword." In Zhang Kaiyuan, ed., *Eyewitnesses to Massacre*. ix-xi.
MacKay, Marina, ed. *The Cambridge Companion to the Literature of World War II*. Cambridge and New York: Cambridge UP, 2009.
McLoughlin, Kate, ed. *The Cambridge Companion to War Writing*. Cambridge and New York: Cambridge UP, 2009.
Mitchell, W. J. T. *Picture Theory: Essays on Verbal and Visual Representation*. Chicago: U of Chicago P, 1994.
Said, Edward W. *Humanism and Democratic Criticism*. New York: Columbia UP, 2004.
Sato, Gayle K. "Visual Re-presentations: A Response to Shan Te-hsing's 'Photographic Violence, Poetic Redemption—Wing TekLum's *The Nanjing Massacre: Poems*.'" The Conference on Current Asian American Studies in East Asia, Chonnam National University, Gwangju, Korea. 13 Sept. 2013.
——."Witnessing Atrocity through Auto-bio-graphy: Wing TekLum's *The Nanjing Massacre: Poems*." *Inter-Asia Cultural Studies* 13.2 (2012): 211-25.
Shan, Te-hsing (單德興). "Sublimating History into Literature: Reading Ha Jin's*Nanjing Requiem*." *Amerasia Journal* 38.2 (2012): 25-34.

Shi, Young (史詠), and James Yin (尹集鈞). *The Rape of Nanking: An Undeniable History in Photographs* (《南京大屠殺：歷史照片中的見證》).Ed. Ron Dorfman. Chicago: Innovative Publishing Group, 1997.

Sontag, Susan. *On Photography*. New York: Farrar, Straus and Girous, 1977.

——.*Regarding the Pain of Others*. New York: Penguin, 2003.

Tetsuo, Aso (麻生徹男). *From Shanghai to Shanghai: The War Diary of an Imperial Japanese Army Medical Officer, 1937-1941*. Trans. Hal Gold. Norwalk, CT: EastBridge, 2004.

Tutu, Desmond M. "Foreword." In Shi and Yin, *The Rape of Nanking*. ix-x.

Yu, Ying-shih (余英時). "Preface." In Shi and Yin, *The Rape of Nanking*. xi-xii.

Zhang Kaiyuan (章開沅), ed. *Eyewitnesses to Massacre: American Missionaries Bear Witness to Japanese Atrocities in Nanjing*. New York and London: M. E. Sharpe, 2001.

Distraction and Nirvana within Samsara in *The Lady and the Monk*

傅　雋

You've so distracted me,
Your absence fans my love.
Don't ask how.
Then you come near.
"Do not . . ." I say, and
"Do not . . . ," you answer.
Don't ask why
This delights me.

-Rumi

To go out . . . is to go in.

-John Muir

Traveling writing has been altering its face from the time of imperialexpansion, through two World Wars, and the subsequent decolonization, the rise of multiculturalism, to the flattening of the world recently. How one travels and what one sees entail changes within the genre. Thanks to convenience in information and transportation, off-the-beaten tracks are less likely to find, let alone, explore. For some, lifestyle becomes necessarily de-territorial: Transformation in lifestyle andease in traveling encourage people to stay relatively less at home. Pico Iyer once roughly counted that he spent forty days a year in an airport or an aircraft, that is, "in the physical equivalent of jet lag, neither here nor there."[1]This paper reads Iyer's *The Lady and the Monk* (1991) which is a recount of his one-year stay in Kyoto for religious purpose and the subsequent change which makes him live in Japan for six months every year.

Iyer first arrived in Japan to work for *Time*, but later his choice to live in Nara stretches the link between travel and travail and he becomes more a resident alien than a traveler. Obviously, Japan poses something appealing to him. One is tempted to ask, however, in what ways legitimate once settled down he could still claim himself a traveler. This paper analyzes the quest for spirituality and difficulties encountered in

---

1 "Flux has become a country in itself." *Financial Times*. 23 April 2005.

due course. In the following analysis Pico Iyer the writer and his avatars—the traveler-narrator and the novice monk—are used interchangeably to bring forth the tension between different identities and psychological changes in the lady and the monk.

As travel is dissociated with the imperialistic conquer and conquest, the genre of travel writing accordingly loses its claim to be "the cultural by-product of imperialism, often maintenance of empire (explorers, soldiers, administrators, missionaries, journalists), and dependent upon the support of the institutions of imperialism in order to facilitate the writers' travels" (Ivison, 200-1).Alternative representations of travel challenge Eurocentric understandings of the genre. Inderpal Grewal notes, for instance, that travel writing can unsettle assumptions about the "consolidation of stable forms unitary identities of nation, class, sexuality or gender, and suggest forms of Selfhood that evade such consolidations (3)". Traise Yamamoto's reading steeped in sepia places Pico Iyer as an envoy of the British and American cultures to Japan, which is correspondingly feminized and rendered as vulnerable to the force from without. "[E]arlier representations of the Japanese woman tend to emphasize submissiveness, servile femininity and the possibilities of interracial marriage," whereas in Iyer's narrative "difference as a site of titillating desire, which cannot be domesticated matrimonially but can be mastered sexualized" (Yamamoto 46). The following reading of *The Lady and the Monk*questions the power and sexual relationship given above and the representation of the Western man and the Japanese woman in which the man as a beneficiary in the interracial relationship is challenged. In *The Lady and the Monk* "home" has lost its status as a master signifier and becomes free floating. This paper also addresses home as a site of collision between centrifugal and centripetal forces that render traveling as homebound. When the traveler decides to be away from home to engage in a distant foreign land to be a monk, to his dismay, he is "domesticated" instead.

In her "Arts of the Contact Zone" Mary Louise Pratt defines contact zone as "social spaces where cultures meet, clash, and grapple with each other, often in contexts of highly asymmetrical relations of power, such as colonialism, slavery, or their aftermaths as they are lived out in many parts of the world today." Pratt's idea becomes significant in the following dissection of the "asymmetrical relations of power" between the lady and the monk. Part of the pleasure in traveling comes from a surprise find when the traveler is attracted away from his planned route into deviated scenery. The traveler may never the less be fraught with anxiety. If his first visit to

Japan commissioned by work could be seen as a chance occurrence, then Iyer deliberately chooses to return for the second and third times speaks clearly that how appealing Japan, the country of the rising sun, poses to him. At the beginning the traveler expresses that "I wanted to put another daydream to the test: the vision I had always cherished of living simply and alone, in some foreign land, unknown" (7). To put himself in a *terra incognita* poses a huge challenge to himself albeit it's self-inflicted. Emulating H. D. Thoreau, Iyer attempts to explore the very depth of life itself.[2]

> A life alone was the closest thing to faith I know, and a life of Thoreauvian quiet seemed most practicable abroad. Japan, besides, seemed the ideal site for such an exercise in solitude not only because its polished courtesies kept the foreigner out as surely as its closed doors, but also because its social forms were unknown to me, as a alien, as the woods round Walden Pond. (7)

The traveler is deeply attracted to Japan, but he has absolutely no idea that he starts on a false premise. Japan is, after all, different from Thoreau's Concord, Massachusetts. Though Japanese Walden Pond proves to the contrary to his wishful thinking, it becomes serendipitously the ideal site in the sense the traveler quests more for a self-understanding than for knowledge of the Other.

The analogy used in "as round Walden Pond" also implies an impossibility of returning to a place like that. So, he chooses the second best and seems to rest assured, as he tells us, because Japanese "polished courtesies kept foreigner out as surely as its closed doors"(7). In this way, he is privileged at least to a quietude and solitude.

Unlike Thoreau's Concord in the mid-1850s, Iyer's world is too seamlessly connected to provide him prelapsarian pristineness to explore the depth of life. Kyoto seems to be better than its anagram peer city of Tokyo. Then, the site he chooses to live alone to practice zazen is one criss-crossed with the *mizu-shobai*, or water trading houses. So, when he evades the busy Tokyo and chooses the quiet Kyoto, it in fact discloses how difficult it is for one to have religious practice. In this light, religions seems to be under siege.

> The area where I had settled down was, by happy chance, one of the last remaining pilgrims' districts in Japan, an ancient neighborhood of geisha houses and incense store built in the shadow of the city's most famous temple,

---

2 Note the similarity between Iyer and Thoreau: "I went to the woods because I wished to live deliberately, to front only the essential facts of life, and see if I could not learn what it had to teach, and not, when I came to die, discover that I had not lived."

> Kiyomizu, the Temple of Pure Water.
>
> Wooden boards still marked the places Bashō had admired, and monks still bathed in the ice-cold Sound of Feathers waterfall above. My own street, as it happened, was still a center of the *mizu-shōbai*, or 'water trade' (of women), and also the place where the widow of the city's fiercest shogun, Toyotomi Hideyoshi, had retired, on her husband's death, and built a villa and a temple. In the temple, I had read, *yama-neko*, of "mountain lion," geisha had entertained at parties for the monks, and even now the elegant characters on the lanterns denotes the names of the women who worked within. (12)

One surmises that the traveler is experienced enough to know what is uniquely Japanese in this juxtaposition of the unlikely. This initial discovery of the strange juxtaposition of Kuyomizu and the *mizu-shōbai*is germane to his later observation of the wonderful coexistence of the unlikely in the Japanese society in "Living Among Incompatibles". The traveler may be sophisticated to perceive that it looks "as if Japan were at once charging into the future with record-breaking speed, and moving as slowly as a glacier; both sedative and stimulant, a riddle of surface and depth" (13-4), but he is totally unprepared for the "unexpected feature of the temple was that it was ringed, in large part, by the gaudy purple blocks and curtained parking lots of love hotels" (15). The traveler vaguely perceives the link between the sacred and the secular, but to the novice monk the tension inherent therein is just about to unfold.

And the traveler remarks, "[m]onks and women had always been close in Japanese literature—had, in fact, been the main purveyors of classical Japanese literature—and Gion itself the name of the 'flower district' here, was also the name of a famous temple. Professional women had long been known as 'Daruma' (after Bodhidharma, the first patriarch of Zen) because, like legless Daruma dolls, they tumbled as soon as they were touched, and then bounced back" (15-16). His perception and understanding of the unlikely juxtaposition not only ready readers for the encounter of the lady and the monk (Sachiko Morishita and the traveler-monk), but also adumbrates the pursued Way lies not in the beyond. Strictly speaking, however, he least expects the consequences of meeting Sachiko, who in turn embodies multifacetous qualities to Pico Iyer the writer, to the traveler-narrator in the travelogue and the novice monk whose identity has not yet congealed so far. Given the above understanding, the novice monk makes compromises with the external and consoles himself that the only thing to do is to "build a shrine within" (17). It is interesting to note that his compromise with the exterior itself reveals his

misconception of religion. The use of "within", nevertheless, properly discloses that religious matters point inward and are personal. And this "within" also imparts the direction, to which the genre of travel writing should move in the future. Then, the traveler moves out from the temple to be close to that of the average Japanese. Nishifukunokawa-chōis the place where he begins to experience more distractions. As in an adventure, he moves unknowingly into "not just the unknown but the unknowing" as he writes in "Why We Travel". It is a significant move because moving out of the temple is the preparatory stage for the traveler to turn into the novice monk to be exposed to more worldly distractions and then to a spiritual awakening, however contradictory this may sound. The details of whatthe traveler perceives are rehearsed here serve to contrast with his later awareness, which always arrives in a flash, and to correct the wrong notion that asceticism and escapism can lead to the spiritual awakening. As if guided by some unknown force, he is led into the right religious path. The traveler chooses to stay in a temple pervaded with "spacious silences" by which one's auditory sense is heightened. However, almost inaudible sounds associated with the mundane everyday undercut the silence.

> The temples in Kyoto . . . took one literally out of the world, leading one up through narrow flights of stairs between the pines, away from the rush and clamor of the everyday. Yet one could never forget the world entirely. Floating up from below came the sound, plangent and forlorn, of a garbage collector's truck playing its melancholy song. (32)

These noises "floating up from below" prepare for more distracting sensory impacts, among which Sachiko makes her debut. In *Kokoro* Lafcadio Hearn devotes a chapter to a woman named Haru—one that is "theoretically at the mercy of her husband . . . almost superhuman . . . [and of] perfect unselfishness" (32)—typical of the Japanese women more than one hundred years ago. Learning her husband's extramarital affairs, Harukilled herself. But Sachiko outgrows her predecessor in the sense that denying herself is the last thing she wants.

In the encounter between Iyer and Sachiko, the monk is so distracted that he cannot concentrate on his sutras and zazen. The distracted monk improvises a story to hint that they'd better not meet any more. The story within the story aptly entitled "The Lady and the Monk" is simple and direct: It recounts a woman visiting a temple so frequently that makes the monk unable to focus on his religious practice and he politely asks her to come no more, soshe acquiesces and resigns to herself. After listening to the story, Sachiko seems to grant a life to the frame story that it has

nothing whatsoever to do with her or the novice monk simply because Sachiko refuses to take the hint. Yamamoto, however, puts,"she [Sachiko] is the corporeal transition point to a spirituality defined by her absence" (52). She posits that the physical and the spiritual are in diametrical opposition; the exclusion of one defines the other. The monk can hardly lead an ascetic life as he wishes because the story addressee does not take the hint at all. She is unconventional, unlike her predecessors or contemporary peers in that she hardly ever accepts docilely what is expected of her in the traditional Japanese woman's role. What's more, she starts to surround the monk with her presents and then presence so that his meditation becomes virtually impossible.

> [Sachiko] was holding me hostage with kindness . . . as to exercise a kind of emotional usury . . . Sachiko was colonizing me more subtly than Japan had ever done Taiwan; and the rare room that I had set up my secular monk's cell now had more and more of a domestic aspect. Her claims on me were everywhere . . . Taking me over with her gifts, she was remaking my room, and me . . . [and] she had surrounded me with her presence. (241)

Sachiko surrounds Iyer with gifts, memorabilia of places they visit, and eventually her presence quite like the distracted state shown in the first epigraph. Even if she is not with him, his thoughts are full of her to the extent that he could be said to be conditioned and even domesticated by her. Etymologically, "domesticate" means to tame and to dwell in a house. When she dumps to him her dreams, worries and presents, she tethers him to her homebound matters, as it were. Consequently, the concept can be applied to the traveler, namely, his domestication initiates the beginning of the end of free roaming. In his attempt to practice religion to be a monk, he needs to be literally "away from home", to be empty of everyday trivialities; and these two forces plummet the novice monk to earthly matters and he turns out to be more humanely concerned with her earthly dreams and worries. Sachiko is at once both a meeting point and turning point: in her embodied the clash between the physical and the spiritual so much so that the novice monk finds himself unfocused and disturbed. Tersely put, her dream to be free from traditional Japanese woman's role drags homeward the monk's centrifugality. She is the figure to which the monk is defined against, i.e., she is distraction incarnate, earthly-bound, eccentric, romantic. At the outset of the book, she is associated with the ambient noise and gradually given a more definite contour. Sachiko is not an average Japanese woman for she dares what her peers could only dream about and without her, the monk's spiritual aim becomes

pointless. Sachiko, if anything, serves to be a turning point in the monk's pursuit of the spiritual; she appears to be a signpost pointing at the same time as many directions as to confuse the traveler that he is eventually is bound to lose his way. Sachiko as a metaphor is apt as well because she takes the initiative to lead him astray and he succumbs willingly to her guide. Ultimately, what he intends to pursue in terms of religion becomes homebound and personal.

Yamamoto reads Iyer's narratives as glorifying a nationalist agenda in which "the primacy and superiority of Britain and/or the West is (re)established" and as a personal one "that confuses sexual and gender dominance with a relationship of mutuality and reciprocity" (46). At the first glance, it seems plausible that in the anti-conquest travel narrative the protagonist "as a non-interventionist European [or Western] presence" and his "innocence lies less in self-effacement than in submissiveness and vulnerability, or the *display* of self-effacement (Pratt 2007, 78).He is "as much a figure of curiosity and conduit as the Other, and therefore innocent of establishing an asymmetrical relationship of which he is the beneficiary" (Yamamoto 47). In *The Lady and the Monk*, the novice monk is by no means a direct beneficiary and the relationship between the lady and the monk tilts towards the Japanese. Put otherwise, the "feminized" Japan is endowed with more agency in the interracial relationship. Yamamoto notes that by foregrounding the visitor's border-disavowed identity qualities—"mysterious Indian, history-steeped Brit, fun-loving Californian, romantic loner, wandering writer, sometimes monk" (192)—his British and American affinities could be rendered invisible. Sachiko Morishita, on the other hand, "as an emblem for Japanese culture is consistently portrayed as one who parrots a set of repertoire of imported images from Mozart to Michael Jackson" (Yamamoto 51-2). Such "an emblem for Japanese culture" does her injustice in that parroting is tantamount to self-effacement and to upholding the West iconized by Mozart and Michael Jackson as the culturally superior. Moreover, describing Sachiko as a vestibule and a gateway to the East imagined by the Western male—i.e., "the vaginal imagery . . . enables passage from woman to spirit" (58)—would truly denigrate the Japanese women. The narrator does not see Sachiko as diminutive or Japan feminized as claimed: "It is the woman's image, infinitely manipulable by virtue of its stasis, not the woman herself that powers his narrative" (Yamamoto 53).

My contention is that Sachiko is far from static and without her the entire book becomes soulless. Sachiko's "'innocence' leavens her sexuality . . . [and] is transformed into a kind of sexual koan of Iyer's spiritual (con)quest (Yamamoto 58).

Almost without exception, the Japanese women are depicted as ignorant, innocent, vulnerable, so explained Yamamoto's chapter title of "the feminization of Japan". The heroine in Iyer's travelogue is far from such a character: Her easy citation of Mozart and Dostoevsky, for instance, makes hermore a character of cultural sophistication than an ignorant parrot.The innocence in her, to the traveler, manifests in a simplicityin the way they both speak a foreign tongue so that their communication is limited to the very basic. He characterizes the communication between them as simple and even awkward as in "the three-legged waltz" (130), an image reminiscent of the lame crow and stork in Rumi. Here, innocence in Iyer's understanding means simple, without extra embellishments so there will be no room for deception. Unlike Yamamoto's claim, Sachiko leads the way in day trips together to nearby temples in Kyoto sometimes accompanied by Sachiko's children, or to cities historically frequented by foreigners like Nagasaki and Kobe. Rather, she is proactive. It is through this pattern of engagement the monk learns about the society, its people, and most of all, through her, himself. He is duly led into Sachiko's troubled thoughts and eccentric dreams, from which disentanglement seems unlikely as their relationship deepens. Though their relationship can hardly be characterized as one in encounter dialogues between master and disciple, thoughts and ideas exchanged between them resemble one between student and teacher, given the asymmetrical knowledge between a local and a traveler. She is virtually "the lady *at* the temple gates" (143, my emphasis), posing as a provoking, tempting figure. Such a proximity recalls that of the *mizu-shōbai*and the temple, and for the novice monk, it proves a too big a hurdle to the heavenly blissfulness or kensho. However, the monk fully showers the lady with his understanding of her dilemmas, with his enthusiasm in courtship and human compassion. To him, Sachiko is fighting a war all by herself facing the indestructible fabric of the society, which in Hearn's words, "The relative absence from the national character of egotistical individualism has been the saving of an empire" (11), but Sachiko's problem lies precisely in her wanting an individuality. Sachiko's struggle manifests in her refusal to take in the role expected of her. Her struggle or eccentric attempt is backlashed by the leaden Japanese mores, "the whole system" (225). Meeting the traveler-monk as "a full-time citizen of nowhere", whom she compares to a bird, makes possible for her dream to take wings.[3] It is through his help that she

[3]Iyer writes in *Global Soul* that "the only home that any Global Soul can find these days, it seems, is in the midst of the alien and the indecipherable" (209), and he defines the term he coined as "a full-time citizen of nowhere" (277).

eventually is able to literally take flight. Sachiko compares the free-roaming traveler as a bird, whereas in her dream to fly away from the constraints of home she is depicted as a bird as well. In their alikeness they resemble Rumi's birds. Her determination and resoluteness in her fight against "the whole system" touches his chord deeply.

> When one is in love, anything one sees reminds one of that love—our feelings remake the world in a secular equivalent of the faith that sees the hand of God in everything. (141)

Unaware of what he is facing, he says he finds faith in love: "The woman would becomes an agent of belief and a gateway to a heaven" (179).

That said, in the pursuit of spirituality one needs, however paradoxical this may sound, a woman.

However, Yamamoto refuses to grant Sachiko a complete self, claiming that "Sachiko cannot be the carrier of spirit, but merely the perfumed, braceleted handmaiden of Iyer's spiritual quest. She can be the vestibule to spirituality but not its embodiment" (57). When he senses that Sachiko's appearance—perfume and accessories included—attracts him, the novice monk admits that a sensory experience distracts him and Sachiko is identified as the roadblock in the course of his spiritual journey. He, in fact, identifies himself as the struggling monk as in the conventional pattern relating the monk to the lady *at* the temple, one of the variations of the theme of the lady and the monk. Perfume and accessories worn by women not only materialize parts of the overall distraction the novice monk is subjected to, but also foreground the user whose character is part and parcel of the olfactory and visual stimuli directing at the man. Rune Graulund maintains that in Iyer's text "there is a convergence—an interlocking—of the conceptual and the material" (8). By concept, he refers to Hardt and Negri's definition of Empire. Whether Iyer can be seen as a free circulating agent of Empire is a matter of speculation, but such a convergence sheds light on the relationship between the lady and the monk. When the traveler as the concept of free movement "regardless of borders and boundaries" (8) comes to Kyoto for spirituality, he is conditioned and constrained by the materiality Sachiko represents. It is certain that Sachiko is by no means as passive as a vestibule. This understanding is couched in the worldly conflicts he feels as hurdles to his spiritual pursuit, and Sachiko is not as static as a vestibule. So when she reads the renunciation at the end of the story within the story serving a dual purpose—"the encounter between the monk and the lady is transformed into a talisman for the monk's

meditations, and her absence proves the primacy of the spiritual over the physical" (52)—Yamamoto in fact squeezes them into a zero-sum game. Sachiko becomes then a point by which the monk is defined; moreover, the physical and the spiritual preclude each other. Otherwise put, the woman has to relegate what she wants in order for the man to achieve what he desires. Yamamoto's critique is intensely flavored with feminist concerns that take away certain subtlety and nuance.

Nirvana within samsara affirms that the illumination sought is to be found in the here and now. Awareness is not meant to be reached in hermitic life, completely shut off from social interactions, or the quotidian sounds in Kyoto and distractions Sachiko embodied. When he chooses Kyoto, he knows that Kyoto could promise a quietude to sutra study and zazen. He begins with a wrong idea that zazen should be performed in an ambience of absolute silence. All these sounds are meant to drag him back to everyday life. Zen poems are abound with reminders that sounds are important sensory stimuli and the acute sensory perception directs attention to the here and now. Matsuo Basho's "Frog" and Li Po's "Zazen on Ching-t'ing Mountain" are typical examples.[4] The poet perceives frog, pond, sound and action, but what the sense fails to grasp is something words are incapable of, something happens between words, something ephemeral. When the speaker of the poem hears the splash of water, the frog has already submerged into the pond, already disappeared from sight. Li Po's poem conveys the same idea of impermanence in his birds and clouds.

As analyzed above, it is Sachiko who decides how often he could be a monk or a traveler and then conditions his pursuit of spirituality. The novice monk's misconception of what religion is leads him to a mutual exclusion of the sacred and the secular, as in the renunciation of the physical is a guarantee to spiritual attainment, so he regards the meeting with Sachiko as a distraction. Distracted, he becomes a meeting point of the contentious forces. Instead of a passive figure and a point in space as of vestibule, Sachiko, pivotal to the transformation of his thoughts, leads Iyer to the end of his religious journey. Iyer, on the contrary, is characterized more as a passive figure, defending himself against the assaults from Sachiko. However, nirvana within samsara accentuates an awareness of the here and now, which is always an integral part of the mundane life. What the novice monk could never dream of is the spiritual pursuit is blended with the secular. It is only in hindsight when the traveler

---

[4] D. T. Suzuki's translation of "Frog" reads, "Into the pond/A frog jumps/Water's sound."
Li Po's poem translated by Sam Hamill: "The birds have vanished from the sky./Now the last clouds drain away./We sit together, the mountain and me,/until only the mountain remains." (42)

digests his thoughts in "Why We Travel", he understands "the place traveled" matters more than the territory itself. Thus, traveling highlights the interaction with the local and can never be taken simply as passive sensory reception. Understood as such, the monk puts religion on the same par with travel so that the title knots the lady with the monk. These two cannot be separated; despite their separate ways, these two eventually merge as one. The conjunction "and" in the title puts equal emphasis on both the sacred and the secular, and hence, the travelogue is equally a record of the spiritual pursuit. In one of the variations of the theme of the lady and the monk, Iyer resorts to Yosano Akiko's "Tangled Hair" to elucidate that hair as part of the female body leads the monk's thoughts astray: "from her shoulders a lock of hair/Over the sutra" (97). An echo in the same conflict is evident in Rumi's poem quoted in the epigraph. "Hair" designates something wild that needs to be contained and constrained. For Iyer, Yosano's central image of "tangled hair" suggested all the wildness and abandon that the Japanese generally kept so strictly under wrap (not least, perhaps, because their word for "hair" was a homonym of their word for "god"). Hair, for the Japanese, was a way of keeping perfection all about one. (97)

In this context, quoting Yosano not only stresses the collision of the contentious forces, but also places Sachiko in the genealogy of rebellious women, among whom Yosano is a foremother in her subversion against the tradition "[that had regarded women] as mere playthings" (97). At the early stage of their relationship, Iyeris hardly aware of the way Sachiko admires his traveler's lifestyle and associated sense of freedom: "You are bird, you go everywhere in world, very easy. I all life living in Kyoto. So I dream I go together you" (90). Recalling the first time he is invited to her house for dinner, Iyer brings forth his inner conflicts related to the perfume association mentioned earlier. Before he leaves for the night, she unties her scarf, which is "smothered in her perfume." Iyer writes, "It was a dizzying experience, and heady; the scarf in my hands, her fragrance all about" (99). The ensnaring fragrance achieves an effect analogous to Yosano's tangled hair. The more Sachiko contrasts their disparate lifestyles, the more conflicted she becomes. She wants to fly away from all the imposed responsibilities and does not want to be like her mother sacrificing all her life attending the needs of her husband and family, but somehow stuck in everyday life as a mother and housewife. She blames herself as a "bad wife" for her transgressive thoughts (94) and even boldly requests him "Please you bring me world" (108). Not only is he sympathetic with her situations—"I feel again, with a pang, a sense of the tightly drawn limits of a Japanese woman's life, like the autumn

paths vanishing in mist around us" (89)—but he gradually feels her pull: "As soon as I began to anatomize her dreams, I realized I was falling deeper than I knew" (169).

The lady and the monk are deeply involved emotionally, but their dreams cancel out each other. In *The Lady and the Monk* their relationship can be further divided: To Pico Iyer the writer, Sachiko (Hiroko Takeuchi) is the companion traveler in life journey; to the traveler-narrator, she is the axis around which the entire narrative spins; and to the monk, she takes up the virtual role of teacher leading him to the right path. It is a relationship fraught with ambivalence as one between the Japanese and the gaijin (foreigner).

It is understandable when Tetsuo Yamaori observes religion has suffered a decline in the post-war era because modernized lifestyle and global connectivity emphasize less on spirituality.[5] This way of life inevitably is connected with the world, or more specifically, with the West and what stands behind the Meiji modernization is the foreigner figure. Like the Opium War has given the Chinese a wound not yet completely healed to this day, the foreigner stands for something the Japanese cannot shun like measles, to use Fukuzawa Yukichi's metaphor. After all, it is Fukuzawa who sounded the warning alarm—whose significance lies in the very fact that whenever one pays to consume, s/he is bound to see the face printed in the ten thousand yen bill. Fukuzawa decries, "the only trouble with us is that we have had too long a period of peace and no intercourse with outside. In the meantime, other countries, stimulated by occasional wars, have invented many new things such as steam trains, steam ships, big guns and small handguns" (qtd. in Mishra, 40-1). In other words, all these trains, ships and guns are materials embodying the industrial superiority of the West. Such a comparison forcing Japan into a weak spot makes Fukuzawa impatient.

> In commerce, the foreigners are rich and clever; the Japanese are poor and unused to the business. In courts of law, it so often happens that the Japanese people are condemned while the foreigners get around the law. In learning, we are obliged to learn from them. In finances, we must borrow capital from them. We would prefer to open our society to foreigners in gradual stages and move toward civilization at our own pace, but they insist on the principle of free trade and urge us to let them come into our island at once. In all things, in all projects, they take the lead and we are on the defensive. There hardly ever is

[5]See Yamaori Tetsuo, "70 Years after WWII/A Personal Philosophy for Living Alone."

an equal give and take.(qtd. In Pankaj Mishra, 42)

It is debatable whether the decline of the spiritual is in any significant way related to the powerful West in the material incarnate.What Yamaori believes appears otherwise in the eyes of the foreigner. Iyer is confident that from an outsider's discernment he could spot the trace out of the however (dis-)harmoniously blended. Since the Meiji the Japanese have started to learn from the West and, as any transcultural interaction entails, a precarious balance is hard to achieve, and let alone, maintain as in Fukuzawa's "hardly . . . an equal give and take". One wonders how could the Japanese maintain their status quo without self-effacement, no matter how small a degree it would be. In *the Lady and the Monk*, however, the foreigner is depicted in a different light: the Japanese lady takes the lead and the foreigner follows.

In "Why We Travel" Iyer points out that "the notion of real travel resides with our own position in relation to the territory travelled, not the territory itself" in that he accentuates the importance of interactions with the local instead of simply recording what is exterior. Though he does not explicate what constitutes the contents of "the territory travelled", in retrospectionwhat is tumbled out in *The Lady and the Monk* underlines a relationship between Iyer and Sachiko in that they are entangled to the extent that they help each other realize their potential.

> Travel . . . is a voyage into that famously subjective zone, the imagination, and what the traveler brings back is—and has to be—an ineffable compound of himself and the place, what's really there and what only in himself. ("Why We Travel")

As the second epigraph tersely makes clear that one travels to the world find himself, paradoxically, from within. Likewise, one's spiritual pursuit follows the same path as examined above. It is only after the engagements with Sachiko that the monk is able to attain an awareness of the pull of the moment, of the here and now. As Sōen Shaku writes, "Religion is not to go to God by forsaking the world, but by finding him in it" (179). To be a monk, literally to be away from home, one should actively and warmly embrace home and its associated mundane trivialities embodied by Sachiko.

Hence,

> [T]ravel spins us around in two ways at once: It shows us the sights and values and issues that we might ordinarily ignore; but it also, and more deeply, shows us all the parts of ourselves that might otherwise grow rusty. For in traveling

to a truly foreign place, we inevitably travel to moods and states of mind and hidden inward passages that we'd otherwise seldom have cause to visit. ("Why We Travel")

From this point onward, and looking inward, Iyer ponders on a puzzling phenomenon he saw in 2006 when he interviewed the Dalai Lama in Dharamsala, India, to complete the book on the Dalai Lama.[6] To his surprise, he saw western pilgrims surrounded by Tibetans who has crossed the Himalayas. He calls this mutual attraction a "dance of fascination". The same phenomenon of mutual attraction appears ubiquitous in that it reveals how much one would like to be lured by the greener side. Iyer writes in "Why We Travel", "It's about the westerners reaching out for the antiquity or mystery of the Tibetans, and the Tibetans, really, looking for a life in America." He understands this as a "mating of illusions" and explains his concept of the "exotica" underlying the attraction: "These days a whole new realm of exotica arises out of the way one culture colors and appropriates the products of another." The exotica results from cultural borrowing and of free floating and he himself is a "typical specimen". Along with traveling and consequent contact zone, transculturation becomes inevitable. The exotica turns out to be something the traveler discovers such as the incompatible and indecipherable, Iyer thinks, that highlight what is beyond the usual expectation and understanding. The exotica has a déjà vu that enables one to see himself in the other. To find himself in a foreign place does not mean that he has lost himself because after all his self-discovery has more to do with digging out the unknown dimension of the self. It has to be done, however, in an alien land and through contrast, as Iyer exposes himself to Kyoto for its four seasons.

In an interview with Scott London, Iyer explains the urgency of travel even at a time when travel is made easy: "the main reason I travel, if I were to sum it up in a world, is for ambiguity. The reason I love travel is not just because it transports you in every sense, but because it confronts you with emotional and moral challenges that you would *never have to confront at home*." Otherwise put, one needs to be away from the familiar, etymologically derived from "family", to engage one's self. "A travel writer," he explains, "has to rethink what discovery means, and exoticism and movement." Judging from *The Lady and the Monk*, the novice monk eventually understands what's important in the here and now instead of reaching out to the beyond or leading a monastery life. As cultural appropriation becomes prevalent and

[6]*The Open Road: The Global Journey of the Fourteenth Dalai Lama* is published in 2009.

the other side might not be greener, Iyer continues in "Why We Travel", "It's important to push the material inwards, because that is the unclaimed, unchartered territory, more and more." Understood as such, travel becomes a stepping stone to the inner self: "So now when I travel I try to use each place as a metaphor and as a gateway to something much larger." One still needs to travel to an alien land and write about "the inward hidden passages" that might otherwise unfound.

The inseparability of the spiritual and the secular coheres with the trope and reality of proximity between the *mizu-shōbai*and the temple. Whether being a traveler or a monk, once encountering Sachiko, the virtual teacher, he is bound to be led astray. Serendipitously, however, the secular and the spiritual merge into one as the practicing monk attains his awareness. In travel as well as in love, Iyer tells us that one needs to have innocence like that of a child and have sharpened sense to perceive whatever is inside and out. From this point onwards the traveler takes less what is external than what is inside him, and hence, the inward turn of travel writing.

Works Cited

Basho, Matsuo. "Frog." Trans. D. T. Suzuki. Web. 12 June 2015.

Edwards, Justin D. & Rune Graulund. Eds. *Postcolonial Travel Writing: Critical Explorations.*Basingstoke: Palgrave, 2011. Print.

Grewal, Inderpal. *Home and Harem: Nation, Gender, Empire, and the Cultures of Travel.* Durham: Duke UP, 1996. Print.

Hamill, Sam & J. P. Seaton.Eds&trans. *The Poetry of Zen.*Boston and London: Shambhala, 2007. Print.

Hearn, Lafcadio. *Kokoro: Hints and Echoes of Japanese Inner Life. Gutenberg.* Web. 10 June 2015.

Iyer, Pico. "Flux Has Become a Country in Itself." *Financial Times*. 23 April 2005. Web. 20 May 2015.

---. *Global Soul: Jet Lag, Shopping Mall and the Search for Home.* New York: Vintage, 2000. Print.

---. *The Lady and the Monk: Four Seasons in Kyoto.* New York: Vintage, 1992. Print.

Ivison, Douglas. "Travel Writing at the End of the Empire: A Pom Named Bruce and the Mad White Giant." *English Studies in Canada* 29(3-4): 200-19. Print.

London, Scott. "Postmodern Tourism: A Conversation with Pico Iyer." Web. 20 May.

Mishra, Pankaj. *From the Ruins of Empire: The Revolt against the West and the*

Remaking of Asia. London: Allen Lane, 2012. Print.

Pratt, Mary Louise. *Imperial Eyes: Travel Writing and Transculturation.* London: Routledge, 2007. Print.

---. "Arts of the Contact Zone."Web. 25 May 2015.

Rumi. Coleman Barks, trans. *Rumi: The Book of Love: Poems of Ecstasy and Longing.* New York: Harper-Collins, 2003. Print.

Thoreau, H. D. *Walden.*Web. 10 June 2015.

Yamamoto, Traise. *Masking Selves, Making Subjects: Japanese American Women, Identity and the Body.* Berkeley: U of California P, 1999. Print.

Yamaori, Tetsuo. "70 Years after WWII/A Personal Philosophy for Living Alone." *Yomiuri Shimbun.*1 April 2015. Web. 1 May 2015.

War Memories and Identities in Kazuo Ishiguro's Floating Worlds

Chung-jen Chen
Department of Foreign Languages and Literatures
National Taiwan University

> "But certainly, living in England, I feel that same pressure, that I have to be international."
> ---Kazuo Ishiguro, "The Novelist in Today's World: A Conversation"

In Kazuo Ishiguro's novels to date, memory plays a pivotal role. It is not only individual memory that Ishiguro writes about but memories of a recollected past reconvened with questions of history and identity. As Ishiguro once admitted in an interview, "what I started to do was to use history.... I would look for moments in history that would best serve my purposes, or what I wanted to write about. I was conscious that I wasn't so interested in the history per se, that I was using British history to Japanese history to illustrate something that was preoccupying me" (Ishiguro and Oe 115). Ishiguro seems to be fascinated with the unease of memories of different sorts, past and present, individual and collective, Japanese and British. Not only is Ishiguro aware of his writing of history as a narrative strategy, he is also acute in writing of history with a sense of purpose. This remark seems to sustain Ishiguro's central concern as many of his works attempt to come to terms with values and identities against a backdrop of historical changes, so to speak, in times of war.

Ishiguro's powerful and sustained interest in the relationship between history and memory, or collective and individual memory, remains a problematic one. In the same conversation, Ishiguro emphasized that he develops no sense of belonging in his writing of history, by claiming himself to be "a kind of writer that didn't actually belong. As he notes, "I didn't have a strong emotional tie with either Japanese history or British history, so I could just use it to serve my own personal purposes" (Ishiguro and Oe 115).

So, what is Ishiguro's purpose in writing about history? Cynthia Wong indicated that the conflict between public and private memories is a fundamental theme in Ishiguro's works. Ishiguro's narrators "appear to arrive closer at uncovering some missing version of truth about that period" in structuring their narrative "according to discernible historical events" (130). Therefore, the purpose of narration lies in the practical function of recapturing moments and experiences in private memory from the suppression and elision by public history.James Lang argued that the purpose in writing lies in the claim to recapture and relive the past in order to explain or excuse the past; however, complications of self-interest of the narrator seem to be inevitable (143-4). Yu-cheng Lee highlighted the notion of the subjectivity of private memory that conjures up a process of "digging" and "reinventing the past" by narrators in order to find peace with repressed memories of the past (29). All tend to agree on the purpose of writing about history after the notion of collective memory coined by Maurice Halbwachs, i.e., that the past as "social construction" is "stored and

interpreted by social institutions" under the "influence of the present social milieu" (Halbwachs 24-5, 49). The process of retracing back to a reconcilable, negotiable and living past for a present demand is to "reconstruct an image of the past" which is in accord with "the predominant thoughts of the society" (Halbwachs 40).

As it is often the case, investigating writings of history inevitably poses questions of how the politics of identity imprint individual and collective memory. Philip Tew maintained that contemporary British fiction "relates insistently to its intersection with a broader culture and upon its own cultural influence" (32). Del Ivan Janik holds a similar observation that English novels "written by an identifiable generation of writers who were born in the Forties or early Fifties and came of age professionally in the Eighties," or to be simply dubbed as "the first generation of the post-World War II era," are notably conspicuous in their unnotified agreement of "an acute consciousness of history and a sharp focus on its meanings or potential for meaning" (161). This collective effort is regarded as a constant endeavor to re-contextualize and question the parameters of nationhood. Attempts to examine and accessthe conjure of identity at both the individual and collective levels rekindles urgent concerns in contemporary British novel. Resuscitating war memories is thus a complicated process essential to the heterogeneous and somehow fictional construction of the identity of the individual and the community.

This paper looks into questions of writing of war memories: How does Ishiguro use elements of history? What is his purpose in writing about war memories? To what extent does his writings of war memories of Japan signify the contemporary context in England? This paper attempts to read into recurring references to war memories and the legitimization of identity constructed through narratives of history in Ishiguro's Japanese novels, *A Pale View of Hills* (1982) and *An Artist of the Floating World* (1986). By examining the idea that the retrieval of memory is subjected to the present need, I argue that accounts of memory and history in both novels fail to retrieve the past as it was. The floating memory of post-war Japan has to be fictionalized to serve the needs of the writer's purpose in reiterating cultural stereotypes and politics of nationality. In a sense, Ishiguro has to remain what Rebecca L. Walkowitz coins as "inalienably Japanese" (1053) in his attempts to shape the resuscitating memory of the Japanese in order to reconstruct his problematic Englishness as a writer.

Relics of War, Remnants of Memory

Near the end of War World II in 1945, the USdropped two atomic bombs on the cities of Hiroshima and Nagasaki, Japan. The first bomb codenamed "Little Boy" was released over Hiroshima on August 6, 1945. Of the some 350,000 people living in Hiroshima, approximately 140,000 died that day and in the five months that followed (Milam 33). The second bomb dubbed "Fat Man" was detonated over Nagasaki on August 9, with immediate causalities of 80,000 (Milam 33).[1] Six days after the detonation over Nagasaki, Japan announced its surrender. According to the

[1] Causality directly from atomic bombs was astonishing, while its powerful aftershock could be even more

official survey now preserved in the Truman Library & Museum, half of the deaths occurred on the first day of the explosion from the blast, flash or flame burns, and falling debris ("Survey" 1946; Chaitin et al. 20). The other half of the causalities died from compound radiation sickness. Most of the dead were civilians.

Sad to say, the first and so far only use of nuclear weapons against human beings could have been the best background for literary creation; however, Kazuo Ishigurodoes not do so. Instead, he eliminates the possibility of his novels being set in the war, as he pointedly affirms, "I had no place for the atomic bomb" (Mason 340). Instead, implicit inferences to wartime monstrosities, e.g., his repeated depictions of a nuclear wasteland, continue to reverberatein his Japanese novels. In a sense, Ishiguro's first two novels are twin works bound by pastiches of bomb shells and fragmented memories of *hibakusha*, i.e., explosion-affected people.[2]The atomic bomb, in its absent presence, is transfigured into a barren nuclear wasteland tantalizingly hamstrung by disquieting and dehumanizing revelations of the traumatic memory.

Ishiguro's debut, *A Pale View of Hills* , tells the story of a middle-aged Japanese woman, Etsuko, now exiled in England some thirty years after World War II. Traumatized by the suicide of her elder daughter, she reflects upon her past in post-war Nagasaki. The entire story is based on a parallel structure between her memory of the daughter from her first marriage who commits suicide and of a wayward friend, Sachiko, with her daughter Mariko; however, Etsuko's haunting revelation is constructed upon obvious gaps and inconsistencies. A dual-structured narrative is applied to Etsuko's reflection. In contrast to England in the contemporary context, the counterpart of Japan is set in post-war Nagasaki when "the worst days were over by then" and "American soldiers were as numerous as ever—for there was fighting in Korea" (Ishiguro 1982: 11). The bombing seems to be forced into oblivion. The impact is subdued into everyday life, no one talks about it. In spite of all the effortto repress memories of the bombing, the return of the repressed seems to recuperate with ferocity in its presence; for example, its apparition in the depiction of a landscape of a nuclear wasteland:

My husband and I lived in an area of the east of the city, a short tram journey from the centre of town. A river ran near us, and I was once told that before the war a small village had grown up on the riverbank. But then the bomb had fallen and afterwards all that remained were charred ruins.

---

desperate. According to Cameron, who quotes an article written by Tadatoshi Akiba in 1983, Hiroshima's current mayor at the time of the publication and a former math professor, Akiba calculated deaths as a result of the bomb to be 200,000 in Hiroshima by 1950, and another 140,000 in Nagasaki. Nearly all the casualties were civilians: only 150 Japanese military personnel were killed in Nagasaki, and at least 10,000 were definitely known to have been children (Cameron 28).

[2] As a matter of fact, every human being, with the exception of two, within a 1.2-kilometer radius of the hypocenter were "atomized or fried within a few seconds" of the bombing (Milam 33). In this sense, no one, except these lucky t two, survived the atomic bombing. We could only watch all the insanity claiming civilian lives and the hellish scene afterwards, measuring the seismic shock from the blast at a safe distance. In a sense, Ishiguro, who was born nine years after the bombing, could be considered in a larger sense a *hibakusha* himself.

Rebuilding had got under way and in time four concrete buildings had been erected, each containing forty or so separate apartments. Of the four, our block had been built last and it marked the point where the rebuilding programme had come to a halt; between us and the river lay an expanse of wasteground, several acres of dried mud and ditches. Many complained it was a health hazard, and indeed the drainage was appalling. All year round there were craters filled with stagnant water, and in the summer months the mosquitoes became intolerable. From time to time officials were to be seen pacing out measurements or scribbling down notes, but the months went by and nothing was done. (Ishiguro 1982: 11)

The bomb was set off long ago, the damage was done, and its explosion was forever bygone; however, its impact persists in its annoying existence in the form of this wasteland. Nagasaki is obviously undergoing reconstruction, as the novel points out that more houses are being built, but at the site of destruction, only mosquitoes are breedingin the stagnant water, nothing more. The process is slow and painless; yet no effort seems to be substantial enough to disrupt the permanence of the wasteland scenario.

The ghost of the atomic bomb haunts characters, minor and major alike, with equal intensity. Its apparition appears in the ubiquitous women in her neighborhood whose lives "had ever held the tragedies and nightmares of wartime" (Ishiguro 1982: 13), in the pregnant woman coming to the cemetery every mourning (Ishiguro 1982: 25), in the traumatic sight of witnessing a woman drowning her baby at the riverbank (Ishiguro 1982: 74), in the noodle shop owner, Mrs. Fujiwara, whose family cleansed as the bomb fell, in the serial child killer and the sight of a girl found hanging on a tree (Ishiguro 1982: 100, 156), and most evidently, in her mysterious friend, Sachiko. Sachiko's gruesome execution in drowning her daughter's cat and her careless excuse, "It's just an animal... That's all it is" (Ishiguro 1982: 167), turns her into a demonized figure revealing human deviance in claiming lives with a justifiable cause. The omnipresence of the atomic bomb with its obvious lack of solid materialization is tormenting all living creature on this nuclear wasteland: all seem to be alive yet deprived of their souls.

As Satarupa Sinha Roy argues, "trauma can become a condition of everyday life" in Ishiguro's writings in which the use of mundane descriptions extend to "define and denote catalusmic calamities" (2011: 2, 5). Traumatic memory does not fade, but evidently changes its quality as it intercedes with the mundanity of everyday life. "In the apartments there was the usual complaining, but over the years the anger over the wasteground had become resigned and cynical" (Ishiguro 1982: 99). Anger, fear, despair, and pain are all transformed into feelings of different types as years go by, even to the extent of comic and ridiculous makings. Etsuko's tour with Ogata-San to the "Peace Park" at the city center, formerly ground zero of the bombing, has become a casual day trip, something "like the tourists do" (Ishiguro 1982: 137). The park still beholds an "atmosphere of solemnity hung over that large expanse of green," but the personification of such trauma, the "massive white statue in memory of those killed by the atomic bomb" has experienced some significant transformations. Embodiment of the atomic ghost is modified with comic air, no longer sadness or regret:

The statue resembled some muscular Greek god, seated with both arms outstretched. With his right hand, he pointed to the sky from where the bomb had fallen; with his other arm—stretched out to his left—the figure was supposedly holding back the forces of evil. His eyes were closed in prayer.

It was always my feeling that the statue had a rather cumbersome appearance, and I was never able to associate it with what had occurred that day the bomb had fallen, and those terrible days which followed. Seen from a distance, the figure looked almost comical, resembling a policeman conducting traffic. It remained for me nothing more than a statue, and while most people in Nagasaki seemed to appreciate it as some form of gesture, I suspect the general feeling was much like mine. (Ishiguro 1982: 137-8)

If the statue had been established for the purpose of marking some collective memory, its residual value soon evaporates into thin air as it was embodied in a commodity form. The value of the memorial is no longer intact as Etsuko attempts to reconvene her memory from a postcard. The significance of the statue changes in its metamorphosis from a recollection of solemnity to a bent of comic relief, both in the delineation of the policeman-like statue and the I-was-there presence of the postcard. The transformation of the bombing evoked from its absent presence of the post-war nuclear wasteland to the solid materialization of the statue betrays the precarious quality of memory.

Representation of a similar absent presence of the war can be found in *An Artist of the Floating World*, in many ways a sequel to its predecessor. Ishiguro's second novel is set in an imaginary city of the late forties after Japan announced its surrender and begins to experience a series of drastic changes. In sustaining the Ogata-San character, both Ishiguro's first and second novels cohere with the representation of a father figure. With the retired school teacher defending his militarist education in the *Pale View of Hills*, Ishiguro sustains the restraint and sense of loss in his rendition of the retired and once-influential artist, Masuji Ono. As the story develops, a dark page of history is revealed: the artist was once influential because of his devotion to propaganda flaring jingoist militarism and his coalition of spying and betraying his friend to the secret police in the 1930s. The title of the novel is a self-evident irony in its indication that the artist himself floats with accounts of self-deception and self-protection as Ono's former convictions betray and enmesh him.

Rather than providing a specific setting in Nagasaki with a suggestive timeline, *An Artist* is set in 1948~1950 in post-war Japan without clear identification of the place where it occurs. With no specific reference to its setting, this story could have taken place anywhere in Japan. In spite of the difference, both novels are imbued with traces and images of bombing. Ono's life is a lively witness of bombing: he lost his wife during an Allied bombing raid in the war, and his only son on the battlefield; he leads his life among bombed wreckage. Inferences to the bombing are made everywhere with predominating frequency and an omnipresence:

All around, there is nothing but a desert of demolished rubble. Only the backs of several buildings far in the distance will remind you that you are not so far from the city centre. "War damage," Mrs. Kawakami calls it. . . . The buildings on Mrs. Kawakami's own side of the street have remained standing, but many are unoccupied; the properties on

either side of her, for instance, have been vacant for some time, a situation which makes her uncomfortable . . . . In the meantime, she waits for someone to move into them; she would not mind if they became bars just like hers, anything provided she no longer had to live in the midst of a graveyard. (Ishiguro 1986: 26-7)

Residues in the forms of ruins are everywhere, marking the detrimental power of the bombing. But it is more devastating to see remnants in human forms leading their lives in death after the war. Bombardments claim lives, destroy buildings, cleanse cities, but their most calamitous power comes from the acknowledgement that they contribute to the irreparable dissipations of a sense of purpose in life. Survivors who suffer from disillusion in their values and beliefs end up committing suicide as a responsible apologetic gesture. The president of Kimura Company "felt responsible for certain undertakings we were involved in during the war" and killed himself as an apology "to the families of those killed in the war" (Ishiguro 1986: 55). A Mr. Naguchi, known to be a widely popular music composer of military songs, killed himself as a "brave and honourable" way of apology: "And he felt he should apologize. To everyone who was left. To little boys who no longer had parents. And to parents who had lost little boys like you. To all these people, he wanted to say sorry" (Ishiguro 1986: 155).

Given that survivors trapped in the former configuration of patriotic education and militarist expansion were confronted with delusions and deceptions, lives in near paralysis and inertia present no way out of the dead end. Take Ono for example: he regrets the past, yet he feels he is compelled by an irresistible current pushing it aloft. He sometimes seems to prepare to be responsible for his mistakes yet at the same time defends himself by claiming immunity from the collective fault. Like Etsuko in *The Pale View of Hills*, Ono alters his memory of the past in order to make it more palatable and infallible. Ono seems to beguile himself into believing if he does not feel guilty then he is not guilty.

The nuclear wasteland found in both *A Pale View of Hills* and *An Artist of the Floating World* indicates a truth about the essence of the man-made calamity: no one survives the atomic bombing, and no one forgets it. However, as Graham MachPee applied Homi Bhabha's famous notion of the "nation as narration," he claims that "the relationship between story-telling and responsibility is inverted" (2011: 178). Therefore, to tell one's own version of history "becomes a way of escaping responsibility" (2011: 179). Both Ono in *An Artist of the Floating World* and Etsuko in *The Pale View of Hills* alike adhere to this implicit gesture of narration. Etsuko does not clarify her daughter's suicide, neither does she explain the failure of her first marriage or the reason she moved to England in her second marriage. Similarly, Ono's reticence to talk about his son's death contravenes responsible narration in taking any adequate blame.

Negotiating Memory and the Politics of Identity

Ishiguro claims with a sense of assurance that "I like to write through the filter of memory. I like the atmosphere and the movements of the mind when it is remembering" (Frumkes 2001: 27). In the process of negotiating the past, memory activates a process of fictional representation in its choice of representative options. That is to say, memory is an inarticulable form of representation

which its reader cannot fully read. If memory marks our identity, that shall be an identity with instability and duplicity which accumulates from a selective and adaptive process.Ishiguro never wants to write history as it is. For him, history exists in the hazy area between history per se and the imaginative efforts of fiction. Such recuperation of past memories as fictional narratives reveals momentums in formulating elements of time, history, and memory for configuring the past, individual and collective alike. Recollections from memory are held responsible not just for evincing the past but also for notifying an identification of the present.

So, what does Ishiguro see "through the filter of memory"? To which direction and to what ends does his mind move when he is remembering? Most important of all, in what way does Ishiguro's memory contribute to the construction of his identity? Lars Sauerberg sees in Ishiguro's writing that the past "is made hazy" with a "lack of certainty" in the impressions "not so much of the past as such, but of demonstrations of the past as configurations designed to extend beyond the concrete *data* of history and the concrete *universals* of fiction, in a manner and function similar to the workings of memory" (2006: 183, italics original). Memory of the past, as "a product of past accumulation," reveals "an emphasis on recuperation" (Sauerberg 2006: 184). Largely, "the past can never be approached" and can only be "addressed by way of representative negotiation," in the sense that memory of the past shows up "dynamics of recuperation in the fictional narrative" (Sauerberg 2006: 182, 199). Memory in Ishiguro's works is "a sorting mechanism" that is "inherently selective, interpretive, and individualist" (Sauerberg 2006: 179, 184). Similarly, Charles Sarvan argued that the instability and evasion of language would lead to murkiness in constructing memory in his Lacanian reading of Ishiguro (1997: 97).

Ishiguro was born in Nagasaki but moved to England with his entire family at the age of 5 and was educated in England. In his interview with David Sexton, he talks about his awareness of his permanent state of exile in that his family would never return to Japan (2008: 33). Meanwhile, the author admits that a "personal, imageryJapan" remained in his mind: "All the way through my childhood, I couldn't forget Japan, because I had to prepare myself for returning to it" to the extent that "one of the real reasons why I turned to writing novels was because I wished to recreate this Japan--put together all these memories, and all these imaginary ideas I had about this landscape which I called Japan" (Ishiguro and Oe 1991: 110).

Memory defines identity, and in return, identity fortifies and intensifies memory. As in Ishiguro's novels and his career as a novelist, identification is shaped by memory retrieved from the past. That it to say, writings of history, even in the form of fiction, if to be taken as a trajectory of a larger part of identity politics, reveal not only the process of reconstructing memory but also a prolonged procedure of negotiating memory. Ishiguro's writing of war memories shows strategic importance in locating where he is and situating what he knows to be himself. For Ishiguro, his writing of Japan is a way of negotiating with his private memory. His memory of Japan is highly negotiable because Japan as represented in his novels no longer exists, as Ishiguro admits:

I realized that it was a place of my own childhood, and I could never return to this particular Japan. And so I think one of the real reasons why I turned to writing novels was because I wished to recreate this Japan—put together all these memories, and all these imaginary ideas I had about this

landscape which I called Japan. I wanted to make it safe, preserve it in a book, before it faded away from my memory altogether. (Ishiguro and Oe 1991: 110)[3]

It is the Japan in his memory that Ishiguro attempts to redraw. That is an imaginative kind of Japan that he can only "recreate" by putting together fragments of memory. In a way, this representation of Japan is entitled to be a fabrication or invention from the pastiche inside his mind. Ishiguro is fully aware of the fictionality of the Japan in his writing but he doesn't "really care if [his] fictional world didn't correspond to a historical reality" (Ishiguro and Oe 1991: 110-1). The treacherous and precarious essence of memory, which we accommodate and alter, and deceive and deliver ourselves, is not alien to Ishiguro. He has no self-acknowledged intention to write about Japanese history as it is but to recreate it as he remembers. As Ishiguro claims, "I just invent a Japan which serves my needs. And I put that Japan together out of little scraps, out of memories, out of speculation, out of imagination" (Mason 1989: 341).

Ishiguro's Japanese novels enjoyed immediate success and were acclaimed for his style that reminds readers about everything to do with the Japanese.[4] Readers used to describe his works as "having quiet, peaceful, delicate, subtle qualities resonant with Japanese culture, both in the substance of the stories and the author's evocation of their tales" (Wong 2005: 10). For some critics, his archetypical image as a Japanese ethnic writer predominates his achievements even though Ishiguro shifted from his Oriental setting to an English one long ago. In fact, after his Japanese novels, Ishiguro began to be keenly aware of the negative impact of his Japanese ancestry (Jaggi 1995: 20). As a result, he never felt compelled to write about Japan again. However, his association with Japan, or typical Japanese in people's acceptance, lingers with him. Even when he published *Never Let Me Go* in 2005, some 23 years after his debut, critics still find his works to be like translations.[5]

---

[3] Ishiguro shows some traces of contradiction and inconsistencies in his own memory over the thought that he would never return to Japan. In one interview with Maya Jaggi, he talks about his childhood memories of his grandfather, the patriarch of the family, and regards the time spent with his grandfather as the core of his "strong emotional relationships" with Japan which were "suddenly severed." When his grandfather died when Ishiguro was still in England, he had a sense "of never having gone back" to Japan (Jaggi 1995: 23). In his conversation with Kenzaburo Oe during Ishiguro's first return visit to Japan in thirty years, he acknowledged that when his father had turned down an offer of an academic post in Japan and his education seemed to continue in Japan, he began to be aware of the possibility that his stay in England would be permanent (Ishiguro and Oe 1991: 110).

[4] The publication of his first book, *A Pale View of Hill*, won Ishiguro immediate acclaim from critics, and he was awarded the prestigious Winifred Holtby Prize. His second novel, *An Artist of the Floating World*, was a winner of the Whitbread Book of the year and shortlisted him for the Man Booker Prize. Both prizes are major literary prizes for contemporary English novels.

[5] Caroline Moore for *The Telegraph* claims that Ishiguro's works read like translations. In her words, "Kazuo Ishiguro writes like an alien. His novels read as though they have been translated: the typical authorial voice sounds slightly stilted, simultaneously precise and baffled, as though discovering that the culture described is too 'other' to be transposed into English" (Moore 2005).

As Yu-cheng Lee argued, when Ishiguro writes about the historical past, he is digging into history as a form of "therapeutic venture" (2008: 29). This notion sounds particularly poignant when situated with his remarks on his experience growing up straddling two worlds: "I have a sense of having just left without saying good-bye, and of this whole other world just kind of fading away.... I have the feeling of this completely alternative person I should have become. There was another life that I might have had, but I'm having this one" (Frumkes 2001: 24). Similarly, Rocio Davis and Luke Bullen both describe Ishiguro's Japanese elements in his novels as his trip back to his "imaginary homelands" (Davis 1994: 139; Bullen 2008-2009: 33). While Ishiguro's works often deal with how people are shaped by events or circumstances in their past, such as Etsuko in her immigration or Ono in his dislocation, such a pattern of writing back to one's past as a pilgrimage to examine who one is now seems to profoundly resonate with Ishiguro.

However, Ishiguro's position is more complex than is often acknowledged. While he rejects the parameter of nationalist literature, he also distances himself from many of the defining characteristics of historical novels. When Ishiguro talks about finding "some territory" that lies "somewhere between straight realism and . . . out-and-out fabulist," he suggests that one should read his novels within a different framework (Vorda and Herzinger 1991: 141). The irony is that when people notice Ishiguro's Japanese name and his Japanese background, they seem to ignore the part that he is genuinely English in terms of his education and residency. No one would consider him a Japanese writer because he only has "five-year-old Japanese"(Mason 1989: 336). His writing strategy in choosing to explore themes with emotional dimensions explains that he is concerned more with humanity rather than nationality. The title of *An Artist of the Floating World* is self-evident in coming to terms with his understanding of the politics of identity. The highlighted image of the floating world refers to the fact that values of society, the reenactment of the past, the tantalization of individual and collective memory are essentially in flux.

The real issue at stake here is that memory leads to subjective, fallible, and diffusive interpretations of reality and is therefore vigorously riveted to the self-dynamic reminisces of the past. If identity is interconnected with memory and memory is by essence illusive, then makings of identity should always consist of multiple and infringing realities. Narratives of identify are by essence mnemonic in their reinvention and revivification of identity that impinge upon the beholder. That is to say, attempts to unravel identification are subject to complicated processes of dismantling and discrediting the replenishment of the past. Evocation of memory that intends to have a tenacious grip on the troubled past ends up stifling and restraining the dynamic of memory and identification.Attempts to recuperate memory inevitably enact metaphorical encroachments of the past into the present, and the present into the past, while leaving watermarks entitled with various extents of visibility in the context of observation. Hence differences in interpretations of the past are in turn transformed, reclaimed, and regenerated in the construction of identity. Thus, if Ishiguro's purpose in writing about his memoriesof Japan reveals any therapeutic function, this venture of sailing back to his imaginary homeland shall be one aloft on an open sea. Since the makings of memory are floating, so is the construction of identity out of memory. Hence, Ishiguro cannot go home again, as the saying goes.

Identity in Question: Englishness or Japanese?

Ishiguro's importance as a major contemporary writer does represent some large sociocultural trends and development. We find an image of a hybrid, diasporic, and multicultural personification in Ishiguro as a major British writer within the framework of a contemporary cultural context. The immediacy of apparent homologies between England and Japan, West and East, the past and present, risk erasing the nonidentity of orientation and its potential for illuminating the present state of hybridity. As Rebecca L. Walkowitz argues, Ishiguro disrupts national allegories by "embedding their cultural truths in narratives about the fictionalization of cultural truths" (2001: 1052). By addressing the "strangeness" in his Japanese novels and his identity as a contemporary English writer, Walkowitz points out that Ishiguro has successfully scrutinized and challenged the allegiance in national certainty and the unwavering historical continuity (2001: 1055). Now highly acclaimed as one of the most accomplished writers of his generation, Ishiguro's status as a cultural figure is self-evident in illustrating an epitome of British multiculturalism. His wide reception is hailed as "a sign of a more confident and inclusive society less riven by the conservative identity policy." (Sim 2010: 5)

If a concern with memory is sustained throughout Ishiguro's works, another consistent theme would be his reflections on identity. As the author himself floats between the two poles of Japan and England, the questions at stake are: What is identity? What is nationality and what does it have to do with the makings of identity? What is Japanese and what is Englishness, if there is such a thing?

Ishiguro is aware of his cross-cultural status as a contemporary writer. He may even attribute his success during his initial phase to his ethnic background. As he confesses in one interview, "Usually first novels disappear, as you know, without a trace. Yet I received a lot of attention, got lots of coverage, and did a lot of interviews. I know why this was. It was because I had this Japanese face and this Japanese name and it was what was being covered at the time" (Vorda and Herzinger 1991: 135). The strength in the cross-cultural background was also noted by Gregory Mason who describes Ishiguro as an author who vindicates "an uncannily Japanese quality emanating from his perfectly pitched English prose" (Mason 1989: 336). Mason means to give out a compliment to Ishiguro in his ability to finesse the confines of plot, his extraordinary control of voice in his characters, and the enrichment of his hybrid and diasporic background.

Ishiguro himself has no intention at all of becoming a mouthpiece for Japan or England. His achievement as a writer receiving consistent international acclaim has far ascended his ethnicity and nationality. When asked about his intention of writing about Japan, he resorts to his "using Japan as a sort of metaphor" to invite readers with a difficult cultural background to read his writings of Japan "not as a Japanese phenomenon but as a human phenomenon" (Mason 1989: 342). Even when he writes about Japanese characters, he remains responsible to an accurate representation in which "people are seen to be just people" (Mason 1989: 343).

Ishiguro notes in an interview that even when he writes about the "green, pleasant place of leafy lanes and grand country houses and butlers and tea on the lawn, cricket," he is elaborating on

the "idea of England" (Kelman 2008: 45-6). In Ishiguro's blueprint of writing, he means to include "people around the world" not just "British people" (Kelman 2008: 45-6). If Ishiguro's England is an England that never existed, his creation of Japan is a similar fabrication of his imagination and reflection, i.e., the "landscape of imagination" in his own words. In an interview with Dylan Krider, Ishiguro admits that he was "very uncomfortable" because of his "very little" knowledge about Japan. He left Japan at the age of five, and his knowledge comes either from memory or readings, none of which aresufficiently accountable to be authentic:

I basically relied on memory. I obviously looked in the history books once I figured out the story and was in the process of fine tuning. Over the years, being Japanese, I naturally absorbed a hell of a lot of information about Japan and Japanese history. Actually, until I was about twenty, I did a lot of reading about Japan and whenever there was a Japanese movie, I would go see it. Looking back now, it had a lot to do with my wanting to write at all. Japan was a very strong place for me because I always believed I would eventually return there, but as it turned out, I never went back. This very important place called Japan which was a mixture of memory, speculation, and imagination was fading with every year that went by. I think there was a very urgent need for me to get it down on paper before it disappeared altogether. (Krider 1998: 150)

Ishiguro also admits the Japanese influence from Japanese movies, particularly domestic films set in the postwar ear, in which he sees, in his words, "the Japan I actually remember" (Mason 1989: 336).

Ishiguro tends to distance his writing both from straight realism and the postmodern play of textuality. As he analyzes his writing of England, he does not aim to create England *per se*. "The kind of England that I create," as he recognizes,

is not an England that I believe ever existed. I've not attempted to reproduce, in an historically accurate way, some past period. What I'm trying to do there . . . is to actually rework a particular myth about a certain kind of mythical England. I think there is this very strong idea that exists in England at the moment, about an England where people lived in the not so distant past that conformed to various stereotypical images. That is to say, an England with sleepy, beautiful villages, with very polite people, and butlers, and people taking tea on the lawn. (Ishiguro, Herzinger, and Vorda 1991: 139)

If Ishiguro is given the right to clear his stance in the national, cultural, social, and historical makings of his works, he would probably reject the idea of a necessary tie and significance between him as a writer and his background. His concern is not with siding with either Japan or England. As he mentions in a 1990 interview, "if there is something I really struggle with as a writer..., it is this whole question about how to make a particular setting actually take off into the realm of metaphor so that people don't think it is just about Japan or Britain" (Vorda and Herzinger 1993: 16). Ishiguro obviously aspires to get rid of endless questions that tie him and in a way minimize him to his cross Japanese-British background. Ishiguro's experience of dislocation and displacement haunts both the novelist and characters in his creations. In this sense, Chu-chueh Cheng's strategy in reading the accentuated otherness of America's alterity is self-evident in illustrating Ishiguro's

employment of a common otherness of America to mediate his dual allegiances in Japan and Britain (2010: 228).

Ishiguro's distinct position within the great British tradition as well as academic sub-fields such as "Asian diaspora writing, minority writing, cosmopolitan literature, postcolonial writing, world literature, and comparative literature" is a singular case (Sim 2010: 5). Interestingly, not only does Ishiguro fit into all these various category, but they also all claim him to be one of their own. To situate Ishiguro in the cartography of identity politics inevitably raises the most sensitive inquiry into the fundamentals of its making.

The rise of postcolonial theories in the 1990s was successful in deconstructing the economy of Manichean opposition and disrupting the fantasy of the authenticity of identification. Ishiguro's multiple and sometimes overlapping identity reveals the most fundamental notion of hybridity in the contemporary politics of identification. Since the idea of nation is both imaginary and real, following Antony Easthope's famous discussion of Englishness, Ishiguro's multiple and precarious identity couldbe a salient demonstration of his Englishness. Englishness no longer bears traditional connotations of marking the genuine birthplace or a national unity bonded by an imaginary fraternity of the same blood. Nationhood is no longer synonymous with nativity but "a collective identification with a common object which is accomplished by identification of individuals with each other" (Easthope 1999: 22). In this sense, the politics of identity are an intersubjective issue. No idea of nationality could be self-valid without comparisons with the other. Hence an emerging notion of Englishness immune from the traditional politics of nationalism is aroused to "herald multiculturalism, egalitarianism, democracy, radicalism, international (specifically European) cooperation, modernism and openness to other cultures" (Aughey 2007: 105). In this sense, Englishness is about English but not just English; Englishness must contain some non-English elements as a conferred identity.

From very early in his career, Ishiguro set a goal to ascend strict nationalism and easy classification as a writer. In the mid-1980s, when his career was taking off, his self-declaration was famously quoted by the British Council introducing leaflets of authors: "I consider myself an international writer" (qtd. in Wong 2005: 7). Even the term, "international writer," lacks a clear definition and would easily fall prey to another even more-convenient cataloging; Ishiguro's self-declaration could be considered a wrapping up of his obvious Japanese ancestry and his pervasive concern with universal themes. His significance as a major writer is only enhanced as he continues to explore universal humanist concerns in his recent works in an era more likely to be open to increased globalization and cross-cultural exchanges.

Ishiguro is resorting to humanity at a universal level in which Japanese and English show no great differences. In this way, Ishiguro attempts to process the consideration of substantial human themes or from his self-expectation of "trying to write in an international way" (Ishiguro and Oe 1991: 115). The question is, what does Ishiguro mean by "international"? Does Ishiguro suggest the trend of globalization in which personnel and information traffic with efficiency? Otherwise, does Ishiguro imply a mutual interaction that transcends national boundaries? How 'international' could be international enough?

The notion of an international writer reveals more anxiety than a designating label pinning down its identity. Such a term indicates some cross-cultural and cross-national stance celebrating the hybridity and multitude of its makings, while at the same time demanding a solid and substantial definition. In cases of application, the term international writer hardly festers into classifying categories of defining and differentiating writers. However, Ishiguro's use of the term coincidentally fits the social sentiment of his time since the decline of the British Empire after World War II. As a result, a pervasive sense of insecurity or even inferiority among contemporary writers in England is fervently experienced and practiced. British writers are no longer sure of their primacy in the literary world's cartography. As Philip Tew analyzed, writers from the mid-1970s onward have to respond to "a shift in Britain's intellectual and geographic culture" in accordance with an "evolving British aesthetic" noted for its "disrupted conventionality, and a sense of otherworldliness" (2007: 30-1). Such a phenomenal change of landscape permeates the contemporary British consciousness and fictional perspectives in relating not only to the instability of the self but also the self's very dependence upon the framing of others that always makes the self readily vulnerable. Therefore, dealing with contemporary British novels involves an often intersubjective approach of redefining the role of the state, in re-contextualizing the tradition of British novels, and in reconfiguring the moral and narrative definitions of literary engagement that reflect changes within Britain itself (Tew 2007: 31-2). Ishiguro happens to share the same thread of anxiety and declining mentality with his peers, as he says:

There is a sense among younger writers in England that England is not an important enough country anymore. The older generation of writers assumed that Britain was a very important country, and so if you wrote about Britain and British problems, it would automatically be of global significance. The younger generation of writers in England are very aware of the fact that it is no longer true, that England is now rather like a little, provincial town in the world. Some younger British writers have a kind of inferiority complex, that is, they have to consciously make an effort to address international themes, because if they simply write about life in Britain, nobody is going to be interested. (Ishiguro and Oe 1991: 119)

Ishiguro's attempts to write about England and Japan turn out tofabrications of interwoven textuality with study and imagination; the Japan or England he writes about may never have existed. He is aware of an urgency in siding with either side but also of surpassing either side of a strictly and limitedly defined nationality. As he confesses, "But certainly, living in England, I feel that same pressure, that I have to be international" or he will be pushed aside to the peripheral (Ishiguro and Oe 1991: 119). The matter of identification for writers with Ishiguro's background becomes a matter of life and death as a serious writer. To be English, Ishiguro has to demonstrate all-Englishness encompassing the non-Englishness. Paradoxically, Ishiguro's writings of post-war Japan and England are fictionalized to serve the need of the writer's purpose in reiterating cultural stereotypes and the politics of nationality. His stereotypically feigned Japanese turns out to a furtive enhancement of his Englishness. In a sense, Ishiguro has to remain inalienably Japanese in his attempts to shape the resuscitating memory of post-war Japan in order to reconstruct his problematic Englishness as a writer.

Conclusions: Multiculturalism Now

Del Ivan Janik claims that in recent rise of English history novels, so is in Ishiguro's Japanese novels, pursuits of meaning of history lead to the realization that "historical truth is hopelessly elusive" (1995: 188). Janik's more constructive purpose relies not only in affirming the human constructed myths in historical novels, but also in acknowledging the accommodation with the present and even the potential to open up to the future. It is in this idea that my study of Ishiguro's works bred in the literary climate of the eighties could be congenial to our comprehension in today's context as we reread his works twenty years later.

Issues of history and identification remain urgent and controversial in the post-9/11 and post-7/7 era when fidelity to nationality rises up with a permeant sense of political correctness. It is in this context that David Cameron, the current British Prime Minister, recently criticized "state multiculturalism" in a speech delivered in Munich. This speech aroused intense attention as this was Mr. Cameron's first speech as prime ministeralso because of its controversy. Mr. Cameron argued that the UK needs a stronger national identity to sustain a more-solid sense of unity against threatsof all kinds of extremism, especially Islamist extremism. He took pains to explain that the new UK should be united in certain values and should actively promote them, namely, "Freedom of speech. Freedom of worship. Democracy. The rule of law. Equal rights, regardless of race, sex or sexuality" (Cameron). What seemed to him to be essential to hold the Big Society together remained the common belief and the "doctrine of state multiculturalism" which had been proved to encourage different cultures to live separate lives.

What seemed to the prime minister to be a tougher stance on groups promoting Islamist extremism, turned out, without much surprise, to evoke counterattacks from both opposing parties and ethic groups. Mr. Cameron obviously aimed at Islamist extremists but fired at a larger target of state multiculturalism. He emphasized the importance of a strategy depending on "a lot less of the passive tolerance of recent years and much more active, muscular liberalism." His remarks focused on the failure to "provide a vision of society to which they feel they want to belong," indicating that segregation between ethnic communities has long been tolerated to "run counter to our values." The prime minister reaffirmed his policy and his vision of building a stronger sense of national identity by reconvening a higher cause of larger-than-life cohesion by which people would say with certainty and pride, "I am a Muslim, I am a Hindu, I am a Christian, but I am a Londoner . . . too," he said.

Homelands are imaginary; however, the war is for real. Paul Gilroy pointedly criticized the unidimensional notion of "cultural insiderism" which is "too restrictedly limited to unacceptable ideas of homogenous national culture and exclusionary national or ethnic belonging" (1994: 72). According to Gilroy, such tyranny of cultural insiderism is comprised of a set of rhetorical strategies to cause "an absolute sense of ethnic difference" to flare up that "distinguishes people from one another and at the same time acquires an incontestable priority over all other dimensions of their social and historical experience, cultures, and identities" (1993: 3). Unfortunately, Mr.

Cameron's controversial remarks remind us of the unmasked extremism under the shadow of neo-liberalism.

Stuart Hall sounds his worry about the "unresolved rupture" of the conjuncture of neoclassical theories of economics that emphasize the efficiency of private enterprise and nostalgia for a unified and strong Britain in the new Conservative-Liberal Democratic coalition (Hall). A seemingly improbable line of heritage is formed in the tradition of neo-liberalism passing from Tory Thatcherism in the 1980s to the neo-Thatcherite of Tony Blair's New Labour Party, all the way to David Cameron's Conservative-Liberal Democratic coalition. As Hall's unease worsens in finding the march of the neo-liberals to be unstoppable, our reading of Ishiguro's Japanese novels helps clear up current developments. If extremism and nostalgia for a purer and stronger nation sustain in making ill-informed and illusory political gestures, their emergence in redeeming a regressive deferral to inequalities of ethnicity is not far behind. The evocation of a new ethnic underclass and its social dependency under the formulated dominance of the legitimate would only radicalize the already sensitive politics of identity. If Ishiguro's Japanese novels could shed any light on today's England and international society, it is in contextualizing us in the alarming validation that memory of nation state is imaginary, yet war is real.

Works Cited

Aughey, Arthur. 2007. *The Politics of Englishness*. Manchester and New York: Manchester University Press.

Bullen, Luke. 2008-2009. "'Imaginary Homelands': The Importance of 'Place' in Kazuo Ishiguro's *The Remains of the Day* and Monica Ali's *Brick Lane*." *Innervate* 1: 33-41.

Cameron, Lindsley, and Masao Miyoshi. 2005. "Hiroshima, Nagasaki, and the World Sixty Years Later." *The Virginia Quarterly Review* 81.4: 26-47.

Chaitin, Julia, Aiko Sawed, and Dan Bar-On. 2007. "Life After the Atomic Bomb." *USA TODAY (Periodical)* 135: 20-3.

Cheng, Chu-chueng. 2010. "Cosmopolitan Alterity: America as the Mutual Alien of Britain and Japan in Kazuo Ishiguro's Novels." *Journal do Commonwealth Literature* 45.2: 227-44.

Davis, Rocio G. 1994. "Imaginary Homelands Revisited in the Novels of Kazuo Ishiguro." *Miscelánea: A Journal of English and American Studies* 15: 139-54.

Easthope, Antony. 1999. *Englishness and National Culture*. London and New York: Routledge.

Frumkes, Lewis B. 2001. "Kazuo Ishiguro." *The Writer* 114.5: 24-7.

Gilroy, Paul. 1993. *The Black Atlantic: Modernity and Double Consciousness*. Cambridge, Mass.: Harvard University Press.

---. 1994. *Small Acts: Thoughts on the Politics of Black Cultures*. London: Serpent's Tail.

Halbwachs, Maurice. 1992 (1941). *On Collective Memory*. Ed. and Trans. Lewis A. Coser. Chicago, IL. and London: The University of Chicago Press.

Hall, Stuart. 2011. "The March of the Neoliberals." *The Guardian*. 12 Sept. 2011. 5 Dec. 2011. <http://www.guardian.co.uk/politics/2011/sep/12/march-of-the-neoliberals>

Ishiguro, Kazuo. 1982. *A Pale View of Hills*. London: Faber and Faber.

---. 1986. *An Artist of the Floating World.* London: Faber and Faber.

Ishiguro, Kazuo, and Kenzaburo Oe. 1991. "The Novelist in Today's World: A Conversation." *Boundary 2* 18.3: 109-22.

Jaggi, Maya. 1995. "Interview: Kazuo Ishiguro Talks to Maya Jaggi." *Wasafiri* 11.20: 20-4.

Janik, Del Ivan. 1995. "No End of History: Evidence from the Contemporary English Novel." *Twentieth Century Literature* 41.2: 160-89.

Kelman, S. 2008 (1991). "Ishiguro in Toronto." *Conversations with Kazuo Ishiguro.* Jackson, Miss.: University Press of Mississippi. 42-51.

Krider, Dylan Otto. 1998. "Rooted in a Small Space: An Interview with Kazuo Ishiguro." *The Kenyon Review* 20.2: 146-54.

Lang, James M. 2000. "Public Memory, Private History: Kazuo Ishiguro' *The Remains of the Day.*" *Clio* 29.2: 143-65.

Lee, Yu-cheng. 2008. "Reinventing the Past in Kazuo Ishiguro's *A Pale View of Hills.*" *Chang Gung Journal of Humanities and Social Sciences* 1.1: 19-32.

MachPee, Graham. 2011. "Escape from Responsibility: Ideology and Storytelling in Arendt's *The Origins of Totalitarianism* and Ishiguro's *The Remains of the Day.*" *College Literature* 38.1: 176-201.

Mason, Gregory. 1989. "An Interview with Kazuo Ishiguro." *Contemporary Literature* 30.3: 334-47.

Milam, Michael C. 2010. "Hiroshima and Nagasaki: Sixty-Five Years Later." *Humanist* 70.4: 32-5.

Moore, Caroline. 2005. "Meanings Behind Masks: Caroline Moore Reviews *Never Let Me Go* by Kazuo Ishiguro." *The Telegraph.* 6 Mar. 2005. 24 Nov. 2011. <http://www.telegraph.co.uk/culture/books/3638237/Meanings-behind-masks.html>

Roy, Satarupa Sinha. 2011. "Mending to Live: Memory, Trauma and Narration in the Writings of Kazuo Ishiguro, Herta Müller and W. G. Sebald." *Humanicus* 6: 1-15.

Sauerberg, Lars Ole. 2006. "Coming to Terms—Literary Configurations of the Past in Kazuo Ishiguro's *An Artist of the Floating World* and Timothy Mo's *An Insular Possession.*" *EurAmerica* 36.2: 175-202.

Sarvan, Charles. 1997. "Floating Signifiers and *An Artist of the Floating World.*" *The Journal of Commonwealth Literature* 32: 93-101.

Sexton, David. 2008. "Interview: David Sexton Meets Kazuo Ishiguro." *Conversations with Kazuo Ishiguro.* Eds. Brian W. Shaffer and Cynthia F. Wong. Jackson, Miss.: University of Mississippi Press.

Shaffer, Brian W. 1998. *Understanding Kazuo Ishiguro.* Columbia, SC: University of South Carolina Press.

Sim, Wai-chew. 2010. *Kazuo Ishiguro.* London and New York: Routledge. "State Multiculturalism Has Failed." *BBC News.* 5 Feb 2011. 5 Nov 2011. <http://www.bbc.co.uk/news/uk-politics-12371994>

伊藤《いとう》　彰男《あきお》　三重大学名誉教授、教育学。

北島《きたじま》　信子《のぶこ》　桜花学園大学保育学部准教授、教育方法学。

藤原《ふじわら》　和好《かずよし》　三重大学名誉教授、国語教育学。

李《リー》　有《ユー》　成《チェン》　台湾・国立中央研究院欧米研究所特聘研究員・教授、英米文学・文学理論。

翻訳：加納《かのう》　光《ひかる》　四日市大学環境情報学部准教授、中国語教育。

單《シャン》　徳《テ》　興《シン》　台湾・国立中央研究院欧米研究所特聘研究員・教授、英米文学、比較文学、翻訳研究。

翻訳：北島《きたじま》義《ぎ》信《しん》　（前掲）

傅《フ》　雋《チュン》　台湾・国立宜蘭大學副教授、英文学。

翻訳：木田悟史《きださとし》　三重大学人文学部特任准教授、ラフカディオ・ハーン研究。

陳《チェン》　重《チュン》　仁《ジュン》　台湾・国立台湾大學助理教授(Assistant Professor)、医学史と文学、現代英文学。

翻訳：渡邊丈文《わたなべたけふみ》　駒沢大学総合教育研究部非常勤講師、英語学（意味論）。

永井《ながい》　博《ひろし》　四日市大学経済学部教授、日本近代文学。

中田《なかだ》　達也《たつや》　東京海洋大学大学院海洋科学研究科准教授、海洋環境政策論・国際法。

森《もり》　芳功《よしのり》　美術評論家、美術館学芸員、日本近代美術史。

渡辺《わたなべ》　淳《じゅん》　真宗興正派西坊住職、土木工学・建築学。

北畠《きたばたけ》　知量《ちりょう》　同朋大学人間福祉研究科特任教授、真宗大谷派得願寺住職、真宗学・教育学。

水谷《みずたに》　葵《あおい》　真宗大谷派西信寺住職、真宗学・仏教学。

執筆者紹介（執筆順）

山崎《やまざき》　龍明《りゅうみょう》　武蔵野大学名誉教授、浄土真宗本願寺派法善寺前住職、真宗学。仏教タイムス社長、（公財）世界宗教者平和会議（WCRP）日本委員会平和研究所副所長、真宗学。

北島《きたじま》　義信《ぎしん》　四日市大学名誉教授、真宗高田派正泉寺前住職、正泉寺国際宗教文化研究所所長、現代アフリカ文学、宗教社会論。

朴《パク》　光《クヮン》　洙《ス》　韓国・圓光大學校宗教問題研究所所長・教授、宗教学。

翻訳：宋《ソン》 暎《ヨン》 恩《ウン》　圓光大學校宗教問題研究所・研究員、イスラーム学。

黒田《くろだ》　壽郎《としお》　国際大学名誉教授、地域文化学会理事長、中東地域研究。

松本《まつもと》　祥志《しょうじ》　札幌学院大学法学部教授、国際法・アフリカ法。

李《イ》　賛《チャン》　洙《ス》　韓国・国立ソウル大學校統一平和研究院 HK 研究教授、比較宗教学。

翻訳：李《イ》 相《サン》 勁《キョン》　日本基督教団福知山教会牧師、基督教神学。

奥田《おくだ》　和彦《かずひこ》　フェリス女学院大学名誉教授、北米文化社会論。

坂東《ばんどう》　行和《ゆきかず》　四日市大学総合政策学部元教授、憲法学。

寺林《てらばやし》　脩《おさむ》　大谷大学文学部元教授、宗教社会学。

眞田《さなだ》　芳憲《よしあき》　中央大学名誉教授、（公財）世界宗教者平和会議（WCRP）日本委員会平和研究所所長、比較法文化論・イスラーム法。

安斎《あんざい》　育郎《いくろう》　立命館大学名誉教授、安斎科学・平和事務所所長、放射線防護学。

波多野《はたの》憲男《のりお》　四日市大学環境情報学部元教授、NPO 法人日野・市民自治研究所理事、都市計画論。

佐々木《ささき》　建《けん》　京都グローバリゼーション研究所主宰・経済学博士、現代資本主義論。

山本《やまもと》　伸《しん》　四日市大学環境情報学部教授、カリブ文学。

リーラー「遊」Vol.9

戦後70年と宗教

発行日　2015年11月10日

編　集　真宗高田派正泉寺
　　　　正泉寺国際宗教文化研究所
　　　　北島　義信

発行者　黒川美富子

発行所　図書出版　文理閣
京都市下京区七条河原町西南角 〒600－8146
電話（075）351－7553 FAX（075）351－7560
http://www.bunrikaku.com

ISBN 978－4－89259－771－8　C0014